냉전과 투쟁

전후 한국의 세계해석과 의미경쟁(1945~1953)

Cold War and Struggle

Interpretation and Meaning Competition on the World in Post-war Korea(1945~1953)

냉전과 투쟁 전후 한국의 세계해석과 의미경쟁(1945~1953)

초판 1쇄 발행 2018년 8월 31일

지은이 | 김 봉 국
펴낸이 | 윤 관 백
펴낸곳 | 도서출판 선인

편집주간 | 김명기
편 집 | 박애리, 이경남, 김지현, 임현지, 정서영, 김진영
영 업 | 김현주

등 록 | 제5-77호(1998.11.4)
주 소 | 서울시 마포구 마포대로 4다길 4 곶마루 B/D 1층
전 화 | 02)718-6257 팩스 | 02)718-6253
E-mail | sunin72@chol.com
홈페이지 | suninbook.com

ISBN 979-11-6068-115-4 93300

정가 28,000원

* 이 저서는 2008년 정부(교육과학기술부)의 재원으로 한국연구재단의 지원에 의한 것임 (NRF-2008-361-A00006).

감성총서 26

냉전과 투쟁

전후 한국의 세계해석과 의미경쟁(1945~1953)

김봉국 저

도서출판 선인

▌책머리에

새 정부 들어 반세기 넘게 지속된 분단체제가 동요하고 있다. 그 여파로 전 세계의 이목이 한반도의 데탕트에 집중되고 있다. 그럼에도 불구하고 여전히 냉전 반공주의의 망탈리테(mentalités)가 한국사회 곳곳에서 다양하게 표출되고 있는 것도 사실이다. 분단과 전쟁이 초래한 반공규율사회의 법, 제도, 문화, 감정의 구조(structure of feelings) 등은 현재까지도 한국사회 제반 영역을 가로질러 강고하게 작동하고 있다. 오랜 시간 공고화된 분단체제의 질곡이 최근의 정치적 협상으로 일거에 청산될 수 없음은 자명하다. 만남과 대화는 평화를 여는 첫 시작일 뿐이다.

E. H. 카는 역사가가 과거와 대화를 시도할 때 이미 거기에 미래가 내재되어 있다고 고백한 바가 있다. 그는 "우리가 어딘가로부터 왔다는 믿음은 우리가 어딘가로 가고 있다는 믿음과 밀접히 연관되어 있다"고도 했다. 결국 그는 '역사란 무엇인가'라는 질문을 통해, 지나온 과거를 바라보는 문제가 곧 우리 사회가 함께 걸어갈 미래를 여는 문제와 동일한 문제라는 것을 말해주는 듯하다. 그런 의미에서 이 책은 지금 여기 우리 삶을 규정짓는 냉전 반공주의의 시각과 논리가 어디로부터 연원했는가를 밝히는 작업이 곧, 우리의 미래 환경을 새롭게 구조화하는 첫 걸음이란 생각에서 해방 후 시대와 대화를 나눈 것이다.

그렇다고 이 책이 기원의 본질주의와 인과론에 따라 지금 여기를 불가역적인 것으로 정당화하는데 그 목적이 있는 것은 아니다. 오히려 이 책은 냉전질서의 구축과정을 자연스럽고 매끄러운 사태가 아니라, 이질적이고 파편적인 다채로운 요소가 빚어냈던 모순과 갈등을, 폭력은 물론 다양한 이데올로기 장치와 문화기획 등을 통해 '인위적'으로 마름질한 것으로 바라본다. 따라서 이 책은 냉전 반공주의가 낳은 '예속된 앎'과 공식화된 집단기억이 압살한 지워진 자들의 흔적에 보다 관심이 많다. 그렇기에 역으로 울퉁불퉁한 주름을 가진 과거를 드러내어 '자연화'되고 '절대적 가치'로 '신화'화된 냉전 반공주의를 역사화하고자 한다. '원래 그래'라는 본질주의 시선을 해체하는 작업이 곧 새로운 사회를 열고 촉진하는 마중물이 되지 않을까한다.

이 책은 박사학위논문과 그 후속작업으로 진행된 몇 편의 글을 모아 엮은 것이다. 책 출간을 위해 글을 가감하고 재구성하면서 냉전담론을 주제로 택한 이유에 대해 재차 생각해 보았다. 87년 '6월항쟁' 이후 소위 '민주화 이후 민주주의'시대였던 90년대 대학을 다니던 필자에게, 한국사회는 여전히 실질적 민주주의가 형해화 된 상태로 보였다. 제도적 민주주의의 정치 대표 체제는 과거와 마찬가지로 민중의 사회 · 경제적 요구와 괴리되었고, 냉전 반공주의에 근거한 불법사찰, 간첩조작사건, 국가보안법은 서슬 퍼렇게 계속되고 있었다. 한편 IMF 외환위기 사태를 겪고 한국사회는 신자유주의의 세계질서 속으로 급속히 돌진했다. 학계에 적지 않은 연구자들 역시 탈냉전시대에 더 이상 남북문제나 이념논쟁이 우리사회의 주요 의제가 될 수 없다고 선언한 듯했다. 그 대신 다국적 기업과 국제금융자본의 시장잠식 및 그것이 초래한 사회 병폐와 삶의 생태계 문제를 다루는 것이 학계의 주요한 이슈로 떠올랐다.

그럼에도 불구하고 필자에게 한국은 여전히 냉전의 종식을 선언할 수 없는 장소로 보였다. 신자유주의는 한반도의 냉전을 끝내기 보다는 오히려 그 분단과 적대의 질서를 통해 한국사회에 더 쉽고 깊이 침투하고 있는 듯했다. 자본의 운동이 끊임없이 시장을 개척해가듯, 분단의 영토는 자본의 좋은 증식처였다. 기층민의 생존권과 민주주의를 위한 요구는 '종북'이란 명분으로 매도되는 것이 다반사였다. 신자유주의가 냉전 반공주의를 대체한 것이 아니라 냉전 반공주의가 신자유주의를 한국사회에 관철시킨 유력한 수단이었던 것이다. 이와 같은 현실은 분단체제의 특이성에 대한 고려 없이 현 단계 한국사회의 제반 문제를 제대로 파악하고 진단할 수 없다는 것을 깨닫게 했다. 또한 평화와 공생의 공동체를 향한 탈영토화와 재영토화의 적절한 좌표 역시 설정 불가능함을 인식하게 했다. 그래서 다시 과거와 대화를 시작했던 듯하다.

* * *

첫 책을 낸다. 감사드려야 할 분들이 많다. 먼저 필자를 학문의 길로 이끌어주신 임종명 선생님께 깊이 감사드린다. 대학원 진학 후 선생님과 함께했던 스터디와 세미나는 학술적 언행에서부터 연구방법론에 이르기까지 역사 연구자의 바탕이 되는 소양과 품성을 갖추는 소중한 시간이었다. 이 책의 기저에 깔린 문제의식은 물론, 근대(성), 주체, 문화, 담론, 로컬(리티) 등에 대한 현재의 연구 역시 선생님과의 학문적 교감 속에서 출발해 성숙한 것이다. 이 책의 저본인 학위논문의 심사를 맡아주신 윤선자, 박찬표, 류시현, 노경덕 선생님께도 깊은 감사의 인사를 드리고 싶다. 이분들의 길잡이가 없었다면 거칠고 허술한 글이 결코 학위논문으로 정리되지 못했을 것이다.

용봉동 교정은 연구자로서의 삶을 꿈꾸고 설계할 수 있게 해준 고마운 둥지였다. 한국사는 물론 동 · 서양사 여러 선생님들의 가르침을 통해 한국현대사를 일국사를 넘어 세계사적 맥락 속에서 바라보게 되었다. 학업에 나약한 마음이 들 때면 늘 격려로 답해주셨던 기억 역시 또렷하다. 전남대학교 사학과 은사님들의 깊고 따뜻한 배려에 머리 숙여 인사를 드린다. 함께 시작했지만 지금은 각자의 길을 가고 있는 아프고 고마운 벗들과 한국현대사 동료들에게도, 역사학연구소의 선후배님들에게도 이 책은 빚을 지고 있다. 그들과 부대끼며 나눈 고민의 흔적과 시간이 책 어딘가에 스며있다. 모두에게 감사하고 늘 응원한다는 말을 전한다.

지난 10년 전남대학교 호남학연구원에서 일하며 공부했다. 이강래, 김신중, 조윤호 세 분 원장님의 배려와 지원으로 학업에 몰입할 수 있었다. 학문에는 엄하고 사람에겐 따뜻했던 세 분의 발걸음은 종종 나를 거울 앞에 서게 했고, 중용을 지킬 수 있게 했던 모멘트였다. 월경과 통섭을 주저하지 않고 공감의 학문공동체를 함께 만들어가고 있는 선배이자 동료인 감성인문학연구단의 여러 선생님들께도 깊이 감사드린다. 함께 걸어온 길을 알기에 또 함께 걸어가겠다는 다짐으로 다 갚지 못한 고마움을 대신한다.

두 누이와 형의 사랑과 보살핌 속에 별다른 고생 없이 늦은 공부를 시작할 수 있었다. 항상 곁에서 믿고 응원해 준 소중한 가족에게 깊은 감사의 마음을 올린다. 늦었지만 어머니, 아버지의 고달팠던 삶에 이 책이 작은 위로와 보람이 될 수 있기를 희망한다. 사랑하는 부모님께 첫 책을 바친다. 서툴고 바쁜 남편과 아빠를 둔 아내 정맹숙과 딸 김채윤에게 그 누구보다 감사하다. 미안함이 크기에 더 깊은 사랑과 헌신으로 갚아갈 것을 약속한다.

마지막으로 지난 10년 동고동락하며 곁을 지켜준 친우 최원종과 바쁜 시간 교정에 도움을 준 이연숙, 주은진에게 각별한 감사인사를 전한다. 거친 원고를 책으로 만드느라 애써주신 도서출판 선인의 여러분께도 감사드린다.

2018년 8월

김봉국

▌차례

서론

1. 문제 제기 및 연구사 검토

오늘날 한국사회에서 '냉전(Cold War)'은 여전히 논쟁적인 주제이다.[1] 언뜻 보기에 신자유주의적 세계화의 흐름 속에서 이미 과거사로 규정되어버린 냉전에 관한 논쟁은 무의미하게 여겨질 수도 있다. 국가 구성원의 삶이 다국적 기업과 자본의 시선에 포획되어가고 있고, 점차 개인의 삶에 보다 중요한 고려 요소는 국가나 이념이 아닌 시장과 자본의 논리가 되어가고 있기 때문이다. 그럼에도 불구하고 여전히 한국사회의 정치, 경제, 법, 문화, 사회심리 등

1 '냉전'이란 용어를 처음 사용한 사람은 조지 오웰(George Orwell)이다. 그는 1945년에 서로를 정복할 수는 없는 채 "선전포고 없는 전시상황(undeclared state of war)하에서 세계를 양분하여 지배하고자" 했던, 미소 사이의 세력과 의지(will) 다툼을 설명하기 위해서 이 개념을 사용했다. 이후 냉전이라는 용어는 주로 미국의 역사가들에 의해 널리 사용되면서, 미국 중심적 세계 인식과 불가분하게 얽힌 개념으로 자리 잡았다. Kwon Heonick, *The Other Cold War*, Columbia University Press, 2010, p.2; Odd Arne Westad, *The Global Cold War: Third World Interventions and the Making of Our Tims*, Cambridge University Press, 2005, p.2. 냉전사 전반에 관한 연구로는, 에릭 홉스봄, 이용우 옮김, 『극단의 시대: 20세기 역사(상)』, 까치, 1997; 베른트 슈퇴버, 최승완 옮김, 『냉전이란 무엇인가: 극단의 시대 1945~1991』, 역사비평사, 2008; 최승완, 「냉전, 또 하나의 세계 전쟁」, 『세계화 시대의 서양 현대사』, 아카넷, 2009. 냉전과 학문 및 지식의 정치성에 대해서는 노암 촘스키 외, 정연복 옮김, 『냉전과 대학: 냉전의 서막과 지식인들』, 당대, 2001; 브루스 커밍스, 한영옥 옮김, 『대학과 제국』, 당대, 2004.

의 기저(基底)에는 냉전의 틀이 작동하고 있다. 이는 칼 슈미트(Carl Schmitt)가 말한 것과 같이, 한반도에서 "행위로서의 전쟁"은 종료되었으나 "상태로서의 전쟁"은 끝나지 않았다는 것을 의미한다.[2] 마찬가지로 "전쟁은 정치의 연장"이라는 카를 폰 클라우제비츠(Karl von Clausewitz)의 명제나 그것을 뒤집은 "정치는 다른 수단에 의해 지속되는 전쟁"이라는 미셸 푸코(Michel Foucault)의 주장 역시, 냉전과 그것의 사회적 유산에 대한 성찰을 전제하지 않고서는 오늘날 한국사회를 이해할 수 없다는 것을 시사해준다.[3]

주지하듯이, 한반도는 제2차 세계대전의 종전으로 인해 해방된 동시에 미·소 군정을 맞이하였다. 이런 이유로 해방 직후 한반도에는 식민의 '흔적'과 탈(脫)식민이 낳은 민족국가 건설에 대한 '열망'이, 미·소라는 외삽(外插)권력의 '분할점령'하에서 뒤엉켜 공존하였다.[4] 바꿔 말하면, 해방 직후 한반도는 과거(흔적)와 현재(점령)와 미래의 기획(열망)이 착종(錯綜)된 채, "지배적 이념의 정형(stereotype)이 확립되지 않은 무정형(amorphous)의 시공간"이었다.[5] 그러나 이후 한반도는 냉전의 형성 과정에서 분단되었고, 곧 이어 "내쟁(內爭) 같은 국제전쟁이오 외전(外戰) 같은 동족전쟁"이었던 열전(熱戰)의 장이 되었다.[6] '동족상잔'의 처참한 전쟁은 대규모의 인적·물적 피해와 함께 총력전 체

2 신일철, 「한국전쟁의 역사적 의의」, 양호민 외, 『한반도 분단의 재인식(1945~1950)』, 나남, 1993, 415쪽 재인용; Carl Schmitt, *Positionen und Begriffe im Kampf mit Weimar-Genf-Versailles 1923~1939*, Hanseatische Verlagsanstalt, 1940.

3 칼 본 클라우제비츠, 김만수 역, 『전쟁론』 1, 갈무리, 2009, 77쪽; 미셸 푸코, 박정자 역, 『사회를 보호해야 한다』, 동문선, 1998, 66쪽.

4 관련해서 당대 풍경을 묘사한 다음 내용은 시사적이다. "寒溫兩流가 숨치는 곳엔 물고기가 많다 한다. 꼭 마찬가지로 世界의 三大思潮가 부드치는 朝鮮엔 바야흐로 많은 思想의 물고기가 꿈틀거리고 있다. 붉고 히고 검고… 各種各樣의 물고기들, 이렇게 가지각색의 물고기가 朝鮮民族의 觀念 속에서 헤염친 일은 일즉이 없었다. 그러나 이 많은 물고기들도 바라고 향하는 곳은 다만 하나의 「自由의 王國」이다." 金東錫, 「民族의 自由」, 『新天地』, 1946년 8월호, 40쪽.

5 임종명, 「해방 공간과 신생활운동」, 『역사문제연구』 27, 역사문제연구소, 2012, 219쪽. 해방 공간 지식인의 세계 인식과 감각을 '무정형(amorphous)'의 시각에서 분석한 연구로는 박연희, 「전후, 마리서사, 세계의 감각: 청년 모더니스트 박인환을 중심으로」, 권보드래 외 지음, 『아프레걸 思想界를 읽다: 1950년대 문화의 자유와 통제』, 동국대학교출판부, 2009. 또한 해방 직후를 '광기의 순간(moment of madness)'으로 규정하고 있기도 하다. 박명림, 『한국전쟁의 발발과 기원』 Ⅱ, 나남, 1996, 36쪽 참조.

제하에서 남한을 "반공규율사회"로 재편하는 결정적인 계기로 작용하였고, 한반도는 세계 냉전의 최전선이 되었다. 뿐만 아니라 전후 현대사를 "1953년 체제"로 규정하듯이, 분단과 전쟁을 통해 구축된 군사형 사회(military society)와 냉전문화는 여전히 오늘날 한국사회의 기초를 이루고 있다.[7]

이렇듯 한국 현대사는 세계적 냉전과 밀착되어 전개되었다. 그럼에도 불구하고 정작 냉전에 대한 한국 현대사 학계의 관심은 비교적 최근에 와서야 집중되고 있다. 물론 '냉전'은 한국 현대사 연구에서 이미 주요한 고려 대상으로 다루어져 왔다. 하지만 그것은 유의미한 독립적인 연구 주제로 설정되기보다는, 국내 정치의 외적 배경을 설명하기 위한 국제 정치상의 사건이나 국면으로 취급되는 경향이 강했다. 이러한 양상은 크게 두 가지 측면에서 기인한 것으로 보인다. 하나는 기존 냉전연구가 서구 학계를 중심으로 미소 간의 대립, 또는 자본주의 진영과 공산주의 진영 간의 동서대립의 단순한 구도로 진행되었다는 데 있다. 이는 1940년대 후반부터 본격적으로 시작된 냉전연구가 그 기원과 전개를 둘러싸고 "미소 간의 냉전에 대한 책임 공방이나 체제 경쟁이라는 정치적 맥락"에서 진행되었기 때문이다.[8] 그 결과 냉전연구는 시각과 지역의 측면에서 미소 관계를 핵심으로 두는 가운데 서구 중심적으로 편중되었고, 연구의 영역 역시 동서 간의 세력 경쟁을 중심으로 국제 정치적 차원에 제한되었다. 이를 단적으로 보여주는 것이 바로 냉전연구 초기부터 지금까지 계속되고 있는 전통주의(Traditional School), 수정주의(Revisionist School), 탈수정주의(Post-Revisionist School) 논쟁사라 할 수 있을 것이다.[9]

---

6 문화인108인, 「南北協商을聲援함」, 『새한민보』, 1948년 4월 하순호, 14쪽.

7 박명림, 「종전과 "1953년 체제": 냉전, 남북관계, 국내정치의 관계와 동학」, 『1950년대 한국사의 재조명』, 선인, 2004, 235~273쪽.

8 노경덕, 「냉전사와 소련연구」, 『역사비평』 101, 역사비평사, 2012, 314쪽.

9 1940년대 후반 이래 구미의 냉전연구는 크게 전통주의, 수정주의, 탈수정주의 학파로 갈라졌다. 세부적인 사항에 따라 다양한 논쟁이 존재하지만, 대체로 1940년대 후반부터 1950년대 초반 무렵의 미국을 중심으로 한 전통주의는 냉전의 원인과 지속이 소련의 도발과 대외 팽창 정책에 있다고 주장한다. 이후 1960년대 중반 베트남 전쟁의 격화로 미국의 대외 정책에 대한 비판이 고조되면서, 냉전의 기원과 지속의 책임이 미국의 팽창주의에 있다고 주장하는 수정수의가 출현한다. 하지만 이 두 학파는 미소 양국의 정부 문서에 대한 연구에 근거한 주장

문제는 이러한 서구 중심적 시각의 냉전연구가 비서구 세계, 즉 한반도를 포함한 제3세계의 다양한 냉전 경험을 간과한 채, 이 지역의 냉전사가 세계 냉전사에서 갖는 의미에 대해 주목하지 않았다는 데 있다. 서구 중심적인 시각에서 비롯된 "오랜 평화"[10] 또는 "상상의 전쟁"[11]이라는 냉전 인식은, 서구와 제3세계의 냉전을 바라보는 시각의 차이를 극명하게 보여준다. 실제 치열한 '열전'과 '대량살상' 그리고 조르조 아감벤(Giorgio Agamben)이 "예외 상태"라 부른 것과 유사한 사회구조를 경험한 제3세계의 냉전 경험은 서구와는 상당한 차이를 갖는 것이었다.[12] 즉 전후 세계 냉전이 각 지역과 사회의 고유한 정치, 경제, 문화적 요소와 결합해서 다양한 역사상을 만들며 전개되었음에도 불구하고, 서구의 냉전연구는 비서구 세계를 시야 밖에 두었다.[13] 이런 이유로 서구 학계의 냉전에 대한 연구 성과는 한국 현대사 연구에 적극적으로 접목되기 어려웠다.

이라기보다는 다분히 정치적 입장에 따라 한쪽의 책임만을 강조하는 경향이 강했다. 탈수정주의는 기존 두 학파와 달리 1970년대 데탕트 국면을 배경으로 기밀 해제된 문서들을 활용해서, 냉전의 기원을 어느 한쪽에 두기보다는 미소 양국의 상호작용에 의한 것으로 보고, 양쪽의 책임을 강조한다. 세 학파의 주장이 각기 다름에도 모두가 미소를 중심으로 서구 자료에 기초해서 서구 중심적 시각으로 국제정치적 차원에 편중해서 세계 냉전사를 인식한 점에서는 공통의 지반 위에 있다고 볼 수 있다. 관련 논쟁사에 대해서는, 김정배, 「냉전사 연구의 지형도: 기원을 중심으로」, 『대구사학』 62, 대구사학회, 2001; 「냉전은 도대체 무엇이었는가?: 새로운 접근이 필요한 이유」, 『정치와 평론』 6, 한국정치평론학회, 2010; 박인숙, 「존 루이스 개디스의 '탈수정주의적' 냉전 해석에 대한 비판적 고찰: 'We Now Know'를 중심으로」, 『대구사학』 70, 대구사학회, 2003 참조.

10 John L. Gaddis, *The Long Peace: Inquiries Into the History of the Cold War*, Oxford University Press, 1987.

11 Mary Kaldor, *The Imaginary War: Interpretation of East-West Conflict in Europe*, Wiley-Blackwell, 1990.

12 여기에서의 예외 상태는 전시 계엄선포나 정치적 소요 상황에서의 긴급조치와 같이, 정치질서의 원칙으로서의 법치의 유예 상태를 의미한다. 관련해서는 조르조 아감벤, 김항 옮김, 『예외상태』, 새물결, 2009 참조.

13 세계 냉전을 복수의 것으로 인식하고 다원주의적 시각에서 접근할 것을 강조하는 권헌익은, "세계 일부 지역에서는 냉전의 시작이 제국주의 식민지배의 끝과 시기적으로 일치했던 반면, 다른 지역에서는 두 시대의 정치형태가 불안하게 얽혀서 사실상 떼어 놓을 수 없는 것이 되어버렸다. 또 어떤 지역에서는 냉전의 정치가 주로 국가와 그 동맹국들의 일로 여겨졌지만, 다른 지역에서는 사람들이 냉전을 일상생활의 일부로 그들의 가장 친밀한 영역에서 경험해야 했다. 글로벌 냉전의 역사는 이처럼 지역적으로 특수한 다수의 역사적 현실과 다양한 인간 경험으로 이루어져 있으며, 이는 냉전을 단일하고 포괄적인 지정학적 질서로 보는 주류(서구 학계) 이미지와는 상충된다"고 강조한다. Kwon Heonik, op.cit., p.6.

한편 한국 현대사 학계에서 냉전연구가 적극적으로 제기되지 못한 데에는 기존 서구 중심적 냉전연구의 경향에만 그 책임이 있는 것은 아니다. 거꾸로 과거 한국의 역사학계가 일국사적 차원에서 분단체제의 형성 문제에 치중한 것 역시 한 요인이다. 비교적 최근까지도 '왜 해방 3년사는 단일의 민족국가 형성에 실패하고 분단체제의 형성으로 귀결 되었는가'라는 주제가 학계의 핵심적 문제의식이었다.[14] 그런데 냉전연구와 관련해서 이러한 의제 설정은 냉전을 분단체제의 형성 과정에 한정해서 정치사 중심으로 접근하는 문제점을 발생시켰다. 즉 학계의 주요 논쟁이 분단체제의 '형성'에 편중되면서, 한국사회의 변화 전반에 밀접한 연관성을 갖는 냉전의 계기성을 전면적으로 인식하지 못하는 결과를 가져왔다. 무엇보다 분단체제 형성 이후 체제의 한쪽 축인 남한 사회가 세계 냉전과 상호작용하면서 어떻게 재편되었고, 또 어떻게 사회의 정체성을 형성해갔는가에 대해서는 거의 주목하지 않았다.

또한 분단체제의 형성 과정을 다룬 연구에 있어서도 세계 냉전이 국내 정세에 미친 영향을 제한적 · 주변적으로 취급하거나,[15] 이와는 반대로 아무런 여과 없이 일방적 · 직접적으로 냉전의 국내화가 이루어졌다는 상반된 시각이 대립하였다.[16] 그런데 이러한 양극의 시각은 그 인식과 실천적 전략의 차이에

14 박찬표, 『한국의 국가 형성과 민주주의: 냉전 자유주의와 보수적 민주주의의 기원』, 후마니타스, 2007, 17쪽.

15 이와 관련해서 홍석률은 한국의 분단문제 해결을 강조하는 논자들이 기본적으로 분단을 동서대립의 산물로 단순화하는 것에 비판적이며, '남북대립'의 측면에서 접근하고 있다고 주장한다. 여기에서 남북대립이란 탈식민과 관련된 문제로, "단순히 식민지로부터의 해방을 의미하는 좁은 개념이 아니라, 불균등한 근대 세계질서가 파생시킨 중심부와 주변부, 패권국과 종속국, 강대국과 약소국의 갈등과 대립관계를 모두 포괄하는 개념이다." 따라서 그는 "동서대립만 강조했던 과거의 냉전사 연구와 한반도 분단사 연구는 서로 전면적으로 결합되기 어려운 측면이 있었다"고 평가한다. 그리고 그는 이와 같은 시각의 대표적 연구로 장준하, 「민족주의자의 길」, 『씨알의 소리』, 1972년 9월호; 백낙청, 「분단체제의 인식을 위하여」, 『분단체제 변혁의 공부길』, 창작과비평, 1994; 강만길, 「민족분단의 역사적 원인」, 『한국민족운동사론』, 서해문집, 2008을 들고 있다. 홍석률, 「냉전의 예외와 규칙」, 『역사비평』 110, 역사비평사, 2015, 113~133쪽.

16 박찬표는 이런 시각의 대표적인 연구로, 이용희, 「38線 劃定 新攷」, 『아세아학보』 1, 아세아학술연구회, 1965; Cho Soon-Sung, "Korea in World Politics, 1940~1950: An Evaluation of American Responsibility", California University Press, 1967; 신용하, 「한국 남북분단의 원인과 포츠담 밀약설」, 한국사회사연구회, 『해방 직후의 민족문제와 사회운동』, 문학과 지성사, 1988을 제시한다. 박찬표, 앞의 책, 17쪽.

도 불구하고, 탈식민화 과정과 세계 냉전이 쌍방향의 상호관계성 속에서 재구성했던 남한의 정체성을 간과한 채, 냉전을 유의미한 연구 주제로 상정하지 못했다. 한쪽은 양자를 별개의 역사적 사태로 구분하려는 경향이 강했고, 다른 한쪽은 양자 사이의 긴장과 충돌의 지점에 눈감아 버렸다. 때문에 이들 연구는 식민과 탈식민 그리고 냉전이 중첩되어 다양한 사유와 담론이 혼재되었던 복잡하고 다층적인 당대 사회의 양상을 포착할 수 없게 하였다. 또한 어떤 계기와 맥락 속에서 남한 사회의 다양한 주체들이 세계 냉전과 상호작용하였고, 그 과정에서 냉전이 어떻게 한국사회에 체제화 되어갔는가에 대한 설명 역시 제공해주지 못하였다. 이러한 연구사적 흐름 속에서 그간 한국 현대사 학계의 냉전연구는 적극적으로 이루어지지 못하였다.

중요한 것은 한국 현대사에서 탈식민화와 세계 냉전이 별개의 사태가 아니라, 동시에 상호 뒤엉켜 전개된 것으로 접근하는 시각의 전환이 필요하다. 과거 탈식민 연구와 냉전연구 상호 간에 소통의 부재는 일종의 지역 편협주의(provincialism)의 산물이다. 냉전연구 내의 탈식민 연구의 공백이 유럽 중심의 편협함을 갖고 있다면, 탈식민 이론 내의 냉전연구의 공백은 또 다른 지역 중심의, 또 다른 성격의 편협함을 갖고 있다.[17] 세계 냉전사와 한국 냉전사 상호 간의 폭넓은 이해를 위해서는 양자를 하나의 역사상으로 접근해서 검토할 필요가 있다.[18] 이와 함께 냉전연구와 관련해서 한국 학계의 초점 전환 역시 요

17 권헌익, 「냉전의 다양한 모습」, 『역사비평』 105, 역사비평사, 2013, 232쪽.

18 한국전쟁이 유럽의 냉전에 미친 영향에 대해서는, 역사문제연구소 · 포츠담현대사연구센터 공동기획, 『한국전쟁에 대한 11가지 시선』, 역사비평사, 2010 참조. 한국과 독일의 냉전경험에 대한 비교 연구로는 김동춘 · 기외르기 스첼 · 크리스토프 폴만 외, 안인경 · 이세현 옮김, 『반공의 시대』, 돌베개, 2015 참조. 한국전쟁이 초기 냉전질서 구축에 미친 영향에 대해서는, 브루스 커밍스, 「냉전의 중심, 한국」, 『아시아리뷰』 10, 서울대학교 아시아연구소, 2016; 김명섭, 「한국전쟁이 냉전체제의 구성에 미친 영향」, 『국제정치논총』 43, 한국국제정치학회, 2003; 윌리엄 스툭, 서은경 옮김, 『한국전쟁과 미국의 외교정책』, 나남출판, 2005 참조. 특히 브루스 커밍스는 냉전 초기 미국의 봉쇄(containment)전략은 미국 내 정치상황의 영향 속에 격퇴(rollback) 전략과의 지속적인 변증법을 통해 형성되어 갔으며, 한국전쟁은 이와 같은 미국의 전략상 혼란과 난맥상을 보여주는 거울이자 미국의 정책수립에 주요한 변수로 작용했음을 주장했다. 김명섭 역시 "한국전쟁은 냉전적 대치상태를 격화시키고 그 구조를 봉인"했으며, "냉전이 열전으로 변모되지 않도록 하는 국제적 체제의 형성에 기여"했음을 강조했다.

구된다. "분단국가 형성론에서 남한국가 형성론으로" 시선의 이동이 그것이다.[19] 지정학적 질서로서의 세계 냉전체제가 해체되었음에도 불구하고 사회적 질서로서의 '냉전 반공체제'는 한국사회에 내재되어있다. 문제시해야 할 것은 분단만이 아니라 한국사회에 강고한 사회적 · 이념적 기반을 구축하고 있는 '냉전 반공체제'라고 할 수 있다.

한국의 냉전연구와 관련해서 전자의 인식 전환이 해방기 남한 사회의 냉전의 수용 과정에 대한 재검토를 촉발시키는 것이라면, 후자의 인식 전환은 분단과 한국전쟁을 거치면서 어떻게 냉전의 논리가 남한 사회에 고착화 되었는가를 추적하도록 이끈다. 특히 이 글은 후자의 인식 전환에 기초해서, 냉전을 외교, 군사, 정치적 차원에서 접근했던 기존 연구와는 달리, 냉전담론에 주목해서 검토한다. 여기에서 냉전이 지배적 질서와 문화로 뿌리를 내렸다는 것은, 그것이 단순하게 지배 권력의 전유물로서 지배를 정당화하는 정치적 담화이거나 각종 물리력과 제도적 · 이데올로기적 장치에 의해 남한 사회에 강제 · 확산되었다는 것만을 의미하지 않는다. '위로부터' 강제된 질서가 '아래로부터' 일정한 호응 내지는 순응을 획득했다는 것이며, 위와 아래가 모두 냉전의 논리에 긴박되어 작동했다는 것을 의미한다. 이러한 양상이 출현한 시기가 바로 이 글의 연구 시기인 한국전쟁 무렵이다. 요컨대 이 글은 제2차 세계대전 이후 본격화된 세계 냉전이 어떠한 역사적 계기와 과정에서 한국사회에 체제화 되어갔고, 역으로 그것이 한국사회를 어떻게 재편시켰는가를 해방 이후 한국전쟁기간에 걸쳐 살펴보고자 한다.

이 글이 연구 주제로 삼은 '한국 냉전담론의 형성과 확산'에 관한 독립적인 연구는 현재 진행되지 않았다. 대체로 1990년대 무렵까지 한국 학계의 냉전연구는 분단과 한국전쟁의 원인 및 성격을 밝히는 문제와 밀착되어 진행되었다. 때문에 냉전을 미 · 소 간 '세력균형(balance of power)'의 측면에서, 주로 한반도를 둘러싼 국제정치 · 외교 · 군사문제에 주목해 다루었다.[20] 이후 2000년대

19 박찬표, 앞의 책, 17쪽.

20 이와 관련한 대표적 연구로는 브루스 커밍스, 김자동 역, 『한국전쟁의 기원』, 일월서각, 1986;

에 들어와서 관련 연구들은 냉전의 영향력을 문화적 측면에서, 또 일국 단위를 넘어서 국제적 차원에서 검토하는 경향을 보였다.

먼저 이 글의 연구사적 위치를 가늠할 수 있는 연구 동향부터 간단히 살펴보자. 최근 국내에도 냉전사 연구에 대한 관심이 고조되는 가운데 '한국냉전학회'(2015)가 창립되었고, 해외 냉전사 연구의 동향을 검토하는 연구 논문들이 등장했다. 주로 냉전의 중심 국가였던, 미국, 소련, 독일, 중국, 일본, 한국의 냉전사 연구 동향이 각 나라 전공자들에 의해 소개되었다.[21] 이들 논문은 각 나라의 특수한 정치·사회적 맥락과 학계의 성향에 따라 편차는 있지만, 대동소이하게 최근 냉전사 연구에 새로운 경향이 출현하고 있음을 보여준다. 새로운 경향은 크게 일국사적 접근의 한계를 넘어서고자 하는 '트랜스내셔널 전환(Transnational Turn)'과 냉전연구의 주제와 행위자를 확대하려는 '문화적 전환(Cultural Turn)', 그리고 미소 중심적 연구의 한계를 극복하려는 '지구적 전환(Global Turn)'으로 수렴된다. 이런 변화된 흐름에 따라 최근 냉전연구는 미·소 관계나 서구 중심적 시각에서 탈피해, 주변화 되었던 제3세계 지역의 냉전경험에 주목하고, 그것이 세계 냉전과 어떻게 상호작용했는가를 살피고 있다. 또 소위 '문화냉전(cultural Cold War)'이 인종, 젠더, 문화 등 특정 지역과 사회의 정체성을 비롯한 다양한 분야에 미친 영향을 검토함으로써 다층적이고 복합적인 냉전사의 풍부한 역사상을 드러내고 있다.[22]

Bruce Cumings, *THE ORIGINS OF THE KOREAN WAR: Liberation and the Emergence of Separate Regimes 1945-1947*, Seoul, Korea: Yuksabipyungsa, 2002; Bruce Cumings, *THE ORIGINS OF THE KOREAN WAR: The Roaring of the Cataract 1947-1950*, Seoul, Korea: Yuksabipyungsa, 2002; 박명림,『한국전쟁의 발발과 기원』Ⅰ·Ⅱ, 나남, 1996. 커밍스의 연구는 미국학계의 성과이지만 그의 저작이 한국학계에 냉전과 한국전쟁에 관한 논의를 촉발시키는데 상당한 영향을 미쳤다는 점에서 의미 있는 작업으로 평가된다. 냉전을 비롯한 한국전쟁에 관한 다양한 쟁점에 대해서는 James I. Matray, "Korea's war at 60: A survey of the Literature", *Cold War History*, Vol. 11, No.1, 2011, pp.99~129 참고.

21 노경덕,「냉전연구의 새로운 시각과 관점」,『통일과 평화』3, 서울대학교 통일평화연구원, 2011; 노경덕, 앞의 논문, 2012; 이주영,「미국사학계의 새로운 냉전사 연구」,『역사비평』110, 역사비평사, 2015; 이동기,「독일 냉전사 연구의 관점과 주제들」,『역사비평』111, 역사비평사, 2015; 이병한,「신냉전사, 중국현대사의 새 영역」,『중국근대사연구』53, 중국근현대사학회, 2012; 김려실,「아시아 냉전사 연구의 새로운 지평」,『로컬리티 인문학』창간호, 부산대학교 한국민족문화연구소, 2009; 홍석률, 앞의 논문, 2015.

이와 같은 최근 냉전사 연구의 흐름과 성과를 토대로, 이 글은 해방 이후 한국사회의 재편 과정을 냉전의 계기성에 주목해서 검토한다. 한반도의 탈식민화와 근대국민국가 건설이 세계 냉전과 중첩되었다는 것을 고려한다면, 냉전은 남한의 초기 근대국가 건설과정을 이해하는 데 반드시 검토되어야 할 요소이다. 동시에 이 글은 냉전의 계기성에 주목하는 차원을 넘어, 보다 구체적으로 냉전담론의 형성 및 확산의 사태에 주목해서, 실제 냉전이 미친 사회적 영향을 살펴본다.

먼저 전자와 관련해서 박찬표의 연구는 많은 시사점을 제공해준다. 그는 탈식민 이후 한국사회를 '분단국가 형성론'의 시각에서 탈피해, '남한국가 형성론'의 측면에서 살펴볼 것을 제안한다. 그는 해방 3년사를 분단문제를 매개로 '민족주의' 의제에 접근하기보다는, 남한의 국가 및 정체성 구축에 관건이 된 '민주주의 제도화'에 천착할 것을 주장한다. 이런 문제의식하에 그는 해방공간을 한국 민주주의의 역사적 기원인 동시에 자유민주주의의 초기 제도화가 이루어진 시기로서 분석한다. 이 과정에서 남한 국가의 형성 과정 및 초기 절차적 민주주의의 제도화 과정을 둘러싼 여러 정치세력들의 상호작용을 밝혀주고 있다.[23] 이를 통해 해방 이후 남한의 냉전적 정체성의 초기 형성 과정과 그것의 문제점을 비판적으로 검토하고 있다.

다음으로 이 글이 해방 이후 남한에서 냉전담론이 등장하고 확산된 추이에 주목하는 이유는, 남한의 국가 형성과 사회 변화에 미친 냉전의 영향력을 문화적 측면에서 검토하기 위해서이다.[24] 과거 한국의 국가 형성 및 지속에 대

---

22 문화 냉전에 대한 국외 연구물로는, Stephen E. Pease, *PSYWAR: Psychological Warfare in Korea, 1950-1953*, Pennsylvania: Stackpole Books, 1992; Ron Robin, *THE MAKING OF THE COLD WAR ENEMY: Culture and Politics in the Military-Intellectual Comples*, Princeton and Oxford: Princeton University Press, 2001; Peter J. Kuznick and James Gilbert ed., *Rethinking Cold War Culture*, Washingtion and London: Smithsonian Institution Press, 2001; Christina Klein, *Cold War Orientalism: Asia in the Middelbrow Imagination, 1945-1961*, California: California Press, 2003 참조.

23 박찬표, 앞의 책 참조.

24 관련해서, 프란츠 파농(Frantz Fanon)은 프랑스령 식민지인 앙티유 흑인들의 열등콤플렉스를 분석하면서, 언어와 문화가 정체성과 갖는 관계를 다음과 같이 언급한다. "언어와 집단성 사이에는 서로 떠받치는 지지대 같은 관계가 있다. 하나의 언어를 말하는 것은 하나의 세계, 하나의 문화를 떠맡는 것이다. 백인이 되려는 앙티유인은 언어라는 문화 도구를 자기 것인

한 연구는 '억압적 국가기구'를 중심으로 분단체제의 물적 토대나 통제·규율 장치의 분석에 집중하는 가운데, 권력의 가시적 지배 및 통제의 방식과 실상을 밝혀주었다.[25] 그럼에도 불구하고 독점적 '폭력' 내지는 '학살'에 기초한 지배와 통제가 어떻게 정당성을 획득하고, 더 나아가 자발적 동의를 이끌어 낼 수 있었는가에 대해서는 과제로 남겨두었다. 그리고 이와 같은 과제는 관련 연구의 영역을 이데올로기, 문화, 망탈리테(mentalités), 감정의 구조(structure of feelings) 등으로 확장 및 심화시켰다. 그 결과 비교적 최근의 연구들은 해방 이후 한국의 국가 형성과 영속의 문제를 식민/탈식민/냉전이 착종되어 형성된 이데올로기나 문화의 측면에서 분석하고 있다.[26]

대표적으로 임종명의 연구는 담론 및 시각 자료의 재현과 표상 전략의 분석을 통해 남한의 국가정체성 및 주체 형성의 과정을 검토했다.[27] 동시에 식민과 탈식민 그리고 냉전이 중첩되어 발생하는 균열과 충돌의 지점을 드러냈다. 그리고 이 뒤틀림과 충돌을 재조정해갔던 남한 사회의 기획과 실천 역시 밝혔다.[28] 특히 그는 담론장 내 식민과 탈식민의 지속과 단절의 논리구조를

양 자유자재로 쓸수록 그렇게 될 것이다." Frantz Fanon, 노서경 옮김, 『검은 피부 하얀 가면』, 문학동네, 2014, 18쪽.

25 '억압적 국가기구'에 대해서는 Louis Althusser, 이진수 역, 「이데올로기와 이데올로기적 국가기구」, 『레닌과 철학』, 백의, 1991, 136~190쪽 참조.

26 문화적 시각에서 국가형성문제를 다룬 대표적 연구로는, Chong-myong Im, "*The Making of the Republic of Korea as a Modern Nation-State, August 1948~May 1950*", Ph.D. dissertation of the University of Chicago, 2004. 이 밖에 사상사적 측면에서 해방 후 흥사단계열 지식인들 간 냉전인식의 차이에 따른 분화 양상을 분석하는 것을 통해, 남한의 국가 건설 구상에 미친 냉전의 계기성을 포착한 연구 역시 시사적이다. 장규식, 「미군정하 흥사단 계열 지식인의 냉전인식과 국가건설 구상」, 『한국사상사학』 38, 한국사상사학회, 2011.

27 임종명, 「여순'반란'재현을 통한 대한민국의 형상화」, 『역사비평』 64, 역사비평사, 2003; 「여순사건의 再現과 暴力」, 『한국근현대사연구』 32, 한국근현대사학회, 2005; 「여순사건의 재현과 공간(空間)」, 『한국사학보』 19, 고려사학회, 2005; 「一民主義와 대한민국의 근대민족국가화」, 『한국민족운동사연구』 44, 한국민족운동사학회, 2005; 「제1공화국 초기 대한민국의 가족국가화와 내파」, 『한국사연구』 130, 한국사연구회, 2005; 「이승만 대통령의 두 개의 이미지: 국부 최고영도자」, 『한국사시민강좌』, 38, 일조각, 2006; 「脫식민지 시기(1945~1950년) 남한의 국토민족주의와 그 내재적 모순」, 『역사학보』 193, 역사학회, 2007; 「설립 초기 대한민국의 북한 실지화(失地化)와 조선민주주의인민공화국 타자화(他者化)(1948.8~1950.6)」, 『사학연구』 88, 한국사학회, 2007; 「설립 초기 대한민국의 전사형 국민 생산과 조선민주주의인민공화국상(像)의 전용」, 『한국사연구』 151, 한국사연구회, 2010.

28 임종명, 「해방 공간과 신생활 운동」, 『역사문제연구』 27, 역사문제연구소, 2012; 「해방 직후

포착하고, 식민시기의 담론 자원이 재소환 되어 탈식민의 맥락에서 반복되면서도 변용되어갔던 양상을 분석했다.[29] 이 과정에서 '아시아-태평양전쟁'기 반(反)서구/근대의 기치하에 고창되었던 '인종·권역주의'가 전후 '민족'과 '민주주의' 시대에 전변(轉變)되었던 지성사적 흐름을 검토했다.[30] 이를 통해 탈식민과 냉전의 계기성이 만든 '담론장의 구조변동'을 드러냈다. 또 해방 이후 고조된 '민족주의'와 초민족적 보편이념인 '민주주의' 간에 상보적이면서도 충돌하는 지점을 간파해, 냉전 초기 남한 내 냉전담론 구축의 곤경 및 그 내적 논리의 변화상을 보여줬다.[31]

성공회대 동아시아연구소팀의 공동 연구 역시 냉전 초기 한국, 중국, 일본 아시아 삼국의 지역적·지정학적 상상력을 비롯한 규율제도, 문화, 일상 등이 냉전의 구조 속에서 재편되었던 양상을 다루었다.[32] 특히 이 공동연구는 각국의 사례 연구를 통해, '전후 미·소 냉전체제에의 분할적 귀속 여하에 따라 두 개의 아시아라는 분열적 아시아상이 만들어'졌음을 밝혔다. 또한 미국의 '문화'를 매개로 한 남한에서의 헤게모니 구축 과정을 '중앙과 지방', '엘리트와 대중'을 가로질러 검토하고 있는 허은의 연구 역시 시사적이다.[33] 단순한 '문화제국주의'의 틀에서 벗어나 상호 '관계' 속에서 미국 문화정책의 효과와 균열을 검토함으로써, 세계 냉전과의 상호작용 속에서 정체성을 구축해갔던 남한

남한 엘리트의 이성 담론, 규율 주체 생산과 헤게모니 구축」, 『개념과 소통』 12, 한림과학원, 2013; 「해방 직후 인민의 문제성과 엘리트의 인민 순치」, 『동방학지』 168, 연세대학교 국학연구원, 2014.

29 임종명, 「종전/해방 직후(1945.8~1948.7) 남한 담론 공간과 '적색 제국주의 소련'상(相·像)」, 『한국사학보』 62, 고려사학회, 2016.

30 임종명, 「해방 이후 한국전쟁 이전 미국기행문의 미국 표상과 대한민족(大韓民族)의 구성」, 『사총』 67, 역사학연구회, 2008; 「탈식민 초기(1945.8~1950.5), 남한국가 엘리트의 아시아기행기와 아시아표상」, 『민족문화연구』 52, 고려대학교 민족문화연구원, 2010; 「해방 직후 남한 신문과 베트남 전쟁 재현·표상」, 『현대문학의 연구』 54, 한국문학연구학회, 2014.

31 임종명, 「해방 직후 이범석의 민족지상, 국가지상론」, 『역사학연구』 45, 호남사학회, 2012; 「해방 직후 최재희와 개인 주체성 담론」, 『역사학연구』 53, 호남사학회, 2014; 「해방 공간과 인민, 그리고 민족주의와 민주주의」, 『한국사연구』 167, 한국사연구회, 2014.

32 성공회대 동아시아연구소 편, 『냉전 아시아의 문화풍경 1: 1940~1950년대』, 현실문화, 2008.

33 허은, 『미국의 헤게모니와 한국 민족주의: 냉전시대(1945~1965)문화적 경계의 구축과 균열의 동반』, 고려대학교민족문화연구원, 2008.

의 실상을 해방부터 1960년대 중반에 걸쳐 분석했다.

최근엔 『사상계』를 매개로 한 냉전연구가 이루어졌는데, 역사학계에서는 1950년대 『사상계』 지식인들의 '자유민주주의'를 둘러싼 논의를 지성사적 맥락에서 독해한 이상록의 연구가 주목된다.[34] 그는 냉전체제의 진영론에 입각한 『사상계』 지식인들의 자유민주주의론의 성격과 내부의 차이를 검토하면서, 냉전이 지성사에 미친 영향을 밝혀준다. 국문학계의 『사상계』 텍스트를 검토한 일련의 연구들 역시 지성사와 대중문화를 넘나들며, "폐쇄된 개방과 허용된 일탈"로 대표되는 1950년대 남한 사회를 살핀다.[35] 무엇보다 이들 연구는 냉전 반공주의의 임계점 내에서 그것과 상호작용하면서 형성된 다양한 담론과 문화양상을 검토한다. 이를 통해 전후 냉전과 내셔널리즘이 뒤엉킨 모순적이고 복합적인 남한의 변화상을 드러냈다.

한편, 해방 이후 냉전의 계기성을 포착한 연구들 중에는, 식민과 탈식민의 '지속과 변용' 또는 '반복과 차이'에 주목한 연구들이 주목을 끈다. 강성현은 "아카(アカ)"와 "빨갱이"의 탄생 맥락을 분석해, 식민과 탈식민을 가로질러 발생한 반복과 변용의 역사, 특히 '적(赤-敵) 만들기'와 비국민의 계보학을 밝혔다.[36] 홍정완은 해방 후 우파계열 국민국가 건설 운동의 이념을 사상사적 측면에서 검토하는 가운데 냉전의 계기성을 포착했다. 그는 식민시기 교토학파의 철학이 냉전/분단 초기 독립촉성국민회 계열의 국민운동에 절합되어 재등장하는 양상을 분석했다. 이를 통해 식민과 탈식민 그리고 냉전의 과정에서 사상의 지속과 굴절의 지점을 보여줬다.[37]

또한 연세대학교 국학연구원의 공동연구 프로젝트는 '식민지 파시즘'의 유

34 이상록, 「『사상계』에 나타난 자유민주주의론 연구」, 한양대학교 사학과 박사학위논문, 2010.

35 김건우, 『사상계와 1950년대 문학』, 소명출판, 2003; 권보드래 외, 『아프레걸 思想界를 읽다: 1950년대 문화의 자유와 통제』, 동국대학교출판부, 2009; 사상계연구팀, 『냉전과 혁명의 시대 그리고 『사상계』』, 소명, 2012.

36 강성현, 「아카(アカ)와 "빨갱이"의 탄생-"적(赤-敵) 만들기"와 "비국민"의 계보학」, 『사회와 역사』 100, 한국사회사학회, 2013.

37 홍정완, 「해방 이후 남한 '國民運動'의 국가·국민론과 교토학파의 철학」, 『역사문제연구』 23, 역사문제연구소, 2010.

산이 해방 후 남한의 지배질서 형성과 재생산 과정에 결착되어 작동되었던 구체적 실상을 역사, 사회, 문학의 영역에서 검토했다.[38] 민주화운동기념사업회의 공동연구 역시 "식민지 유산, 국가 형성, 한국 민주주의"라는 제목이 말해주듯이, 식민지 유산이 한국의 국가 형성과 민주주의의 전개 과정에 끼친 영향을 법, 이념, 경제, 사회, 문화 영역에서 추적했다.[39] 이를 통해 식민지 유산이 탈식민 이후 냉전과 뒤엉켜 변용·지속되었던 양상과 특성을 밝혔다.

국문학계의 연구 역시 유사한 연구경향을 보여주고 있는데, 장세진의 연구가 대표적이다.[40] 그녀는 아메리카라는 매개를 통해서 식민지 시기와 '탈식민' 시기 정체성의 구조가 어떠한 '반복'과 '차이'를 보이는지 분석한다. 그녀는 아메리카라는 매개를 통해 구성된 대한민국의 자기표상('동양/아시아')을 '서양/아메리카'라는 표상과 연동하며 구성되는 한 쌍(pair)의 개념 구조로 파악한다. 두 개의 표상 축은 대립항의 존재에 의해 의미가 규정되는 방식으로, 이 표상에 주목해서 식민지 시대와의 '반복'과 '차이'를 검토한다. 이를 통해 해방 이후 남한 사회가 아메리카에 대한 표상과 식민의 흔적을 조작해서 자기 정체성을 구성해간 과정을 검토했다. 테드 휴즈(Theodore Hughes) 역시 식민지와 탈식민지의 역사를 지속이나 중단이 아니라 재연과 변주의 시각에서 검토한다.[41] 이를 통해 식민지 시대의 흔적('시각적 방식')이 식민지 이후 냉전기에 동일한 구조를 한 다른 양상으로 재출현하고 있음을 보여주고 있어, 한국사회의 냉전문화 내부의 복합적이고 중층적인 구조를 보여준다.

이상 살펴본 바와 같이, 최근 한국의 냉전연구는 해외 냉전사 연구의 시각 전환과 조응해 문화적 접근을 시도하면서 상당한 성과를 낳았다. 이는 해방 이후 남한의 국가 형성과 사회 변화를 문화적 차원에서 접근하려는 흐름과도

38 방기중 편, 『식민지 파시즘의 유산과 극복의 과제』, 혜안, 2006.

39 정근식 외, 『식민지 유산, 국가 형성, 한국 민주주의』 1·2, 책세상, 2012.

40 장세진, 「상상된 아메리카와 1950년대 한국 문학의 자기 표상」, 연세대학교 국어국문학과 박사학위논문, 2007; 장세진, 『상상된 아메리카: 1945년 8월 이후 한국의 네이션 서사는 어떻게 만들어졌는가』, 푸른역사, 2012; 장세진, 『슬픈 아시아: 한국 지식인들의 아시아 기행 (1945~1966)』, 푸른역사, 2012.

41 테드 휴즈, 나병철 역, 『냉전시대 한국의 문학과 영화: 자유의 경계선』, 소명출판, 2013.

결합되었다. 그 결과 해방 이후 남한의 탈식민화와 냉전을 하나의 역사적 사태로 인식하는 가운데, 식민과 탈식민 그리고 냉전이 중첩되어 만든 복잡하고 중층적인 사회 양상을 드러내주었다.

그럼에도 불구하고 기존 연구는 전후 세계의 인식 틀로서 '냉전'이라는 개념 자체의 정치성을 문제시하지 않았다. 다시 말해 해방 이후 남한에서 전후 세계 인식의 틀로서 '냉전'이라는 진영론이 구축되고, 그 냉전적 시각과 논리가 체제화 되어갔던 양상과 구조에 대해서는 주목하지 않았다. 제2차 세계대전 직후 '하나의 세계'로 상징되는 세계 평화와 질서를 구축하기 위한 다양한 방법과 전망이 모색되었다. 그리고 이와 같은 기획과 실천은 전후 세계에 대한 다양한 해석과 평가 역시 촉발시켰다. 전후 세계를 '세력균형'의 시각에서 미·소를 양극으로 한 '두 진영'으로 분할 규정했던 '냉전'이라는 인식 틀은 전후 세계를 규정하는 여러 입장 중에 하나일 뿐이었다. 복수의 전후 세계에 대한 해석과 규정 중 '냉전'이라는 개념이 남한 사회에 수용되어, 이후 세계를 바라보는 지배적 '보기의 방식'으로 고착화된 것은 결코 자연스러운 과정이 아니었다. 즉, 해방 직후 남한의 담론 공간에서 반공이 곧 자유민주주의를 의미했던 것이 아니듯, 미·소 대립이 곧 '냉전'이라는 개념으로 규정되지 않았다. 실제 당대 남한에는 전후 세계의 복잡 다양한 갈등과 대립의 현상을 해석하고 규정하는 서로 다른 진영론이 경쟁·공존했다. 이런 측면에서 해방 이후 남한 사회가 전후 세계의 갈등과 대립을 냉전이라는 특정 '보기의 방식'에 의해 해석하고 규정했던 데에는 인위적 개입과 권력이 작동한 것으로 접근할 필요가 있다.

동시에 '냉전'이라는 용어의 정치성에 무감각한 결과, 기존 연구는 해방 이후 남한에서 냉전적 시각과 논리의 확산 현상을 외부로부터의 수용이라는 측면만을 강조하는 경향이 강했다. 때문에 당대 남한의 정치집단은 냉전을 '인식'하고 그에 '반응'하는 주체로만 상정되었다. 물론 전후 미·소를 양극으로 하는 세계적 대립의 사태가 결코 한반도에 그 기원을 둔 것은 아니었다. 하지만 전후 미·소의 세계적 대립이 격화하는 과정에서, 그 사태의 원인과 성격을 규정한 '냉전'이라는 개념이 남한에 수용·확산되어갔던 데에는 남한 정치 세력의 적극적 개입이 작용했다. 이는 곧 해방 이후 남한의 정치세력이 전후 미·소 대립의 사태를 수동적으로 인식하고 반응한 것이 아니라, 그 사태를 적극적으로 '해석', '평가', '의미화'한 주체였음을 말해준다. 즉 당대 남한의 좌우 정치세력은 전후 국제정세를 취사선택하고, 자신들의 정치적 지향과 노선에 따라 그것을 전유했던 주체였다. 그리고 이들의 각종 매체를 통한 국제정세의 해석과 평가는 곧 전후 세계를 남한에 매개하는 과정이었다. 이런 맥락에서 해방 이후 남한에서 '냉전'이라는 개념은 당대 세계를 바라보는 복수의 시각 중 특정 정치세력에 의해 채택된 당파적 해석 틀일뿐이었다.

이런 이유로 이 글은 해방 이후 남한의 냉전담론과 그것의 사회적 확산 과정을 검토하고자 한다. 특히 전후 세계 냉전이 무매개적이고 일방적으로 남한 사회에 수용된 것이 아니라면, 남한 사회를 냉전 세계와 접합할 수 있게 했던 내적 요인이 무엇이었고, 어떠한 역사적 과정을 통해 양자가 상호결합하게 되었는가를 검토할 필요가 있다. 이런 측면에서 본 연구는 해방 이후 좌우 정치세력의 '민족·민주주의' 정치노선을 둘러싼 경쟁과 갈등의 과정에서 남한의 냉전담론이 형성되었던 역사적 과정을 분석한다. 그리고 그 연장선에서 냉전적 시각과 논리가 남한 사회에 확산되고 체제화 되어갔던 메커니즘을 검토하고자 한다.

2. 연구 방법 및 내용

이 글은 제2차 세계대전 이후 등장한 냉전이라는 인식 틀이 남한에 수용되어, 세계를 해석하는 지배적 시각과 논리로 고착화 되어갔던 과정을 분석한다. 이를 위해 본 연구는 해방 이후 남한의 냉전담론을 주요 분석 대상으로 설정한다. 본 연구가 담론에 주목하는 것은 특정 시공간의 담론이 일종의 사회적 실천이며, 그 실천은 당대 사회구조와 권력관계에 의해 규정되기 때문이다. 즉 담론은 사회의 갈등과 투쟁을 반영하고 또 역으로 그 권력관계와 사회를 재편하는 데 개입한다. 요컨대 담론은 사회적이라 할 수 있다. 이런 측면에서 해방 이후 냉전담론에 대한 연구는 그것을 둘러싼 다른 담론과의 관계 및 그 배후에 존재하는 정치사회적 힘의 관계를 검토할 수 있게 한다. 이런 이유로 냉전담론에 대한 검토는 해방 이후 냉전이라는 개념이 어떻게 남한 사회를 규정짓는 하나의 지배적 인식 틀로 자리매김 되었는가를 밝히는 데 있어 유효한 연구방법이다.[42]

이와 같은 담론연구의 방법론에 유의해서, 이 글은 해방 이후 남한 사회의 냉전담론을 당대 정치적 권력관계의 산물로 바라본다. 실제 해방 이후 남한의 냉전담론은 국제 정세에 대한 객관적 전달을 위해 생산된 것이 아니다. 그것은 미국과 우파 정치세력의 당파적 세계 인식과 규정의 틀이었다. 즉 1947년 2차 미소공위 결렬 무렵 남한 사회에 등장했던 냉전 개념은 우파 정치세력의 진영논리였으며, 단정 수립 이후 이승만 정부에 의해 '이데올로기적 담론'으로 기능했다.[43] 그리고 이승만 정부의 다양한 이데올로기 작업과 맞물려 재생산

42 이와 같은 담론연구의 문제의식과 방법론에 기초한 연구로는 이기훈, 「일제하 청년담론 연구」, 서울대학교 국사학과 박사학위논문, 2005; 황병주, 「박정희 체제의 지배담론: 근대화 담론을 중심으로」, 한양대학교 사학과 박사학위논문, 2008; 윤상현, 「1950년대 지식인들의 민족 담론 연구」, 서울대학교 국사학과 박사학위논문, 2013 참조.

43 담론과 이데올로기는 겹치기도 하지만 구분해서 이해할 필요가 있다. 즉 모든 담론이 곧 이데올로기인 것은 아니다. 알튀세르에 따르면 이데올로기란, '개념, 관념, 신화 혹은 이미지로 구성되는 재현 체제로서 이를 통해 인간들은 현실의 존재 조건과 상상적 관계(imaginary relation)를 맺고 산다'고 정의한다. 루이 알튀세르, 이종영 옮김, 『맑스를 위하여』, 백의, 1997, 277~283쪽 참조. 이때 이데올로기를 '재현 체제'로 구상한 것은 이들이 근본적으로 담론적이고 기호학적 성격을 가진다는 점을 인정한 것이다. 재현 체제는 우리가 세계를 우리 자신에게나 다른 사람에게 재현할 때 도구로 삼는 의미 체제이다. 이는 이데올로기적 지식이 구체적인 실천, 즉 의미 생산에 관여하는 실천의 결과임을 인정한다. 그러나 모든 실천이 이데올로기 속에 있거나 혹은 이데올로기에 의해 각인된다고 해서 모든 실천이 이데올로기일 뿐이라는 결론은 나오지 않는다. 주요한 목적을 이데올로기적 재현(상상적 관계를 구축하는 재현)에 두고 있는 그러한 실천들은 구체성을 가진다. 스튜어트 홀, 임영호 편역, 『스튜어트 홀의 문화 이론』, 한나래, 2005, 82~84쪽; Stuart Hall, "Signification, Representation, Ideology: Althusser and the Post-Structuralist Debates," *Critical Studies in Mass Communication*, vol. 2, no. 2, 1985, pp.91~114. 이런 의미에서 이 글에서 사용하는 '이데올로기적 담론'은 일정한 정치적 목적을 가지고 여러 개념과 담론의 연쇄 고리를 매개 또는 규정하여 현실을 특정한 '상상적 관계' 속에서 재현하는 담론을 지시한다.

되면서 사회적으로 확산되었다. 하지만 이후 냉전담론은 지배의 의도와는 어긋나거나 지배를 균열시키는 요인으로 작용하고, 더 나아가 비판세력에게 전유되어 저항의 논리로 기능하기도 했다. 즉 남한 사회의 다양한 주체들은 지배 권력에 의해 사회적으로 확산되었던 냉전담론의 대상으로만 존재했던 것이 아니라, 오히려 지배의 틀과 논리를 자신들의 이해관계에 적극적으로 접목시켜 나름의 삶의 토대를 마련해갔다. 그 과정에서 애초 지배 권력의 의도와는 다른 방향으로 냉전담론이 재생산되고, 그것이 사회 변화의 추동력이 되기도 했다. 더 나아가 지배의 논리였던 냉전의 논리가 저항의 근거가 되어버리는 역설적인 양상이 등장했던 때가 분단과 한국전쟁에 걸친 시기였다.

이를 좀 더 상세하게 말하자면, 지배담론으로서 냉전담론이 지배적 담론이 되기 위해서는 피지배 집단의 일정한 이해관계 내지는 의제를 충족시킬 수 있는 내부 논리를 갖추어야 한다. 설사 그것이 실제와 다른 위선이라 할지라도 그 논리를 통해서 지배의 정당성과 당위를 구축해야만 한다. 그런데 이 지배담론의 논리는 단순히 피지배 집단을 포섭하는 계기일 뿐 아니라 그들로 하여금 자신의 목소리를 정당하게 낼 수 있는 근거를 제공해 주기도 한다. 그리고 지배의 현실과 지배의 논리가 불일치 할 때, 지배질서 내부에 긴장과 균열이 발생하고 그 균열은 다시 저항의 단초가 될 가능성이 존재한다. 이때 체제 내 비판세력은 지배질서의 어그러진 틈새에서 오히려 지배의 논리를 전유하고 새로운 의미 관계를 형성하는 것을 통해 저항해 간다. 이 과정에서 지배담론은 더 이상 지배집단의 전유물로만 남아있지 않는다.

지배의 시선과 논리는 지배의 대상만을 향하는 것이 아니라, 역으로 그 대상에 반사되어 지배집단을 틀 지우고 통제하는 지배적 담론이 된다. 이와 같이 '위와 아래'가 모두 지배의 논리에 긴박될 때만이 특정 지배담론은 그 사회의 헤게모니를 장악한 지배적 담론으로 시민권을 확보하면서, 그 사회의 가치, 윤리, 규범으로 체제화 된다. 때문에 특정 사회의 지배적 담론은 지배와 저항 집단 모두의 이해관계와 의제의 반영물이다. 지배의 입장에선 자신의 정당성 구축을 위해 지배담론을 더욱 강조하며, 저항의 입장에선 저항의 근거로서 지배담론을 새롭게 의미화 하고자 한다. 이 과정이 지배담론의 사회적 확산 과정이자 지배적 담론으로 자리매김하는 과정이다. 또 그것이 바로 지배적 문화와 질서의 형성 과정이기도 하다. 그런데 이와 같은 역사적 과정을 밝히기 위해서는 냉전담론에 대한 총체적 분석이 이루어져야 한다. 여기에서 총체적 분석이란, 냉전담론의 등장, 확산, 재생산 과정에 대한 검토를 말한다. 바꿔 말하면 냉전담론의 생산과 효과 그리고 소비의 과정에 대한 종합적 고찰을 의미한다. 이런 측면에서 이 글은 해방 이후 냉전담론의 형성과 확산의 동학을 살펴보고자 한다.

이와 함께 이 글은 해방 이후 남한 사회의 '민족'과 '민주주의'론에 주목한다. 해방 이후 남한 사회의 세계를 인식하는 틀은 당시 좌우 정치세력의 정치적 지향과 밀착되어 형성되었다. 당대 남한 사회에 전달된 국제정세에 대한 소식은 좌우 정치세력의 정치적 지향이 투영된 정세 인식에 기초해서 일정하게 틀 지워지고 가공된 정보였다. 즉 당대 좌우 정치세력은 전후 세계를 남한 사회에 매개하고 번역했던 주체였다. 따라서 해방 이후 좌우의 정치적 지향과 남한 사회가 세계를 바라보는 시각은 밀접하게 연결된 것이었다. '파시즘 대 민주주의'의 전쟁이었던 제2차 세계대전에서 민주주의 연합국의 승리는 전후 세계를 '민족'과 '민주주의'의 시대로 만들었다. 해방 직후 좌우 정치세력은 이 민족과 민주주의를 자신의 정치적 정당성을 주장하는 논리이자 이념으로 삼았다. 바꿔 말하자면, 좌우 정치세력은 자파의 정치노선에 따라 이 민족과 민주주의를 새롭게 정립하면서, 상호 경쟁했다. 그리고 자파의 정치적 지향을 새긴 이 민족과 민주주의의 개념을 통해 전후 세계 역시 해석했다. 요컨대 전후 남한의 세계를 인식하고 평가하는 준거가 바로 '민족'과 '민주주의'라는 정치적 의제였다.

이런 이유로 이 글은 해방 이후 남한의 세계 인식 및 냉전적 진영논리의 형성 과정을 좌우 정치세력의 '민족 · 민주주의론'과의 관계 속에서 검토하고자 한다. 이것은 단순하게 민족(주의)과 민주주의가 세계 해석과 규정의 기준이었다는 것을 의미하지 않는다. 역으로 전후 세계가 남한의 민족과 민주주의의 내용을 새롭게 규정한 것이기도 했다는 것이다. 즉 전후 남한의 민족과 민주주의는 세계를 바라보는 틀이기도 했지만, 전후 세계의 영향 속에서 새롭게 형성된 것이기도 했다. 이런 측면에서 이 글은 해방 이후 좌우의 '민족 · 민주주의'론을 둘러싼 경쟁에 주목한다. 더 나아가 양측의 서로 다른 '민족 · 민주주의'론이 어떻게 전후 세계를 바라보는 시각의 차이로 이어졌는가를 추적한다. 이를 통해 해방 이후 남한에서 냉전적 진영논리가 수용되었던 과정을 이해하고, 역으로 수용된 냉전적 시각과 논리가 이후 남한 사회를 재편하는데 미친 영향을 살펴보고자 한다.

이를 위해 우선 제1부에서는 전후 미소대립의 가시화와 함께 등장했던 '냉전'이라는 세계 인식의 틀이 남한 사회에 수용될 수 있었던 내적 요인을 검토한다. 이 과정에서 일제시기 사회주의 사상의 유입을 계기로 분화된 민족운동 내 대립의 경험과 그에 따른 상호적대의 담론과 논리를 살펴볼 것이다. 동시에 일제의 '방공(防共)' 정책과 반소반공담론을 분석하는 것을 통해 해방 직후 좌우대립과 반소반공담론의 계보를 밝힐 것이다. 이어 해방 직후 민족과 민주주의를 기축으로 한 좌우 정치세력의 담론과 미소점령군에 대한 그들의 이중적 인식구조를 살펴볼 것이다. 이 과정에서 식민의 유산과 탈식민의 새로운 국면이 낳은 해방 직후 남한의 이념적 무정형(無定型) 상태를 밝힐 것이다.

제2부에서는 좌우가 '신탁통치파동'을 계기로 첨예하게 대립하면서 내세웠던 논리를 분석한다. 이를 통해 좌우의 계급적 입장과 정치노선에 따라 전후 세계를 각기 다르게 규정하는 과정을 추적할 것이다. 이어 좌우가 각기 다른 진영논리를 정립해갔던 과정을 살펴보고, 이후 서로 다른 좌우의 진영논리가 전후 국제정세를 해석하고 평가하는 데 어떤 차이를 발생시켰는가를 검토할 것이다. 이와 함께 우익의 진영논리가 1947년 2차 미소공위의 결렬 무렵 출현했던 '냉전' 개념으로 귀결되는 과정을 분석한다. 마찬가지로 좌익의 '민주 대 반민주'의 논리가 '제국주의 반민주주의 대 반제국주의 민주주의'의 진영론으로 이어지는 과정 역시 검토한다. 이를 통해 해방 직후 남한에서 세계를 규정하는 복수의 진영담론이 형성되는 과정을 밝힐 것이다.

제3부에서는 남한의 단독정부 수립 이후 냉전담론의 사회적 확산 과정을 다룬다. 이승만 정부의 '이데올로기적 담론'으로서 기능했던 냉전담론이 지배권력에 의해 활용되었던 양상과 사회적으로 냉전담론이 퍼져나갔던 현상을 살펴볼 것이다. 이 과정에서 냉전담론과 밀착된 '자유민주주의' 이념이 지배와 저항의 메커니즘과 맞물려 어떻게 확산되어져 갔는가를 추적할 것이다. 동시에 초기 냉전시각과 논리가 확산되는 과정에서 발생했던 반(反)냉전의 흐름을 비롯한 다양한 사회현상 역시 검토할 것이다. 이를 통해 이승만 정부 초기 특정 '보기의 방식' 중 하나였던 냉전논리와 시각이 세계 인식의 지배적인 틀로 고착화된 과정을 분석할 것이다.

제4부에서는 한국전쟁기 냉전담론의 확산 양상과 그에 따른 냉전적 시각과 논리의 체제화 과정을 검토한다. 먼저 전시동원체제의 가동을 위해 지배권력이 생산한 냉전적 애국담론의 양상을 분석할 것이다. 동시에 사상전의 양상 속에서 반공을 공고히 할 사상적 체계를 마련하고자 했던 이승만 정권의 이데올로기 기획 역시 살펴본다. 이 과정에서 한국전쟁기 서구 근대 비판의 사유들과 길항하면서 남한을 미국의 헤게모니 내로 편입시키려고 했던 지식인들의 작업을 분석할 것이다. 마지막으로 한국전쟁기 반공의 상징인 상이군인이 오히려 저항의 계기로 되어버리는 역설적 상황을 검토한다. 이를 통해 냉전적 시각과 논리를 기축으로 지배와 저항의 상호작용이 낳은 결과와 그것이 남한의 냉전질서 형성에 미친 영향을 밝힐 것이다.

끝으로 이 글은 해방 이후 냉전담론에 대한 분석을 위해 그것에 관한 다양한 정보를 제공하고 있는 대중매체를 주요 분석 대상으로 활용한다. 특히 담론 분석의 주요 자료로 신문과 삐라에 주목한다. 기존 연구들 역시 신문을 자료로 활용하고 있지만 대개 보조적 차원에서 선택적으로 다루는 경향이 강하다. 이 글이 신문에 주목하는 이유는 그 어느 자료보다도 국제정치에서부터 일상의 잡담에 이르기까지 다채로운 '말'과 그것의 사회 · 역사적 맥락을 확인할 수 있는 자료이기 때문이다. 특히 매일 간행되는 연속성과 '사실성'으로 인해 냉전담론과 관련한 전후 맥락과 사회적 분위기를 포착할 수 있다. 또 냉전담론의 형성, 확산, 전유의 과정을 시계열적으로 재구성하기 위해서도 신문은 기본적이면서도 핵심적인 자료라 할 수 있다. 삐라는 해방 직후 좌우 정치세력이 자파의 주장을 가장 집약적이고 선동적으로 전달한 매체 중 하나였다. 때문에 삐라 역시 좌우대립의 논리와 성격을 분석할 수 있는 유용한 자료이다. 또한 삐라는 논리적 설득뿐만 아니라 일반 대중의 정서와 심리에 기대어 호소한다는 점에서 역으로 당대 사회를 독해할 수 있는 계기를 제공한다.

이와 함께 잡지 역시 주요한 분석대상으로 삼는다. 신문이 사설을 제외하면 간략한 파편적 기사가 많은 반면, 잡지는 일정한 간기를 두고 해설과 논평 위주로 작성된 경우가 많아 전체적 담론 지형을 검토하는 데 유용하다. 뿐만 아니라 신문에서 다루지 못한 심층적 논의 역시 게재하고 있어 담론의 내적 논리를 분석하는 데 유의미하다. 나아가 당대 냉전담론이 미친 영향을 정치적 층위에 제한하지 않고 경제, 사회, 사상, 문화 등 보다 폭넓게 검토하기 위해 당대 지식인들이 집필한 저술 역시 검토한다. 정부 수립 이후 정계의 담론을 검토하기 위해서 국회회의록을 비롯한 정부공식자료, 미군정문서, 회고록, 성명서 등 다양한 관련 자료를 살펴볼 것이다. 이상의 자료 등을 토대로 해방부터 한국전쟁 기간에 걸쳐 냉전담론의 형성 맥락과 내적 논리는 물론 그것의 사회적 영향 등을 살펴볼 것이다.

제1부

해방의 무정형성과 민족 · 민주주의론

1부 해방의 무정형성과 민족 · 민주주의론

해방 이후 남한에 냉전적 시각이 형성된 과정은 좌우 정치세력의 전후 세계에 대한 인식의 변화 및 전변(轉變)된 인식의 고착화와 그 궤적을 같이했다.[1] 이는 당대 남한의 냉전화(冷戰化)가 외부 세계의 기계적이고 무매개적 내화의 과정이 아니라, 그 내부의 여러 정치세력과 결부되어 진행되었다는 것을 말해준다. 그리고 더 나아가 이들이 바로 냉전세계의 매개자이자 내화와 확산의 주체였다는 것을 시사한다. 실제 이 시기 남한 사회에 전달된 국제정세에 대한 소식은 이들 정치세력의 정세판단에 기초해서 일정하게 틀 지워지고 가공된 정보였다. 즉 전후 미소대립이라는 역사적 사태에 대한 남한사회의 인식과 담론은 미소의 외삽(外揷)권력과 상호작용하면서 정치적 헤게모니를

1 해방 직후 남한 정치세력들의 대외 인식 내지 대미 · 대소 인식과 관련해서 직간접적으로 참고할 만한 연구 성과는 다음과 같다. 남광규, 「해방초 국내외 정치세력의 대외 인식과 대외노선을 둘러싼 세력투쟁」, 『한국정치외교사논총』 25-2, 한국정치외교사학회, 2004; 윤덕영, 「일제하 · 해방직후 동아일보 계열의 민족운동과 국가건설노선」, 연세대학교 사학과 박사학위논문, 2010; 최선웅, 「張德秀의 사회적 자유주의 사상과 정치활동」, 고려대학교 한국사학과 박사학위논문, 2013; 김무용, 「해방 후 조선공산당의 신전술 채택과 당면과제」, 『역사연구』 5, 역사학연구소, 1997; 「해방 후 조선공산당의 노선과 조선인민공화국(1945.8~1945.12)」, 『한국사학보』 9, 고려사학회, 2000; 정용욱, 「조선공산당 내 '대회파'의 형성 과정」, 『국사관논총』 70, 국사편찬위원회, 1996; 고지훈, 「해방 직후 조선공산당의 대미인식」, 『역사문제연구』 17, 역사문제연구소, 2007; 심지연, 『해방정국의 정치이념과 노선』, 백산서당, 2013.

구축하고자 했던 좌우 정치세력의 의제와 밀착되어 생산되었다. 그리고 이런 담론은 현실의 권력관계를 재생산하거나 역으로 그것을 전복 내지는 전혀 새로운 형태로 재편하기 위해 새롭게 맥락·의미화된 것이었다.

이는 전후 세계의 패권을 둘러싼 미소 경쟁의 사태가 정치적 입장과 노선에 따라 도구화되어 수용되었음을 말해준다.[2] 때문에 전후 미소관계에 대한 평가는 각 정파의 정치적 노선에 따라 상이했으며, 그것을 둘러싼 의미 경쟁을 지속적으로 발생시켰다. 요컨대 해방 직후 남한은 미소대립을 둘러싼 "의미투쟁(struggle for the word)"의 격전장으로 여전히 유동적인 시공간이었다.[3] 따라서 이 시기 남한의 세계 인식과 그에 관한 담론을 단순한 외적계기가 아닌 내부와의 상호작용의 산물로 접근할 필요가 있다.

따라서 당대 남한에서 '냉전'이라는 세계 인식의 틀이 형성되는 과정을 살펴보기에 앞서 우선 두 가지 사실에 대한 검토 작업이 필요하다. 하나는 남한의 냉전시각과 논리를 구축했던 경험과 담론자원의 연원이 어디에 있으며, 그것이 해방 이후 지속 내지는 변용되어 어떠한 영향을 미쳤는가에 대한 검토이다. 다른 하나는 냉전화가 가시화되기 이전 상태에 대한 검토이다. 즉 전자가 해방직후 좌우대립의 연원과 냉전의 가시화 속에 다시 동원된 일제강점기 '반소반공담론자원'에 대한 검토라면, 후자는 냉전적 시각이 대두하기 이전 '이념적 무정형'의 상태에 대한 검토라 할 수 있다.

이와 관련해서 주목해야 할 것은 해방 이후 좌우대립과 반공주의적 경향의 연원이 일제시기부터 존재하고 있었다는 점이다. 다시 말해 해방 이후 남한사회를 냉전세계와 결합할 수 있게 했던 내적요인이 선취, 축적되어 있었다는 것이다. 남한에서 좌우대립은 1945년 8월 15일 해방 시점부터 이미 시작되었다. 우익 진영의 유력한 지도자 송진우(宋鎭禹)는 좌, 우, 중간파가 고루 참여

2 관련해서 연구 범주와 주제의 차이에도 불구하고 냉전 초기 사회주의진영 내부의 전쟁론과 평화론을 둘러싼 긴장과 갈등을 포착한 최근 연구는, 서구의 냉전이 비서구 세계의 개별 국가나 사회 조건에 따라 어떻게 달리 평가·해석될 수 있는가를 시사해준다. 김태우, 「냉전 초기 사회주의진영 내부의 전쟁·평화 담론의 충돌과 북한의 한국전쟁 인식 변화」, 『역사와 현실』 83, 한국역사연구회, 2012.

3 Kwon Heonick, *The Other Cold War*, Columbia University Press, 2010, p.6.

한 민족통일전선체인 건국준비위원회(건준)의 참여를 거절한 채, 이에 적대감을 보였다. 이후 1945년 9월 6일 좌파를 중심으로 조선인민공화국(인공)이 급조되자, 한민당은 인공 타도를 외쳤다.[4] 해방 정국에서의 주도권을 놓고 좌우가 첨예하게 대립해갔던 배경에는 사회체제의 변혁과 새로운 국가 건설을 둘러싼 서로 다른 정치노선상의 갈등이 작용하였다. 그리고 이 노선의 차이와 갈등은 일제시기 좌우대립의 경험 속에서 이미 그 토대가 만들어진 것이었다. 뿐만 아니라 좌우 상호간의 인식 및 적대의 논리 역시 일제시기 경험과 담론으로부터 나온 것이었다. 요컨대, 해방 이후 좌우 정치세력은 일제 식민통치와 상호적대의 경험을 바탕으로 전후 세계를 해석하고 그에 대응해갔다.

이와 함께 해방 직후 정치적 상황에 대한 검토는 이후 남한의 냉전화를 검토하기 위한 예비 작업으로서 중요한 의미를 갖는다. 일제 식민시기와 다른 탈식민의 국면을 확인하기 위해서도, 또 이후 전개되는 냉전화의 양상을 보다 선명하게 포착하기 위해서도, 그것이 가시화되기 이전의 상태에 대한 검토는 필수적이다. 무엇보다 해방 직후는 일제 식민시기의 반공반소주의가 잠시 무효화되었다. 또 전간기(戰間期)와 '아시아-태평양전쟁'기 일제에 의해 선전된 반미 반서구의 사상과 담론자원 역시 부정되었다.

이 과정에서 연합국의 일원으로 참전한 소련군은 해방자로 인식되었고, 소련은 과거 일제의 역선전과는 전혀 다른 선망의 대상이기도 했다. 또 '파시즘'에 대한 '민주주의'의 승리는 일제에 의해 서구 근대의 산물로 비판되었던 '민족주의'와 '민주주의'를 부정할 수 없는 당위적 가치로 부상시켰다. 이후 보편

4 '한국민주당(한민당)은 해방과 동시에 발족한 건준과 인공의 "좌경독주"에 대처할 목적으로 우익 진영의 지도자들이 점차 그 세력을 집결하기 시작하여 조직한 정당이다.' 宋南憲, 『解放三年史 1: 1945-1948』, 까치, 1985, 117쪽. 한민당은 9월 8일 발기인 6백여 명의 명의로 인민공화국 타도 성명서를 "젊잖지 못한" 표현을 구사하여 발표하였는데, 여기서 인공을 "知名人士의 令名을빌엇다 自己威勢를뵈랴는 徒輩야 일즉이 汝等은 小磯總督官邸에서 合法運動을 일으키랴다 嚬笑를 當한 徒輩이여 海雲臺 溫泉에서 日人 眞鍋某와 朝鮮의 「라우렐」이 될 것을 꿈꾸든 徒輩야 日本의 壓迫이 消漁(滅)되자 政務摠監, 京畿道 警察部長으로부터 治安維持協力의 委囑을 받고 피를 흘리지 않고 政權을 奪取하겟다는 野望을 가지고 나선 日本帝國의 走狗들"이라고 비난하고 있다. 韓國民主黨發起人, 「決意 聲明書」, 1945년 9월 8일자, 김현식·정선태 편저, 『삐라로 듣는 해방 직후의 목소리』(이후 『삐라선집』), 소명출판, 2011, 53쪽.

적 이념으로 자리 잡게 되는 민주주의는 일제 대동아공영권의 특수적 '인종·권역주의' 세계관과 길항하면서, 이를 대체해 갔다. 요컨대 해방 직후 남한은 식민의 흔적과 탈식민이 낳은 새로운 국면이 혼재된 속에서 유동적이었다. 남한의 냉전화는 이와 같은 해방 직후 이념적 무정형의 상태를 새로운 진영논리와 시각에 기초해서 재편하는 과정이었다.

제1장 해방 전후 반공담론의 지속과 변주

1. 반공담론 : 지속과 변주의 중첩

현재까지도 반공이데올로기는 한국사회의 기저를 이루는 주요한 가치이자 이념이다. 국가정책과 사회문화는 물론 개인의 일상에 이르기까지 반공이데올로기는 여전히 그 힘을 발휘하고 있다. 더구나 세계적 '냉전'질서의 해체에도 불구하고 유일한 분단국가로 남겨진 한국사회에서, 반공이데올로기는 '집단의 정신구조 속에 내재화된 아비투스(habitus)'로 개인의 신체와 정체성을 (무)의식적 차원에서 규정하고 있다.[5] 한국 현대사에서 반공이데올로기가 미친 이와 같은 영향은 그것의 형성 과정 및 성격을 밝히려는 많은 연구를 낳았다.

대체로 기존 연구는 반공이데올로기를 해방 후 분단문제의 해명 과정에서 반공이데올로기가 형성되었던 역사적 조건과 맥락을 밝혀주었다.[6] 그럼에도 불구하고 반공이데올로기 자체에 대한 면밀한 분석은 진행하지 않았다. 이는 과거 한국현대사 학계의 주요 의제가 '억압적 국가기구'를 중심으로 분단국가 형성의 각종 기구나 제도의 문제로 설정된 나머지, 반공이데올로기는 상대적으로 제한적 · 주변적 문제로 인식된 탓이기도 했다. 물론 반공이데올로기에 관한 직접적 연구 역시 이루어졌지만, 이 역시 해방 직후 반공이데올로기 형

5 강웅기, 「반공주의와 문학 장의 근대적 전개」, 김진기 외, 『반공주의와 한국 문학의 근대적 동학』 Ⅰ, 한울, 2008, 14쪽.

6 브루스 커밍스, 김자동 역, 『한국전쟁의 기원』, 일월서각, 1986; 박명림, 『한국전쟁의 발발과 기원』 Ⅰ · Ⅱ, 나남, 1996; 서중석, 『한국현대민족운동연구: 해방후 민족국가 건설운동과 통일전선』, 역사비평사, 1991; 도진순, 『한국 민족주의와 남북관계』, 서울대출판부, 1997; 박찬표, 『한국의 국가 형성과 민주주의: 냉전 자유주의와 보수적 민주주의의 기원』, 후마니타스, 2007; 박태균, 「해방후 친일파의 단정 · 반공운동의 전개」, 『역사비평』 23, 1993; 윤덕영, 「일제하 · 해방직후 동아일보 계열의 민족운동과 국가건설 노선」, 연세대학교 사학과 박사학위논문, 2010.

성의 주객관적 조건과 상황에 대한 설명에 집중한 가운데 그것의 내적 논리나 내용에 대한 분석은 미진했다.[7]

이와 달리 비교적 최근 연구는 해방 직후 반공이야기나 반공담론을 직접적 분석 대상으로 삼아 그 논리와 내용을 밝히는 작업을 진행했다. 그 결과 해방 직후 반공담론의 발화 맥락이나 양상을 드러내거나,[8] 탈식민 전후 '방공'과 '반공'의 기표 변화와 그 역사적 의미를 규명했다.[9] 그럼에도 불구하고 이들 연구는 시기적으로 해방 직후에 집중하거나 기표의 변화에 한정해서 분석한 결과 오히려 탈식민 전후 반공담론의 논리와 내용의 지속과 변화의 양상 및 그것이 내포한 역사적 맥락을 드러내는 작업은 충분히 진행하지 못했다. 요컨대 반공이데올로기의 형성 과정을 역사적으로 규명한 작업이 그 내부의 내용과 논리에 소홀했던 반면, 반공담론 자체를 분석한 시도는 역으로 그것의 논리와 내용이 갖는 역사적 맥락을 드러내주는 데 미흡했다.

이와 같은 기존의 연구 경향은 반공이데올로기를 반공담론의 생산주체와의 관계 속에서 접근할 필요성을 제기한다. 한국의 반공이데올로기는 공산주의 사상과의 직접적 논쟁 과정을 통해서 형성된 것이 아니었다. 또한 그 내부의 정연한 논리체계를 갖춘 이념도 아니다. 즉 그 자체에 그 기원을 둔 것이 아니라, 안티(anti)이념으로서 늘 타자의 타자로서 성형되었다. 다시 말해 초기 한국의 반공이데올로기는 좌우대립의 경험을 배경으로 외력이 조성한 식민과 탈식민 그리고 냉전의 구조화된 조건과 상호작용하면서 자신의 정치노선을 추구했던 우익 정치세력의 반공담론에 의해 구축된 것이었다.

이와 같은 반공이데올로기의 초기 형성 과정에 유의해서, 이 글은 탈식민 전

7 모리 요시노부, 「한국 반공주의이데올로기형성 과정에 관한 연구: 그 국제정치사적 기원고 제특징」, 『한국과 국제정치』 5-2, 1989; 정영태, 「일제말 미군정기 반공이데올로기의 형성」, 『역사비평』 16, 1992; 김정, 「해방직후 반공이데올로기의 형성 과정」, 『역사연구』 7, 2000; 역사문제연구소 편, 『한국정치의 지배이데올로기와 대항이데올로기』, 역사비평사, 1994.

8 신형기, 「해방직후의 반공이야기와 대중」, 『상허학보』 37, 2013; 임종명, 「종전/해방 직후(1945.8~1948.7) 남한 담론 공간과 '적색 제국주의 소련'상(相·像)」, 『한국사학보』 62, 2016.

9 김준현, 「'방공(防共)'과 '반공(反共)'의 변증법: 해방 후 10년 신문지면에 나타난 기호의 변용과 그 의미」, 『상허학보』 44, 2015.

후 반공담론 논리와 내용의 변화 양상을 살펴보고자 한다. 특히 이 글은 탈식민 전후 한국의 반공주의 담론을 살펴보는 데 있어서 지속과 변주의 이중적 시각을 취한다. 탈식민 전후 한국의 반공담론은 일제시기와 해방 직후를 관통해서 지속되는 측면과 함께, 식민과 탈식민 그리고 냉전의 전변된 역사적 국면을 계기로 단절 내지는 변화하는 측면이 동시에 존재했다. 그리고 이와 같은 반공담론의 지속과 변주의 이중적 구조는 그 담론의 생산주체로부터 기인한 것이었다.

해방 직후 한국 반공담론의 주 생산자들은 우익계열 정치인과 지식인이었다. 이들은 식민과 탈식민을 가로질러 존재했었고, 그와 같은 전변된 역사적 상황에 대응하면서 자신의 정치노선을 추구했다. 이들은 일제시기 민족운동 내 좌우 분화 및 갈등의 경험에서 비롯된 공산주의 운동과 사상에 대한 반감을 해방 이후에도 견지했다. 그리고 이런 적대적 정서와 좌우 논쟁의 경험을 토대로 반공담론의 논리와 내용을 만들었다. 바로 이들의 경험에서 비롯된 반공담론은 식민과 탈식민을 관통해서 지속적으로 반복되었다. 반대로 이들 역시 식민과 탈식민 그리고 냉전의 전변된 역사적 국면을 능동적으로 인식하는 가운데, 그에 대응해 반공담론의 논리와 내용을 재구성했다. 그 결과 제2차 세계대전 이후 민족자결과 민주주의가 보편적 가치로 재등장했을 때 이들이 주장했던 반공담론의 논리와 내용은 과거 '제국의 방공(防共)'과는 다른 동형이질의 것이었다. 바로 이 역사적 국면의 전환에 의해 촉발된 반공담론은 유동적이었다.

이와 같은 지속과 변주의 양상은 담론 주체의 경험과 그를 둘러싼 구조화된 역사적 조건을 시야에 두고 탈식민 전후 반공담론의 양상과 성격을 검토할 것을 제기한다. 이 장에서는 일제시기 좌우갈등의 경험에서 비롯된 우익의 공산주의 운동에 대한 적대와 비판의 논리를 분석하고, 그것이 해방 이후 반공담론의 한 축을 이루며 지속되는 양상을 살펴본다. 동시에 식민과 탈식민 그리고 냉전의 국면 전환에 따른 반소반공담론의 변화 양상을 분석한다. 특히 해방 직후 민족·민주주의를 기축으로 한 좌우논쟁에서 비롯된 반공담론의 논리와 내용을 분석한 데 이어, 그것이 냉전의 가시화를 계기로 재차 변화하는 양상을 추적한다. 이를 통해 탈식민 전후 한국 반공담론의 다층적 구조와 함께 그것의 지속과 단절 그리고 변주의 역사를 살펴보자.

2. 일제시기 민족운동의 분화와 제국의 방공담론

1920년대 사회주의 확산과 좌우대립

일제시기 좌우대립은 1차 세계대전의 여파 속에서 발생한 3·1운동 이후 사회주의의 확산과 함께 시작되었다. 제1차 세계대전의 종전을 전후로 제국주의 열강의 침략주의와 군국주의에 대한 전 세계적 비판 여론이 확산됐다.[10] 이와 함께 약소민족의 해방운동이 세계 각지에서 발생하면서, 기존 열강의 지배체제에 대한 비판으로서 '세계개조'의 요구가 광범위하게 분출됐다.[11] 그리고 비슷한 시기에 일어난 1917년 러시아혁명 역시 전제왕조를 대신해 사회주의 국가를 출현시켰고, 유럽 각국의 노동운동을 활성화하는 계기로 작용했다. 이런 흐름 속에서 전제주의의 낡은 봉건적 유제와 근대 자본주의의 병폐에 대한 비판이 전 세계적으로 거세게 일어났다.

조선의 신지식층 역시 일본 지식계를 통하여 문화주의 개조론을 수용하였다. 그리고 새로운 민족운동론으로서 신문화건설·실력양성론, 정신개조·민족개조론을 펼쳤다. 이런 문화주의 개조론은 대체로 1920년까지는 '반자본주의(反資本主義)'보다는 '반봉건근대화(反封建近代化)'의 방향을 취하였다. 그러나 1921년 이후 정의와 인도의 원칙에 입각한 세계 개조가 국제정치의 현실 속에서 불가능하다는 것이 분명해지자, 민족운동 세력은 크게 사회혁명주의의 계급운동을 지향했던 사회주의 계열과 자본주의적 발전 전망을 지닌 민족주

10 이태훈, 「1910~20년대 초 제1차 세계대전의 소개양상과 논의지형」, 『사학연구』 105, 한국사학회, 2012, 219~223쪽.

11 구대열, 『한국국제관계사연구 1』, 역사비평사, 1995, 222~233쪽 참조.

의 계열로 나뉘었다.[12]

일제는 제1차 세계대전의 호경기에 뒤이어 발생한 경제공황을 돌파하기 위하여, 조선에 대한 일본상품의 수출과 자본 진출을 가속화시켰다. 그 결과 1920년대에는 소위 '이식자본주의(利殖資本主義)'의 발달에 따른 노동자 급증 현상이 나타나면서, 노동문제가 조선 사회의 전면으로 떠올랐다. 이식자본주의 체제의 강화와 그에 따른 계급적 모순의 심화를 배경으로, 1920년대 조선에서는 자본주의 이념을 부정하고 반제국주의 인간해방을 주장하는 사회주의 사상이 확산되었다.[13] 당시 사회주의는 반자본주의의 논리로 '개조'와 '혁신'이라는 시대사조를 대변하는 자유와 평등의 이념으로 인식되었다. 이와 함께 성공한 러시아혁명은 개조와 혁신의 모델로서 민족운동 진영의 주요 관심 대상으로 부상했다.[14]

반면에 민족주의 계열은 아직도 세계가 정의 · 인도의 원칙보다는 '생존경쟁'의 원칙 위에서 움직인다고 보고, 사회진화론에 입각한 '실력양성운동'의 방향으로 나아갔다. 특히 1920년대 초 이래 실력양성운동은 해방 후 한민당의 중심세력을 이루는 동아일보 계열이 추구했던 노선으로, 그 대표적 인물이 김성수(金性洙), 송진우(宋鎭禹), 장덕수(張德秀) 등이다. 이들은 1921년 이후 기존 '현대문명의 수립'이라는 애매한 지향에서 벗어나, 보다 확실하게 '자본

12 1920년대 초 민족운동의 좌우분화에 대해서는 박찬승, 『한국근대 정치사상사연구』, 역사비평사, 1992, 197~208쪽 참조. 물론 민족주의 계열 내에서도 일제의 정책에 대한 대응에 따라 비타협적 민족주의(민족주의 좌파)와 타협적 민족주의(민족주의 우파)로 갈라졌다. 또 마르크스와 레니주의에 대한 신념의 차이, 신간회에서의 사회주의 세력과의 연대문제에 대한 입장 차이 등 다양한 기준으로 민족주의 좌우파가 갈라졌다. 류시현, 『동경삼재: 동경 유학생 홍명희 최남선 이광수의 삶과 선택』, 산처럼, 2016, 163~164쪽. 일제시기 사회주의 세력 역시 그 내부에서 운동의 세대별로 마르크스주의의 수용방식을 비롯해서 민족문제와 계급문제에 대한 입장에 따라 운동노선에 차이를 보였다. 장규식, 「20세기 전반 한국 사상계의 궤적과 민족주의 담론」, 『한국사연구』 150, 한국사연구회, 2010, 293~295쪽.

13 이지원, 『한국 근대 문화사상사 연구』, 혜안, 2007, 176~178쪽.

14 임경석, 『한국사회주의의 기원』, 역사비평사, 2003, 43~48쪽. 또한 러시아혁명 이후 사회주의에 대한 국내 반향 및 러시아 표상에 대해서는 황동하, 「일제 식민지시대(1920년~1937년)지식인에 비친 러시아혁명: 대중적으로 유통된 합법잡지를 중심으로」, 『서양사론』 102, 한국서양사학회, 2009; 최규진, 「역사주체의 새로운 발견과 역사인식: '과격파'의 표상을 중심으로」, 『사림』 55, 수선사학회, 2016; 황민호, 「1920년대 국내 언론에 나타난 소비에트 러시아와 在露韓人」, 『한국민족운동사연구』 42, 한국민족운동사학회, 2005 참조.

주의문명 수립'을 추구했다.[15]

이 과정에서 동아일보 계열의 신지식인들은 사회주의 사상과 운동을 비판했다. 이들은 제1차 세계대전 이후의 시대를 여전히 힘의 논리가 지배하는 약육강식의 세계로 평가했다. 때문에 생존을 위한 실력양성을 민족의 선결과제로 내세웠다. 이러한 입장을 대변하였던 『동아일보』는 1922년 신년사를 통해 "現代는 民族的 競爭時代니 偉大한 民族的 團結이 無하면 個人으로 天分을 發揮할수 업스며 社會로 文化를 形成키 不能하"다고 주장했다.[16] 다시 말해 전후 세계를 우승열패의 '민족적 경쟁시대'로 규정하고, 실력양성을 위한 민족적 단결을 강조했다. 그리고 실력양성을 곧 자본주의 문명의 수립으로 상정했던 그들의 노선에 기초해서, 사유재산을 부정하는 계급운동이나 급진적 사회변혁 시도에 대해서는 적대적인 태도를 취했다.

송진우를 비롯한 동아일보 계열 신지식인들은 일본의 다이쇼데모크라시 운동기 유학을 통해 고전적 자유주의를 비판한 영국의 '신자유주의(New Liberalism)' 사조를 접했고, 이와 유사한 문제의식을 견지했다. 그들은 신자유주의자들과 마찬가지로 사회주의를 계급적 이데올로기로서의 사회주의가 아니라 계급이익에 반대하고 사회적 공동선을 추구하는 일종의 윤리적 이상으로서의 사회주의로 이해했다. 그 결과 소비에트 러시아 방식을 예외로 하고 서구의 노동당과 일본의 무산정당에서 보이는 의회주의적, 합법적 운동방식을 합리적 운동으로 상정한 가운데, 조선의 민족운동에 일정한 수정을 가해 사회주의운동을 그 내부로 포괄하고자 했다.[17]

1920년대 초반 자본주의 문명화를 추구했던 민족주의자들의 계급투쟁과 사회주의에 대한 우려와 적대를 배경으로, 민족운동 내 대립의 골은 깊어갔다. 결국 1922년 초부터 소위 '김윤식 사회장사건'을 계기로 민족주의 세력과 사회주의 세력 간 대립은 표면화됐다.[18] 1923년 '물산장려운동'을 둘러싼 치열한

15 1920년대 초반 민족주의 세력의 문화주의 개조론에 대해서는 박찬승, 앞의 책, 168~304쪽 참조.

16 「新年劈頭에立하야 二千萬民衆에게 告하노라」, 『동아일보』, 1922년 1월 1일자.

17 윤덕영, 앞의 논문, 60~61쪽.

논쟁 역시 민족주의 세력과 사회주의 세력 간의 대립을 더욱 심화시켰다.[19] 여기에 1924년 1월 이광수(李光洙)가 『동아일보』에 「民族的經綸」을 써서 "조선 내에서 허하는 범위 내에서 일대 정치적 결사를 조직"할 것을 주장하자, 사회주의 세력은 이를 일제에 대한 타협으로 간주해서 거세게 공격했다.

보다 본질적으로 이 시기 민족운동 내 대립은 민족운동의 주도권경쟁 속에서 양 세력의 운동노선의 차이에 따른 것이었다. 앞서 언급했듯이 우파 민족주의 세력은 세계의 대세를 민족문제를 중심으로 파악했다. 이에 반해 상해파 공산당을 제외하고 대부분의 사회주의 세력은 '노동자 · 농민 · 혁명적 분자 대 일제와 타협한 귀족 · 부르주아지 · 개량주의자들' 간 대립의 이분법적 구도하에서 조선사회를 바라보았다.[20]

사회주의 세력은 우파 민족주의자들을 계급 대 계급의 대립 구도하에서 적대시하면서 그들의 운동노선을 일제와의 타협으로 규정하였다. 때문에 그 한계를 폭로하여 민족해방운동 내에서 그들의 주도권을 약화시키고자 했다. 하지만 우파 민족주의 세력의 입장에서 사회주의 세력의 공세는 당면 경제발전 단계와 민족문제의 중요성을 외면하고 민족의 분열을 초래하며, 총독부의 분할통치에 놀아나는 것으로 인식되었다. 때문에 민족주의 세력의 사회주의 세

18 김윤식사회장사건은 1922년 1월 한말 이래 온건개화파의 중진이자 문장의 대가인 김윤식(金允植)이 사망하자 김성수, 장덕수 등 동아일보 주도세력이 사회장을 추진했는데, 사회주의 세력의 반대운동으로 사회장 추진이 무산된 것을 말한다. 이 사건을 계기로 사회주의 세력 내 이념투쟁이 일어나 1922년 4월 경성청년회의 김사국(金思國) 등은 조선청년회연합회로부터 장덕수 등의 제명을 제안해서 장덕수 등 우파 간부들이 자격을 상실하였다. 이와 같은 현상은 노동공제회에서도 일어나 노동공제회가 해체를 결의하고 조선노동연맹회가 출범할 때 장덕수파는 탈락하였다. 서중석, 「日帝時期 · 美軍政期의 左右對立과 土地問題」, 『한국사연구』 67, 한국사연구회, 1989, 108~109쪽; 김윤식사회장사건을 계기로 발생한 사회주의 세력 내 장덕수파의 제거는 당시 사회주의운동의 주도권을 둘러싸고 국내 상해파 공산당의 지도자인 동시에 동아일보의 주필이던 장덕수로 대변되는 비사회주의 이념 세력을 청산하려는 노선투쟁의 일환이었다. 이에 대해서는 박종린, 「'김윤식사회장' 찬반논의와 사회주의 세력의 재편」, 『역사와 현실』 38, 한국역사연구회, 2000 참조.

19 물산장려운동을 둘러싼 논쟁에 대해서는 박찬승, 앞의 책, 277~289쪽; 전상숙, 「물산장려논쟁을 통해서 본 민족주의 세력의 이념적 편차」, 『역사와 현실』 47, 한국역사연구회, 2003; 박종린, 「1920년대 전반기 사회주의 사상의 수용과 물산장려논쟁」, 『역사와 현실』 47, 한국역사연구회, 2003 참조.

20 윤덕영, 앞의 논문, 85~86쪽.

력에 대한 인식은 그 초기적 상황부터 부정적인 것으로 인식되었다. 이는 한국 민족주의의 특징 중 하나인 반공주의적 경향이 탄생하는 시초적 계기였다.[21]

이후 1920년대 후반 사회주의 세력의 노선 선회는 민족주의 세력과의 대립과 갈등을 더욱 심화시켰다. 1920년대 중반 이래 사회주의 세력은 타협적 민족운동세력과의 대립구도 속에서 비타협적 민족주의자들과의 협동전선을 구축했다. 이 과정에서 민족유일당운동의 일환으로 1927년 신간회(新幹會)가 결성되었다. 하지만 사회주의자들은 1928년 코민테른 제6차 대회의 "12월 테제"에 입각하여, 기존 민족통일전선에서 엄격한 '계급 대 계급' 노선으로 급격히 전환했다.[22] 특히 사회주의자들은 '사회파시즘'론에 근거한 '계급 대 계급 전술'에 따라 비타협 민족주의자들을 민족개량주의와 동일시하고,[23] 신간회 해소를 통해 그들을 고립화시키고자 했다. 하지만 이와 같은 사회주의 세력의 계급투쟁론으로의 편중은 무모한 좌익소아병으로 비판당하면서, 거의 모든 조선의 민족주의 세력으로부터 외면당했다. 이를 계기로 민족주의 세력은 더 이상 공산주의자들을 민족운동의 동반자로 신뢰하지 않게 되었으며, 신국가 건설 운동에서 협동할 대상으로 인정하지 않게 되었다.[24]

21 윤덕영, 앞의 논문, 88쪽.

22 계급 대 계급 전술은 코민테른 제6차 대회에서 정식화된 사회파시즘론=사회민주주의 주요타격론에 근거한 것이다. 사회파시즘론은 파시즘을 부르주아 지배 일반으로 확대하여 파시즘, 부르주아 민주주의, 사회민주주의를 동일시하는 한편 특히 계급협조주의를 주장하는 사회민주주의의 계급적 기초를 부르주아로 규정한 데 근거하고 있다. 이에 입각하여 코민테른은 사회민주주의와 노동자계급을 분리하기 위한 '계급 대 계급 전술'을 내걸고 소비에트 건설론을 유일한 혁명론으로 인정하였다. 이지원, 앞의 책, 2007, 293쪽 재인용. 코민테른 6차 대회 전후 조선공산주의 운동의 변화에 대해서는 최규진, 「코민테른 6次大會와 朝鮮 共産主義者들의 政治思想 硏究」, 성균관대학교 사학과 박사학위논문, 1996 참조.

23 당시 사회주의자 논객들은 우파 세력 일반을 '社會파쇼化'에 빠진 것을 보고 있는데, 관련해서 한 잡지는 "이 時期에 잇어서의 階級運動은 무엇보다도 自己勢力의 組織的 訓練과 그리고 XXXX에 對하야 XX的인 XX의 準備가 無條件的으로 要求되는 것이다. 더욱이 이러한 時期에 잇어서 植民地의 反動的인 土着뿌르 及 小뿌르 等의 向背는 두말할 것 없이 社會파쇼化에로 急轉되면서 맛치 一九一四年頃에 第二인터나쇼날에서 取한 態度와 같이 그들은 이 亂局에서 現在 X配階級의 모-든 XX을 是認하면서 一般 勞動大衆을 最後까지 XX하기에 조금도 躊躇함이 없는 것"이라고 부르주아 세력을 비판하고 있다. 「民族主義的 勢力의 再興과 그 克服策」, 『批判』, 1933년 6월호, 1쪽.

이와 같은 일제시기 민족운동 내 분화와 갈등에서 주목할 만한 것은 '계급 대 민족'의 대립구도와 논리이다. 민족의 실력양성을 통해 자본주의 문명화를 추구했던 우파 민족주의자들과 사회주의자들 간의 논쟁에서도, 신간회 해소 이후 비타협 민족주의자들과 사회주의자들 간의 논쟁에서도, 그 대립 구조의 주요 쟁점 중 하나가 '계급 대 민족'이었다.[25] 즉 당면한 운동에서 '계급'과 '민족'의 관계 및 무엇을 선결과제로 할 것인가를 둘러싼 논쟁이 치열하게 벌어졌다. 실제 민족주의 세력과 사회주의 세력 모두 노선과 실천의 일치 여부를 떠나, 자기 운동의 정당성을 마련하기 위해 내세웠었던 논리가 바로 '계급'과 '민족'이었다. 그리고 이런 갈등의 경험과 그것을 뒷받침했던 담론과 논리는 해방 직후 좌우 정치세력이 서로를 이해하는 틀이자 비판의 자원으로 동원되었다. 다만 그 시대적 맥락을 달리한 동형이질의 담론자원이었다.

일제시기 민족운동 내 민족/계급논쟁은 1920년대를 거쳐 1930년대 파시즘 체제기에 한층 더 강화되었다. 일본이 1930년대 파시즘 국가체제로의 재편을 강화시켜가는 가운데, 우파 민족주의 세력은 이런 흐름에 합류했다.[26] 과거

---

24 윤덕영, 앞의 논문, 230쪽.

25 일제시기 계급문제와 민족문제를 둘러싼 운동노선의 차이는 사회주의 세력 내에서도 존재했다. 여운형이나 배성룡의 경우 공산주의운동에 참여하면서도 민족과 계급의 접점을 확보하려는 입장을 견지했다. 박찬승, 『민족주의의 시대; 일제하의 한국 민족주의』, 경인문화사, 2007, 247~249쪽; 김기승, 『한국 근현대 사회사상사연구』, 신서원, 1994, 148~153 참조.

26 당시 우파 민족주의자들의 입장을 대변했던 『동아일보』는, 1930대 초반 일본 정계의 일련의 상황을 파시즘화의 증좌로 설명하는 사설을 통해 "最近에 이르러서는 파시즘이 主로 左傾運動과 正面衝突을 하고 잇서 現在의 支配階級과 步調가 一致한 것을 認定되고 잇지마는 正統資本主義 支配形態와 全然一致하는 것이라고 보기 어려운 點도 없지 아니한 것이 事實이다. 가령 獨逸의 國權黨이나 또는 히틀러派로 보드라도 現 獨逸 政府黨과는 判然이 다른 立場에 서잇는 것을 볼 수 잇다. 그들은 資本閥과 接近하여 잇다기보다도 차라리 軍部側과 思想上으로나 行動上으로나 接近함이 많다고 볼 수 잇다. 그 原因을 遡考해 본다고 하면 客觀的으로는 資本階級의 政治的 無爲無能과 그 生活의 安逸淫蕩에 對한 反感에 잇고 主觀的으로 보면 封建的 强力崇拜思想의 再歸라고 할 것이다. 日本의 社會로 보드라도 明治維新 以來로 日淸, 日露兩役을 通하야 資本主義의 發達은 陸海軍의 養育下에서 된것이요. 따라서 軍部의 勢力은 今日까지 儼然히 存在해잇다. 그러한데 今日에 이르러 日本資本主義는 이미 爛熟期에 들어가 그 모든 缺陷은 續續 社會의 表面에 나타나게 되고 資本階級自體는 政治的으로 無能을 表示하얏고 生活的으로 淫佚에 墮落하고 잇다"고 지적한다. 그러면서 "이러한 社會情勢에서 파쇼傾向이 擡頭하는 것은 當然한 일이다"라고 평하면서 파시즘화의 흐름을 당연시하며 수용하고 있다. 「日本社會의 파쇼化傾向」, 『동아일보』, 1932년 3월 13일자.

‘힘의 논리’에 기초한 그들의 세계 인식은 1929년 세계경제공황 이후 부활한 ‘국민주의(國民主義)’, ‘국가주의(國家主義)’의 흐름 속에서 강화되었다.[27] 세계가 다시 ‘힘의 논리’에 의해 ‘국민주의로 변부’되고 있다는 인식 속에서, 우파 민족주의자들은 자신들의 생존경쟁의 논리를 강화시켜갔다. 그리고 이런 진단과 평가는 자연스럽게 조선민족의 쇠약 원인을 밝히려는 시도와 함께,[28] 민족적 단결의 저해요소로 이해되었던 계급의식과 사회주의운동에 대한 거센 공세로 이어졌다.

일례로 1930년대 전반 이광수는 『東光』지의 논설을 통해 사회주의자들의 민족관을 강하게 비판했다. 이광수는 “맑시스트”를 “民族이라는 말을 忌하는” 자로 낙인찍고, 조선의 공산주의자에 대한 적대적 태도를 노골적으로 보였다.[29] 특히 그는 공산주의자들을 ‘대명(大明)을 조국이라고 부르던 자와 같이 노예사상’의 무리로 평가하면서, 공산주의자들의 탈(脫)민족적 국제주의 계급노선을 비판했다. 이어 그는 부분적이고 한 시대에 불과한 주의와 전체적이고 영원한 민족을 대비해서, 민족의 절대적 자연화를 통해 그것을 보존하고 옹호하는 민족주의 세력의 정당성을 구축했다. 반면 이와 대비해서 공산주의자들을 비민족적이고 노예적이며 일시적이라고 규정하는 것을 통해, 그 존립근거를 부정하고 민족운동 내 우파의 헤게모니를 강화시키고자 했다.

일제시기 좌우갈등은 우파 민족주의자들뿐만 아니라 비타협적 민족주의자들과 사회주의자들 사이에서도 발생했다. 1928년 이후 사회주의자들이 ‘계급 대 계급’의 좌경노선으로 전환하자, 안재홍(安在鴻)은 이들을 ‘소아병적 오류’

27 이런 세계에 대한 인식은 조선의 각종 사회문제를 파시즘의 대두 흐름과 연결지어 서구 자본주의 병폐 현상과 동일한 것으로 취급하고 있는 것에서도 확인할 수 있다. 「權威의 廢墟」, 『동아일보』, 1933년 8월 25일자.

28 현 세계를 힘의 논리가 지배하는 시대로 평하면서, 과거 조선 민족의 미약함의 원인과 그에 대한 대책을 총 6회의 연재기사를 통해 제시하고 있다. 「우리의 自覺과 生活의 新原理 (一)」, 『동아일보』, 1933년 7월 28일자; 「우리의 自覺과 生活의 新原理 (二)」, 『동아일보』, 1933년 7월 29일자; 「우리의 自覺과 生活의 新原理 (三)」, 『동아일보』, 1933년 7월 30일자; 「우리의 自覺과 生活의 新原理 (四)」, 『동아일보』, 1933년 8월 1일자; 「우리의 自覺과 生活의 新原理 (五)」, 『동아일보』, 1933년 8월 2일자; 「우리의 自覺과 生活의 新原理 (六)」, 『동아일보』, 1933년 8월 3일자.

29 李光洙, 「朝鮮民族運動의 三基礎事業」, 『東光』 30, 1932년 2월호, 13쪽.

에 빠졌다고 비판하고, 현 식민지하의 제 상황을 고려했을 때 사회주의자와 민족주의자 간의 연합전선은 지속적으로 필요함을 강조했다.[30] 또한 좌익의 '사회파시즘'론에 따른 비타협적 민족주의자에 대한 비판에 맞서, 파시즘화 된 국민주의와 민족주의를 구분 짓고 자파의 민족주의 노선의 정당성을 주장했다.[31]

이상 살펴본 일제시기 민족주의 세력의 사회주의 세력에 대한 인식과 비판 논리는 해방 직후 민족국가 건설을 둘러싼 좌우대립의 과정으로 이어졌다. 해방공간에서의 좌우대립에 양상들이 보여주듯이, 한민당을 비롯한 우익은 조선공산당을 계급독재의 무리로 민족분열의 원흉으로 비난했다. 또 민족과 조국이 없는 소련의 주구집단으로 매도했다. 식민과 탈식민이라는 전혀 다른 역사적 국면에서 민족해방과 신국가 건설이라는 의제의 차이에도 불구하고, 과거 민족운동 내 좌우대립의 논리와 담론자원이 동원되었다. 요컨대 해방 직후 좌우 정치세력과 그 정치노선은 일제시기 민족운동에 그 뿌리가 있었다. 때문에 해방 직후 좌우대립 역시 과거 민족운동의 경험에 기초한 상호적대의 인식과 논리를 배경으로 전개되었다.

일제의 반사회주의 표상과 방공담론

일제시기 사회주의 사상과 운동에 대한 거부는 민족운동 내부에 좌우갈등의

30 安在鴻, 「岐路에선 新幹會」, 『조선일보』, 1931년 5월 16일자.

31 안재홍은 현 세계의 "그 형태를 달리하는 국민주의 乄는 민족주의의 燃燒力은 자못 洪洪烈烈한 불꼿으로 하늘도 끄슬릴듯한 기세를 보이고" 있다고 지적한다. 이어 "國民主義 그것은 시림이 남도록 알은 바이요 民族主義란 자는 덩달어서 冷笑되든 터이나, 그러나 一人民이 落後된 處地에서 眞熱한 生存努力의 鬪爭的인 力量을 길러내이는 데는 반듯이 한번 지나가는 必要한 段階으로 同類意識과 連帶感으로서 그 燃燒되는 情熱이 實로 純化 淨化 深化 乄 單一化의 尊貴한 作用으로되는 것이다"라고 식민지 조선에서의 민족주의를 옹호한다. 그리고 '만일에 이러한 民族主義的 洗練過程을 치름이 업시 公式論的 國際主義에의 高踏的 行進을 하는 人民이 잇다하면 그는 實로 不幸일 것'이라며, 사회주의자들의 국제주의 계급노선을 비판한다. 安在鴻, 「國民主義와 民族主義」, 『조선일보』, 1932년 2월 18일자. 1930년대 안재홍의 국제공산주의운동에 대한 비판은 정윤재, 「1930년대 안재홍의 문화건설론: 국제공산주의운동과 일제의 강압적 동화정책에의 비판적 대응」, 『정신문화연구』 28-2, 2005 참조.

과정에서만 나타났던 것은 아니다. 오히려 훨씬 광범위하게 그리고 지속적으로 반혁명, 반사회주의, 반러시아 담론과 흑색선전은 일제식민통치 권력에 의해 이루어졌다. 일제는 이미 한국 병탄 직전에 사회주의 사상의 유입에 대한 부정적 입장을 분명히 했으며, 조선 강점 이후 이에 대한 경계를 한층 더 강화했다.[32] 특히 1917년 러시아혁명과 제1차 세계대전의 종전으로 1920년대 사회주의 사상과 운동이 급격히 확산되자, 이에 대한 우려와 통제는 더욱 강화되었다.

이와 같이 1920년대 초반 사회주의 사상과 운동이 확산되자, 이에 대한 일제의 초기 대응은 주로 '적화선전(赤化宣傳)'의 방지책에 그 중심을 두었다. 그리고 그 구체적 정책은 사회주의적 경향의 언론에 대한 탄압으로 나타났다.[33] 그러나 1924년 무렵부터 일본 내지와 유사하게 조선의 사회주의 운동이 급격히 고양되면서 '조직화'의 움직임을 보이자, 일제는 '적화선전방지'에서 '조직운동방지'의 차원으로 사회주의 운동에 대한 대응책을 전환시켰다. 결국 이러한 정책전환은 1925년 '치안유지법(治安維持法)'의 제정으로 귀결되어, 당시 급속히 성장하던 각종 대중운동을 통제 · 탄압해갔다.[34]

사회주의의 확산과 그에 따른 대중운동에 대응해 일제는 억압적 수단을 통해서만 지배의 안정화를 꾀했던 것은 아니다. 이런 통제와 탄압의 법적 · 제도적 마련이 소극적이고 피동적 차원의 대응책이었다면, 사회주의의 침투와 확산에 대한 보다 적극적이고 능동적인 대응책이 바로 역선전이었다.[35] 그리고 이런 흑색선전을 통해 구축된 러시아혁명과 사회주의에 대한 이미지와 관념은, 이에 대비된 존재로서의 일제와 그것의 식민통치권력의 체제 우월성 및 지배정

---

32 김문종, 「『매일신보』의 러시아에 관한 기사 내용분석: 러시아혁명기(1917년 11월~1920년 2월)를 대상으로」, 『한국언론학보』 49-4, 한국언론학회, 2005, 34쪽.

33 장신, 「1920년대 民族解放運動과 治安維持法」, 『學林』 19, 연세대학교 사학연구회, 1998, 64~65쪽.

34 장신, 위의 논문, 75~78쪽 참조.

35 1920년대 전반기 『每日新報』의 기사 분석을 통해서 반사회주의담론을 분석한 연구로는 박헌호, 「1920年代 前半期 『每日新報』의 反-社會主義 談論 硏究」, 『한국문학연구』 29, 동국대학교 한국문학연구소, 2005 참조.

당성을 구축하는 작업과 밀접하게 연결된 것이었다. 즉 일제의 반(反)혁명반(反)사회주의 흑색선전은 타자의 구성을 통한 나의 정체성 형성 과정이었다.

이런 '아(我) - 타(他)'의 정체성 구조는 일제의 '방공'정책의 기조를 통해서도 확인 할 수 있다. 전시체제기인 1938년 학원의 방공운동을 위한 학무국의 지침을 소개하는 기사에는, "防共에 對하야는 積極과 消極의 두 길이 잇스니 첫재 積極的으로 我皇國의 精神을 알게 하야 萬邦의 冠絶한 我國體의 尊嚴을 깁히 體得케하고 皇國에 生을 亨한 者로서의 感謝와 法悅을 늣기게 하며 우리의 압헤 노힌 偉大한 任務를 깨닷게 할 것이요. 消極的으로는 共産主義의 歷史的 原由와 그 毒手에 걸린 蘇聯以下의 모든 國家들이 얼마나 流血의 慘劇을 繼續하고 잇는가를 適切한 實例로 들어 提示할 것이다 卽 健全한 思想으로 그 基礎를 쌋코 赤魔에 對하야는 防投的 消毒을 할 것"이라고 강조하고 있다.[36]

이와 같이 일제의 방공정책과 선전은 '존엄'한 '황국의 정신'과 '참극'의 '방공'을 동전의 양면으로 상호 결합시켜, 사회주의의 확산을 차단하고 궁극적으로 일제의 지배 정당성을 구축하는 전략을 취하고 있다. 일제는 사회주의 확산 이후 조선의 식민통치 기간 내내 이러한 방공선전의 틀을 유지하면서 반소반사회주의 담론과 이미지를 생산했다.

1917년 러시아혁명 이후 조선총독부의 기관지였던『每日申報』의 사회주의 관련 기사 중 압도적 비율을 차지하는 것은 '혁명 러시아'와 '노농러시아'의 상황에 대한 각종 보도이다. 거의 매일 사설, 외신, 연재 칼럼, 인터뷰 기사, 르포, 외신 번역, 유언비어 등 다양한 형식을 통해 러시아의 '실상'을 전하고 있다. 러시아혁명에 대한 관심의 고조는 혁명 초기 일본의 시베리아 지역에 대한 지정학적 이해관계를 배경으로 한 것이었다.[37] 하지만 이후 일제시기 러시아에 대한 보도를 지속적으로 생산시킨 동기는 단연 반혁명반사회주의 흑색

---

36 「學園의防共運動 思想國防의萬全企圖」,『每日申報』, 1938년 10월 7일자.

37 이와 관련하여 혁명 초기『每日申報』의 러시아 관련 기사를 분석한 연구로는 김문종, 앞의 논문 참조.

선전의 의지였다. 당시 서구 근대의 자본주의 문명을 따라잡아 부국강병을 이룩하고자 했던 일제에게 있어서, 반자본주의의 기치를 내세운 사회주의는 국가의 근간을 파괴하는 위험사상이었다.[38] 특히 사회주의 사상을 현실에 구현한 러시아혁명은 그 자체가 사회주의의 상징이었다. 때문에 현실 사회주의 국가인 러시아는 곧 이상으로서의 사회주의를 이해하는 유력한 통로이기도 했다. 이와 같은 이상과 현실의 의미관계 속에서 양자의 괴리 현상을 역이용해서, 일제는 러시아혁명에 대한 부정적 이미지를 구축하고 사회주의 사상에 대한 동경을 차단시키고자 했다.

식민통치 기간 계속해서『每日申報』는 러시아혁명의 실상을 착취와 계급이 없는 이상적 사회와는 반대로, "참담", "통곡", "방황" 등으로 재현했다. "쥬림이 극도에 달ᄒᆞ며", 그나마 먹을 수 있는 음식물은 "다 공산쥬의자를 본밧어 더러옵고",[39] 정치는 "群雄割據의 天地와 過激派 蜂起의 舞臺에 委치"되었으며, "戰疲의 餘 産業을 失ᄒᆞᆫ 國民은 日로 漸熾ᄒᆞᄂᆞᆫ 過激派의 暴威行에 慴伏ᄒᆞ야 支離破滅ᄒᆞᄂᆞᆫ 悲境에 陷ᄒᆞᆯ뿐아니라 食料의 缺乏으로 今日의 露國은 男子ᄂᆞᆫ 擧ᄒᆞ야 群盜로 化ᄒᆞ며 良民은 擧ᄒᆞ야 餓者의 群을 成ᄒᆞ며 婦人은 擧ᄒᆞ야 賣笑婦의 群으로 化ᄒᆞ"야, 혁명 러시아는 "生地獄"으로 그려졌다.[40] 여기에 굶주림과 생활고로 인해 "餓鬼道"의 도시를 탈출하여 국경으로 몰려드는 피난들에 대한 보도는, 사회주의 사상과 그에 기초한 혁명의 정당성을 부정하는 주요 자원으로 활용됐다.[41]

한편 외전(外電)하는 풍문을 통해 과격파를 "사람의 피ᄂᆞᆫ 마르고 악마의 피만 남은 살인귀의 떼"로 그려 그들의 비인간성을 강조한다. 심지어 "人類를 驅ᄒᆞ야 禽獸를 만드ᄂᆞᆫ 過激派의 婦人國有"라는 제목으로, "즁산계급에서 아름다운 부인을 저의 계급에서만 차지를 ᄒᆞᄂᆞᆫ 한 슈단"이 종래의 가족제도라 하

38 박헌호, 앞의 논문, 47쪽.

39 「露西亞의 昨今 (下)」,『每日申報』, 1919년 10월 24일자.

40 「縱橫錄 悲慘ᄒᆞᆫ 露國民의末路」,『每日申報』, 1919년 12월 11일자.

41 「餓鬼道의 露都」,『每日申報』, 1920년 4월 11일자~16일자. 러시아 혁명의 이상과 괴리를 문제시하여 비판하고 있는 기사로는「世界思潮: 過激派의 實際」,『每日申報』, 1920년 8월 20일자.

여 이를 폐기하고, "십칠세로부터 삼십이세까지의 부인은 사사로 안히를 삼어서 저혼자 차지ᄒᆞᄂᆞᆫ 것을 금지ᄒᆞ"는, "婦人國有"제가 실시되고 있다고 보도하고 있다.[42] 부인과 함께 부부가 낳은 아동 역시 "國有로하야 全部 兩親으로부터 此를 沒收하야 政府 養育所에 收容하야 過激主義의 教育을 備"한다고 전하고 있다.[43] 이러한 일련의 보도는 러시아 혁명을 일종의 반인륜적이고 전통 파괴적인 것으로 재현하면서, 과격파와 그들이 추구하는 사회주의 사상에 대한 거부감을 증폭시키고 있다.

이와 함께 일제시기 『每日申報』의 반사회주의 담론에서 주목할 만한 것은 1930년대 후반 그것의 양상이 변화하고 있는 점이다. 1917년 혁명 이후 대체로 『每日申報』의 반사회주의 담론이 러시아 혁명을 '생지옥'으로 표상하면서 그것의 허구성을 부각시키는 데 초점을 두었다면, 1930년대 후반부터는 소련의 침략성을 강조하는 것으로 중심을 이동하고 있다. 1938년 10월 27일부터 『每日申報』에는 갑자기 "露西亞의 東方侵略"이라는 기사를 필두로, 이후 "露國東侵年代記"가 연재되고 있다.[44] 실제 이 기사들은 급속한 영토 팽창의 역사를 개괄하면서, 러시아의 침략성을 선전하고 있다.

이 연재 기사는 첫머리에 러시아의 역사를 다루는 이유를 명시하고 있는데, "지난 八月 初生으로부터 우리 豆萬江口 건너의 滿·蘇國境에서 니른바 張鼓

42 「人類를 驅ᄒᆞ야 禽獸를 만드ᄂᆞᆫ 過激派의 婦人國有」, 『每日申報』, 1919년 5월 2일자. 이후 1925년 기사에는 러시아의 부인국유는 사실이 아님을 소비에트 법령을 통해서 부정하고 있다. 당시 일로협정이 체결될 시점이란 것을 감안했을 때, 『每日申報』의 러시아에 대한 악선전의 자의성과 정치성을 확인할 수 있다. 「最近露西亞事情」, 『每日申報』, 1925년 4월 9일자.

43 「危險時代의 危險思想 (中)」, 『每日申報』, 1921년 10월 20일자.

44 기사의 목록을 나열하면, 「露西亞의 東方侵略 ① 露西亞의 國家的歷史」, 1938년 10월 27일자; 「露西亞의 東方侵略 ② 蒙古의 露西亞統治」, 1938년 10월 28일자; 「露西亞의 東方侵略 ③ 로마노프 王朝」, 1938년 10월 29일자; 「露西亞의 東方侵略 ④ 淸露의 接觸」, 1938년 11월 1일자; 「露西亞의 東方侵略 完 全世界共同의 敵」, 1938년 11월 2일자; 「露國東侵年代記 ①」, 1939년 1월 1일자; 「露國東侵年代記 ②」, 1939년 1월 3일자; 「露國東侵年代記 ③」, 1939년 1월 4일자; 「露國東侵年代記 ④」, 1939년 1월 6일자; 「露國東侵年代記 ⑤」, 1939년 1월 10일자; 「露國東侵年代記 ⑥」, 1939년 1월 11일자; 「露國東侵年代記 ⑦」, 1939년 1월 12일자; 「露國東侵年代記 ⑧」, 1939년 1월 13일자; 「露國東侵年代記 ⑨」, 1939년 1월 14일자; 「露國東侵年代記 ⑩」, 1939년 1월 16일자; 「露國東侵年代記 ⑪」, 1939년 1월 17일자; 「露國東侵年代記 ⑫」, 1939년 1월 18일자; 「露國東侵年代記 ⑬」, 1939년 1월 19일자.

峰事件이 이러나서” 세인의 주의를 환기시켰지만, “北方의 「소비에트」 - 곳 露西亞의 侵略的 脅威가 어써케 歷史的으로 뿌리가 깁흔 것을 認識하는 程度는 오히려 洽足하지 못한 느김이 잇”다고 지적하면서, 기사의 내용이 곧 러시아의 침략성을 드러내는 데 있다는 것을 시사하고 있다. 이어 “우리가 만일 「슬라브」民族의 욕심사나움과 露西亞 國家의 傳統的 侵略策과 아울러 그 모진 발톱과 사나운 어금니가 치우쳐 東部亞細亞를 向하야 짓구진 심술을 부려온 여러 百年동안의 事實을 자세히 알고 보면, 우리의 몸에 새로 몸서리가 쳐지는 同時에 오히려 一般, 아니, 여러段의 警戒와 奮發을 要치 아니치 못할 것을 明白히 覺省할 것”이라며, 기사의 궁극적 목적이 어디에 있는가를 보여주고 있다.[45]

즉 1930년대 후반 국경 지역에서 소련과의 긴장이 고조되었던 상황에서, 소련의 침략성을 강조할 목적으로 과거사를 유력한 선전자원으로 활용하고 있다. 그리고 이에 기초해서 조선인의 ‘경계’와 ‘각성’을 촉구하고 있다. 이와 같이 『每日申報』의 기사들은 1920년대의 사회주의의 확산과 침투에 대응한 반러시아 반사회주의 담론의 논리가, 1930년대 후반 영토적 팽창에 대한 대응논리로 변화되었음을 보여준다. 기존의 사상침투에 더하여 영토적 침략에 대응한 방공의 논리가 더해진 양상이 되었다.

중일전쟁 이후 대륙에서의 일본과 소련 간 이익 대치는 불가피한 상황으로 전개되었고,[46] 1935년 코민테른 제7회 대회의 반파시즘 인민전선론이 본격화

45 「露西亞의 東方侵略① 露西亞의 國家的歷史」, 『每日申報』, 1938년 10월 27일자.

46 당시 ‘중일전쟁(1937년)의 발발 이후 소련의 극동정책이 한층 더 강화되어, 일본에게 중일전쟁은 사실상 소련과의 전쟁으로, 그리고 중국전선은 일종의 사상전장(思想戰場)으로 간주되고 있었다.’ 日森虎雄, 「ルート論」, 『アジア問題講座第3券: 政治軍事篇』, 創元社, 1939, 151~152쪽. 또 당시 조선총독부 경무국 도서과의 러시아통 관리인 시미즈(淸水正藏)는 “소련은 중국에 1938년부터는 더욱더 노골적으로 군용비행기, 군수기재, 군사고문, 지휘관 등을 공급 파견하고 있다. 생각건대 눈앞의 적군은 중국이지만, 사상의 적에 한해서는 중국이 아니라 소련이라는 느낌이다.(…)1917년에 한해서 볼세비즘은 소련연방 내에서의 일종의 로컬칼라였고, 색다른 국내적 평화론이었지만, 오늘날에는 매우 군사적이고 침략적이며 반항적이다”라며 소련에 대한 철저한 인식을 강조하고 있다. 淸水正藏, 「病める態」, 『警務彙報』, 1938년 10월호, 390쪽; 김인수, 「1930년대 후반 조선주둔일본군의 대(對)소련, 대(對)조선 정보사상전」, 『한국문학연구』 32, 동국대학교 한국문학연구소, 2007, 188~189쪽 재인용.

되면서 일본과 조선의 내부 동요 역시 예견되는 상황이었다. 더구나 1938년 7월 발생한 '장고봉사건'은 일제로 하여금 소련과 공산주의에 대한 적대의식을 강화시킬 필요성을 자극했다.[47] 그 결과 소련의 제국주의 침략성이 강조되는 것과 함께 공산주의에 대한 악선전은 더욱 거세게 진행되었다. 이제 공산주의는 "人類의 公敵이요 世界上의 惡魔的存在"로 박멸의 대상으로 규정되었고,[48] 그 악마성을 상징하는 신어로 "赤魔"가 유행하였다.[49]

코민테른의 반파시즘 통일전선의 분위기가 농후해지자, 일제는 크게 두 방향으로 이에 대한 대응책을 마련해갔다. 대외적으론 1936년 11월 25일 체결된 '일독방공협정'과 같이 자신의 반소방공정책을 일국적 차원을 넘어 국제주의적 진영논리를 통해 정당화했다. 이 과정에서 현 세계를 "蘇聯邦을 中心으로 하는 戰線國家群과 獨伊 등으로 대표되는 國民戰線群과의 二大陣營에의 對立"으로 규정하는가 하면, 이런 진영논리에 기초해서 '인류평화의 적인 공산주의 구축을 그 성스러운 사명으로 독일, 이태리와 협력하야 방공구축을 결성'했다고 주장한다.[50] 또 다른 일제의 대응책은 내부적으로 1938년 8월 15일 조선방공협회를 설립하고 일상의 영역까지 반소방공정책을 철저히 전개함으로서,[51] 조선사회를 전시체제로 긴박시켜갔다.[52]

47 '장고봉사건'은 1938년 7월 두만강 북부에 위치한 장고봉의 점령을 둘러싸고 일본군과 소련군간에 벌어진 전투로, 이 전투에서 일본군이 크게 패하고, 전투에 참전한 조선주둔 19사단에 적잖은 사상자가 발생하자 일본의 위기를 확대 과장하는 풍설들이 등장하여, 일본의 위기감을 고조시켰다. 이태훈, 「일제말 전시체제기 조선방공협회의 활동과 반공선전전략」, 『역사와 현실』 93, 한국역사연구회, 2014, 138쪽.

48 「歷史的大國民運動 國民精神總動員朝鮮聯盟의 進路」, 『每日申報』, 1938년 9월 29일자.

49 이태훈,. 앞의 글, 161쪽.

50 「日獨協定成立 各國서 反響」, 『每日申報』, 1936년 11월 26일자.

51 조선방공협회는 '일반대중을 총동원하여 공산주의 사상 및 그 운동의 오류를 주지시키고 이를 박멸하고 방위하는 것과 더불어 나아가 일본정신의 앙양을 도모함으로써 사상국방의 완벽을 기'하는 것을 목적으로 설립되었다. 방공협회의 설립 배경 및 구체적 활동 내용과 관련해서는, 이정욱 · 가나즈 히데미 · 유재진 공편역, 『사상전의 기록: 조선의 방공운동』, 학고방, 2014 참조.

52 당시 조선방공협회는 전국적 단위의 하부조직을 갖추고 민간 방공망(防共網)을 구축하였는데, 1939년 9월말 방공단(부) 수는 3100단(부), 부원은 19만 1977명에 달하였다. 이정욱 · 가나즈 히데미 · 유재진 공편역, 위의 책, 14쪽.

전시체제 구축을 위해 일제는 반소반사회주의 이미지 창출과 소련의 침략주의에 대한 강조를 넘어, 사상전(思想戰)의 적극적 전개를 통해 '국민정신'을 공고히 하고자 했다.[53] 이 과정에서 공산주의는 국가 없이 표랑하던 '유태인 맑스'가 창도한 '국가와 사회의 질서를 파괴'하는 위험 사상으로 간주되었다.[54] 또 오직 유물(唯物)에 기울어진 계급상극의 이념에 입각하여 일부 계급의 이익을 도모하는 반도의적인 사상으로 규정되었다. 편협한 기계론인 유물론은 또 천박하고 동물적인 욕망을 부추겨 대중의 정신적 타락을 초래하는 서구 근대의 또 다른 산물로 취급되었다.[55] 흥미로운 것은 이 시기 반공주의 논리가 해방 이후 좌우대립의 가시화 속에서 재등장하고 있다는 점이다.[56]

이와 함께 1941년 12월 발발한 '아시아-태평양전쟁'은 이전과는 전혀 다른 차원과 의미에서 반소반공담론을 생산하는 계기였다. 기본적으로 '미·일의 동아시아 헤게모니 전쟁'이었던 '아시아-태평양전쟁'은,[57] 연합국과 추축국

---

53 일제 식민권력은 지방 교통산업방공연합좌담회 등과 같이 전국적 차원에서 방공캠페인을 조직하고, 공산주의사상의 유물론을 비롯한 그 사상의 오류를 비판했다. 「交通、産業關係者招致 防共聯合座談會」, 『每日申報』, 1938년 11월 24일자. 국민총동원시기 일제의 사상통제의 실상에 대해서는 리차드 H. 미첼, 김윤식 역, 『日帝의 思想統制: 思想轉向과 그 法體系』, 일지사, 1982, 189~228쪽 참조.

54 「(社說) 防共協會組織」, 『每日申報』, 1938년 8월 31일자.

55 朝鮮防共協會 編, 『時局宣戰に關する叄考資料』, 京城 : 朝鮮防共協會, 1938, 12쪽; 신형기, 「해방직후의 반공이야기와 대중」, 『상허학보』 37, 상허학회, 2013, 408쪽 재인용. 공산주의를 서구 근대의 산물로서 부정하는 논리는 아시아-태평양전쟁기 한층 강조된다. 일례로 당시 제국의 담론을 선전했던 『國民文學』은 독소전의 성격을 '이미 썩은 舊米류의 자유주의적 물질만능주의 내지는 소련류의 공산주의적 유물주의에 대한 독일적인 또는 일본적인 정신력의 우월성이며 그의 승리'라고 규정했다. 大池一郞, 「共産主義と戰爭」, 『國民文學』, 1942년 10월호, 55쪽.

56 일례로, '전조사상보국연맹(全鮮思想報國聯盟)' 소속 김두정(金斗禎)은 공산주의의 국가론을 비판하면서, '국가는 결코 계급적 압제의 도구가 아니다. 마치, 가정이 가족 간의 압박을 위한 도구이지 않다는 것과 동의이다. 과거 수천 년의 역사를 계급투쟁의 역사라고 한다면, 국가는 파탄만이 있을 뿐, 결코 유지할 수 있는 것이 아니'라고 마르크스 국가론을 비판하고 있다. 金斗禎, 『防共戰線勝利の必然性』, 全鮮思想報國聯盟, 1939, 55쪽. 이와 유사하게 해방 이후 국가를 가정에 비유해서 홍만길(洪晩吉)은, 마르크스 국가관은 '부모가 자식을 낳고 가정을 이루는 목적이 서로 사랑하고 다 같이 행복을 누리려는 것이 목적이 아니라 부모가 자식에게서 착취를 하든지 자식이 부모에게서 착취를 하는데 있다는 것과 달음이 없는 것'이라고 비유하면서, 공산주의의 국가관을 비판한다. 이어 김두정과 마찬가지로 홍만길은 국가의 본질이 "백성이 서로 사랑하고 골고루 잘 살자는 것이다. 평화와 행복이 국가의 생명"이라고 주장한다. 洪晩吉, 『共産主義의 批判 科學의 "메스"로 解剖』, 朝鮮愛國婦女同盟出版部, 1946, 7쪽.

간의 '파시즘 대 민주주의'의 대결구도와는 다른 '인종 · 권역주의' 성격을 보였다.[58] 전쟁은 일제에 의해 '백인종과 황인종의 인종전쟁'으로, '아시아와 非아시아의 권역전쟁'으로 의미화 되었다. 그리고 이와 같은 인종 · 권역주의 언어는 '친일파' 지식인의 담론을 통해 식민지 조선에서도 반복되었다.[59]

동시에 '아시아-태평양전쟁'은 전간기 서구 근대 비판의 사조를 세계사와 문명사의 차원으로 확대 심화시키는 계기였다.[60] 전시 제국 일본의 지식층은 '귀축미영(鬼畜米英)'으로 상징되는 '근대초극(近代の超克)'론을 제기하면서, 전쟁의 의미를 동서양의 맹주인 미 · 일 간의 힘의 대결이 아닌 서양적 원리와 동양적 원리 간의 이념적 대결로 인식했다.[61] 이 과정에서 기존 서구 유럽 중심의 세계사를 비롯해서 '서구적인 것'을 대신해 '동양적인 것'에서 이상형을 발견하고자 했다. 그 결과 영 · 미의 자유주의적 개인주의, 소련의 공산주의적 보편주의, 독일과 이탈리아의 전체주의적 민족주의를 초극하는 새로운 원리의 창출이 시도되었다.

당시 근대초극론은 교토학파의 "정치에서는 민주주의의 초극, 경제에서는 자본주의의 초극, 사상에서는 자유주의의 초극"을 넘어, 낭만파의 "아메리카니즘과 공산주의 모두에 대한 초극"이라는 의미 역시 함축했다. 즉 일본 지식

57 임종명, 「탈식민 초기(1945.8~1950.5), 남한국가 엘리트의 아시아기행기와 아시아표상」, 『민족문화연구』 52, 2010, 14쪽.

58 아시아-태평양전쟁의 인종 · 권역주의 담론에 관한 분석은 임종명, 「종전/해방 직후 남한, 민주주의의 전위(轉位)와 그 동학(動學): 미국 헤게모니 담론과 한국민족주의 문제의식을 중심으로」, 『역사학과 민주주의, 그리고 해방』, 해방70주년 역사3단체 공동학술대회 자료집, 2015 참조.

59 아시아-태평양전쟁기 '친일' 지식인들의 인종 · 권력주의 논설은 임종국 편, 『친일논설선집』, 실천문학사, 1987, 85~110쪽 참조.

60 '아시아-태평양전쟁'기 이전 조선의 지식계는 이미 서구 근대 비판의 사조 속에서 '서양적인 것'을 삭제하고 '동양적인 것'을 재기입하려는 시도를 보였다. 이에 대해서는 차승기, 『반근대적 상상력의 임계들: 식민지 조선 담론장에서의 전통 · 세계 · 주체』, 푸른역사, 2009 참조.

61 근대초극(近代の超克)론은 서구 근대의 문명과 역사를 총체적으로 극복하고자 한 당대 일본 사회의 '지적협력회의'에서 제기되었다. 이 회의는 1942년 7월 23일부터 24일에 걸쳐 개최되었고, 그 내용이 이후 『文學界』(1942년 9~10월)에 연재되어 일본 지식인 사회에 널리 유행했다. 관련해서 나카무라 미츠오 · 니시타니 게이지 외 저, 이경훈 · 송태욱 · 김영심 · 김경원 역, 『태평양전쟁의 사상』, 이매진, 2007; 히로마쓰 와타루, 김항 옮김, 『근대초극론』, 민음사, 2003 참조.

인들에게 "소련의 공산주의는 서구적 근대의 변종에 지나지 않는 것"으로 인식되고 있었다.[62] 식민지 조선의 지식인들 역시 이와 같은 일본 사상계의 자장 속에서 존재했다.[63] 뿐만 아니라 식민지 말기 '인종 · 권역주의'적 담론과 '근대초극'의 논리는 해방 이후 변용되어 재등장했다.[64]

3. 해방 직후 민족 · 민주주의 논쟁과 반공담론

해방의 무정형성과 반공주의의 휴지(休止)

해방 직후 좌우대립은 과거 일제시기 경험에 기인해서 서로에 대한 적대적 태도를 취했던 결과 일어난 측면이 강했다. 초기 좌파의 정국 주도에 대한 우파의 우려에는 이미 좌익에 대한 부정적 선입관이 깔려 있었다. 더구나 시간이 흐르면서 좌우가 서로에 대한 비난을 노골적으로 표출하면서 대립은 더욱 가시화되었다.

해방 직후 정국의 주도권은 여운형(呂運亨)을 중심으로 한 건준(建國準備委員會)이 장악했다. 건준은 결성 초기부터 공산당 계열이 다수를 차지하면서, 여운형과 안재홍(安在鴻)이 중심이 되어 추진한 우파 민족주의 세력과의 협력 시도 역시 제대로 추진되지 못했다. 또 협력의 주요 대상이었던 송진우(宋鎭禹)를 비롯한 민족주의 세력 역시 건준 내 공산주의자들을 경계하면서 참여를 거부했다. 이후 건준이 1945년 9월 6일 인민공화국을 선포하고 그 내부에 공산주의 세력의 헤게모니가 강화되어가면서, 우익은 9월 4일 한민당 발

62 히로마쓰 와타루, 위의 책, 80~81쪽, 89쪽.

63 1940년대 전반기 조선의 지식인들은 일본 제국주의 이데올로기인 동양론을 매개로 일본 지식인의 사유와 담론구조를 공유하며 제국주의 담론에 포섭되면서도, 지배자의 담론을 전유하며 균열시키고 그에 저항했던 양가적인 측면을 지니고 있었다. 정종현, 『동양론과 식민지 조선문학: 제국적 주체를 향한 욕망과 분열』, 창비, 2011, 34쪽.

64 일례로 일제시기 기독교조선복음교회를 창립하고 일본 제국의 사상인 근대초극의 논리를 수용했던 최태용은, 해방 이후 대한독립촉성국민회 간부로 활동하면서 교토학파의 철학을 반복해 우익 국가 건설운동의 이념적 정당성을 구축했다. 홍정완, 앞의 논문, 357쪽 참조.

기대회를 기점으로 결집하여 중경임정추대운동을 본격적으로 추진해갔다. 무엇보다 우파 민족주의 세력은 인공수립으로 신국가 건설의 주도권이 좌익에게 넘어갈 것을 우려했다.[65]

한민당 발기인 명의의 인공 비판 성명서가 발표되고 얼마 지나지 않아, 조선공산당은 해방 직후 박헌영(朴憲永)이 기초한 '현정세와 우리의 임무', 소위 '8월 테제'를 9월 20일 조선공산당 중앙위원회에서 당의 공식 정치노선으로 채택했다. 그 내용에서 확인할 수 있듯이, 조선공산당은 송진우와 김성수를 중심으로 결성된 한민당을 지주와 대자본가의 이익을 대변하는 "反動的 民族부르주아지"세력으로 규정하고, 신국가 건설의 과정에서 이들의 배제를 주장했다.[66] 조선공산당은 해방 이후 '진보적 민주주의'를 실현하기 위한 선결조건으로 일제 파시즘의 잔재인 '친일파 청산'을 줄곧 강조하였는데, 이것은 우파를 공격하는 주요 논리였다. 이런 좌익 측의 주장을 우익은 '계급독재'를 꾀하는 것으로 평하고, 좌익을 민족분열주의자들로 비난했다.[67] 동시에 민족통일전선에서 좌익의 세력 확장을 저지하고 민족주의 세력의 주도권을 확보하기 위해서, 대대적인 임정추대운동을 벌여갔다. 이후 좌우는 12월 말 소위 '신탁파동' 국면으로 돌입하기까지 인공과 임정 지지 여부로 나뉘어져 첨예한 대립을 계속했다.

그럼에도 불구하고 흥미로운 점은 좌우의 대립 속에서 공산주의 이념 자체에 대한 공식적 비판이 잠시 중단되었다는 점이다. 극렬 공산분자와 이념과 정책으로서의 공산주의를 나누어 전자에 대한 비난을 가하면서도 공산주의 이념 자체에 대해서는 오히려 긍정적 반응을 보였다.[68]

65 좌익이 건준과 인공으로 집결되고 있을 무렵 우익의 구심이었던 송진우는 '국민대회준비회'를 추진하면서, 그것의 결성강령에, '「건준」(인공)이 공산당과 그 동조자들의 모체(母體) 역할을 하는 데 대하여 국민대회 준비회는 민족진영의 모체 역할을 한다.'고 밝히고 있는 것과 같이, 건준과 인공에 대한 경계와 대립의 태도를 분명히 하고 있다. 古下先生傳記編纂委員會, 『古下宋鎭禹先生傳』, 東亞日報社出版局, 1965, 313쪽.

66 조선공산당중앙위원회, 「現情勢와 우리의 任務」, 1945년 9월 20일; 이정박헌영전집편집위원회, 『이정 박헌영 전집』 5, 역사비평사, 2004, 55쪽.

67 大震黨 京城特使隊一同, 「警告文 第一號」, 1945년 9월 14일, 김현식 · 정선태 편저, 『삐라로 듣는 해방 직후의 목소리』(이후 『삐라선집』), 소명출판, 2011, 63쪽.

해방 이후 이러한 변화와 관련해서 1945년 12월에 간행된 『解放前後의 朝鮮眞相』이 주목된다. 이 책은 각각 한민당과 조선인민당에 소속되어 있던 김종범(金鍾範)과 김동운(金東雲)이 집필했다.[69] 필자들은 당시 각 정당을 소개하면서, "共産主義는 어떠한 것인가"라는 제목으로 공산주의에 대해 설명하고 있다. 흥미로운 것은 우파와 중간파인 두 저자가 공산주의에 대해 용인하는 것을 넘어, 긍정적으로 인식하고 있다는 점이다.

두 필자는 먼저 과거 일제 식민통치를 거쳐 해방 이후 악선전으로 인해 공산주의에 대한 부정적 이미지가 사회적으로 적잖게 확산되어 있는 상황을 지적한다.[70] 이어 필자들은 "共産主義者들의 脫線的 非行"과 "共産主義"라는 이념을 분리해서, "共産主義만은 決코 나쁜 主義가 아니"라고 반박하고 있다. 오히려 공산주의를 "알고 보면 國民의 大部分이 참으로 歡迎하여야 할 것"이

68 일례로, 한민당 수석총무였던 송진우는 1945년 12월 9일 통일전선결성문제 등 정치현안에 대한 기자회견 문답을 통해, 인민공화국을 '일시적이고 부분적'인 세력으로 규정하고 임정 추대를 강조했다. 이 과정에서 '인민공화국의 시정방침'에 대한 생각을 묻는 기자에게, "정책은 별문제다. 문제는 인민공화국의 구성체이다. 적색정권을 가지고는 우리는 독립할 수 없다"고 답변했다. 이 기자회견의 내용에서 확인할 수 있는 바와 같이 송진우는 인공의 '정책'과 '적색정권'을 선별적으로 평가하고 있다. 즉 좌익세력이 주도권을 장악한 정권에 대해서는 반대했지만, 좌익이 추구했던 사회개혁정책에 대해서는 문제 삼지 않았다. 「송진우, 통일전선결성 등에 관해 기자회견」, 『서울신문』, 1945년 12월 9일자, 『자료대한민국사』 1, 국사편찬위원회, 1970, 552~553쪽.

69 책의 출간 무렵 저자 김종범은 김약수와 함께 한민당 조직부에 소속되어 있었고, 김동운은 여운형 주도의 조선인민당 감찰위원으로 활동했다. 金鍾範 · 金東雲, 『解放前後의 朝鮮眞相』 第二輯, 朝鮮政經硏究社, 1945, 46~73쪽 참조. 이후 1946년 10월에 김종범은 김약수와 함께 한민당을 탈당하였는데, 다음 탈당 성명서 내용을 통해 그의 정치노선을 엿볼 수 있다. "朝鮮은무엇보다 民族의解放을 가저와야하고 또한 우리의現段階가資本民主革命의 過程임에빗추어 우리들은韓民黨內에잇서서 이것의遂行을爲하야 微力이나마黨務에 充實해왓다 더욱이黨內에잇서 土地 人事 財政 連絡 肅淸等 諸問題에잇서서 우리들의勢力은컷스며 이것을爲하야 今回의機構改革도보게된것이다 그러나黨內 一部의指導幹部는 도로혀不必要한 勢力을引入하야가지고 도로혀眞實로愛黨的이며 進步的인 分子에對하야 保守的이며 地主的인對立關契를 더욱激化케하엿다 여기에우리는 이것이民族解放運動에支障이됨을 切實히느끼고 黨을물러나서도 民主民族全體的組織과 政治理念의實踐을爲하야 一犧牲的一化學的 要素가될것을 이機會에더한번盟誓하는바이다." 「金若水氏等五五名 韓民黨大學脫黨」, 『大韓獨立新聞』, 1946년 10월 23일자.

70 실제 해방 이후 한 잡지의 "過去 日人의 惡政 中에서 가장 酷毒햇다고 생각하시는 罪狀 몃가지"를 묻는 설문에서, 소설가 김남천(金南天)은 "共産主義者 彈壓을 爲한 諸政策"을 지목했고, 평론가 임화(林和)는 "共産主義運動에 對한 强壓, 그것은 民族的, 政治的 二重의 迫害였다"고 답했다. 「設問」, 『新天地』, 1946년 1월호.

라고 옹호한다. 계속해서 "共産主義는 資本家나 大地主가 不勞而食하는 利潤搾取制度를 根絶시키고 萬人이 다같이 勤勞하야 그 勞力의 報酬로써 그 生活을 向上시키게할려는 것"이라고 주장하고 있다. 그리고 보다 구체적으로, "大地主의 土地나 資本家의 工場을 國有로하야 勤勞大衆의 管理運營 下에서 吾人의 生活上에 必要한 物資를 生産하야 適正한 配給 又는 販賣制度로써 勤勞大衆이 첫째 잘살게 하려는 것"이라고 설명하고 있다.

다시 말해 공산주의는 착취를 근절해서 노동대중을 잘 살게 하는 이념으로, 그것이 농민과 노동자를 위한 이상적 사회의 실현을 목적으로 한다고 강조하고 있다. 한마디로 공산주의에 대한 가치의 전도가 발생하고 있다. 과거 공산주의는 일제의 흑색선전과 우익 민족주의자들의 적대에 의해 파괴, 혼란, 무질서, 반인륜, 반도덕의 원인으로 표상되었다. 그래서 '인류의 공적이요 세계상의 악마적 존재'로 박멸의 대상이기도 했다. 하지만 해방과 함께 공산주의는 '환영'의 대상으로 전혀 새롭게 평가되고 있다.

해방 직후 이러한 공산주의자와 공산주의를 구분하는 현상은 흔히 확인된다. 심지어 철저한 반공주의자인 이승만조차도 1945년 10월 21일 방송을 통해, "나는 공산당에 대하여 호감을 가지고 있는 사람이다. 그 주의에 대하여도 찬성함으로 우리나라의 경제대책을 세울 때 공산주의를 채용할 점이 많이 있다"고 소감을 발표했다.[71] 이후 동년 12월 19일에도 "우리가 共産主義를 排斥하는 것이 아니요 共産黨極熱派들의 破壞主義를 願치 안는 것"이라고 표명했다.[72] 이는 과거 일제시기와는 전혀 다른 차원에서 공산주의가 인식되고 있음을 보여준다. 즉 과거 박멸의 대상이었던 공산주의는 민주주의 국가이자 해방자로서의 소련의 등장 속에서, 대중의 토지 및 사회개혁의 요구 속에서, 무엇보다 현실정치에서 타협과 조정의 대상인 좌익과의 관계 속에서, 공산주의에 대한 재평가가 이루어졌다.

실제 『解放前後의 朝鮮眞相』의 두 필자는 공산주의에 대한 소개와 해설에

71 「李承晩, 共産黨에 對한態度放送」, 『매일신보』, 1945년 10월 26일자.
72 「祖國破壞는 可憎타」, 『동아일보』, 1945년 12월 23일자.

이어, 책의 말미에 좌우대립을 극복하고 현실적으로 양측이 협상과 조정을 통해 협치할 것을 요구하며 대안을 제시하고 있다. 필자들은 먼저 해방 이후 진행되고 있던 좌우의 '형식적 기술적 통합은 참으로 일시적이므로 곧 재분열을 보게될 것'이라고 예측하고, 보다 근본적으로 민족주의와 공산주의 간의 대립을 해소해야 한다고 주장한다. 그러면서 그 구체적 방안으로 필자들은 조선의 '특수사정'으로 인해 공산주의와 그 정책에 대한 공명이 많을 것이라며 공산주의자들의 주장에 동조한다. 하지만 그들에게 해방 이후 민족적 각성이 고조된 상황에서 계급적 결합보다는 민족적 결합이 용이하다는 점을 주장하고 있다. 결국 현실적 대안으로 양자를 결합시켜 공산주의 정책에 기초한 민족적 통합을 강조하고 있다. 사실상 경제적 측면에서는 공산주의적 노선을 지향하면서도 정치체제의 측면에서는 민족주의 세력의 입장을 대변하고 있다.

이는 신국가 건설 과정에서 민족통합의 논리를 앞세워 우익의 헤게모니를 구축하고 여기에 좌익의 계급적 이해관계를 반영하겠다는 것으로, 일종의 급진적 사회변혁에 대한 순치작업이라 할 수 있다. 비록 궁극적으론 우익의 주도권 장악을 목적으로 하고 있다할지라도, 이런 조정과 타협의 양상은 공산주의와 좌익에 대한 시각이 과거 식민시기와는 전혀 다른 차원에서 전개되었음을 말해준다. 이제 공산주의와 공산당은 부정과 배척의 대상이 아니라, 조정과 타협의 파트너로 그 위상이 전환되었다. 이와 같은 사태는 남한 사회가 과거와 잠시 단절했던 한 지점을 보여준다.

1945년 12월 말 '신탁통치파동' 이전 남한에서 조선공산당과 좌익에 대한 비난은 있었지만, 과거와 같이 공산주의 자체를 비판하는 공식적 논의는 거의 찾아 볼 수 없었다. 또 주축국의 '방공협정'과 같은 진영논리에 입각한 반공논리 역시 사라졌다. 전간기와 제2차 세계대전의 사상적 지형 변화를 거치면서 서구 자본주의 문명화를 추구했던 우익 민족주의 세력의 반공논리 역시 힘을 갖지 못했다. 1930년대 일제의 군국주의화와 함께 등장했던 황도주의나 '근대초극(近代の超克)론'의 고창 속에 전개되었던 반공논리 역시 공론장에서 사라졌다.[73] 물론 일제시기 반공이데올로기의 영향이 여전히 사회 저변에 지속되

고 있었지만,[74] 표면상 공산주의와 그 운동은 '민족'과 '민주주의'라는 축을 중심으로 재검토되어 평가되었다.

요컨대, 해방 직후 일제시기 유행했던 사조나 역으로 그것에 의해 부정되거나 비판되었던 이념이 새롭게 해석되고 평가되었다. 그리고 그 과정에서 과거의 관념과 사상에 대한 긍정과 부정, 지속과 단절이 교차되면서, 그것을 재조정하거나 조화시켜 새로운 대안을 찾으려는 시도 역시 활발하게 이루어졌다. 이런 측면에서 해방 직후 한국사회는 무정형(無定型)의 시공간이었다.[75] 식민의 흔적과 탈식민의 기획이 뒤엉켜 있었고, 자주적 민족국가 건설의 가능성과 함께 실패의 위험 또한 존재했다. 해방자인 동시에 점령군이었던 미국과 소련에 대한 좌우 정치세력의 환대와 경계의 이중적 시선 역시 이념적 무정형의 상태에 처해있던 남한을 보여준다.

당시 이러한 과거와의 단절 내지는 극적인 전변의 상황을 보여주는 것이 민족자결과 민주주의의 당위적 가치로의 재등장이었다.[76] 그리고 이런 민족

73 1930년대 藤澤親雄는 새롭게 등장하고 있던 황도주의에 입각해 공산주의를 서구 개인주의와 동일한 원리를 취한 사상으로 간주하면서 비판했다. 그에 따르면, "자본주의와 사회주의(마르크스주의)와는 형식과 목적이 달라도, 근본적으로는 서로 공통된 것이다. 즉 모두 국가적 전체 원리를 부정하고 있는 것"이라고 평하고 있다. 藤澤親雄, 「現代に於ける三種の思想形態」, 『조선공론』, 조선공론사, 1934, 65~68쪽.

74 중일전쟁기 '문화전쟁(Cultural War)'의 일환으로 실행되었던 조선주둔일본군의 대(對)소련, 대(對)조선 '정보사상전'은, 소련을 적색제국주의국가, 비인도적점령국가, 배후세력 등으로 표상하면서 해방 이후 조선인의 '反공', '反소련' 인식의 기초를 제공했다. 김인수, 「1930년대 후반 조선주둔일본군의 대(對)소련, 대(對)조선 정보사상전」, 『한국문학연구』 32, 동국대학교 한국문학연구소, 2007. 또 "과거 공산당에 대한 일본 제국주의자들의 악선전과 종파분자들이 끼친 해독행위로 말미암아 공산당은 아직도 광범한 대중의 지지를 받지 못하고 있"다는 지적과 같이, 실제 해방 직후 좌익들은 공산주의라는 말을 공개적으로 사용하기를 꺼려했다. 김일성, 「새조선건설과 민족통일전선에 대하여」, 김준엽 외 공편, 『북한연구자료집』 1, 고려대학교 아세아문제연구소, 1969, 19쪽.

75 관련해서 당시 한 필자는, "해방 조선의 정치현상을 보면 실로 혼돈(混沌) 무슨(질)서하야 민중의 불안과 초조가 극도에 달하고 그 추향(趨向)할 바를 몰나 방황(彷徨)하고 있다. 이러한 현상에도 불구하고 다수(多數)한 정당의 난입(亂立)과 정당색(政黨色)에 부수(附隨)한 각 단체가 족출(簇出)하야 그 어느 것이 정당이오 그 어느 것이 사설단체인지 한계(限界)를 구별하기에 매우 곤난하다"고 평가하고 있다. 嚴雨龍, 「朝鮮의 現下 政治現象을 直視하고」, 『無窮花』, 1945년 12월호, 14쪽.

76 아시아-태평양전쟁기 신갑범(愼甲範)은 당시를 "세계사의 동양적 전회"의 시대로 규정하면서, 황도주의하에서 "자유주의적, 개인주의적, 또 민주주의적인 근대 이후의 구미적 역사사상

과 민주주의를 기축으로 한 좌우논쟁의 과정에서 과거와는 다른 맥락의 반소 반공담론이 출현했다.

민족 · 민주주의 논쟁과 반공담론의 변주

해방 직후 좌우대립의 양상에서 주목되는 것은 양 세력 모두 자기 정당화와 상대방에 대한 공격의 근거로 '민족자결'과 '민주주의'를 주장하고 있다는 점이다. 다시 말해 양측은 '민족'과 '민주주의'를 당위로 하거나 그것의 구체적 실현 방도를 두고 경쟁했다. 이는 각 정치 세력이 제2차 세계대전의 종결과 그에 따른 탈식민의 시대적 규정력 속에서 자신의 정치노선을 재정립하고, 그에 기초해서 정국의 주도권 경쟁에 나섰음을 말해준다. 문제는 좌우 정치세력이 민족과 민주주의에 대한 서로 다른 입장과 노선을 취했다는 점에 있다. 양측 모두 신국가 건설을 위해서 민족적 단결과 민주주의 정치노선을 고창했지만, 각 정파의 정치 노선과 이해관계에 따라 서로 다른 태도를 보였다. 때문에 해방 직후 좌우대립은 민족국가 건설과 민주주의의 실현 방도를 둘러싼 논쟁을 중심으로 전개되었다.

우익은 통일민족국가 수립을 위해 과거 청산의 문제보다는 우선 민족적 단결을 강조했고, 좌익은 "덮어놓고 뭉치자"하는 무조건 통일론을 반대했다. 좌익은 민족통일전선을 "친일파 민족반역자를 제외한 海內海外의 모든 세력만으로 결성할 것"을 주장했다.[77] 우익은 인민공화국이 일부 좌익을 중심으로 한 민족대표성이 없는 비합법적 단체에 불과하다고 평가하고, 좌익이 '계급독재'를 추구한다고 비난했다.[78] 반면 좌익은 "원측이 서지 않은 통일 직[즉] 덮

이 지양될 뿐 아니라, 1민족 1국가 1지도자 같은 부자연한 논리도 나타나지 않는다"고 주장했다. 즉 황도주의하에서 민족과 민주주의 이념 역시 초극되어야 할 서구 근대의 산물로 부정당했다. 임종국, 앞의 책, 97쪽. 하지만 민족자결과 민주주의를 표방했던 연합국의 승리로 민족 · 민주주의는 종전과 함께 새로운 세계질서의 원리로 재등장했다.

77 全國靑年團體總同盟 서울市聯盟, 「누가 民族反逆者냐?」, 1945년 10월 10일자, 김현식 · 정선태 편저, 『삐라선집』, 90쪽.

78 특히 중도우파계열 안재홍은 좌익의 계급독재에 대해서 그의 '新民族主義와 新民主主義'의 주장을 통해 논리적 비판을 전개했다. 그는 "민족과 민족의식은 그 유래 매우 오랜 것이니,

어놓고 한데 뭉치라는 것은 그 본 의도와 결과에 있어서 친일파 민족반역자로 구성된 소수의 조선 특권계급의 이익을 옹호하는" 것이라고 반박했다.[79] 이와 같이 좌우 양측은 모두 민족통일전선의 필요성을 주장하면서도, 자파의 정치적 지향을 위해서 또 정국의 주도권 장악을 위해서 상대방을 민족대표성을 결여한 분열세력으로 비난했다.

민주주의에 대한 이해와 그 구체적 실천방식에 있어서도 좌우는 일정한 차이를 보였다. 해방 직후 "民主主義原則"은 "現下 世界에 共通된 思潮이요, 朝鮮 現實이 切實히 要請하는 政治"로 받아들여지고 있었다.[80] 실제 좌우 모두 정당 강령으로 민주주의를 표방했다. 한민당은 그 강령에 "오직 전제와 구속 없는 대중본위의 민주주의 제도"를 추구할 것을 밝혔다.[81] 중도우익의 안재홍 역시 "만민개로와 대중 공생을 이념으로 하는 계급독재를 지양시킨 신민주주의"를 주장했다.[82]

반면 조선공산당은 '진보적 민주주의'를 내세우면서, '해골만 남은 형식의

근대자본주의시대 산물이 아니다"라고 하며, "獨逸人의 제국과 같은 데 있어서의 지방적 애국주의는 지양 청산됨을 要하였음과 같이, 근대에 있어 국제적 협동연관성을 무시하는 고립배타적인 민족주의 혹은 국가주의는 배격되어야 하겠지만, 민족자존의 생존협동체로서의 주도이념인 민족주의는 거룩하다. 이에 특히 新民族主義가 제창되는 이유이다"라고 주장한다. 그러면서 "선진 자본주의 국가의 민족주의는, 많은 경우 침략주의의 형태로 轉動되지마는, 인류 생존의 단계에서 민족주의는 당연 源本的인 이념으로 지배적 지위가 부과되는 것"이라고 강조한다. 또한 그는 과거 소련인들이 독일에 맞서 싸운 것을 '주의'가 아닌 민족주의의 소산으로 평가하면서, "이러한 역사와 국제정세를 무시하고서 高踏的 혹은 現實遊離的인 民族否認·祖國抹殺의 태도는 있을 수 없는 일이다. 자기의 同胞와 祖國이 눈앞에서 異國의 군대에게 살육되고 유린됨을 보고, 자기의 어미와 누이들이 당장에 강포한 侵入者에게 능욕되고 있는 것을 보면서, 오히려 어설픈 國際主義를 부르짖고 있도록 蘇聯人은 피(血) 식은 허수아비가 아니었던 것이다"라며, 좌익의 국제주의적 계급노선의 경향을 비판하고 민족주의를 강조한다. 또 "吾人은 四十年의 隷屬과 三十六年의 桎梏 밑에 전민족이 超階級的으로 屈辱과 被搾取의 대상이 되었었다. 이제 또 全民族 超階級的으로 解放되었나니, 초계급적인 統合民族國家를 건설하여 전민족의 해방 및 독립의 완성을 圖함이 역사의 명제이다"라고 주장한다. 安在鴻, 「新民族主義와 新民主主義」, 安在鴻選集刊行委員會 編, 『民世安在鴻選集 2』, 知識産業社, 1983, 15~60쪽; 安在鴻, 『新民族主義와 新民主主義』, 民友社, 1945.

79 「진보적 민주주의 기빨 밑에서: 공산당 대표 정견방송」, 『全國勞動者新聞』, 1945년 11월 30일자.

80 國民黨咸南支部 京城連絡部, 「國民黨咸南支部 京城連絡部宣言」, 1945년 11월 1일자, 김현식·정선태 편저, 『삐라선집』, 110쪽.

81 宋南憲, 『解放 三年史 I: 1945-1948』, 까치, 1985, 128쪽.

82 宋南憲, 위의 책, 132쪽.

민주주의'에 만족할 것이 아니라, 정치적 억압과 경제적 착취가 없는 "구체적 내용을 가진 실질적 민주주의"를 주장했다.[83] 중도좌익의 여운형 역시 "이번 세계대전이 민주주의의 승리로 끝나서 바야흐로 온 세계가 민주주의화하려는 역사적 단계가 되어 있고 또 우리의 민족해방도 민주주의의 승리로서 달성한 것이기 때문에, 국내의 모든 정당이 그 강령에 민주주의를 내걸지 않은 당이 없"다고 지적한다. 이어 "그러나 같은 말로 표현된 민주주의지만 그것을 말하는 사람의 해석에 따라 그 내용과 구체적 실현방법에 있어서 의도가 근본적으로 다르다"며, 현재의 진정한 민주주의는 "국민의 대다수의 노동층의 경제적 해방을 위하야 그것을 달성할 수 있는 정치방법으로서의 민주주의"라고 강조했다.[84]

이와 같은 해방 직후 민족과 민주주의를 둘러싼 논쟁은 남한 사회가 아직 특정한 형태의 합의된 정치체제나 정체성을 확립하지 못하고 끊임없이 동요하고 있음을 보여준다. 또한 민족과 민주주의에 대한 논쟁이 식민통치와 파시즘이라는 과거의 반대급부로서 강조되었다는 점에서, 해방 이후 과거에 대한 단절 내지는 전복의 흐름이 강하게 존재했음을 말해준다.

이 시기 무엇보다 주목할 만한 것은 태평양전쟁기 반서구 근대의 기치 아래 전개되었던 '근대초극론'의 영향 속에서 비판받았던 민주주의가 탈식민과 함께 새로운 시대 이념으로 재등장했다는 점이다. 이제 좌우 모두 자신의 정치적 지향과 그 구체적 실천 방략에 민주주의라는 표식을 달아야만 했다. 당대 표현을 빌리자면 민주주의라는 "간판"으로 자파의 정치적 의제를 설명해야 했다. 민주주의를 전유하기 위한 좌우의 경합은 자연스럽게 민주주의 그 자체를 새롭게 재구성하는 과정을 동반했다. 또 민주주의를 자파의 정치적 이해관계 속에서 재정립하는 것은 민족, 계급, 국가와 같은 개념 역시 민주주의적 가치에 부합하는 방향으로 재규정하는 것을 의미했다.

당시 민주주의의 실현 문제가 남한 사회가 '지향할 적극적 가치'로 이해되

83 「進步的 民主主義 下에서 民族統一戰線結成」, 『大衆日報』, 1945년 12월 3일자.
84 「人民黨의 信念」, 『朝鮮人民報』, 1945년 12월 8일자.

고 있던 상황에서, 민주주의를 둘러싼 경쟁은 그 의미에 대한 혼란을 발생시켰다. 해방 이후 『동아일보』의 조사부장과 편집국장을 지낸 김삼규는 "民族主義(者, 필자)도 民主主義, 共産主義者도 民主主義를 提唱하니 엇던 것이 眞實한 民主主義인지 判斷하기 어려운데다가 進步的이니 新이니 하는 形容詞는 더욱이 混亂을 助張하야 大衆은 依然히 去就할 바를 몰으니 좀 더 正確하고 積極的인 方向指示가 要望되는 所以"라고 밝히고 있다.[85] 이와 같은 민주주의의 범람과 그 의미를 둘러싼 혼란 속에서 좌우 정치세력은 '민주주의' 기표 속에 자파의 정치적 의제를 기입하고, 그것을 전유하고자 했다.

조선공산당은 아예 당대 조선은 물론 세계정세를 "民主主義 對 反民主主義"의 싸움으로 규정하고, 자파를 '진정한' 민주주의의 담지자로 자처하면서 정국의 주도권을 장악하고자 했다.[86] 우익에서도 안재홍이 제창했던 신민주주의론을 비롯한 다양한 민주주의론이 등장한 가운데 좌익과 경합을 벌였다. 좌익 역시 그 내부의 정치적 스펙트럼 속에 서로 다른 민주주의론이 존재하기는 마찬가지였다.[87]

이와 같은 민주주의를 둘러싼, 또 이와 밀착되었던 민족, 인민, 계급, 국가에 대한 당시 주장과 논리를 집약적으로 보여주는 사례가 다음에 두 저술이다. 1946년 1차 미소공위 결렬 후 비슷한 시기에 집필된 두 책의 제목은 『民族意識과 階級意識』(李載壎)과 『民族과 人民』(朴克采)이다. 하나는 민족의 입장에서 좌익의 계급의식을 비판하고, 다른 하나는 인민의 시각에서 우익의 민족의식을 문제시하고 있다. 양 필자는 '인민 - 민족 - 계급'의 관계를 재정립하는 것을 통해 '민주주의' 실현 방법을 논하고 있다. 여기에서 주목할 것은 바로 이런 일련의 논쟁 과정에서 해방 직후 극단적인 반좌반공의 논리나 미소대립

85 「國際平和의 方向」, 『동아일보』, 1946년 3월 31일자.

86 「民主主義와 反民主主義」(卷頭言), 『人民』, 1946년 4월호.

87 해방 직후 좌우의 민주주의론에 대해서는 임종명, 「해방 공간과 인민, 그리고 민족주의와 민주주의」, 『한국사연구』 167, 2014; 박지영, 「복수의 '민주주의'들: 해방기 인민(시민), 군중(대중) 개념 번역을 중심으로」, 『대동문화연구』 85, 2014; 여현덕, 「8 · 15직후 민주주의 논쟁」, 『해방전후사의 인식』 3, 한길사, 1987; 김정인, 「민주주의 해방기 분열 혹은 통합의 아이콘」, 『한국의 근현대, 개념으로 읽다』, 푸른역사, 2016 참조.

의 가시화에 따른 '냉전적 진영논리'와는 일정한 거리가 있는, 반공담론이 병존했다는 점이다.[88]

먼저 이 무렵 좌익의 시각을 보여주고 있는『民族과 人民』을 살펴보자. 맑스주의 경제학자 박극채(朴克采)가 집필한『民族과 人民』(朝鮮科學同盟서울市支部, 1947년)은,[89] 이미 필자가『科學戰線』3호와 4호에 연재한「民族과 人民의 理論」,「反動民族觀의 批判」두 논문을 책으로 엮은 것이다.[90] 여기에서 박극채는 글의 집필 목적을 "民族槪念의 不徹底한 把握이 오늘날 民主主義事業에 至大한 影響을 주고 있는 事實에 留意하야 다음에 典型的 反動民族觀의 諸類型을 紹介 批判함으로써 科學的 民族觀의 把握에 一助가 되기를 企圖한다"고 밝히고 있다.[91] 글의 집필 취지에서 확인할 수 있는 바와 같이, 그는 해방 이후 '민주주의' 의제 속에서 민족 논의를 전개하고 있음을 밝히고 있다. 이는 당대 좌익이 '민주주의' 실천을 중심으로 민족문제를 사고했으며, 민주주의의 발전사 속에서 민족을 재구성하려 했음을 단적으로 말해준다. 실제 박극채는 서구 근대 전환기 이래 민주주의의 전개 과정에서 인민과 민족의 변천사를 살펴보고 있다.

그에 따르면 '민족은 사회적 력사적으로 발전된 또 발전하는 하나의 인간공동사회의 특수형태임에 불구'할 뿐, '어떤 초인간적인 신비력'을 소유한 것이

---

88 후지이 다케시는 이와 같이 해방 직후 '국내적인 반공과 국제적인 냉전 사이의 역사적 간극에서 출현했던 유동적인 반공주의'의 성격을 족청계의 사례를 들어 "반공적이면서도 냉전적이라기보다는 민족주의적"이라고 갈파했다. 후지이 다케시,『파시즘과 제3세계주의 사이에서』, 역사비평사, 2012, 17~18쪽.

89 박극채는 일제시기 경도(京都)제국대학에서 경제학을 전공한 뒤, 귀국 후 보성전문학교의 교수로 재직하다 '전향(轉向)'했다고 평가되지만, 해방 이후 좌파이데올로그로 복귀해 활동하다 월북하여 북한 정권에 참여했다. 박극채는 경제학자이자 정치가로서 해방 전후 비중 있는 활동을 전개하였다. 실제 박극채는 박치우(朴致祐), 정태식(鄭泰植) 등과 함께 조선공산당의 '8월 테제' 작성에 관계하였고, 조선공산당 외곽단체였던 조선과학자동맹의 위원장을 지내는 등 조선공산당과 밀접한 관계를 갖고 활동하였다. 홍종욱,「해방을 전후한 경제통제론의 전개: 박극채 · 윤행중을 중심으로」,『역사와 현실』64, 한국역사연구회, 2007, 321쪽; 梁漢模,「南勞黨」,『轉換期의 內幕』, 朝鮮日報社, 190쪽.

90『科學戰線』3호와 4호의 정확한 발간일을 확인할 수 없지만, 2호가 1946년 4월에, 5호가 1947년 4월에 발간된 것으로 보아, 3호와 4호에 실린 박극채의 글은 1946년 5월에서 1947년 3월 사이에 집필된 것으로 보인다.

91 朴克采,『民族과 人民』, 開拓社, 1947년, 47쪽.

아닌 역사적 구성물이라고 주장한다. 이와 같이 민족을 하나의 '특수사회형태'라고 규정하는 것은, 그것을 '신비화' 내지는 '우상화'해서, '감각적'이고 '감성적' 차원에서 '반과학적', '신비주의적' 민족관을 유포하는 "朝鮮에 있어서의 힛틀러의 惡流"를 경계하기 위함이라고 밝히고 있다.[92] 그는 민족구성의 징표를 다음 네 가지로 규정했다.

> 一. 心理的, 精神的 共通性(特殊한 生活條件에서 이러나는 모든 感性的, 理性的 要素의 歷史的 傳統을 繼承한 共同的 文化現象) 二. 言語의 共通性 三. 經濟的 統一 四. 地域의 共通性[93]

이 중 二, 三, 四에 의해서 一의 정신현상이 출현하고, 그 모든 요소가 다시 근대적 정치의식으로 집결해서, '자연적, 감정적 유대를 의식적, 이성적 유대로 전환시키는 작용'을 한 결과 일정한 민족성을 연마하게 된다고 주장한다. 이어 여기에서 말하는 민족은 그 이전의 씨족, 부족, 종족 등에 대비하여 확실히 그 성격이 다른 '근대적 산물'이라고 강조한다. 즉 '근대 사회는 자본주의 사회요 민족은 자본주의 사회의 산물'이라고 주장한다. 상품생산을 위한 근대적 생산력과 생산관계가 추진 동력이 되어 '지역적 분권, 경제적 할거, 신분적 특권' 등 기존 봉건제의 모든 차별과 경계를 '평탄화'시켰다고 평가한다. 무릇 '상품의 생산유통은 자유와 평등과 통일을 요구'했고, 이런 요구가 궁극적으로 '봉건특권계급 지배일반의 타도'로 이어져 근대 '민주주의' 시대를 열었다고 주장한다.

박극채는 바로 이 "自由平等의 旗幟를 들은 이 새로운 人間集團은 許多한 制限밑에서 拘束을 받고 있는 從來의 人間集團을 擴大 强化한 것이니 이것이 卽 우리가 말하고 있는 民族 그것"이라고 주장한다. 그리고 여기에서 "民族은 市民의 領導에 依한 人民의 統一에서 出發하였으며 人民의 統一政權의 樹立과 同時에 人民은 民族으로 宣言"된 것이라고 규정하면서, 근대 초기 인민이 곧 민족과 일치했음을 강조한다. 이와 관련해서 그는 다음과 같이 설명한다.

92 朴克采, 위의 책, 3~4쪽.
93 朴克采, 위의 책, 4쪽.

西洋말 特히 英, 獨, 佛語의 Nation은 國民이란 뜻과 民族이란 뜻과를 둘 다 包含하고 있는데 그는 近代國家의 成立에 衣하야 人民은 法的으로 國民이 되는 同時에 社會的으로는 統一的 行動主體 卽 民族이 되었다는 事實로써 說明된다. 國民 民族은 同一物의 兩面이고 모다 近代 資本主義國家가 自國人民에게 붙인 概念 名稱이다.[94]

즉 그는 서구 근대국가의 출현 과정에서 인민은 곧 국가의 구성원이자 공동사회의 구성원으로서 '인민=국민=민족'의 관계에 있었다고 주장한다. 문제는 초기의 이 관계가 점차 자본주의의 발달과 식민지 개척의 과정 속에서 상호관계가 불일치 내지는 어긋났다는 것이다. 바꿔 말하자면, 초기 시민계급의 영도권 속에서 결집된 인민 내에는 자본가와 노동대중이 공존하고 있었다. 하지만 이후 자본주의 발달과 함께 점차 '자본가본위의 민주주의'로 변질됨에 따라, 근대국가의 민주주의는 '상품=물신'에 기초를 두는 민주주의가 될 수밖에 없었다. 그 결과 영도권을 쥔 자본가집단에 의해 인민을 민족으로 선언한 민족국가의 권력이 장악되면서 시민의 권력이 곧 민족과 인민의 권력을 대표하게 되었다고 말한다.

계속해서 박극채는 이 자본가 집단이 산업자본 시대를 거쳐 독점자본의 단계에서 소위 '뿌루조아독재'와 제국주의 경향을 노골화하면서, 타민족을 무력적으로 침략하는 "반민주주의에로의 역전"을 발생시켰다고 비판한다.[95] 그는 이제 자본주의 시대의 소시민은 봉건전제왕을 대신해 독점금융왕이 되어, 더 이상 인민의 영도권을 쥘 수 없게 됐다고 선언한다. 따라서 소시민은 이제 민주주의를 위한 새로운 인민전선의 후미에 따른게 되었다고 주장한다. 이런 이유로 그는 "舊時代의 人民과 現代의 人民과는 質에 있어서 다르지만 形式에 있어서 同一하다"고 평가한다.[96] 또 금융독점왕은 세계왕이기 때문에 이에 대항하는 인민전선도 세계적이지 않을 수 없으며, 이 "세계적 인민전선은 자유

94 朴克采, 위의 책, 21쪽.
95 朴克采, 위의 책, 26쪽.
96 朴克采, 위의 책, 28쪽.

인민에 의한 민족의 탈환을 국제적 규모로 전개하는 민주주의적 민족연합체" 라고 강조한다.97

흥미로운 것은 박극채가 이 제국주의의 식민지 팽창을 식민지 민족 결성의 계기로 평가하고 있는 지점이다. 그는 제국주의의 식민지 상품화 과정이 서구 근대의 역사와 같은 "민주주의적 목적의식을 가지는 인민대중의 초지역적 결성", 즉 "민족"을 탄생시킨다고 말한다. 그리고 이 민족의 해방운동은 민주주의운동으로서 동시에 민족결성운동 즉 민족통일전선의 확립 과정이라고 평한다. 다시 말해 그는 근대 자본주의 강대민족에서와 같이 현대 식민지 약소민족에서도 민주주의적 목적의식 밑에서만 민족이 결성되는 것으로, "인민전선의 결성과정이 민족결성 과정"이라고 주장한다. 때문에 자연히 제국주의적이고 봉건적인 요소는 물론 외국 금융자본과 연결된 대부르주아 및 봉건지주 역시 '인민=민족'의 결성 과정에 참여할 수 없다고 주장한다. 그는 "人民의 그들에 對한 鬪爭이 卽 民主主義運動이며 그것이 卽 人民=民族의 解放運動의 內容이 되는 것"이라고 강조한다.98

또 그는 근대 시민민족이나 현대 약소민족이 봉건사회를 근대화한다는 의미에서는 그 역할이 동일할지 모르나, 현대 약소민족은 반제반봉건의 특수성으로 인해 인민=민족의 내용이 다를 수밖에 없다고 말한다. 그에 따르면 "세계독점자본체제하의 종국적 붕괴가 없이는 약소민족의 제국주의로부터의 해방이 불가능"하다. 그러므로 "약소민족은 세계적 반제국주의 세력의 지지가 절대로 요청된다. 민주주의적 인민통일체로서의 약소민족은 옛날의 민주주의적 인민통일체로서의 강대민족과 달라서 세계적 인민통일체의 일부대로서 자기를 의식한다. 이러한 의미에 있어서 철저한 민주주의적 국제주의의 의식과 민족의식과는 완전히 일치하는 것이며 이러한 통일의식의 획득자가 현대의 약소민족이다. 세계적 인민통일전선에 있어서의 반제국주의적 인민 이것이 근대민족에 대치되는 현대 민족"인 것이다.99

97 朴克采, 위의 책, 29쪽.
98 朴克采, 위의 책, 34쪽.

결국 박극채는 현대 약소민족의 특수성으로 인해 부르주아가 아닌 노동자 영도의 인민 즉 민족이 새롭게 형성되어야 함을 주장한다. 그리고 이 인민의 국제주의 연대는 민주주의의 실현을 목적으로 하는 각개 민족의 이해관계와 충돌되는 것이 아니라 완전히 일치하는 것이라고 주장하고 있다. 즉 민족을 민주주의적 목적의식을 자각한 인민으로 전유하면서 민족의 범주를 한계 짓고, 그 새로운 '인민=민족'의 연대가 반제민주주의 투쟁에 주축 세력임을 역설하고 있다. 이를 통해 박극채는 '특권층에 의한 민족의 독점'을 비판하고, 민주주의적 인민의 집결체인 민족 내에 노동자 계급의 영도권을 주장하고 있다. 동시에 당시 좌익의 국제주의 노선의 정당성을 뒷받침하고 있다.

요컨대 박극채의 '인민=민족'의 설정은 당대 우익과의 민족과 민주주의를 둘러싼 경쟁에서 자파의 정당성을 구축하는 논리였다. 그는 민족을 '비과학적'인 '신비화'에 기초한 본질적인 것이 아닌 민주주의적 가치를 각인한 역사적 구성물로 규정하면서, 우익의 민족에 대한 독점권을 부정했다. 그리고 이 새로운 인민=민족을 통해 우익의 '무조건 뭉치자'는 논리의 반동성을 갈파하고, '진정한' 민주주의 실현 주체로서 '인민=민족'의 재결성을 역설했다.

다음에는 비슷한 시기에 박극채와는 다른 시각과 논리로 민족과 민주주의 문제를 다루고 있는 지식인 이재훈의 책을 살펴보자.[100] 그는 남한에서 "當來의 社會生活原理로서 民主主義"가 "男女 老少 識 無識을 莫論하고 高唱하고 있"다고 지적한다. 이어 "어느 思想이나 一知半解, 誤解, 不徹底한 認識은 無識한 것보다 其 結果에 있어서 可恐할 禍根이" 된다고 우려하고, 조선의 현실이 그러함에 개탄하면서 책을 집필하게 되었다고 밝힌다. 이런 취지에 부합하게 필자는 해방 직후 조선의 국내외적 상황과 결부시켜 민족, 계급, 민주주의,

99 朴克采, 위의 책, 37~38쪽.

100 필자가 확인 가능한 범위에서는 한국 철학의 1세대 지식인으로 꼽히는 이재훈은 일제시기와 해방 이후 학술활동 외에 특별한 정치적 행보를 보인 흔적은 찾아볼 수 없다. 이병수, 「1930년대 서양철학 수용에 나타난 철학 1세대의 철학함의 특징과 이론적 경향」, 『시대와 철학』 17-2, 2006. 그럼에도 불구하고 그가 집필한 『民族意識과 階級意識』은 중도우익계열의 민족·민주주의론과 공명하면서도, 계급, 민족, 민주주의에 대한 독특한 입장을 제시하는 가운데 공산주의 운동과 사상을 비판하고 있어 주목된다.

경제, 교육의 문제를 검토하고 자신의 견해를 피력하고 있다. 이 과정에서 박극채와 마찬가지로 민족과 민주주의 문제를 집중적으로 다루고 있다.

이재훈은 현재 국가 형성의 원리로서 성공한 민족주의를 근대적 현상이라고 지적하면서, 민족의 형성 발달 과정을 크게 '기본적 사회'에서 정치적 결사조직인 '민족국가'의 성립 과정으로 설명한다. 여기에서 기본적 사회란 지리적 환경을 공유하면서 공동생존의 필요상 자연적 운명적으로 상호관계가 형성된 집단생활로, 자연 숙명적으로 사회의 공동의식 즉 민족의식을 양성육성하게 된다고 말한다. 이후 이 기본사회가 자기사회의 존속발전을 위해 상시 대외방위와 대내 치안 유지를 목적으로 사회통영, 자기본족을 직능으로 하는 정치적 결사조직으로 발전한다고 주장한다. 하지만 그는 공동생존을 목적으로 하는 기본사회는 물론 정치적 결사조직은 표면상 일체이지만, 그 내부에는 계급사회가 공존하고 있다고 지적한다.

이재훈은 이 사회 내 '계급'이 "테 - 니스"가 말한 공동사회의 이익사회 경향의 선명한 증표라고 지적하면서, 해방 후 조선의 현실 역시 마찬가지라고 주장한다. 과거 민족주의운동의 목표가 민족해방이었다면 해방 이후 정세는 계급적 압박으로부터의 해방을 동시에 요구하고 있다는 것이다. 이재훈은 향후 계속적으로 "民族本位 民族主義的 團結行動이 現代國家의 現實과 今次 大戰이 例示한 程度의 實力"을 가질 것이라고 예측하면서도, 계급의식이 "國家 民族의 範圍를 넘어서 國際的으로 携提하며 世界社會로 一全體로서 延長하려고하는 傾向이 있음"을 우려한다.[101] 그리고 이런 추세는 교통기관의 발달과 이익사회화의 극한에 있어서 가능할 뿐이라고 단정한다. 결국 그는 현 정세가 요구하는 것은 "民族統一意識內의 階級意識"이라고 주장한다.[102]

이와 같은 이재훈의 주장에서 시선을 끄는 것은, 민족의식과 계급의식의 관계를 새롭게 정립하는 것을 통해 민족과 계급의 갈등을 무화시키고 있는 점이다. 그는 '계급 간의 반목투쟁을 분열의 계기가 아니라, 사회 발전 과정의 일

---

101 李載壎, 『民族意識과 階級意識: 朝鮮의 今明日』, 東洋公司出版部, 1946, 7쪽.
102 李載壎, 위의 책, 8쪽.

파생물이면서 또 사회 자체의 보존상 일보 전진시키는 계기'로 인식해야 한다고 강조한다. 이론상으론 민족사회 내의 무산과 유산의 계급 대립이 도저히 협력관계를 가질 수 없다고 하나 사실은 투쟁 중 협력할 수밖에 없는 '운명적' 관계라고 말한다. 일종의 "同中의 異이며 異中의 同"인데,[103] 여기에 사회관계의 착잡성이 있을 뿐만 아니라 또한 진보발전성이 있다고 주장한다. 이와 같이 그는 양자의 모순을 새로운 발전의 계기로 승화시킨다.

> 民族社會는 自己保存 發展의 契機로서 階級運動을 包攝完成식힐 것이다. 社會進化를 爲한 階級分裂이라면 分裂鬪爭은 其 志向에 있어서 國民的 感情 統一意識을 排除하는 것은 아니다. 時代的 事情이 民族的 解放이 同時에 階級的 解放의 要求를 內含하고 있다고 하겠다. 이것은 基本社會의 利益社會化의 歷史的 必然力이라고 하겠으며 民族社會는 協力의 範圍를 自然 擴大하게될 것이다. 이러한 條件下에 있는 階級은 部分社會로서 民族全體社會 內에서 自己를 社會를 進步 進化식히기 爲하야 機能化하며 그것을 爲하야 奉仕하는 同時에 目的化할 것이다. 여기에 兩 意識이 會合의 可能性이 있지 않는가[104]

또한 이재훈은 어느 의식이나 그 전제(專制)는 악이며 시대착오적인 것으로, 적대자를 부정 압도하고 그 공석을 자기가 독점하거나 단순한 세력위치의 전환이 곧 사회의 근본적 발달을 약속하는 것으로 생각하는 것은 '迷信'이라고 평가한다. 이어 진정한 계급적 사회의 부정은 "制度的 階級的 支配者의 勢力 代身 社會的 勢力의 優勢 또는 其 支配를 意味"하는 것이며,[105] 따라서 현재 계급적 대립이 소유권에 기인한 경제적 이해를 중심으로 나타나고 있기에 대립의 해소를 위해 "經濟的 勢力을 社會化" 할 것을 주장한다.[106]

무엇보다 그는 현재의 소련이 공산주의가 아닌 "스라부 種族主義 民族主義"로 통일된 것으로, "過激主義로부터 資本主義(가) 아니라 帝國主義에까지

103 李載壎, 위의 책, 10쪽.
104 李載壎, 위의 책, 11쪽.
105 李載壎, 위의 책, 12쪽.
106 李載壎, 위의 책, 13쪽.

反進하엿다"고 주장한다.[107] 또 "第一次 第二次 世界大戰은 決코 資本主義와 社會主義의 戰爭이 아니"였으며, "戰後의 國際共産主義國 蘇聯은 國土를 國際的으로 開放하지 않을 뿐드러 帝政時代의 領土를 그대로 世襲"한 "帝國主義 其者"이라고 강조한다.[108] 그는 이런 상황에서 '국제공산주의자가 무산계급의 실천을 위하야 국가와 민족의 영역을 넘어서 세계사회 또는 연방조직을 앙망(仰望)하며 희구한다는 것은 시대적 조건과 국제간의 정세를 무시하는 암우무식한 도배의 시대착오'라고 비판한다. 덧붙여 그는 "民族은 原生的이며 階級은 派生的"이며 "前者는 自然的 所産이며 後者는 人爲的"이라고 말한다.[109] 또 "階級問題가 第二次的이오 民族이 第一位에 位置하고 있다는 것은 第一次大戰은 無論이오 今次大戰도 其 動機 過程 結末에 있서 始終如一하게도 帝國主義 民族主義가 아니였던가. 그것에 比하야 資本主義 國際社會主義라는 巨大한 存在는 말하자면 傍流의 地位에 있었다"고 주장한다.[110]

이상 살펴본 바와 같이 이재훈은 탈식민 이후 좌익의 계급중심적 국제주의 노선에 맞서 민족의 우선권을 주장한다. 그리고 그에 기초해서 계급의 문제를 민족의 틀 내로 포섭 순치시키고 있다. 더 나아가 민족의식 내 계급의식을 사회발전의 변증법적 계기로 삼을 것을 주장하면서 양자의 타협과 조화를 추구하고 있다. 이런 이재훈의 주장은 당대 토지개혁을 비롯한 각종 계급적 요구에 반응하면서도 민족통합의 논리를 내세워 정치적 주도권을 확보하고자 했던 소위 '중간파계열'과 비슷한 논리를 보여주고 있다.

이와 함께 이재훈은 민주주의의 본질을 새롭게 규정하면서 기존 부르주아 민주주의론과 프롤레타리아트 민주주의론 모두를 비판한다. 그는 기존 사회원리로서의 민주주의의 문제가 경제상의 문제 즉 자본주의 사회의 자유행사에 따른 착취에 있다는 점에서, 민주주의론자 역시 공산주의 원칙을 그대로 시인 긍정하고 있다고 지적한다. 그러나 그는 이 "經濟的 平等의 事實化의 問

107 李載壎, 위의 책, 7쪽.
108 李載壎, 위의 책, 14쪽.
109 李載壎, 위의 책, 15쪽.
110 李載壎, 위의 책, 15쪽.

題에 있어서는 唯物史觀과는 아무 因緣이 없"다면서, 공산주의가 기존 자본민주주의에 모순을 극복하는 대안이 될 수 없음을 선언한다.[111]

그는 정치를 "社會統營"의 행위라 규정짓고, 민주주의를 그 사회의 자기통영의 여러 방식 중 하나라고 주장한다. 전제정치는 정치를 생산하는 자가 두수적(頭數的)으로 사회의 일부에 제한되어 인민전체의 의사를 반영하고 있지 못한 채, 인민의 수동적 태도와 습성을 강요하는 불완전통영이라고 비판한다. 그렇다고 그는 수와 질의 동일시에 기초한 다수결이나 여론의 군림을 민주주의라고 하는 것은 기실 비민주주의적이며 민주주의 정신에 대한 미상(迷想)이라고 평가한다. 그러면서 사회통영인 정치는 전인구의 잡다한 의지를 모두 긍정하거나 수용하는 것이 아니라 그것을 평가, 정정, 순화의 과정을 통해 종합 통일하는 것이라고 주장한다. 그리고 시민의 평등한 권리는 반드시 이 과정을 통해 만들어진 보편가치를 통해서만 실현될 수 있다고 강조한다. 이런 의미에서 그는 민주주의 정치는 "價値的 綜合"이라고 주장한다.[112]

그는 전제정치 역시 사회통영의 정치라 할 수 있지만, 그것은 소수 특권집단의 지배에 불과하다고 평가한다. 다수에 의한 정치라 할지라도 그 통영의 주체가 민족적 의식이나 자본주의, 경제일원주의를 제일원리로 한다면, 그 질적 의의와 형식에 있어서 전제이기는 마찬가지라고 주장한다. 이와 함께 그는 민주정치가 정치를 생산하는 자와 소비하는 자가 공통의사에 달하기 위한 기능적 수단이라고 주장한다. 또한 그는 민주주의 사상의 근본태도가 "복잡다단부단히 변화 진보적이며 정지 고정적이 아닌 고로 선험적 고정적 원리로써 억압적으로 통제하는 것이 아니라 어데까지던지 개개의 요구에 순응 적응하면서 그 내구하는 바 본질적인 것을 개발 인도하는" 데 있다고 강조한다. 이상의 제 측면에서 이재훈은 민주주의 사상이란 "社會自身의 自治 政治消費者의 目的化"에 있다고 주장한다.[113]

---

111 李載壎, 위의 책, 30쪽.
112 李載壎, 위의 책, 34쪽.
113 李載壎, 위의 책, 38쪽.

이상 박극채와 이재훈의 저작을 살핀 것은 무엇보다 비슷한 시기에 민족·민주주의를 둘러싼 좌우의 상이한 담론을 보여주기 때문이다. 물론 두 사람의 주장과 논리는 당시 좌우를 망라한 다양한 정치 세력의 이념적 스펙트럼의 일부일 뿐이다. 그럼에도 불구하고 당대 '민족·민주주의'를 기축으로 한 좌우논쟁이 '계급 대 민족'의 대립구도하에서 전개되었다는 점에서 두 필자의 저술은 해방 직후 담론장을 이해하는데 많은 시사점을 준다. 실제 해방 직후 좌우 모두 그 내부에 계급과 민족에 대한 서로 다른 견해차를 내포하고 있었다. 예컨대 민족과 계급의 문제에 있어 이재훈과 달리 중도우익 계열의 안재홍은 민족 전체가 초계급적으로 예속되고 초계급적으로 해방된 결과 계급대립이 무효하다고 주장했다.[114] 반면 앞서 언급했던 김삼규는 그의 '민족사회주의'론을 통해 이재훈과 같이 남한의 계급문제를 인정하면서도, 그것은 노자협조로 충분히 해결 가능하며 외래자본의 침투에 맞서는 데에는 노자의 이해관계가 일치함을 주장했다.[115] 이와 같이 민족을 우선시 한 계열 내에서도 계급문제와 민주주의를 바라보는 시각은 다양했다. 계급을 강조한 좌익 역시 그 내부 다양한 결이 존재한 것은 마찬가지였다.[116]

여기에서 주목해야 할 것은 이재훈의 주장에서 확인할 수 있는 바와 같이 새로운 민족·민주주의론의 재정립 과정이 공산주의 비판과 동시에 이루어지고 있다는 점이다. 다시 말해, 식민과 탈식민에 걸친 반공주의의 역사가 보여

114 김정, 「해방 후 안재홍의 신민주주의론과 공산주의 비판」, 『한국사학보』 12, 고려사학회, 2002, 206쪽.

115 金三奎, 「民族社會主義序曲(4)」, 『동아일보』, 1947년 3월 12일자.

116 좌익 내 여운형의 인민당 역시 계급과 민족문제를 바라보는데 있어 조선공산당과는 일정한 시각차를 보였다. 여운형은 인민당의 지향을 설명하면서, "우리의 歷史的 特殊性은 朝鮮人 전체가 그 階級을 편성하여 日本帝國主義 壓迫 하에 있었다는 것이다. 그리고 또 한 가지는 朝鮮에 있어서의 共産主義運動은 國內의 階級的 對立을 중심으로 한 鬪爭은 비교적 적었고 日本帝國主義에 대한 鬪爭이 강렬하였다는 사실이다. 이러한 朝鮮의 歷史的 특수성으로 勞動者 農民은 푸로레타리아적 政治意識이 박약하다. 전 農民의 七.五할을 점하고 있는 貧農의 대부분은 금일 共産黨의 戰略과 거리가 있다"라고 조선공산당과의 차이를 밝히고 있다. 「人民黨의 信念」, 『조선인민보』, 1945년 12월 8일자. 중도 좌익을 대표하는 여운형의 '진보적 민주주의' 노선에 대해서는 정태영, 「한국의 사회민주주의 정당 연구, 1945~1961」, 건국대학교 정치학과 박사학위논문, 1995; 유병용·김인식·남광규, 「해방 전후 중간파 민족주의의 성격」, 『한국정치외교사논총』 29, 2007 참조.

주고 있듯이, 반공주의는 그것이 부정적 사유체계로서 그 내부로부터 자체의 체계적 논리를 구축하는 이데올로기가 아니다. 늘 타자를 마주보고 타자의 타자로서 형성된다. 탈식민 전후 역사적 국면에 따라 그 논리와 내용이 변화했지만 이 타자를 통한 자기 표상과 의미체계가 반공주의를 성형했다. 때문에 반공주의는 그 내부로부터 비롯된 것이 아닌 그것과 대쌍적 관계에 있는, 타자의 이념과 논리의 변화에 따라 함께 변화했다.

과거 1920년대 반공의 논리가 태평양 전쟁기 '근대초극'론의 그것과 달랐듯이, 해방 이후 남한의 반공주의는 탈식민 이후 민족과 민주주의의 맥락 속에서 변화했다. 물론 식민의 흔적과 논리가 반복적으로 동원되기도 했지만, 그와 같은 자원을 재동원한 것은 민족과 민주주의의 맥락에서였다. 그리고 이때의 민족과 민주주의는 과거의 그것과는 전혀 다른 의미를 함축하는 것이다. 따라서 반공주의를 촉발시킨 계기와 맥락이 달라지면서 반공주의 역시 과거 시대의 그것과는 상이한 내용과 논리를 갖게 되었다. '반공'이라는 기표는 같지만 그것을 채우고 있는 내용은 이질적인 것으로 변했다.

실제 이재훈과 유사하게 해방 직후 중도우익 계열 지식인들의 민주주의담론은 그 기본 방향이 기존 전체주의, 자본주의, 공산주의에 제 모순을 극복하려는 문제의식의 소산이었다. 그 결과 과거와 달리 새로운 사회통영의 원리와 실현 방도로서 민주주의가 논의되었다. 또 미군정 공보처에 주요 필진으로 참여했던 한치진(韓稚振)은 계급주의나 민족주의의 시각을 경계하면서, 정치형태나 제도의 차원이 아닌 생활방식으로서의 민주주의론을 펼치기도 했다.[117] 이밖에도 앞서 언급했던 중도우익의 안재홍이나, 한독당 계열의 조소앙(趙素昂), 민련(民聯)에 참여했던 배성룡(裵成龍) 등이 서로 다른 민주주의론을 제기했지만, 그들 모두 민족을 단위로 기존 민주주의의 폐단을 극복하고 민족사회의 협력과 조화를 지향한 '신민주주의'론을 펼쳤다.[118] 그리고 이런 '부르

117 홍정완, 「일제하~해방후 한치진(韓稚振)의 학문체계 정립과 '민주주의론'」, 『역사문제연구』 24, 역사문제연구소, 2010.

118 해방 이후 좌우의 민주주의론에 대해서는 여현덕, 앞의 글; 김정인, 앞의 글 참조.

주아 민주주의'론과 '프롤레타리아트 민주주의'론 모두를 지향한 '조선적 민주주의'론은 단정 수립 이후까지도 존속했다.[119] 배성룡은 이를 "非階級獨裁 非金力獨裁"의 "新型民主主義"라고 명명하기도 했다.[120]

하지만 이런 흐름과는 다른 층위에서 점차 자유민주주의론, 즉 냉전적 민주주의론이 대두했다. 그 주요한 계기가 바로 1946년 1차 미소공위를 계기로 부각된 '의사표현의 자유'를 둘러싼 논쟁이었다. 물론 해방 직후 이미 우익은 건준과 인민공화국을 '계급독재'를 기도하며 절차적 과정을 무시한 대표성이 없는 단체로 규정하고, 이런 좌익의 행태를 '반민주주의'적이라고 비판했다. 이어 1차 미소공위 시 임시정부수립을 위한 참여단체를 협의하는 과정에서 소련이 모스크바 삼상회의 결정에 반대를 표명한 우익의 참여를 반대하자, 미국은 이를 '의사표현의 자유'를 억압하는 비민주주의 조치라고 비난했다.[121] 결국 이 논쟁을 계기로 1차 미소공위가 결렬되고 2차 미소공위 역시 파탄되었다. 이후 우익은 이 '의사표현의 자유'를 근거로 계속적인 반탁 주장을 펼쳤고, 이를 문제 삼는 좌익과 소련을 '반민주주의 세력'으로 비난했다. 우익은 '의사표현의 자유'를 둘러싼 대립을 계기로 '미국-우익-자유' 대 '소련-좌익-독재'의 진영논리를 반복해서 생산했다.

물론 이 과정에서 '미국식 민주주의'도 '소련식 민주주의'도 아닌 '조선식 민주주의'론 역시 주장되었다.[122] 그럼에도 이런 '조선식 민주주의'론 역시 소련

119 대한민국 정부 수립 이후에도 여전히 안재홍과 조소앙의 민주주의론은 이승만의 일민주의와 함께 남한의 '三大主義'로 소개되었다. 安在鴻, 「祖國再建과 三大主義解說: 歷史와 科學과의 『新民族主義』」, 『民声』, 1949년 11월호, 29~34쪽; 金興坤, 「祖國再建과 三大主義解說: 知·權·富의 『三均主義』」, 『民声』, 1949년 11월호, 34~36쪽. 뿐만 아니라 공산주의와 자본주의 양자를 지양하고 주체적 사상체계를 새롭게 정립하려는 시도는 남한의 지배 권력에 의해 한국전쟁기간에도 계속되었다. 「(座談會)思想運動의 回顧와 展望」, 『思想』 2, 1952년 10월호 참조.

120 裵成龍, 『自主朝鮮의 指向』, 光文社, 1949, 205쪽.

121 1차 미소공위 결렬 이후 김삼규(金三奎)는 사설을 통해, 공위 휴회의 원인이 탁치를 반대한 단체는 소련 측에 의해 비민주주의 세력으로 매도된 것에 있다고 지적했다. 그는 반탁이 막부삼상회의결정을 반대한 것이 아니라 또 미소를 반대한 것도 아닌, 민족의 자주독립을 위한 자연스러운 민족감정의 발로를 표명한 반탁세력을 소련대표 스티코프 장군의 독단에 의해 일률(一律)로 "비민주주의적"이라고 몰았는데, 오히려 소련의 이런 몰이해한 태도가 "비민주주의적"이라고 비판했다. 金三奎, 「民族統一論(上)」, 『동아일보』, 1946년 7월 17일자.

을 언론, 결사, 비판의 자유가 부재한 독재주의로 비난하기는 마찬가지였다. 이와 연동해서 『동아일보』는 르포 형식으로 소군 점령하의 북한과 소련의 실정을 연재 기사로 소개하면서, 소련과 좌익을 반민주주의 세력이라고 비판했다.[123] 또한 남로당내 종파 갈등의 사례를 들며, 그것의 '비민주적' 성격을 폭로하기도 했다.[124]

특히 우익의 반탁독립투쟁위원회는 1947년 2차 미소공위가 재개되자 '신탁통치'안과 '민주주의'라는 용어에 대한 명확한 입장을 미 · 소 양측에 요구했다. 그리고 그 답신 내용에 따라 공위 참가 여부를 결정하겠다는 공세적 입장을 취했다.[125] 여기에서 반탁독립투쟁위원회는 '신탁'제를 놓고 '원조'와 '보호'의 상이한 해석이 혼란을 초래했던 것과 같이, "민주주의의 개념도 미국과 소련의 용법에 대단한 차이가 있"다고 주장했다. 즉 "美國에서 使用되고 있는 民主主義는 自由스럽고 公正한 選擧로 決定된 多數派의 支配를 意味하되 小數派에도 言論自由와 反對의 權利를 認定하는 것이 分明"한데 반해, "蘇聯式 民主主義는 그 結果에 있어서 特定階級에 限하여 政治的 權利를 認定하고 旣存政權에 對한 批判과 反對의 權利를 認定치 않는 것을 意味"한다고 미 · 소 양측의 민주주의의 차이를 지적한다.[126]

바꿔 말하자면 미 · 소 양측의 민주주의를 과정에 있어서 언론자유 및 비판

---

122 당시 미소공위 결렬의 원인이 민주주의 실시에 대한 견해의 차이에서 왔다는 여론이 비등한 가운데, 『동아일보』는 사설을 통해 "國內에 있어서의 現段階的 任務가 封建的 殘滓를 淸掃하고 民主主義化하는 것이며 朝鮮의 現實에 立脚한 民主主義는 英美式民主主義도 아니요 蘇聯式民主主義도 아닌 以上 이 路線과 理念에 異議가 있다면 그는 朝鮮의 現實을 沒却한 公式主義者에 不過"할 것이다. 즉 조선의 민주주의화에는 "公式的左右가 있을 수 없"다면서, 조선의 현실에 적합한 미소와 좌우의 민주주의를 절충 내지는 결합한 새로운 조선식민주주의 실현을 강조했다. 「祖國再建의 全面的再檢討」, 『동아일보』, 1946년 9월 24일자.

123 「왜 싫어하나 理想鄕이란 北朝鮮을(1)」, 『동아일보』, 1947년 9월 9일자; 「왜 싫어하나 理想鄕이란 北朝鮮을(2)」, 『동아일보』, 1947년 9월 10일자; 「왜 싫어하나 理想鄕이란 北朝鮮을(3)」, 『동아일보』, 1947년 9월 11일자.

124 「民主主義의冒瀆 南勞黨內 宗派의害毒(1)」, 『동아일보』, 1947년 8월 31일자; 「民主主義의冒瀆 南勞黨內 宗派의害毒(2)」, 『동아일보』, 1947년 9월 3일자; 「民主主義의冒瀆 南勞黨內 宗派의害毒(3)」, 『동아일보』, 1947년 9월 5일자.

125 「信託內容明示하라 共委와 韓民黨宣傳部談」, 『동아일보』, 1947년 5월 24일자.

126 「反託은 民族의 要求」, 『동아일보』, 1947년 5월 25일자.

의 '인정 대 부정', 결과에 있어서 '다수파 대 특정계급'의 차이로 설명하고 있다. 여기에서 민주주의를 '자유'와 '절차'의 문제로 규정하는 것은 사실상 대의제 민주주의를 주장한 것으로 미국 측을 옹호한 것이었다. 결국 반탁독립투쟁위원회는 '우리의 주권이 외국의 간섭에 의하여 침범되지 아니하고, 우리의 민주주의가 국민 대다수를 정당히 대표하는 동시에 소수파의 자유를 보장하는 것이 된다면, 한인 최대의 조력을 불석(不惜)할 것'이라고 밝혀, 사실상 미국식민주주의를 지지한다고 밝혔다.

이와 같이 2차 미소공위를 전후로 우익은 공위 참여단체 선정 문제에 핵심이 된 '의사표현의 자유'를 둘러싼 민주주의의 논쟁 과정에서, 소련과 공산주의를 특정 계급의 독재하에서 자유를 억압하는, "팟쇼 全體主義體制"라고 규정하고, "팟시슴보다도 惡質的인 共産主義"를 비판하는 기사를 계속적으로 소개하고 있다.[127] 또한 외신을 인용해 대다수가 서구진영과 동구진영 중 서구진영이 민주주의를 실현하고 있다고 평가한다는 기사를 전하고 있기도 하다.[128] 이후 우익은 2차 미소공위 기간 그리고 이후 미소 대립을 '민주주의' 서구진영 대 '반민주주의' 동구진영의 대결로 규정했다. 여기에 '서구 - 평화 - 자유 - 민주주의' 대 '동구 - 침략 - 전제 - 반민주주의'의 의미구조를 결합시켰다. 또한 이와 같은 진영논리와 결부시켜 좌와 우, 남과 북의 실정을 비교하는 것을 통해 지속적으로 냉전적 반좌반공담론을 생산했다.[129] 이와 같이 미소공위

127 「惡質的 共産主義 現政策만이 防止 英檢事長談」, 『동아일보』, 1947년 5월 6일자.

128 「蘇를 民主主義國家로 承認은 겨우 六分之一」, 『동아일보』, 1947년 5월 8일자.

129 한민당의 선전부장 함상훈(咸尙勳)은 1947년 7월 미소공위가 난항을 겪고 있을 때, 『동아일보』에 "공산당과의 투쟁에 대하야"라는 연재 사설을 통해 공산주의의 비민주주의성을 역설했다. 그는 소련이 1943년 대서양헌장의 반침략주의와 민족자결주의 원칙을 무시하고, 전쟁 중 그리고 전후 계속적인 세계적화정책을 추진하면서 침략적 행태를 취해왔다고 비판한다. 그는 "共産主義의 戰略戰術은 千篇一律的인 宣傳 煽動과 目的을 爲하야서는 手段을 不選하는 殘忍 無慈悲한 行動이다. 共産黨은 他政黨과 協調를 目的치 않고 獨裁 又는 專制를 目的한다. 莫不得已 獨立內閣을 組織때는 自黨해게모니 밑에 他黨을 引率하랴하며 自黨 領導下에 있지 못할 때엔 반듯이 敵本主義로 敵黨을 打倒하기 爲한 一時的 同伴者로 하랴" 한다고 비판하면서, 공산주의 세력의 침략주의에 반민주적 성격을 강조한다. 그리고 그 연장선에서 남한과 북한의 실정을 비교하고 있다. 그는 "北朝鮮에서는 北勞黨 獨裁下에 共産主義와의 同伴者인 政黨 團體만이 存在할 수 있으나 南朝鮮에서는 勿論 集會結社, 出版, 選擧의 自由가 保障되여있기 때문에 南勞黨, 全評, 全農等 共産主義政黨, 團體가 自由롭게 發展하고 있

기간 미소대립과 좌우대립이 노골적으로 전개되는 과정에서 냉전 자유민주주의의 타자로서 공산주의는 재규정되었고, 반공담론의 논리와 내용 역시 점차 냉전 자유민주주의에 의해 대체되었다.[130]

다"고 주장한다. 또 "共産黨은 北朝鮮에서 經驗한 바와 같이 人民의 基本的 權利인 言論, 出版, 集會, 結社, 信仰의 自由를 剝奪하고 自黨以外의 人民에게는 가진 種目의 罪目으로 財産의 沒收 公民權의 剝奪 逮捕 監禁 流刑을 恣行"한다고 비판하고 있다. 咸尙勳, 「共産黨과의 鬪爭에 對하야(一)」, 『동아일보』, 1947년 7월 25일자; 咸尙勳, 「共産黨과의 鬪爭에 對하야(二)」, 『동아일보』, 1947년 7월 29일자.

130 냉전 초기 남한 담론 공간에 등장했던 '적색 제국주의 소련' 표상에 대한 분석을 통해 당시 반소반공담론의 양상과 성격을 분석한 연구로는 임종명, 「종전/해방 직후(1945.8~1948.7) 남한 담론 공간과 '적색 제국주의 소련'상(相 · 像)」, 『한국사학보』 62, 2016.

제2장 민주주의 공론장의 안과 밖

1. 해방 공간 : 탈영토화/재영토화

제2차 세계대전의 종전은 한반도를 일제 식민통치 권력으로부터 해방시켰다. 그 결과 해방은 과거와의 단절을 상징했다. 하지만 이때의 단절은 과거와의 단순한 기계적 갈라섬을 의미하지 않았다. 일제의 통치 권력은 붕괴되었지만 뒤이은 해방자이자 점령군이었던 미군정은 통치의 효율성을 위해 일제의 지배기구와 인적자원을 지속시켰다. 무엇보다 전간기(戰間期)를 거쳐 아시아-태평양전쟁기 '세계사의 동양적 전회'를 외쳤던 일제의 '반서구/근대'의 사조는 한국인의 정신구조에 여전히 잔존했다. 그렇다고 이 과거의 흔적 역시 온전한 지속과 반복은 아니었다. 과거 제국의 사상과 담론은 탈식민이라는 전변된 역사적 국면에서 새롭게 재해석되고 변주되었다. 그리고 그것을 주도한 것은 해방 직후 인민이었다. 그들은 과거 일제의 흔적과 미·소 점령이라는 현실의 구조화된 조건 위에서 미래의 새로운 민족국가 건설을 위해 투신했다. 요컨대 해방 직후 한국인은 과거의 흔적과 전변된 현실을 재조정해서 자신들의 미래를 새롭게 구축하려는 적극적 노력을 전개했다. 때문에 해방은 단순한 과거와의 단절이 아니라 과거의 지속과 단절이 뒤엉켜 새로운 사회건설을 추구했던, 그 자체 근대성의 계기를 내재한 시공간이었다.

이와 같은 측면에서 해방은 과거 제국의 경계가 붕괴된 것이자 새로운 근대민족국가의 경계가 다시 구획된 계기라고도 할 수 있다. 비단 영토와 주권을 재설정하고 근대국가의 물리적·제도적 토대를 마련하는 문제뿐만 아니라 재조정될 경계의 구성원으로서 국민이라는 주체 역시 새로운 '상상의 공동체'의 일원으로 거듭나야 했다.[131] 한마디로 해방 직후 남한은 근대민족국가가 건설되기까지의 과도기로서 탈영토화와 재영토화의 이중적 과정이 맞물려 진행되었다. 그 결과 남한에는 에른스트 브로흐(Ernst Bloch)가 '비동시성의 동시성(die Ungleichzeitigkeit des Gleichzeitigen)'이라고 표현했던 것과 같이,[132] 과거/현재/미래의 상이한 역사적 시간대가 응축된 채 민족국가 건설을 위한 열린 '공론장(公論場)'이 형성되었다.[133]

마찬가지로 해방 직후 한국의 '신민주주의론' 역시 과거와 현재와 미래가 착종된 하나의 역사적 결과물이었다. 제2차 세계대전의 종전과 함께 맞이한 해방은 한국인으로 하여금 신국가 건설을 둘러싼 좌우 정치세력을 비롯한 다양한 주체들의 담론을 이끌었다. '파시즘 대 민주주의'의 전쟁에서 민주주의 연합국의 승리는 전후 세계를 '민주주의' 시대로 전환시켰고, 관련 담론을 쏟아내게 만들었다. 하지만 이때에 민주주의는 전전(戰前) 서구 부르주아 민주주의를 의미하지 않았다. 과거 반서구/근대의 사조가 지속되는 가운데 그것을

131 민족(국민)을 바라보는 여러 시각이 존재하지만, 이 글에서는 민족(국민)이 초역사적 실체가 아닌 근대 국민국가의 다양한 제도 및 장치 속에서 역사적으로 형성된 가상의 공동체라는 측면을 강조하기 위해서 '상상의 공동체'라는 개념을 차용한다. 이 개념에 대해서는 베네딕트 앤더슨, 윤형숙 역, 『상상의 공동체』, 나남, 2003 참조.

132 독일의 역사철학자인 에른스트 브로흐(Ernst Bloch)는 전간기(戰間期) 독일 사회에 나타났던 상이한 역사적 시간대(前근대성, 근대성, 脫근대성)가 복잡하게 얽혀 공존하는 현상을 특징적으로 표현하기 위해 '비동시성의 동시성' 개념을 창안했다. 마찬가지로 해방 직후 남한의 공론장 역시 과거(식민)와 현재(탈식민)와 미래(냉전)의 서로 다른 시간대의 이념과 사상이 뒤엉켜 상호 경쟁하는 가운데 중첩되어 있었다. '비동시성의 동시성' 개념에 대해서는 임혁배, 『비동시성의 동시성: 한국 근대정치의 다중적 시간』, 고려대학교출판부, 2014, 21~77쪽 참조.

133 공론장(公論場)은 하버마스(Jürgen Habermas)의 'Öffentlichkeit'를 번역한 용어로, 이 개념 및 번역과 관련해서는 위르겐 하버마스, 한승완 역, 『공론장의 구조변동: 부르주아 사회의 한 범주에 관한 연구』, 나남, 2001, 13~14쪽 참조. 이 글에서 하버마스가 18세기 서구의 부르주아공론장을 분석하기 위해 설정했던 '공론장'의 범주를 그대로 옮겨오는 데에는 무리가 있다. 왜냐하면 한국사회의 공론장의 존재 양식 자체가 서구의 그것과 다르기 때문이다. 유럽에서 공론장은 자본주의 발전이라는 내적 요인이 결정적이었지만, 한국에 있어서는 외세와 정치적 요인이 보다 결정적이었기 때문이다. 무엇보다 개방성을 유지한 채 이성에 근거한 합리적 사고와 토론을 통해 작동했던 서구의 부르주아공론장과는 달리 해방 공간 남한의 공론장은 다양한 욕망과 감정이 이성적 사유와 혼재된 채 끊임없는 권력의 개입 속에서 형성·변화된 점 역시 차이를 갖는다. 이와 같은 이유로 이 글의 분석대상인 해방공간의 '공론장'은 좌우 정치세력을 중심으로 다양한 사회집단이나 개인들이 여론 또는 공론을 생산하는 장소로서 신문이나 잡지를 비롯한 각종 대중매체를 의미한다. 해방 공간의 공론장 및 언론매체에 관해서는 손석춘, 『한국 공론장의 구조변동』, 커뮤니케이션북스, 2005, 73~85쪽; 송건호 외, 『한국언론 바로보기』, 다섯수레, 2000, 108~192쪽 참조.

비판적으로 전유한 다양한 '조선적 민주주의론'이 공론장에 쏟아졌다. 동시에 좌우 정치세력이 장악한 공론장의 민주주의와 겹쳐지면서도 이질적인 인민의 민주주의에 대한 공감대(帶) 역시 광범위하게 생성되었다. 바로 이 민주주의를 기축으로 한 공론과 공감의 겹침과 분리 그리고 상호작용의 과정 속에서 해방 직후 남한사회는 주조되어갔다.

해방 직후 분출했던 민주주의에 관한 다채로운 담론의 양상은 학계의 주요한 연구대상으로 주목받아왔다. 기존 연구는 자유민주주의의 제도화를 둘러싼 미군정을 비롯한 여러 정치세력 간에 상호작용을 분석하여 냉전 반공국가의 초기 형성 과정을 밝히거나,[134] 해방 직후 좌우 및 중간계열 지식인들이 생산한 민주주의 담론의 내용 및 논리를 분석했다.[135] 또한 민주주의를 해방공간 인민, 시민, 군중, 대중 개념의 규정 문제나,[136] 남북한 지도자상(像)의 구축 문제와 결부시켜,[137] 보편적 이념으로서의 민주주가 갖는 사회적 효과를 분석한 작업 역시 진행되었다. 대체로 이와 같은 선행 연구는 해방 공간 미소대립 및 좌우대립의 맥락 속에서 당대 민주주의 담론의 양상과 그것이 미친 사회적 영향을 드러내주었다. 그럼에도 불구하고 기존 연구가 좌우정파나 지

134 박찬표, 『한국의 국가 형성과 민주주의: 냉전 자유주의와 보수적 민주주의의 기원』, 후마니타스, 2007.

135 대표적으로 임헌영, 「해방직후 지식인의 민족현실 인식」, 강만길 외, 『해방전후사의 인식』 2, 한길사, 1985; 여현덕, 「8·15직후 민주주의 논쟁」, 박현채 외, 『해방전후사의 인식』 3, 한길사, 1987; 김정, 「해방 후 안재홍의 신민주주의론과 공산주의 비판」, 『한국사학보』 12, 고려사학회, 2002; 장규식, 「20세기 전반 한국 사상계의 궤적과 민족주의 담론」, 『한국사연구』 150, 한국사연구회, 2010; 홍정완, 「일제하~해방후 한치진(韓稚振)의 학문체계 정립과 '민주주의론'」, 『역사문제연구』 24, 역사문제연구소, 2010; 김정인, 「민주주의 해방기 분열 혹은 통합의 아이콘」, 이경구 외, 『한국의 근현대, 개념으로 읽다』, 푸른역사, 2016; 방기중, 『한국근현대사상사연구: 1930·40년대 백남운의 학문과 정치경제사상』, 역사비평사, 1993; 김기승, 『한국근현대 사회사상사 연구: 배성룡의 진보적 민족주의론』, 신서원, 1994; 『조소앙이 꿈꾼 세계: 육성교에서 삼균주의까지』, 지영사, 2003; 김인식, 『광복 전후 국가건설론』, 독립기념관 한국독립운동사연구소, 2008.

136 임종명, 「해방 공간과 인민, 그리고 민족주의와 민주주의」, 『한국사연구』 167, 한국사연구회, 2014; 박지영, 「복수의 '민주주의'들: 해방기 인민(시민), 군중(대중) 개념 번역을 중심으로」, 『대동문화연구』 85, 성균관대학교 대동문화연구원, 2014.

137 공임순, 「민주주의의 (先)정치적 담론 자원과 인민대중의 진정한 지도자상」, 『서강인문논총』 29, 서강대학교 인문과학연구소, 2010.

식인이 주도했던 공론장 내 민주주의론을 분석하는 데 편중된 나머지, 노동자와 농민을 중심으로 한 사회 하층민이 바라봤던 민주주의를 향한 정서나 내용에까지 논의를 확장시키는 데에는 미흡했다.

해방 직후 민주주의에 대한 고창과 사회 확산의 이면에는 민주주의적 국가건설에 대한 인민의 기대와 열망 역시 자리 잡고 있었다. 당대 '민주주의'는 좌나 우의 진영논리로 귀속할 수 없는 인민의 다양한 지향을 포괄한 용어였다. 실제 농민과 노동자를 비롯한 사회 하층민들은 자신의 생존권과 일상적 삶의 조건을 개선하기 위해 스스로의 정치적 의제를 '민주주의'라는 기표를 통해 표출했다. 이와 같은 사태 속에서 민주주의를 전유하기 위한 치열한 각축전을 펼쳤던 정치세력들은, 인민의 목소리를 자신의 정치적 의제하에 굴절시켜 대변하는 동시에 그들을 자파의 진영으로 유도해야 하는 과제 역시 갖고 있었다.

이 민주주의를 둘러싼 정치집단의 활동과 인민의 자연발생적 운동 간에 상호작용의 과정에서 민주주의는 상상되었고, 민주주의를 매개로 연결된 정치적 공론장과 인민의 공감대(帶) 역시 재편되어갔다. 때문에 해방 직후 한국 민주주의의 동학 및 그 영향을 이해하기 위해서는 민주주의 공론장의 안과 밖을 가로질러 구축되었던 인민의 민주주의를 향한 공감대를 포착하는 가운데, 공론과 공감의 상호작용을 검토할 필요성이 제기된다.

이와 같은 측면에서 이 장에서는 해방 직후 한국의 '신민주주의'론이 출현했던 역사적 맥락을 검토하는 과정에서 그것이 갖는 근대성을 드러내는 동시에,[138] '민주주의'를 기축으로 한 다양한 집단의 상호경쟁 양상을 분석하고자

138 '근대적' 혹은 '근대'라는 단어는 라틴어 '모도(mode, 지금)'에서 파생된 형용사이자, 명사인 '모데르누스(modernus, 새로운, 혹은 새로움)'에 자신의 어원으로 두고 있다. 이와 같이 '근대(성)(die Moderne, modernity)'이라는 용어는 단순히 사건들의 자연 연관으로서의 연대기적 범주를 지시하지 않는다. 오히려 이전에는 겪어보지 못했던 역사적 경험의 질적 변화가 가속화되고 확장됨으로써 (발화자가 속해 있는) '지금-시간(Jetztzeit)'을 의식하고, 그 '현재화하는 시대정신에 적합한 자기관계의 구조화, 즉 주체화(subjectivation)의 새로운 방식 및 자기존재의 변형과 맞물린 주체성의 새로운 형식'과 그것을 만들어가는 실천 및 특성을 개념화 것이다. '근대(성)'의 개념에 관해서는 김기성, 「영원한 현재로서의 심미적 근대성」, 『범한철학』 79, 범한철학회, 2015, 392~395쪽; 「감성적 근대와 새로운 주체성의 동인」, 『감성적

한다. 이를 통해 공론장의 안과 밖을 가로질러 새로운 민주주의를 구축하고자 했던 '상이한 공감들이 마주치고 투쟁하는 관계의 망'으로서 당대 민주주의 공감장(sympathetic field, 共感場)을 살펴보고자 한다.[139] 뿐만 아니라 공론과 공감의 길항이 낳은 '민주주의'의 동학을 통해 해방 직후 남한의 역동성을 이해하고자 한다.

2. 좌우대립과 민주주의 경쟁

해방은 한국인들에게 과거 일제 식민지배하에 억압되었던 욕망을 동시다발적으로 분출할 수 있게 했던 장을 열어 준 동시에, 미군의 진주에 따른 새로운 점령이 시작되었다는 이중의 의미를 가졌다. 또한 식민통치 권력이 붕괴되었음에도 불구하고 그것이 남긴 반서구/근대의 사조는 잔존했고, 일제의 패망

근대와 한국인의 정체성(제9회 감성연구 학술대회 자료집)』, 전남대학교 호남학연구원, 2018, 43~46쪽 참조. 마찬가지로 해방 직후 출현했던 다양한 '신민주주의'론 역시 전후 세계를 과거와는 다른 새로운 시대로 인식하면서, 자기시대의 방향성을 이전 민주주의의 전통이나 모범으로부터 찾지 않고, 주체적으로 새롭게 창조하려 한 실천의 결과물이자, 그 내용 역시 과거 민주주의 담론과는 일정한 차이를 갖는 것이었다는 점에서 근대적이었다.

139 감성(感性) 그 자체가 갖는 간(間) 개체적 성격으로 인해, 사실상 모든 감성은 곧 공감(共感)이다. '공감장이란 그러한 공감의 발생적 조건이자, 상이한 공감들이 마주치고 투쟁하는 관계의 망이다. 공감장 개념은 일차적으로 사회적 감성이 갖는 동시성, 상호성, 횡단성을 설명하기 위한 개념이다. 더 나아가 한 사회 및 역사의 동역학을 추동하는 인간 행위의 내적 동인을 감성론의 차원에서 포착하기 위한 분석적 또는 비판적 개념이자 동시에 구성적 개념이다.' 이 글에서는 해방 공간 남한 정치의 상하층을 가로질러 펼쳐졌던 민주주의를 기축으로 한 다양한 주체들의 상호작용 및 그 영향을 분석하기 위한 범주로서 '민주주의 공론장'과 '민주주의 공감장'을 구분한다. 양자 모두 역사·사회적 범주라는 측면에서 동일하지만, "공론장은 여론(輿論) 또는 공론을 생산한다는 것이고, 공감장은 민중의 '공통된 정서와 의향'으로서의 여정(輿情) 또는 공감을 생산한다는 데 차이가 있다. 하지만 여론과 여정 또는 공론과 공감은 이분법적으로 명확하게 구분되는 것은 아니다. 여론과 여정 또는 공론과 공감은 서로 중첩되고 교차하면서 상호보완적인 관계를 이룬다. 이른바 내부 감각인 공감이 외적으로 구체화된 형태가 공론"이며, 역으로 공론에 의해 공감이 재구성되기도 한다. 이런 측면에서 이 글 역시 해방 공간 인민의 민주주의에 대한 공감이 여러 정치세력이 주도했던 민주주의 공론(장)으로 굴절되어 표출되기도 한 반면, 공론장의 담론이 인민의 민주주의 공감(장)에 변형을 초래했던 양상에 주목한다. 공감장의 개념에 대해서는 전남대학교 감성인문학연구단, 『공감장이란 무엇인가: 감성인문학 서론』, 길, 2017, 11~18쪽, 46~47쪽 참조.

은 전후 세계의 초강대국인 미소 점령으로 교차되었을 뿐 한국인의 자주권은 여전히 인정되고 있지 않았다. 해방 직후 한국인은 이와 같은 식민의 유재(遺在)와 점령의 현실이 구조화한 실존적 조건하에서 새로운 민족국가 건설의 여정에 나서야만 했다. 요컨대 해방 직후 남한 사회는 서로 다른 시간대의 사상과 문화와 지향이 공존, 경쟁, 길항하는 가운데 지배적 이념의 정형(stereotype)이 확립되지 않은 '이념적 무정형(無定型)의 시 · 공간'이었다.[140]

이와 같은 무정형성(amorphousness)은 공산주의에 대한 전변된 인식에서도 확인할 수 있다. 과거 일제에 의해 "人類의 公敵이요 世界上의 惡魔的 存在"로 규정되었던 공산주의는,[141] 해방 직후 "공산주의자들의 탈선적 비행"은 나쁘지만, 그 이념만은 "알고 보면 국민의 대부분이 참으로 환영하여야 할 것"이자 "근로대중이 첫째 잘살게 하려는 것"으로 옹호되었다.[142] 또한 좌우를 망라해 미군정에 대해 감사와 우호의 시선을 보내는 동시에 경계와 적대의 이중적 입장을 취했던 양상을 통해서도 해방공간의 무정형성을 목격할 수 있다. 이와 같이 운동으로서의 공산주의와 사상으로서의 공산주의를 구분해서 접근하고 있는 것이나, 미 · 소를 해방자이자 점령군으로서 친선과 경계의 상반된 시각에서 바라봤던 현상의 이면에는, 과거에 대한 전복의 흐름과 미래를 향한 기대와 불안이 병존했기 때문이다.

무엇보다 해방 직후 정치적 이념의 혼란 양상은 무수한 정당의 난립과 좌우대립으로 나타났다.[143] 물론 민족운동 내 좌우대립은 제1차 세계대전 직후

---

140 해방 공간의 무정형성(amorphousness)에 관해서는 임종명, 「해방 직후 이범석의 민족지상 · 국가지상론」, 『역사학연구』 45, 호남사학회, 2012, 151~153쪽 참조.

141 「歷史的大國民運動 國民精神總動員朝鮮聯盟의 進路」, 『매일신보』, 1938년 9월 29일자.

142 金鍾範 · 金東雲, 『解放前後의 朝鮮眞相』, 朝鮮政經硏究社, 1945, 60쪽.

143 당시 상황에 대해 한 잡지는, "八 · 一五이후, 서울에서 建準을 중심으로 한 人民戰線結成運動이 광범히 전개되는 반면에 여기에 대립되는 정치세력도 분산적으로 급속히 대두하였다. 同姓同本의 群小異名政黨이 雨後의 竹筍같이 혹은 사랑방에서 혹은 重役室에서 혹은 교회당에서 혹은 거리의 다방에서 대량적으로 조직되었다. 이 현상을 누구는 정치적 자유의 표상이라 환영하였고 누구(는) 파당적 정신의 발로라 개탄하였다"고 전하고 있다. 이어 "더욱 하 - 지중장의 政黨代表引見, 그리고 各局長代理級人物推薦要求의 報는 정당 대량생산 과정에 일층의 박차가 되지 않을 수 없었다"고 지적하면서, 정당난립의 한 원인으로 미군정 정책을 꼽고 있다. 金漢周, 「八 · 一五以後의 國內政治情勢」, 『科學戰線』, 1946년 2월호, 32쪽.

사회주의의 본격적 수용에 따른 민족운동의 분기로부터 시작되었다. 일제시기 민족운동 내부의 적대적 인식과 태도에서 연원한 좌우대립의 골은 해방공간 정국의 주도권을 둘러싼 양측의 경쟁으로 더욱 깊어졌다. 초기 건국준비위원회와 인민공화국을 중심으로 좌익이 주도권을 장악해가자, 이에 대해 우익이 노골적 비난을 가하면서 양 측의 대립은 첨예화되었다.

앞 장에서 살펴본 바와 같이 '민주주의'는 해방 직후 좌우 양측의 자기 정당화와 상대방에 대한 공세의 유력한 담론자원이었다. 조선공산당을 중심으로 한 좌익은 전후 세계를 "民主와 反民主" 간에 투쟁의 장으로 규정하고, 반민주 세력인 우익의 타자로서 자파를 진정한 민주주의의 담지자로 자임했다.[144] 우익 역시 좌익을 '계급독재'의 비민주주의 세력으로 비난하는 것은 마찬가지였다. 자연스럽게 보이는 이와 같은 현상은 불과 얼마 전 일제의 식민통치하에서는 결코 당연한 것이 아니었다. 아시아 - 태평양전쟁 당시 반서구/근대의 기치 아래 '귀축미영(鬼畜米英)'을 외치며 '근대초극(近代の超克)'론을 제기했던 일제는, 민족주의와 민주주의를 서구 근대 물질문명의 부산물로 규정하고 이 서구의 이념과 사상이 세계전쟁의 발발원인이라고 비판했다. 제국의 지배이데올로기에 의해 부정되었던 민주주의가 제국의 패망과 함께 새로운 사회의 보편적 이념으로 재등장한 것이었다.

제2차 세계대전이 파시즘에 대한 민주주의 연합국의 승리로 종결됨에 따라, 전간기와 아시아 - 태평양전쟁을 거치는 동안 반서구/근대의 사조 속에 비판받았던 '민주주의'는 전후 세계에서 부정할 수 없는 신시대의 이념과 가치로 부각되었다.[145] 이제 민주주의는 "세계적 이념으로 이구동성이 되어 부르짖

144 「民主主義와 反民主主義」, 『人民』, 1946년 4월호.

145 우익 한민당의 입장을 대변했던 『동아일보』는 사설을 통해, "이번 大戰이 파시즘의 攻勢에 對한 民主主義의 勝利로서 世界的 民主主義化의 歷史的 必然은 우리의 解放 또한 民主主義의 路線을 발게되엿슴을 새삼스레 贅言할바 업"다고 언급하고 있듯이, 해방 직후 남한에서 민주주의는 "역사적 필연"으로서 실현해야 할 보편적 이념이자 가치로 받아들여지고 있었다. 「輿論政治」, 『동아일보』, 1945년 12월 10일자. 좌익의 시선 역시 마찬가지였는데, 좌익계열의 한 서적은, "第二次世界大戰이 獨伊日의 팟쇼國家의 侵略的 掠奪戰爭에 對하야 蘇, 美, 英, 中의 民主主義聯合國의 英雄的인 鬪爭으로 말미암아 偉大한 民主主義聯合國의 勝利를 가저오게 되었다. 이러한 결과는 必然的으로 이 世界에서 팟쇼勢力을 一掃하고 全世界를

는" 것이 되었으며,[146] 신생 조선의 강령이자 "한 개의 常識"으로 받아들여졌다.[147] 해방 직후부터 정국의 주도권 경쟁에 나섰던 좌우를 망라한 정치집단은 자신들을 민주주의 세력으로 자임하면서,[148] 자신들이야말로 신국가 건설에 있어서 민주주의적 노선을 실현할 적임자라고 앞 다투어 선언했다.[149] 일례로 1945년 12월 조선공산당을 시작으로 순차적으로 소위 "四政黨 政見發表放送"이 진행되었는데, 참여한 모든 정당이 그 강령과 정책으로 민주주의를 표방했다.[150] 뿐만 아니라 무수히 난립한 대중단체들 역시 민주주의가 조선의 미래를 건설하는 정치이념과 활동지침임을 선언했다.

그럼에도 불구하고 민주주의에 대한 입장과 규정은 서로 달랐다. 해방 직후 건준과 인민당에서 활동한 좌익계 인사였던 김오성(金午星)은 "建國 劈頭의 우리나라가 民主主義的 國體이여야 하겟다는대는 누구나 異義가 없는" 듯하지만, "民主主義란 대체 어떠한 것인가? 우리가 創建하려는 民主主義的 國家란 대체 어떠한 것일까?에 對해서는 아직 明確히 一致되어있지 않은 듯싶다"고 밝혔다. 이어서 그 불일치의 원인에 대해 "다른 나라처럼 尖銳化되어있지는 않다 하드라도 階級的 分野가 갈려있는 우리나라의 現實에 있어는 當然

民主主義的 路線에서 再建하지 않으면 않되게 되었다"고 평가했다. 溫樂中, 「民主主義와 勞動者」, 『民主主義十二講』, 文友印書館, 1946, 91쪽.

146 「휴지통」, 『동아일보』, 1946년 1월 22일자.

147 朴致祐, 「民主主義와 人民」, 『民主主義十二講』, 文友印書館, 1946, 141쪽.

148 임시정부 요인으로 "아나기스트"로 활동했던 유림(柳林) 역시 환국하면서, "아나키스트는 所謂 無政府主義가 아니니다. 그것은 誤解이다. 眞正한 아나키스트는 獨占的인 强權을 排擊하고 均等한 民主主義란 말이다"라고 논파하여 적지 안흔 "센세이손"을 일으키기도 했다. 「民族總意로 出發한 政府 正道를 發見」, 『동아일보』, 1945년 12월 12일자.

149 이와 같은 상황에 대해 당대 한 기사는 다음과 같이 평하고 있다. "八·一五以後 所謂『民主主義』라는말은 마치流行語로 化한듯이 無批判的으로使用되고있다. 日帝의 急角的인沒落은 어느程度 우리의理性을 痲痺乃至混沌케만든것만은 事實이나 如何튼 日帝의野獸的强壓에서 解放된人民은 狂信的으로『民主主義』를讚揚하고 新朝鮮國家建設에있어서도 오로지 民主主義이여야만된다고 생각하고잇다. 그러나 中에도 가장可笑로운것은 日帝勢力의 殘滓인 走狗輩 代辯者 封建的國粹主義者等 一連의反動分子까지도 民主主義云云을 看板으로내걸고 온갖奸計를 꾸미고잇는事實이다. 따라서 오늘날解放된人民이 부루짖는『民主主義』와 所謂親日派 民族反逆者乃至反動分子들의『民主主義』와는 비록文字는 同一할망정 그 歷史的意義, 性格에있어서는 全혀 對蹠的임을 우리는峻嚴하게 批判할必要가있다." 金東煥, 「民主主義論」, 『新天地』, 1946년 1월호, 122쪽.

150 「四政黨 政見發表放送」, 『동아일보』, 1945년 12월 2일자.

한 現象일 것”이라고 평가하고 있다.[151]

당시 ‘민주주의’에 대한 시각의 차이 및 그 의미를 전유하려는 시도는 우익측에서도 목격된다. 해방 이후 한민당의 부당수겸 선전부장을 지낸 김준연(金俊淵)은 “‘민주주의’란 말이 민중에게 위대한 매력을 가지고 있는 것이기 때문에 민중을 끌기 위하여서는 이 민주주의란 말은 절대로 自家保有할 필요가 있다”고 강조했다.[152] 또한 그는 좌우합작을 위해 ‘민주주의’에 대한 공동의 이해가 전제되어야 함을 강조하면서, 해방 이후 좌우의 민주주의에 대한 해석의 차이를 다음과 같이 지적했다.

> 조선민족의 행복! 이것이 공동의 기초가 되지 아니할까? 조선민족의 행복을 증진하려면 자주독립국가를 완성하여야 하겠다. 그렇게 하는 데는 국민의 총의에 의하여 민주주의적으로 하여야 하겠다. 그런데 이 민주주의에 두 가지 해석이 있어서 좌익계열에서는 공산주의적 독재를 의미하게 된다. 그러나 우리는 민주주의란 말을 세계에서 널리 쓰이는 의미로 해석하고 사용하는 것이 정당하다고 생각되는데 그는 자유를 기초로 하는 것이다.[153]

여기에서 김준연은 당대 좌우의 ‘민주주의’에 대한 시각과 규정이 상위했음을 보여준다. 위 글에 다른 부분에서 그는 8월 15일 해방 이후 좌익 계열이 주장한 “데모크라시(민주주의)”란, 결국 “프로레타리아 독재의 소비에트형”을 의미하는 것이고, “파시스트”는 모든 “비소비에트 신조”를 가진 “반대파”를 비난하는 것이라고 주장했다.[154] 반면 앞서 언급했던 좌익계의 김오성(金午星)은 과거 서구 선진국의 민주주의 역사를 검토하면서, ‘다수결의 원칙과 투표’에 근거한 ‘부르주아 민주주의’는 ‘소유계급’의 이익만을 옹호하는 기만책이라고 비판했다. 그는 해방 이후 조선의 현 단계는 낡은 부르주아 민주주의의 내적 모순을 지양하면서도, ‘진정한 민주주의’의 과도적 중간 형태로 노농계급이

151 金午星, 「民主主義와 人民戰線」, 『開闢』, 1946년 4월호, 108쪽.
152 金俊淵, 『獨立路線』, 日月社, 1947(김준연, 『독립노선』, 돌베개, 1984, 50쪽 재인용).
153 金俊淵, 위의 책, 50~51쪽.
154 金俊淵, 위의 책, 50쪽.

주축인 된 '인민전선적인 민주주의'를 필요로 하고 있다고 주장했다.[155]

김준연과 김오성의 민주주의에 대한 시각에서 볼 수 있듯이, 당대 민주주의에 대한 해석은 "계급적 입장을 달리하는 데 따라서" 차이를 보였다.[156] 실제 해방 이후 남한 사회에는 다양한 '민주주의'론이 등장했다. 조선공산당의 '진보적 민주주의', 백남운의 '연합성 신민주주의', 청우당(靑友黨) 이석보(李錫保)의 '자본민주주의', 안재홍의 '신민주주의', 안지홍(安知鴻)의 '진정민주주의', 배성룡의 '신형민주주의' 등이 제기되었다.[157] 또 당대 '프롤레타리아 민주주의', '부르주아 민주주의' 등의 개념 역시 빈번하게 사용되었다.[158]

이와 함께 세계적 냉전의 가시화 속에서 좌우는 미·소 양 체제의 민주주의 노선을 두고 어느 쪽을 따라야 하는가를 놓고 경쟁을 벌였다. 1946년 5월 조선임시정부 수립을 위한 1차 미소공위가 참여단체를 둘러싼 대립 속에서 결렬되고, 1947년에 재개된 2차 미소공위 역시 실패하여 세계적 냉전의 여파가 한반도에도 영향을 미쳤다. 이 두 차례의 미소공위 과정을 거치면서 '미국식 민주주의'와 '소련식 민주주의' 간 우월성 경쟁이 전개되는 가운데, 좌우 정파 역시 편승하여 냉전적 민주주의 논쟁을 부추기는 사태가 발생했다.

비단 좌우의 정치논리뿐만 아니라 상식의 차원에서도 '민주주의'에 대한 인식의 혼란 양상이 목격된다. 예를 들면 해방 직후 발행된 상식사전에는 '민주주의'에 대한 서로 다른 정의가 병존하고 있다. 1946년에 "현 사회에서 日夜 사용되며 또 누구나 상식적으로 알어야 할 말을 간명 공정한 해석을 부한 것"이라고 밝힌 『新語辭典』은 '민주주의'를 다음과 같이 정의하고 있다.

155 金午星, 「民主主義와 人民戰線」, 『開闢』, 1946년 4월호, 108~115쪽.

156 윤형식, 「민주주의와 반민주주의」, 『春秋』, 1946년 2월호, 15~16쪽(여현덕, 앞의 글, 25쪽 재인용).

157 이들의 민주주의론은, 조선공산당중앙위원회, 「現情勢와 우리의 任務」, 1945년 9월 20일(이정박헌영전집편집위원회, 『이정 박헌영 전집 5』, 역사비평사, 2004, 55쪽); 白南雲, 『朝鮮民族의 進路』, 新進社, 1946; 李錫保, 「靑友黨의 暫定的 政治道程」, 『開闢』, 1946년 4월호; 安知鴻, 『眞正民主主義論: 自主民主統一獨立의 理論』, 一韓圖書, 1949; 裵成龍, 『自主朝鮮의 指向』, 光文社, 1949을 참조.

158 당대 제기된 민주주의론에 대한 개략적 소개는 여현덕, 앞의 글, 23~24쪽; 임헌영, 앞의 글, 참조.

民主主義人民의 政治, 人民을 爲한 政治, 그리고 人民이 하는 政治를 主張하는 主義. 民主政治는 이 主義에 依한 政治며 立憲主義는 이 思想 下에 成立된 것. 데모크라시-참조.[159]

데모크라시-(Democracy)民主政治라고도 譯함. 自由平等의 思想에 基한 政治形態. 古代에 希臘의 都市에 行해진 民衆政治로 프라-토-라는 哲學者等에 依하여 唱導되였다. 現代에서는 뿌루조아 데모크라시-를 말하는 것으로 歷史的으로 보아 新興뿌루조아지-가 封建貴族의 專制政治에 對한 鬪爭標語로 採用하였고 佛蘭西革命의 人權宣言, 美國獨立宣言 等이 그 始作으로 또한 現在의 先進資本主義의 議會政治(普通選擧) 陪審裁判制度, 住居, 信仰, 言論, 集會, 結社의 自由 等이 있는 것이다. 그러나 帝國主義의 獨占時代에 드러옴과 同時에 데모크라시-는 實質的으로 廢止되고 金融資本의 專制的 支配가 始作된다. 이에 對하야 프로레타리아-트는 言論, 集會, 結社, 出版의 自由를 要求하야 帝國主義資本家와 鬪爭한다. 그리하야 데모크라시-는 뿌루쪼아지-가 封建的 勢力에 對한 鬪爭의 武器로 生長하였는데 이번은 뿌루쪼아지-가 完全히 政治權力을 掌握한 瞬間부터 勞動階級을 搾取하고 支配하는 用具로 化하여 死滅한 것으로 뿌루쪼아 特有의 歷史的 概念이다.[160]

여기에서 볼 수 있는 바와 같이, 해방 직후 민주주의는 일반적으로 고대 그리스의 "데모크라시-"를 번역한 "민주정치"에 그 기원을 둔 것으로 이해되는 가운데, 그 의미를 집약하고 있는 슬로건으로 미국대통령 링컨(Abraham Lincoln)의 유명한 'government of the people, by the people, for the people'이 유행했음을 확인할 수 있다. 주목할 것은 이 민주주의에 대한 일반적 정의가 대상화되어 비판적으로 인식되고 있는 점이다. 다시 말해 현대의 민주주의를 고대 그리스에 기원을 둔 것으로 일반화하지 않고 "뿌루조아 데모크라시-"라고 특정하고 있다. 즉 부르주아 민주주의는 근대 이행기 신흥 부르주아가 봉건귀족의 전제정치에 맞서 투쟁하기 위해 사용한 무기로, 부르주아와 함께 탄생하고 생장한 것이었다는 것이다. 문제는 제국주의 독점시대에 들어 부르주아가 정치

159 民潮社出版部, 『新語辭典』, 民潮社, 1946, 56쪽.
160 民潮社出版部, 위의 책, 33~34쪽.

권력을 독점적으로 장악함에 따라 민주주의가 사실상 폐기되었고, 부르주아 민주주의는 노동계급을 착취하고 지배하는 도구로 전락해버린 "뿌루쪼아 특유의 역사적 개념"일 뿐이라는 점이다.

당대의 '상식'을 전하는 사전의 이중적 해석이 보여주는 바와 같이, 해방 직후 민주주의는 기존의 민주주의 일반을 지칭하는 동시에 특정 시기 부르주아 계급의 민주주의로 한정되어 이해되고 있었다. 뿐만 아니라 부르주아 민주주의는 "프로레타리아-트"가 주도하는 새로운 민주주의의 등장에 따라 '사멸'하거나 '위기'에 처한 것으로 인식되고 있음을 알 수 있다. 즉 해방 직후 사전의 민주주의에 대한 정의의 양상은 그것을 둘러싼 혼재된 인식과 함께 당시 서로 다른 복수의 민주주의론이 경쟁하고 있었음을 시사해준다.

3. 공론장의 민주주의: '조선적 민주주의'론

해방 직후 좌우의 민주주의를 기축으로 한 논쟁에서 주목할 것은, 당시 좌우가 내세웠던 민주주의론이 전전(戰前) 서구 부르주아 민주주의를 의미하지 않았다는 점이다. 파시즘에 대한 민주주의 연합국의 승리로 종결된 제2차 세계대전은 전후 세계를 '민주주의' 시대로 전변시켰다. 그럼에도 불구하고 해방 직후 남한에는 전간기(戰間期)를 거쳐 아시아-태평양전쟁기 고조되었던 '반서구/근대'의 사조 역시 지속되고 있기도 했다. 과거의 이념, 사상, 담론 등이 변용되어 지속되는 가운데 해방 직후 남한에는 식민의 흔적과 탈식민의 세계가 착종되어 공존했다. 여기에 전후 세계의 패권국으로 등장한 미·소의 점령하에서 냉전의 대결구도에 편승한 좌우에 의해 민주주의를 둘러싼 자본주의와 공산주의 양 체제 간 경쟁 역시 벌어졌다. 이로 인해 해방 직후 남한에는 식민과 탈식민 그리고 냉전의 사조와 담론이 혼재했고, 이것들을 비판적으로 전유해 민족국가 건설의 전망을 모색하려는 시도가 분출했다. 이 과정에서 전과는 이질적인 다양한 '조선적 민주주의론'이 출현했다.

이와 같은 '신민주주의론'들은 해방 직후 남한이 처한 주객관적 조건에 대한 나름의 진단에 기초해서, 민족국가 건설을 위한 정치노선의 일환으로 제출되었다. 대체로 해방 직후 열린 공론장을 무대로 비교적 중간지대에 위치했던 정치세력과 지식인들에 의해 자유민주주의나 부르주아민주주의혁명론(또는 프롤레타리아민주주의론)과는 일정하게 거리를 둔 민주주의론이 생산되었다.

해방 이후 한민당의 정론지였던 『동아일보』의 조사부장을 지낸 김삼규(金三奎)는, 1947년 3월 5회에 걸쳐 "民族社會主義序曲"이라는 연재 사설을 『동아일보』에 실었다. 한민당의 중진 김준연(金俊淵)은 이 글에 대해 "우리 건국설계서로 볼 수 있는 조흔 귀중한 문자이다"라고 평하면서 일독을 요청하고 있다.[161] 필자가 밝히고 있는 바와 같이 이 글은 8 · 15 이후 공산주의 진영으로 전향한 '허다한 인태리겐챠'를 대상으로 공산주의 계급노선의 문제를 지적하고, 그것이 조선의 현 실정에 맞지 않는 이유를 해설하고 있다. 먼저 김삼규는 공산주의의 계급주의 국가관과 민족관을 비판하고,[162] 뒤이어 "조선의 현실은 자산민주혁명에의 조건은 구비되어 있어도, 무산계급독재를 실현하는 푸로레타리아혁명에의 조건은 구비되어 있지 않다"고 진단한다.[163] 무엇보다 김삼규의 글에서 주목되는 것은 공산주의의 비판에 매몰되지 않고, 첨예화 된 좌우의 '계급의식 대 민족의식'의 대립을 조정 · 화해시켜 '민족사회주의'라는 새로운 민주주의 정치노선을 내세우고 있다는 점이다.

그는 현재 '삼천만 동포가 다같이 갈망하는 것은 계급대립을 무산자독재로 지양시키는 것이 아니라, 봉건적 생산관계를 자본주의적 생산관계로 지양시키는 것이요, 그보다도 자주독립을 전취하는 것'이라고 평가한다. 계속해서 이 자주독립을 전취한다는 것은 민족전체가 하나가 되어 벌이는 국민운동으로, 여기에는 계급적 대립이 등장할 여기가 없으며, 노동자, 농민, 소시민, 부자로 세분되기 이전의 단계, 즉 조선 사람으로서의 문제라고 주장한다.

161 金三奎, 「民族社會主義序曲(1)」, 『동아일보』, 1947년 3월 7일자.
162 金三奎, 「民族社會主義序曲(2)」, 『동아일보』, 1947년 3월 8일자.
163 金三奎, 「民族社會主義序曲(5)」, 『동아일보』, 1947년 3월 18일자.

결국 김삼규는 이와 같은 자신의 노선을 "固陋한 右翼과 小兒病的 左翼을 排除"하고, "정치적으로는 봉건적 지방열과 派事를 청산하고 계급독재의 전제를 배제하고 사대자유를 보증하는 민주주의 방법을 취하는 것이며 경제적으로는 민족자본과 국가자본을 병행하야 급속도로 경제적 기초를 확립하되 계급대립을 미연에 방지하는 것이요, 문화적으로는 인권과 개성을 존중하고 개인의 창의를 최고도로 발휘케하야 민족문화를 세계에 빛나게 하는 것"이라고 주장한다.[164] 그리고 이러한 자신의 방향을 '민족사회주의'라고 명명하고 있다.

이와 같은 김삼규의 논리는 우익의 논리를 일정하게 대변하고 있으면서도 극단적 좌우대립의 중간지대에 위치했던 적지 않은 지식인의 시각을 보여주고 있다. 당시 중간파 지식인들은 조선의 계급 갈등을 인정하면서도, 현재 조선사회의 계급적 이해가 좌익이 주장하는 것과 같이 극단적으로 추구될 수 없는 상황이라는 데 인식을 같이 했다. 같은 맥락에서 김삼규는 공산주의자들 스스로 인정하고 있듯이 조선은 '자산민주혁명' 단계이기 때문에 조선의 공산주의자와 자본가는 서로 협력할 수 있으며, 자주독립의 과제 앞에서는 더더욱 계급적 대립은 있을 수 없다고 주장했다.

해방공간 국민당의 당수로 중도우익의 노선을 걸었던 안재홍(安在鴻) 역시 강한 민족주의적 지향을 담아 신민족주의와 신민주주의를 주장했다. 무엇보다 그는 해방된 조선의 최대 급무가 통일민족국가에 있다는 전제 위에서 계급대립 자체를 철저하게 부정했다. 그는 일제하 "전 민족이 초계급적으로 굴욕과 피착취의 대상이 되엇"다가, "이제 또 전 민족(이) 초계급적으로 해방되었나니 초계급적인 통합민족국가를 건설하야 전 민족의 해방 및 독립의 완성을 圖함이 역사의 명제"라고 주장했다.[165] 그의 논리는 조선민족 모두가 일제의 착취 대상이었던 조건하에서 민족 내 계급이 존재하지 않았기에 해방된 오늘에도 조선사회의 계급문제는 있을 수 없다는 것이다. 때문에 오직 통일민족국

164 金三奎, 「民族社會主義序曲(5)」, 『동아일보』, 1947년 3월 18일자.
165 安在鴻, 『新民族主義와 新民主主義』, 民友社, 1945, 39~40쪽.

가 건설을 위한 전 민족적 단결 노선이 요청된다고 주장했다. 이와 같이 민족 내 계급문제 자체를 부정하는 가운데, 그는 국제주의 계급노선을 추구했던 좌익을 비판하고 자신의 신민주주의론을 역설했다.

안재홍은 불평이 내재한 사회에서는 진정한 통합과 공영생활이 성취될 수 없기에, 재건국가의 지도이념인 균등사회와 공영국가 건설을 위한 '삼균주의'를 주장했다. 여기에서 三均이란 생활의 기본요건인 부력, 권력, 지력을 골고루 분배하는 것으로, 그는 이 삼균주의의 실현이 곧 신민주주의의 토대를 마련하는 것이라고 강조했다. 특히 안재홍은 프랑스혁명이 정치·법률상 평등에만 그친 "껍대기의 평등"에 불가하다고 평가하고,[166] 인민의 실질적인 공영생활을 보장하는 진정한 민주주의를 위해서는 정치적 평등과 함께 경제적 균등이 확보되어야 한다고 주장했다. 그는 이와 같은 삼균제도를 "資本的 民主主義에 對立할 萬民共生의 新民主主義"이자 "萬民皆勞 大衆共生의 新民主主義"라고 평가했다.[167]

일제 시기 마르크스주의 경제사학자이자 해방 이후 조선신민당과 근로인민당의 중간노선을 걸었던 백남운(白南雲)은, 해방 이후 쏟아졌던 다양한 서구의 민주주의론을 조선의 현실에 부적절한 정치노선이라고 비판했다. 뿐만 아니라 조선의 무산계급이 갖는 영도권의 역사적 필연성에 대해서는 본질적으로 동일한 시각을 견지하면서도, 박헌영이 이른바 '8월 테제'를 통해 조선공산당의 노선으로 공식화한 '부르주아민주주의혁명론'과는 일정한 거리를 보인 채 "연합성 민주주의"를 주창했다.[168] 백남운은 조선 사회경제의 현 단계에 대한 정당한 규정 속에서 조선민족의 정치적 운명을 결정하는 정치노선이 수립되어야 한다는 입장을 취했다. 특히 시종일관 "국내노선을 규정하는 정치적

166 安在鴻, 「歷史와 科學과의 『新民族主義』」, 『民声』, 1949년 11월호, 29쪽.

167 安在鴻, 위의 글, 29쪽.

168 백남운은 『서울신문』에 1946년 4월 1일부터 13일까지 연재 기사를 실었는데, 이것을 新進社에서 1946년 7월 『조선민족의 진로』라는 제목의 단행본으로 발간했다. 당시 그의 '연합성 민주주의'론은 적지 않은 논쟁을 야기했다. 당시 논쟁과 관련된 대표적 논자로는 이기수(李基洙), 김남천(金南天), 허윤구(許允九)가 있다. 이들에 글은 심지연, 『조선혁명론연구: 해방정국 논쟁사 2』, 실천문학사, 1987, 196~237쪽 참고.

척도는 조선사회경제의 발전적 현 단계 바로 그것이고, 국제노선이라는 것은 세계사적 견지에서 지침은 될지언정 척도는 아니다"라는 주체적 입장을 고수했다.[169]

백남운은 18세기 프랑스혁명의 산물인 '자유민주주의'는 물론, 20세기 초 독일의 '사회민주주의'와 러시아의 '부르주아 민주주의' 역시 그것이 실현되었던 상황과 현 조선의 사회발전 단계가 다르므로 조선사회에는 부적절하다고 지적한다. 모택동의 신민주주의론 역시 항일 통일전선의 목적하에 연립정권을 구성하고자 했던 것으로, 일제가 타도된 현 조선의 상황에는 맞지 않다고 평가한다. 소련의 프롤레타리아 민주주의에 대해서는 "민주주의의 세계사적 발전형태의 제3범주로서 본질적인 일반 민주주의를 의미한다"고 옹호하면서도, 오늘의 조선은 모든 사정이 혁명 당시의 러시아와 다르다며 그 실현 가능성이 없다고 단정한다.[170] 오히려 "사회발전의 역사적 성격을 엄격하게 검토하지 않고 주체적 조건과 객관적 정세를 과학적으로 판단하기 전에 일거에 프로 독재의 공화국을 건설할 것으로 생각한다고 가정한다면, 그것은 과학적 혁명 사업이 아니라 오히려 무책임한 허영의 발작으로 볼 수밖에 없으며, 정치기술의 정도로 보아 기계적 공식주의의 포로가 아니면 '브랑키 주의'를 면치 못할 것이다"라고 비판했다.[171]

백남운은 마르크스주의에 입각해 조선사회를 세계사의 보편적 지평에서 파악할 것을 요구하면서도, 동시에 과거 식민의 경험과 해방 이후 미소 점령이라는 현실이 주조한 특수성을 직시할 것을 강조했다.[172] 그는 서구 자본주의 독립국들과는 달리 조선민족에게는 '민족해방'과 '사회해방'이라는 이중의 혁명과제가 부여되었고, 이 사명을 다하기 위해서는 '연합성 민주주의' 노선이

169 백남운, 「조선민족의 진로」, 하일식 엮음, 『백남운전집』 4, 이론과 실천, 1991, 326쪽.
170 백남운, 위의 책, 329쪽.
171 백남운, 위의 책, 329쪽.
172 백남운은 근대 서구에서 출현했던 여러 민주주의 노선을 검토한 후 "민주주의 세계사적 발전형태의 제범주를 통관할지라도 조선사회의 현 단계에서는 어느 것이고 그대로 적용할 수 없는 것이다"라고 평가하면서, 조선의 실정에 맞는 새로운 민주주의 형식을 취할 것을 주장했다. 백남운, 위의 책, 329쪽.

정당함을 역설했다. '민족혁명'을 위해서는 자산계급의 일부와 전 무산계급 사이에 연합의 필요성이 존재하기에, 자주독립이 실현되는 순간까지는 양심적인 일부 유산계급이 갖는 혁명적 역량을 무시하거나 경시하는 것은 부당하며 오히려 그들과 연합하는 과도적 형태를 취할 수 있다고 주장했다. 때문에 '연합성 민주주의'는 "유산독재의 자유민주주의도 아니고 무산독재의 프로 민주주의도 아니"며, "조선사회의 역사발전의 특수적 현 단계에 조응한 자연스러운 신민주주의"이자 "민족적 민주주의"라고 평가했다.[173] 백남운은 '연합성 신민주주의'의 적합성을 다음과 같이 주장했다.

> '연합성 신민주주의'는 조선사회의 혁명적 세력의 역사성에 의거한 좌우익의 정치적 연합의 가능성을 규정한 것이다. 그리하여 유산계급 독재의 자유민주주의를 거부하는 동시에 무산계급 독재의 프로 민주주의와도 구별되는 민족적 민주주의를 말하는 것이며 조선 정치의 역사적 瞬間性으로 보아서 계급적 민주주의보다는 과도 형태로서 민족적인 연합성 민주주의만이 민주적 통일과 자주독립을 수행할 수 있을 것이며 민주정치와 민주경제 문제의 동시해결을 國策化할 수 있는 것이다.[174]

백남운과 비슷하게 '연합주의'를 강조한 배성룡(裵成龍)은 '신형민주주의'를 주장했다. 그는 해방 이후 조선에 "世界 中 最富强한 金融資本國家"인 미국과 "世界 中 唯一의 社會主義國家"인 소련이 진주했는데, 이것은 제2차 세계대전이 산출한 일종의 "異端的인 新事態"라고 평가했다.[175] 그리고 이와 같은 특수한 상황이야말로 조선민족의 당면 과제인 자주독립 전취를 위한 정치노선을 규정짓는 조건이라고 인식했다. 그는 미소공위가 결렬된 것을 통해 확인할 수 있듯이, 그 정치철학을 달리한 양국이 각자의 정견과 주장을 강하게 내세울수록 조선의 독립은 요원해짐을 직시할 것을 강조했다. 때문에 제2차 세계대전이 낳은 세계 연합주의의 역사적 특징이 조선사회에 "縮圖模型"된 현실을 철

173 백남운, 위의 책, 331~332쪽.
174 백남운, 위의 책, 333쪽.
175 裵成龍, 『自主朝鮮의 指向』, 光文社, 1949, 38쪽.

저하게 인식한다면, "朝鮮民族만이 勞資聯合을 野合이니 不節이니 하는 것은 이 分明한 時代錯誤의 誹謗일 것"이라고 비판한다.[176]

이와 같이 조선사회가 처한 특수한 조건 속에서 노자연합을 추구한 그는 자연스럽게 조선공산당의 부르주아민주주의혁명론이나 프롤레타리아민주주의론 모두 자기 계급의 이익에 편향된 민주주의일 뿐 민족통일의 정치노선이 될 수 없다고 비판했다. 마찬가지로 사유재산을 신성화하고 토지의 사유권을 옹호하는 서구의 부르주아 민주주의 역시 인민의 복리를 위하여 용납할 수 없는 것이라고 주장했다. 그럼에도 불구하고 그는 조선사회에 여전히 "사회혁명과 공산주의를 부르짖으면서 죽은 공식을 직수입하기에 급급한 化石化部隊가 있고 봉건적 支配及資本主義獨占만을 목표하야 모략으로서 專制社會를 수립하랴는 부대가 있"다고 지적하면서, 양측의 주장은 모두 조선민족의 진로를 그르치는 운동노선이라고 규정했다.[177] 결국 그는 자주조선의 실현을 위한 민주주의 노선을 아래와 같이 설명하고 있다.

> 우리의 당면 정치운동 과정의 중요한 특징은 먼저 외국의 간섭으로부터 완전히 이탈함일 것이오. 다음으로 국가 건설에 있어 미국을 건설함도 아니오. 소련을 건설하려는 것도 아니니 그가 조선의 실정에 맞지 않을 뿐 아니라 그들 사회의 왼갖 폐단을 너무나 다 잘 알고 있는 까닭이다. 결국 非階級獨裁 非金力獨裁의 新型民主主義社會의 건설을 목표하는 것이니 적어도 국가의 본질인 권력과 사회의 본질인 노동이 대립하지 않고 양자의 잘 조화할 수 있는 민주주의 사회를 건설할 것이다.[178]

지금까지 검토했던 해방 직후의 신민주주의론들은 당대 전체주의, 자본주의, 공산주의를 비판하는 가운데, 조선의 현실에 적합한 새로운 민주주의 노선을 추구했다는 점에서 동일했다. 그럼에도 불구하고 각각의 민주주의론은 일정한 차이를 보였다. 예를 들어 백남운은 공산주의를 본질적인 민주주의 일

176 裵成龍, 위의 책, 39~40쪽.
177 裵成龍, 위의 책, 202쪽.
178 裵成龍, 위의 책, 204~205쪽.

반으로 이해한데 반해, 안재홍은 공산주의를 전체주의의 한 갈래로서 민주주의와 대립한 것으로 규정하고 경계했다.[179] 같은 우익의 김삼규와 안재홍 사이에서도 김삼규가 민족 내 계급대립과 그에 따른 계급의식의 존재를 인정하는 속에서 이를 조절하려 했던 반면에, 안재홍은 민족 내 계급의 존재 자체를 부정한 채 자신의 정치노선을 펼쳤다. 백남운과 배성룡의 경우 역시 연합주의 정치노선을 추구했다는 점에서는 비슷했지만, 그 연합의 방식에 있어서 백남운이 계급연합에 중심을 두었다는 점에서 달랐다. 요컨대 해방 직후 다양한 중간계열의 민주주의론은 자주적 입장에서 새롭게 '조선적 민주주의'를 주창했다는 점에서 동일했지만, 그 논자의 정치적 위치 및 입장에 따라 강조점이 달랐으며, 그에 따른 세부 정책 역시 차이를 보였다.

해방 직후 민주주의는 정치노선의 차원뿐 아니라 철학계 담론의 주요 주제로 떠오르기도 했다. 학계의 담론에서 주목되는 것 역시 정치노선과 마찬가지로 서구 근대의 부르주아 민주주의, 전체주의, 공산주의가 비판되고, 새로운 민주주의론을 정립하려는 시도가 이루어졌다는 점이다. 한국 철학의 1세대 지식인으로 꼽히는 이재훈(李載壎)은 민주주의를 사회의 자기통영의 여러 방식 중 하나로 규정하면서 전체주의는 물론 부르주아 민주주의론과 프롤레타리아 민주주의론 모두를 비판했다. 그는 이들 사상이 서로 다른 면모를 보이지만 그 질적 의의와 형식에 있어서 전제(專制)이기는 마찬가지라고 지적했다. 이어 민주주의 사상이란 "社會自身의 自治 政治消費者의 目的化"에 있다고 주장했다.[180]

이와 달리 마르크스주의 철학자 박치우(朴致祐)는 기존 전체주의의 '유기체설논리'와 서구 부르주아 민주주의의 '일대일의 형식논리'를 비판하고, 민주주의 이상적 실현방도로써 공산주의를 주장했다. 그는 기존 파시즘의 전체주의 철학의 기초를 이루는 유기체설논리가 "전체의 우위를 설명하는 비유로서는 대단히 편리하지마는 실지와는 부합하지 못한다"고 비판한다. 마찬가지로 부

179 김정인, 앞의 책, 177쪽.

180 李載壎,『民族意識과 階級意識: 朝鮮의 今明日』, 東洋公司出版部, 1946, 38쪽.

르주아 민주주의의 형식논리 역시 "이념존재의 세계에서라면 몰라도 현실존재의 세계에는 형식적인 일대일은 존재치 안는다"고 평가한다. 만약 "현실적인 일대일이 있다면 그것은 오직 능력에 의해서 노동하며 노동에 의해서 분배하는 세계에서만" 가능하다고 주장한다. 왜냐하면 "능력에 의해서 노동하며 노동에 의해서 분배한다는 것은 인간을 가축과 구별할 섄만 아니라 어써한 형식으로든 비로 생산재의 분배 업시는 살아갈 수 업는 인간사회에 잇어서는 노동에 의해서 분배한다는 것은 가능한 최선의 공평이기 때문"이라고 설명한다.[181]

한편 냉전의 진영논리가 점차 공론장의 지배적 위치를 차지해갔던 상황에서도 조선적 민주주의론에 대한 강조는 계속되었다. 1946년 5월 조선임시정부 수립을 위한 1차 미소공위가 아무런 성과 없이 결렬되자, 좌우의 서로에 대한 비난은 고조되었다. 이 대결 과정 역시 '민주주의' 논쟁을 중심으로 이루어졌다. 흥미로운 것은 좌우의 민주주의를 둘러싼 논쟁 가운데에서도 조선의 실정에 맞는 신민주주의론을 수립할 것이 강조되고 있는 점이다. 단정 수립 이후 이승만의 '일민주의'를 이론적으로 정립했던 양우정(梁友正)은 1차 미소공위 결렬 직후 그 책임이 "남조선의 반민주주의적 반동파들"에게 있다는 비난에 대해, "남조선에 반공산주의정당과 단체는 잇슬지 몰으나 결코 반민주주의적 그것은 없"다고 주장했다. 동시에 소위 "민주주의에 대해 미국의 견해와 소련의 견해가 다를 때 조선에는 공산주의적 또는 자본주의적 내용이 아닌 조선적 민주주의가 존재할 수 있고 또 존재"한다고 강조했다. 따라서 그는 "조선에 관한 막부결정서에 기록되어 있는 민주주의란 무엇을 의미한 것인가. 그것이 공산주의적 민주주의도 자본주의적 민주주의도 물론 아닌 한낮 개념적 방법론적 민주주의를 지칭한 것이 되어야 할 것이요, 또는 그것이 사실이라면 현하 조선에는 반민주주의적 방법론이란 존재하지도 않고 또는 존재할 수 없는 것"이라고 주장했다.[182]

181 朴致祐, 「全體主義와 民主主義 新生朝鮮의 民主主義를 爲하여」, 『民鼓』, 1946년 5월호, 16~17쪽.

이상 살펴본 바와 같이, 해방 직후 좌우를 망라한 다채로운 신민주주의론의 분출과 경쟁 양상은 일제의 식민통치로부터 탈영토화 된 남한의 지적세계를 확인시켜 준다. 동시에 '조선적 민주주의'론은 분단과 한국전쟁을 거치면서 냉전 반공국가의 이념하에서 재봉건화된 한국의 민주주의를 대상화하고, 그것의 경계를 확인할 수 있는 계기를 마련해준다. 다시 말해 해방 직후 남한의 공론장에 쏟아졌던 민주주의에 대한 상상에서 자유민주주의론은 지배적이 않았다. 오히려 식민과 탈식민의 경험 속에서 그것의 허구성을 간파한 동시에, 외세의 영향을 견제하면서 조선의 실정에 맞는 새로운 민주주의 노선을 상상하고 추구했었다. 그럼에도 불구하고 이와 같은 신민주주의론 역시 당시 공론장을 주도했던 좌우의 대립 구도에 결부된 채 좌우 정치논리의 타자로서 자신을 구축했다는 점에서 노동자, 농민을 비롯한 근로대중이 외쳤던 민주주의와는 일정한 간극을 갖는 것이었다.

4. 민주주의를 둘러싼 공론과 공감의 길항

해방 직후 민주주의를 둘러싼 경쟁과 논쟁은 좌우 정치세력과 지식인의 전유물로 될 수 없었다. 또 그들이 주도했던 대중매체와 공론장의 영역에 갇혀 있지도 않았다. 스스로를 대변할 수 있는 매체를 소유하지 못한 기층의 대중 역시 해방된 나라의 주인이 될 것을 선언했다.[183] 인구의 대다수를 차지했던 농민, 노동자 등은 자신들이야 말로 신국가의 건설자이며 민주주의를 실현할 수 있는 주체라고 자임했다. 그들은 상층 정치의 여론을 주도했던 공론장의 고담준론(高談峻論)과 달리 기층민의 생존과 삶으로부터 출발하는 아래로부

182 「이스베스챠紙 論評 批判(1)」, 『동아일보』, 1946년 6월 8일자.

183 '10월항쟁' 당시 경북지역 항쟁의 경우처럼 "징병귀환자로 보이는 농촌무산자가 항쟁과정의 선두에 서서 적극적 역할을 담당"한 것과 같이 해방 직후 유동적 상황 속에서 생존권적 요구로부터 출발한 기층민의 정치운동이 활발하게 전개되었다. 박혜숙, 「미군정기 농민운동과 전농의 운동노선」, 박현채 외, 『해방전후사의 인식』 3, 한길사, 1987, 394쪽.

터의 민주주의를 실현할 것을 토로했다.[184] 실제 그들은 8·15 직후 일제 통치 권력이 붕괴되고 해방자인 동시에 새로운 점령군인 미군정이 진주하기 이전부터 자신들의 생존권을 유지하고 삶의 조건을 개선하기 위해 자생적 운동을 조직했다. 이와 같은 운동이야말로 기층 대중에게는 진정한 민주주의의 실현 과정으로 이해되어졌다.

일례로 해방 직후 "사회의 변천"에 대한 "과학적인 해답"을 "변증법적 유물론"을 통해서만 찾을 수 있다고 단언하는 좌익계의 출판물인 『누구나 잘사는 도리』(新農民社, 1946년)에서, 필자는 민주주의를 다음과 같이 해설하고 있다.[185]

> 민주주의라 하면 온-백성 전부가 다-잘살 수 있는 마련을 말하는 것(필자 강조)인데 조곰 전에도 말한바와 같이 마련만 그렇지 실상은 그 반대로 가많이 누어있어도 하로에 수천수만 원씩 생기는 자본가가 있고 진종일 죽도록 일을 해도 그날그날 지내기 간구한 노동자 농민이 있어 그 사실을 잘 알고 보면 일해주는 노동자 농민은 그 수고하는 만큼의 대우를 밧는 것이 아니라 그 몇 분지 一의 보수를 받을 뿐이오 자본가가 잘사는 원인이 노동자의 노력의 대부분을 빨아먹는 搾取 때문인 것을 깨닷게 되면 그 모순되고 대립되는 사회의 내막을 잘 아시게 될 줄 압니다. (…) 진정한 민주주의라 하는 것은 말뿐인 민주주의가 아니라 실지로 국민의 대다수인 근로계급(노동자 농민층)의 누구든지를 막론하고 그 지위와 그 노력을 상당히 인증하야 대우함으로써 사람다운 생활을 할 수 있도록 하자는 것(필자 강조)입니다.

위 책자가 농민교양을 목적으로 대화체 형식을 빌려 농민의 실상과 정서에

184 해방정국에서 최초로 발생한 대규모의 정치투쟁이라고 할 수 있는 '10월항쟁'의 사례에서 확인 할 수 있는 바와 같이, 항쟁의 지도부와 기층 민중의 목적과 활동 양상은 달랐다. "항쟁은 민중의 광범위한 불만과 지도부의 정치적 의도가 어느 순간에 결합됨으로써 강력한 추진력을 발휘한 체제변혁운동이었지만, 지도부와 민중의 목표는 달랐다고 생각되기 때문이다. 복합적으로 뒤얽힌 해방정국의 제반 역학관계 속에서 권력의 장악이라고 하는 정치적 목표를 달성하려고 했던 지도부와 해방된 조국이기에 일제시대와 같은 착취와 억압으로부터 벗어나 풍요롭고 자유로운 삶을 기대했던 민중 사이에는 어느 정도의 괴리가 있었던 것이다." 심지연, 『대구10월항쟁연구』, 청계연구소, 1991, 2쪽.

185 범수, 『누구나 잘사는 도리』, 新農民社, 1946, 57~59쪽(김남식·이정식·한홍구 엮음, 『한국현대사자료총서』 15, 돌베개, 1986, 846~847쪽 재인용).

알맞게 집필된 점을 고려했을 때, 민주주의는 고상한 정치 · 철학적 이념이 아닌 "사람다운 생활을 할 수 있도록 하자는 것"으로 정의되고 있다. 다시 말해 노동자, 농민의 생존 조건과 삶의 차원에서 민주주의 문제를 접근하고 있다. 이와 같은 민주주의에 대한 규정은 당시 좌익이 '민주주의' 대 '공산주의'라는 대립적 담론 지형을 의식한 가운데 공산주의야말로 진정한 민주주의를 실현하는 이념이라는 것을 주장하기 위한 측면이 강하지만, 실제 농민층이 '민주주의'라는 기표를 통해 담아내고자 했던 사회개혁의 열망을 반영한 것이기도 했다.

파시즘에 대한 민주주의 연합국의 승전으로 맞이한 해방이었기에, 민주주의는 곧 해방의 이념이었고 이때에 해방은 과거 일제 식민통치하에서 억눌렸던 모든 욕망과 권리의 회복이자 비참한 삶의 조건으로부터의 탈출을 의미한 것으로 이해되었다. 더욱이 새로운 점령군으로 등장한 미군정의 '민주주의'에 대한 고창은 해방자로서의 그들에 대한 신뢰와 기대를 북돋았으며, 대중이 자기 삶을 변화시키는 운동에 더욱 적극적으로 참여할 수 있는 동기를 부여했다. 뿐만 아니라 해방 직후 노동자, 농민의 지지를 기반으로 했던 좌익 계열의 토지개혁과 노동자의 권리를 옹호하는 담론 역시 이들을 정치적으로 각성시키면서 실천을 추동했다.

겨울철 농한기 농민교양을 목적으로 집필된 또 다른 좌익 계열의 한 잡지는 "完全한 獨立國家 建設의 基本課業의 하나"가 바로 "農民의 完全解放과 새 農村의 建設"이라고 강조한다.[186] 그리고 이를 달성하기 위해서는 농민의 비참한 삶의 원인인 "地主와 高利貸金業者의 搾取"를 제거하는 것에 있다고 주장한다. "農民의 敵"인 "地主와 高利貸金業者"야말로 "民族叛逆者요 또 日本帝國主義 殘滓"로서, 이들 착취자와 그 착취의 구조를 일소해야만 "農民도 비로소 眞實한 意味의 解放을 얻어 한 개의 自由 人間으로서 生活할 수 있"다고 역설한다.[187]

186 解放社 發, 『農民政治讀本』, 解放社, 1945, 21쪽(김남식 · 이정식 · 한홍구 엮음, 『한국현대사 자료총서』 15, 돌베개, 1986, 802쪽 재인용).

바꿔 말하면 농민의 완전해방 없이는 완전한 독립국가 건설 역시 불가하기 때문에 착취의 구조를 일소하여 농민이 자유로운 인간으로서의 삶을 누릴 수 있는 진정한 의미의 해방을 이루어야 하며, 이를 통해서만 비로소 완전한 독립국가 건설의 토대가 마련된다는 것이다. 동시에 현재의 토지관계 및 그에 따른 농촌의 질곡과 몰락이 과거 일제 독점자본의 침략으로 인해 야기된 것이므로, 토지개혁과 농민해방의 문제는 곧 "日帝式社會關係"의 청산이자 "最大의 民主的 課業"으로 제기되었다. 즉 해방 직후 토지개혁과 농민해방의 문제는 독립국가 건설과 사회 민주화의 주요한 의제로 상정되었다.[188] 특히 농민의 정치적 동원에 주력했던 좌익의 담론은 열악한 삶의 조건을 변화시키고자 했던 농민층의 토지개혁에 대한 광범위한 공감대(帶)에 기초한 것이었다. 실제 좌익은 이들 농민층을 정치투쟁의 장으로 끌어들여 자파의 지지 기반으로 삼음으로써 해방 직후 한동안 정국의 주도권을 장악할 수 있었다.

좌익 계열의 교양서를 통해 간접적으로 확인할 수 있는 바와 같이, 해방 직후 '근로대중'이 외쳤던 민주주의의 내용과 좌우 정치세력의 그것이 반드시 일치했던 것만은 아니었다. '민주주의'라는 동일한 기표 속에서는 양자의 서로 다른 의제와 기대가 함축되어 있기도 했다.[189] 이와 같은 간극은 해방 직후

187 解放社 發, 위의 책, 13~14쪽.

188 당대 한 기사는 해방 이후 토지개혁과 농민해방문제에 대해 "전면적인 토지제도의 개혁이 없는 농민해방이란 있을 수도 없고, 있다하여도 유명무실한 것이 아닐 수 없다. 농민해방이란 반다(드)시 구래의 토지관계의 질곡을 지양하고 농민으로 하여금 사회적으로나 정치적 경제적으로나 자유와 평등을 향유할 수 있게 하며, 다음 단계로의 발전적 태세를 가출 수 있는 것이래야 하는 만큼 그의 중심과제는 토지소유관계의 전면적 개혁 즉 토지소유에 대한 강제 수용권을 전면적으로 발동함으로써 혁명적으로 토지를 갖지 못한 농민에게 경작지를 부여한다는 것이 아닐 수 없다. 전후 難産의 苦에 눈이 흐려서 정찰 초점과 맞추워(어) 보기는 어려우나 일제식 사회관계의 재판의 확대화가 그려지고 있는 것도 현실적 사실이려니와 이러한 마당에 우리 민족 앞에 놓여있는 最大의 民主的 課業의 하나는 토지개혁문제이라는 것도 주지의 사실"이라고 평가했다. 金相謙, 「土地改革과 農民解放」, 『새한민보』, 1947년 8월호, 26쪽.

189 단적인 사례로 미군정의 여론조사는, 해방 직후 한국인의 경제통제, 토지개혁, 노동조건 개선 등과 같은 사회주의 정책에 대한 높은 지지가 반드시 그것을 정책으로 내세웠던 조선공산당과 공산주의(맑스 - 레닌주의)에 대한 지지를 의미하지는 않았다는 것을 보여준다. 송재경, 「미군정 여론조사로 본 한국의 정치 · 사회동향(1945~1947)」, 서울대학교 국사학과 석사학위논문, 2014; 정영태, 「일제말 미군정기 반공이데올로기의 형성」, 『역사비평』 16, 역사비

좌우정파나 지식인이 주도했던 '민주주의 공론장'과 겹쳐지면서도 이질적인 '민주주의 공감장'이 병존한 채 영향을 미치고 있었음을 말해준다.[190]

해방 직후 "팟쇼적인 모든 권력과 제도와 사상에서 해방되는 것"을 의미했던 민주주의는,[191] 부인, 청년, 농민, 노동자 등 각계각층의 인민에게 그 의미가 다양했으며, 그들은 자신의 이해관계를 실현하는 것이 곧 민주주의의 실현이자 신국가의 건설의 노정이라고 이해했다. 실제 일본인에게 빼앗긴 자신들의 토지를 자영위원회를 통해 직접 관리하고자 한 경작자들이, 미군정의 접수방침에 "우리는 조선 건국을 위해 모든 곤란을 무릅쓰고 이 농장을 지켜왔다"고 주장한 것에서도 볼 수 있듯이, 해방 직후 농민은 자신의 생존과 직결되는 토지획득운동을 건국운동으로 규정했다.[192] "공장주인 행세하던 일본 사람들이 도망가고 없는데 여기서 피땀 흘린 우리가 아니면 또 누가 주인이 될 수 있단 말인가"라는 노동자들의 주장 역시,[193] 생활상의 절실한 요구를 넘어 민주국가 건설의 기초로서 산업의 민주화 및 노동자 참여의 확대를 요구한 것이었다.

근로대중을 지지기반으로 삼고자했던 조선공산당은 이와 같은 사회개혁의 열망과 정서를 토대로 노동조합전국평의회(이하 전평)과 전국농민조합총연맹(이하 전농)을 비롯한 보조단체들의 결성을 촉진했다. 우익 역시 기층 대중의 이해와 요구를 실현한다는 명목으로 청년단을 비롯한 각종 단체결성에 열을 올린 것은 마찬가지였다. 다시 말해 해방은 어떤 정파도 아래로부터 분출한

평사, 1992 참조.

190 백남운은 해방 공간 미군정이나 좌우 정치세력의 소위 '여론'과 구별되는 인민층의 참된 여론을 '숙덕공론'이라고 명명했다. 그리고 1946년 '10월의 인민봉기' 역시 생활난에 대한 불안과 반발로 시작된 인민층의 '숙덕공론'이 결정적 원인이었다고 지적했다. 이와 같은 '숙덕공론'의 존재는 당시 공론장의 저층에 그것과는 이질적인 인민의 정서와 여론이 형성되어 있었음을 확인시켜준다. 백남운, 「조선민족의 진로 재론」, 하일식 엮음, 『백남운전집』 4, 이론과실천, 1991, 374~375쪽.

191 朴鎭洪, 「民主主義와 婦人」, 『民主主義十二講』, 문우인서관, 1946, 62쪽(김남식 · 이정식 · 한홍구 엮음, 『한국현대사자료총서』 11, 돌베개, 1986, 264쪽 재인용).

192 박혜숙, 앞의 글, 365쪽 재인용.

193 성한표, 「8 · 15 직후의 노동자자주관리운동」, 이수인 엮음, 『한국현대정치사』 1, 실천문학사, 1989, 240쪽 재인용.

자연발생적 운동을 일정하게 수렴 내지는 대변하지 않고서는 그 존립근거 및 정당성을 확보할 수 없는 사태를 가져왔다.

이와 같은 사회 분위기는 농촌문제를 둘러싼 좌우의 대응 양상을 통해서 엿볼 수 있다. 당시 좌익 계열의 한 매체는 「민주주의와 농민」이라는 기사를 통해 좌우정파를 비롯한 당대 사회가 민주주의의 실현과 관련해서 농민의 토지문제를 바라보는 입장을 다음과 같이 해설하고 있다.

> 8·15 해방 이후 어느 정당 어느 사회단체를 막론하고 그 선언과 정강에는 반듯이 민주주의라는 말이 끼우지 않은 데가 없고 또 농민의 이익을 옹호하려는 수다의 정강과 토지정책을 내걸지 않은 데가 없다. 이것은 우습게도 농민의 이익을 대표하는 정당과 사회단체만의 독점적인 정강정책이 아니라 농민운동을 극도로 방해하고 또는 蛇蝎視하는 반동진영에서도 민주주의의 간판을 내세우고 지극한 열의로써 농민문제를 취급하고 있는 것이다. 이것은 조선의 농민이 토지를 요구하는 심각도를 여실히 표명한 것이며 또한 토지제도의 민주적 해결만이 유일의 살길이라는 것을 대변하는 것이다. 그러므로 이러한 국내적 조류가 팽배함을 본 반동진영에서도 가면적이나마 이 두 가지 문제를 내걸지 않고서는 농민을 기만적으로 규합할 수도 없고 또 정권 획득도 도저히 불가능하게 되였으니 그 이유로는 첫째, 조선인민의 절대다수 즉 약 팔할이 농민이라는 것. 둘째, 토지의 민주주의적 해결이 실현되는 데에서만 조선의 민주주의적 정권이 건립될 수 있다는 점을 들지 않을 수 없는 것이다. 그러므로 좌우 진영에서 토지문제를 기초로 한 민주주의와 농민문제는 한 개의 중요 내용으로서의 정강정책이 되지 않을 수 없게 되는 것이다.[194]

무엇보다 위 기사 내용은 해방 직후 인구의 대부분을 차지하고 있는 농민의 토지분배 문제를 해결하지 않고서는 어느 정파도 정치적 정당성을 확보할 수 없는 상황이었음을 보여준다. 때문에 농민, 노동자의 지지에 상대적으로 큰 비중을 두었던 좌익 계열뿐만 아니라 농민운동 자체를 "蛇蝎視"한 채 지주의 입장을 대변했던 우파 역시 자당의 정강과 구호로 "토지의 민주주의적 해

194 李錫台, 「民主主義와 農民」, 『民主主義十二講』, 문우인서관, 1946, 108~109쪽(김남식·이정식·한홍구 엮음, 『한국현대사자료총서』 11, 돌베개, 1986, 287~288쪽 재인용).

결"을 내걸지 않을 수 없었던 현실을 말해준다. 이는 분출했던 농민의 생존권과 생활의 요구가 정치운동과 상호작용을 일으키고 있음을 확인해준다. 그 결과 농민의 토지문제는 좌우정파 및 지식이 주도했던 공론장의 민주주의의 실현 의제 중 하나로 다루어졌다.

물론 이에 대한 좌우의 입장은 각 정파의 정치노선에 따라 각기 달랐으며, 그에 따라 토지의 민주주의적 해결 방식을 둘러싼 정책 및 공론장 내 담론 역시 서로 차이를 보였다. 그리고 이와 같은 공론장의 논쟁과 경쟁은 역으로 하층 농민운동의 재편을 촉진하는 동시에, 토지의 민주주의적 해결에 대한 사회적 정서와 공감대를 재구축하는 데 영향을 미쳤다. 이와 같이 해방 직후 민주주의라는 '간판'을 통해 기층 대중의 자연발생적 욕망과 활동이 상층 정치운동과 상호작용했던 사례는 농민운동에 국한되지 않았다. 해방은 '모든 것이 가능하다고 믿는 정치적 열정으로 가득한 광기의 순간(moment of madness)'이었고, 그것을 맞이하는 주체와 그 방식 역시 각기 달랐다.[195]

그렇다고 해방의 광기 속에 분출된 대중의 정치적 열망이 있는 그대로 사회변화의 동력으로 전환된 것은 아니었다. 오히려 현상의 큰 변화를 거부한 채 자본주의적 점령정책을 추구한 미군정과 같이, 노동자의 생존권을 중심으로 한 민주주의적 열망을 '민주주의적 노동조합'이라는 미명하에 억눌렀던 양상 역시 공존했다.[196] 또한 '민주주의'라는 기표를 통해 노자 간의 화해와 협력을 강조하는 가운데 노동운동의 정치성을 배격하려는 우파의 유화담론 역시 유포되었다.[197] 물론 조선공산당을 비롯한 좌익 역시 미군정이나 우익과 마찬

195 박명림, 『한국전쟁의 발발과 기원』 Ⅱ, 나남, 1996, 36쪽 재인용 ; Aristide R. Zolberg, "Moment of Madness", *Politics and Society*, Vol.2., No.2.(Winter, 1972), pp.183~207.

196 미군정의 노동자자주관리운동에 대한 대응에 관해서는 성한표, 앞의 책 참조.

197 한 예로 미군정청 노동부장인 이대위(李大偉)는 미군정의 '민주주의 노동정책'을 해설하면서, "近者 우리의 勞動運動은 政治 又 社會運動이 많이 包含되었기 때문에 그實 眞正의 勞動運動은 아니다"라고 지적하고, 노자가 "善을 爲하여서는 얼마든지 싸호다가 國家大事를 爲하여서는 互相協同함으로써 如實히 나가는 것이 民主國家勞動運動의 眞正한 精神이다"라고 주장했다. 이와 같은 이대위의 주장은 사실상 노동조합의 정치운동은 물론 노동자의 경제적 권익을 위한 파업과 같은 단체행동 역시 '國家大事'를 위해서는 제한될 수 있다는 임계를 설정한 것이었다. 李大偉, 「民主主義勞動政策」, 『東光』, 1947년 4월호, 23~25쪽.

가지로 기층의 민주주의적 사회개혁의 요구를 자신의 정치적 의제 속에서 전유하고 굴절시켰다는 점에서는 동일했다. 그럼에도 불구하고 좌익이 노동층의 계급적 이해관계에 보다 밀착하여 공감대를 구축하고 이를 토대로 자파의 노선을 펼치고자 했다는 점에서 우익과는 차이를 나타냈다.[198]

이런 측면에서 8·15 직후 조선공산당과 그것의 '외곽단체'로 결성된 전평 및 전농 사이의 연대와 균열은 당시 민주주의를 둘러싼 공론과 공감의 마주침과 간극의 양상을 확인 가능하게 한다. 물론 농민과 노동자는 전농과 전평을 통해 정치운동에 동원되기도 했지만 그들 자신의 정치·경제적 이해관계를 두 조직의 투쟁을 통해 표출시킬 수 있었다.[199] 이 과정에서 노농층을 중심으로 한 대중과 전평, 전농, 조선공산당, 민전 등 좌익 정치세력은 민주주의에 대한 일정한 공감대를 형성하면서도, 각 주체의 현실적 조건과 목적의 상이함으로 인해 일정한 차이와 갈등을 내포했다. 이 대중과 정치세력 간 겹침과 분리, 연대와 반목의 병존은 물론, 이를 재조정하려는 시도 역시 당시 민주주의를 둘러싼 공론과 공감의 길항작용에 따른 것이었다.

주목할 것은 농민, 노동자를 포섭하기 위한 실천들이 민주주의나 혁명에 대한 사상 내지 이론의 논리적 설명을 바탕으로 하기보다는 노동현장과 일상의 문화, 생활, 정서에 기초한 동질감의 형성에 주력하고 있다는 점이다. 앞서 언급했던 좌익 계열의 노동운동 지침서는 쌀 획득 투쟁의 전개에 있어서, "대중과 함께 대중의 선두에서 대중의 불평불만을 내걸고 가장 철저하게 헌신적으로 투쟁"할 것을 강조한다. 또한 "대중의 일상생활과는 거리가 먼 소위 정치에만 열중한다면 대중은 그와 같은 정치에 식상하게 되고 조합은 대중과 유리되

198 실제 해방 직후 우익은 과거 노동운동의 축적된 기반도 없었을 뿐만 아니라 그 중요성에 대한 인식조차 부재한 가운데 무관심한 태도로 일관했다. 이후 좌익이 전평을 중심으로 노동자를 장악·동원하자, 이에 대응할 반공적 우익노동단체의 필요성으로 인해 1946년 3월 우익 청년단들을 동원해 대한독립촉성노동총연맹을 결성했다. 해방 직후 노동 상황 및 진보·보수적 노동조합운동의 형성 과정에 대해서는 임송자, 『대한민국 노동운동의 보수적 기원』, 선인, 2007, 29~136쪽 참조.

199 성한표, 「9월총파업과 노동운동의 전환」, 강만길 외, 『해방전후사의 인식』 2, 한길사, 1985, 404쪽.

어 버릴 것이다"라고 지적한다.[200] 그리고 이를 바탕으로 "勤勞大衆을 中心으로 한 小市民 中間層 等의 國民의 大多數의 共感(필자 강조)을 喚起"시킬 것을 강조한다.[201] 지침서의 곳곳에서 '근로대중'과의 괴리문제를 지적하거나 그 속에 녹아날 것을 강조하는 내용을 쉽게 찾아볼 수 있다.

> 구체적 사실을 열거하지 않고 일반적이고 추상적인 설교만으로써는 대중을 납득시킬 수 없는 것이며, 적당한 시기를 선택하지 않고 언제든지 꼭 같은 말을 반복하는 것은 효과가 없는 것이고, 대중의 기분이나 심리를 고려하지 않고 천편일률적으로 하는 선전, 선동 역시 효과를 기대할 수 없는 것이다.[202]

> 이 공장에서는 전국적인 '캄파(운동)'를 앞두고 무슨 문제를 중심으로 할 것인가, 언제 어떻게 할 것인가 하는 것을 토론한 결과 '식사의 문제'를 중심으로 하기로 되었다. 그래서 분회원들은 각기 분담을 정하고 매일 식사 전에 "아 배고프다, 배고파 못 살겠다"라는 말을 지극히 자연스럽게 전파시켰다. 누구나 알 수 있는 바와 같이 배가 고플 때 배가 고프다고 하는 것은 하나의 구체적 사실이고 옳은 주장이다. 그리고 식전에는 누구나 다 배가 고픈 것이므로 대중의 심리상태도 공감을 불러일으킬 수 있는 상태였다. 이렇게 하여 '배고프다'는 말은 모든 노동자 간에 관심을 일으키게 되고 그것은 동시에 "식사를 개선하라"는 요구로 발전되고 노동자의 절실한 요구는 또 투쟁으로 발전되어서 수천 명의 노동자가 전국적으로 전개되는 '캄파'의 날, 일제히 호응 궐기하였다.[203]

이런 노동자의 심리와 정서에 기초한 노동운동의 조직화 및 대중화 전술은 단순한 대중 선동·선전 기술의 문제로만 볼 수 없다. 오히려 광범위한 기층 대중의 생활문화와 정서에 기초한 공감의 장이 상층 정치운동의 바탕이었으며, 이를 바탕으로 했을 때만이 실질적 대중동원과 정치력을 가능하게 할 수 있다는 판단이 작용한 것이었다.[204] 그리고 실제 전평은 이러한 기층 현장의

---

200 金養齋, 『노동조합 교정』, 돌베개, 1987, 53쪽; 金養齋, 「勞動組合敎程」, 전진사, 1947(김남식·이정식·한홍구 엮음, 『한국현대사자료총서』 15, 돌베개, 1986, 275쪽 재인용).

201 金養齋, 위의 책, 26쪽.

202 金養齋, 위의 책, 196쪽.

203 金養齋, 위의 책, 197쪽.

204 노동자 조직화의 문제뿐만 아니라, 농민층의 조직화 과정 역시 기층 대중의 생활과 정서에

삶으로부터 형성된 공감대를 통해 해방 직후 급속하게 정치세력으로 성장했다. 동시에 기층 노동자 역시 파편적이고 개인적인 영역에 머물러 있던 일상생활의 욕구와 정서를 노동운동을 매개로 '민주주의'라는 의제를 통해 집단적이고 정치적으로 분출할 수 있었다. 8·15 직후 남한 사회의 '민주주의'의 팽배는 바로 대중의 공감대에 기초한 것이었다.

이와 같은 사회개혁에 대한 공감대는 실제 8·15 직후 농민과 노동자 역량의 자발적 표출을 배경으로 농민위원회, 농민조합, 농민연맹에서부터 노농동맹, 노동협의회에 이르기까지 다양한 성격의 조직이 만들어졌다. 하지만 전농 및 전평과 같은 상층 농민·노동자 조직은 이 기층 운동이 자신의 지지원동력임에도 불구하고, 토지문제와 공장자주관리 문제를 비롯한 대중의 사회경제적 변혁 요구를 정치적으로 수렴하지 못했다. 뿐만 아니라 그 대표자들의 인적 구성 역시 기층 인민과는 괴리되어 있었다.[205]

일례로, 1945년 12월 8일 조선공산당의 외곽단체로 조직된 전국농민조합총연맹(전농)이 결성된 이후 그 대의원 성분을 문제 삼는 '독자의 기고'가 좌익신문에 실렸다. 여기에서 "X생"이라는 필명의 투고자는 다음과 같이 현실을 토로하고 있다.

> 한 가지 소원이 생겼다. 모여주신 대의원 제씨가 좀더 농민이었으면 하는 것이었다. 죽 들러보니 인텔리도 비슷, 인텔리 아닌 사람도 비슷, 그저 비슷비슷, 양복 입고 면도하고 모두 그래. 혹시 지게를 벗고 구루마를 광에 넣고서 서울 오신다고 치레를 하였는지 모르지만 농부가 많이 왔으면 하고 소원되지 않을 수 없었다. 지게 지고 와서 천도교회관에 그득하게 벗어놓고 합의해도 좋을 듯하다고 생각했다. 지방 동무들이여! 이후에는 될 수 있는 대

기초할 것이 강조되고 있기는 마찬가지였다. 농민조합의 활동에서 유의할 사항을 소개하는 한 기사는, "현실을 똑바로 파악하야 나아갈 바 기본노선을 뚜렷이 세우고 운동의 자연발생성을 극복"하는 것을 통해 "민중을 동원조직하야 민족통일전선을 결성하여야 할 것"을 주장하면서, "우리는 맛당히 농민대중의 일상 경제적 정치적 요구를 명찰하야 현 단계의 기본과업과 연결시켜서 이때에 대중적으로 농민조합을 조직해야 할 것"이라고 강조하고 있다. 朱浩, 「農村에서 일하는 동무들에게 - 農民組合에 對한 若干의 提意」, 『民衆朝鮮』, 1945년 11월호, 15~16쪽.

205 박혜숙, 앞의 글, 364~370쪽.

로 농민을 많이 보내라. 열 사람 보내는 중에서 인텔리는 한 사람이라도 좋지 않은가.[206]

실제 해방 직후 전농은 농민의 일상적 이해에 기초한 경제투쟁과 자주적 국가권력 수립을 위한 정치투쟁의 결합을 강조했음에도 불구하고, 거의 전 기간에 걸쳐 정치투쟁에 편향되었다.[207] 그 결과 기층 농민 삶의 조건과 직결된 경제적 요구는 부차적인 사안으로 취급되어 실현되지 못했다. 이러한 현상은 비단 농민운동뿐만 아니라 당시 노동운동 역시 마찬가지였다.[208] 8·15 직후 노동조합운동이 직면한 제 문제를 해결하기 위한 좌익계열의 지침서는 조합 간부와 현장 노동자의 괴리 양상을 다음과 같이 지적한다.

또 한 가지 주의할 점은 '착취'니 '강도'니 '무슨 가치'니 하는 술어만 충만시키면 혁명적이라고 생각하거나 '자본주의를 타도하라', '자본가를 죽이라'는 등의 공허한 대언장담을 하는 것은 유해는 할지언정 유익하지는 못하다는 점이다. 영등포 공장에 있는 어떤 사람에게 이런 말을 들었다. 즉 조합사무소에 있는 동지들이 공장에 오면 노동자들은 "얘, 저것 보아라. 또 착취가 왔다"고 싫증을 낸다고![209]

위 노동운동의 지침서는 투쟁을 조직화하기 위한 선전선동의 기술에 있어, 관념유희의 '교양'이 아닌 산업현장의 용어, 사투리, 일과 등 대상과 조건에 따라 구체적으로 접근할 것을 주문하고 있다. 물론 노동자의 조직화에 그 목적을 두고 있지만, 이를 위한 현실 진단 과정에서 학생과 인텔리 등이 주도한 노동조합의 천편일률적 정치 교양이 현장 노동자의 실제 삶과 정서에 파고들지 못하고 있음을 드러내준다.

---

206 「時事小感: 農民代表者의 印象」, 『解放日報』, 1945년 12월 14일자.

207 박혜숙, 앞의 글, 405쪽.

208 당시 전평의 실천요강과 행동강령은 노동자들의 현실적 요구를 반영하고 있었음에도 불구하고, 부르주아민주주의혁명론에 입각한 전평의 정치노선은 오히려 기층의 자생적 공장관리운동을 침체시키면서 양자 간의 골을 파놓았다. 이와 관련해서는 김태승, 「미군정기 노동운동과 전평의 운동노선」, 박현채 외, 『해방전후사의 인식』 3, 한길사, 1987 참조.

209 金養齋, 앞의 책, 35쪽.

노동운동 상하층 간 노동운동에 대한 인식 및 정서의 차이뿐만 아니라, 실제 운동노선과 실천에 있어서도 전평 상층과 기층 운동조직은 파열의 지점을 나타냈다. 사실상 8 · 15 직후의 노동운동은 전평과 무관하게 자연발생적으로 시작되었다. 기층 노동자들의 공장접수 및 자주관리운동은 패전과 함께 일본자본의 기업 및 생산설비의 정리로 인해 발생한 실업과 그에 따른 생존의 문제에 대응해 전국적 차원에서 거의 동시다발적으로 일어났다. 오히려 이와 같은 자주적 노동운동 및 활동가들의 결합 이후 기업단위노조가 결성되고 다시 산별체제로 결집되면서 전평이 결성되었다. 그럼에도 불구하고 현장의 공장자주관리운동이 한창인 1945년 11월 전평지도부는 사실상 미군정의 통치방침 지원을 의미하는 '산업건설 협력방침'을 지시했다.

> 一, 파업은 수단이고 목적이 아니다.(…)그러므로 양심적인 건전한 생산에 대하여는 파업을 행하지 않을 뿐 아니라 생산을 위하여 적극 협력한다. 二, 조선 자주독립을 원조하는 미 · 소 양군에 대해 협력한다. 금차 조선해방에 제하여 美蘇中의 커-다란 공적에 대하야는 滿腔의 감사와 경의를 표한다. 그리고 "카이로회담", "포츠담선언", "전평대회석상에서" 로빈슨 노무과장의 언명 등의 진보적 정책은 그대로 실시할 것을 기대하며, 그러한 자주독립과 민주적 자주경제 건설을 원조하는 정책에 적극 협력하고 국내안정을 도모하며 동시에 더 나아가서는 세계평화에 기여하고저 한다. 三, 양심적 민족자본가와 협력하여 부족공황을 타개한다.(…) 四, 비양심적 악덕 모리배를 배격한다.(…)[210]

전평의 산업건설협력방침은 기업의 접수 및 관리를 군정청의 관할 아래 두어, 노동자 자주관리운동을 분쇄하려 했던 미군정에 협조하는 것으로서, 기층 노동운동의 상황에서는 상반된 운동방침일 수밖에 없었다. 결과적으로 산업건설협력방침은 당시 미 · 소 협조정책 속에서 신국가 수립이 가능할 것으로 전망했던 조선공산당을 중심으로 한 좌익 진영의 정세 인식의 산물로, 기층 노동자들의 자생적인 공장자주관리운동의 후퇴를 촉진시키는 요인 중 하나로

210 「生産妨害는 逆宣傳「全評」서 産業建設協力方針發表」, 『解放日報』, 1945년 11월 30일자.

작용했다.

이와 같은 현상은 해방 직후 사회개혁노선으로 인민의 지지를 받았던 좌익과 그 외곽단체조차도 당파적 정치노선의 추구 과정에서 오히려 기층 인민과 괴리되었음을 보여준다. 기층 인민이 자파 정치노선의 정당성을 입증하고 정책을 실현시킬 힘의 원천임에도 불구하고, 그들은 인민을 정치 동원의 대상으로 바라본 채 자신들만의 민주주의론에 가두고자 했다. 그 과정에서 오히려 기층의 자생적 운동을 가로막는 역작용을 낳기도 했다. 다시 말해 해방 직후 좌우는 기층 인민의 사회경제적 변혁 요구를 자신의 정치적 의제 속으로 포섭하고, 그들의 힘을 이용하고자 했다. 이 과정에서 기층 인민의 목소리는 민주주의 공론장을 주도한 좌우 정치세력의 편집과 번역을 거쳐 대변되었다. 그럼에도 불구하고 민주주의 공론장의 저층과 외부에는 광범위한 인민의 민주주의 공감대가 형성되어 있었다. 바로 이 민주주의를 기축으로 한 공론과 공감의 길항이 해방 직후 한국의 민주주의를 추동했다.

제3장 미 · 소 인식의 이중구조

해방 직후 '민족'과 '민주주의'라는 의제를 둘러싼 좌우대립의 현상과 함께 주목해야 할 문제가 바로 해방과 미소 점령에 대한 남한 사회의 인식이다. 제2차 세계대전의 종전과 함께 찾아온 해방은 한국사회에 두 가지의 커다란 변화를 가져왔다. 하나는 일제 식민통치 권력의 붕괴이며, 다른 하나는 그에 따른 기존 가치와 세계관의 전도이다. 그리고 기존 통치 권력과 세계관은 새로운 권력과 이념으로 대체되었다. 식민통치는 미소의 분할점령으로, 제국과 그것의 지배 이념이었던 파시즘은 민족 · 민주주의에 의해 대체되었다. 즉 해방은 남한 사회의 정치 · 권력적 현실 조건과 남한 사회가 추구해야 할 이상과 가치를 변화시키는 획기적 사건이었다. 일제의 식민권력을 붕괴시킨 미 · 소의 주둔과 '민주주의와 파시즘'의 전쟁에서 민주주의 연합국의 승리라는 해방의 성격은, 해방 이후 남한 사회를 규정짓는 조건이었다. 현실정치의 조건으로서의 미소의 분할점령과 추구해야 할 당위로서의 민족과 민주주의의 가치가 하나의 의제로 상정되었다.

이런 측면에서 당시 해방의 성격과 그것에 대한 남한 사회의 인식을 좀 더 자세히 살펴볼 필요가 있다. 해방이 그 이후 한국사회와 그 구성원의 인식과 행위를 규정했던 하나의 틀로 작용했기 때문에 당시 남한 사회가 해방을 어떻게 인식하고 있었는가는 남한 사회와 그 내부의 여러 정치집단의 행위와 사고를 이해하는 데 주요한 통로가 될 수 있다. 특히 해방과 함께 시작된 미소군정에 대한 시각은 현실 정치의 측면에서 남한 사회를 규정짓고 있었다는 점에서 중요하다. 해방 직후 남한의 좌우를 망라한 정치세력들은 자신의 정치적 처지와 지향에 따라 해방의 규정성을 평가하고, 그에 대처해갔다. 바꿔 말하면 해방이라는 사태를 자신의 정치적 이해관계와 결합하면서 자파의 정치적 지향을 추구해야만 했다. 그것은 승전국으로 실질적 통치 권력을 장악한 미소의 외삽권력을 인정할 수밖에 없는 상황에서 당연한 것이었다.

먼저 해방 직후 정국의 주도권을 장악했던 좌익 특히 조선공산당은 '8월 테제'를 통해서, 조선의 해방에 대한 입장을 분명히 표명했다. 또 그에 기초해서 전후 자파의 국제주의 정치노선을 주장했다. 먼저 조선공산당은 해방이 조선인의 주체적 투쟁과 역량에 의한 것이 아닌, '진보적 민주주의 국가'들인 소·영·미·중 등 연합국세력에 의한 것이라고 강조했다. 다시 말해 '세계문제가 해결되는 마당에 따라서 조선 해방은 가능'했다고 인식했다. 때문에 전후 세계 질서 및 조선의 문제 역시 '한 개로 분리하여 고립적으로 부분적으로 보아서는 안'되며, 편협한 국가주의에서 벗어나 국제주의의 입장과 노선에 입각해 대응할 것을 주장했다.[211] 즉 해방의 국제성이 곧 해방 이후의 상황 역시 규정하고 있음을 강조하면서, 자파의 국제민주주의 노선의 정당성을 주장했다.[212]

특히 조선공산당은 해방 이후 조선이 평화적 혁명을 실현하고 있다고 평가하고, 그것을 가능하게 한 것이 바로 '세계혁명의 토대이자 국제 프롤레타리아트의 조국인 소련' 때문이라고 강조했다. 뿐만 아니라 전후 '진보적 민주주의' 연합국 중 소련이 국제 '민주주의' 노선에 가장 철저한 세력임을 강조하면서, 소련에 대한 우호적 시선을 노골적으로 드러냈다.[213] 실제 조선공산당은 11월 2일 이승만이 기초한 독촉의 결의문이 연합국에 대해 적대적이라는 이유로 수정을 요구하기도 했다. 이후 결의서가 거의 수정 없이 원안대로 발송되자, 별개의 성명서를 발표해 연합국에 대한 우호적 입장을 밝혔다. 이 성명서에서 조선공산당은 미소 양국이 "세계평화 재건과 민주주의 확립을 위하야

211 박헌영은 미군정 책임자 하지 중장과의 첫 번째 회담에서, "우리는 한국의 해방이 자체의 투쟁에 의해서가 아니라 미국을 포함한 연합국의 원조에 의해 달성된 것이라는 점을 명백히 인정한다. 그렇기 때문에 우리는 당신 및 미군정청과의 긴밀한 우호협력을 지향하지 않을 수 없다"고 밝히고 있다. 박헌영, 「조선공산당 총비서 박헌영 동지와 미 제24군사령관 하지 중장의 회담」, 1945년 10월 27일자(이정박헌영전집편집위원회, 『이정 박헌영 전집 2』, 역사비평사, 2004, 60~61쪽).

212 조선공산당 중앙위원회, 「現情勢와 우리의 任務」, 1945년 9월 20일(이정박헌영전집편집위원회, 『이정 박헌영 전집 5』, 역사비평사, 2004, 52쪽).

213 조선공산당 중앙위원회, 위의 책, 52쪽.

일본 제국주의 세력과 우리의 적인 모든 반(反)민주주의적 제(諸) 요소의 청산을 위하야 내주(來駐)한 것이요, 결코 영토적, 정치적, 야심에서 나온 것이 아니라"고 표명하면서, 독촉의 비판을 일축하고 연합국에 대한 절대적 신뢰와 지지를 역설했다.[214]

중도좌익계의 여운형(呂運亨)을 중심으로 발족된 건국동맹(建國同盟) 역시 성명서를 통해 "미, 소, 영, 중 연합군을 환대"한다고 밝혔다.[215] 하지만 여운형은 연합군의 진주에 대해, "군정은 어대까지나 일반적 정치 문제를 떠나 일본인의 무장해제와 치안을 확보 유지하는데 군정의 본질적인 사명이 잇"다고 그 성격과 역할을 분명하게 한정했다.[216] 그리고 그는 이와 같은 군정에 대한 성격 규정에 기초해서 조선인이 군정에 대해 전폭적 지지를 해야 하는 것과 함께, 군정 역시 진보적 민주주의를 표방하는 조선의 정부 수립과 자주독립의 수행 노선에 전적으로 협력해야 함을 강조했다.

또한 그는 연합국에 대해 취해야 할 태도에 대해서 "만낫으니 「하우두 유두」라 인사할 것이고, 둘째 번에는 「탱쿠」라고 감사의 뜻을 표해야 할 것이고 셋째로는 「구드바이」가 있을 뿐"이라고 표명했다.[217] 이처럼 여운형은 미소의 한반도 점령을 일시적 사태로 인식하거나 또는 그래야만 한다고 주장하고, 연합국에 대해 해방자로서 감사를 표하면서도 냉정한 태도를 취했다. 동시에 그는 사대주의(事大主義)와 배외사상(排外思想)의 절대 배척을 강조하고, 민족의 주체적 역량으로 새로운 국가 건설을 추진할 것을 주장했다. 즉 해방 직후 여운형을 비롯한 중도좌익 계열은 연합국에 대한 우호적 입장과 함께 미군정에 대

214 조선공산당 중앙위원회, 「聯合國에 友誼적 聲明」, 『解放日報』, 1945년 12월 7일자; 조선공산당중앙위원회, 「聯合國에 멧세-지 朝鮮共産黨서 電送」, 『自由新聞』, 1945년 12월 5일자; 박헌영, 「聯合軍은 恩人, 親日派는 仇敵:獨立促成決議에對한 共産黨의批判」, 『大衆日報』, 1945년 11월 5일자.

215 「建國同盟」, 『자유신문』, 1945년 10월 31일자.

216 呂運亨, 「建國과 政治 · 文化」, 『문화창조』, 1945년 12월호, 6쪽.

217 呂運亨, 「新朝鮮 建設의 大道」, 『조선주보』, 1945년 10월 22일자. 여운형은 또한 "美軍이 고마운 손님이며 여기와 잇는 것은 조흘지 몰으되 우리 살림은 우리 손으로 하는 것이 올흘것"이라고 미군정에 대한 친선과 경계의 이중적 입장을 밝히기도 했다. 「新朝鮮 建設의 大道: 民族統一戰線을 念願 各 政黨 首腦 懇談會」, 『조선주보』, 1945년 10월 15일자.

한 거리두기 속에서, 주체적 입장에 기초한 신국가 건설의 정치 노선을 취했다.

우익의 한민당 역시 "민족해방을 위하야 지대한 동정과 비호를 악기지 아니한 연합군 각국에 충심으로 사의를" 표명했다.[218] 특히 당대 한민당의 대변지였던 『동아일보』는 "우방 미국"의 국민은 조선 문제에 대해 "일언도 우리의 실정을 우호의 태도로 설명하지 안흠이 업"다고 평가하면서, "만강(滿腔)의 사의(謝意)를 표(表)"했다.[219] 즉 조선공산당이 노골적으로 친소의 입장을 취했던 것과 대조적으로 한민당은 친미의 태도를 취했다. 중도우파의 안재홍(安在鴻) 역시 해방의 성격에 대해서 '미, 중, 소, 영, 사국(四國) 연합군의 힘'을 강조하고, '사개국의 인류적 양심에 의한 거대한 우의에 심심한 감사를 표명'했다. 동시에 안재홍은 조선인의 '해내외에서의 적극 소극의 반항' 역시 일제의 예속과 질곡을 종식시키는 데 일조했음을 강조했다. 다시 말해 안재홍은 해방의 국제성과 함께 민족운동의 역량 역시 중요하게 평가했다. 이와 같은 입장에서 여운형과 비슷하게 "全民族의 總意總力을 集結하여, 今後 自力建設로써 自主解放"을 달성할 것을 주장했다.[220] 요컨대 안재홍 역시 연합군에 대한 호의를 표명하면서도 민족운동 내부의 단결과 주체적 정치노선을 우선시했다.

보다 흥미로운 것은, 안재홍이 과거의 역사를 소환해 미소에 대한 경계와 관망의 태도를 취했다는 점이다. 그는 1905년 러·일 간 '포츠머스강화조약(Treaty of Portsmouth)' 체결 당시 미국이 일본의 한국에 대한 "政事上 軍事上 및 經濟上의 卓絶한 利益을 有한 것"을 승인하여, 일본의 한국에 대한 "指導保護 및 監理의 措置"를 용인·지지했던 사실을 지적하고, 그것을 잊지 않고 있음을 환기시켰다. 그 다음 금일에 "美合衆國이 四個國의 筆頭로 조선의 민족해방과 통일민족국가 건설에 적극 원조하는 것은, 페리 제독 동항 이래 八十數年의 東亞 및 朝鮮에 관한 역사적 責務를 總決算하는 것"으로, "美國의

218 「韓國民主黨 京城支部發起文」, 심지연 엮음, 『해방정국논쟁사 Ⅰ』, 도서출판한울, 1986, 108쪽.
219 「朝鮮動向과 友邦의 輿論」, 『동아일보』, 1945년 12월 25일자.
220 安在鴻, 「新民族主義와 新民主主義」, 52쪽.

공명정대한 정치적 處決을 全民族의 이름으로 엄정 待望"한다고 표명한다.[221] 바꿔 말해 안재홍은 과거 미국의 조선에 대한 실책을 짚고, 그 연장선에서 해방 이후 미국과 미군정의 대 조선정책을 주시하고 있음을 밝혔다. 그는 미국이 조선의 해방과 민족국가 건설을 지지 · 원조하는 것이야 말로 과거 미국의 실책을 결산하는 것이라고 주장하고, 미국의 실천을 촉구했다. 이와 같이 미국의 과거와 현재를 바라보는 안재홍의 시선에는 경계와 기대의 이중적 태도가 깔려있었다.

소련에 대해서도 역시 "혁명 이래 이십여 년에 동방의 피압박 제국민과 반식민지적 제국민"에 대해 "자못 영웅적 조치를 거듭하여" 왔다고 우호적 태도를 취하면서도, 대한제국 말기 이후 "동방침략"의 의도에 따라 "獰猛한 韓國經略"의 태도를 보였다고 강조한다. 또한 1905년 러일전쟁 강화 시 "日本의 韓國處分權을 전면적으로 承認"하여 "조선 衰亡史上"의 책임이 있음을 지적하면서, 소련의 침략성과 자국을 위해 조선을 희생시킬 가능성을 경계한다.[222] 이어 조선해방과 통일민족국가 건설 도상에서 간섭이 아닌 호의적 원조를 취할 것을 소련에게 엄정히 요구한다. 이와 같이 안재홍은 미국과 마찬가지로 소련에 대해서도 경계와 우호의 이중적 입장을 취했다.

이와 같이 해방 직후 좌우를 망라한 모든 정치세력은 해방군이라는 인식하에 미 · 소 연합군에 감사와 호의적 태도를 표명하고 있다. 다만 조선공산당과 한민당이 각각 친소와 친미의 입장을 노골적으로 표시하고 있다. 이와는 달리 중도좌파와 중도우파의 여운형과 안재홍은 호의적 태도와 함께 주체적 입장을 강조하거나 일정한 거리두기 속에서 관망의 자세를 보이고 있다. 이런 미 · 소에 대한 시각의 차이는 당시 각 정파의 정치적 지향과 노선의 차이를 반영한 것이었다. 이와 관련해서 해방 직후부터 첨예한 대립을 보여 온 조선공산당과 한민당의 현실 인식을 보여주고 있는 다음 기사를 살펴보자.

---

221 安在鴻, 위의 글, 53쪽.
222 安在鴻, 위의 글, 54쪽.

무엇보다도 戰後 여러 가지 國際問題의 解決과 平和維持를 爲한 國際機關의 創設이 必要한 것이었다. 이것을 위하여 桑港會談 포츠담會談이 열리었던 것이다. 이에 國際問題는 어느 程度 바르게 解決되게 되었고 永久는 못될지언정 相當히 오랜 기간의 世界平和를 위한 平和維持期間은 組織된 것이다. 이에 조선의 解放은 實現되었다. 그러나 그것은 우리 民族의 主觀的 鬪爭的인 힘에 의해서보다도 進步的 民主主義國家 蘇·英·美·中 등 聯合國 勢力에 의하여 實現된 것이다. 즉 世界問題가 解決되는 마당에 따라서 조선解放은 可能했다. 그러므로 今日에 있어서는 어느 나라를 물론하고 한 개로 分離하여 獨立的으로 部分的으로 보아서는 안 된다. 즉 世界全體의 立場에서 問題를 해결한다는 정도로 國際政治는 發展되었나니 그것은 偏狹한 國家主義에 대한 國際主義의 勝利를 意味하는 것이오 二次世界大戰의 쓰라린 實物教訓의 德澤이다.[223]

"朝鮮의 完全한 獨立이 업시는 中國의 完全한 獨立이 保障못된다"고 한 蔣主席의 宣言은 世界大勢를 一極東情勢를 達觀한 至言이엿스니 美國도 또한 同一한 大勢觀이엿고 英國도 그러하엿다. 이리하야 맛츰내 "朝鮮의 自主獨立"을 約束한 "카이로宣言"이 생기게된 것이니 이것이 모다 逆行을 不許하는 大勢의 所使다. 聯合諸國이 朝鮮의 自主獨立을 保障하고 또 이를 推進하기에 不少한 犧牲과 努力을 아끼지 안흠은 多年間 日本의 强盜政治에 疲廢된 朝鮮民族에 對한 人道的 正義感의 發現임도 勿論이다. 그러나 보다 直線的이오 現實的이오 必然的인 理由는 우리 朝鮮을 中心으로 한 四隣의 利害得失의 接觸으로써, 비저진 極東情勢가 "그러지 않을 수 없는 情勢"인 까닭이다. 이것이 大勢다.[224]

위 인용문 중 첫 번째 것은 소위 박헌영(朴憲永)의 '8월 테제'로 알려진 문건의 일부분으로, 당시 조선공산당의 정세 인식을 집약적으로 보여주고 있다. 이 문건에 따른다면 조선공산당은 해방이 민족의 주체적 역량이 아닌 "진보적 민주주의국가"들에 의해 실현되었다고 인식하고 있다. 그리고 이것을 근거로 현재 "어느 나라를 물론하고 한 개로 분리하여 독립적으로 부분적으로 보아서는 안 된다"고 주장하면서, 향후 "편협한 국가주의"를 대신해 "국제주의" 노선

223 조선공산당 중앙위원회, 「現情勢와 우리의 任務」, 1945년 9월 20일(이정박헌영전집편집위원회, 『이정 박헌영 전집』 5권, 역사비평사, 2004, 51~52쪽).

224 「蘇聯의極東策과朝鮮(2)」, 『동아일보』, 1945년 12월 26일자.

을 추구해야 함을 강조하고 있다. 한편 두 번째 인용문은 1945년 12월 모스크바 삼상회의가 열리고 있던 시점에 작성된 『동아일보』 사설의 일부분이다.[225] 이 사설로 비추어 보면 한민당 역시 독립을 연합제국에 의한 것으로 파악하면서 조선 문제의 국제성에 대한 인식을 공유하고 있다.[226] 사설의 내용 중 눈에 띄는 부분은 독립을 "조선을 중심으로 한 사린(四隣)의 이해득실의 접촉"에 따른 것으로 판단하고 있는 지점이다. 즉 해방의 계기를 주변 강대국의 이해 및 세력 관계의 측면에서 접근하고 있음을 확인할 수 있다.

그런데 여기에서 주목해야 할 것은 두 세력 모두 조선 문제의 국제적 성격을 인식하고 있다는 점에서는 동일하지만, 그 이면의 정치적 입장에서는 일정한 차이를 보이고 있다는 점이다. 즉 조선공산당이 현 정세를 제2차 세계대전 이래 "진보적 민주주의국가"들의 국제주의 노선의 연장선에서 파악하고 있다면, 한민당은 조선을 둘러싼 강대국들의 현실 정치적 이해관계 및 세력대결의 측면에서 이해하고 있다. 이러한 좌우 정치세력의 동일하지만 서로 다른 현실세계에 대한 이해는 일정하게 양 정치세력의 정치적 이해관계 및 향후 지향을 함축하고 있는 것이라 할 수 있다. 바꿔 말하면, 이러한 인식의 차이는 양 정치세력의 계급적 이해관계와 정치 노선을 배경으로 해방 직후 헤게모니 경쟁 과정에서 발생한 것이었다.

실제 박헌영의 "8월 테제"는 해방 직후 시점인 1945년 8월 20일 소련 측의 관여 없이 박헌영이 독자적으로 작성한 것으로, 그 내용은 9월 20일 조선공산당 중앙위원회에서 당의 정치노선으로 채택되었다. 당의 강령 역할을 했던 이

225 당시 『동아일보』는 한민당의 정책이나 이념을 대변하는 '한민의 후설(喉舌)'이라는 평을 들을 정도로 한민당과 밀착되어 있었다. 서중석, 『한국현대민족운동연구: 해방후 민족국가 건설운동과 통일전선』, 역사비평사, 1991, 264쪽 재인용; 심지연, 『한국현대정당론』, 창작과비평사, 1984, 20~21쪽.

226 이와 같이 해방 직후 조선 문제의 국제성에 대한 인식은 일반적이었다. "국사를 취급할때에는 적어도 미영중소사개국에 외교사절단을 파견하여야" 한다는 임정 측 김붕준(金朋濬)의 발언이나, "전후세계재건에 있어서 연합국간 제관계의 추이는 그대로 우리나라 건국의 운명에 결정적인 영향을 미치게 되어" 있다는 여운형의 주장에서도 이를 확인할 수 있다. 「三八線을 除去 우리만 統一되면 美蘇撤兵可能 議員 金朋濬氏 談」, 『동아일보』, 1945년 12월 9일자; 「建國課業에對한私見 上」, 『독립신보』, 1946년 10월 18일자. 특히 1946년 1차 미소공위 과정과 결렬 이후 이러한 인식은 더욱 확산되었다.

문건은 1935년 코민테른 7차대회에서 채택된 반파쇼인민전선론과 이를 식민지지역에 적용한 반제민족통일전선론의 영향 속에서 해방 직후 조선공산당의 독자적 정세 인식이 결합되어 작성된 것이었다.[227] 이후 조선공산당은 '8월 테제'에 근거한 국제정세 인식에 따라 소련과 함께 미국을 진보적 민주주의 국가로 규정하고 미소 협력에 의한 평화적 정권수립 노선을 추구해갔다.[228] 이와 반대로 한민당은 해방 직후 조선공산당의 '8월 테제'에 근거한 프롤레타리아 헤게모니 전취노선에 대립하면서 민족적 통합을 강조하고, 좌파의 계급 중심적 경향을 비판했다. 그리고 그 연장선에서 한민당은 1945년 12월부터 본격적인 임정추대운동을 통해 정국의 주도권을 장악하고자 했다. 이와 같은 조선공산당과 한민당의 정치 노선의 차이는 미국과 소련에 대한 입장 차를 통해 보다 분명하게 확인할 수 있다.

> 今日의 國際情勢는 朝鮮을 爲하야 매우 有利하게 展開되고 있다. 歐羅巴에서는 파시즘의 牙城이 破壞된 後로 소聯軍이 드러간 여러 나라(波蘭, 유고슬라비아, 퓐란드, 불가리아, 루마니아, 오스토리아 等)에서는 共和國이 建設되고 民族의 自己主權이 樹立되고 있으며 英美軍이 進駐되고 있는 몇 나라(希臘, 佛, 白耳義, 和蘭等)에서는 아직 民主主義 問題가 않 서고 있으나 勿論 이러한 나라의 人民들은 自己主權을 確立하기 爲하야 進步的 民主主義 旗빨을 노피 들고 싸우고 있는 것이다. 이렇한 國際情勢의 縮小圖가 흐미한 形態로 나타난 것이 今日 朝鮮의 情勢라고 보아서 잘못이 않일 것이다. 北部朝鮮과 南部朝鮮과의 形便은 大概 이렇한 差異點이 있는 것이니 勿論 이 差異點은 앞으로 消滅될 것이오 또한 消滅되지 않으면 않될 것이다. 그것은 美軍政이 國際的 約束을 그대로 完遂함에서 實現될 것이다.(…) 조선에 있어서 日本帝國主義 勢力을 完全히 驅逐함으로써 또한 親日派 登用主義를 勇敢하게 抛棄함으로써 國內에서 進步的 民主主義 勢力을 支持하는 方向으로 나감으로써 南北朝鮮은 비로소 政治的 統一이 實現될 수 있다.[229]

227 기광서, 「해방 직후 조선공산당에 대한 소련의 입장」, 『역사비평』 65, 역사비평사, 2003, 233쪽; 고지훈, 앞의 논문, 208쪽.

228 「朝鮮革命의 國際的 聯關性」, 『해방일보』, 1945년 10월 31일자.

229 朴憲永, 「朝鮮共産黨의 主張: 朝鮮民族統一戰線結成에 對해」, 『解放日報』, 1945년 11월 5일자.

帝政이 沒落되엇스매 그 가진바 政策도 따라서 抹殺되염즉함이 當然한 結論이겟스나 이 東漸主義의 最大 要件인 不凍港 問題란 原來 "로서아" 國土自體가 가진 最大의 缺陷인 만큼 그 政體와 政權이 帝露거나 蘇聯이거나를 不問하고 "로서아" 自體로서는 解決하지 아니치 못할 거의 宿命的인 課題였는 것이다. 그러므로 蘇聯으로서는 機會만 잇스면, 正當한 口實만 잇스면 滿洲나 朝鮮, 어디나 間에 一年을 통하야 自由自在로 艦船의 出入을 可能케 할 海口의 保有를 恒常 생각하였을 것이다. 蘇聯으로서는 가장 自然스러운 國策의 하나이엿을 것이다. (…)이번 滿洲進攻을 機會로 締結된 中蘇條約을 一瞥하건대 旅順의 軍事基地, 大連市의 執權, 滿鐵의 共同經營 等等 그 어느 것이나 帝露時代의 形態에 近似치 않음이 없다. 設或 理念이 다르고 形式이 다르다 하더라도 實際上으로나 效果上으로 帝政時代의 意圖의 片鱗이 번득임을 到底히 看過할 수가 없다. 더구나 이번 大戰을 契機로 蘇聯의 對外政策을 吟味해 보건대, 侵略까지는 아니라 하더라도 方式이 다른 自家勢力의 擴充을 强行하려는 意圖가 보임을 숨길 수 없다.[230]

위에 첫 번째 인용문은 박헌영의 글이고, 두 번째 인용문은 『동아일보』 주간 설의식(薛義植)이 작성한 기사이다. 두 기사를 비교해 보면 알 수 있는 바와 같이, 박헌영은 미국에 대해서, 설의식은 소련에 대해서 비판적 입장을 취하고 있다. 박헌영은 소련 점령지대와 미영점령 지대의 정책을 비교하면서, 미영 지대에서 민주주의 정책이 실행되고 있지 않음으로 해서 해당 지역에 투쟁이 발생하고 있음을 지적하고 있다. 마찬가지로 조선에 있어서도 동일함을 지적하고 있다. 이를 통해 미영의 점령정책을 비판하고, 그에 대비된 소련의 정책을 옹호하고 있다. 이와 같이 '민주주의'의 실현 여부를 기준으로 한 박헌영의 시각은 전후 세계가 제2차 세계대전의 연장선에서 여전히 '파시즘 대 민주주의' 대결 과정에 있다고 규정한 조선공산당의 정세 인식에 근거한 것이었다. 조선공산당은 '8월 테제'를 통해 파시즘 세력을 붕괴시켰지만, 그 잔존 세력을 숙청하고 민주정부를 수립하는 것이 전후 과제라고 주장했다. 이와 같은 정치노선에 기초해서 박헌영은 미국에 대한 우호적 입장 표명과 함께 미국의 점령정책을 비판하는 이중적 입장을 취하고 있다.

230 薛義植, 「蘇聯의 極東策과 朝鮮(3)」, 『동아일보』, 1945년 12월 27일자.

두 번째 인용문에서 설의식은 소련을 과거 제정 러시아와 연결해서 그 침략성을 경고하고 있다. 소련의 '동점주의(東漸主義)'를 그 지리적 환경으로 인해 불가피한 것으로 확정하고, 전후 소련의 중국 진출을 제정 러시아의 부동항 획득을 위한 침략주의와 동일한 것으로 의심하고 있다. 설의식은 동일 제목의 연재 기사 마지막에 만약 이와 같은 소련의 "부동항 요구의 풍설(風說)"이 사실이라면, 전 민족이 결사항전 할 것을 촉구하고 있다. 설의식의 이러한 소련의 "자가 세력의 확충"에 대한 경계와 비판 역시 한민당을 중심으로 한 우파 세력의 강한 민족 중심적 정치 노선의 반영이었다. 설의식이 연재 기사의 다른 부분에서 언급하고 있듯이, 당시 우익은 전후 세계를 '민족자결주의'의 시대로 규정하고, 이 '대세'를 실현하는 것이 곧 전후 민주주의를 실현하는 것이라고 주장했다. 때문에 설의식 역시 소련을 '우방'이자 '후원자'라고 칭송하면서도 그 대외정책에 대해서는 비판하는 이중적 입장을 취하고 있다.

요컨대 해방 직후 남한의 좌우 정치세력은 그들의 계급적 기반과 정치적 지향의 차이 속에서 상호 경쟁 · 대립해갔다. 특히 전후 새로운 당위적 가치로 부상한 '민족'과 '민주주의'를 자파의 정치적 의제를 실현하는 과정에서 전취하고자 했다. 이 과정에서 좌우는 자신의 정치 노선에 따라 서로 다른 의미로 '민족'과 '민주주의'를 정립하고자 경쟁했다. 또한 그들의 정치적 노선에 따라 전후 세계와 미 · 소 점령군에 대한 시각의 차이를 보였다. 그럼에도 불구하고 좌우세력은 여전히 상호협력의 여지를 남겨두고 있었으며, 미 · 소에 대한 시선 역시 이중적 입장을 취했다. 이런 협조와 대립의 이중 구조는 1945년 12월 말 '모스크바삼상회의의 결정'을 계기로 점차 해체되어 갔다.

이상 살펴본 바와 같이 해방 이후 좌우대립과 반소반공의 담론자원은 조선 민족운동 내부의 갈등과 일제 식민권력의 방공(防共)정책에 그 연원이 있었다. 1920년대 사회주의 사상과 운동의 확산과 함께 조선의 민족운동은 분화 후 대립했고, 그 과정에서 축적된 정파 간 경쟁과 적대의 경험은 해방 직후 좌우의 서로에 대한 경계와 비난으로 이어졌다. 반소반공의 담론자원 역시 러시아 혁명의 여파와 사회주의 확산을 저지하고, '탈아입구(脫亞入歐)'의 기치를 내세우며 서구 근대 자본주의 문명을 따라잡으려 했던 일제 식민권력의 흑색선전으로부터 구축(構築)되었다. 이 과정에서 1917년 혁명 이후 소련은 '과격파'에 의해 '살육', '파괴', '기아'에 빠진 '생지옥'이자 '아귀도(餓鬼道)'로 표상되었고, 착취와 계급이 없는 유토피아를 상징했던 사회주의는 '비인간적', '반인륜적', '전통 파괴적'인 급진적이고 부정적인 사상으로 불온시 되었다. 이를 통해 일제는 러시아혁명과 사회주의 사상이 주장했던 것과는 정반대의 이미지를 구축하고 그것의 침투와 확산을 저지하고자 했다. 즉 일제 식민권력의 방공정책에 의해 각종 부정적 이미지에 기초한 반소반공담론 자원이 구축되었다.

여기에 1931년 만주사변과 뒤이은 1937년 중일전쟁의 발발로 일제의 전시체제가 구축되어감에 따라 반소반공담론은 새로운 단계로 발전했다. 이 시기 일제의 대륙 진출로 소련과의 마찰이 불가피한 것으로 예측되면서, 기존 흑색선전에 소련을 영토적 침략 세력으로 비난하는 반소반공 선전이 덧붙여졌다. 이후 소련은 불온사상인 사회주의의 종주국일 뿐 아니라, 구 러시아제국의 '동점주의'를 계승한 '슬라브 민족'의 '적색제국주의' 세력으로 규정되었다. 그리고 이를 격멸하는 '적마(赤魔)'라는 용어가 등장하는 것과 같이, 대소 적대의식은 대대적으로 조장되었다. 동시에 일제는 1936년 11월 '일독방공협정(日獨防共協定)'의 체결과 함께 세계를 소연방을 중심으로 한 '전선국가군(戰線國家群)'과 일 · 독 · 이를 중심으로 한 '국민전선군(國民戰線群)'과의 이대 진영 대립으로 규정하고, '반공불럭'을 형성하는 가운데 반소반공담론을 생산했다.

반소반공담론은 전간기(戰間期)를 거쳐 '아시아 - 태평양전쟁' 기간 서구 근대문명 비판의 일환으로 세계사적 차원에서 형성되어지기도 했다. 1941년 일본의 진주만 공격으로 개전된 아시아 - 태평양전쟁은 '파시즘 대 민주주의'라는 이념전쟁으로만 귀결될 수 없었다. 그것은 '미 · 일 간의 동아시아 패권전쟁'으로 '인종(race) · 권역주의(regionalism)' 성격을 띤 전쟁이었다. 그리고 '백인종 대 유색인종', '동양 대 서양'의 대결이라는 '인종 · 권력주의'와 결부되어,

미국의 대표되는 '서양 근대 문명 유지 대 그 초극(超克)'을 둘러싼 전쟁이기도 했다.[231] 바로 이와 같은 대결 구도 아래 담론공간에서 공산주의 역시 자본주의와 마찬가지로 서구 근대 물질문명에 근원한 것으로 비판되었다. 뿐만 아니라 '민족(주의)'과 '민주주의' 이념 역시 근대 서구의 패권담론으로 극복의 대상이었다. 이와 같은 전간기로부터 아시아-태평양전쟁 기간에 걸친 근대 서구문명에 대한 비판 역시 반소반공담론과 함께 해방 이후 조선인의 관념과 담론자원으로 축적되었다.

해방은 단순하게 일제 식민통치권력의 붕괴만을 의미하지 않았다. 그 권력을 뒷받침하고 정당화했던 세계관 및 관념자원의 폐기 역시 의미했다. 동시에 일제를 대신해 조선을 점령한 미국과 소련이라는 전후 두 세계 패권국에 대한 인식의 전환을 가져왔다. 이 과정에서 서구 근대 문명의 일환으로 일제에 의해 부정되었던 '민족(주의)'과 '민주주의'는 전후 세계의 당위적 가치로 복귀했다. 그 결과 해방 직후 좌우를 망라한 모든 정치세력은 '민족자결'과 '민주주의'라는 '간판'을 달아야 했으며, 역으로 이 간판을 통해 자파의 정당성과 정치노선을 설명해야 했다. 마찬가지로 '인종·권역주의'에 의해, 또한 '근대초극'의 논리에 의해 적대시되었던 미·소는 조선의 '해방자'이자 독립의 '후원자'로 환영되었다. 동시에 새로운 점령군으로 등장한 미·소는 좌우 정치세력에게 경계의 대상이기도 했다. 특히 좌우를 망라한 조선의 정치세력은 그들의 계급적 이해관계를 반영한 정치적 지향과 노선 속에서 미·소 점령군과 그 점령정책을 우호와 경계의 이중적 시선으로 바라보았다.

즉 해방은 조선을 과거와는 전혀 다른 인식 지평과 권력 관계 속에 가져다 놓았다. 해방 직후 좌우 정치세력은 이 전변된 현실과 가치 및 관념 자원 속에서 상호 경쟁하며 정국의 주도권 다툼에 나서야만 했다. 갑작스런 일제 식민

231 전간기와 '아시아-태평양전쟁'기 '인종·권역주의'를 비롯한 '반서구 근대'론 및 '근대초극'론의 지형과 내용에 대해서는 임종명, 「해방 이후 한국전쟁 이전 미국기행문의 미국 표상과 대한민족(大韓民族)의 구성」, 『史叢』 67, 역사학연구회, 2008; 「脫식민 초기(1945.8-1950.5), 남한국가 엘리트의 아시아 紀行記와 아시아表象」, 『민족문화연구』 52, 고려대학교 민족문화연구원, 2010 참조.

권력의 붕괴는 수많은 정치단체의 출현이 보여주듯이, 조선인의 억눌렸던 정치적 에너지와 신국가 건설의 열망을 분출시키는 계기였다. 그 결과 새로운 사회를 건설하기 위한 다양한 사유와 기획을 쏟아냈다. 여기에 과거 식민시기의 인식과 담론자원 역시 사회 저변에 지속되고 있었고, 미 · 소라는 연합국을 배경으로 민족자결(주의)과 민주주의는 절대적 가치로서 등장했다. 이와 같이 해방 직후 남한은 식민의 흔적과 탈식민의 '광기'가 미 · 소라는 새로운 통치 권력과 중층적으로 겹쳐진 가운데 새로운 근대국가 건설을 추구해야 했던, 어떤 '지배적 이념의 정형(stereotype)이 확립되지 않은 무정형(無定型)'의 사회였다.

제2부

좌우대립의 전개와 전후 세계 규정의 정치성

2부 좌우대립의 전개와 전후 세계 규정의 정치성

제1장 모스크바 삼상회의 결정과 민족·민주주의 논쟁

해방 직후 정국의 주도권을 둘러싼 좌우갈등은 1945년 12월 27일 모스크바 삼상회의의 신탁통치 결정을 계기로 한층 치열하게 전개됐다. 카이로와 포츠담회의의 연장선상에서 전후 조선 문제를 처리하기 위한 구체적 방침으로 임시정부 수립과 함께 '최장 5년간의 신탁통치'안이 결정되었다는 소식이 국내에 전해지자,[1] 좌우를 망라한 대대적인 '반탁운동'이 전개됐다. 초기 우파와 함께 반탁의 입장을 표명했던 조선공산당과 좌익은, 1946년 1월 2일 입장을 바꿔 '모스크바 삼상회의 결정 지지'를 선언했다.[2] 이를 계기로 우파의 한 일간지가 당파적으로 지적한 바와 같이, "그때까지는 임정 지지에 대한 인공 고집

1 당시 『동아일보』의 모스크바 삼상회의결정에 관한 왜곡보도와 미군정의 여론공작에 대해서는 정용욱, 「1945년 말 1946년 초 신탁통치 파동과 미군정: 미군정의 여론공작을 중심으로」, 『역사비평』 62, 역사비평사, 2003년 2월호 참조.

2 조선공산당 중앙위원회, 「모스크바三相會議 進步的 朝鮮共産黨 支持 表明」, 『解放日報』, 1946년 1월 6일자.

만이 분열의 원인이었는데 국제사정은 다시 탁치 반대에 대한 공산당 측의 탁치 지지 강조로 말미암어 제이의 장벽"이 생기게 되었다.[3]

'신탁통치파동'을 계기로 민족통일전선의 결성 시도는 결정적 파탄을 맞이한 채, 민족운동 내부에 '비상국민회의'와 '민주주의민족전선'이라는 두 개의 적대적인 진영이 성립됐다. 그 결과 좌우는 각기 모스크바 결정을 자파의 정치적 논리로 달리 해석하면서 상호 적대와 비방의 수위를 높여갔다. 탁치 문제는 당시 민족 전체의 최대 관심사였고 정권의 향배가 달려있는 것이었기에, 각 진영은 자신의 논리 속으로 민중을 동원하여 정국의 주도권을 장악하기 위해 온갖 노력을 기울였다.[4]

해방된 해 12월 28일 모스크바 삼상회의의 결정이 전해지자 임시정부를 중심으로 한 범우파 세력은 "탁치반대 국민총동원위원회"를 조직하고 거족적인 반대 운동에 돌입하였다.[5] 결성 즉시 동 위원회의 성격과 운영방침을 천명하는 동시에 시민 시위와 파업을 조직하고, 지방에 대표자를 파견해서 전국적인 반대운동을 이끌었다.[6] 임정 내무부는 군정청의 압박으로 하루 만에 취소되었지만, "전국행정청 소속의 경찰기관 及 한인 직원은 전부 本 임시정부 지휘하에 예속"시킨다는 포고를 발표하기도 했다.[7] 반탁운동 초기 좌우 정파를 떠나 모든 단체는 일제히 '신탁통치 절대반대'의 의사를 표명했고,[8] 연이어 철시

3 「三黨共同聲明書 左翼에 合流勸告」, 『동아일보』, 1946년 1월 26일자.

4 沈之淵, 「신탁통치문제와 해방정국: 反託과 贊託의 논리를 중심으로」, 『한국정치학회보』 19, 한국정치학회, 1985, 147쪽.

5 「신탁통치반대국민총동원위원회가 설치」, 『동아일보』, 1945년 12월 30일자.

6 「신탁통치반대국민총동원위원회, 조직조례결정발표」, 『서울신문』, 1945년 12월 30일자; 「신탁통치반대국민총동원위원회 지도아래 시민시위 전개 결정」, 『동아일보』, 1945년 12월 31일자; 「신탁통치반대국민총동원위원회, 파업지속과 각도 대표자 파견 결정」, 『동아일보』, 1946년 1월 2일자.

7 「임정, 행정권이양 등을 선언하는 포고 발표」, 『동아일보』, 1946년 1월 2일자.

8 「조선청년총동맹, 반탁성명서 발표」, 『서울신문』, 1945년 12월 31일자; 「서울변호사회, 탁치반대를 결의」, 『自由新聞』, 1945년 12월 31일자; 「대한독립촉성전국청년연맹, 반탁성명서 발표」, 『自由新聞』, 1945년 12월 31일자; 「각 학술문화단체, 반탁성명서를 발표」, 『서울신문』, 1945년 12월 31일자; 「반파쇼공동투쟁위원회결성총회, 신탁안 철폐요구 성명서 발표」, 『조선일보』, 1946년 1월 1일자; 「조선공산당, 탁치반대전단을 살포」, 『중앙신문』, 1946년 1월 1일자; 「조선미술협회, 반탁성명서 발표」, 『서울신문』, 1946년 1월 2일자; 「한중협회, 신탁통치반대를 결의」,

와 대규모 시위가 발생했다.[9] 군정청 소속 한인 직원들은 계속 총파업과 총사직을 이어갔으며,[10] 시위는 급속하게 전국으로 확산되었다.[11]

자신의 지지 세력이던 우파가 반탁운동을 주도하자, 당황한 하지는 12월 29일 각 정당 영수를 초청해서 “신탁관리는 일본제국의 통치와 같이 압박과 착취를 목적함이 아니라 정치적, 경제적 발전을 위하여 원조하는 기관”이라고 설명했다. 또 “결코 조선에 해로운 제도가 아니니 오해 말라”고 사태를 진정시키고자 했다.[12] 하지만 반탁운동의 기세는 더욱 거세게 일어났다.

반탁운동 초기 대체로 좌파 계열 정당이나 단체는 신중한 태도를 보였지만,[13] 신탁이 사실이라면 단호히 투쟁할 것을 천명했다. 1945년 12월 29일 인공 중앙인민위원회는 탁치 배격 담화를 발표했는데, 탁치 보도에 ‘너무나 의외임에 놀라지 않을 수 없’다고 소감을 피력했다. ‘공식 발표를 기다려 보아야 할 것’이라는 단서를 달면서, “어떠한 의미에서라도 조선의 자주독립이 침해를 받는다면 우리는 과거 일본 제국주의에 항쟁하던 이상으로 단호히 싸워야 할 것”이라고 역설했다.[14]

『조선일보』, 1946년 1월 4일자.

9 「서울에 반탁삐라 붙고 산발적인 민중반탁시위 시작」, 『自由新聞』, 1945년 12월 30일자; 「유흥업체, 탁치반대 휴업 결의」, 『自由新聞』, 1945년 12월 30일자; 「서울시민의 반탁시위대회 개최」, 『중앙신문』, 1946년 1월 1일자.

10 「군정청 조선인직원, 탁치반대를 위해 총사직 결의하고 시위행진」, 『동아일보』, 1945년 12월 30일자; 「각 관공서와 회사의 반탁파업이 계속」, 『동아일보』, 1946년 1월 1일자; 「서울시청직원, 탁치반대총사직을 결의」, 『자유신문』, 1945년 12월 31일자; 「각 관공서와 회사의 반탁파업이 계속」, 『동아일보』, 1946년 1월 1일자; 「서울시청직원, 반탁을 성명하고 휴무」, 『서울신문』, 1946년 1월 2일자; 「서울공업전문학교직원회, 탁치반대 총사직 결의」, 『동아일보』, 1946년 1월 2일자.

11 「서울시민의 반탁시위대회 개최」, 『중앙신문』, 1946년 1월 1일자; 「춘천시민, 반탁시위」, 『서울신문』, 1946년 1월 3일자.

12 「하지, 각정당영수를 초청 신탁관리제 설명」, 『동아일보』, 1945년 12월 30일자.

13 1946년 1월 1일 조선공산당 중앙위원회는 탁치문제에 관한 최초의 입장을 발표했는데, 정확한 정보가 없는 상태에서 명확한 입장 정리를 하지 못한 채, 우익의 반탁운동을 “無計劃的 昻奪的 行動”으로 비난하면서 신탁문제는 민족통일전선 결성으로 해결하자는 애매한 태도를 보이고 있다. 조선공산당 중앙위원회, 「託治反對는 統一로」, 『朝鮮人民報』, 1946년 1월 2일자.

14 「인공 중앙인민위원회, 탁치배격담화 발표」, 『서울신문』, 1945년 12월 29일자. 조선공산당 정태식(鄭泰植) 역시 개인자격으로 신중함과 함께 반탁에 대한 결연한 의지를 표명했다. 「조선공산당의 鄭泰植, 개인자격으로 탁치반대를 표명」, 『서울신문』, 1945년 12월 29일자.

반파쇼투쟁위원회 회장에 취임 직전, 홍명희(洪命熹)는 탁치 결정이 '동맹국 전체의 국제 정책적 견지에 의해 결정'된 것으로, 그 책임을 특정 국가에 돌리는 것에 반대했다. 국내 분열이 탁치의 원인이라는 세간의 주장 역시 조선보다 상황이 나쁜 폴란드, 불란서, 이태리, 그리스를 예로 들어 반박했다. 그는 특정 국가나 정치세력에게 탁치나 분열의 책임을 전가하는 것은, 결과적으로 민족의 분열을 조장할 것이라며 반공반소의 반탁운동을 경계했다.[15] 하지만 이와 같은 신중론은 이후 조선공산당이 1946년 1월 2일 전격적으로 모스크바 삼상회의 결정 지지를 선언함으로써 사라졌다.[16] 이제 좌우는 '모스크바 삼상회의 결정 지지와 반탁'의 두 진영으로 갈리어 대립과 반목을 심화시켜갔다.

당시 우파의 반탁논리는 대체로 네 측면으로 집약되었다. 첫째 탁치가 제2차 세계대전 중 자유 독립을 약속한 국제신의에 배반된다는 것,[17] 둘째 조선민족의 분열과 사회적 붕괴를 조장·촉성한다는 점,[18] 셋째 일본의 압정(壓政)을 이유로 조선민족의 역사와 문화를 오인한 착각이자,[19] 조선민족의 정치적 역량을 과소평가한 것이라는 점,[20] 넷째 이극로(李克魯)의 언급처럼, 신탁이란 말부터가 "불유쾌"한 것으로 "어린애나 불구자나 정신이상자"처럼 "자기생

---

15 「洪命熹, 기자회견에서 반탁운동 전개 역설」, 『서울신문』, 1945년 12월 30일자. 조선문학가동맹 역시 "4개국 중 어느 일개국이 신탁통치의 제안책임을 다른 일개국에게 전가시키고자 함과 같은 인상을 주는 보도를 전파함은 대단히 불유쾌한 일"이며, 이를 이용해 "우리 민족 사이에 반미나 반소운동을 일으켜 민족분열을 초래"하려는 경향을 숙청할 것을 주장했다. 「조선문학가동맹, 탁치반대를 성명」, 『서울신문』, 1945년 12월 29일자.

16 최초 조선공산당의 입장 발표 내용은 1946년 1월 2일 『解放日報』 호외로 발간되었다가 다시 1월 6일 『解放日報』에 실렸고, 이후 다른 신문사를 통해 재차 기사화됐다. 조선공산당 중앙위원회, 「信託統治問題에 對하야」, 『解放日報』, 1946년 1월 6일자; 「朝鮮共産黨, 三相會議 결정을 支持하는 담화문을 發表하다」, 『서울신문』, 1946년 1월 8일자; 「幕府三相會議에 對한 正確한 認識을 强調 共産黨 다시 聲明 發表」, 『自由新聞』, 1946년 1월 9일자.

17 「신탁통치반대국민총동원위원회가 설치」, 『동아일보』, 1945년 12월 30일자.

18 「국민당, 반탁결의문 발표」, 『서울신문』, 1945년 12월 29일자.

19 「소련의 조선신탁관리주장에 대해 각계에서 반대견해 피력」, 『동아일보』, 1945년 12월 28일자; 「군정청 조선인직원, 탁치반대을 위해 총사직 결의하고 시위행진」, 『동아일보』, 1945년 12월 30일자.

20 「경성대학교교직원, 신탁반대를 결의하고 성명서 발표」, 『서울신문』, 1945년 12월 31일자.

활을 관리할 능력이 없"다는 것이니, 민족적 자존심에 비추어 받아들일 수 없다는 것이다.[21]

반면 좌익 계열은 반탁에서 '삼상 결정 지지'로 입장을 번복한 것에 따른 수세적 위치를 극복하기 위해, 적극적으로 모스크바 삼상회의 결정의 진보성을 선전하는 데 주력했다. 특히 초기 반탁노선의 본질을 구명하지 못하고 감정에 치우친 결과라고 고백하고, "냉철한 두뇌로써 이것('삼상 결정')의 진의를 검토"할 것을 밝혔다.[22] 이후 "삼상회의 결정을 바르게 인식하자!!"는 기치하에 적극적인 대중홍보를 펼쳤다. 이 과정에서 '신탁'이라는 문구는 제국주의와는 판이한 것으로, 약소민족에게 완전 독립의 길을 열어주기 위한 것이라고 평가했다. 이런 의미에서 '신탁'이라는 어구는 본질적으로 "「援助」, 「協力」이라는 解讀과 同一한 것"이라고 주장했다.[23] 또 이번 결정은 카이로회담에서 '적당한 시기'라고 막연하게 선언되었던 것을 "최장 5개년 이내"로 명확하게 제한한 것으로, 조선 독립을 위한 구체적이고 진보적인 조치라고 강조했다.[24] 특히 삼상 결정 자체가 반동파쇼 세력과 친일잔재를 청산하고 조선에 민주주의적 독립정부를 세우기 위한 것으로,[25] 국제정세에 비추어 조선 문제를 해결하기 위한 가장 적절한 방법이라고 주장했다.[26]

이와 같이 좌우 정치세력은 '모스크바 삼상 결정'이라는 동일한 사안을 놓고 서로 다른 시각에서 평가했다. 보다 주목해야 할 것은 이런 표면적 주장과 논리가 단순히 자파의 명분이나 합리화에 그치는 것이 아니라, 그 이면에 좌우 각 세력의 정치노선을 반영하고 있었다는 점이다. 즉 당시 모스크바 삼상

21 「소련의 조선신탁관리주장에 대해 각계에서 반대견해 피력」, 『동아일보』, 1945년 12월 28일자.

22 朝鮮青年總同盟, 「幕府三相會議의 朝鮮에 對한 決定을 解說한다」, 1946년 1월 8일자, 김현식 · 정선태 편저, 『삐라로 듣는 해방 직후의 목소리』(이후 『삐라선집』), 165쪽.

23 朝鮮青年總同盟, 위의 글, 165쪽.

24 朝鮮共産青年同盟 서울市委員會, 「信託統治問題에 關하야 青年諸君에게 檄함」, 1946년, 김현식 · 정선태 편저, 『삐라선집』, 164쪽.

25 反팟쇼共同鬪爭京畿道委員會, 「팟쇼分子의反動的策動을粉碎하자!」, 1946년 1월, 김현식 · 정선태 편저, 『삐라선집』, 170쪽.

26 조선부녀총동맹선전부, 「一千五百萬부녀여러분!」, 1946년 1월, 김현식 · 정선태 편저, 『삐라선집』, 238쪽.

결정에 대한 좌우의 각기 다른 반응의 이면에는 좌우 정치세력 간 계급적 이해관계와 정치노선의 차이가 깔려있었다. 그리고 좌우의 이해관계 및 정치노선의 상이는 양측이 '탁치파동'을 계기로 정국의 주도권 장악을 위해 벌인 치열한 상호 비방과 적대의 논리 속에서 보다 분명하게 확인할 수 있다.

1. 우익의 '민족 대 계급'론

먼저 우익은 모스크바 삼상회의의 결정 내용 중 임시정부 수립보다는 '5년간의 신탁통치' 부분을 강조하고, 신탁통치안을 소련이 제안했다는 『동아일보』의 '왜곡보도'를 근거로 좌익을 공격했다. 삼상 결정 발표 직후인 1945년 12월 말에서 1946년 초에 생산된 우익 측 삐라를 보면, 삼상외상회담 결정을 민족에 대한 "死刑宣告文"이라고 규정하는가 하면,[27] 모스크바 삼상회의에 "조선인으로서 조선의 소련 신탁관리를 요청한 무리가 있섯"으니, 조국을 모르고 민족을 팔아먹은 대역무도한 한국민족의 괴수(魁首)는 바로 "인민공화국"이고, 파견하여 간 자는 "최용달(崔容達)"이라고 주장하고 있다.[28] 1945년 12월말 이런 좌익과 소련을 연결시켜 '좌익 - 친소 - 찬탁 - 분열 - 주구 - 매국매족 - 적화'의 의미구조를 생산하면서, '반탁 - 반소 - 반공'의 논조를 취하던 선동은 이후 1946년 1월 초에 더욱 노골적으로 전개된다.

당시 유포된 한 삐라는 "무시무시한 대음모의 비밀을 들어보라"고 호기심을 자극하면서, 다음과 같이 주장하고 있다.

> (1) 자칭 공산주의배 여운형, 박헌영, 허헌 이하 매국도당 등이 최용달 외 ○명을 삼국외상회의에 파견하야 조선에 오개년만 일국에 의한 신탁통치를 실

27 大韓民國軍事後援會, 「朝鮮獨立五年後 信託統治委員會設置 三國外相會談決定說」, 1945년 12월, 김현식 · 정선태 편저, 『삐라선집』, 147쪽.

28 憂國志士聯盟, 「朝鮮信託統治 裏面工作眞相暴露!!」, 1945년 12월 31일자, 김현식 · 정선태 편저, 『삐라선집』, 147쪽.

시해주면 완전 적화시키겟다오. (2) 일월이일오후삼시 국제공산당(쓰딸린이 해체 선언하였으나 실재 맹활동 중)에서 매국강도당 인공에 삼국외상회의 절대지지하라는 지령이 있었다. (3) 박헌영은 적화 급(及) 국민통일전선 파괴운동비로 ○백만 엔(円)을 받아 각 단체를 매수하야 조선자주독립통일전선을 분리공작중인 것.[29]

여기에서 확인할 수 있듯이, 당시 우익 계열의 삐라는 조선의 공산주의 세력을 국제공산당 및 소련과 연결시키면서, 신탁통치안과 국내 통전의 분열이 공산당의 적화노선에 따른 것으로 몰아갔다.[30] 특히 '지령', '파괴운동비', '매수', '분열공작' 등을 부각시키면서, 마치 모스크바 삼상 결정이 조선의 공산주의자들의 음모론에 의해 조작된 것처럼 몰아가고 있다. 이를 통해 모스크바 삼상 결정의 반도덕성과 정당성에 대한 의구심을 조장하고, '탁치결정' 자체를 무화시켜버리고 있다.

또 다른 삐라는 대중의 민족감정을 자극하는 유용한 자원으로 '신탁통치' 결정을 활용하여, 인공을 비롯한 좌익을 반민족적 매국 세력으로 비판했다. 예컨대 조선건국청년회는 "蘇聯을 母國으로 섬기는 民輩"인 인민공화국이 드디어 "가면을 벗고 적색세력의 부식과 기개(幾個)인의 정권욕을 위하야 조선신탁관리(일명 탁치)제 절대지지를 성명"하였다고 주장한다. 그러면서 이 '탁치'제는 "日韓合倂의 第二幕"과 같은 것이라고 규정하고, '탁치'를 지지하는 인공은 조선을 "사개국 식민지로 쏘다시 팔아먹으려"는 매국집단이라고 비난한다.[31] 과거 일제 강점의 치욕적 역사와 기억을 환기시키고, 더 나아가 그것이

29 大韓獨立實踐團, 「公開文」, 1946년 1월 4일자, 김현식 · 정선태 편저, 『삐라선집』, 167쪽.

30 이와 같이 적잖은 당대 우익 측 삐라는 좌익과 소련을 연결시켜 좌익의 계급 중심적 국제주의와 소련의 침략성을 강조하는 논리 구조를 취하고 있다. 관련해서 조선청년회는 "眞正한 愛國者라고 自稱하는 人共은 四十日前에 所謂 北鮮五道代表委員을 莫斯科(모스코)에 密派하여 가, 蘇軍撤兵을 最大限 延期할것. 나, 三年以上의 信託統治를 實施할것. 다, 不凍港 元山, 淸津을 要求할것. 라, 極東工作을 全面的으로 强化할것. (中國 特히 滿洲, 日本) 以上 四個條를 要求한 것이다!!"라고 동일한 양상을 보여준다. 朝鮮靑年會, 「朝鮮信託統治의 裏面」, 1946년 1월 7일자, 김현식 · 정선태 편저, 『삐라선집』, 178쪽; 大韓靑年義血黨, 「이 叛逆者의 罪相을 보라!」, 1946년 1월 12일자, 김현식 · 정선태 편저, 『삐라선집』, 193쪽.

31 朝鮮建國靑年會, 「우리 三千萬民族의 痛哭事」, 1946년 1월 4일자, 김현식 · 정선태 편저, 『삐라선집』, 177쪽.

촉발시킨 분노의 정서를 끌어와 '탁치' 문제와 연결시키고 있다.[32] 즉 과거를 소환해 현재와 동일시하고, 과거의 민족적 감정을 현재 사태에 이입시키고 있다. 이러한 우익단체의 삐라가 취하고 있는 선동전략은 '탁치'제에 대한 강한 민족적 반발 감정을 유도하는 동시에, 그 반사 효과로서 좌익계열의 반민족성을 부각시키고 있다.

이뿐만 아니라 대한청년단은 "오호라! 매국노의 간책이여, 소위 사이비 공산주의를 표방하는 赤魔들은 흉계를 극하야, 모략, 파괴, 선동을 일삼아, 선량한 민중의 시야을 어즈럽피고 유혹 매수에 魔手를 뻐처여, 국내를 혼잡 분열식켜, 민중으로 하여금 도탄의 구렁이에 빠트리며, 내심 쾌재에 붉은 설(舌)를(을) 내둘렀다. 그리하야 결과는 막부회의에서 조선탁치 문제를 전"하였다고 주장하고 있다.[33] 이를 통해 당시 '신탁통치'안 제기의 한 원인으로 주목되었던 민족통일전선의 분열에 대한 책임이 공산주의자에게 있음을 강조하고 있다. 보다 흥미로운 것은 과거 조선총독부의 '방공'선전 과정에서 등장했던 '적마'나 '마수'와 같은 용어가 재출현하는가 하면, 공산주의자를 '흉계', '모략', '파괴', '유혹', '매수'를 일삼는 세력으로 규정하고 있다는 점이다. 이는 공산주의자에 대한 노골적 적대를 드러내는 동시에 대중으로 하여금 그들과는 근본적으로 함께 할 수 없다는, 또 해서는 안 된다는 인상을 주고 있다. 이 역시 당대 대중에게 낯설지 않았던 식민시기 반공자원을 적극적으로 동원해 조선공산당 세력에 대한 반감을 증대시키고 있다.

대한독립단 역시 "세계 공산주의의 본령"인 소련이 신탁통치제를 주장한 것은 전후 수십만 소련군의 "생활자료" 획득과 조선의 "적화"를 위한 "첩경"이기 때문이라고 평가했다. 또 소련뿐만 아니라 서북5도 대표가 막사과(莫斯科)까지 가서 신탁제를 "유치"했다고 강조했다. 이어 조선공산당은 평소 '신탁제의 책임이 이승만과 한국민주당이라 악선전'하면서도, "이면으로는 대표를 소련

32 이와 같이 '탁치'문제를 과거 일제 강점의 기억과 결합시키는 서사전략은 다른 삐라에서도 반복적으로 활용되고 있다. 信託統治反對國民總動員中央委員會, 「信託統治排擊聲明書」, 1946년 1월, 김현식 · 정선태 편저, 『삐라선집』, 194쪽.

33 大韓靑年團, 「全國學兵大會에 보냄」, 1946년 1월, 김현식 · 정선태 편저, 『삐라선집』, 169쪽.

에 보내어 신탁을 요구하고 막부콤뮤니케가 발표되자 반대의 기세를 올리던 공산당이 서북오도 공산당의 책임자 김일성의 지령이 잇자 곳 신탁찬성으로 기치"를 돌렸다고 비난했다.[34] 한 마디로 대한독립단은 '탁치'제가 소련과 조선공산당 간의 상호이해가 맞아떨어져서 만들어진 것으로, 특히 김일성의 '지령'에 의해 반탁에서 '찬탁'으로 입장이 변경되었음을 강조하고 있다. 이 역시 당시 우익단체들이 살포한 삐라의 논리를 답습하면서, 조선공산당과 소련을 밀착시켜 신탁통치설의 책임 소재를 좌익 진영에 돌리고 있다. 동시에 조선공산당을 사대적이자 교조적인 친소 매국적 집단으로 몰아가고 있다.[35]

이와 같이 '신탁통치파동'을 계기로 등장한 우익의 '반소반공반좌익'의 논리는 반탁운동이 소강상태로 접어든 이후에도 우익의 기본적 정치논리로 자리잡았다. 특히 좌익의 반민족성에 대한 비난은 역으로 자신의 민족적 정당성을 부각시키는 유력한 방법으로서 반복되었다. 이와 관련해서 1946년 5월 1차 미소공위 결렬 직후에 나온 다음 성명서가 주목된다. '독립전취국민대회'와 '조선공산당 철저타도 실천위원회'의 공동명의로 작성된 이 성명서에는 당시 우익이 조선공산당을 바라보는 시선 및 조선공산당 배격의 근거와 논리가 선명하게 드러나 있다.

> 共産主義의 政治理念이 國家와 民族을 否定하고 世界의 現存國家를 破壞하고 無産者獨裁를 實現함으로써 蘇聯邦에 加盟하는 것만이 共産主義者들의 至上命題인 것이니 그 目的을 達成하기 爲하야 蘇聯의 走狗노릇하는 것

---

34 大韓獨立團, 「賣國奴共産黨을 撲滅하라」, 1946년 1월 12일자, 김현식 · 정선태 편저, 『삐라선집』, 199쪽.

35 박헌영의 1946년 1월 5일 기자회견의 내용 역시 우익이 좌익을 친소매국적이라고 비난하는 빌미로 활용되었다. 당시 탁치반대국민총동원중앙위원회는 박헌영이 기자회견에서 "조선은 5년간 소련 일국의 신탁통치를 원하고 만기 후에는 10년 내지 20년간의 소련의 일 연방으로 존속하기를 희망한다"고 했다면서 이를 매국행위라고 맹비난했다. 관련 삐라로는, 託治反對國民總動員中央委員會, 「보아라! 朝鮮共産黨의 賣國陰謀를! 이 嚴然한 事實을 어더케 辨明하랴던가?」, 1946년 1월 15일자, 김현식 · 정선태 편저, 『삐라선집』, 214쪽. 이에 대해 당시 기자회견에 참석한 기자들 명의로 반박하는 삐라가 나오기도 했지만, 우익은 박헌영의 이 발언을 문제 삼아 조선공산당을 반민족세력으로 몰아가는데 이용했다. 參席(通信及新聞十二社)記者一同, 「一月五日 朴憲永氏會見眞相에 對하야」, 1946년 1월 18일자, 김현식 · 정선태 편저, 『삐라선집』, 215쪽.

이 所謂 朝鮮共産黨이다.(…)朝鮮의 現實은 決코 階級革命段階가 아닌 것이 事實임에 있어 그 行爲가 不利할뿐 아니라 三千萬이 擧族的으로 反共態勢가 强化됨을 아는 그들은 五年間 信託統治를 自願하엿고 三八以北에 赤軍이 進駐함을 奇貨로 西北同胞만이라도 赤化를 圖謀하였으나 民族魂은 獨立을 찾고 祖國魂은 民族에 導火線이 가로놓였음을 안 그들은 蘇聯邦化를 企劃하였든 것이다. 今般 美蘇共同委員會가 國際公約에 依한 朝鮮에 自主獨立政權 樹立을 할 바에는 朝鮮의 現實과 民族의 氣魂을 描寫하여 樹立할 것이 事實이라면 米側의 託治反對民族民主政堂과 民主主義 各 團體가 臨政 樹立에 參加하는 것을 疑懼하고 蘇代表를 策動하야 朝鮮 三千萬 同胞의 生命의 (目)的이었던 同委員會를 停會시킨 것은 斷然 赤鬼의 惡戱이오 獨立反逆임을 規定하고 民族이여 朝鮮共産黨打倒에 總進軍하자![36]

여기에서 우익은 조선공산당의 친소 매국주의의 원인이 좌익의 정치노선, 즉 국제주의적 계급중심주의에 있다고 지적한다. 우익은 조선공산당이 무산계급독재를 유일한 지상목표로 설정한 채, '민족과 국가를 버리고 소련방에 가맹'을 추구하고 있다고 강조한다. 동시에 이런 계급우선주의와 그에 따른 친소주의 입장에 대한 강한 반감과 적대의식을 표시하고 있다. 특히 우익은 조선의 현실이 계급혁명 단계가 아닌, '민족의 기혼'이 독립을 향하고 있는 상황에서, 조선공산당은 신탁통치를 자원해 '소련의 주구 노릇'에 몰두하고 있다고 주장한다. 나아가 그 역시 뜻대로 되지 않자 '탁치반대 민족민주 진영과 민주주의 각 단체'가 공위에 참가한 것을 '의구'한 채, 소련 대표를 '책동'하야 공위를 정회시켰다고 비난하고 있다.

이상 살펴본 바와 같이, 우익은 민족통일전선의 분열도, 그에 따른 신탁통치 결정과 좌익의 '탁치지지' 선언도 모두 조선공산당 본연의 정치이념인 계급중심의 국제주의적 지향에 근원한 것이라고 주장한다. 그리고 이런 조선공산당의 계급투쟁과 무산자독재 지상주의를 비판하면서 자신의 정치적 정당성을 민족지상, 국가지상의 논리를 통해 추구했다. 이는 한민당을 중심으로 한 우익이 전후 남한 사회의 민족독립국가 건설에 대한 열망을 전유해 자파의 정치

36 獨立戰取國民大會 · 朝鮮共産黨徹底打倒實踐委員會, 「聲明書」, 1946년 5월, 김현식 · 정선태 편저, 『삐라선집』, 284쪽.

적 정당성을 구축하고, 민족주의를 앞세워 좌익의 정치노선을 반민족적이고 매국적인 것으로 몰아갔음을 말해준다. 즉 우파는 '좌익 – 계급 – 찬탁 – 친소 – 주구 – 적화'의 의미구조와 대조적으로 '우익 – 민족 – 반탁 – 반소 – 자주 – 반공'의 의미연쇄를 만들어, 해방 이후 당위적 가치로 상정된 '민족' 의제를 독점하고자 했다. 탁치파동 이후 우파는 이런 '민족 대 계급'의 논리를 끊임없이 반복 생산하는 가운데, 민족의 논리를 통해 자파의 정치적 정당성을 구축해갔다. 물론 여기에서 말하는 우익의 민족주의가 실제 그들의 정치적 실천과 일치했는가는 별개의 문제이다. 다만 우익이 '민족 대 계급'이라는 틀을 통해 자파의 정치적 정당성을 마련하고, 정국의 주도권 경쟁에 임했음을 의미한다.[37]

실제 한민당을 중심으로 한 우익은 '민족'을 자신들의 정치적 정당성을 구축하는 논리이자 최고의 가치로 주장했지만, 그 이면에서는 친일부역 혐의가 짙던 자파를 옹호하고, 지주와 자본가의 계급적 이익을 대변했다.[38] 대표적으로 1947년 2차 미소공동위원회에 제출한 임시정부수립대책협의회(이하 임협)의 답신안은 이를 잘 보여준다.[39] 미소공위는 조선임시정부 수립에 관한 자문안을 만들어 공동결의 제5호와 제6호를 통해 발표했다.[40] 이 자문안에는 민권과 정부의 형태를 비롯한 임시정부가 취할 제반의 정책에 대한 세부적 내용이 담겨있었다. 여기에 참여한 임협은 한민당이 미소공위와의 협의에 참가를 결정하고 난 후 이에 대비하기 위해 우익단체들을 결집하여 결성한 조직이다.

---

37 『동아일보』의 조사부장를 지낸 김삼규(金三奎)는 '민족사회주의'를 주장하면서, 좌익의 계급주의적 민족관과 국가관을 비판했다. 동시에 민족적 통합을 위해 자본계급과 노농계급의 협조를 강조했다. 하지만 그는 조선의 현 단계가 자산민주혁명단계라고 규정하고, 이 단계의 주도권은 프롤레타리아트에게 있는 것이 아닌, 자본계급에 있다고 주장한다. 김삼규의 사례에서 볼 수 있는 것과 같이 우익 역시 민족통합을 주장하면서도, 그 통합의 영도권에 있어서는 자파의 계급적 입장을 취하고 있다. 金三奎, 「民族社會主義序曲(5)」, 『동아일보』, 1947년 3월 8일자. 이와 같이 '민족'이라는 기표는 해방 이후 '민족자결주의'의 고조 속에서, 그 가치의 실천 여부를 떠나 우파의 정치적 정당성 구축을 위해 동원된 상징이자 담론의 논리였다.

38 한민당의 계급적 기반과 성격에 대해서는 심지연, 『한국민주당연구』 Ⅰ, 풀빛, 1982 참조.

39 미소공동위원회에 제출된 좌우 정치세력의 답신안에 대한 비교 분석은 沈之淵, 「해방후 주요 정치집단의 통치구조와 정책구상에 대한 분석: 미소공동위원회 답신안을 중심으로」, 『한국정치학회보』 20-2, 한국정치학회, 1986; 정병준, 「해방 직후 각 정파의 정부수립 구상과 그 특징: 제2차 미소공위 답신안 분석을 중심으로」, 『統一問題硏究』 10-2, 평화문제연구소, 1998 참조.

40 「共委十一號聲明發表」, 『동아일보』, 1947년 6월 12일자.

답신안의 내용 중 임협의 계급적 입장을 선명하게 드러낸 부분은 일제잔재의 청산 문제와 경제정책에 대한 입장이다. 좌익을 '계급독재, 괴뢰, 매국집단, 반민족집단'으로 비판하면서 민족주의 정당으로 자임했던 우익은 정작 친일파 처벌에 있어서는 소극적 태도를 취했다. 좌익 진영을 대표했던 민족주의민족전선(이하 민전)과 남조선노동당(이하 남로당), 북조선민전은 급격한 조치를 통해 친일분자의 처벌과 정치활동의 봉쇄를 주장했다. 반면 임협을 중심으로 한 우익·중도세력은 소극적 태도를 보였다. 특히 임협은 '광범위하게 침투된 일제통치의 영향을 점진적으로 숙청하자고 주장했으며, 친일파는 특별재판소의 재판을 통해 처벌할 것을 규정하고 이 문제가 어떠한 이유에서라도 계급투쟁이나 정치투쟁의 대상이 되어서는 안 된다'고 강조했다.[41] 또 좌익 측 민전과 달리 친일파·민족반역자에 대한 공민권 행사를 제한하는 어떤 규정도 두지 않았다.[42]

임협은 경제정책에 있어서는 지주와 자본가의 입장을 대변했다. 먼저 임협의 답신안에는 생명권, 자유권, 청구권, 참정권, 평등권과 함께 '재산소유권'을 명시하고 있다. 또 토지정책에 있어서는 '체감매상 유상분배'의 원칙을 표방했다. 이를 통해 궁극적으로 소작제도를 철폐하고, 협동조합화한 농업경영과 지주자본의 산업자본으로의 전환을 꾀했다. 또 토지의 사유를 보장하고 국유화는 사유재산제를 부인한다는 이유로 반대했다. 자본의 소유 및 운영방식에 있어서도 임협은 대산업의 국가 관리를 주장했던 기존 입장에서 후퇴해 대산업의 업종별 위탁경영과 선박업의 사영(私營)을 가능하게 했다. 금융기관도 모두 국영 관리한다는 방침에서 보통은행은 국가 관리하에 사유사영(私有私營)을 허용하는 것으로 전환했다.[43] 이와 같이 임협은 다른 좌익단체에 비해 사유화를 확대하고 국가의 직접 통제를 제한하는 정책을 제시하면서, 지주와 자본가의 입장을 대변했다.

41 沈之淵, 앞의 글, 160쪽.
42 崔善雄, 「張德秀의 사회적 자유주의 사상과 정치활동」, 고려대학교 한국사학과 박사학위논문, 2013, 290쪽.
43 崔善雄, 위의 논문, 289~292쪽 참조.

여기에 더하여, 한민당의 정치노선과 정책생산을 주도했던 장덕수(張德秀)가 내세운 사회혁신의 주장은 실천력의 부재 속에서 공허해졌다. 한민당은 '사회혁신에 의한 계급해방'이라는 장덕수의 주장에 기초해 당의 정강정책을 세웠다. 하지만 정작 미군정의 노동정책하에서 중앙노동조정위원회의 명의로 실질적인 파업 행위를 금지시키고 노동운동을 탄압하는 데 앞장섰다. 또 사회혁신을 위한 제도와 내용은 언급했지만, 모호한 원론적 차원에 머물 뿐 아무런 구체적 실현 방안도 제시하지 않았고, 의지 역시 보이지 않았다.[44] 이와 같이 한민당을 비롯한 우익은 민족통합을 위해 필수적이었던 사회개혁에 소극적이거나 오히려 자신의 계급적 이해관계 속에서 그것에 역행하는 태도를 취하기도 했다. 그럼에도 불구하고 '민족'의 논리를 통해 자신들의 정치적 정당성을 주장하고, 동시에 계급적 당파성을 숨겼다. 요컨대 그 관념과 가치의 실천 여부를 떠나 '민족'이라는 '간판'과 언술은 해방 이후 한민당과 우익의 정치적 정당성을 뒷받침하는 유력한 자원이었다.

이와 관련하여 한민당의 입장을 대변했던 『동아일보』의 한 사설을 살펴보자. 이 사설은 '신탁통치파동' 이전에 작성된 것으로, 이미 우파의 민족주의적 정치노선이 확고하게 정립되었음을 잘 보여주고 있다.

> 朝鮮에 投資한 帝國主義 日本의 投資가 賠償의 對象이 된다는 포레氏의 意見이 發表되자 經濟的 獨立 업시, 政治的 獨立이란 無意味하다는 全民族的 輿論이 沸騰하는 理由도 우리가 經濟共同體로서의 民族的 單一體라는 것을 意味하는 것이다. 우리가 自由와 解放을 어든 첫 發足은 한글의 普及이 아니엿든가 一切의 文化는 精神文化이고 物質文化이고를 不問하고 恒常 이 言語를 通하야 創造되고 表現되고 傳達되고 媒介되는 것이요 그것은 同時에 우리 民族이 言語共同體라는 것을 意味하는 것이 아닌가 그뿐만 아니라 三千萬겨레는 自然共同體이고 또한 運命共同體인 것이다. 悠久한 歷史를 通하야 우리 民族의 生存과 自由를 確保하기 爲하야 싸운 許多한 戰鬪勝利의 光榮과 敗北의 悲痛한 記憶에 依하야 陶冶된 運命共同體가 아닌가 韓民族이 自然共同體요 經濟共同體요 言語共同體요 運命共同體요 이 모든 共

44 崔善雄, 위의 논문, 293~294쪽 참조.

同體를 通하야 確固不動한 民族意識을 가진 民族單一體라는 것은 贅言을 要치안는 바임에도 不拘하고 이것을 우리의 獨自性으로서 强調하는 所以는 이것이 우리 建國理念의 核心이 되어야 하고 이 理念만 確立되면 階級的 對立問題 其他 社會問題는 進步的 民主主義 原則에 依한 國家의 社會經濟 政策으로서 解決할 수 잇다는 것을 確信하기 때문이다.[45]

위 사설이 잘 보여주고 있는 바와 같이, 당시 우익은 민족을 "自然共同體요 經濟共同體요 言語共同體요 運命共同體"로 규정하면서, 다른 그 무엇보다도 민족에 앞선 가치를 부여하고 있다. 이 민족의식이 "建國理念의 核心이 되어야 하"는 것은 물론이고, 계급 및 사회경제적 제반 문제 역시 민족이라는 단위의 생존과 존속의 지반 위에서만 논의될 수 있다고 강조한다. 다시 말해 민족의 전제 없이는 그 어떤 것도 무의미한 것으로 치부한다. 그 결과 당대 토지개혁을 비롯한 제반의 사회개혁정책 역시 민족적 통합과 자주독립국가 건설이 실현될 시에 얼마든지 그 내에서 해결 가능하다고 주장한다. 즉 민족의 의제 속으로 계급의 요구를 충분히 포섭 내지는 절충할 수 있다는 것으로, 당대 남한 사회의 계급적 요구와 지향을 순치시키고 있다. 이와 같이 민족지상주의를 강조하는 우파의 담론은 '신탁통치파동'과 그 이후 정도와 양상의 차이는 있을지라도 대동소이하게 끊임없이 생산되었다.[46]

1945년 연말부터 1946년 초에 걸쳐 거세게 일어났던 탁치논쟁은 1946년 3월 1차 미소공위의 개막과 함께 수면 아래로 잠잠해졌다. 이후 1차 미소공위의 결렬과 함께 추진된 좌우합작의 분위기와 2차 미소공위에 대한 기대 속에서 좌우는 첨예하게 대립하면서도, 공식적으론 민족통전의 필요성을 폐기하지는 않았다. 바로 이 이중적이고 유동적인 시기에 민족과 계급을 둘러싼 다양한

45 「韓民族의 獨自性」, 『동아일보』, 1945년 12월 8일자.

46 당시 『동아일보』 주간(主幹) 설의식(薛義植)은 "전민족적 피압박, 피착취로부터 해방된 조선의 당면과제는 전민족적 국권회복과 전민족적 자주독립이 있을 뿐이고 계급을 운운할 여가와 여지가 없다. 운운할 필요가 잇다하면 그는 제이차적이오 부차적이다. 이것이 명백한 조선의 실정이다. 공산주의를 부르짖고 계급전선을 의도하는 좌파들이 민주민족전선을 운운하는 것으로도 알일"이라고 강조했다. 薛義植, 「統一戰線의 混亂을 보고(七)」, 『동아일보』, 1946년 2월 15일자.

논의가 전개되었다. 특히 이 시기 우파의 민족담론은 계급에 우선해서 민족을 강조한다는 측면에서는 동일했지만, 민족과 계급의 관계를 설정하고 양자의 대립을 해소하는 방식에서는 그 내부에 일정한 차이를 보이기도 했다.

예컨대, 해방공간에서 중도우파의 이론적 입장을 대변했던 안재홍(安在鴻)은, 그의 '신민족주의와 신민주주의'론을 통해 해방 직후 조선인 내부의 계급 대립의 무효성을 주장했다.[47] 그는 "민족과 민족의식은 그 유래 매우 오랜 것이니, 근대자본주의의 산물이 아니다"고 주장하는가 하면, "민족자존의 생존협동체로서의 주도이념인 민족주의는 거룩"하다고 찬양하기도 했다.[48] 이와 같이 그는 여타의 우파 지식인과 동일하게 민족의식의 중요성을 강조했다. 조선의 계급과 민족 문제에 관해서는 "오인은 초계급적으로 정복되어 압박 착취되었고 다시 초계급적으로 해방되었으니, 초계급적 통합민족국가 건설"이 당면한 조선의 과제라고 주장했다.[49] 즉 안재홍은 일본의 식민지배로 인해 조선인 전체가 착취와 억압의 대상이었을 뿐 그 내부의 계급적 차이나 대립이 존재하지 않았다고 판단했다. 설령 있었다 하더라도 거의 의미가 없는 정도였다고 평가했다. 때문에 그는 해방 이후 조선인은 초계급적 단결을 통해 조화로운 통합민족국가를 건설할 수 있고, 또 해야 한다고 주장했다.

당시 『동아일보』의 주간을 맡았던 설의식(薛義植) 역시 안재홍과 마찬가지로 전후 조선의 계급대립을 의미 없는 것으로 부정했다. 그에 따르면 "조선의 실정은 이른바 좌우로 하여금 주의와 목표를 현저하게 두지 못하게 하엿다. 빙탄(氷炭)같은 각별한 기치하에서 각축할만한 여지가 원래 없는 것이다. 정치적으로, 경제적으로 문화적으로, 일본의 위정(爲政)이 모조리 깡그리 일수(一手)에 약탈하엿다가 일시(一時)에 그대로 내여던진 조선의 전토대(全土臺)는, 새로운 조선으로 발족하기에 새삼스러운 마찰과 이러타할 갈등이 잇슬 필요가 없을만한 정도"라는 것이다. 때문에 그는 이런 '대동소이'의 상황에서 대

47 김정, 「해방 후 안재홍의 신민주주의론과 공산주의 비판」, 『한국사학보』 12, 고려사학회, 2002, 206쪽.

48 安在鴻, 「新民族主義와 新民主主義」, 16쪽.

49 安在鴻, 위의 글, 55쪽.

립할 필요가 없다고 주장했다.[50]

반면에 해방 이후『동아일보』의 조사부장과 편집국장을 지낸 김삼규(金三奎)는, 조선인 내부의 계급 차와 대립을 인정하는 가운데 좌익의 계급중심주의를 비판했다. 그는 좌익의 계급노선이 조선의 현실에 부적절하다고 판단하고, 좌익이 계급 편향적인 입장에서 민족자본을 반동으로 몰아가는 것에 반대했다. 그는 민족자본은 외부 독점자본의 국내시장 침식을 방어하는 데 있어, 무산계급의 이해와 일치한다고 평가했다. 또 봉건적 생산단계를 청산해야 하는 조선의 현실에서 민족자본은 무산계급에 대해 우호적이고 협조적인 세력이며, 외부자본의 침투에 대항해서 함께 연대해야 할 세력이라고 주장했다.[51] 요컨대 그 내부의 차이에도 불구하고 민족을 단위로 그것에 우선적 가치를 두는 우파의 주장은 당대 담론장에서 어렵지 않게 확인 할 수 있다.

1946년 5월 1차 미소공위가 무기휴회에 들어간 직후『동아일보』는 익명의 투고(投稿) 글을 통해 작금의 현실이 '계급보다는 민족'을 요구하고 있음을 역설하고 있다. 특히 익명의 필자가 '무산자'로 자임하고 있는 점을 강조하면서, 그 발언의 효과를 극대화시키고 있다. 총 4회에 걸친 '스탈린헌장에 제함'이라는 연재 글에서, 필자는 자신이 무산자임을 자신 있게 밝힌다면서 "무산계급의 조국"인 소련의 "스탈린헌장 십육조"는 궁극 "허무한 일"이라고 주장한다.[52] 그리고 그 추종자인 조선의 공산주의자들 역시 비판한다. 그는 스탈린헌장의 내용과 실제 만주, 북한 이주민들의 현실 사이에 괴리를 지적하면서, 이념과 사상보다 민족적 차별을 더욱 강조한다. 그는 자신이 '무산계급이 된 원인을 국가와 정부가 없는 민족이었기 때문'이라고 자평하면서, 무산계급일수록 '우

50 薛義植,「統一戰線의 混亂을 보고(2)」,『동아일보』, 1946년 2월 10일자.

51 金三奎,「民族社會主義序曲(2)」,『동아일보』, 1947년 3월 8일자.

52 「스딸린憲章에 題함(2)」,『동아일보』, 1946년 5월 21일자. 이런 소련의 계급 중심적 세계관은 소련 자신의 발표를 통해서도 주장되고 있음을 외신을 인용해서 확인시켜주고 있다. '런던로이타 합동'을 인용해서, 當地 各紙는 막부사상회의에 참석했던 특파원에게 "소련은 전쟁을 원하느냐"는 질문을 제출했는데, 이에 대하여 "떼이리 · 메일"지 기자는, "蘇聯은 戰爭을 願치 않고있다. 蘇聯이 願하는 바는 階級戰爭이며 民族戰爭은 아니"라고 답했다고 전하고 있다. 「蘇聯은 階級鬪爭이 所願」,『경향신문』, 1947년 5월 8일자.

리 정부가 부럽고 우리 조선이 간절하다'고 역설한다. 즉 그는 오직 "祖國만이 民族의 安息處"이며,[53] "無產者로서 無產同胞아니 朝鮮同胞에게 正義의 붓을 들었노라"고 호소한다.[54]

1946년 3월 미소공위가 개최되면서 반탁운동은 점차 가라앉았다. 또 같은 5월 1차 미소공위 결렬 이후에도 미군정의 후원하에 좌우합작이 추진되면서 좌우의 협상과 대화의 공간은 존재했었다. 2차 미소공위가 결렬될 시점까지 한민당의 입장을 대변했던 『동아일보』의 지면에는 좌익과 소련을 비판하는 기사와 함께 좌와 우, 계급의식과 민족의식을 조정 · 화해할 것을 촉구하는 기사 역시 계속 나타나고 있다. '계급 대 민족'의 틀 속에서 계급의식의 존재를 민족의식 내로 끌어안으려는 김삼규의 시도 역시 동일 선상에 있는 것이었다.

한편 해방 이후 '계급 대 민족'의 대립 구도 속에서의 좌익을 비판했던 것과 함께, 우익이 좌익을 비판했던 또 다른 주요 논거가 '민주주의'였다. 1부에서 살펴보았던 것과 같이, 제2차 세계대전의 종전과 함께 전후 시대의 당위적 가치로 부상한 민주주의는 조선 사회가 '적극적'으로 실천해가야 할 정치노선으로 제기되고 있었다. 따라서 좌우 모두 자파의 정치노선을 '진정한' 민주주의의 실천 방식이라고 주장했다. 이 과정에서 좌우 모두 자파의 정치적 이해관계 속에서 민주주의를 전유하고자 했다.

이 과정에서 해방 직후 우익계열의 민주주의 담론 내에는 기존 전체주의, 자본주의, 공산주의의 모순을 극복하려는 문제의식이 상당부분 자리하고 있었다. 소위 해방 이후 쏟아져 나왔던 다양한 '신민주주의'론은 이를 반영한 결과였다. 하지만 1 · 2차 미소공위 과정에서 '의사표현의 자유'를 둘러싼 논쟁이 과열되면서 자유민주주의론, 즉 냉전적 민주주의론이 급부상했다. 그 결과 2차에 걸친 미소공위 기간 좌우의 민주주의를 둘러싼 경쟁은 전후 세계의 진영 인식과도 연결되어, 서로 다른 진영론을 발생시켰다.

특히 우익은 '계급 대 민족'의 진영논리를 축으로, 여기에 다시 '민주주의'에

53 「스딸린憲章에 題함(3)」, 『동아일보』, 1946년 5월 22일자.
54 「스딸린憲章에 題함(4)」, 『동아일보』, 1946년 5월 23일자.

따른 진영논리를 결합시켰다. 이 과정에서 소련과 공산주의 진영의 계급독재와 언론자유의 부재 등을 부각시켜 비판했다. 이런 논리는 이후 세계를 '자유'와 '공산'의 양 진영으로 분할하는 진영론으로 이어졌다. 즉 우익은 미소의 세력균형적 시각에서 세계를 양분하면서, 그 진영론의 실질적 내용을 '미국 - 자유 - 평화' 대 '소련 - 독재 - 침략'으로 채웠다. 이를 통해 자신이 속한 자유진영의 정당성과 우월성을 주장하는 체제경쟁의 논리로 발전시켜갔다.

2. 좌익의 '민주 대 반민주'론

초기 반탁에서 '삼상 결정 지지'로 노선을 전환한 이후 좌익은 삼상 결정의 '진의'를 선전하는 데 적극적 활동을 펼쳤다. 동시에 우익의 반탁운동을 비판했다. 좌익은 모스크바 삼상회의의 결정이 전후 처리 문제에 대한 민주주의 연합국 간에 협력의 산물로, 조선 문제 처리를 위한 구체적이고 진보적인 방침이라고 평가했다. 따라서 이에 대한 반대운동은 객관적 국내외 정세에 어두운 소치이자 조선을 국제적으로 고립시키는 것으로, 친일 민족반역자와 파쇼 세력의 선동에 의한 반민족적이며 반민주주의적인 행태라고 비난했다. 이와 같은 인식과 논리에 기초해서 좌익 계열의 정당 및 단체 역시 우익과 마찬가지로 각종 삐라를 통해 우익의 반탁운동을 비판하고 자파의 정치 노선을 선전했다.

1946년 1월 1일에 조선공산당중앙위원회 동서울시위원회는 '「탁치반대」 슬로건의 무비판적 행동'을 우려하면서, 삼상회의의 결정은 결코 "제국주의적 신탁통치가 아니"라고 강조했다. 또 민주주의적 원칙에 입각한 절대자주독립 국가로의 발전을 위해선 민주주의 국가들로부터의 원조가 필수적임에도 불구하고, 우파의 일부 지도자는 "삼상 결정을 마치 제국주의적 「탁치」처럼 무지하게 고의적으로 선동"하여 민주주의 우방국들을 적대시했다고 지적한다. 그리고 이와 같은 행동은 전 민족적 통일 요구를 무시한 채, "自派專制" 확립과

"民族分裂"을 기도한 것이라고 비난했다.[55]

이 삐라를 시작으로 우익과 반탁운동에 대한 좌익의 비난은 더욱 거세게 일어났다. 조선공산당청년동맹 서울시위원회는 격문을 통해 신탁통치를 단축시키고 독립을 쟁취하기 위해 친일반민족자의 청산과 밑으로부터의 '진정한' 민족전선결성이 시급한 시점이라고 강조했다. 그러면서 이에는 아랑곳하지 않고 '반탁데모'를 선동해 민족분열을 도모하고, 자파의 세력 부식(扶植)을 목적으로 "독선적 관료적"인 태도로 일관한 김구 일파의 소위 임정이야말로 "반민족적"이라고 비난했다.[56] 뿐만 아니라 좌익단체들은 "삼상회의 결정을 바르게 인식하자!!"라는 제목의 공동 성명서를 발표하기도 했다. 여기에서 좌익은 삼상회의 결정이야말로 "우리의 자주독립과 민주주의 건설에 이르는 길을 준비하였으며 그 보장(保障)을 지었다"고 평가한다. 따라서 반탁운동은 오히려 조선의 "민주주의건설을 거부(拒否)하고 전제주의(專制主義)를 願하여 國내 내란(內亂)을 책동하며 국제협조(協調)를 깨뜨"리는 것이라고 주장했다. 또 정작 우익이 "싸우려는 대상(對象)은 국제적 국내적의 非민주주의적 요소(要素)가 아니고 도리어 민주주의와 싸우고 있는 것"으로, 이 무리들이야말로 현세계의 "파시스트며 민족반역자(民族叛逆者)"라고 규정했다.[57]

이와 같이 좌익 계열의 삐라는 반복적으로 반탁 세력을 '전제주의', '파시스트', '민족반역자'로 호명하고 있다. 이는 당시 좌익의 삐라에서 흔히 확인할 수 있다.[58] 반탁 세력을 제2차 세계대전 당시 민주주의 연합국에 대항했던 추

55 朝鮮共産黨中央委員會同서울市委員會, 「三千萬同胞들이여!」, 1946년 1월 1일자, 김현식 · 정선태 편저, 『삐라선집』, 163쪽.

56 朝鮮共産黨青年同盟서울市委員會, 「信託統治問題에 關하야 青年諸君에게 檄함」, 1946년, 김현식 · 정선태 편저, 『삐라선집』, 164쪽.

57 「三相會議決定을 바르게 認識하자!!」, 1946년 1월 7일자, 김현식 · 정선태 편저, 『삐라선집』, 166쪽.

58 조선공산청년동맹서울시위원회는 반탁세력을 "외국의 금융자본과 결탁하여 국토와 민족을 또다시 팔아먹으려는 「팟쇼」"강도라고 주장하는가 하면, "「신탁반대」란 노동자 농민을 또다시 착취하려는 우익 독재자들의 구호"라고 비판하고 있다. 또 조선문학동맹은 "日賦의 走狗와 民族運動의 背叛者들은 專制主義者를 推戴하여 우리 朝鮮에 팟쇼獨裁政權을 樹立하고 우리를 다시 壓迫 搾取하려한다"고 주장하고 있다. 朝鮮共産青年同盟서울市委員會, 「親愛하는 青年諸君! 「테로」「中傷」「誣告 – 欺瞞」「凶計」」, 1946년 1월 23일자, 김현식 · 정선태 편저, 『삐

축국 세력 내지는 그 추종 세력과 동일시하는 논리는 좌익의 정세 인식과 정치노선이 반영된 결과였다. 예컨대 조선노동조합전국평의회는 "三相會談의 決定이 朝鮮의 自主獨立을 爲하야 가장 옳은 길이라는 것은 正當히 알려지고 있는 바이거니와 이 決定이 發表되자 가장 先頭에서 이를 反對하고 나선 者는 팟쇼分子, 親日派, 民族叛逆者다. 그것은 三相會談의 決定이 日本帝國主義의 殘滓 勢力을 掃蕩하고 民主主義의 敵 팟쇼를 根滅하는 것을 第一條件으로 하였기 때문"이라고 주장했다.[59]

이 조선노동조합전국평의회의 주장을 역으로 따져보면, 삼상회의 결정이야말로 민주주의 연합국 간에 협조의 성과이고, 그 취지가 일제 잔존세력과 파쇼 세력의 척결을 통해 조선의 민주주의 독립국가 건설을 보장하는 데 있다는 것이다. 때문에 이에 반대하는 세력은 곧 청산의 대상인 친일민족반역자와 파쇼의 잔재뿐이라고 주장했다. 즉 좌익은 삼상회의 결정이 민주주의 연합국에 의한 조선의 민주주의화를 위한 조치이기 때문에, 이에 반대하는 것 자체가 반민주주의적이며, 그 세력 역시 과거 일제 잔재 내지는 파시즘 세력과 다름없다고 비판했다.[60]

이와 같은 좌익의 '민주 대 반민주'의 논리에 기초한 반(反)반탁의 정치노선은 박헌영의 '삼상 결정'에 대한 해설 과정에서 보다 분명하게 확인된다. 1946년 1월 이후 신탁통치 문제가 정국의 쟁점으로 부상되면서 조선공산당은 보다 적극적으로 모스크바 삼상회의 결정의 정당성을 선전했다. 박헌영은 1946년 2월 20일자 『解放日報』 사설을 통해 전후 조선의 '신탁통치'안이 성립된 과정

라선집』, 227쪽; 朝鮮文學同盟, 「同胞여!」, 1946년 1월 23일자, 김현식 · 정선태 편저, 『삐라선집』, 240쪽.

59 朝鮮勞動組合全國評議會, 「亡國的陰謀 反託國民大會 粉碎하자!!」, 1946년, 김현식 · 정선태 편저, 『삐라선집』, 214쪽.

60 '신탁통치'안을 국제민주주의의 성과로 인식하는 좌익 측의 反반탁논리는 다른 곳에서도 확인할 수 있다. 박혁(朴赫)은 "팟쇼는 民族的 自滅이다. 排外思想 國粹主義는 朝鮮解放의 世界的 意義를 沒却함으로서 民族의 進路에 障壁을 싸는 것 以外에 아모것도 아님을 알어야 한다. 韓民黨 某氏는 反託은 반드시 反動은 아니라고 辨明햇다. 그러나 反託은 進步的인 眞定한 國際民主主義에 對한 反對表明이기 때문에 非民主主義的 國粹主義的 惑은 專制主義的 思想의 表現이기 때문에 反動이라는 것을 自省하여야 한다"고 비판한다. 朴赫, 「三相會議와 自主獨立」, 『科學戰線』, 1946년 4월호, 67쪽.

을 해설하고, 그것의 진보적 성격을 살려나갈 것을 주장했다.[61] 여기에서 우선 박헌영은 전후 국제회의를 통해 식민지 해방 문제가 토의되었으나, '신탁(후견)제'에 대한 해석과 내용에 있어 연합국 간에 상당한 입장 차이가 존재했다는 것을 지적한다. 영국은 심각하게 제한된 자치제를 주장했고, 미국 역시 식민지의 완전한 해방을 지지하지 않았다고 주장한다. 유일하게 소련만이 전후 세계평화와 민주주의의 진보를 위해 식민지의 완전 해방을 요구했고, 현실상 완전 해방이 못된다면 '진보적' 신탁(후견)제라도 실시해야만 한다고 제안했음을 강조한다. 이와 같이 조선에 대한 '신탁(후견)제'는 바로 진보적인 소련의 입장이 반영된 결과라고 주장한다.

그러므로 박헌영은 조선에 대한 '신탁(후견)제'에는 미영의 보수적 측면과 소련의 진보적 측면이 함께 있다고 강조하고, 그것의 진보성을 살려나가야 한다고 주장한다. 그는 전후 미국의 강대한 힘을 이용하여 미국 금융자본이 영국으로부터 지배권을 빼앗아 그 세력의 확장을 꾀하고 있다고 우려한다. 그러므로 이 반동 세력의 장본인인 금융자본과 모노폴리 재벌이 과거 히틀러식의 파시즘과 제국주의 통치를 부활시키지 못하도록 조선 역시 국내에 있어서나 국제적으로도 민주주의 노선을 잘 인식하고 이를 실천해가야 한다고 주장한다. 이런 이유로 박헌영은 작금에 일부 친일파와 국수주의자들이 벌이는 반소반탁운동은 전후 국제정세에 대한 무지 속에서 발생한 것으로, 조선의 장래를 위해 배격해야 하는 '반민주주의적 반동'이라고 주장한다.[62]

요컨대, 박헌영의 입장을 통해서 확인할 수 있는 바와 같이, 당시 조선공산당은 전후 세계가 제2차 세계대전의 연장선에서 여전히 '민주 대 반민주'의 대결 과정에 있다고 주장한다. 때문에 민주주의의 종국적 승리를 위한 계속적인 반제반파쇼 투쟁이 필요함을 강조한다. 조선의 '신탁(후견)제' 역시 이러한 대결 구도에서 소련의 기여로 인해 산출된 진보적인 국제민주주의 노선이므로,

61 朴憲永, 「三相會議 決定과 朝鮮」, 『解放日報』, 1945년 2월 20일자.

62 좌파는 당시 소련을 "赤色侵略國"이나 "赤化"세력으로 악선전하는 반탁진영 일부 지도자의 반소반공 노선을 과거 파시스트의 반소반공의 논리와 동일하다고 지적하고, 오히려 이러한 무리들이야말로 '日獨伊와 같은 팟쇼의 무리'라고 역비판하고 있다. 朴赫, 앞의 글, 65쪽.

이것의 적극적 실천을 통해 조선의 민주주의적 개혁과 독립국가 건설을 이루어야 한다는 논리이다. 마찬가지로 조선의 민주주의적 진보를 위해서는 여전히 잔존하고 있는 반민주주의 세력인 친일민족반역자와 파쇼 잔재를 청산해야 함을 강조하고 있다.

박헌영의 '신탁(후견)제'에 대한 태도는 해방 직후 조선공산당의 정치노선인 '8월 테제'에 기초한 국제정세 인식과 부르주아민주주의혁명론에 따른 것이었다.[63] 조선공산당은 전후 미국을 소련과 함께 진보적 민주주의 국가로 규정하고, 미소협력에 의한 정권수립이 가능할 것으로 예측했다.[64] 박헌영이 '신탁(후견)제'에 보수성과 진보성의 이중적 성격을 지적하면서도, 진보성을 확신했던 것 역시 이와 같은 전후 국제정세에 대한 낙관적 전망에 근거한 것이었다. 또한 조선공산당은 해방 직후 조선의 현실을 부르주아민주주의혁명 단계로 규정하고, 그 당면 과제를 조선의 완전독립 달성과 민주주의 국가의 건설에 있다고 보았다.[65] 그리고 이것의 실행을 위해선 일제 잔존세력과 친일파의 완전한 일소가 선행되어야 한다고 주장했다. 따라서 이 문제를 무시한 채 '덮어놓고 뭉치자'는 슬로건으로 단결만을 주장하는 것은, 결국 일제 잔존세력과 친일민족반역자의 이익을 옹호하는 반동적 노선이라고 주장했다. 이와 관련하여 당시 조선공산당이 주장했던 '진보적 민주주의' 노선을 설명하고 있는 『解放日報』의 기사가 주목된다.

> 眞正한 民主主義者는 누구인가? 첫재는 朝鮮의 完全獨立을 達成하기 위하야는 日本帝國主義 殘存勢力을 親日派를 肅淸하자는 것이요 둘재는 朝鮮人

63 조선공산당 중앙위원회, 「現情勢와 우리의 任務」, 1945년 9월 20일자(이정박헌영전집편집위원회, 『이정 박헌영 전집』 5, 역사비평사, 2004).

64 「朝鮮革命의 國際的 關聯性」, 『解放日報』, 1945년 10월 31일자.

65 해방 후 조선공산당을 중심으로 한 사회주의 세력의 국가건설운동에 관한 연구로는, 로버트 스칼라피노 · 이정식, 한홍구 옮김, 『한국공산주의운동사』, 돌베개, 2015; 김남식, 『남로당연구』, 돌베개, 1984; 최상룡, 『미군정과 한국민족주의』, 나남, 1988; 서중석, 『한국현대민족운동연구』, 역사비평사, 1991; 윤덕영, 「해방직후 사회주의진영의 국가건설운동: 1945년 '조선인민공화국'을 중심으로」, 『學林』 14, 연세대학교 사학연구회, 1992; 김무용, 「해방 후 조선공산당의 노선과 조선인민공화국(1945.8~1945.12)」, 『韓國史學報』 9, 고려사학회, 2000 참조.

民의 利益을 爲하야 말 뿐이 않이고 實地로 鬪爭하여야 하며 셋재로는 世界平和와 戰爭防止를 爲하야 民主主義 諸國과 親善할 것이며 特히 世界平和와 進步의 힘있는 防壁인 蘇聯과 友好關係를 主張하여야 하며 넷재로는 進步的 民主主義를 가장 잘 實踐하는 朝鮮共産黨과 協助를 拒否하지 않는 사람이라야 비로소 眞正한 意味의 民主主義가 된다. 그럼으로 今日에 있어서 두 가지 路線이 나서고 있다. 한 가지는 朝鮮共産黨에서 主張하는 路線인데 그것은 우에서 말한 바와 가치 日本帝國主義 殘存勢力과 親日派와 民族叛逆者의 一掃로서 完全獨立을 達成하는 同時에 以上에서 規定한 意味에서의 進步的 民主主義 諸團體의 代表者의 集結로서 全朝鮮民族統一戰線이 結成될 것이요 따라 人民共和國은 建設된다. 이 統一戰線 基礎 우에서 樹立되는 人民政府는 朝鮮民族의 利益과 總意를 代表할 수 있으며 人民의 支持를 바들 수 있는 것이다. (…)이러한 우리 黨의 路線과 對立되는 路線을 主張하는 者가 있나니 그들은 우에서 이미 말한 바와 같이 더퍼노코 統一하라 한데 뭉치라는 主張인데 그것은 反動的 性質을 가진 路線이다. 어째서 그러냐 하면 첫재로 그들은 今日에 있어 우리 敵을 올케 規定하지 못하고 獨立完成을 爲하여서 聯合軍의 駐屯이 가장 唯一한 支障인 것 같이 보고서 正말의 우리 敵이 되는 日本帝國主義 殘存勢力과 親日派, 民族叛逆者에 대한 反對鬪爭에 대하야는 緘口한다. 그리고 民主主義 云云은 一種의 形式에 不過하고 眞正한 意味의 民主主義者가 않이다.[66]

조선공산당 중앙위원회 대표 박헌영 명의로 발표된 위 기사는 1945년 10월 24일 한민당, 국민당, 장안파 조선공산당이 통일전선을 결성한 것에 대한 일종의 반박문의 성격을 띤 것이었다. 여기에서 박헌영은 현 단계 민주주의 노선으로 전후 세계평화와 진보를 지향하는 민주주의 제국, 특히 소련과의 우호관계를 강조한다. 이어 조선의 완전독립 달성과 민주주의국가 건설을 위해 일제 잔존세력과 친일파, 민족반역자의 일소(一掃)가 필수적이라고 주장하고 있다. 동시에 진보적 민주주의 단체들의 통일전선에 의한 정부 수립만이 진정한 의미에서 '진보적 민주주의'의 제반 과업을 실시할 수 있다고 주장한다. 때문에 "더퍼노코 통일하라 한데 뭉치라"는 주장만 할 뿐, 일제 잔존세력과 친일민족반역자 반대투쟁을 등한시 한 무원칙한 통일전선은 '반동적'이며 '반민주주

66 「朝鮮共産黨의 主張 朝鮮民族統一戰線結成에 對해」, 『解放日報』, 1945년 11월 5일자.

의적'인 것이라고 비판하고 있다. 즉 조선공산당은 친일민족반역자를 제외한 모든 민주주의 세력에 의한 인민전선정부만이 민주주의 실천을 담보할 수 있다고 주장했다.

이런 측면에서 조선공산당은 임정을 중심으로 한 반탁운동을 전후 국제민주주의 방향에 역행하는 것으로 판단했다. 무엇보다 반탁운동의 본질이 자주독립이 아닌 임정 중심의 파쇼정권 수립에 있으며, 이를 위해선 숙청해야 할 친일민족반역자를 방조(幇助)하는 것도 서슴지 않고 있다고 비판했다.[67] 강갑상(姜甲相)은 '반탁국민총동원운동의 해부'라는 글을 통해, 당시 탁치논쟁 과정에서 주장되었던 좌익의 논리를 집약하고 있다. 여기에서 그는 무엇보다 임정 중심의 반탁운동의 경과를 살피면서, 그것의 반민족적이며 반민주주의적인 행태를 비판하고 있다. 먼저 강갑상은 소위 '신탁통치반대국민총동원운동'의 발족 과정을 볼 때, 그것은 "모든 것이 임정의 생산계획에 의하야 일방적으로 제조되고 그게 관계된 인물도 국민 총동원이란 명칭과는 반대로 일부 임정 지지파뿐"이라고 지적한다. 그러면서 이것만 보더라도 "이 運動이 朝鮮의 自主獨立을 促成함을 目標로 하는 獨立運動이 안이고 一黨一派의 地位와 利益을 擁護함을 目標로 하는 것"이라고 평가한다.[68]

이와 함께 강갑상은 반탁 측의 선언 내용을 지적하면서, 반탁운동이 인식의 부족에 의한 노선의 오류가 아니라 의식적인 '일당일파의 정치공작'이라고 평가한다. 그는 반탁운동의 발족 이래 "우리는 피로써 건립한 정부가 있다!"는 주장이나, "우리 삼천만 전 민족은 좌우 양익을 들어서 해외에서 과거 삼십칠년간 투쟁하고 환국한 대한민국 임시정부를 진정한 우리 정부로서 지지하는 동시에 그 지도하에서 그 국민 된 응분의 충성을 다할 것을 선서"한 것이나, "대한민국 임시정부를 우리의 정부로서 세계에 선포하는 동시에 세계 각

67 좌익계열 잡지의 한 필자는 '신탁문제'가 파쇼의 사상적 무기인 국수주의를 자극할 우려가 있다고 지적하면서, 임정과 지주 및 자본가 계급의 관계는 '구간(軀幹)과 양족(兩足)을 결여한 두부(頭部)와 양완(兩腕)과 같다.'고 평하고, '유기적 지지자 구간(軀幹)과 양족(兩足)을 갖지 못하는 이들 반동세력이 자기보존을 위하야 정권을 획득하는 유일한 방법은 파쇼 이외에는 없다.'고 주장한다. 申泰憲, 「國粹主義와 朝鮮解放의 前途」, 『科學戰線』, 1946년 4월호, 91쪽.

68 姜甲相, 「反託國民總動員運動의 解剖」, 『科學戰線』, 1946년 4월호, 78쪽.

국은 우리 정부를 정식으로 승인할 것을 요구"한 것 등 반탁 진영의 각종 성명서를 열거한다.[69] 그리고 민중의 의사와 상관없이 정부를 자임한 이 성명서의 내용들을 근거로 반탁국민총동원운동의 본의가 조선의 자주독립에 있는 것이 아니라, 한 개의 정치단체인 '죽첨정(竹添町)의 임정'을 지지하는 운동이라고 규정한다.

결론적으로 그는 모스크바 삼상회의 결정으로 민주주의적 임시정부 수립이 발표되자, 애초 과도정권이 되고자 했던 자신의 정권욕이 좌절된 임정이 적극적으로 반탁운동에 앞장섰다고 주장한다. 그는 임정이야말로 민중의 의사를 무시하는 반민족적이고 반민주주의 세력이라고 비난하면서, 진정한 민주주의적 자주독립국가 건설을 호소한다.

> 以上에서 본 바와 같이 反託國民總動員運動이란 決코 朝鮮의 自主獨立을 爲한 것이 안이고 臨政의 常識的인 權謀術數이며 臨政擁護運動이며 右翼專制의 팟쇼政權 樹立運動이다.(…)이 運動의 本質이 自主獨立을 爲한 것이 안이고 臨政을 擁護하고 그것으로써 反人民的인 팟쇼政權을 樹立하자는 右翼反動政治뿌로카-의 陰謀라는 대서 歸結되는 必然的 結論으로써 過誤나 認識不足에서 派生된 것이 안이다. 그들의 政權慾을 充足시키는 手段이 된다면 아무리 反民族的인 親日派, 叛逆者라도 그를 歡迎하고 아무리 野蠻的인 테로라도 敢行한다는 것은 그들로서는 當然한 일이 않일 수 없다. 그러나 現實은 謀略으로 掩蔽되고 欺瞞될 수 없다. 우리가 眞正한 愛國者로써 自主獨立을 念願한다면 一日이라도 이 謀略的이며 反動的인 反託運動을 徹底히 淸算하고 三相會談의 決定을 支持함으로써 自主獨立을 戰取하지 않으면 안 될 것이다. 다시 말하면 三相會議에서 朝鮮自主獨立의 要件으로 明示된 日本帝國主義의 殘滓 淸算, 民主主義臨時政府 樹立, 産業經濟의 再建을 遂行함으로써 自主獨立을 達成하지 않으면 안 될 것이다.[70]

여기에서 좌익 측은 반탁국민총동원운동의 본질이 "임정옹호운동"이자 "우익전제의 팟쇼정권 수립"이라고 주장하고 있다. 그리고 이는 "정권욕" 충족을

69 姜甲相, 위의 글, 82쪽.
70 姜甲相, 위의 글, 83쪽.

위해서라면 "反民族的"인 친일파 · 반역자를 환영하고, 테러 감행을 서슴지 않는 "反人民的"인 "反動"행위로 규정한다. 이런 '반민족적 · 반인민적 · 반동적' 음모는 곧 조선의 완전독립 실현을 위한 "民主主義" 임시정부 수립을 가로막는 것이라고 강조하고 있다. 이와 같이 '신탁통치파동'을 계기로 좌익은 우익과는 달리, 자파의 세계 인식과 정치노선에 기초해서 '민주 대 반민주'의 대립 구도로 전후 세계를 규정했다. 그리고 이런 평가에 '반탁 - 파쇼 - 분열 - 반민주세력'을 한쪽으로, 이와 연동해서 다른 한쪽을 '모스크바결정지지 - 반파쇼 - 통일 - 민주세력'으로 의미연쇄를 구축했다.

이와 같은 '민주 대 반민주'의 대립 구도는 조선공산당의 정치노선의 반영이자, 정치적 정당성의 주요 논거였다. '탁치논쟁' 이후 두 차례의 미소공위를 거치는 동안 조선공산당의 정세 인식과 정치노선의 기본방침은 변하지 않았다. 물론 1947년 2차 미소공위가 결렬되어 미소 간의 국제적 협력관계가 파열되고 세계 냉전이 가시화되는 무렵부터는 국제정세에 대한 낙관적이고 협조적이던 입장에 변화가 발생하지만, '민주 대 반민주'의 대립 틀에 기초한 정치노선과 세계규정은 변하지 않았다.

이상 살펴본 바와 같이, 해방 이후 좌우는 자파의 계급적 이해관계와 정치적 지향에 따라 민족과 계급의 우선순위를 달리 하거나, 민족과 인민의 개념 자체를 새롭게 했다. 뿐만 아니라 전후 남한 사회의 당위적 가치로 부상한 민주주의를 각자의 지향에 따라 전유하면서 정치적 정당성을 마련하고 정국의 주도권을 장악하고자 했다. 특히 1945년 12월 모스크바 삼상회의 결정으로 인해 발생한 소위 '신탁통치파동'은 좌우의 대립을 극단으로 치닫게 만들었다. 이후 좌우는 제2차 세계대전과 그것이 가져온 '민주주의'의 의미를 서로 달리 규정하면서, 자파의 정치적 노선을 정당화해갔다. '탁치논쟁'이 한창이던 1946년 1월 좌익계열 청총서울시연맹 선전부는 삐라를 통해 다음과 같이 주장했다.

> 제2차 세계대전은 동양에 일본제국주의와 서구에 독일 파시스트 방지 타도하기 위한 민주주의 諸국가의 협동전선에 의하여 타도 승리한 것이다. 그러므

로 전쟁은 끝났다 하더라도 그 잔재가 남아있는 한 연합국은 공동투쟁을 계속할 것이다. 그럼으로 조선 내의 일본제국주의 잔재 「친일파 민족반역자」와 팟쇼분자를 완전히 소탕치 못하면 연합국은 5년이 아니라 10년, 20년이라도 조선 문제에 간섭할 것이며 협력이 아니라 조선은 식민지화될 우려가 많다. 그러므로 우리는 이것을 정확히 파악하여 일본제국주의 잔재 「친일파 민족반역자」 팟쇼분자를 완전히 소탕하며 민주주의 원칙에서 강력한 민족통일을 결성하며 우리 민족이 완전 자유 독립할 능력이 있다는 것을 연합국에 보여주어야만 우리 민족의 공통된 요망이요, 생명을 바쳐 전취하려고 하는 완전주의독립 「민주주의정권 수립」을 전취할 수 있을 것이다. 그러므로 우리는 삼상회의를 지지하는 것이며 통일에 일로매진할 뿐이다.[71]

위 유인물을 통해 확인할 수 있는 바와 같이, 당시 좌익은 제2차 세계대전의 성격이 '팟쇼 대 민주주의'의 대결이었기에, 연합국은 팟쇼와 비민주주의 세력의 척결 완수를 목적으로 전후 처리와 국제질서 재편을 시도할 것이라는 논리이다. 때문에 친일민족반역자, '팟쇼분자'의 처벌과 배제 없이는 연합국의 관리 즉 신탁을 피할 수 없고, 자주적인 독립정부 수립이 난망하다고 주장하고 있다. 즉 전후 민주주의 시대에 반민주주의 세력의 척결 없이는 독립도 없다는 것으로, 민주적인 것이 민족적인 것이고, 민족적인 것이 전후 시대에 부합하는 민주주의적인 것이라는 논리를 만들어내고 있다. 전후 민족과 민주주의 시대에 양자의 정합적 관계 설정을 통해 친일민족반역자와 '팟쇼분자'로 구성된 우파를 배제 비판하는 논리를 생산하고 있다.

반면 우파는 민주주의의 실현을 통해 민족자결을 달성할 수 있다는 좌익과는 정반대의 논리로 반탁을 주장했다. 해방 이후 『동아일보』의 조사부장과 편집국장을 지내며 한민당의 정치노선을 대변했던 김삼규(金三奎)의 사설은 이를 집약적으로 보여준다. 그는 1947년 3월 새로운 정치노선으로 '민족사회주의'를 주장하면서 5회에 걸친 사설을 실었다. 1947년 1월 20일에 집필된 것으로 되어있는 이 글에서, 필자는 좌파의 파시즘 잔재 청산과 민주주의 실현이

71 青總서울市聯盟宣傳部, 「三相會議의 眞意와 우리의 進路!!」, 1946년 1월, 김현식 · 정선태 편저, 『삐라선집』, 168쪽.

신탁통치를 제거하고 민족의 독립을 위한 전제라는 주장을 반박하면서 다음과 같이 주장하고 있다.

> 朝鮮을 民主主義化 한다는 名目으로 信託統治를 한다는 것은 無意味할뿐 아니라, 民主化의 일홈으로 民族을 分裂시키고 奴隷化하는 것이다. 그것은 民主主義化가 아니라, 追隨主義化요 機會主義化요, 奴隷生産主義인 것이다. 民主主義化라는 것은 國民全體에 自由와 平等의 原則을 適用하는 것이요, 封建的 所有關係와 搾取關係와 身分關係를 淸算하는 資産民主革命을 敢行하는 것이요, 그것을 遂行하는 것은 우리 自身이, 獨立國家의 國民으로서, 國民生活의 向上을 爲하야, 內的 必然性에 依하야, 自律的으로 敢行하는 것이다. 干涉한다는 것은 民主主義化가 아니라, 分裂시켜 統治하려는 저 勢力伸張主義에 不過한 것이다. 그러기에 우리는 自主獨立을 前提로 하지 않는 如何한 民主主義化도 如何한 後援도 願치 않는 것이다.[72]

여기에서 김삼규는 제2차 세계대전의 성격이 민주주의의 승리라는 점을 좌파와 공유하면서도, 그 민주주의의 의미가 자주독립을 전제로 하는 것이라고 주장한다. 때문에 자주독립의 선취 없는 민주주의는 "추수주의화"요 "기회주의화"요 "노예생산주의"화에 다름 아니라고 평가한다. 민주주의의 실현을 위해 국민전체에 자유와 평등의 원칙을 적용하는 것도, 봉건잔재의 청산과 자본민주혁명을 수행하는 것도, 모두 독립된 자율적 조건하에서 가능하다는 논리이다. 이와 같은 주장은 한마디로 좌익의 '민주주의 없이 민족독립 없다'를 '민족독립 없이 민주주의 없다'로 뒤바꾼 것이다. 즉 민주주의의 실현 전에 민족자결을 앞세워 반탁의 논리를 구축하고 있다.

이와 같은 좌우의 제2차 세계대전에 대한 입장의 상이는 곧 그들 정치노선의 차이에 기인한 것이었다. 양측 모두 전후가 전쟁의 여파 속에 놓여 있다는 점에서는 동일한 인식을 공유했다. 하지만 좌익이 전쟁의 의미를 자신의 민주주의 의제와 결합시켜 그 실천의 정당성을 확보하고자 했다면, 우익 역시 전쟁의 의미를 민족자결이라는 자파의 테제에 밀착시켜 규정하고 있다. 바꿔 말

72 金三奎, 「民族社會主義序曲(4)」, 『동아일보』, 1947년 3월 12일자.

하면, 좌익은 '민주 대 반민주'의 진영논리 속에서 제2차 세계대전의 성격을 규정했고, 우익은 '계급 대 민족'의 진영논리 속에서 그것의 성격을 재규정했다. 이런 측면에서 해방 이후 남한 사회의 좌우 진영논리는 이미 '냉전'이라는 세계적 진영논리가 가시화되기 전에 구축되고 있었다. 요컨대 민족 내부의 진영논리는 도래할 세계적 차원의 진영논리를 이미 맞이할 준비를 하고 있었다.

즉 제2차 세계대전에 따른 전후 세계의 규정성을 어떻게 정리하는가에 대한 입장이 달랐고, 그에 따라 종전이 가져온 민족과 민주주의 시대에서 그것이 갖는 정의 역시 달라졌다. 이것은 제2차 세계대전의 종결이라는 사태가 좌우 정치세력의 정치적 지향과 노선에 의해 새롭게 의미화된 것이었으며, 곧 좌우의 대립 속에서 전후 남한이 재구성되어갔다는 것을 의미하는 것이었다. 이 과정에서 좌우 양측은 민족과 민주주의에 대해 서로 상반된 규정을 통해, 그것을 자파의 논리로 전유하면서 대중을 동원하고 정치적 주도권을 장악해 가려 했다. 뿐만 아니라 해방 이후 좌우 정치세력의 경쟁은 단순한 국내적 상황에 대한 입장과 태도에 국한되지 않았다. 조선 해방의 성격이 국제성을 갖는 것이었고, 전후 한반도의 미소점령이라는 현실 역시도 그러했듯이, 세계에 대한 인식 역시도 국내정치상황 및 정치논리와 밀접하게 관련된 것이었다. 세계 인식 및 민족과 민주주의에 대한 입장이 상호 연결된 하나의 정치노선이 될 수밖에 없었다.

제2장 좌우의 세계 인식과 국제보도의 정치성

해방 이후 남한의 좌우 세력은 각자의 계급적 이해관계와 정치적 지향 속에서 급변하는 정세에 대응해 자파의 정치적 정당성을 확보하고 정국의 주도권을 장악하기 위해 경쟁했다. 해방 직후의 민족통일전선 결성 과정을 시작으로 '신탁통치' 국면을 거쳐 두 차례의 미소공위가 진행되는 동안 좌우의 기본적인 정치노선은 변하지 않았다.

조선공산당은 조선의 현 단계를 부르주아민주주의혁명 단계로 규정했다. 그리고 이것의 실현을 위한 당면과제로 친일파 · 민족반역자와 파쇼 세력을 숙청할 것을 주장했다. 동시에 이들을 제외한 진보적인 주체들의 연대인 인민전선을 통한 정권수립을 추구했다. 특히 조선공산당은 제2차 세계대전의 여파로 '민주 대 반민주'의 투쟁이 끝나지 않았다고 판단하고, 계속적인 '진보적 민주주의'를 위한 투쟁을 주장했다. 그들이 말하는 '진보적 민주주의'란 일제 잔재와 파쇼 세력의 척결은 물론, 독점자본주의의 폐단 속에서 착취 받았던 노동자, 농민의 해방과 경제적 평등을 실현하는 것이었다. 그리고 이것의 달성을 위해 노농계급의 국제적 연대를 강조하는 국제주의 계급노선을 지향했다. 때문에 조선공산당의 정치노선은 국내의 정세 인식과 노선에 국한되지 않았다. 조선의 민주주의 실현 문제가 국제 민주주의 문제와 긴밀하게 연결되어 있다고 바라봤으며, 일국 단위가 아닌 세계적 차원에서 '민주 대 반민주'의 투쟁이 필요하다고 인식했다. '민주 대 반민주'라는 전후 세계의 틀은 국제정세를 바라보는 조선공산당의 시각을 규정했다.

이에 반해 한민당을 중심으로 한 우파세력은 전후 국제질서를 조선공산당의 계급주의와는 달리, '민족주의'의 입장에서 조망했다. 조선공산당이 전후 세계를 파시즘에 대한 민주주의 세력의 승리로 규정짓고, 그 민주주의의 실현을 전후 세계의 과제로 설정하면서 자파의 계급적 정치노선을 지향했다면, 우파와 중간파를 망라한 세력은 계급보다는 '민족'을 우선시 하면서, 민족국가 단위로 세계를 바라보았다. 그 결과 전후 미소를 중심으로 한 초강대국의 관계 및 그 여파로 인한 기타 국가들의 제 관계를 '세력균형'의 관점에서 조망하는 시선이 강했다. 이런 세력균형의 시각은 이후에 전후 소련의 '세력팽창'에 대한 미국의 '방어' 내지는 '봉쇄'정책이라는 국제정세의 인식 틀로 이어졌다.

이제부터 실제 당대 좌우의 정치노선에 따라 국제정세를 규정하는 방식과 양상이 어떻게 나타났는가를 구체적으로 살펴보자. 이를 위해 해방 이후 좌와 우의 정치적 입장을 대변했던 『해방일보』와 『동아일보』의 기사를 검토해 보겠다. 주지하듯이 양 신문은 해방 직후 각각 좌우의 중심세력이었던 조선공산당과 한민당의 정론지였다.[73]

〈그림 1〉, 〈그림 2〉는 『동아일보』와 『해방일보』에서 건국과 관련하여 국가를 지칭하는 용어로 어떤 개념을 사용하였는가를 분석한 것이다.[74] 그림에서

73 당시 미군정은 『동아일보』와 『해방일보』를 각각 '극우'와 '극좌'의 신문을 구분하고 있다. "SEOUL NEWSPAPERS AND MAGAZINES", 『HQ, USAFIK G-2 Weekly Summary (1945.9.9.-1946.6.9.)』 1, 한림대학교 아시아문화연구소, 1990, 657쪽. 미군정의 시각에서 뿐만 아니라 당대 국내의 여론 역시 『동아일보』와 『해방일보』의 정론지적 성격을 말해주고 있다. 『해방일보』는 그 창간취지를 대중의 "선전선동뿐만 아니라 조직자의 역할을 하는 것"이라고 밝히면서, 그것이 "조선인민전체를 위하"고 "근로인민의 이익을 옹호해 조선민족의 완전해방을" 궁극적 목적으로 한다고 선언했다. 또 『해방일보』는 신문사 기금 모금을 위한 자체 광고를 통해, 그 자신이 "로동계급의 전위이요 조선혁명의 참모본부인 우리 공산당기관지"라고 피력하면서, "조선공산당기관지 해방일보만세!"를 외쳤다. 이와 같이 『해방일보』는 그 스스로 조선공산당의 기관지이자, 근로인민의 대변지임을 자임하면서 그 정치성을 분명히 했고, 실제 그 기능을 수행했다. 「전국 勤勞人民신문 해방일보는 나왓다」, 『해방일보』, 1945년 9월 19일자; 「해방일보기금보집」, 『해방일보』, 1945년 11월 24일자. 『동아일보』 역시 당시 잡지 『新天地』의 신문평을 통해 그것의 당파성을 확인할 수 있다. '東田生'이라는 필자는 먼저 『동아일보』를 "右翼의 代辯"지(紙)라고 평하는 가운데, 『동아일보』와 한민당의 지도자들인 김성수(金性洙) · 송진우(宋鎭禹)와의 인연을 언급하면서 "동아일보는 한국민주당과는 갈라노을 수 업는 血緣이 잇고 끈을 수업는 紐帶에 묶겨잇다"고 강조했다. 이어 그것의 "투쟁목표"가 바로 "左黨"이며, 이 적대의식이 과거 이십여 년 간 지속되어 온 것이라고 평하면서, 그 당파성을 지적하고 있다. 東田生, 「(新聞評)東亞日報」, 『新天地』, 1946년 5월호, 76~79쪽. 이와 같이 『해방일보』와 『동아일보』는 당대 좌우 정치세력의 주축으로 자타가 인지하고 있던 조선공산당과 한민당의 정론지였다.

74 〈그림 1〉과 〈그림 2〉는 『동아일보』와 『해방일보』의 1945년부터 1946년 5월 16일까지의 건국 관련 국가 지칭 용어를 분석한 기존 연구의 수치를 재구성한 것이다. 분석 시기 설정은 '정판사 위조지폐 사건'으로 인한 『해방일보』의 폐간에 의한 것으로 보인다. 『동아일보』는 총 22건, 『해방일보』는 총 23건의 용례가 발견되었다. 구체적 통계의 방식에 관해서는 박진영, 「해

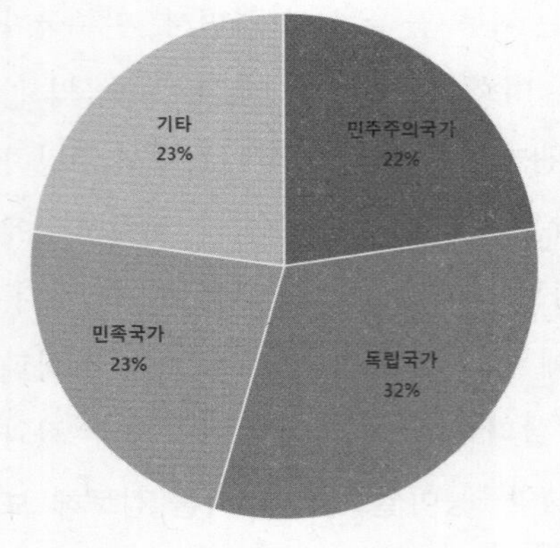

〈그림 1〉『동아일보』의 '국가' 용례

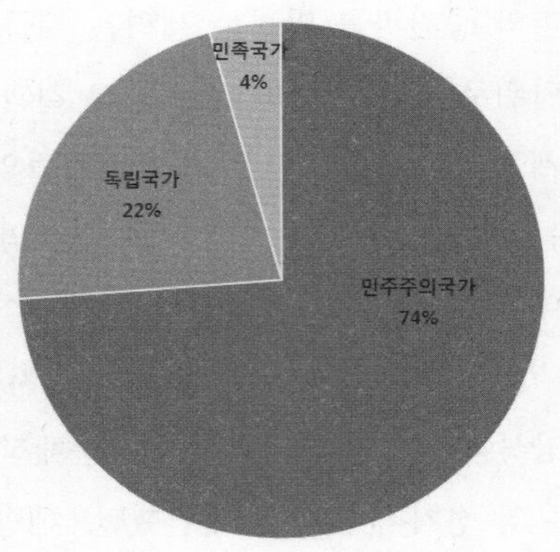

〈그림 2〉『해방일보』의 '국가' 용례

확인할 수 있는 바와 같이, 양측 모두 '민주주의국가'와 '독립국가', '민족국가'라는 용어를 사용하고 있음을 확인할 수 있다. 이를 통해서 '민주주의', '민족독립', '민족국가 건설'이 해방 이후 정치노선의 핵심 원칙이자, 사회의 당위적 가치로 널리 인정받고 있었다는 것을 확인 할 수 있다. 반면 양측의 차이 역시 확인할 수 있다. 『동아일보』가 '독립국가', '민족국가', '민주주의국가'를 비슷한 빈도로 사용하고 있고, 그중 '독립국가'와 '민족국가'를 더 자주 사용하고 있다. 그에 반해, 『해방일보』는 '민주주의국가'라는 용어를 압도적으로 자주 사용하고 있음을 알 수 있다.

이와 같은 용어 사용의 빈도 차는 당대 좌우의 국가 건설 노선에 대한 입장 차를 선명하게 보여준다.[75] 앞장에서 살펴보았듯이, 조선공산당은 전후 조선의 상황을 '부르주아민주주의혁명 단계'로 규정하고, 그것의 실현을 추구했다. 또 전후 세계를 제2차 세계대전의 연장선에서 '민주주의 대 파시즘'의 대결로

방직후 좌·우익 세력의 '국가 건설'에 대한 연구: 해방일보와 동아일보 사설(1945-1946.5.18.)을 중심으로」, 이화여자대학교 정치외교학과 석사학위논문, 2006, 17~18쪽 참조.

75 박진영, 앞의 논문, 19쪽. 통계를 통해 박진영은 해방 직후 얼마간 좌우협상과 갈등이 병존하고 있던 상황에서 구체적인 정치체제나 정부형태 등이 미결정된 채 유동적이었다는 점을 강조하고 있다. 하지만 새롭게 건설될 국가를 지칭하는 용어에 대한 차이는 오히려 좌우의 서로 다른 정치노선이 투영된 결과로서, 이후 첨예화된 좌우대립과 관련하여 보다 적극적으로 해석될 필요가 있다.

보면서, '민주주의 없이 독립도 없다'는 입장을 취했다. 여기에 '민족' 개념 자체를 우파의 기만적 관념으로 비판하면서, 강한 계급주의적 성향을 보였다. 『해방일보』의 '민주주의'와 '민족'의 대조적인 사용 빈도는 이와 같은 조선공산당의 정치노선에 따른 표현이라고 할 수 있다. 실제 『해방일보』의 '민주주의 국가'는 맥락적으로 조선공산당의 슬로건이었던 '진보적 민주주의 국가' 또는 '인민 민주주의 국가' 등으로도 사용되고 있다.[76]

반면, 해방 직후 한민당을 중심으로 한 우파의 입장을 대변하고 있던 『동아일보』는 민주주의 국가를 정치적 민주주의와 경제적 민주주의가 실현된 국가로 규정하고 있다. 그리고 그 구체적 실천 방침으로 '인민주권'과 '분배의 균등원칙'을 강조하고 있다. 또 민족을 지리적, 경제적, 인종적 동질성에 기초한 공동체로 정의하면서, 이 민족이 하나의 국가를 구성하고 그 자결권을 가지는 것으로 민족국가를 규정하고 있다. 이 밖에도 『해방일보』에서는 찾아볼 수 없는 '권력분립'을 의미하는 '법치국가', '입헌국가'라는 용어 역시 사용하고 있다.[77]

이와 같은 『동아일보』의 용어 사용 양상과 빈도는 우익이 해방 이후 대중의 사회 · 경제적 개혁 요구를 의식하면서, 삼권분립의 민주공화국 체제를 지향했음을 보여준다. 동시에 제2차 세계대전의 전승 의미를 '민족자결주의'로 규정했던 것과 같이 민족국가 건설에 대한 강한 의지를 표명했음을 말해준다. 즉 우익은 '민족의 독립 없이는 민주주의도 없다'는 논리를 통해 좌익의 계급주의를 비판하고, 민족 중심의 정치노선을 주장했다. 당시 '독립국가'가 곧 '민족국가'를 의미했다는 것을 감안한다면, 『동아일보』의 용어 사용 양상은 우익의 강한 민족주의의 반영이라고 할 수 있다. 이와 같이 당대 좌우를 대표했던 『해방일보』와 『동아일보』는 좌우의 정치적 지향을 반영하면서, 당파적 입장을 분명하게 보여주고 있다. 그리고 이와 같은 『동아일보』와 『해방일보』의 차이는 국제정세를 바라보는 시각에서도 분명하게 나타났다.

76 박진영, 위의 논문, 18쪽.
77 박진영, 위의 논문, 18쪽.

1. 우익의 '세력균형' 국제정세론

해방 이후 우익 정치세력은 민족주의적 입장에서 '계급 대 민족'이라는 대립 구도를 통해 좌익과 경쟁했다. 좌익의 계급주의 국제노선에 대한 반발 속에 '민족지상'과 '국가지상'을 주장했던 우익의 정치노선은 전후 국제정세에 대한 시각에까지 확장되었다. 앞서 살펴본 바와 같이 우익은 제2차 세계대전에 의해 도래한 전후 민주주의의 진정한 실현이 '민족자결주의'에 있다고 주장했다. 설의식(薛義植)은 제2차 세계대전 당시 소련이 국가와 민족을 초월한 국제계급전선을 포기하고, 전쟁 승리를 위해 민족주의를 고조시키면서 자기부정을 행했던 이유가, "今次 戰爭의 性格과 樣相의 중심이 階級에 잇지 않었"기 때문이라고 주장했다.[78] 『동아일보』의 사설은 두 차례의 세계대전을 통해, 인류가 인류평화를 위해 '인간의 인간에 대한 민족의 민족에 대한 착취와 억압'을 제거해야만 한다는 것을 체험했다고 강조한다. 따라서 전후 인류에게 "민족자결과 식민지철폐는 당연한 귀결"이라고 주장한다.[79] 이런 측면에서 『동아일보』는 전후 국제민주주의를 조선공산당과는 달리 민족을 중심으로 규정한다.

> 國際民主主義는 人類共同體理念의 表現이요 各 民族共同體의 아름다운 交響樂이매 眞實로 人類의 理想이라 할 것이다. 우리는 무엇보다도 이 人類理想을 우리가 指向할 바 積極的 指針으로 삼어야 되는 同時에 國際無産階級과 被壓迫民族의 解放이란 名目下에 國際平和를 攪亂하려는 一切의 策動을 封鎖하여야 할 것이다. 일즉이 美國共産黨이 國際共産黨에서 脫退한 것은 여러 가지 理由가 있겟지만은 가장 重要한 理由는 國際共産黨의 蘇聯主義가 반다시 國內 無産階級의 利益에 合致하지 않은다는 것이다. 國內 無産階級 問題는 民族自決의 原則下에 國家政策으로 解決할 수 잇는 現段階에 있어서 蘇聯의 利益을 擁護하는 要塞이될 必要는 없다는 것이다. 도리커生覺트라도 弱小民族國家의 無産階級을 解放식히는 問題와 그 民族國家에

78 薛義植, 「統一戰線의 混亂을 보고(1)」, 『동아일보』, 1946년 2월 9일자.
79 「國際平和의 方向」, 『동아일보』, 1946년 3월 31일자.

不凍港을 要求하는 問題와는 달타고 할 것이다. 換言하면 社會主義 理念은 蘇聯의 專賣特許가 안이고 各 國家는 各國의 特殊事情下에 이理念을 살니여 民族國家로서의 團結과 安全과 繁榮을 누일 수 있다는 것이다. 이런 民族國家의 相互協調에 依하야 人類平和를 達成하려는 것이 國際聯合機構의 强化가 緊急問題로 提唱되는 所以라 할 것이다."[80]

여기에서 『동아일보』는 전후 국제민주주의 노선을 "인류공동체이념"에 기초한 "민족공동체의 아름다운 교향악"인 민족 간 상호협조와 평화의 실현이라고 주장한다. 이와 같은 국제민주주의 노선은 '국제무산계급과 약소민족 해방이란 이름으로 발생하고 있는 국제평화의 교란 책동이 아니'라고 강조한다. 또 사회주의적 지향은 맹목적 소련주의가 아니라, 각 국가의 특수사정하에서 "민족국가로서의 단결과 안전과 번영"을 누릴 수 있는 것이어야 함을 주장한다. 따라서 전후 국제민주주의는 '민주 대 반민주'의 대결에서 무산계급의 승리로 이루어지는 것이 아니라, 민족공동체 상호간의 협조와 평화에 의해서만 실현 가능한 것으로 전망한다. 이와 같이 우파는 전후 세계를 민족 단위의 관계로 설정하고, 그 민족 상호 간의 협조와 평화를 강조한다. 이는 계급에 기초해서 국제적 연대를 강조했던 좌파와는 다른 세계 인식을 보여주고 있다.

민족을 중심으로 한 전후 세계에 대한 규정은 국제관계를 민족을 중심으로 새롭게 설정하려는 시도를 촉발시켰다. 『동아일보』는 또 다른 사설에서도 "공동체이념"을 통해 계급 갈등과 민족 갈등을 해소할 것을 주장하고 있다.

勿論 民族國家에는 共同社會와 利益社會가 잇다. 共同社會만으로 律할 수 없는 것과 마찬가지로 利益社會만으로도 律할수 없는 것이어서 兩者의 辨證法的統一이 要請되는 所以라 할 것이다. 利害相反으로 格鬪하는 物質社會와 理解와 愛情으로 相互抱擁하는 精神社會, 萬人의 萬人에 對한 鬪爭과 萬人의 萬人에 對한 抱擁, 이 兩者의 統一은 如何히 可能하는가. 精神과 物質, 形相과 資料, 이데아와 存在, 主體와 客體와의 關係에 있어서 前者의 後者에 對한 優越性과 根源性을 認定하지 않고서는 辨證法的 統一은 成立

80 「國際平和의 方向」, 『동아일보』, 1946년 3월 31일자.

하지 않을 것이다. 이 統一을 認定하는 대서만 우리는 民族共同體理念의 止揚形態로서 民族國家를 發見하는 것이다. 民族國家는 그러기에 共同體인 民族의 自決을 前提로하는 것이요 國際關係에 있어서도 理解와 愛情을 基調로 하는 四海一家的 協調精神이 强調되는 것이다. 이 協調를 떠나서 人類平和는 있을 수 없으니 民族共同體理念은 人類共同體理念에까지 昂揚되여야 할 것이다. 이 人類共同體理念만이 原字에넬키-콜 驅使하야 世界國家를 實現식힐 수도 있다고 할 것이다. 人類共同體理念의 昂揚에 있어서만 美英蘇 間의 一切問題의 圓滿解決과 世界平和는 期待할수 있으니 民主主義政府 樹立을 課題로 한 美蘇共同委員會를 압두고 우리 韓民族은 民族共同體로서 絶對的으로 民族國家를 要請한다는 것과 아울러 人類平和는 오즉 人類共同體理念의 昂揚에 있다는 것을 强調하는 바이다.[81]

여기에서도 『동아일보』는 민족을 단위로 설정하고, '공동체이념'을 통해 국내와 국제관계 양측에서 제기되는 갈등과 대립을 봉합하려고 한다. 민족국가 내부의 갈등을 물질과 정신의 대립으로 설정해서 정신의 우월성에 기초한 양자의 변증법적 통일을 주장하고 있다. 즉 민족의 공동체 의식 내로 물질의 이해관계를 종속할 것을 강조하고 있다. 동시에 이렇게 형성된 민족공동체 상호 간의 관계 역시 '사해일가'의 '협조정신'을 기초로 인류 평화를 달성해야 함을 주장한다. 이와 같은 '공동체이념'의 논리는 민족을 원자화해서 그 내부의 모순과 갈등을 순치시키고, 더 나아가 외부 민족 간 협조관계를 촉구하고 있다. 이처럼 당시 한민당을 중심으로 한 우익의 입장을 대변했던 『동아일보』는 민족을 단위로 국내와 국제적 사태를 접근해서 평가하고 있다.

우파의 민족 중심의 국제정세에 대한 인식은 국제정치현실에 대한 비판에서도 드러난다. 예컨대 1946년 1월 우익 결집체인 탁치반대국민총동원 측은 성명서를 통해, 이번 대전에 있어 세계 전복을 꿈꾸던 「팟쇼」를 타도한 연합국의 공헌을 쌍수를 들어 예찬한다고 표명한다. 그러나 "全世界 人類의 解放을 成功한 聯합국의 會합이 열強의 勢力均衡이란 舊態를 아즉 벗지 못함을 볼 때 그 會합의 決의를 無條件으로 承服할 수는 없"다고 반박한다.[82] 즉 국제

81 「共同體理念의 昂揚」, 『동아일보』, 1946년 3월 17일자.

82 託治反對國民總動員中央委員會本部, 「三千万우리同胞에게告함」, 1946년 1월, 김현식 · 정선

회의를 통해 공약한 조선의 자주독립을 승인치 않고 '신탁통치'를 결의한 것은 자신들의 이익과 '세력균형'에만 매몰된 연합국 열강들의 '배신행위'라고 비판한다. 동시에 이를 '진일보한 민주주의'라 찬성하는 좌익 역시 비난한다. 이와 같이 우익단체는 좌익과는 달리 전후 국제관계를 민족을 단위로 한 열강의 '세력균형'의 측면에서 바라보고 있다. 동시에 열강의 세력균형 정책에 의해서 조선의 운명이 좌우되는 것에 대한 강한 반감을 드러내 보이고 있다.

마찬가지로 전후 세계를 '민족자결의 시대'로 주장했던 우익은,[83] 그것의 불이행의 원인을 전후 열강들 상호 간 세력경쟁의 산물로 바라본다. 그 한 사례로 『동아일보』는 사설을 통해 전후 평화건설의 지향 속에서 세계가 전진할 것으로 예상했음에도 불구하고, 오늘 다시 세계 제3차대전의 발발을 우려하고 있다고 지적한다. 그리고 그 원인과 책임이 전후 자국의 발전과 민족의 영예를 위해 강력한 무장을 확충하는 열국에 있다고 주장한다. 즉 '국제정치의 세력균형을 유지하기 위하야 무력강화를 하지 않으면 안 된다는 것이 금세기의 역사적 계단'이라고 파악한다. 따라서 명심해야 할 것은 '사상적 세력균형이 아니라 국제정치, 경제지배의 세력균형인 것이므로 자율적 의욕과 역사에 준칙(準則)한 세계관의 확립'을 강조한다.[84]

보다 구체적으로 『동아일보』는 전후 서구 유럽의 정세와 영·소 관계를 전하는 기사를 세력균형의 관점에서 논평하고 있다. 이 사설은 미·영 연합군의 노르망디 상륙 이후 서구 유럽 진군을 계기로 정치적·경제적 "勢力扶植"이 "急速度로 活潑"해졌다고 지적한다. 문제는 이 지역에 "英美形 民主主義政權이 樹立되는 反面에 蘇聯은 獨逸 波蘭의 東歐洲와 빨간 諸國에 蘇聯形 民主

태 편저, 『삐라선집』, 213쪽.

83 당대 우파의 국제정세에 대한 시각을 대변했던 『동아일보』는 사설을 통해, "세력균형은 재래 국제정책의 원칙이엿고 합종연횡(合從連衡)의 협상은 그 수단이엿다. 이번 민주주의열강의 전승은 세력균형의 원칙을 민족자결의 원칙으로 협상은 국제연합기구의 확립으로 방향을 전환하야 제일차대전 후 국제연맹의 실패와 대추축국 전쟁원인에 대한 반성에 의하야 민족자결의 원칙뿐만 아니라 국가의 경제적 존립의 권리를 존중하야 국가 상호간의 협조와 관용의 정신으로 평화유지의 방략안출(方略案出)에 심혈을 주입하고 있는 현상은 국제사상의 표현"이라고 주장했다. 「國際情勢와 朝鮮」, 『동아일보』, 1946년 1월 17일자.

84 「國際情勢와 朝鮮의 立場」, 『동아일보』, 1946년 3월 18일자.

主義政權을 促進 强化시키는 한便 아직도 二百萬 赤軍을 配置하고 있으니, 西歐 '뿔록'과 東歐 及 빨칸 '뿔록'의 對立은 結局 背後에 英蘇兩國의 勢力分野가 橫在되어 戰後 歐洲는 英蘇 二大强國으로 勢力均衡을 維持하려"는 상황이라고 평가한다.[85]

이와 같이 우익이 국제정세를 세력균형의 틀 속에서 바라보게 한 것에는 약소민족으로서 조선의 운명이 전후 열강들의 협조 여부에 의해 좌우될 수밖에 없다는 인식이 강하게 깔려 있었다. 따라서 우파는 민족의 생존과 자결권에 직결되는 미소 간 세력균형의 양상에 시선을 고정했다. 이런 현실 인식의 모습은 "우리의 자주독립을 영위하여야 하는 이 국제적 환경이 또한 우리의 정치적 성격을 규정하는 것"이라고 판단하고 있는 것이나, "조선은 실로 미·소 양국의 완충지대요 그리고 이 완충지대로서 자주독립을 영위"할 것을 당부하는 신문 사설을 통해서도 확인할 수 있다.[86] 이와 같은 당대 우익의 국제정세를 바라보는 시선은 『동아일보』의 국제정세 관련 보도기사의 양상을 통해서도 확인할 수 있다.[87]

〈그림 3〉이 보여주고 있는 바와 같이, 『동아일보』의 국제정세 관련 주요 소재는 미·소를 중심으로 한 전후처리 문제였다. 전후 미·소를 중심으로 한 국제회의의 추이와 양측의 태도에 주목하는 기사가 주를 이루었다. 위 그림은 국제회의와 협상에서 '미·소 협조 및 세계평화'에 대한 낙관적 전망을 제시하거나 미소관계를 협조적 분위기로 보는 기사가, 미·소 대립이나 반소 기사와 거의 같은 비중을 차지하고 있음을 보여주고 있다. 이는 분석 시기가 1946년 1차 미소공위 결렬 이후 미소의 갈등이 가시화되기 이전 시점의 상황을 반영한 것으로 보인다. 무엇보다 주목되는 것은 〈그림 3〉에서 '세력균형'에 관한

85 「西班牙問題와 英蘇關係」, 『동아일보』, 1946년 4월 20일자.

86 「國際情勢와 朝鮮」, 『동아일보』, 1946년 1월 17일자.

87 〈그림 3〉은 1945년 12월부터 1946년 6월까지 『동아일보』의 '국제정세 및 관계'에 대한 주요 기사를 그 주제와 논조를 중심으로 분류해서 통계화한 것이다. 총 78건의 기사 중, 미소협조 및 세계평화를 촉구하는 기사가 32건, 미소대립에 관한 기사가 17건, 소련의 팽창 및 비판 기사가 13건, 전후 세력균형 및 무장평화를 다룬 기사가 7건, 중국과 인도 등 전후 민족통합이나 분열 현상을 다룬 기사가 5건, 그밖에 군축이나 약소민족을 다룬 기사가 4건이다.

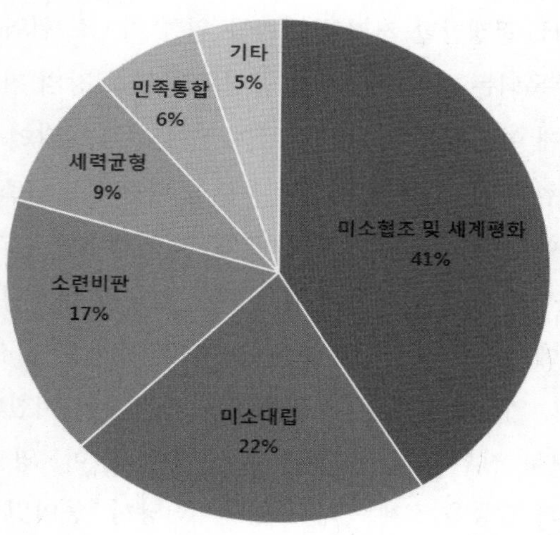

〈그림 3〉 『동아일보』의 국제정세 관련 기사

비율이 9%를 차지하고 있지만, 실제 국제정세 관련 기사의 대부분을 차지하는 미 · 소 협조 및 세계평화, 미 · 소 대립, 소련비판에 대한 기사가 사실상 미 · 소 간에 '세력균형'의 시각과 논리를 전제하고 있다는 점이다.

실제 미 · 소 대립을 보도하고 있는 기사들은 미 · 소의 '충돌' 가능성, '소련세력과 주의의 무제한 확대'에 대한 경계, '세계열강의 균세(均勢)', '제3차 세계대전'설, '무장평화', '군사력 불균형', '미영군사동맹' 계획, '원자탄 스파이 사건', '미소관계의 마찰 증가', '사국외상회의나 세계 각 지구에서의 미 · 소 대립', '동방의 공산주의와 서방의 민주주의의 대립', '소군의 이란 철퇴문제', '다 - 다네르스 해협의 소련 단독지배 시도', '극동에서의 미 · 소 간의 신위기', '소련제국주의의 전진'과 '소련 침략의 저지' 등 미 · 소 간의 전후 처리와 전략적 지역의 점유 문제가 세력경쟁의 측면에서 발생한 것으로 평가하고 있다. 따라서 전후 세계가 여전히 '폭정과 무력으로써 타국 지배를 시도'하려는 열강에 의해 긴장상태로 빠져있으며, 전후 처리 문제가 '정리'가 아니라 '각축', '타협'이 아니라 '반발'로 난관에 처해있다고 지적한다.

미 · 소 협조와 평화를 예측 · 촉구하는 기사들 역시 양자간 '상호 이해의 증진'을 기대하면서, 전쟁발발 저지와 평화를 위한 미 · 소 협력을 요구하고 있다. 여기에서 주목되는 것은 미 · 소를 중심으로 한 열강의 친선과 협조에 대한 요구의 이면에 여전히 전후 '세력경쟁'에 따른 전쟁 발발에 대한 공포가 전제되어 있다는 점이다. 또 그것에 대한 우려를 바탕으로 협조와 평화를 촉구하고 있다는 점이다. 미 · 소 간에 협력 결렬 시 전쟁발발의 가능성을 경고하는 것이나, 원자탄의 위력에 대한 우려, 미 · 소 양국의 '무장평화' 노선에 대한 반대, 외교정치에서의 '마키아벨리즘(Machiavellism)'의 반대, '영토욕'과 '침략욕'에 대한 경고, 미 · 소 양측의 '전쟁을 반대'하거나 '기피한다'는 표명 등에 대한 보도는, 모두 전후 국제세력의 재배치 상황 및 미 · 영 · 소를 중심으로 한 열강의 경쟁과 갈등을 전제로 하고 있다. 즉 당시 『동아일보』의 미 · 소 협조에 대한 기사 역시 전후 국제협력과 평화공작을 촉구하면서도, 전후 세계를 '세력경쟁'의 측면에서 조망하고 있음을 보여준다.

이와 함께 전후 약소민족의 '민족통합'이나 '좌우합작'의 문제를 다루면서, 조선의 민족통합을 촉구하는 기사 역시 나타나고 있다. '인도의 민족불통일'이 결국 해방과 독립에 장애를 초래했다는 것이나, 중국의 '국공합작'의 성공을 타산지석으로 삼아야 한다는 기사 등은, 외국의 사례를 통해 국내 현안에 대한 주장을 강화시키려는 전형적인 방식을 보여준다. 그밖에 전후 '약소민족의 해방 없이는 세계평화도 없'음을 강조하면서, 인도 민중의 반영(反英)투쟁 소식을 전하고 있다. 마찬가지로 이를 다시 조선의 문제와 연결지어 미소공위에 맞춰 조선 해방의 정당성을 주장하고 있기도 하다. 또 미국의 군축(軍縮)에 대한 성명이나, 소련의 독점자본주의의 전쟁책동에 대한 경고 성명을 전하는 기사 역시 등장하고 있다. 이런 기사들 역시 '민족단결'과 '민족자결주의'를 주장하거나, 미 · 소 간 세력경쟁을 전제로 국제정세를 다루고 있다. 반면, 『해방일보』와는 달리 전후 각국의 경제상황이나 사회개혁 조치를 다룬 기사는 거의 찾아볼 수 없다. 이는 당시 우파의 민족주의 정치 노선이 전후 미 · 소 관계를 중심으로 한 국제정세를 바라보는 시각에 투영되었다는 것을 시사한다.

실제로 1차 미소공위가 결렬되고 조선의 임시정부 수립이 불투명해진 시점에서, 『동아일보』의 국제정세에 관한 기사들은 미 · 소의 전후 처리 문제의 향방에 지대한 관심을 보인다.[88] 세계 각 지역에서 양측이 협상과 대립을 오가고 있다고 논평하면서, 거의 대동소이한 논조로 이들의 협조 여부에 따라 조선의 운명이 결정될 것으로 예측한다.[89] 한 예로 『동아일보』는 1946년 7월 29일 개최 예정인 파리강화회의를 앞두고, 전후 금세기의 세계사적 발전 방향과 인류행복의 추진원칙은 미 · 소 양국의 협조에 있다고 주장한다. 약소민족에게 발언권을 보장하고 자주성을 주장할 기회를 부여하는 것 역시 양측의 협조에 의해서만 가능할 것이라고 관측한다. 즉 "人類의 悲劇 歷史의 光明 弱小民族의 解放이 모두 이 平和의 設計者에 달렷다"고 전망한다.[90]

무엇보다 1946년 5월 조선의 임시정부 수립을 위한 미 · 소 공위가 아무런 성과 없이 결렬되자, 전후 처리를 둘러싼 미 · 소 관계의 추이는 우파 세력의 주요 관심사로 급격히 부상했다. 이와 함께 세력균형의 시각 역시 점차 국제정세를 바라보는 지배적 인식 틀로 자리 잡게 되었다. 이 과정에서 당시 『동아일보』 주간 설의식은 '신탁통치'안을 좌익이 말하는 민주주의 연합국들 간의 협력의 산물로 보지 않고, 그들 상호간 세력경쟁의 부산물이라고 주장한다. 앞서 살펴본 바와 같이, 그는 제2차 세계대전 발발의 주원인이 계급에 있지 않고 민족에 있었다고 언급했던 것과 마찬가지로, 전후 처리 문제 역시 계

88 1946년 3월 11일 하지 장군 성명과 20일 스티코프 장군의 미소공위 개회 인사말에서 확인할 수 있듯이, 미소 양측 모두 좌우 한쪽이 조선의 정권을 장악하는 것을 허용하지 않을 것임을 분명히 했다. 하지 장군은 미소공위에 임하는 미국 측 태도를 천명하면서, "조선을 소수정당파로 지배시키지 않고저하는 열의를 가지고 있다"고 밝혔고, 소련 측 스티코프 장군 역시 "소련은 조선이 진실한 민주주의적 독립국가가 되기를 요망하며 소련과 우의적 국가가 되기를 기대합니다. 그리하야 조선은 미래의 소련을 침범함에 필요한 요새지와 근거지가 되지않을 것을 기대"한다고 피력했다. 결국 동년 5월 9일 미소공위의 무기휴회가 발표되면서, 조선 문제 해결에 미소의 이해관계가 핵심적인 요소라는 인식이 더욱 강화되었다. 「第二次美蘇會談 압두고 美國側委員의 目的과 態度表明」, 『동아일보』, 1946년 3월 12일자; 「友誼的 國家復興에 諸條件을 따라 百方으로 幇助」, 『동아일보』, 1946년 3월 22일자.

89 우익은 이미 1차 미소공위 결렬 이전부터 미소의 관계 여하가 전후 세계질서의 향배에 결정적 영향을 미칠 것으로 보고 있었다. 『동아일보』는 사설을 통해, "二次大戰을 通하야 美蘇兩國이 全世界의 指導的 中心勢力인 것만은 重言을 不要하는 바이니 兩國關係의 歸趨는 平和냐, 戰爭이냐를 卜하는 '빠로메타'일 것"이라고 평하고 있다. 「和戰岐路에선 國際情勢」, 『동아일보』, 1946년 3월 8일자.

90 「構話會議와 極東平和」, 『동아일보』, 1946년 7월 27일자.

급이나 이념의 문제가 아니라 열강의 국가적 이해관계가 관건이라고 주장한다. 물론 그는 '탁치' 결정을 조선의 입장을 무시한 연합국 간의 세력균형을 추구한 것이라고 비판하고 있지만,[91] 이를 현실로서 받아들이고 있다.[92]

> 蘇聯의 朝鮮 進出이 美國의 太平洋政策을 水泡로 하게 하고 美國의 朝鮮 執舵가 蘇聯의 極東政策을 不安케하는 等의 大勢上 根本的 不安과 葛藤이 있음을 우리은(는) 진작 豫測도하고 또 是認도 한다. 그러나 大勢 이러타 하여서 이 相互의 不安을 牽制하기 爲하야 託治가 必要타는 論法은 我田引水的 以外에는 成立될 수 없는 論法이다. 어느 一國에 偏重된 勢力이 朝鮮에 扶植될 것이 念慮된다 할진대, 이는 樹立되는 우리 政府와 關係 諸國家과(와)의 正常的인 共同 締結으로도 解決할 수가 있는 것이다.[93]

1차 미소공위 결렬 이후 우파의 세계를 바라보는 기본 관점은 전후 처리 문제에 있어서 열강의 세력경쟁의 추이에 더욱 집중된다. 실제『동아일보』의 경우, 1946년 1차 미소공위가 결렬된 이후 국제무대에서 발생하고 있던 미소간 대립 현상을 세력균형의 측면에서 계속 보도한다. 즉 현실상 '세계에 미·소 양대 세력권이 존재'한다는 것을 인정해야 한다고 주장했던 미 상무장관 '월레스'의 주장을 보도하거나,[94] 전후 전재(戰災)로 인한 피폐한 상황 속에서 사회주의 사상이 영국 본토로부터 흑해 지방까지 파급되어 가고 있다고 지적하면서, 구주 각국의 좌경화를 우려하고 있다.[95] 또 조선, 중국, 대만, 일본에

91 이승만 역시 세력균형에 기초한 국제정치의 현실을 비판했다. 그는 "모든 戰爭의 種子인 勢力均衡哲學은 勇敢한 人士들이 싸워오고 生命을 바친 戰爭의 勝利를 抹殺하려는" 것이라고 평가했다. 「우리 民族의 祈願은 自由와 獨立뿐」, 『동아일보』, 1947년 3월 6일자.

92 '신탁통치'안을 국제정치 상에 세력균형의 결과로 바라보는 우익의 시선은 이후에도 지속되었다. 해방 2주년을 맞는 사설에서 『동아일보』는 "元來 三相決定은 美蘇兩大勢力의 世界的規模의 對立을 調整하는 一角의 試驗으로서 案出된 것이오 우리의 主體性과 自律性은 完全히 封鎖된 것이다. 端的으로 表現하자면 이미 約束된 獨立은 許與하여야하겟으되 美蘇兩國의 어느 勢力에나 치우친 獨立이 되어서는 아니되겟으니 잘 調整이되면 모르거니와 그러치 않으면 우선 信託管理下에 두어 兩國의 關係가 調整될 때를 기다리자는 것"이라고 평했다. 「眞正한 解放을 찾자 所謂 解放된지 두돐을 마지며」, 『동아일보』, 1947년 8월 15일자.

93 薛義植, 「五號聲明과 우리의 覺悟(8)」, 『동아일보』, 1946년 5월 10일자.

94 「世界에 美蘇兩大勢力圈 存在指摘」, 『동아일보』, 1946년 9월 15일자.

95 「苦憫하는 歐羅巴의 現狀」, 『동아일보』, 1946년 5월 9일자.

서의 소련의 침투 공작에 대한 미국의 대응책을 다루거나,[96] 동서 간의 세력균형과 전쟁 가능성을 다룬 기사 역시 나타나기 시작했다.[97] 이런 기사의 보도 양상은 좌익이 '민주 대 반민주'의 구도 속에서 미소의 정책을 비교했던 것과는 전혀 다른 것이었다.

이와 같은 보도 양상에서 주목해야 할 것은 세력균형의 틀에서 국제정세를 논평하면서도, 끊임없이 세력균형의 유지를 방해하고 위협하는 원인으로 소련의 태도를 지목하고 있다는 점이다. 『동아일보』는 외신을 인용해 미소 간의 긴장과 대립을 다루면서 소련의 '확장', '팽창', '무성의', '거부' 등의 태도를 지속적으로 강조하고 있다. 『동아일보』 외신기사의 대부분의 인용 출처가 워싱톤, 뉴욕, 로스안제로스, 호노루루, 런던, 에딘버러, 파리, 뉴욕포스트지 상해 특파원 등 미국과 영국 측에 의존하고 있는 것에서도 확인할 수 있듯이, 기본적으로 서방 측의 입장에서 미소관계를 접근하고 있다. 물론 미 상무장관 '월레스'의 미국의 대소정책 비판 사건을 보도하고 있는 것처럼 서방 측 내부의 갈등 역시 보도하고 있지만, 그 역시 소련에 대한 기본적 인식을 공유한 위에서 대응정책의 차이를 다룬 정도이다. 미 · 소의 관계에 대한 기사는 시간이 흐를수록 더욱 반소적 논조가 강해졌다.

그 한 사례로 『동아일보』는 워싱톤발 AP합동의 시사평론가 "안"의 논평을 통해 소련의 대외정책을 비판한다. 그는 "현재 미소 양국의 대립이 심각화하여 간다는 것은 세인의 주지하는 사실"이라고 언급하면서,[98] 현재 미 국무성의 대소련 태도가 경화하는 이유를 전후부터 정리하고 있다. 그는 전후 미소관계에서 소련이 대서양헌장을 위반하고 "영토를 획득"했다는 점, 소련 점령지역 내 '투표의 기회가 불허'되어 있는 점, '자유선거의 권리를 방해'하고 있다는 점, 소련이 상대국에 '불리한' 통상조약을 체결한 점, 전후 오지리 구화조약을 '거부'한 점, 조선 내 자유발언을 참작하자는 미국의 제안을 '거부'한 점, 독

96 「尖銳化한 對蘇關係 極東에서의 處理를 더욱 注目」, 『동아일보』, 1946년 9월 5일자.
97 「五年內엔 戰爭不能 外交로 美蘇關係를 調整」, 『동아일보』, 1946년 9월 10일자.
98 「美國의 對蘇態度强硬 朝鮮의 獨立을 蘇聯은 遷延」, 『동아일보』, 1946년 9월 13일자.

일문제에 대한 '불협조'와 '반대', 국제회합에서의 결정권을 '제한'하고 그 결정을 타국에게 '강요'한 점, 구라파를 전재로부터 재건시키자는 미영 측의 제안을 소련이 '거부'하고 경제적 혼란 상태를 장기화해서 공산주의 공명자를 '획득'하려 하는 점 등을 들고 있다.[99]

또 그는 소련의 극동정책은 아세아를 위해 미영과 협력하는 것이 아니라, '종시 방해자의 노선을 취하고' 있으며, 아시아 민중을 위한 것이 아닌 '사상적 목적 추진에 더 큰 관심을 가지'고 있다고 평가한다. 또 점령지를 '지배불연(支配不然)이면 파괴'를 목적으로 하고, 영미의 제안에 '사보타-주'를 강화하고 있다면서, 소련의 아세아에 대한 전술은 순전한 '사상적 침략'이라고 비난한다. 아세아에서의 소련의 계획은 구주와 마찬가지로 소련 접경국가에 '친소적 괴뢰정권'을 수립하는 것으로, 북조선에 대한 지배 역시 동일한 것으로 평가한다.[100] 이와 같이 그는 소련의 '팽창, 진출, 분할, 파괴정책'을 강조하면서, 전후 국제정치에서 발생하는 주요 갈등의 책임이 소련에 있음을 시사하고 있다.[101]

1차 미소공위 이후 『동아일보』는 미국의 대외정책의 추이 역시 주요한 관심 대상으로 설정했다. 그리고 사설을 통해 보다 적극적으로 미국의 대소 강경책을 주문하기도 했다.[102] 그 한 사례가 미 상무장관 '월레스'의 발언에 대한 보도이다. 1946년 9월 '월레스'의 연설로 미국은 물론 영국에서까지 미국의 대

99 「美國의 對蘇態度强硬 朝鮮의 獨立을 蘇聯은 遷延」, 『동아일보』, 1946년 9월 13일자; 「美記者論評(下) 現實的 衝突頻發 美蘇對立에 美態度硬化」, 『동아일보』, 1946년 9월 14일자.

100 「美蘇關係 好轉難望 北朝鮮支配를 固執」, 『동아일보』, 1946년 9월 17일자.

101 「戰爭을 內包한 地區 東方엔 朝鮮 歐洲는 [트]港」, 『동아일보』, 1946년 9월 19일자.

102 『동아일보』는 외신을 인용해 간접적으로 미국의 조선 문제 해결을 위한 적극적 정책을 요구하고 있기도 하다. 일례로 미하원 의원 '세이퍼'가 발표한 소련의 조선정책에 대한 비평을 인용해서 미국의 적극적 정책을 압박하고 있다. 인용 기사에서 세이퍼는 소련이 "조선을 공산주의의 괴뢰국가화하려고 기도하고 있다. 소련이 현재까지 파란을 적화하야 소련의 세력권내에 합류시켰든 것은 이미 주지되어 있는 사실인데 이와 동일한 사태가 조선에서도 전개되고 있"다고 주장한다. 또한 "만약 미국이 조선을 파간과 같은 소련의 괴뢰국가화 할 것을 원치 않는다면 미국은 이제 조선 문제 해결을 위하야 적극적인 정책을 채택하여야 할 것"이라고 주장하고 있다. 「朝鮮은 波蘭과 同一事態 美蘇는 公約된 朝鮮問題를 履行하라!」, 『동아일보』, 1947년 3월 6일자.

소정책에 관한 일대논쟁이 일어났다. 월레스는 미국의 대외정책은 '친영도 아니며 반소도 아니고 독자적 입장'을 취해야 한다는 요지로 연설하였다. 이후 논란이 일자 트루먼 대통령이 사전에 승인한 것이라고 확인하고 기존 외교정책에 변화가 없다는 것을 밝혔음에도 불구하고, 미국 정부 내 대외정책의 혼선이 존재하는 것으로 인식되면서 논쟁이 발생하였다.[103] 『동아일보』는 외신을 인용해 이 일련의 논쟁 과정 및 사태의 추이를 상세히 전하였다. 이 과정에서 "미 대외정책이 돌연 월레스 씨 주장의 노선을 취한다는 것은 상상할 수 없"다고 표명하는가 하면,[104] 월레스의 주장이 단순히 전쟁을 천연(遷延)시키자는 것만이 아니라 또다시 광범한 외교적 후퇴를 의미한다고 평가했다.[105] 동시에 인권의 자유와 민족자결권을 부인하는 여하한 세력권도 인정할 수 없는 우리로서는 미국 대외정책의 귀추를 주지하지 않을 수 없다고 강조했다.[106]

이와 같이 당시 우익 정치노선을 대변했던 『동아일보』의 국제정세 보도는 세력균형의 시각 속에서 소련의 팽창과 비민주적인 점령정책을 비판하는 논조를 취했다. 더구나 이와 같은 양상은 1947년 3월 소위 '트루먼독트린'이 발표된 이후 더욱 노골화되어갔고, 대소 강경책을 요구하는 사설 역시 증가했다. 그럼에도 불구하고 1947년 10월 2차 미소공위가 결렬될 무렵까지 『동아일보』의 국제정세에 대한 보도에는 미소 간의 평화와 협조를 촉구하는 기사가 함께 공존했다. 물론 세력균형의 시각에서 미소 간 대결의 책임과 원인이 소련에 있음을 직간접적으로 드러내는 기사가 주를 이루었지만, 이 시기 미소

103 「從來外交策은 不變 演說前에 承認을 트大統領言明」, 『동아일보』, 1946년 9월 15일자; 「美大統領窮境陷入 商務長官留任? 引退?」, 『동아일보』, 1946년 9월 17일자; 「對外政策에 變換없다 美大統領爆彈聲明을 發表」, 『동아일보』, 1946년 9월 22일자.

104 「外交政策을 明示하라」, 『동아일보』, 1946년 9월 15일자.

105 외신을 인용해 『동아일보』는, 미 국무장관 '번즈 씨의 견해가 소련에 대하야 강고한 정책을 추진시키는 한편 영국과 공동으로 소련에 대항함으로서 세계평화를 보장한다는 것이며, 반면 월레스 씨의 주장은 현재 미국 국무성의 대소정책이 부적당한 만큼 세계평화를 위하여서는 소련에 대한 온화정책이 필요하다.'고 주장한 것으로 소개하고 있다. 「結局은 辭職難免? 월레스氏나 不然이면 「번즈」氏」, 『동아일보』, 1946년 9월 17일자.

106 「美國의 對外政策」, 『동아일보』, 1946년 9월 17일자.

간의 우호와 협조를 촉구하는 기사 역시 병존했다. 이런 이중적 양상을 단적으로 보여주는 대표적 사례가 번즈 미국 국무장관의 담화에 대한 상이한 반응이다. 1946년 10월 파리강화회의에서 귀국한 번즈의 귀국연설을 두고, 10월 20일자 『동아일보』는 "對蘇聯讓步는 이제終幕 新戰爭說로 歐洲窒息"이라는 기사를, 22일에는 "對蘇友好關係를 持續"이라는 서로 상반된 기사를 게재하였다.[107] 실제 그 내용의 논조 역시 미소의 '상극'을 강조하는 것과 미소의 '공존' 가능성을 전망하는 대조적인 논조를 취하고 있다. 이와 같이 당시 『동아일보』의 미소관계에 대한 기사에는 대소 강경정책과 협조를 요구하는 이중적 입장이 공존했다.

흥미로운 것은 1차 미소공위 이후 우익의 세력균형적 시각에 기초한 진영논리의 한 축을 채워준 것이 바로 '민주주의'를 둘러싼 이념 경쟁이었다는 점이다. 1차 미소공위 결렬 이후 '의사표현의 자유'를 둘러싼 논쟁 과정에서 우익은 미국을 언론자유 및 기본적 인권이 보장된 민주주의 진영으로, 소련을 무자유와 독재 그리고 억압의 반민주주의 진영으로 규정했다. 이 과정에서 세력경쟁으로 구획된 두 진영이 전후 시대의 당위적 가치로 등장한 민주주의를 둘러싼 경쟁과 겹쳐지면서, 민주와 반민주가 두 진영의 내용을 채우는 결과가 발생했다. 이와 같은 우익의 진영논리는 2차 미소공위가 재개할 무렵 보다 명확하게 확립되었다. 당시 우익의 세력균형적 시각과 민주주의 진영론이 결합된 양상을 잘 보여주는 한 사례가 함상훈(咸尙勳)의 사설이다. 함상훈은 해방 이후 한민당의 주요 요직을 맡았고, 기사 작성 당시 우익 중심의 민주의원(民主議院)에서 공보부장을 역임했다.

먼저 함상훈은 '제2차 세계대전은 파시즘 독재정치를 타도하고 민주주의를 실현하기 위한 전쟁'이었다고 규정하고, 전후 이 승리한 '민주주의를 국내에 철저히 하면 정치적 경제적 평등을 목적한 사회민주주의의 실현이오 이것을 국제적으로 적용하면 국제적 평등 민족자결주의에 귀(歸)'한다고 주장한다.

107 「對蘇聯讓步는 이제終幕 新戰爭說로 歐洲窒息」, 『동아일보』, 1946년 10월 20일자; 「對蘇友好關係를 持續」, 『동아일보』, 1946년 10월 22일자.

즉 "戰後의 世界大勢는 이 社會民主主義와 民族自決主義의 實現에 있다"고 주장한다.[108] 이와 같이 함상훈은 좌익이 전후 세계를 민주와 반민주의 단일 구도로 규정한 것과는 달리, 전후 세계의 민주주의 실현 과제를 국내와 국제의 서로 다른 층위로 구분해서 이해하고 있다. 바꿔 말하자면, 좌익이 사회개혁과 민족해방을 동일시하고 민족 단위가 아닌 계급 중심적 입장에서 초민족적 연대를 통해 전후 세계를 재편하고자 했다면, 함상훈은 사회개혁의 과제를 민족 내부의 문제로 제한시키고, 국제관계 속에서 민족자결의 원칙을 주장하고 있다. 이런 양상은 그 기저에 민족과 계급의 우선권에 대한 서로 다른 지향의 차이를 반영한 것이었다.

이후 함상훈은 세계 각국의 국내 민주화의 양상을 '국민평등으로서의 사회민주주의'로 규정하고, 실제 민주화로서 정치적 형태의 변화를 이룩한 국가와 함께 정치적 차원을 넘어 경제적 민주화까지도 표방하는 각국의 전후 변화상을 서구 유럽에서부터 아시아, 아메리카에 이르기까지 검토한다. 결론적으로 그는 '세계는 각국이 사회민주주의를 실현하기 위하야 맥진하고 있'다고 평가한다. 여기에서 흥미로운 것은, "實質에 있어서는 다르나 蘇聯軍 占領下의 東歐 及 빨칸諸國에서 左右聯立內閣이 出現한 것은 모다 社會民主主義의 觀念에는 一致"한다고 평하면서, 소련 점령지역의 변화 역시 전후 사회민주주의의 범주로 포함시키고 있다는 점이다.

이와 함께 함상훈은 전후 국제적 민주화가 민족자결주의의 실현으로 나타나고 있다고 주장하면서, 그 구체적 사례를 나열하고 있다. 영국, 미국, 화란(和蘭)의 아시아 약소민족의 독립 실현을 위한 일련의 실천과 지향을 강조한 데 이어, 조선에 대한 막부삼상회의 결정 역시 조선독립의 구체적 실현 방법을 규정한 것으로 평가한다. 이런 사례를 통해, 그는 "이것으로써 보면 世界弱小民族의 解放 民族自決主義는 社會民主勢力과 아울러 民主主義의 國際的 國內的 兩面相이며 世界的大勢라 할 것"이라고 강조한다.[109]

108 咸尙勳, 「國際政局의 展望」, 『경향신문』, 1947년 1월 1일자.
109 咸尙勳, 「國際政局의 展望」, 『경향신문』, 1947년 1월 1일자.

그런데 함상훈의 전후 세계적 민주주의 실현 과정에 대한 평가에서 주목해야 할 것은, 미소 모두를 민주주의 세력으로 규정하면서도, 그 질적 차이를 부각시키면서 친미반소의 입장을 취하고 있다.

> 이 世界的 民主主義의 勢力가운데에도 美英을 中心한 휴매니즘의 民主主義와 蘇聯을 中心한 暴力主義의 民主主義의 兩大 潮流가 相擊하고 있음을 看取할 수 있다. 前者는 民主主義의 根本原則인 人民 各 個人의 自由와 權利를 土臺로 政治的 經濟的 平等을 主張하고 後者는 政治的 經濟的 平等을 實現하기 위한 手段 方法을 不關하는 民主主義다. 前者는 言論 集會 結社 出版 信仰의 自由로써 選擧와 自由를 議會政治를 主張함에 對하야 後者는 無産階級에 獨裁政治를 目的한 暴力主義 革命主義를 主張한다.[110]

이와 같이 양 진영의 민주주의를 정치적 · 경제적 평등을 실현하기 위해 '개인의 자유, 권리를 토대'로 하는 측과 '수단 방법을 불관'하는 측으로 대조 · 분립시켜 반소적 논리를 구축하고 있다. 또한 '언론 집회 결사 출판 신앙의 자유와 선거를 통한 의회정치' 대 '폭력주의와 혁명주의에 의한 무산계급의 독재정치'로 구분하면서, 실질에 있어 소련의 민주주의를 반민주주의로 부각시키고 있다.

계속해서, 소련 점령 지역과 미영 점령 지역의 전후 정치경제상의 변화를 비교하면서, 이런 민주주의의 상위(相違)를 더욱 노골적으로 드러내고 있다. 그 어휘 구사와 논조에서도 소련 점령 지역을 설명하면서는, 특정 지역을 "할취(割取)", "편입(編入)"한다거나, 정권을 "强制的" 또는 "極度의 選擧干涉", "체포(逮捕)", "감금(監禁)"으로써 "親蘇政權의 强化에 腐心하고" 있다고 주장한다.[111] 또 점령지역의 정치상태를 설명하면서도 "~을 수립케 하얐다" "~이 되게 하고," "~을 조직(결성)케 하고," "~에 참가케 하야" 등 그 점령지역 주민의 주체적이고 자발적인 의사에 의한 정치운영을 강조하기보다는, 소련의 간섭과 강압에 의한 피동적인 상황에 처해있음을 강조하면서 소련 점령지역을 부

110 咸尙勳, 「國際政局의 展望」, 『경향신문』, 1947년 1월 1일자.
111 咸尙勳, 「國際政局의 展望」, 『경향신문』, 1947년 1월 1일자.

자유의 통제 상태로 재현하고 있다.[112]

마지막으로 그는 "조선의 북위삼팔선을 미소 양군이 분단점령하야 각각 상이한 군정을 쓰고 있고 미소회담과 미소공동위원회가 개최되었으나 하등 구체적 결말을 보지 못한 것은 미소 양국의 세계적 대립의 연장선에 있으나 그 실은 절대독립을 지지하는 미국과 신탁통치를 강요하랴는 소련 측의 이해상반에서 나온 것"이라고 주장한다.[113] 즉 조선 문제 역시 전후 국제무대에서의 미·소 세력대립의 연장선으로 인식하면서, '탁치'를 주장하는 소련을 비판하고 있다. 또 미소 각 국내의 군사·경제·정치적 상황을 검토하면서, 만약 소련이 "擴大한 占領地의 廣大한 것과 占領地의 赤化에만 注力하야 美英과의 衝突을 不顧한다면 負薪入火格의 愚擧가 될 것"이라고 경고한다. 이와 같이 함상훈은 조선 문제를 비롯한 국제정세를 미·소 양대 세력의 경쟁을 중심으로 조망하면서, 사실상 양측 간 긴장과 충돌의 원인이 소련의 팽창주의에 있다고 비판하고 그것의 중단을 촉구하고 있다.

이상 살펴본 함상훈의 국제정세에 대한 규정은 미소공위 기간 우익의 시각을 집약적으로 보여준다. 해방 이후 우익은 '계급 대 민족'의 대립 구도 속에서 강한 민족주의 정치노선을 표방했다. 이를 통해 좌익의 국제주의 계급노선과 경쟁했다. 동시에 민족주의 정치노선의 연장선에서 전후 세계 역시 세력균형적 시각으로 바라보았다. 또 이에 따라 국제정세를 인식하고 규정했다. 여기에 1차 미소 공위를 계기로 본격화된 '민주주의'를 축으로 하는 이념 진영의 논리가 더해지면서, 세력균형적 진영논리와 '민주 대 반민주'의 진영논리가 결합했다. 이 과정에서 우익은 '팽창 대 방어'라는 세력균형론적 진영논리에 '자유 대 공산'이라는 이념 경쟁의 진영논리를 결합해, '소련 - 침략 - 독재' 대 '미국 - 방어 - 자유'의 의미망을 형성해갔다. 이와 같은 복합적 진영논리는 2차 미소공위 결렬 이후 미소의 대립이 격화되면서, 미국과 서구 중심의 진영논리인 '냉전' 논리로 이어졌다.

112 咸尙勳, 「國際政局의 展望」, 『경향신문』, 1947년 1월 1일자.
113 咸尙勳, 「國際政局의 展望」, 『경향신문』, 1947년 1월 1일자.

2. 좌익의 '민주 대 반민주' 국제정세론

해방 이후 조선공산당을 비롯한 좌익은 전후 세계를 제2차 세계대전의 연장선에서 규정했다. '파시즘 대 민주주의'의 대결에서 승리한 '민주주의' 세력과 민주주의 이념은 해방 이후 부정할 수 없는 당위적 가치로 부상했다. 그 결과 좌우 정치세력은 이 '민주주의'라는 표지를 통해 자신의 정치적 노선과 정당성을 주장해야만 했다. 조선공산당은 해방 이후 조선의 현실을 부르주아 민주주의혁명 단계로 규정하고, 이것을 '진보적 민주주의'의 실현이라고 주장했다. 그리고 이것을 실현하기 위한 당면과제로 친일파 · 민족반역자, 파시즘 잔재의 청산과 경제적 평등을 실현할 수 있는 '민주개혁'을 주장했다. 또 이들 '반동'세력을 제외한 자주적 '인민전선정부'를 수립할 것을 주장했다. 이와 같은 자신의 정치노선을 중심으로 조선공산당은 '민주 대 반민주'의 진영 대립을 설정했다. 이와 관련해서 좌익 계열의 잡지『人民』에 실린 다음 글은 당대 조선공산당의 진영논리의 성격을 잘 보여주고 있다.

> 民主主義가 있는 곳에 반드시 反民主主義가 있다. 이것은 하나의 宿命的인 사움이라고 할 수 있다. 오날의 政界의 混亂을 가르켜 左翼과 右翼의 對立抗爭의 結果라고 이르는 사람이 있으나 이것은 近視眼者의 速斷이다. 오날의 政界는 이미 그러한 낡은 形態의 싸움으로부터 飛躍하였다. 現在 對立을 보고 있는 것은 決코 左右의 翼이 아니고 民主主義냐 反民主主義냐하는 가장 새로운 形態의 對立이다.(…)民主主義 對 反民主主義의 싸움은 非單 朝鮮만의 特殊現狀이 아니다. 그것은 世界 어느 나라에서든지 있는 싸움이고 또 있지 않을 수 없는 싸움이다. 特히 英國을 비롯하야 中國 希臘 오스트리아 朝鮮 等의 諸國에 있어서 그 싸움은 가장 熾熱한 形態로 展開되고 있다. 우리나라에 있어서는 民主主義民族戰線이 結成된 以來 모든 民主主義 勢力은 이에 全面的으로 集結되는 過程에 있고 이에 反하야 反民主主義陣營은 이른바 民主議院을 溫床으로 삼고 이의 推戴에로 總集結의 態勢를 가추고 있다. 이리하야 우리 民族의 宿願이고 또한 至上命令이든 民族統一은 完全히 一場春夢이 되고 말었다.[114]

114 「民主主義와 反民主主義」(卷頭言),『人民』, 1946년 4월호, 2쪽.

위 내용에서 확인할 수 있는 바와 같이, 좌익은 조선은 물론 전후 세계를 '민주 대 반민주'의 양 진영의 대결로 규정하고 있다. 이것은 단적으로 좌익의 계급주의적 정치노선이 조선에 국한된 것이 아닌 국제주의적 입장을 취하고 있다는 것을 보여준다. 바꿔 말하면 좌익은 그들의 혁명론에 입각해서 전후 세계를 인식하고, 또 그에 부합하는 방향으로 개조하고자 했음을 알 수 있다. 때문에 좌익의 전후 국제정세에 대한 관심과 그 추이 역시 그들의 정치노선의 실현 여부와 관련된 주제와 대상에 집중되었으며, 그것을 중심으로 세계정세를 바라보고 논평해갔음을 짐작할 수 있다.

1946년 1월 모스크바 삼상회의의 '신탁통치'안이 쟁점으로 부상하면서 조선공산당은 모스크바 삼상 결정의 취지와 자파의 정치노선의 정당성을 적극적으로 선전해갔다.[115] 특히 조선공산당은 2월 들어 집중적으로 국제정세를 해설하는 기사를 당 기관지 『해방일보』를 통해 내보냈다. 박헌영은 2월 5일자 "佛蘭西에 잇서서의 民主主義政府 出現"이라는 제목의 기사를 통해 전후 세계 역시 전쟁기와 마찬가지로 '민주주의와 파시즘'의 대결이 계속되고 있다고 강조한다. 박헌영은 전후 정치동향 중 "중심 되는 건전하고 올흔 방향은 민주주의 노선"이라고 주장한다. 동시에 "이것을 거슬여 반대하는 경향이 곳 파시즘과 제국주의의 반동적 殘滓勢力"이라고 강조한다. 그러면서 '중구(中歐) 각국에서 민주주의 정부가 수립되어 우세를 가지고 인민을 위한 진정한 민주주의운동이 강화되고 있으며, 민주주의와 반민주주의 양 진영이 서로 싸우고 있는 나라도 있고 아직 파시스트 혹은 반(半)파시스트들이 정권을 쥐고 있는 나라도 있다'고 해설한다. 박헌영은 특히 이런 상황에서 "최근 불국(프랑스)에 있서 민주주의 진영의 우위로 정부조직이 해결된 것은 우리 세계민주주의운동의 한 큰 수확"이라고 평가한다.[116]

이와 같이 전후 세계를 '민주 대 반민주'의 투쟁 도정으로 바라보는 조선공

115 조선공산당 중앙위원회, 「民主主義 路線만이 實踐할 唯一의 길이다」, 『해방일보』, 1946년 1월 12일자.

116 朴憲永, 「佛蘭西에 잇서서의 民主主義政府 出現」, 『解放日報』, 1946년 2월 5일자.

산당의 시선은 이후에도 지속된다. 박헌영은 1946년 4월 17일 조선공산당 창건 21주년 기념식사에서 "第二次 世界大戰은 民主主義聯合國의 勝利로 國際 파시즘이 敗亡하고 全世界에 民主主義化運動이 活潑히 展開되고" 있다고 평가했다.[117] 그는 미 · 영 · 불을 비롯한 구라파 제(諸)국의 민주주의는 물론 아세아의 식민지 · 반(半)식민지 약소피압박민족운동 역시 민족의 발전과 민주주의 실현을 목적으로 전진하고 있다고 주장했다. 이와 함께 소련에서는 사회주의운동의 비약적 발전에 따라 사회주의건설 과업이 평화적으로 실천되고 있다고 강조했다. 당시 『해방일보』가 "全世界에 울엉차다 民主主義의 進軍譜"라는 슬로건을 내세웠던 것과 같이, 조선공산당은 전후 세계가 "파시즘을 打倒하기에 成功한 以來 歷史上에 일직이 없든 民主主義發展"을 보게 되었다고 평가했다.[118]

그럼에도 불구하고 박헌영은 민주주의 방향에 역행하는 파시즘 반동의 흐름 역시 강하게 존재하고 있음을 우려하면서, 끊임없는 반파쇼투쟁을 촉구하고 있다.[119] 박헌영은 다음과 같이 전후 반동적 흐름의 원인을 지적하면서, '민주 대 반민주'의 틀 속에 조선의 현실 역시 파악하고 있다.

---

117 朴憲永, 「黨 二十一週年 記念式에서 朴憲永 同志의 式辭」, 『解放日報』, 1946년 4월 21일자.

118 「世界民主主義는 前進, 人民을 위한 黨들이 主權을 쥐었다(一), 民戰 中央委員會서 朴동무 報告演說」, 『解放日報』, 1946년 4월 20일자.

119 조선공산당은 전후 파쇼잔재세력의 대두와 자본주의체제의 위기에 대해 계속적으로 지적하고 있다. 박헌영은 신년사에서, "以上과 같이 世界民主主義勢力은 全世界를 通하야 急速히 發展하고 다시 再起를 계획하고 있습니다. 또 民主主義國家 中에는 이 팟쇼잔존勢力의 根滅鬪爭에 있어서 아직 불철저한 點이 있습니다. 그러나 우리는 이 팟쇼의 殘存勢力에 對하야 절대로 과소평가하여서는 안됩니다"라고 주의를 환기시키고 있다. 조선공산당중앙위원회대표 박헌영, 「朝鮮에 完全獨立, 世界엔 平和의 해로서」, 『解放日報』, 1946년 1월 1일자. 또 "一九四五年은 이러한 人類史上 偉大한 新紀元을 지였음에 不拘하고 그 提起된 問題가 複雜多端하야 未解決로써 남어있는 것이 또 적지 아니하다. 팟쇼殘滓勢力의 公然한 擡頭 經濟建設問題의 中心課題의 하나인 國際通貨貸備制度 未確立, 世界金融市場問題에 대하야 런돈과 뉴욕의 完全한 相反, 歐米諸國의(蘇聯를 除外) 購買力의 涸渴, 軍需産業의 平時産業으로의 轉換問題에 대한 未徹底(蘇聯 除外), 資本主義의 基本矛盾에 의하야 多量 失業者의 産出 인플레-의 大衆生活에 밋치는 影響 等等은 一方으로 國際經濟關係의 無動作狀態를 招來하고 他方으로 一般 社會的 不安을 갖어오려" 한다고 우려한다. 조선공산당중앙위원회대표 박헌영, 「民族統一을 基本 完全自主獨立에로」, 『解放日報』, 1946년 1월 1일자.

戰爭의 實物敎訓에 依하야 戰後의 民主主義運動은 世界的으로 活潑히 發展되고 빛나는 成果가 나타나고 있으나 그러나 그것은 絶對가 아니다. 아직도 팟쇼는 根滅되지 안코 그 殘滓는 여러 나라에 남어 있어 民主主義化를 妨害하고 있는데 侵略的 强奪的 獨占資本主義와 金融資本主義가 그대로 남어있는 한 팟쇼의 根據는 아직도 남어 있다고 할 것이고 팟쇼의 根滅은 多大한 困難이 相伴할 것이다. 이같은 國際情勢는 朝鮮에도 反映되야 民主主義運動이 强力하게 展開되고 있는 反面 親日派 親팟쇼적 國粹主義者와 日帝의 精神的 連結을 가지고 있는 民族叛逆者 地主 反動的 資本家 等이 中心이 되야 策動과 陰謀로서 反民主主義運動을 일으키고 있다.[120]

여기에서 확인 할 수 있는 바와 같이, 박헌영은 전후 민주주의의 승리와 그것의 전 세계적 확산 현상을 긍정적으로 평가하면서도, 전후 파시즘 잔재와 독점자본주의의 위험에 대해 끊임없이 강조하고 있음을 확인할 수 있다. 조선의 현실 역시 그 연장선에서 규정하고 있다. 이와 같은 당시 조선공산당의 세계정세에 대한 인식과 규정은 그들의 계급주의 정치노선에 따른 것이었다. 해방 직후 조선공산당은 소위 '8월 테제'를 당의 기본노선으로 삼아, 조선의 현 단계를 부르주아민주주의혁명 단계로 규정했다. 하지만 이 혁명단계는 더 높은 프롤레타리아민주주의혁명으로 나아가기 위한 준비단계로서 이중적 성격을 내포한 것이었다. 즉 조선공산당의 정치노선의 바탕에 깔려있는 전제는 반자본주의 테제였다. 때문에 조선공산당은 전후 세계에 대한 규정에 있어서도 계속적으로 독점자본주의의 문제를 지적하고 있다. 물론 이는 보다 근원적으로 마르크스주의에 기초한 '하부 - 상부'구조를 축으로 서구 제국주의를 이해한 결과였다. 또 이를 바탕으로 과거 두 차례의 세계대전이 모두 독점자본주의의 이익 확보를 위한 전쟁이었다는 평가에 따른 것이기도 했다.[121]

이와 같은 당대 조선공산당의 민주주의를 축으로 한 세계 인식의 양상을 집약적으로 보여주는 사례가 1946년 4월 20일 제2회 민전중앙위원회에서 박헌영이 행한 일반정세에 대한 보고이다. 박헌영의 이 보고 연설은 이후 『해방

120 朴憲永, 「黨 二十一週年 記念式에서 - 朴憲永 同志의 式辭」, 『解放日報』, 1946년 4월 21일자.
121 박문규, 「(第三講)民主主義와 經濟」, 『民主主義十二講』, 文友印書館, 1946, 34쪽.

일보』와『조선인민보』에 연재 기사로 보도되었으며,[122] 이후 조선인민보사에 의해『世界와 朝鮮』이라는 단행본으로 출간되기도 하였다.[123] 여기에서 박헌영은 전후 진정한 민주주의의 실현과 그것의 지속적인 발전을 담보할 세계평화를 위해서는, 경제적 평등을 달성하고 독점자본주의의 모순을 제거해야 한다고 주장한다. 그는 "民主主義라는 것은 어느 國家에서도 그 나라의 모든 國民에게 政治的 同等權을 保障하여야 한다. 그런데 國民 사이에 經濟的 同等權이 없이는 政治的 同等이 實行될 수 없다. 그러니 完全한 民主主義는 國民生活의 土臺인 經濟를 民主主義化함으로서만 達成될 것"이라고 설명한다.[124] 동시에 이런 민주주의의 세계적 발전을 위해서는 장구한 평화가 요구된다고 강조한다. 하지만 그는 전후 세계 자본주의체제가 여전히 민주주의의 발달을 위협하고 있다고 주장한다. 박헌영은 "戰爭이 永遠히 없을 수는 없다. 웨 그러냐하면 現代 戰爭이 獨占資本主義를 基礎로 하고 生起는 까닭이다. 獨占資本家의 市場과 原料源泉을 爲한 鬪爭에서 戰爭이 發生한다. 그럼으로 第一次 第二次 世界大戰을 發生식힌 條件들이 現在 그대로 남어 있다. 또 條件들이 남어있는 以上 戰爭은 있을 수 (밖에) 없다"고 평가한다.[125]

이에 덧붙여 그는 몇 년 내에 필연적으로 주기적 경제공황이 올 수밖에 없다고 단언한다. 자본주의 세계는 이 공황을 면치 못할 것이니, 미국과 같은 나라에는 '생산과잉'으로 공황이 있을 것이고, 구라파에는 '생산부족' 공황이, 영국에서는 과잉과 부족 사이에 중간적 정도의 공황이 발생할 것이라고 예측한다. 실제 박헌영은 전후 "歐洲에는 戰爭에 依한 破裂과 인푸레슌이 惡化되

122 본론에서 분석한『解放日報』기사를 제외한『朝鮮人民報』기사만을 소개하면,「內外 情勢報告(2) - 朴憲永氏 演說」,『朝鮮人民報』, 1946년 4월 24일자;「內外 情勢報告(3) - 朴憲永」,『朝鮮人民報』, 1946년 4월 25일자;「內外 情勢報告(4) - 朴憲永」,『朝鮮人民報』, 1946년 4월 26일자;「內外 情勢報告(5) - 朴憲永」,『朝鮮人民報』, 1946년 4월 27일자;「內外 情勢報告(6) - 民戰中央委員會 朴憲永 演說」,『朝鮮人民報』, 1946년 4월 28일자;「內外 情勢報告(7) - 朴憲永」,『朝鮮人民報』, 1946년 4월 29일자;「內外 情勢報告(完) - 民戰中央委員會 朴憲永」,『朝鮮人民報』, 1946년 4월 30일자.

123 朴憲永,『世界와 朝鮮』, 朝鮮人民報社, 1946.

124 「朴동무 報告演說(二) 制二回 民戰 中央委員會에서」,『解放日報』, 1946년 4월 24일자.

125 「朴동무 報告演說(四) 制二回 民戰 中央委員會에서」,『解放日報』, 1946년 4월 27일자.

고 있는데, 이러한 經濟的 破裂을 速히 回復하고 民主經濟를 確立하는 唯一의 길은 國有化와 土地改革과 같은 急進的 民主主義政策의 實施"하는 것뿐이라고 주장한다.[126] 박헌영은 이러한 급진적 민주개혁의 실시를 통해 '세계 민주주의노선을 완전히 발전시킴으로써 반민주주의 책동의 근원을 완전히 청산'하는 것이 현 단계의 역사적 과제라고 강조한다.

요컨대 박헌영은 파시즘과의 전쟁에서 승리한 민주주의 세력이 세계를 해방하였고 인류문화를 구원하였지만, 여전히 국제파시즘의 잔재가 그 뿌리까지 청산된 것은 아니라고 주장한다. 때문에 승리가 곧 세계평화의 확립이라고 안심해서는 안된다고 선언한다. 따라서 금일 새로운 침략을 방지하고 평화를 위해 싸우지 않는다면 평화를 옹호하는 민족들은 재차 침략을 받을 위험에 놓여있다고 우려한다. 그는 제2차 세계대전이 그러하였듯이 "獨占的 資本主義는 새 侵略戰을 일으킬 수 있는 根據인 것이오. 이것을 土臺로 한 勢力은 파시즘의 殘滓와 結託하여 가지고 帝國主義 政策을 아직도 抛棄하지" 않았다고 지적한다.[127] 그러므로 전선에서 피로써 결성된 연합국의 민주주의통일전선은 전후에 있어서도 항구한 세계평화와 새 침략 전쟁의 방지를 위해 계속되어야 한다고 강조한다.

이와 같이 당대 조선공산당은 자파의 계급주의 정치노선에 근거하여 전후 세계를 '민주 대 반민주'의 구도 속에서 규정했다. 하지만 조선공산당의 정세 규정에서 주목해야 할 것은, 단순하게 '민주 대 반민주'의 대립 구도 속에서 세계를 재조명한 점이 아니다. 보다 더 중요한 것은 그 '민주와 반민주'의 내용을 자파의 계급주의 정치노선에 근거해서 새롭게 재정립하고 있다는 점이다. 그리고 그 새롭게 정립된 '민주와 반민주'의 내용을 통해 전후 세계의 분석 대상을 선택하고 해석하고 평가하고 있다. 이를 통해 조선공산당은 전후 당위적 가치로 급부상한 '민주주의'를 둘러싼 우파와의 의미경쟁에서 자파의 정당성

126 「聯合國의 協助는 鞏固 民主朝鮮은 建設된다 民戰大會 朴동무의 情勢 報告(五)」, 『解放日報』, 1946년 4월 28일자.

127 「世界民主主義는 前進, 人民을 위한 黨들이 主權을 쥐었다(一), 民戰 中央委員會서 朴동무 報告演說」, 『解放日報』, 1946년 4월 23일자.

과 우월성을 확보하고자 했다.

이와 관련하여 조선공산당의 입장을 대변했던 박헌영의 전후 민주주의에 대한 입장을 좀 더 살펴볼 필요가 있다. 박헌영은 해방 직후 '8월 테제'의 연장선에서, 1946년 4월 20일 제2회 민전중앙위원회 정세보고를 통해 재차 '민주주의'에 대한 당의 입장을 피력했다. 그는 전후 세계가 민주주의의 발전을 이룩했는데, 그 발전이란 "여러 나라에 있어 그 민족의 극소수의 이익을 대표하는 당들이 주권을 잡는 것이 아니라 인민 절대다수를 대표하고 인민의 이익을 진실로 옹호하는 당이 주권에 서 있게 된 것이 금일 세계정세의 특징"이라고 설명한다.[128] 동시에 "현 세계에서 노동계급이 가장 진보적인 계급인 까닭"에, "세계 여러 나라에서 노동계급을 대표하는 당들이 대부분 지도적 역할을 놀고" 있다고 주장한다.[129] 여기에서 박헌영은 사실상 인민 절대다수를 대표하는 유일한 지도적 계급이 노동계급이라는 것을 강조하면서, 그 노동계급의 영도 아래 인민전선정부를 수립하는 것이 전후 민주주의의 실현에 관건임을 주장하고 있다.

또 박헌영은 민주주의의 구체적 내용과 그것에 반(反)하는 파시즘의 내용을 대조함으로써 '민주주의 대 반민주주의'의 의미를 부각시킨다. 또 이를 통해 반민주주의에 대한 투쟁이 곧 민주주의 실현의 과정임을 강조한다.

> 民主主義라는 것은 어느 나라에서든지 人民이 自己들의 權利를 가지고 다 같이 잘사는 것을 뜻한다. 民主主義의 基本的 權利인 民族自決權 言論 集會 結社 信仰의 自由 八時間勞動制 土地改革 大企業의 國有化로 國民生活의 安定과 向上 等을 基礎로 하고 成立되는 것인데 이러한 人民의 權利를 强壓하고 搾取를 强要하는 것이 파시즘을 意味한다. 파시즘은 國內에서 民主主義의 初步的 自由를 말殺하고 테로-的 獨裁政治를 行하며 對外的으로 ?小한 다른 나라를 侵略하는 戰爭政策을 勵行한다. 이러한 파시즘 世界體制

128 「世界民主主義는 前進, 人民을 위한 黨들이 主權을 쥐었다(一), 民戰 中央委員會서 朴동무 報告演說」, 『解放日報』, 1946년 4월 23일자.

129 「世界民主主義는 前進, 人民을 위한 黨들이 主權을 쥐었다(一), 民戰 中央委員會서 朴동무 報告演說」, 『解放日報』, 1946년 4월 23일자.

는 이번次 世界大戰의 結果로 붕壞된 것이다. 파시즘이 붕壞는 되었지만은 그 뿌리채 根滅된 것은 아니다. 이에 파시즘 殘滓의 根絶과 金融資本主義를 基礎로한 帝國主義 等 一切 反動勢力을 문허트리는 것이 世界 民主主義運動의 當面任務가 되고 있다.[130]

위 기사를 통해 확인 가능한 바와 같이, 박헌영은 민주주의를 "인민이 자기들의 권리를 가지"는 인민주권의 원칙에 입각해 규정하고 있다. 그 구체적 내용으로는 "민족자결", "언론 집회 결사 신앙의 자유", "8시간노동제", "토지개혁", "대기업의 국유화" 등의 실현을 주장한다. 반면 이와 같은 인민의 권리를 강압하고 착취를 강요하는 파시즘이야말로 반민주주의 독재정치이자, 침략전쟁의 원인이라고 비판한다. 문제는 전후 파시즘 잔재와 금융독점자본주의에 기초한 제국주의 반동세력이 여전히 유지되고 있다는 것이다. 때문에 '민주 대 반민주'의 투쟁은 세계 각지에서 계속되고 있으며, 이 반민주적 요소의 제거만이 전후 평화와 진정한 민주주의 실현을 보장한다고 역설하고 있다.

이상 살펴본 바와 같이, 조선공산당은 당대 '민주 대 반민주'의 대립으로 세계를 바라보면서, 민주주의 실현을 위한 당면 과제를 파시즘 잔재와 금융자본주의를 기초로 한 제국주의 및 반동 세력을 제거하는 것으로 상정했다. 또 정권의 형태 측면에서는 식민지 약소민족의 자결권과 독립국가의 노동자 계급이 영도하는 인민전선정부의 수립을 민주주의 달성의 중요한 과제로 설정했다. 바로 이와 같은 민주주의에 대한 정립과 관련해서 국제정세의 추이를 관측하고 전망했다. 즉 그들 정치노선에 실현 여부를 축으로 국제정세의 동향을 주목했으며, 또 평가했다.

실제 조선공산당은 초기 '민주 대 반민주' 진영논리를 반복하면서, 전후 세계를 두 진영 간의 경쟁과 대립으로 규정했다. 이와 함께 민주주의 진영 내부 역시 그들이 주장한 민주주의 정책의 실현 정도에 따라 서열화해서 재평가했다. 한 예로 박헌영은 스페인 "프랑코 정권의 존속", "희랍의 군주주의정권",

130 朴憲永, 「自主獨立完成을 爲하야(二)」, 『朝鮮人民報』, 1946년 6월 15일자.

"일본", "기타 각국에서 반민주주의의 대두" 현상을 예로 들어, "파시즘의 잔재와 제국주의 진영 등의 일절 반동 세력은 자라나는 민주주의 세력에 대하야 상당히 활발화" 되었다고 평가했다.[131] 그 결과 "民主主義勢力 對 反民主主義反動勢力의 鬪爭은 國際的으로 또한 國家的으로 熾熱의 度를 더욱 높이고" 있다고 강조했다.[132] 마찬가지로 조선 문제 역시 이러한 '세계민주화 과정'에서 생각할 것을 촉구했다.

뿐만 아니라 세계 민주주의 진영 중 "세계발전 원동력의 기초는 가장 진보적 민주주의 국가인 소련이오 다음에는 구주에서 파시즘의 압박으로부터 해방되어 발전된 여러 민주주의 국가와 기타 각 국내에서 성장하고 있는 민주주의 세력"이라고 평가하고 있듯이, 민주주의 진영 내부 역시 위계화해서 인식내지는 평가하고 있다.[133] 즉 조선공산당은 진영 간이든 진영 내부이든, 또 조선의 상황까지도 자당이 내세운 계급 중심의 국제주의 정치노선인 '인민민주주의' 또는 '진보적 민주주의'의 실현 여부를 중심으로 해석하고 규정했다.

실제 이러한 조선공산당의 국제정세를 바라보는 시선은 『해방일보』의 국제정세에 관한 보도 기사의 양상을 통해서도 확인할 수 있다.[134]

131 朴憲永, 「自主獨立完成을 爲하야(三)」, 『朝鮮人民報』, 1946년 6월 16일자.

132 朴憲永, 「自主獨立完成을 爲하야(三)」, 『朝鮮人民報』, 1946년 6월 16일자. 전후 세계 국제 반동세력에 대한 경계는 『노력인민』 창간호에 실린 박헌영의 글에서도 확인된다. "二次大戰이 끝난지 두어 해도 지나지 못한 今日에 있어 또다시 새 戰爭의 挑發者 - 國際反動이 積極化를 보이고 있다. 世界支配의 野望에 불타는 國際反動은 世界民主主義運動의 發展에 反對하여 全力을 다하야 妨害하며 破壞하려는 것이다. 그들은 中國에서 內亂을 助長하고 있으며 인도네시아에서 民族解放運動을 武力彈壓하며 希臘에서 君主獨裁를 援助樹立하며 依然히 파시스트 푸랑코를 支持하고 있는 것이다." 朴憲永, 「創刊에 際」하야 自己使命에 充實할 터」, 『노력인민』, 1947년 6월 19일자.

133 朴憲永, 「自主獨立完成을 爲하야(三)」, 『朝鮮人民報』, 1946년 6월 16일자.

134 『해방일보』의 국제정세에 관한 기사 통계는 1945년 9월부터 1946년 5월 『해방일보』가 폐간되기까지 "소련방소식", "소련소식", "소동맹뉴스", "국제뉴스", "국제소식", "세계단신", "국제잡신", "국제편신", "세계잡신" 등에 연재기사와 국제정세를 다룬 단신 기사를 분류 · 통계한 것이다. 사설이나 논평은 본론을 통해 분석했으며, 단신 기사를 통해 국제정세에 대한 시각이나 경향성을 검토하는 데에 일차적 목적을 두었다. 전체 435건의 기사 중, 소련(113건), 세계 공산당(57건), 미국(51건), 약소국가(44건), 동구유럽(41건), 영국(34건), 일본(23건), 소 · 미 · 영 관계(22건), 중국(20건), 독일(13건), 기타(17건)의 분포를 보였다.

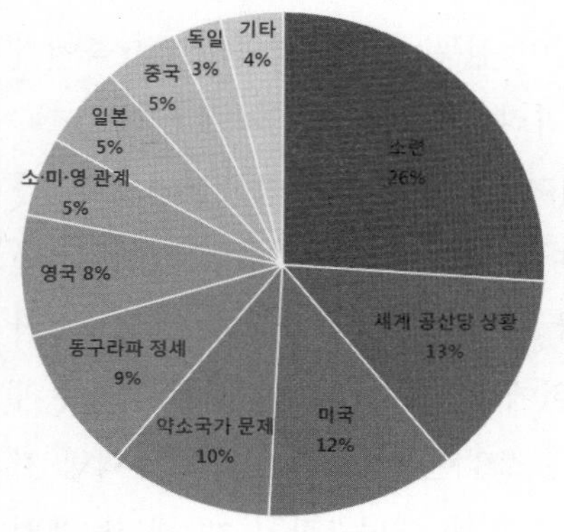

〈그림 4〉『해방일보』의 국제정세 관련 기사

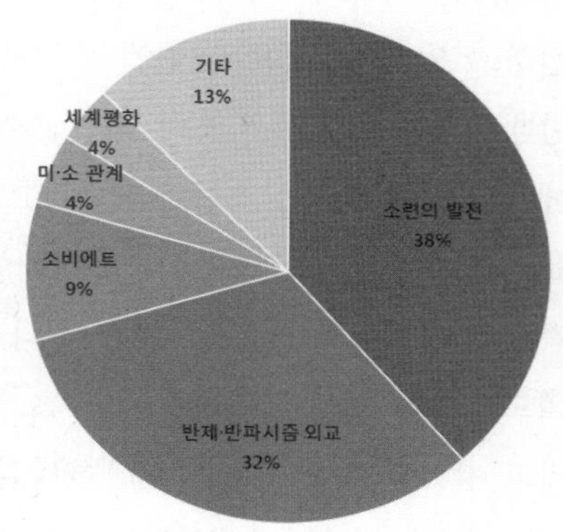

〈그림 5〉『해방일보』의 소련 관련 기사

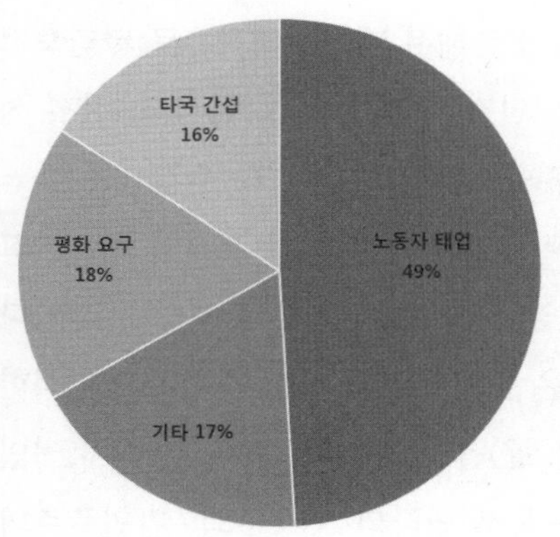

〈그림 6〉『해방일보』의 미국 관련 기사

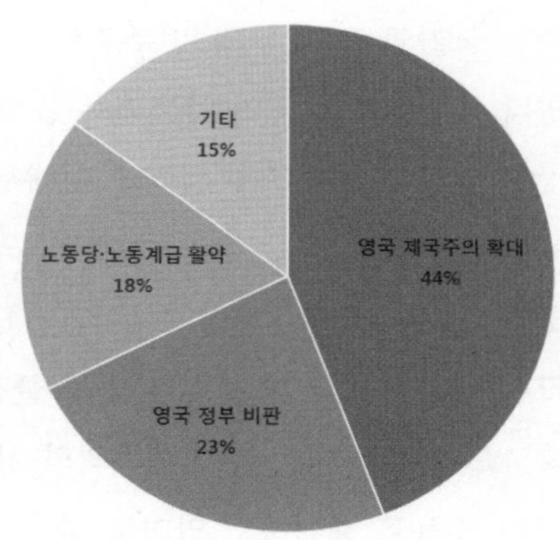

〈그림 7〉『해방일보』의 영국 관련 기사

위 〈그림 4〉와 〈그림 5〉가 보여주고 있듯이 『해방일보』의 대외 소식란 중에서 압도적 비중을 차지하고 있는 것은 소련과 세계 공산당의 활동에 대한 것이다. 『해방일보』는 "소련방소식", "소련소식", "소동맹뉴스" 등의 연재기사와 단신 보도를 통해 전후 소련과 세계 공산주의운동의 발전상 및 그 '민주주의' 노선을 적극적으로 선전하는 기사를 싣고 있다. 전후 '소련의 생산력 확대', '소련 물가 감하', '소련 인민생활의 급속한 향상' 등을 보도하고, 전시경제의 평시경제로의 전환과 경제발전계획의 성공적 실행 과정을 계속적으로 선전하고 있다. 동시에 '소련엔 민족적 차별이 전무', '위임통치를 소련 측에서 반대', '외몽고와 친선 조약 체결', '소-불가리아 통상협의', '국련 지지', 'UNO에서의 평화 희구', '소련의 네델란드령 인도네시아에 대한 영국정책 공격' 등을 다룬 기사는 소련이 국내외 정책에 있어서 평화옹호와 반침략주의를 적극적으로 실천하고 있음을 부각시킨다. 결국 『해방일보』는 '파시즘 박멸은 소련 외교정책의 승리'라고 칭송하고, '소련 소비에트 민주주의가 진정한 민주주의'라고 강조하고 있다. 그밖에 『해방일보』는 스탈린 원수의 여행, 소련혁명 기념식, 소련의 '부인데이' 기념식, 혁명박물관 소개, 레닌훈장 수여, 레닌탄생일 광경, 소독(蘇獨)전쟁사진 전람회 등 소련에 관한 다양한 소식을 전하고 있다.

한편 〈그림 6〉과 〈그림 7〉이 보여주고 있듯이, 『해방일보』는 미·영에 대해서는 국가와 그 내부의 '민주주의 세력'을 구분해서 계급주의적으로 바라보고 있다. 그 결과 영국의 약소민족에 대한 식민지정책을 비판하면서도, 전후 성장한 영국의 노동운동 세력에 대해서 지지를 보내고 있다. 또 영국 내부의 노동단체나 진보 정당이 영국 제국주의를 비판하는 기사 역시 적잖이 게재하고 있다. 구체적으로 『해방일보』의 외신은 '영국이 희랍반동정권 수립'을 꾀한다고 비난하거나, '미영불의 서반아 불간섭은 팟쇼를 원조'하는 것이라고 지적한다. 또 소련과 영국의 민주주의의 상위(相違)를 '소수 부르주아 지배 대 전인민의 통치'로 해설하고 있기도 하다. 이를 통해 영국의 '제국주의·반민주주의' 경향을 강조하고 있다. 반면, '영국 8만 노동자의 데모와 태업'에 관한 기사, 런던에서 발생한 '서반아 문제에 대한 강경정책을 요구하는 대시위'에 대한 기사, '영국 노동당의 인도 독립'을 요구하는 기사 등은, 영국 내부의 노동계급 및 '민주주의 세력'의 성장과 활동을 강조하고 있다. 그밖에 '영국 팟쇼 내무대신 모조레의 향락', 대소전 선동자 처칠의 연설과 그 반향, 영국 전화(戰禍)로 경제재건 곤란, 런던 노동대회 소식 등의 내용 역시 다루고 있다.

미국에 관한 기사에서 가장 눈에 띄는 부분은 바로 계속되는 미국 내 '파업' 현황을 반복적으로 집중 보도하고 있다는 점이다. 그리고 파업 기사와 함께 미국의 전시경제에서 평시경제로의 전환에 장애가 보이고 있다는 논평이 반복되고 있다. 또한 영국과 마찬가지로 미국 내 '민주주의' 세력의 미 외교정책에 대한 비판 기사 역시 빈번하게 등장하고 있다. 가령 '중국에서의 미군철수를 요청'하는 기사, '미국 내 각 신문사가 유고슬라비아 선거에 대한 미국의 간섭에 반대를 표명하는' 기사, '미 각계에서 영국의 외교대책을 비난'하는 기사 등 미 · 영의 간섭 정책을 비판하고 평화정책을 요구하는 미국 내 여론을 부각시키는 기사들이 실렸다. 한편 『해방일보』의 외신은 미국 내의 여론이 아니라, 직접 '미국의 대중국 정책은 민주주의를 저해'한다는 기사나 '미국의 일본 단독관리가 부적당'하다는 보도 등을 통해 미국의 대외정책을 비판하고 있기도 하다. 이 밖에도 '뉴욕타임즈의 조선에 대한 왜곡보도', '미 · 소 간 과학지식 자유교환 제한', '루즈벨트 대통령 1주기 기념 소식' 등을 보도하고 있다.

이런 『해방일보』 기사의 양상과 빈도는 조선공산당의 미 · 영에 대한 인식을 그대로 보여주고 있다. 특히 『해방일보』는 계속적인 미국 산업계의 파업 소식을 통해 미국 자본주의의 모순을 강조하는 한편, 전후 미국의 독점자본주의에 대한 경계의 시선을 나타내고 있다. 또한 국제외교에서의 협조를 호소하고 미국과 영국을 전후 민주주의의 파트너로 인정하면서도, 미국의 간섭정책과 영국의 제국주의 정책에 대해서는 비판적 논조를 취하고 있다. 이는 당시 조선공산당의 이중적 대미 · 영 인식을 그대로 보여주고 있다. 이와 같이 『해방일보』는 조선공산당의 '반자본주의 반제국주의' 테제를 바탕으로 국제정세를 다루면서, 전후 각국의 노동자, 농민의 실정이나 경제적 개혁조치의 실천 여부를 주요한 관심 사항으로 설정하고 있다. 또 구주 및 식민지 해방 민족의 좌우정권의 향배 역시 주요 이슈로 삼고 있다.

이와 같은 세계 인식의 틀에 기초해서, 조선공산당은 우파의 '세력균형'적 시각에 반대했다. 박헌영은 "聯合國(UN)은 勢力다툼의 戰野가 되어서는 안 된다"고 강조하고, 과거 "國際聯盟의 失敗한 原因이 거기에서 帝國主義勢力들이 서로 다투는 데 있었다"고 지적했다.[135] 동시에 그는 "포스탐회담이 선언

135 「朴동무 報告演說(四) 制二回 民戰 中央委員會에서」, 『解放日報』, 1946년 4월 27일자.

한 삼대국의 지도원칙을 직히며 이 삼대협력의 튼튼한 기초 우에서만 연합국 기구(UNO)가 공고한 단체가 될 수 있다"고 주장했다.[136] 이와 같이 전후 국제 관계가 강대국의 세력다툼이나 '세력균형'의 틀로 과거와 같이 반복해서 재편되는 것을 반대하고, 그 대신 '민주 대 반민주'의 경쟁과 대립의 상황에서 민주주의 실현을 위한 투쟁에 나서야 한다고 촉구했다.

보다 구체적으로 박헌영은 "세계에는 여러 가지 소위 평화안들이 많은데 그들은 모두 연합국원칙에 위반"된다고 강조한다. 그러면서 "「西歐뿌록」「北方뿌록」 또는 「북남미뿌록」「世界政府組織案 英美軍事同盟」 等"이 바로 그것이라고 지적한다. 그는 "이 中 「西歐뿌록」 宣傳者들은 「勢力均衡」의 理論으로부터 出發"하고 있다고 평가하면서, 그들은 "世界에는 두 가지 偉大한 勢力集中이 있다(쏘聯과 美國). 우리의 課業은 셋재 勢力集中을 만들 것이다. 그리하야 이 勢力集中이 兩 勢力集中 사이에서 介在하야 이들을 均等하는 힘이 될 것이다"라고 주장하고 있다고 소개한다. 이 외에도 박헌영은 "「세계정부조직안」과 침략적 전쟁계획안인 처칠의 「영어사용국들의 동맹」「미영군사동맹」 계획안"을 언급하고, 이들 모두가 "연합국기관을 미약하게 하려는 것이며 그의 근본원칙인 삼대국의 지도원칙을 파괴하려는 것"이라고 비판한다.

결국 그는 연합국 열강 간의 협조만이 전후 세계평화의 유일한 길임을 강조한다. 이와 함께 "평화의 유지를 위하야 현재에 전쟁의 씨를 뿌리는 반동자들과의 투쟁을 전개하여야 한다. 우리는 세계 민주주의화를 더욱 굳게 하며 팟쇼 잔재세력과 제국주의 세력을 파괴하는 투쟁의 기초 우에서만 장구한 평화를 어들 수 있다"고 주장한다.[137] 다시 말해, 세력균형이나 연합국 간의 관계를 약화시키는 여타의 전후 처리 재편이 아니라, '반파쇼반제국주의의 민주진영'과 '파쇼제국주의의 반민주주의진영'의 투쟁의 구도로 전후 처리 재편이 이루어져야 함을 역설하고 있다. 더 나아가 이러한 시각에 기초해서 전후 세계의 동향을 파악하고 있다.

---

136 「朴동무 報告演說(四) 制二回 民戰 中央委員會에서」, 『解放日報』, 1946년 4월 27일자.
137 「朴동무 報告演說(四) 制二回 民戰 中央委員會에서」, 『解放日報』, 1946년 4월 27일자.

같은 논리로 박헌영이 6월 22일 독소개전을 기념하여 발표한 문건에서, 소련을 전후 평화 옹호 세력으로 추켜세우면서, "현 세계는 어느 한 나라나 몇 나라 뿔로-크가 지배할 수 없다. 평화를 확보하는 유일한 길은 전쟁에서 결성된 삼대국의 지도원칙을 꾸준히 지키"는 것이라고 강조한다.[138] 이어 만일 어느 한 나라나 두 나라가 세계 지배를 요망한다면 이는 제삼자와의 전쟁을 의미한다고 주장했다. 때문에 소련은 "앵글로쌕슨국 반동분자들이 내세우는 영어사용 민족 세계지배이론과 투쟁하며 이러한 분자들이 전쟁을 일으키려는 의도를 깨트"리고자 한다고 강조한다.[139] 다시 말해 조선공산당은 전후 세계 평화와 질서유지를 위해 '세력균형'적 논리에서 출발한 각종 평화안을 반대하고, '민주와 반민주'의 대결구도에 입각한 연합국 간 협조체제의 틀에서 전후 세계를 재편하고자 했다.

이러한 조선공산당의 '민주 대 반민주'의 인식 틀은 미국과 미군정에 대한 입장에서도 확인할 수 있다. 1946년 1차 미소공위 개막을 앞둔 시점에서 마르크스 경제학자 박극채(朴克采)는 전후 세계를 논평하는 글을 통해 미국에 대한 이중적 시각을 보여주고 있다. 그는 반자본주의 테제에 기초해서, 두 차례의 세계대전이 서구 자본주의의 '불균형법칙'에 따른 제국주의 단계의 세계시장쟁탈전 과정에서 발생한 것이라고 평가하고 있다. 하지만 그는 미국은 다른 열강들과 달리 광대한 면적과 자원을 보유한 결과, 서구 자본주의체제의 예외적 존재로서 국내 자본주의 생산력을 발전시킬 수 있었다고 평가한다. 그리고 이와 같은 예외적 자본주의 구조가 미국으로 하여금 식민지에 대한 요구를 높지 않게 했으며, '의회민주주의'가 유지될 수 있었고, 자본주의 국가 중 가장 '진보적'일 수 있었다고 주장한다. 더 나아가 "米國은 今次大戰에 있어서 그 地位와 役割이 蘇聯과 類似하였"다고 평가한다.[140]

이와 같이 박극채는 반자본주의의 시각 속에서 세계 서구 자본주의체제를

138 而丁, 「國際 파시즘의 崩壞는 六月 二十二日로부터다 (二)」, 『朝鮮人民報』, 1946년 6월 23일자.
139 而丁, 「國際 파시즘의 崩壞는 六月 二十二日로부터다 (二)」, 『朝鮮人民報』, 1946년 6월 23일자.
140 朴克采, 「第二次世界大戰前後의 國際情勢」, 『科學戰線』, 1946년 2월호, 17쪽.

비판하면서도, 미국만을 예외적 국가로 보고 소련의 동반자로서 긍정적으로 평가한다. 하지만 이와 함께 박극채는 파시즘잔재의 청산이 곧 전후 민주주의의 실현임에도 불구하고 조선에 여전히 반동 세력과 파시즘 세력의 준동을 볼 수 있다고 지적한다. 이어 연합국 세력의 '진보성의 차이'에 따라 점령지역의 민주주의적 발전의 차이가 나타나고 있다고 지적하면서 미군정의 점령 정책에 대해 우회적으로 비판하고 있다.

임상준(林相俊) 또한 과거 서구 자본주의체제의 침략주의에 의해 동양 약소민족의 식민지화가 전개되었다고 지적한다. 전후 상황 역시 서구 독점자본주의의 본질은 변하지 않았다고 평가하면서, 이에 대한 경계를 촉구한다. 특히 임상준은 전후 동양 약소민족의 운동에 중요한 변수가 미국 독점자본의 동양 진출 여부라고 강조한다. 그는 미국이 동양 약소민족의 해방운동에 동정하는 것이 "決코 米國人의 慈悲心에 依한 것도 아니요, 東洋 弱小民族을 眞正으로 解放시켜주고 싶은 마음에서도 아니"라고 주장한다. 마찬가지로, "米國의 極東政策인데 美國의 極東政策의 基本原則은 門戶開放과 機會均等과 海洋自由의 原則이다. 이러한 原則은 極東의 强大한 東洋民族 自體의 主權回復과 成長을 爲한 것이 아니요 米國 獨占資本이 極東을 搾取의 對象으로서 取扱한데서 나오는 原則"일 뿐이라고 평가한다.[141] 임상준 역시 반자본주의적 시각에 기초해서 미국의 동양 약소민족에 대한 정책을 검토하고 있다. 또 미국 독점자본주의에 의한 동양 약소민족의 신식민지화를 경계하면서, 적대적 자세를 취하고 있다.

해방 이후 조선공산당과 좌익은 미국에 대해 전후 '진보적 민주주의' 실현

141 박극채와 마찬가지로 임상준 역시 "現在에 있어서 소聯邦의 占領下에 있는 파시스트 問題는 完全히 解決되고있으나 英米勢力下의 諸地域에 있어서의 파시스트問題는 조곰도 解決되지 않고 있다"고 미영과 소련의 점령정책을 비교하면서 양측의 차이를 드러내고, 미국에 대한 우회적 비판을 가하고 있다. 그럼에도 불구하고 바로 이어 "今次 「모스크바」에서 發表된 三國外相會議의 「콤뮤니케」의 內容은 世界팟쇼問題 解決에 對한 方向을 實質的으로 證明한데 對하야 人類가 祝賀할 會談이었다고 본다"고 말하면서, 미영 측과의 협조노선을 지지하는 이중적 태도를 보이고 있다. 林相俊, 「國際情勢와 東洋弱小民族의 進路」, 『科學戰線』, 1946년 4월호, 12쪽.

의 파트너이자, 동시에 독점자본주의 세력이라는 이중적 시각을 견지해갔다. 이러한 이중적 대미 규정은 그들의 계급주의 노선에 따른 것으로, 미국과 영국을 그 내부의 '민주주의 대 반민주주의' 세력으로 나누어 인식하고 있는 것에서도 확인할 수 있다.[142] 하지만 조선공산당의 대미 인식의 이중구조는 1946년 1차 미소공위가 결렬되고 미군정의 좌익 탄압이 본격화되면서 잠시 해체되는 경향을 보였다. 미군정의 탄압에 맞서 조선공산당은 1946년 8월경부터 소위 '신전술' 노선을 채택하고 미국에 대한 비판의 수위를 높여갔다. 이 무렵부터 조선공산당은 미군정의 '정당등록법', '외국무역법', '신한공사', '입법기관 창설' 등의 정책을 '반민주적' 방향이라고 비판했다.[143] 특히 박헌영은 1946년 8월 남조선주군 미군사령관 하지에게 보낸 공식 서한을 통해 입법기관 창설을 비판했다. 박헌영은 "입법기관은 정히 이 인민에게 정권을 넘기는 문제와는 정반대의 방향"인 것으로, "친일파 등이 채워진 군정기관을 확대 강화 연장시킴에 불과"하다고 비난했다.[144]

이후 조선공산당은 미군정의 조선에 대한 경제정책을 중심으로 미군정의 정책을 "제국주의 식민지화" 정책이라고 비난했다.[145] 또 이에 동조하는 우익을 "외국 제국주의에 조선을 파러먹고 식민지의 책동을 하고 있는 반동"이라고 규탄했다.[146] 이 무렵 좌익과 중도 계열 신문들은 계속해서 미국의 차관

142 박헌영은 전후 세계정세를 해설하면서, "부르죠아民主國家(英, 美 等) 內에서도 平和를 愛護하는 人民들의 進步的 民主主義運動은 金融獨占資本의 反動勢力과 완强한 鬪爭을 展開하고 있다. 다른 便으로 美英의 金融獨占資本은 戰爭 中에 얻은 천文學的 數字로만 헤일 수 있는 巨大한 리潤을 가지고 不當하게 世界를 左右하고저 策動하며 또한 自國內의 勞動者 비롯하여 一般的 勞動大衆의 生活水準에 惡化를 가져오는 모든 政策을 實施함으로써 反動的 資本의 攻勢를 全面的으로 取하고 있다. 이에 對하여 美國 英國 等 諸國의 勞動者 罷業鬪爭이 激化의 一路를 밟고 있으며 中國을 비롯하여 安南 인도네시아 印度 팔네스티나 南朝鮮 等 植民地民族의 反帝鬪爭이 民族解放을 目的하고 요原의 불낄같이 廣汎히 이러나서 一大攻擊의 態勢를 보이고 있는 것이 今日 國際情勢의 特徵"이라고 평가하고 있다. 朴憲永, 「八·一五記念에 際하야 同胞들에게 告함(中)」, 『현대일보』, 1946년 8월 17일자.

143 朴憲永, 「强制合作은 絶對反對」, 『현대일보』, 1946년 8월 5일자; 「暴力下 强制合作은 絶對反對(上)」, 『朝鮮人民報』, 1946년 8월 5일자; 「暴力下 强制合作은 絶對反對(下)」, 『朝鮮人民報』, 1946년 8월 6일자.

144 「南朝鮮의 危機克服策은 人民의 政權 把握」, 『朝鮮人民報』, 1946년 8월 8일자.

145 朴憲永, 「反動輩의 打倒없이 民主自主獨立 업다」, 『현대일보』, 1946년 8월 16일자.

제공 문제를 두고 식민지화의 시도라고 비판하는 기사를 내보냈다.[147] 1946년 '10월 항쟁'이 전국적으로 확대되어가던 시점에서 박헌영은 노골적으로 미군정의 조선에 대한 식민지화 정책을 비판했다.

박헌영은 "미군정이 남조선에서 제국주의정책을 실시하고 있는 것이 일반 인민의 눈에 명백하게 되었다. 조선을 상품시장 투자시장 원료공급지로서 전쟁의 군사기지로서 식민지화하려는 것인데 잘 되어야 비율빈(比律賓) 식의 『독립』을 가장하는 데 불과할 것이다. 친일파를 중심으로 한 군정을 연장하고 앞으로 삼상 결정에 의하야 임시정부가 성립되드라도 미군정의 기존 군정기구를 그대로 존속시키려는 복안을 세우고 있는 것이다. 입법기관의 창설은 즉 이 기도를 실현하려는 곳에서 나온 것이다. 반민주주의적 반인민적 방향으로 남조선의 경제, 정치가 움지기고 있는 것은 누구나 부인할 수 없는 사실"이라고 평가했다. 이어 그는 "米軍政의 帝國主義政策 實施가 明白하게" 되었다고 규정하고, "朝鮮人民은 米軍政에 對하야 反感"을 가지고 있음을 노골적으로 표출했다.[148]

미군정 정책에 대한 적나라한 비판에도 불구하고, 조선공산당은 여전히 미국과 미군정에 대한 이중적 태도를 견지했다. 즉 협조와 투쟁을 겸비하는 입장을 계속적으로 강조했다. 박헌영은 10월 인민항쟁을 비난하는 공세에 맞서 그것의 정당성을 주장하면서, "이 新戰術에서 特히 强調한 點은 共産黨의 對米軍政 態度이다. 米軍政에 對하야는 如前히 友好的 關係를 變함없이 繼續하여야 함과 同時에 또한 米軍政의 옳지 못한 政策에 對하야는 우리는 그 是正을 爲하여 싸우지 않으면 안 된다고 하였다. 要컨대 우리의 正正堂堂한 要求(民主改革의 實施, 自主獨立 等)를 米國이 約束함과 같이 實踐할 때까지

146 朴憲永, 「8 · 15데모의 意義」, 『建國』, 1946년 8월 18일자.

147 朴憲永, 「外國의 資本投資地로 朝鮮獨立은 유躪」, 『朝鮮人民報』, 1946년 8월 30일자; 朴憲永, 「獨立은 오지 않고 李完用만 再現」, 『현대일보』, 1946년 8월 30일자; 朴憲永, 「民族課業을 完遂하자」, 『서울신문』, 1946년 8월 30일자; 朴憲永, 「獨占資本의 走狗 掃蕩하야 朝鮮의 植民地化를 막자」, 『建國』, 1946년 8월 31일자.

148 而丁, 「民主獨立을 爲한 鬪爭의 南朝鮮의 現段階와 우리의 任務」, 金南植 · 李庭植 · 韓洪九 엮음, 『韓國現代史 資料 叢書』 11, 돌베개, 1986, 427~428쪽.

우리는 輿論을 喚起하여 大衆的 動員과 壓力으로써 그것이 貫徹될 때까지 꾸준이 싸워야 한다고 强調하였다. 이러한 內容의 新戰術이 무엇이 옳지 않을 것이며 어째서 그것이 反米的 反軍政的이겠느냐? 이 戰術은 絶對的으로 옳은 것이요 가장 南朝鮮 政勢에 適合한 것"이라고 역설했다.

이와 같이 1차 미소공위 결렬 이후 신전술과 그 연장선에서 발생한 10월 인민항쟁에도 불구하고, 여전히 조선공산당의 대미 태도는 공식적으로 협조와 우호를 표명하고 있다.[149] 1차 미소공위 이후 '10월 항쟁'을 정점으로 격렬하게 대립했던 조선공산당과 미군정의 대립은 2차 미소공위 재개를 위한 미소 양측의 서신이 교환되자, 물밑으로 가라앉았다. 이후 조선공산당의 삼당합당을 통해 재탄생한 남로당은 1947년 2차 미소공위가 결렬될 무렵까지 공식적으로 미국에 대한 적대적 태도를 표명하지 않았다.

149 朴憲永, 『東學農民亂과 그 敎訓』, 解放社, 1947(이정박헌영전집편집위원회, 『而丁朴憲永全集』 2, 역사비평사, 2004, 467~547쪽).

제3장 '두 세계'의 부상과 이중적 미·소 인식의 해체

1. 우익 냉전담론의 등장

전후 협조관계를 유지하던 미소관계는 1947년 무렵 변화하여 세계적 규모의 대립으로 이어졌고, 결국 같은 해 3월 '트루먼 독트린'에 의해 확연해졌다. 트루먼 독트린은 미국 의회에 지중해지구에서 "공산주의사상 삼투에 방벽적" 역할을 수행하는 그리스와 터키에 대한 원조안의 승인을 요구한 것이었다.[150] 이 연설은 국제정치에서의 소련의 행위를 '팽창주의'로 규정하고, 그에 맞서 자유세계를 수호하겠다는 미국의 공식적 선언이었다. 당시 트루먼 독트린은 전후 미국 대외정책의 전환 신호로 이해되면서 많은 국제적 파장을 일으켰다. 제2차 미소공위를 준비하고 있던 남한의 정치세력들 역시 급변하는 국제정세에 신속하게 대응했다.

남한의 정치세력들 중 가시화되던 미소대립의 양상을 가장 적극적으로 해석하면서 자신들의 정치적 입지를 강화해간 집단은 이승만(李承晩)과 한민당이었다. 해방 직후부터 '신탁통치파동'을 걸쳐 줄곧 반공반소적 입장을 취해왔던 이승만과 한민당은 트루먼 독트린을 자신들의 정치적 이해관계에 적극적으로 결합시켜 해석해갔다. 당시 한민당 중진이던 김준연(金俊淵)은 국내에 소식이 전해진지 얼마 지나지 않은 3월 24일부터 30일까지 『동아일보』에 일곱 차례에 걸쳐 연재 사설을 실었다. "변동된 국제정세"라는 제하의 이 일면 사설은 당시 이승만과 한민당의 국내외정세 인식 및 향후 노선을 선명하게 보여주고 있다. 그 주요 부분을 발췌하면 다음과 같다.

---

150 「希土問題와世界平和」, 『동아일보』, 1947년 3월 16일자.

내가 强調하고저하는 바는 世界 各國民에게 恒久的인 自由와 獨立을 保障하는 것이 美國의 目標이라는 것이다 全體主義的 政權을 自由愛好國民에게 直接的 惑은 間接的인 侵略政策으로 强要한다는 것은 國際的 平和의 地盤을 弱化시키는 것임으로 이는 美國의 安全을 威脅하는 것이라고 看做할 수 밖에 없는 것이다(…)現在 世界는 二種의 生活方式을 選擇할 分岐點에 서 있는 것인데, 그 하나는 人民의 大部分의 民意에 依한 生活方式이며, 또 하나는 "테로", 壓制, 統制된 言論及選擧, 個人自由 拒否로 因한 少數人의 意圖에 依한 生活方式이다.[151]

一九四五年 十月 런던外相會議에서 美蘇의 衝突은 始作되었다 戰爭은 끗났다. 戰後에 있어서 歐羅巴와 亞細亞의 人民에게 自由와平和를 保障하자는 計劃은 挫折을 보게되였다 蘇聯政府가 一九四五年 中에 波蘭, 항가리, 墺地利, 루마니아, 불가리아, 유고슬라비아, 獨逸의 赤軍占領地帶, 이란, 滿洲, 朝鮮에서 行한 措置는 美國과 融和되지 못한 性質의 것이었다.[152]

"트"大統領이 希土에 對하야 援助를 賦與한다는 意思를 表示한 것은 美國이 積極的으로 自由主義國家가 共産主義에 依하야 支配되는 것에 對抗한다는 것을 正式으로 闡明한 것인만치 歡迎하는 바이다. 左右間 우리는 强硬하여 가는 美政策을 歡迎하는 바이며 南朝鮮過渡獨立政府를 樹立한다는 것은 朝鮮에 있어서의 共産主義 鬪爭의 最善方法인 同時에 南北統一을 하는 데 있어서도 最善의 措置라고 생각한다(…)우리는 過去十八個月間 朝鮮에 있어서의 共産主義와 鬪爭하여 왓든것이나 美側은 恒常 中立的 立場과 左右合作을 主張하여 왓든 것이다.[153]

위 사설은 트루먼의 연설문을 인용해서 세계가 "이종의 생활방식"으로 분할되었다고 주장하고 있다. 그 하나는 "인민의 대부분의 의사에 의한 생활방식"이고, 다른 하나는 테로, 압제, 통제, 개인의 자유가 거부된 "소수인의 의도에 의한 생활방식"이라는 것이다. 즉 현실 세계가 "자유애호" 진영 대 "전체주의" 진영의 대립으로 양분되었고, 전체주의의 침략정책에 맞서 세계의 자유와 독

151 「變動된 國際情勢 (1)」, 『동아일보』, 1947년 3월 24일자.
152 「變動된 國際情勢 (4)」, 『동아일보』, 1947년 3월 27일자.
153 「變動된 國際情勢 (5)」, 『동아일보』, 1947년 3월 28일자.

립을 보장하는 것이 미국의 목표라는 것을 주장하고 있다. 이어 전후 구라파와 아세아에서 발생했던 미소의 충돌 역시 적군(赤軍)의 점령정책에 기인한 것으로, 한민당은 미국과 함께 공산주의에 투쟁할 것임을 강조하고 있다.

김준연은 트루먼 연설에 대해 세계 역사의 중대한 전환점으로서, 제2차 세계대전 중 잠시 품었던 국제적 좌우합작의 희망이 사라졌음을 분명히 한 것이라고 단정 짓는다. 이어 그는 이와 같은 대립의 원인이 전후 공산주의 세계혁명을 사명으로 하는 소련의 '영토 확장주의'가 다시 대두했기 때문이며, 그 결과 자본주의의 선수국(選手國)인 미국과의 대립은 필연적일 수밖에 없다고 주장한다. 즉 이번 연설은 공산주의의 '팽창정책'에 대한 선전포고이자, 조선의 공산주의화를 막기 위한 정책이라고 규정한다. 해방 이후 줄곧 공산주의와 투쟁해 온 한민당은 이 선언을 적극 환영하는 바이고, 이후 강경한 대공투쟁에 동참할 것을 선언하고 있다.

이와 같은 김준연의 반응은 그가 기존 우익의 세력균형적 시각의 연장선에서 트루먼 독트린 사태를 바라보고 있다는 것을 보여준다. 그리고 더 나아가 미소관계의 향방에 대한 이중적인 입장이 해체되고, 점차 대소 적대주의 노선으로 획일화되어 가고 있는 양상을 보여준다. 위 사설에서 '미국이 적극적으로 자유주의 국가가 공산주의에 의하여 지배되는 것에 대항한다는 것을 정식으로 천명한 것'이라고 강조하고 있는 것과 같이, 김준연은 미소의 대립을 불가역적인 사태로 규정하고 있다. 1946년 3월 '트루먼 독트린'에 이어 또 다시 6월에 '마셜 플랜'이 발표되고, 2차 미소공위가 참여단체 선정 문제를 둘러싸고 난항에 빠지자, 이승만을 중심으로 한 남한단독정부 추진 세력은 미소의 대립을 기정사실화해갔다.

위 사설에서도 확인할 수 있듯이, 김준연은 마치 이승만과 한민당이 미국의 정책 전환을 미리 예측하고 이미 그에 부합하는 노선을 추구해오고 있었다는 인상을 주고 있다. 오히려 미국의 입장 선회가 늦었다는 논조를 취하고 있다. 이러한 반응은 자신들의 기존 미소대립 노선의 연장선에서 변화된 국제정세를 대하면서 나온 자연스러운 모습이라 할 수 있다. 동시에 당시 이승만과 한민당이 가시화된 미소대립을 자파의 정치노선을 추구하는 데 적극적으로 이용하고자 했음을 보여주는 것이다. 위 사설이 미소의 협력 가능성이 아직 남아있던 2차 미소공위를 앞두고 작성되었다는 점에서, 또한 미소공위의 재개를 계기로 김구 중심의 임정추대 세력이 재차 반탁투쟁을 전개하고 있었다는 점을 고려한다면, 미국의 정책전환은 그들에게 좌우합작과 미소공위를 결렬시키고 그에 따른 단정수립 노선을 적극적으로 추진시킬 수 있는 확실한 명분이었다. 그리고 무엇보다 자신들이 미국의 정책전환에 가장 적합한 남한의 정치세력임을 피력하면서, 다른 세력과의 경쟁에서 정치적 입지를 강화시킬 수 있는 계기였다. 실제 이후 이승만과 한민당 세력의 정치적 행보는 국제정치에서의 미소의 대립을 기정사실화하면서 단정수립을 적극 추진해갔다.

이승만은 1947년 4월 김구 중심의 반탁운동에 자극되어 '도미외교'에서 급히 귀국했다.[154] 귀국 연설을 통해 그는 '트루먼 독트린' 발표 이후 국제정세의 변화에 따른 조선 문제의 해결 방안에 대한 입장을 피력했다. 이 연설을 통해 이승만은 자신의 단정노선을 명확하게 보여준다.

> 南朝鮮에 있어서 總選擧가 遲延되고 美軍政이 失敗한 것은 하-지中將이 共産派와의 合作을 固執하였든 때문이다. 나는 左右合作의 成功을 믿지 않었다. 그러나 現在는 캄캄하든 우리의 길은 열리였다. 우리 同胞는 한데 뭉치어 臨時立法議院으로 하여금 總選擧 法安을 急速히 制定케 하야 南北統一을 爲한 南朝鮮過渡政權을 樹立하여야 한다. 그리고 이를 UN에 叅加시킴으로서 우리는 自由로운 立場에서 蘇聯과 折衝하야 南北統一을 꾀하지 않으면 않된다. 그리고 美政策의 轉換에 다라 우리가 美軍政과 合作해서 우리 問題를 解決할수 있게 되었으니 이제 우리는 大韓臨政의 法統을 固執할 必要가 없으며 이 問題는 保留해 두어야 될 것이다. 그리고 金奎植博士도 이제는 合作을 斷念하고 나와 같이 步調를 取할 것을 決定하였다.[155]

154 1947년 1월 11일 하지가 미소공위 재개에 관한 양군 사열관의 서한 내용을 발표하자, 김구를 중심으로 국민의회가 결성되어 반탁운동이 고조되었다. 김구는 이 반탁운동을 통해 '신탁통치파동' 때와 마찬가지로 국민의회를 통해 과도정부를 수립하려는 의도를 갖고 있었다. 또 정국의 주도권을 장악하려는 의도 역시 내포했다. 이승만은 이런 김구의 정국 장악에 자신의 주도권이 상실될 것을 예상하고 급히 도미외교를 중단하고 귀국하였다. 이와 관련해서는 정해구, 「분단과 이승만: 1945~1948」, 『역사비평』 32, 역사문제연구소, 1996 참조.

여기에서 이승만은 그간 남한의 총선거가 지연된 이유가 미군정의 공산당에 대한 합작정책에 있다고 지적한다. 또 자신은 미군정의 공산당에 대한 유화정책과 좌우합작의 성공을 기대하지 않았다고 피력하고 있다. 이런 입장의 연장선에서 '트루먼 독트린' 이후 미국의 대소정책의 기조가 바뀐 것을 '캄캄하든' 길이 열리었다고 표현하고 있다. 그의 미국의 정책 전화에 대한 반응은 그가 애초 좌우합작이나 미소공위를 통한 남북 통일정부 수립을 원하지 않았음을 말해준다. 오히려 그는 '남조선 과도정권'을 먼저 수립한 후에 소련과 절충해서 남북통일을 추진할 것을 주장하고 있다. 또 미 정책의 전환에 따라 더 이상 '대한임정의 법통'을 고집할 필요가 없다고 강조한다. 사실상 이승만은 미국의 대소정책의 전환으로 더 이상 좌우합작과 임정 중심의 정권 수립이 불가함을 주장하며, 단정노선만이 유일한 정부수립의 방안임을 피력하고 있다.

이 귀국연설은 1946년 6월 남한 단독정부 수립 주장의 연장선에서,[156] 이승만의 일관된 정치노선의 표현이었다. 애초 이승만의 입장은 미소공위를 통한 임시정부 수립과는 거리가 멀었다. 강력한 반공반소론자로서 소련의 비토 인물이었던 그는 공위 협상이 제대로 진척되는 한 무대의 주역이 될 수 없었다. 따라서 그는 미군정의 눈밖에 벗어나지 않을 정도에서 행동하고 있었지만 공위협상의 결렬을 기대하고 있었고, 이 같은 맥락에서 해방된 지 채 1년도 되지 않은 1946년 중반의 시점에서 이미 단독정부 수립을 주장하고 나섰던 것이다. 단독정부 수립만이 그가 남한에서 최고의 지위를 획득할 수 있는 조건이었고, 그가 항상 주장했던 독립이란 바로 이러한 의미에서의 독립이었다.[157]

한민당 역시 미국의 대소정책의 변화를 적극 지지하면서, 단정노선에 가담

155 「自由立場서 蘇와 折衝 普選으로 臨政樹立」, 『동아일보』, 1947년 4월 29일자.

156 이승만은 미소공위가 중단되자마자 1946년 지방순회 도중 정읍에서 남한단독정부 수립을 주장했다. 이승만은 "이제 우리는 무기휴회된 共委가 재개될 기색도 보이지 않으며 統一政府를 고대하나 여의케 되지 않으니 우리는 南方만이라도 臨時政府 혹은 委員會 같은 것을 조직하여 38이북에서 蘇聯이 철퇴하도록 세계공론에 호소하여야 될 것이니 여러분도 결심하여야 될 것"이라고 피력했다. 「이승만, 정읍환영강연회에서 단정수립 필요성 주장」, 『서울신문』, 1946년 6월 4일자, 『자료대한민국사』 2, 국사편찬위원회, 1969, 705~706쪽.

157 정해구, 앞의 논문, 271쪽.

했다. 1947년 4월 8일 마셜 미 국무장관은 미소공동위원회의 즉시 속개를 촉구하는 서한을 몰로토프 소련 외상에게 발송했다. 이 서한에서 마셜은 만일 공동위원회가 실패할 경우 미국은 남한에 있어서 필요한 단독조치를 실시하겠다는 단호한 결의를 표명했다.[158] 이 마셜 서한이 공개되자, 당시 한민당의 입장을 대변했던 『동아일보』는 남조선에 대한 '미국의 비상한 결의를 표한 것'이라고 평가하고, 이를 '환영'한다고 밝혔다. 또 "蘇聯의 對美攻勢가 緩和되지 않는 한 美國의 對蘇經濟攻勢도 緩和되지 않을 것이니 對希土借款이 그것이요 對南朝鮮政策이 그것"이라고 언급하면서, 미국의 대소정책이 강경정책으로 전환되었음을 강조했다.[159]

1947년 3월 10일에서 4월 24일까지 7주에 걸친 막부사상회의가 하등의 성과 없이 미소의 대립만을 확인한 채 끝나자, 『동아일보』는 사설을 통해 전후 '하나의 세계' 이념은 종식되었다고 평했다.[160] 2차 미소공위를 앞둔 시점에서 작성된 이 사설에서 『동아일보』는 이제 '세계일가의 인류이상이 일장의 춘몽으로 화(化)하고, 뚜렷한 두 개의 세계로 분열'되었다고 강조했다. 따라서 더 이상 조선 문제가 미소에 의해 결정되어서는 안 된다고 주장했다. 왜냐하면 "美蘇가 協調的 方向을 取할 적에는 公約된 朝鮮의 解放을 爲하야 相議할 充分한 理由가 있었지마는 이제 雙方은 그 權利를 喪失하였다. 美蘇對立에 가장 威脅을 느끼는 것은 朝鮮이다. 對立된 諸國이 朝鮮을 信託統治한다는 것은 朝鮮을 火藥庫化하는 것"이기 때문이라고 주장했다.[161]

---

158 宋南憲, 『解放三年史 Ⅱ: 1945-1948』, 까치, 1985, 469쪽.

159 「마샬書翰과 自主獨立」, 『동아일보』, 1947년 4월 16일자.

160 당시 『동아일보』는 반복해서 미소 협력의 '하나의 세계'가 종식되고, 미소 간의 세력경쟁에 의해 세계가 '두 개의 세계'로 양분되었음을 강조했다. 특히 외신을 인용해 미소의 대립을 사실화하고 있다. 일례로 『동아일보』는 2차 미소공위가 6월 말 이후 공위 협의대상 단체들의 명부작성 문제를 둘러싸고 또다시 난관에 봉착하자, 미국 내 여론 가운데 '미소관계의 전환을 요구하는 목소리가 고조'되고 있다는 외신 기사를 내보냈다. 또 미국 관변 측에서는 전시의 대동맹이 환영에 불과하며 고(古) 루-스벨트대통령의 "하나의 세계" 구상은 이미 사멸하였기에, 이런 사실을 인정할 것을 요구하는 여론 역시 일부에서 제기되고 있다고 전했다. 「美蘇關係 鬪爭深刻 『하나의 世界』루씨 理念은 水疱」, 『동아일보』, 1947년 7월 10일자.

161 「美蘇對立과 世界平和」, 『동아일보』, 1947년 5월 3일자.

마찬가지로 2차 미소공위가 거의 결렬될 시점에 트루먼의 특사로 웨더마이어 중장이 방한하자, 『동아일보』는 변화된 정세에 따라 새롭고 강력한 미국의 대 조선정책을 촉구했다. 『동아일보』는 "고 루즈벨트 · 윌키의 世界一家的 國際民主主義 路線에 依한 對蘇協調政策에 순응하야 南朝鮮共産主義者를 되도록 包攝하려는 苦心과 努力은 非單 美軍政뿐만이 아니라 民族陣營 自體의 苦心과 努力이기도 하였으나, 우리가 强調하고 싶은 것은 好意的 協議로 協調할 時期가 決定的으로 지냇"다고 강조했다.[162] 과거 미군정의 '구차한' 타협정책은 민족 진영을 분열 · 약화시켰고 상대적으로 좌익 진영을 강화시켜, 작년 10월 소위 '인민항쟁'을 초래했다고 평가했다. 따라서 종래의 우유부단한 정책을 철회하고 확고한 정책이 필요하다고 주장하면서 다음과 같이 미국의 조선에 대한 정책 전환을 강조했다.

> 미소공의가 거의 결렬상태에 빠진 지금에 있어서는 문제는 지극히 간단하다. 세계적으로 첨예화된 미소의 대립이 조선에 있어서만 협조적으로 나갈 수는 없다는 것이 증명되었다. 중공군이 만주를 점령하고 있는 한 삼팔장벽을 철폐되지 않을 것이라는 점이 명확히 되었다.(…)조선에 공산정권이 수립되면 태평양의 안전은 보장되지 않을 것이다. 우리는 자유와 평화를 사랑하는 민족이다. 우리는 미국의 대조선 최고정책을 믿는다. 우리는 미소공위에 대하야 실망한지 이미 오래다. 또 이상 기대할 수도 없다. 사대국회의에 제안하는 것도 좋고 UN에서 문제 삼는 것도 좋다. 그러나 그보다도 먼저 미국의 대 조선 최고정책을 남조선에 강력하게 실시하지 않으면 조선 문제는 해결될 수 없다는 것을 장군을 맞이하는 이 기회에 강조하지 않을 수 없는 바이다.[163]

위 사설에서도 확인할 수 있는 바와 같이, 『동아일보』는 더 이상 조선 문제가 소련이나 좌익과의 협상을 통해 해결될 수 없다는 것을 주장하고 있다. 또 조선의 공산화는 곧 태평양의 안보와 직결되는 것이라는 논리로 조선에 대한 미국의 '최고정책', 즉 소련과 좌익에 대한 강경책을 촉구하고 있다. 이와 함께

162 「우리에게 『最善을 주라』 웨데마이어 特使를 마지며」, 『동아일보』, 1947년 8월 27일자.
163 「우리에게 『最善을 주라』 웨데마이어 特使를 마지며」, 『동아일보』, 1947년 8월 27일자.

조선 문제를 미소공위가 아닌, 사대국회의나 국제연합으로 이관하는 것을 지지하면서, 사실상 남한의 단독정부 수립을 추구하고 있다. 이와 같이 『동아일보』로 대표되는 한민당 세력은 가시화된 미소대립과 그에 따른 미국의 대소정책의 전환을 불가역적인 사태로 몰아갔다. 이를 통해 자파의 단정노선에의 입지를 공고하게 다져갔다.

당시 『동아일보』는 국제정세의 변화를 미국의 대외정책 전환을 통해서만 강조한 것은 아니었다. 소련과 동구권에 대한 동향을 해설하면서도 세계적 차원에서 미소대립이 심화되고 있음을 강조했다. 2차 미소공위가 사실상 결렬된 1947년 10월에 『동아일보』는 소련의 세계정책 역시 노골적인 대미 적대정책으로 전환되었음을 주장했다. 여기에서 『동아일보』의 사설은 '소련을 위시한 중동남 구라파 구개국공산당이 파란(波蘭) 수부에 모여 공동정보국을 설치'하기로 한 것을 주목한다. 이에 대해 여러 논란이 있으나 그 기본적 의도가 '적극적인 반미투쟁'에 있다고 평가하고, 그것이 미소 간 세력경쟁의 산물이라고 주장한다. 무엇보다 이 9개국 공산당의 결속을 그 성패 여부를 떠나 공산주의운동사상에 한 개의 '획기적' 사실로 규정한다. 즉 각국 공산당이 "소련의 필사적인 반미투쟁에 호응하야 행동통일을 기도하였다는 것은, 외래의 지시를 배격하고 각국의 현실에 입각하야 근로대중의 경제적, 정치적, 문화적 향상을 의도한다는 종래의 태도를 일척(一擲)한 것으로, 광범한 인민전선에 의하여 파시즘 타도를 주장한 저 유명한 '디미트로프 · 데제'의 완전한 포기를 의미"한 것이라고 강조한다.164

그리고 이는 비단 서구뿐 아니라 극동에서도 마찬가지 현상이 예상된다면서, 소련을 총본부로 하여 구라파, 근동, 극동, 미주 등에 산재하게 될 때, 5개의 '공산뿔럭'은 '제3인터'에 못지않게 강력한 또 하나의 '코민탄임'에 틀림이 없다고 평가한다. 무엇보다 '과거 십오 년 동안 계속해오던 국제공산주의 운동의 기본적 방략은 여기에 일대전환을 하게 되었다고' 주장한다. 이어 '국제공산주의운동의 기본방침이 소련의 제5열화적 단계에 봉착'하였다고 강조하

164 「國際共産主義運動의 方向轉換」, 『동아일보』, 1947년 10월 14일자.

고, 이후 미소의 대립은 더욱 심각해질 것으로 예측한다. 이와 같이 『동아일보』는 국제공산주의 운동이 사실상 과거로 회귀되었다는 것을 강조하고 있다. 더 이상 각국 공산당은 개별 상황에 따라 독자적인 행동을 취하지 않고, 단일한 '공산 블록'을 형성하게 되었다는 것을 강조하고 있다. 이를 통해 세계가 점차 두 개의 진영으로 통합되어, 상호 대결해가고 있음을 부각시키고 있다. 또 이 '블럭'의 형성 목적이 과거 '파시즘'에 대한 투쟁이 아니라 '적극적인 반미투쟁'에 있다고 평가하면서, 역시 미소의 갈등 양상을 가시화하고 있다.

이상 살펴본 바와 같이 이승만과 한민당이 중심이 된 단정 세력은 1947년 3월 '트루먼 독트린'이 발표된 이후 변화된 국제정세를 적극적으로 자파의 정치노선을 실현하기 위해 활용했다. 이 시기 단정 세력은 미국의 대소 강경정책과 미소 간의 국제무대에서의 갈등을 불가역적 사태로 고착화시켜, 자신의 단정 노선의 입지를 강화시켜갔다. 그리고 이 과정에서 끊임없이 미소대립을 세력경쟁의 관점에서 규정하고, 소련을 '침략주의' 세력으로 몰아갔다. 이와 함께 기존 이중적 대소 인식의 구조를 해체하고, '침략주의' 대 '방어주의' 내지는 '자유주의' 대 '전체주의'라는 이분법적 진영논리를 끊임없이 생산했다. 단정세력은 미국의 대외정책 전환에 따른 단순한 맹목적인 추종이 아니라 오히려 자신의 정치적 목적 달성을 위해 적극적으로 진영의 논리를 이용해갔다.

1948년 초 남한 만의 단독선거 방침이 확정되고 남과 북의 분단정권 수립이 가시화되자, 우익은 진영논리를 통해 한반도의 현실을 재규정하고 자파의 정치노선을 추구해갔다. 이와 관련해서 2차 미소공위를 대비해 결성했던 한민당 중심의 임협(臨時政府樹立對策協議會)을 개칭한 한협(韓國獨立樹立對策協議會)의 북한정권 수립설에 대한 논평은,[165] 당시 단정 세력의 진영논리를 집약적으로 보여주고 있다.

> 북조선인민위원회가 근간 소위 "조선민주인민공화국"을 수립하였다는 것은 유엔위원단이 방금 내조(來朝)하여 남북총선거를 감시하라는 차제 동위원단

165 「『臨協』을 『韓協』으로」, 『동아일보』, 1948년 1월 22일자.

의 북조선 입경을 거절하고 미국 급(及) 국제적 협조 없이 단독적으로 정부를 조직한다는 것은 소련의 지(至)세계적으로 감행하고 있는 침략주의 강권주의의 표현으로서 도저히 용화할 수 없는 사실이라 않을 수 없다. 소련이 남조선 적화에 대한 침략적 책원지(策源地)요 만주 내지 극동 적화의 원호지(援護地)임을 알 수 있다. 그러므로 우리는 소련의 금차 "조선민주인민공화국" 수립이 단순한 조선을 분할하며 영토화하려는 목적보다도 극동 침략 내지 세계 적화의 발로임을 지적치 않을 수 없다. 소련의 입국 거절한 금일 여상(如上)의 신사태가 전개되었음에도 불구하고 소련에 협조 내지 미련을 가지거나 북조선의 의석을 남겨둔다는 등의 조처를 함은 소련에 대한 인식의 부족을 말하는 동시에 조선독립을 지연시키는 것이라 않을 수 없다. 우리는 남조선만이라도 총선거를 단행하여 국민의회를 구성하고 이곳에서 수립하는 정부를 조선의 대표정부로 인(認)하고 이것을 유엔의 일원으로 참가케 하여 조선의 독립을 승인하고 그 정부에 소속한 군대를 편성 찬성하여 실력으로써 남북을 통일하고 유엔과 더부러 국제평화건설에 공헌하도록 노력하지 않으면 안될 줄 믿는다.[166]

여기에서 한협은 당시 명확하게 확인되지 않은 북한정권의 수립설을 기정사실화하고, 그것을 소련의 '침략주의', '강권주의' 대외정책의 일환으로 규정하고 있다. 보다 주목되는 것은 한협이 북한정권 수립을 단순하게 북한의 소련 영토화 정책으로 한정 짓지 않고, 남한은 물론 '극동 침략과 세계 적화의 발로'로 파악하고 있는 점이다. 이것은 소련의 팽창정책이 북한에 그치는 것이 아니라 세계적 차원에서 계속될 것임을 강조하면서, 결국 소련과의 협상이나 타협의 여지가 있을 수 없다는 것을 주장한 것이다. 그리고 이런 적대적 관계 설정을 통해 북한과의 협조노선을 취하는 남한 내 반(反)단정파를 독립 지연 세력으로 비판하고 있다. 또 이런 소련의 침략주의에 대비할 수 있는 유일한 방도는 남한에 단독정부를 세워 유엔의 일원으로 가입하고, 실력으로써 맞서는 것이라고 주장하고 있다. 이것은 사실상 단독정부 수립과 서구 반소 진영으로 편입하는 것만이 조선 문제의 유일한 해결책이라고 주장한 것이었다.

166 「蘇侵略의 發露 朝鮮分割企圖」, 『동아일보』, 1948년 2월 19일자.

이와 함께 당대 단정 세력은 진영논리를 통해 기존의 국제정세를 재해석하기도 했다. 특히 이런 재해석의 과정에서 주목되는 것이 동남아시아 약소민족의 독립문제에 대한 시선의 변화이다. 관련하여 아래 기사를 살펴보자.

> 이 半球에 있는 우리는 植民主義를 復舊하려는 努力에 對하여 獨立을 爲하여 鬪爭하고 있는 弱小植民地民族이 얼마나 激烈히 또한 深刻하게 反感을 抱懷하고 있는지를 容易히 理解치 못할 것이다 悲劇的인 것은그것이 國家를 完成하려는 印度國民을 援助하는 데 있어 英國이 남긴 偉大한 業績을 水泡에 도라가게 할 餘地가 있다는 것이다 英美兩國의 主張과 警告에 直面하여 和蘭이 發揮한 頑强性은 國籍을 莫論하고 "白色帝國主義"에 因한 것이라고 말할 수 있을 것이다 이것은 亞細亞의 數百萬 人民을 倂呑하려는 共産黨으로서는 利用하기에 알맞은 膳物일 것이다[167]

위 기사는 외신을 인용하여 "화란"의 영향력 아래에 있는 인도네시아의 상황을 다루면서, 전후 식민주의적 지배정책에 대한 인민의 반감이 고조되고 있는 상황을 전하고 있다. 그런데 논평이 주목하고 있는 것은 현재 이러한 구시대의 "백색 제국주의"가 아세아를 병탄하려는 공산주의 세력에게 좋은 구실과 환경을 제공하고 있다는 점이다. 이와 같이 전후 반제반식민주의의 의제였던 약소민족의 문제는 점차 반공주의의 의제로 변화해가고 있었다. 실제 우익 계열의 신문들은 미소대립이 표면화되면서 동남아시아 약소민족의 독립투쟁을 점차 미소의 진영 논리 속에서 해석해갔다.[168] 요컨대 1947년 2차 미소공위가 결렬된 이후 남한의 단정세력들은 냉전의 논리를 내화해가는 동시에, 다시 그 진영의 틀을 전용해서 현실을 규정짓고 남한 사회를 미소 진영의 질서로 재편하는 데 주요한 역할을 수행해갔다. 결국 이러한 대립구도의 논리는 전후 세

167 「弱少民族 植民政策反感深刻」, 『동아일보』, 1947년 8월 7일자.

168 관련 기사로는 「越南問題로佛國會波瀾 胡志明政權은共産系란攻擊으로」, 『경향신문』, 1947년 3월 16일자; 「西南亞情勢險惡 革命과政治不安에苦憫」, 『동아일보』, 1947년 12월 27일자; 「左翼意圖認識시키고저 要人北行을默認 美紙의南北協商評」, 『동아일보』, 1948년 4월 27일자; 「共産勢力東洋서決戰 美專門家莫府戰略에警告」, 『동아일보』, 1948년 8월 10일자; 「共産勢力亞洲決戰展開」, 『경향신문』, 1948년 8월 10일자; 「亞細亞復興의길」, 『동아일보』, 1948년 10월 24일자.

계의 분열과 대립의 책임이 소련의 침략주의에 있음을 끊임없이 주장하면서, 이후 냉전논리로 이어졌다.

이상 살펴본 바와 같이 이승만을 중심으로 한 단정 세력은 세력균형적 진영논리를 자파의 정치노선과 적극적으로 결합시켜 갔다. 이 과정에서 기존 반공반소의 논리를 확대 심화시켜가면서, 공산주의를 '테로, 압제, 통제'에 기초한 소수의 '독재체제'로 규정하고 과거 '팟쇼 세력'과 동일시하며, 그에 맞서는 현재의 자유주의 진영의 우월성을 강조해갔다. 이런 측면에서 1947년 3월 이후『동아일보』는 외신보도를 통해 미국의 전환된 대외정책을 사실로 확인시키면서 미소의 대립을 불가역적인 현실로 재현하였다.[169] 또한 전후 세계 곳곳의 연합군 주둔지에서 발생한 사례들을 통해 공산주의에 대한 구체적 투쟁 전술을 강조하거나,[170] 조선 문제의 UN상정을 독촉하고 UN에서의 미국의 입장을 적극적으로 옹호하는 태도를 보였다.[171]

바로 이와 같은 일련의 과정 속에서 "冷戰"이란 용어가 새로운 세계정세를 규정하는 용어로 남한 사회에 등장했다. 이 용어가 본격적으로 등장한 것은 1948년 7월부터이다.[172] 하지만 이미 미국의 '구주 경제원조 계획' 발표 직후인 1947년 7월부터 외신을 인용하면서 "冷靜한 戰爭"으로 소개되어졌고, 1948년 초에는 "冷靜戰爭", "冷酷戰爭"으로, 그리고 다시 "冷戰"이란 용어가 함께 사용되었다.[173] 그 변화상이 보여주듯이 이 용어는 국제정세에 관한 외신보도를

169 「美蘇鬪爭深刻『하나의世界』루氏理念은水泡」,『동아일보』, 1947년 7월 10일자.

170 「共產黨과의 鬪爭에 對하야 (一)」,『동아일보』, 1947년 7월 25일자; 「共產黨과의 鬪爭에 對하야 (二)」,『동아일보』, 1947년 7월 29일자; 「共產黨과의 鬪爭에 對하야 (三)」,『동아일보』, 1947년 7월 31일자; 「共產黨과의 鬪爭에 對하야 (四)」,『동아일보』, 1947년 8월 1일자.

171 「UN總會를 마저서」,『동아일보』, 1947년 9월 16일자; 「解決의必然的段階 朝鮮問題上程과UN」,『동아일보』, 1947년 9월 16일자.

172 확인된 범위에서 "冷戰"이라는 용어가 최초로 등장하는 기사는 「英베外相 英軍隊復員中止 伯林封鎖에重大演說」,『경향신문』, 1948년 7월 31일자이다. 하지만 이 용어가 본격적으로 확산되어 상용된 것은 1948년 10월부터이다.

173 확인된 범위에서 "냉정한 전쟁"이란 표현을 쓴 기사를 일자별로 보면, 「美蘇의 "熱狂的戰爭" 防止」,『경향신문』, 1947년 7월 29일자; 「蘇戰爭準備에熱中 獨共產化防止必要」,『동아일보』, 1947년 11월 20일자; 「美蘇關係惡化一路 改善의可望은殆無」,『동아일보』, 1948년 1월 4일자; 「마샬援助案成功時까지 對蘇平和解決斷念」,『동아일보』, 1948년 2월 17일자; 「歐洲復興案實施中 極東政策現狀維持」,『동아일보』, 1948년 2월 17일자. "냉정전쟁"이란 표현을 처음 사용

인용하는 가운데 "COLD WAR"의 번역어로 등장하다가 점차 "다양복잡한 형태"의 "양세계의 대립성"을 상징하는 표현으로 자리 잡았다.[174]

초기 냉전 개념의 남한 사회로의 수용 과정에서 주목해야 할 것은, 초기에 그것이 당대인들의 세계에 대한 기정사실이나 고착화된 인식이 아니었다는 점이다. 전후 냉전의 사태는 협조와 평화 노선에 대한 반대이자, "白熱戰爭"이나 "射擊戰爭"과 대비해서 전후 미소의 세력경쟁 양상을 나타내는 개념이었다.[175] 당대인들에게 그것은 극복되어야 할 것이면서도, 때론 격렬한 전쟁으로 이어질 수도 있는 불안하고 유동적인 현실로 이해되었다. 때문에 타협과 조정에 기초한 '하나의 세계'를 건설하기 위해 다양한 개입 방식이 모색되었고, 양분된 세계의 추이를 둘러싼 여러 예측과 전망이 제시되었다. 남한 사회 역시 이러한 냉전에 대한 인식과 감각을 공유했다.[176] 즉 냉전 초기 세계 질서의 재편을 둘러싼 논의와 운신의 폭은 열려있었다. 그리고 그 틈새에서 개별 국가와 정치세력은 각자의 입장과 노선에 따라 냉전 세계를 이해하면서 역으로 그 세계를 재구성하는 데 개입했다.

한편 이 시기 남한 사회의 냉전적 시각에 거스르는 흐름 역시 강하게 존재했었다. 제2차 미소공위를 통해 임시정부 수립을 추진했던 좌우합작 세력과 '국제협력 노선'에 근거해서 조선 문제 해결을 시도했던 좌익 세력은 1947년 말까지도 미소협력을 포기하지 않았다. 그래서 1947년 3월 '트루먼 독트린'이 발표되었을 때 좌우합작 계열의 『독립신보』는 이를 비난하는 외신을 집중적으로 보도했다.[177] 또한 비관론에 반대하면서 조선 문제에 대한 미소 간의 변

한 기사는 「三四年內에勃發」, 『동아일보』, 1948년 3월 23일자이며, 이후 "냉전"이라는 용어와 함께 사용되어지고 있다.

174 林相俊, 『싸우는 두 世界와 戰後弱小民族의 進路』, 노농사, 1948, 1쪽.

175 崔垣烈, 「美蘇冷靜戰爭과 우리의 覺悟」, 『大潮』, 1948년 8월호, 8쪽.

176 이러한 당대 남한 사회의 인식과 감각은 외신을 통한 국제정세 추이의 지속적인 보도 속에서, "예측", "전망", "기로", "가능성", "기대", "협상", "조절" 등의 기사 제목 및 논조에서도 단적으로 확인할 수 있다.

177 「트大統領聲明에 大波紋」, 『독립신보』, 1947년 3월 15일자; 「美國의 新外交政策은 나치獨逸을聯想」, 『독립신보』, 1947년 3월 16일자; 「美는 希土의 自主性無視」, 『독립신보』, 1947년 3월 20일자; 「反蘇國無條件援助는 美自體를分裂化」, 『독립신보』, 1947년 4월 3일자; 「美의

함없는 합의 이행을 주장하는 미당국자들의 성명서들을 전하였다.[178] 심지어 1947년 11월 조선 문제의 UN상정이 결정된 직후에도 미소의 협력 가능성을 전망하거나 요구하는 외신을 전하고 있다.[179] 하지만 조선 문제가 UN에 상정되고 단독선거가 결정되어가자 좌우합작 세력은 분열되었고, 조선공산당을 중심으로 한 좌익은 미군정에 대한 비난과 극단적 투쟁을 강화해갔다.

2. 좌익의 '반제국주의 민주주의'론의 전면화

조선공산당은 1946년 8월 소위 '신전술'로의 전환 이후 미국을 제국주의 세력으로 비난했다. 그럼에도 불구하고 미국과 미군정에 대한 비판과 협조의 이중적 입장을 표명했다. 이후 1946년 '10월 인민항쟁'을 정점으로 조선공산당의 대미 강경노선의 기세는 수그러들었다. 1946년 10월에서 12월에 걸쳐 미소공위 재개를 위한 미소 간 서신이 남북 각 지역 주둔군 사령관인 하지와 스티코프 간에 교환되었다. 1946년 11월 7일 하지에 의해 교환 서신의 내용이 공개되었고,[180] 1947년 1월 11일 재차 그간 양측의 접촉 과정이 공표되자 조선공산당과 이후 조선공산당, 인민당, 신민당이 합당하여 결성된 남로당은 미소공위 속개를 주장하며 다시 미국에 대한 우호적 입장을 취했다.[181] 하지만 남로당의 이중적 대미노선은 1947년 10월 제2차 미소공위가 결렬되고 조선 문제의 UN이관이 가시화되는 무렵부터 사라진다.

對希援助政策은 殘忍行爲助長뿐」, 『독립신보』, 1947년 4월 6일자; 「世界를 二大陣營에分割」, 『독립신보』, 1947년 4월 11일자; 「美蘇兩國不和면 三次大戰不可避」, 『독립신보』, 1947년 4월 12일자; 「트大統領對外政策에 美輿論은反對的」, 『독립신보』, 1947년 4월 23일자.

178 「悲觀論은 不當」, 『독립신보』, 1947년 3월 15일자; 「統一朝鮮 建設의 國際的 誓約不變」, 『독립신보』, 1947년 3월 30일자; 「朝鮮問題 解決 方途는 莫府 協定 促進뿐」, 『독립신보』, 1947년 4월 13일자; 「締結當時와變함없이 美는 莫府 協定을 遵守」, 『독립신보』, 1947년 4월 11일자.

179 「美는美路線堅持 美蘇對立은穩和를確信」, 『독립신보』, 1947년 11월 20일자; 「美의戰爭不願을 스首相에게確言하라」, 『독립신보』, 1947년 11월 22일자.

180 「美蘇兩方의 意見接近 共委再開氣運 漸熟」, 『조선일보』, 1946년 11월 8일자.

181 朝共中央委, 「共委續開에 努力을 盟誓」, 『獨立新報』, 1946년 11월 10일자.

실제 1946년 11월을 지나 연말부터 미소 양자 간 공위 재개의 분위기가 조성되어 가자, 미국과 미군정에 대한 조선공산당의 태도는 다시 협조를 강조하는 논조로 변화해갔다.[182] 공식적 담화나 문헌에서 미국을 반민주적 제국주의 반동 세력으로 규정하는 내용은 찾아볼 수가 없다. 그러나 1947년 6월 말 이후 미소공위는 협의대상 단체의 선정을 둘러싸고 난관에 봉착했고,[183] 결국 10월 21일 소련 측 대표단이 서울을 떠남에 따라 사실상 결렬되었다.[184] 1947년 9월 21일 조선 문제의 유엔총회 상정이 가결된 이후 1947년 11월 유엔총회에서 '유엔 감시하의 남북 총선거안'이 가결되자, 남로당을 비롯한 좌익 진영은 1948년 초까지 미소 양군의 동시철병과 이후 남북총선거를 주장하면서 이에 반대했다.[185] 이 무렵부터 좌익은 다시 세계정세를 "제국주의 반민주주의 세력 대 반제국주의 민주주의 세력(이하 반제민주론)"의 대결로 규정하고, 미국을 '제국주의 반민주' 세력으로 비판했다. 1946년 1차 미소공위 결렬 이후 7월 말 '신전

182 남로당중앙위원회, 「大槪는 三相決定을 認識」, 『獨立新報』, 1947년 3월 11일자.

183 당시 미국 측 공위 대표 브라운 소장은 5호 성명에 서명하고 청원서를 제출한 것에 관해 모스크바 삼상 결정을 지지한다는 의사표시로 충분한 것이며, '신탁'조항에 대한 반대 표시는 '의사표현의 자유'로서 인정해야 한다고 표명했다. 이에 대해 남로당에서는 모스크바 삼상 결정을 총체적으로 지지하는 단체만이 협의대상 자격이 있음을 주장하며, '신탁'에 반대하는 것은 공위를 파탄시키려는 의도이므로 '의사표현의 자유'가 주어져서는 안 된다고 반박했다. 공위 협의대상 문제에 대한 남로당의 입장에 대해서는, 「마-샬 몰로토브 兩氏 原則을 土대 蘇美共委成功을 期心」, 『노력인민』, 1947년 7월 18일자; 남로당 중앙위원회, 「臨政樹立을 渴望 뿌라운少將에게 南勞黨서 書翰」, 『獨立新報』, 1947년 8월 13일자.

184 「殘留蘇側委員 廿三日離京」, 『동아일보』, 1947년 10월 24일자.

185 남로당은 소련 측 스티코프의 철병제안을 지지하면서, "소수의 반탁파가 만약 오개년의 후견제를 반대하야 진출하는 완강한 민족적 심리에 사실적으로 지배된다면 그들은 당연히 현재 진행되고 있는 외국군대의 주둔과 또는 그 군대의 주둔하에 실시되는 외국군정에 대하야 보다 완강한 불만이 표시되지 아니하면 아니 될 것이며 또한 연합국의 오개년 공동원조를 예속이라 의심한다면 그들은 당연히 조선에 관한 일절 국제결정 특히 오십 오개국의 논의에 우리 문제를 상정하는 UN총회는 무엇으로써 신뢰하여 열광적으로 환호를 보내는 것이냐. 문제는 후견제에 있는 것이 아니다. 이들에게 있어서는 삼상 결정이 조선인민의 갈망하는 일본 해독(害毒)을 청소하야 민주주의 諸 개혁과 민주주의 諸 건설을 실시하고 통일적 자유 독립국가 건립을 예견시킨 까닭으로 이것을 적극 반대한 것이 명백한 것이다. 양국군대를 그대로 두고 후견 없이 독립시키느니 또한 후견을 아니 하느니 내정간섭을 아니하느니 하는 등등의 말은 실제에 있어 인민을 속일 수 없는 공허한 기만인 것"이라고 주장했다. 남로당중앙위원회, 「撤兵提案支持 南勞黨中委 聲明要旨」, 『朝鮮中央日報』, 1947년 10월 1일자; 남로당중앙위원회, 「撤兵期 不明示는 撤兵實現을 無限 遲延」, 『獨立新報』, 1947년 10월 25일자.

술'의 채택과 10월 인민항쟁으로 이어지던 시기에 등장했던 논리의 연장선에서, 이제 미국에 대한 협조와 투쟁의 이중적 입장을 철회하고 노골적인 적대와 투쟁으로 돌입해갔다.[186]

당시 2차 미소공위 결렬과 조선 문제의 유엔 상정에 따른 변화된 정세에 대한 남로당의 인식을 집약적으로 보여주는 것이, 1947년 12월 20일에 남로당 중앙위원회 명의로 작성된 "現政勢와 우리의 任務"이다. 여기에서 남로당은 '팟쇼 진영'에 대한 민주주의연합국의 전승은 자본주의 국가들 중에서 가장 군국주의적이며 침략적이던 독일과 일본을 파멸시켰다고 평가한다. 동시에 세계 자본주의체계 역시 큰 타격을 받았다고 주장한다. 특히 전후 중구와 동남구라파 제국이 소련에 이어 자본주의체제로부터 떨어져 나왔음을 언급하면서, 자본주의체계의 면모가 근본적으로 변경되었다고 강조한다. 오직 미국만이 번영했을 뿐 독일, 일본, 이태리는 패망했고 영·불 제국주의는 몰락해서 미국의 예속에 빠지게 되었다고 평가한다.

이와 같은 남로당의 정세 평가에서 주목할 만한 것은 전후 세계의 문제가 바로 미국 독점자본임을 지적하고 있는 점이다. 또 남로당이 그들의 계급주의 시각 속에서 미국과 미국자본가를 구분해서 평가하고 있다는 점이다. 남로당은 전쟁의 결과로 인한 자본주의체계의 전면적 약화에도 불구하고, 미국만이 군수품 공급으로 막대한 이윤을 축적했다고 지적한다. 하지만 그것은 오직 극소수의 미국자본가들의 이윤일 뿐, 전체 인민이 부유해지는 것과는 아무런 관련이 없다고 주장한다. 무엇보다 중요한 것은 전후에도 미국자본가들이 '강도적인' 전시이윤을 유지하고자 동맹국 간 민주주의 원칙을 팽개치고 새로운 침략정책을 펼치고 있는 점이라고 말한다. 이어 그 광범한 군사적·경제적 침략정책을 강령화한 것이 바로 '트루먼 주장'이며 '마셜 안'이라고 주장한다. 미국

186 당시 미군정의 좌익에 대한 탄압 역시 남로당이 투쟁노선으로 전환한 요인 중 하나였다. 특히 1947년 8월 수도경찰청장 장택상은 '8월 15일을 기하여 폭동을 통한 미군정 파괴 음모가 발각'되었다고 발표하고, 대대적인 좌익검거를 실시했다. 이에 대해 남로당은 폭동설이 날조된 것이며 반동적 폭압이라고 반박하고, 미군정 하 조선의 혼란상을 비판했다. 남로당 중앙위원회, 「中世紀的 暴壓 絶對反對, 撤兵으로 政府樹立 渴望」, 『노력인민』, 1947년 11월 20일자.

독점자본가들이야말로 닥쳐오는 자국의 경제공황을 두려워하고, 이를 벗어나기 위해서 패망한 히틀러-파시즘과 일제의 길을 다시 걷고 있다고 비난한다. 남로당은 이와 같은 미국의 팽창정책으로 인해 현 세계가 두 개의 진영으로 갈라져 상호 투쟁하고 있다고 주장한다.

> 이것은 곧 世界資本主義體系의 취弱性을 또 한 번 더 明白히 實證하는 것이다. 戰爭의 結果 發生된 國際情勢의 變動은 世界 政治的 勢力을 두 개의 陣營으로 分裂식히고 말았다. 民主主義와 反動과의 對立鬪爭의 方向이 더욱 明確히 됨을 따라 한便에는 帝國主義的 反民主主義的 陣營 다른 한便으로는 反帝國主義的 民主主義的 陣營이 서로 對立하고 있다. 帝國主義 陣營의 目的은 資本主義를 强化하며 새 戰爭을 準備하며 民主主義的 自由를 대가스며 反動的 反民主主義的 制度와 運動을 支持하는 데 있다. 이 陣營의 基本的 勢力은 米國이다. 英 · 佛 兩國의 社會黨政府는 自己나라 人民들의 反抗에도 不拘하고 米國의 앞잡이로써 帝國主義政策에 順從하고 있다. 土耳其 · 希랍等 反民主主義的 反動制度를 가진 國家들도 帝國主義 陣營을 支持하고 있다. 이와 對立하야 反帝國主義的 反파시스트 勢力은 다른 陣營을 形成하고 있는바 陣營의 目的은 새로운 戰爭에 帝國主義的 侵略을 反對하며, 鬪爭하며, 全國的으로 民主主義를 擁護, 强化하며 파시즘 殘滓를 肅淸하기 爲하야 鬪爭하여 大小國家人民들의 自由와 協力을 恒久한 세界平和를 爲하야 鬪爭하는 데 있다. 이 陣營의 根本勢力은 소聯과 東南及中國의 새 民主主義 諸國家들이다. 인도네시아와 越南도 이 陣營에 屬하고 있고 印度 · 埃及等도 이 陣營에 同感하고 있다. 反帝國主義 陣營은 세界各國에 있어서의 勞動運動과 民主主義運動, 植民地及隷屬諸國의 民族解放運動과 全世界 各國에 있는 모든 進步的 民主主義 勢力의 支持를 받고 있는 것이다.[187]

여기에서 확인할 수 있는 바와 같이, 남로당은 '세계자본주의체계의 취약성'이 전후 두 개의 진영을 만들었다고 주장한다. 기존 "민주주의와 반동"의 대립이 더욱 노골화되어, 결국 "한便에는 帝國主義的 反民主主義的 陣營 다른 한便으로는 反帝國主義的 民主主義的 陣營"이 출현해 서로 충돌하고 있다는 것

187 남로당 중앙위원회, 「現情勢와 우리의 任務」(이정박헌영전집편집위원회, 『이정 박헌영 전집 5』, 역사비평사, 2004, 312~330쪽).

이다. 미국을 중심으로 한 제국주의 진영은 자본주의체제를 강화하고 새로운 전쟁을 준비하면서, 반동적이며 반민주주의적인 제도와 운동을 지지하고 있다고 주장한다. 반대로 소련을 중심으로 한 반제국주의 진영은 새로운 전쟁과 제국주의 침략에 반대하고 민주주의의 옹호를 위해 파시즘 잔재를 숙청하는 데 투쟁하고 있다고 강조한다. 이와 같이 남로당은 기존 '민주 대 반민주'의 인식 틀의 연장에서 미소대립이 가시화된 당대 세계를, '자본주의 - 제국주의 - 전쟁 - 반민주주의 - 반동' 대 '반자본주의 - 반제국주의 - 평화 - 민주주의 - 진보'라는 두 개의 진영으로 분할하고 있다. 그리고 여기에 조선의 현실 역시 접합시킨다.

남로당은 미국이 조선의 민주독립을 보장한 국제협정을 승인해 놓고도 반인민적인 태도를 보였을 뿐만 아니라, 애초부터 자기의 주구 노릇을 할 우익들을 앞세워 조선정부를 괴뢰적 반동정부로 조직하고자 했다고 비난한다. 이것이 조선인민과 소련의 반대로 좌절되자 남조선에 장기 주둔을 목적으로 단선을 주장하고 있으며, 여기에 한민당을 비롯한 반동분자들은 인민을 착취하며 그들의 향락을 누리기 위해 협력하고 있다고 주장한다. 유엔총회의 결정은 오직 미국자본가 팽창주의의 이익에 적합할 뿐 조선인민의 이익과는 전연 상반되는 것으로, 유엔임시위원단 역시 미국의 일방적 의사에 따라 움직이는 미국정책 실행기관에 불과하다고 비난한다. 따라서 유엔임시위원회의 이름으로 치러질 총선거는 남조선 단독정부를 '정법화'하려는 것이오, 이것은 결국 남북분열을 합리화하자는 것이라고 주장한다. 반동정권의 수립은 곧 미국 자본주의 정책을 충실히 실행하는 기관이 되고, 남조선이 미국의 식민지와 군사기지로 변질하는 것이라고 강조한다. 반면에 남로당은 오직 소련이 제안한 미소양군의 동시 철병만이 조선 문제 해결을 위한 옳은 길이며, 소련만이 조선 인민의 진정한 민주주의적 독립국가 창설에 옳은 정책을 실시하고 있다고 강조한다.

이어 보다 구체적으로 남로당은 '제국주의 미국'과 '민주주의 소련'과의 차이를 남과 북의 점령정책과 실상의 비교를 통해 더욱 부각시킨다. 남로당은 북한의 인민위원회 수립, 민주개혁, 친일파 숙청에 대비해서, 일제의 동척과 마찬가지로 미군정이 신한공사를 통하여 조선경제를 착취하고 있음을 주장한다. 또 미군정은 경제정책의 목적을 남한의 파괴된 경제와 공업의 부흥에 두지 않고, 미국 상품의 다량 수입정책을 취한다고 지적한다. 그 결과 산업 운영이 저하되어 실업이 발생하고, 아무런 실업 대책이 없는 상황에서 노동자의 생활은 해방 전에 비해 비참한 지경에 이르렀다고 강조한다. 농민의 생활 역시 노예적 빈궁과 노예상태에서 벗어나지 못한 채, 미곡수집으로 인해 더욱 곤란에 처해있음을 강조한다.

이와 함께 남로당은 세계 반동과 민주의 대립 구조에 조응해서 남조선의 정치세력 역시 반동과 민주의 대립 구도로 나누어져 있다고 주장한다. 남로당은 한민당을 비롯한 반동적 정당들이 미국의 정책을 지지하며, 토지 · 대자본가 계급의 착취 압박의 정치노선을 실천하기 위하여 반제국주의적 민주 진영 즉 민전 계열 및 남로당과 대립하야 싸우고 있다고 주장한다. 이와 같이 남로당은 '제국 대 반제국', '반민주 대 민주'의 진영 테제를 그대로 조선의 정국에 투영해서 해석하고 있다. 세계와 조선의 현실을 일체화시키는 가운데, 한편으론 미국의 제국주의적 침략성을, 다른 한편으론 그 추종 세력인 한민당을 중심으로 한 단정 세력의 예속성과 반동성을 부각시키고 있다.

미소 양군의 동시 철병과 총선거 철회를 촉구하는 남로당의 투쟁은 1948년에 들어와 한층 격렬하게 전개되었다. 이 과정에서 '제국주의적 반민주주의 대 반제국주의적 민주주의'라는 진영 테제를 축으로 미국과 우익에 대한 비난을 강화했다. 이 시기 남로당은 "조선 문제에 대한 UN간섭은 친일반동 도배들의 야욕과 조선의 외국 식민지화의 엄폐물"이며,[188] 유엔 한위는 "제국주의 압재비가 되어 이 식민지화 정책을 실행하는 대행기관"에 불과하다고 기존 비난을 계속 반복했다.[189] 하지만 남로당의 투쟁과 좌우를 망라한 남한 단선에 대

188 남로당중앙위원회, 「南朝鮮 全同胞에게 呼訴함」, 『노력인민』, 1948년 1월 7일자.

189 남로당중앙위원회, 「朝鮮問題는 朝鮮人民에게 맛기라, 兩軍撤退만이 朝鮮의 獨立可能」, 『노력인민』, 1948년 2월 2일자.

한 반대 여론에도 불구하고, 1948년 2월 유엔 소총회에서 남한지역만의 총선거가 결의되었다. 이후 3월 1일 미군정의 남한 총선거 실시가 발표되고, 연이어 3월 12일 유엔한국임시위원단의 소총회 결의안 가결이 이루어져 사실상 남한 총선거는 현실로 굳어졌다. 이에 남로당은 본격적인 단선반대 투쟁과 전체 인민의 총선거 보이콧 운동을 호소했다. 이 무렵 기존 진영 테제에 근거한 반제반미 노선은 더욱 노골화되었다.

박헌영은 총선거가 얼마 남지 않은 시점에서 "人民들에게 告함"이라는 호소문을 통해 "단정수立을 目的하는 根據를 뽀이코트하는 광범한 鬪爭"을 전개할 것을 촉구했다.[190] 여기에서 박헌영은 조선인민들의 영웅적 항쟁에도 불구하고 미국의 전통적 식민지 침략정책의 마수는 멈추지 않고 있다고 강조한다. 이번 선거의 본질 역시 남한을 미국에 "예속化하기 爲하야 美國의 주구的인 한民黨一派를 中심으로 하는 南朝鮮單獨政府를 세우려는 것"이라고 규정하고, "朝鮮에 對한 美國政策은 侵略的"이고 "國聯朝鮮委員團은 美國 侵略의 代理人"이기 때문에 "統一民主朝鮮을 爲하야 單政樹立을 目的하는 單選을 反對"하라고 호소하고 있다. 또 '미국의 강압'에 의해 창설된 조선임시위원단은 '「딸라」에 매수'된 미국의 '조력자'로 '미국의 침략정책을 은폐하여 주는 병풍'이라고 비난한다. 이러한 박헌영의 미국에 대한 노골적 적대는 해방 직후 '8월 테제'를 통해 미국을 진보적 민주주의 국가로 규정했던 것과 정반대의 모습으로, 당시 남로당을 중심으로 한 좌익의 전변된 대미 인식과 정치노선의 양상을 보여주고 있다.[191]

이와 같이 전변된 남로당의 진영 테제는 '5 · 10 선거'를 거쳐 남한정부가 수립된 이후에도 변함없이 세계를 규정하는 하나의 틀로 고착화되었다.[192] 마치

190 朴憲永, 「人民들에게 告함」, 『노력인민』, 1948년 4월 20일자.

191 박헌영은 1948년 3월 25일에 북조선민주주의민족통일전선이 '전조선 민주주의 정당 사회단체 대표자 연석회의' 개최를 제안하자, 이에 찬성하는 회신을 보내면서도 '국련조선위원단은 미침략자의 조선식민지화의 사명을 위임 마타가지고 온 자들'로 미국은 5월 10일 단독선거를 통해서 '남조선을 친일파 반동 분자들로 조직된 반동적 괴뢰 정부 지배하에 두고 완전한 미국의 식민지로 맨드는 것'이라고 언급하면서, 미국을 제국주의 침략세력으로 적대했다. 朴憲永, 「外帝排除의 重要契機 朴憲永 先生 回翰」, 『노력인민』, 1948년 4월 21일자.

이 무렵부터 '냉전'이 우파의 세계 인식을 대표하는 개념으로 자리 잡아갔던 것과 마찬가지였다. 1948년 이후 남로당은 미군정과 우익의 탄압에 의해 합법 공간에서의 활동이 더욱 제약되었지만, 끊임없이 자파의 정치노선을 선전하고 투쟁을 조직했다. 또 이와 연계해서 국제정세에 대한 담론을 계속적으로 생산했다.

이와 관련해서 당시 좌익의 '반제민주'론의 세계 인식 및 재현상을 집약적으로 보여주는 것이 『國際評論』이다. 현재 확인 가능한 자료에 의하면, 『國際評論』은 남북한 지역 모두에서 같은 제목으로 여러 판본이 발행되었다. 분단 전 1947년부터 남한에서는 해방사(解放社), 자유출판사(自由出版社), 국제평론사(國際評論社)에서 발행되다가 단정 수립 이후 발행되지 않은 것으로 보이며, 북한에서는 남한과 비슷한 시점인 1947년 후반 이래 1949년까지 정기적으로 발행된 것이 확인된다. 북한 역시 모두 평양시에 주소를 두고 있는 국제평론사, 조선인민출판사(朝鮮人民出版社), 국립인민출판사(國立人民出版社), 민주조선출판사(民主朝鮮出版社)에서 동일명의 잡지로 발행되었다. 주목할 것은 이들 각기 다른 판본의 『國際評論』이 이름만 같은 것이 아니라, 국제정세를 바라보는 시각, 논조, 내용, 출처 등이 유사하거나 중복되고 있다는 점이다.[193]

일례로 평양 조선인민출판사 판본의 『國際評論』 1947년 12월호에 실린 글 「極東에 있어서의 英國及 米國의 膨脹」(므 · 마르꼬브)은 서울 국제평론사 판본의 『國際評論』 1948년 4월호에 「極東에서의 米國의 膨脹과 英國」(엠 · 마르

192 남한 단선 이후에도 남로당의 반제민주주의 테제에 따른 세계정세에 대한 논평은 계속되는데, 당시 이슈가 되었던 팔레스타인 지역의 분쟁에 대한 논평에서 이를 확인할 수 있다. 『노력인민』은 전후 '팔레스티나문제는 미영 양국의 중동석유쟁탈전의 일막이며 영국에 대체하는 미국세력의 중동재패의 일 과정'이라고 평가한다. 또 이 지역에 대한 미국의 무원칙한 정책변경은 '미국의 정책이 결코 아라브민족의 국가독립과 유태인의 민족해방을 존중하는 것이 아니고 자체의 석유이권과 전략기지의 확보를 위하야 수시로 태도를 변경하는 침략적인 것에 지나지 않'는 것이라고 비난하고 있다. 「팔레스티나問題(解說)」, 『노력인민』, 1948년 7월 19일자.

193 여러 출판사 중 "조선인민출판사"는 "민주조선출판사"가 개칭한 것이며, "조선인민출판사"의 속 표지의 중앙 문양이 "국립인민출판사"와 "국제평론사"의 것과 동일하고, 발간 호수가 연결되고 있는 점 등을 보았을 때 『國際評論』이 같은 목적하에서 출판사만을 달리해 연속적으로 발행된 것으로 판단된다.

꼬브)이라는 논문으로 필명(둘 중 하나가 오기인 것으로 보임[필자])과 제목만 약간 수정된 채 실려 있다. 이러한 잡지의 발행 양상은 분단 전후 남한 좌익이 이북과의 연계 속에서 국제정세에 관한 담론을 생산했다는 것을 보여준다. 동시에 분단의 가시화와 함께 남한에서 좌익계열 대중매체가 더 이상 존속하지 못한 채 북한에서만 『國際評論』이 발행되었음을 시사한다.

실제 『國際評論』은 남로당의 '반제민주'론의 시각에서 당대 세계 · 아시아를 해석하고 평가했는데, 여기에는 반복되는 몇 가지 재현의 특성이 보인다. 무엇보다 『國際評論』은 당대 '민주주의'를 둘러싼 양 진영 간 경쟁을 배경으로 어느 진영이 진정한 민주주의의 담지자인가를 밝히고 있는데, 이 과정에서 '영미'의 반민주주의적이며 친파시즘적인 '반동성'을 지속적으로 부각하고 있다.

이를 구체적으로 살펴보면, "米國司法의 秘密"이라는 제목하에 제2차 세계대전 중 미국 내 저명한 인물과 정치가들이 조직적으로 '나치스 선전사업'에 종사했음에도 불구하고, 이에 대한 조사는 종전과 함께 중단된 채 그 조사내용 조차 "嚴祕"에 부쳐졌던 사실을 고발한다. 이어 전후에도 이들 "파시스트 宣傳機關들은 의연히 破壞的 活動을 繼續하고 있다"고 폭로하면서, "米國 民主主義의 缺點과 파시즘을 防衛하는 데 있어서의 米國 民主主義의 脆弱性"을 꼬집고 있다.[194] 전후 미국의 "反米活動 조사위원회"의 활동을 전쟁 전야의 독일 파시스트 정책과 동일한 것으로 규탄하고 있는 것이나,[195] 영미 독점가들의 경제적 이해에 따라 독일 나치스트들에 대한 철저한 숙청이 이루어지고 있지 않은 영미 점령지대를 "看板만을 밖아달은 西部獨逸"로 평가하는 것 역시 영미와 그 점령지대를 반민주주의 반동 세력의 거점으로 바라보게 유도하고 있다.[196] 이와는 정반대로 "經濟的 復興途上에 있는 루 - 마니아"나 "체코슬로바키아의 民主主義路線"[197]과 같은 기사를 통해, 소련 점령지대의 "급속한"

194 느 · 세르게예바, 「米國司法의 秘密」, 『國際評論』, 민주조선출판사, 1947년 7월호.

195 飜譯部, 「米國式 民主主義의 正體」, 『國際評論』, 국제평론사(서울), 1948년 4월호.

196 브 · 스비리도브, 「看板만을 밖아달은 西部獨逸」, 『國際評論』, 민주조선출판사, 1947년 10월호, 14쪽.

197 브 · 스피로브, 「經濟的 復興途上에 있는 루 - 마니아」, 『國際評論』, 조선인민출판사, 1947년

경제성장 및 철저한 파시즘잔재의 일소를 강조하면서, 소련을 "人民들의 偉大한 親善國家"이자 "自由愛護國家"로 표상하고 있다.[198]

이와 함께 『國際評論』의 상당수 기사들은 전후 미국과 영국의 대외정책을 '제국주의 · 팽창주의'의 산물로 규정하고, 이에 대한 강한 비난을 끊임없이 가하고 있다. 미국의 군비확장 정책을 전쟁도발을 기도한 침략주의라고 규탄하는 것은 물론,[199] "希臘과 土耳其에 關한 투루-맨 大統領의 聲明은 近東에 있어서의 米國 石油事業의 利害와 直接 關聯되는 것이다"라고 지적하는 바와 같이, 그 침략주의의 본질이 독점자본가들의 이윤추구를 위한 것에 있다고 지적하고 있다. 특히 "마-샬案"은 "딸라" 매수를 통해 서유럽을 "종속"시키기 위한 "米帝國主義의 膨脹道具"이며,[200] "印度", "인도네시야", "馬來", "比律賓", "中國", "조선" 등 아시아 지역에서 미국과 영국은 자국 독점자본가의 이익을 위해 반동 세력을 "庇護"하고 민주주의 세력을 탄압하고 있다고 비판한다.[201] 또 전 세계 "米國의 軍事基地"를 나열하는가 하면,[202] 미국의 대 일본정책이 소비에트연맹에 대한 "緩衝地" 내지는 "雇傭兵"으로 전환시키려는 것을 목적에 두고 있다고 지적한다. 이를 위해 미국은 "日本內 反動勢力의 强化를 援助"해서 일본을 "米國領土의 一部分으로" 편입하려고 한다며 그 호전적 성격

12월호; 에르 · 라즈므와, 「체코슬로바키아의 民主主義路線」, 『國際評論』, 조선인민출판사, 1947년 12월호.

198 쁘 · 하린리, 「쏘聯은 人民들의 偉大한 親善의 國家이다」, 『國際評論』, 국립인민출판사, 1948년 10월호; 「朝鮮民主主義人民共和國政府와 쏘聯 및 自由愛護民主國家間의 國交設定에 關하여(社說)」, 『國際評論』, 국제평론사, 1948년 12월호.

199 므 · 가라그티노브少將, 「누가 새로운 軍備競爭을 시작하는가」, 민주조선출판사, 1947년 7월호.

200 브 · 미샤꼬브, 「딸라의 그물에 걸린 佛蘭西」, 『國際評論』, 민주조선출판사, 1947년 12월호; 이 · 화인갈, 「마-샬案은 米帝國主義의 膨脹道具이다」, 『國際評論』, 국립인민출판사, 1948년 11월호.

201 아 · 지아코프, 「印度에 對한 英國의 새로운 政策」, 『國際評論』, 민주조선출판사, 1947년 10월호; 「인도네시야에 對한 米國의 野心」, 『國際評論』, 민주조선출판사, 1947년 10월호; 「馬來半島(過去와 現在)」, 『國際評論』, 국제평론사, 1949년 4월호; 느 · 바인츠바이그, 「比律賓에 있어서의 米帝國主義」, 『국제평론』, 국립인민출판사, 1948년 11월호; 그 · 그랴노브, 「中國을 隷屬하려는 새計劃」, 『國際評論』, 국립인민출판사, 1948년 11월호; 李重喆, 「쏘米와 朝鮮問題」, 『國際評論』, 국립인민출판사, 1948년 10월호.

202 이 · 글라골례브, 「米國의 軍事基地」, 『國際評論』, 조선인민출판사, 1948년 8월호.

을 부각하고 있다.[203]

『國際評論』의 '반민주주의 제국주의' 진영에 대한 부정적 이미지는 그 반대급부로 소련을 중심으로 한 '반제국주의 민주주의' 진영의 우월성을 극대화하는 재현 전략과 밀착되어 구축되고 있다. "歐羅巴에서의 經濟發展의 두 길"을 비교 대조하는 가운데, "전쟁 종결 후 사년 만의 구라파 각국의 경제형편은 노쇠한 자본주의체제에 대한 새로운 사회주의적 경제체제의 진보적 특성과 큰 우월성을 반영하"고 있다고 평하면서, 양 진영의 전변된 성격을 다음과 같이 규정한다.

> 쏘베트同盟과 人民的民主主義 나라들에서는 全體社會의 福利를 爲한 平和的 創造勞動(이) 無限한 展望을 가지고 있다. 이 때문에 이 나라들의 人民과 政府에 對해서는 새 戰爭準備보다 더 증惡스럽고 그들의 利益에 더 對立되는 것도 아무것도 없다. 이와 反對로 마-샬化한 西歐羅巴 나라들에서는 米國에서와 똑같이 寄生的 (獨)占과 이들에게 服務하는 反動政府들은 물에 빠진 자가 아무거나 붓잡는 것처럼 準備競爭과 새 戰爭準備에 매달리고 있다. 앞날에 對한 恐怖 그들의 經濟体制의 破産에 對한 恐怖 人民들의 覺醒하고 成熟하는 意識에 對한 恐怖는 이들을 그러한 길로 몰아넣고 있다.[204]

'반제민주' 진영의 우월성에 대한 찬사는 경제적 측면에서만 국한되지 않는다. 문화적 차원에서도 양 진영을 극명하게 대조하고 있다. 『國際評論』의 한 기사는 "동구라파에서 시행된 정치적 경제적 개혁은 새로운 문화를 발생시켰다"고 언급한 데 이어, 신민주주의 국가에는 "懷疑的이며 또 暗黑한 人類憎惡를 煽動하는 낡은 西歐的 文化대신에 平和的이며 人類에 無限한 希望을 품게 하는 生氣 있는 新文化가 建設되고 있다"고 극찬하면서, 전후 동서 진영의 변화상을 비교하고 있다.[205] 더 나아가 조선의 신문화건설 운동가들 역시 동

203 「日本은 米國合衆國의 第四十九洲?」, 『國際評論』, 민주조선출판사, 1947년 7월호; 베·베레쥬코흐, 「米國의 對日政策」, 민주조선출판사, 1947년 7월호.

204 아·까슈까르보, 「歐羅巴에서의 經濟發展의 두 길」, 『國際評論』, 국제평론사, 1949년 4월호.

205 이·에리빈, 「新民主主義 國家에 잇어서의 文化建設」, 『國際評論』, 1947년 10월호.

구라파 국가들의 모범을 참고할 것을 권하고 있다. 이와 같은 대조 비교의 재현전략을 통한 체제 정당성과 우월성을 확보하려는 사례는『國際評論』의 지면 곳곳에서 반복적으로 확인된다.[206]

보다 시선을 끄는 부분은『國際評論』의 세계 · 아시아 재현 작업이 텍스트 차원을 넘어 시각적 측면에서도 이루어지고 있다는 점이다. 대표적으로 평양 국제평론사 판본의『國際評論』은 매호마다 시사만평을 통해 풍자적으로 '반제민주' 테제의 재현 효과를 극대화시키고 있다. 무엇보다 시선을 끄는 것은 이와 같은 시사만평의 기본 틀이 경제중심주의 시각에서 당대 세계를 형상화하고 있다는 점이다. 전후 미국의 팽창정책과 영국의 아시아 지역에 대한 제국주의정책을 비롯해서, 서구재건계획 등 미 · 영을 중심으로 한 자본주의 국가들의 대외정책을 그들의 전후 경제상황 및 독점자본가의 이해관계와 결부지어 평가하고, 이를 이미지화하고 있다. 여기에 '자본가 대 노동자', '이윤 대 세금', '이윤 대 저임금', '고물가 대 소비자' 등과 같은 대립구도를 극대화시킴으로써 세계를 계급주의 입장에서 바라볼 것을 요구하고 있다.

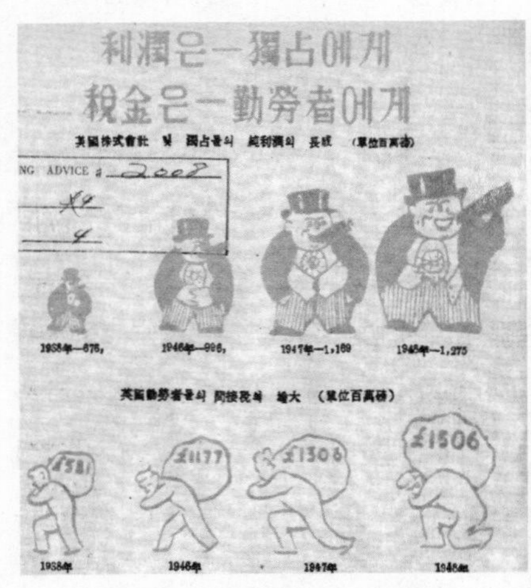

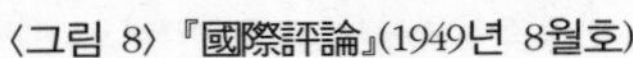
〈그림 8〉『國際評論』(1949년 8월호)

〈그림 9〉『國際評論』(1948년 12월호)

206 르 · 막시모브, 「英國勞動者들의 生活水準」, 『國際評論』, 민주조선출판사, 1947년 10월호; 아 · 브로챠예브스끼, 「(紀行文)南朝鮮에서」, 『國際評論』, 국제평론사, 1949년 2월호.

〈그림 8〉은 영국 런던신문 『데일리·월-커-』를 인용해서, 1938년부터 1948년 독점자본가의 이윤성장에 비례해서 영국 근로자의 세금부담이 증가한 것을 시각적으로 그리고 있다. 이와 함께 최근 영국 정부가 근로자의 생활과 밀접한 육류와 버터 등 식료품 가격을 인상하면서도 기업가에게는 "收入印紙稅"를 폐지하고 "産業再裝備"와 같은 보조금을 지출하고 있는 데 대한 영국 내 비판 여론을 전하고 있다. 이어 "뻐터 대신에 大砲"를 원칙으로 한 영국 노동당정부의 군비 증강과 반동정책에 맞선 영국 노동자들의 투쟁을 선전하고 있다. 〈그림 9〉 역시 "西歐羅巴 再建"을 둘러싼 미국 "월街의 利潤"과 "株券時勢"에 대한 관심을 풍자해서, 미국의 원조정책이 전후 세계의 평화와 안정이 아닌 미국독점자본의 이윤추구에 그 본질이 있음을 폭로하고 있다.

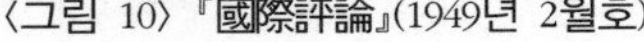
〈그림 10〉『國際評論』(1949년 2월호)

〈그림 11〉『國際評論』(1949년 4월호)

두 종류 "米國新聞"의 만평을 편집한 〈그림 10〉 역시 전시 자본가가 노동자에게 내걸었던 "將來에는 自家用 自動車가 당신을 기다리고 있소"라는 기치가 전후 "將來에는 賃金低下가 당신을 기다리고 있소"로 바뀐 상황을 지적하고 있는데, 이를 통해 종전 전후 변함없는 독점자본의 "이윤" 추구와 노동자

"착취" 행태를 비판하고 있다. 동시에 이와 대조적으로 "偉大한 날은 가까워오고 있다"는 표제 아래 "社會主義" 방망이로 "貪慾", "戰爭", "極貧", "僞善"을 내려치는 노동자의 역동적 자세를 부각시키고 있다. 이와 같이 노동자에 대한 자본가의 착취구조와 갈등관계를 극단화시키는 것을 통해, 만평은 "强盜"로 표상된 자본가 집단 및 그 옹호 세력에 대항하는 노동자계급과 사회주의체제의 우월성을 강조하고 있다.

경제와 계급주의에 기초한 좌익의 세계 · 아시아 재현상은 민족 내지는 국가 간의 세력경쟁의 시각에서 당대 세계를 해석했던 우익과는 달리, 국가 내부 또는 국가의 경계를 초월해서 세계 · 아시아를 '민주 대 반민주'의 진영으로 분할하고 있다. 〈그림 11〉에서 확인할 수 있는 바와 같이, 전후 영국 식민주의에 대한 투쟁이 전개된 동남아시아 "馬來半島"(말레이 반도, [필자])는 "錫鑛"과 "고무栽培園"을 중심으로 한 "民族解放運動展開地域"과 반동 세력이 지배하고 있는 두 개의 공간으로 그려지고 있다.

마찬가지로 "英國의 파시즘"과 "米國의 파시즘"을 비난하면서도 각국을 단일한 파시즘체제로 평가하는 것이 아니라, 그 내부의 '파쇼 대 민주' 두 세력이 공존한 채 싸우고 있음을 강조하고 있다.[207] 가령 영국노동당 정부의 친미반소적 경제, 외교 정책과 희랍에 대한 영국군의 계속적 주둔정책에 반대하는 노동대중의 활동과 여론을 소개하고 있다.[208] 미국 내 언론보도를 인용해서는 1948년 미국 대선을 앞둔 시점에서 '트루먼 정부'의 대외정책을 비판한 헨리 월리스(Henry A. Wallace)의 전국 순회강연의 성과를 홍보하며 민주당의 정책 전환을 요구하고 있기도 하다. 또 그와 같은 요구가 관철되지 않을 경우 제3당이 조직될 분위기가 조성되고 있다고 전하면서, 미국 내 "진보적 시민단체" 진영의 반정부 활동을 강조하고 있다.[209]

또한 '반제민주' 테제에 근거한 『國際評論』의 세계 · 아시아 재현 작업은 반

207 아 · 샤피로, 「英國의 파시즘」, 『國際評論』, 자유출판사, 1947년 11월호; 아 · 끄라스노바, 「"헐리웃드"에 있어서의 토-마스와 레킨」, 『國際評論』, 국제평론사(서울), 1948년 4월호.
208 「英國勞動黨政策을 反對하는 勞動階級」, 『國際評論』, 민주조선출판사, 1947년 7월호.
209 「米國第三黨運動의 擡頭」, 민주조선출판사, 1947년 7월호.

파시즘 및 인종주의와 같은 과거 담론자원을 적극적으로 활용하고 있다. 극동으로 팽창하는 미·영을 "앵글로쌕손 國家들"로 통칭하는 가운데, 그들의 과거 아시아에 대한 제국주의 침략사를 환기시켜 아시아 약소민족의 민족해방투쟁을 인종주의 측면에서 부추기고 있기도 하다.[210] 한편,『國際評論』의 기사들은 전후 아시아 지역에서 상충하는 경제적 이해관계에 따른 영미 간의 긴장이나 자본주의 진영 내 파열과 균열의 지점을 부각시키고 있다.[211] 그리고 이에 근거해서 자본주의체제의 위기담론을 조장하고,[212] '반제민주' 세력의 궁극적 승리를 전망하고 있기도 하다.[213]

그런데『國際評論』의 기사에서 흥미로운 것은 단순하게 타 진영에 대한 비판과 적대뿐만 아니라, '민주' 진영 내 균열과 파열 지점 역시 포착하고 이에 촉각을 세우고 있다는 점이다. 앞서 살펴보았듯이,『國際評論』의 기사들은 경제중심주의에 입각해 노동계급의 국제적 연대와 단결이 민주주의 세력의 "支柱"라고 역설하지만, 실제 현실은 전혀 그러하지 못함을 지적하고 있다. 한 사례로『國際評論』은 미국 노동계의 분열상을 살피면서, "마-샬案"을 마치 임박한 경제공황을 극복하고 노동자를 구원할 수 있는 대안으로 선동하는 "미국노동연맹 지도자"를 미국 독점자본의 대리인이자, "국제직업연맹운동"의 분열자로 비판한다.[214] 마찬가지로 서구라파의 우익 사회주의 세력과 그들이 가담한 정권의 "民主主義的 社會主義"나 "제3方途"와 같은 기치를 기만적인 "僞『사회주의』"노선으로 비판한다. 더 나아가 그들의 이념과 노선은 미제국주의

210 엠·마르꼬브,「極東에서의 米國의 膨脹과 英國」,『國際評論』, 국제평론사(서울), 1948년 4월호.

211 아라비아 유전 지대에 대한 미국석유독점업자들의 침투를 막고, 이 지역에서 자국의 세력권을 유지하려는 영국의 대응이나, 馬來(현 말레이시아)의 주석과 고무 자원을 둘러싼 영미 간의 세력경쟁 등 자국 독점자본의 이해관계에 따라 영미의 대외정책이 유동적이며, 그로 인해 불협화음이 발생하고 있음을 보여주고 있다.「米國과 近東油田」, 민주조선출판사, 1947년 8월호;「馬來半島(過去와 現在)」,『國際評論』, 국제평론사, 1949년 4월호.

212 아·스네엘손,「資本主義의 一般的危機의 尖銳化」,『국제평론』, 1948년 12월호; 엘·두빈스끼,「英國經濟에 있어서의 全般的 恐황의 出現」,『國際評論』, 1949년 2월호.

213 이·콘쓰딴지노브쓰끼,「人民民主主義諸國家에 있어서의 經濟計劃」,『國際評論』, 1949년 8월호.

214 스·이와노브,「社會民主黨과 勞動運動의 統一」,『國際評論』, 민주조선출판사, 1947년 10월호.

자들의 식민화에 복무하는 것이며, 이에 저항하는 민주세력의 투쟁을 분열시키는 이데올로기 책동에 다름 아니라고 폭로하고 있다.[215]

이와 같은 서유럽 사회주의 세력 내 분화와 갈등 양상은, 소련을 중심으로 한 '반제민주' 진영 내 긴장과 충돌이 존재했음을 보여준다.[216] 또 이와 같은 긴장과 충돌을 해소 내지는 조정하려는 작업 역시 시도되었던 정황을 말해준다.[217] 주목할 것은 이런 현상이 '냉전'의 진영 질서하에서 서방 국가 간의 불협화음이 존재했던 것과 같이, 또 냉전의 진영논리와 피식민지 민족운동 간 이해관계가 상충하는 모순이 발생했던 것과 같이, 가상의 세계를 구축하는 이데올로기 작업의 불가피한 측면을 드러내준다는 점이다. 이는 '냉전'과 '반제민주'론 모두가 인위적 세계재편의 시도였고 미 · 소의 이해관계와 이데올로기를 중심으로 한 것이었기 때문에, 이와는 상반된 정치 · 경제 · 문화적 구조 속에 놓인 주변 국가에서 전일적으로 관철될 수 없었음을 확인해 준다. 그리고 이와 같은 어그러짐은 거꾸로 분단 전후 남한에 병존했던 두 개의 진영론이 현실 세계의 자연스러운 반영이 아닌, 새로운 이데올로기 공동체의 형성을 위한 인위적 작업의 산물이었음을 말해준다.

---

215 쓰 · 이와노브, 「右翼社會主義는 民主主義와 社會主義의 적이다」, 『國際評論』, 국제평론사, 1949년 4월호.

216 이 · 레민, 「帝國主義反動派에 服務하는 英國勞動黨의 이데오로기와 政策」, 『國際評論』, 조선인민출판사, 1948년 8월호. 남로당의 기관지 『노력인민』 역시 유고슬라비아 공산당중앙위원회에 대한 여타 유럽 각국 공산당 대표들로 구성된 보도국(報導局) 결의를 전하면서, 진영 내 균열과 충돌을 드러내는 동시에 이에 대한 비판과 조정을 시도하고 있는 양상을 보여준다. 보도국은 유고슬라비아 공산당의 "쏘비트동맹과 쏘련방공산당(볼셰비키들의)에 대하여 불친절한 정책"을 쓰고, 국내정치노선 상에서 계급 및 계급투쟁의 마르크스주의 이론과 절연한 채 "뜨로추끼주의", "부하 - 린"류의 기회주의, 종파적 관료주의 방향으로 "변생"했다고 지적한다. 또 노동계급의 영도권을 부인하고 소부르주아적이자 민족주의적인 "인민전선"만을 주장하고 있다고 비판한다. 이어 보도국은 유고슬라비아 공산당중앙위원회가 자신에 대한 비판을 "형제적인 원조"로 수용해서 "반당적 과오"를 바로잡을 것을 요구한다. 「유 - 고슬라비아共産黨 黨內情形에 對한 報導局決議」, 『노력인민』, 1948년 7월 23일자.

217 브 · 브론쓰끼, 「獨占에 服務하는 米國勞動組合指導者들」, 『國際評論』, 국제평론사(평양), 1949년 8월호. '반제민주' 진영 내 노선투쟁은 일종의 진영 내부를 정제화, 획일화하는 과정이라고 할 수 있다. 남한 우익이 단정수립과 반공체제구축을 위해 '냉전'적 시각과 논리를 확산시키는 과정에서 그것과 이질적인 현상을 냉전의 논리로 해석하고 규정했던 것과 마찬가지로, 좌익의 '반제민주'론 역시 그 틀 내의 여러 복합적 이해관계가 뒤엉킨 사태를 '민주 대 반동'의 진영논리를 통해 이분법적으로 동일화시켜 새로운 질서를 구축하고자 한 것이었다.

분단 전후 『國際評論』의 기사가 좌익 계열 신문에서 재인용되었을 뿐만 아니라,[218] '반제민주'론의 세계 · 아시아 재현상은 당대 남한 사회에 적지 않은 영향을 미치고 있었다.[219] 실제 분단 전후 조선공산당과 그 뒤를 이은 남로당의 '반제민주' 테제론과 그것이 구축한 세계 · 아시아상의 영향력은 남한 담론장의 여러 곳에서 직간접적으로 확인할 수 있다.[220] 이와 함께 분단 이후 냉전적 시각과 논리가 확산되어갔음에도 불구하고, 남한 담론장에서는 그것에 반대하거나 역행하는 다양한 반냉전담론이 병존하고 있었다.

무엇보다 '냉전'과 '반제민주'론의 공존은 분단 이후 남한 사회의 새로운 이데올로기적 공동체 구성의 곤경을 드러내주는 동시에, 그것의 구축 과정이 국제무대에서의 미소대립에 의한 자연스러운 부산물이 아님을 역으로 말해준다. 오히려 냉전과 '반제민주'론과 같은 '이데올로기적 담론'에 의해 현실의 제반 사태가 재해석되는 과정이 곧 분단의 과정이었으며, 이러한 과정을 통해서 분단체제와 그에 근거한 남북정권의 지배 정당성이 구축되어갔음을 알 수 있다. 또 당대 '반제민주'론의 존립 자체는 분단 이후 이승만 정권의 냉전 반공국가체제하에서 지배적인 세계 인식 틀로 고착화되었던 '냉전' 개념이 미국의 헤게모니 내로 편입된 서구 진영과 남한 우익의 당파적 산물이었음을 시사한다.

이상 살펴본 바와 같이 해방 직후 좌우갈등은 1945년 12월 27일 모스크바 삼상회의 결정에 따른 '신탁통치파동'을 계기로 더욱 심화되었다. 초기 우파와 함께 반탁의 입장을 표명했던 조선공산당과 좌익은, 1946년 1월 2일 입장을

218 일례로, 1948년 7월 12일자 『노력인민』은 이태리선거를 다루는 기사의 내용의 출처를 『국제평론』 8집으로 밝히고 있다. 「伊太利의 選擧는 무엇을 보이여주었는가」, 『노력인민』, 1948년 7월 12일자.

219 한 사례로 '반제민주' 테제론의 시각에서 『國際評論』(평양, 국제평론사) 1948년 12월호에 실린 아 · 모스크빈의 「런던올림픽 競技大會」 참관기는 남한의 『新天地』 1949년 4월호에 동일필자의 글로 거의 그대로 재수록 되어있다.

220 李柱東, 「戰後 · 世界經濟의 展望」, 『新天地』, 1948년 1월호. 여기에서 필자는 미국의 '마-샬안'을 전후 미국 경제의 과잉생산과 실업에 따른 경기침체를 해소하기 위한 해외시장개척의 방안으로 규정하고 있는 반면, 전후 소련경제는 그 파행성에도 불구하고 인플레이션 없이 발전하고 있다고 상반된 평가를 내리고 있다. 이와 같이 분단이 가시화된 이후에도 남한 담론장에서 '반제민주'론에 기초한 세계 규정의 양상은 어렵지 않게 발견된다.

바꿔 '모스크바 삼상회의 결정 지지'를 선언했다. 이를 계기로 남한의 좌우 정치세력은 '비상국민회의'와 '민주주의민족전선'이라는 두 개의 적대적인 진영으로 재편되었다. 이후 좌우는 모스크바 삼상 결정을 자파의 정치적 논리로 각기 달리 해석하면서 상호 적대와 비방의 수위를 높여갔다. 당시 모스크바 삼상 결정에 대한 좌우의 상위한 반응의 이면에는 각자의 계급적 이해관계와 정치노선의 차이가 깔려있었다. 이러한 좌우의 계급적 이해관계와 그에 결부된 정치노선상의 차이는 전후 세계를 해석하고 규정하는 시각과 논리로까지 확대되었다.

해방 이후 계급적 이해관계와 정치적 지향의 차이에 근거한 좌우의 세계에 대한 인식과 재현상은 서로 달랐다. 좌우가 추구했던 새로운 민족국가 건설의 상이 달랐을 뿐만 아니라, 그것을 만들어가는 방식에 대한 입장 차 역시 적지 않았다. 그리고 이와 같은 정치노선의 차이는 전후 세계에 대한 이해 방식과 시선의 차이를 동반했다. 즉 해방 직후 좌우 정치세력은 각자의 계급적 · 정치적 이해관계에 따라 급변하는 국제정세를 해석하고, 그에 기초한 정치노선을 수립해갔다. 단순하게 국제적 사태와 정세를 수용하는 것이 아니라, 그 환경과 상호작용하면서 정치적 경합의 장으로 나섰다. 즉 서로 다른 지향이 곧 서로 다른 세계에 대한 인식 틀을 산출했고, 서로 다른 세계에 대한 의미규정이 이루어졌다. 그 결과 해방 이후 남한 사회에는 복수의 세계 인식 및 규정이 공존 · 경쟁하였다. 강한 민족주의를 바탕으로 자파의 정치적 정당성을 구축했던 우파는 제2차 세계대전과 그것의 연장선에 있는 전후 세계를 민족 단위의 경쟁과 협조의 체계로 이해했다. 따라서 우익은 세계를 민족 상호 간의 협조와 경쟁에 따른 '세력균형'적 틀 속에서 바라보는 경향이 강했다. 그리고 그 연장에서 미 · 소 간 국제무대에서의 긴장과 대립이 심화되고 그것이 다시 '냉전'이라는 개념으로 귀결되었을 때, 우파는 그대로 '냉전'적 시각과 논리를 수용하였다.

반면, 좌익은 그들이 추구했던 계급해방과 사회개혁의 지향을 담아 전쟁과 전후 세계를 설정했다. 좌익은 제2차 세계대전 역시 제1차 세계대전과 마찬가지로 자본주의의 모순에 따른 것으로 규정했다. 때문에 당연히 전후 과제는 세계 독점자본주의체제의 변화를 추구하는 것이며, 동시에 전쟁의 직접적 원인이 된 파시즘 세력과 그 잔재를 일소하는 데 있다고 생각했다. '파시즘에 대한 민주주의의 승리'는 바로 이러한 민주주의적 세계 개조의 장을 활짝 열었다고 주장했다. 그 결과 전후 약소민족의 해방과 조선의 부르주아민주주의 혁명 역시 전후 민주주의 연합국 간에 협조 속에서 실현될 수 있을 것으로 낙관했다. 또 해야만 한다고 주장했다. 이를 위해 독점자본가들의 반동적 · 반민주주의적 행태를 저지하기 위해서는 국제적 인민전선의 연대가 필요하다고 보았으며, 이것은 곧 일국 단위의 민족적 문제에 국한되는 것이 아닌 국제적 계급연대에 기초한 국제 민주주의 지향 세력의 연대와 단결로 실현 가능하다고 보았다. 이와 같은 좌익의 정치노선과 지향은 곧 세계를 국제주의 계급노선의 시각에서 재규정하면서, '민주 대 반민주'의 진영론으로 이어졌다. 그리고 이 진영론은 다시 1947년 말 미소공위가 결렬되고 분단이 가시화되자, '제국주의적 반민주주의 진영 대 반제국주의적 민주주의 진영'론으로 발전하였다.

이처럼 해방 직후 남한의 세계 규정은 '냉전'이라는 우익의 당파적 진영론으로 단일화되어 있지 않았다. 오히려 이러한 서로 다른 복수의 세계 표상과 의미화를 둘러싼 경쟁이 소멸하는 과정이 단정수립과 분단의 과정이자, 남한의 미국 헤게모니 진영 내로의 편입 과정이었다. 좌우의 서로 다른 세계 규정의 진영론은 1948년 남한 단선과 정부 수립 이후까지도 계속 경합하였다. 이후 이승만 정권의 반공체제 구축 과정에서 좌익의 진영론은 점차 공적 담론장에서 사라져갔으며, 남한의 세계 인식의 틀은 점자 '냉전'적 시각과 논리에 의해 지배되어갔다.

해방 이후 좌우 경합의 과정에서 과거 일제 식민시기의 '인종 · 권역주의'에 기반한 인식과 담론자원은 여전히 지속되었다. 또 좌우의 계급적 · 정치적 이해관계가 투영된 미 · 소에 대한 이중적 인식구조 역시 1947년 2차 미소공위가 결렬되는 무렵까지 유지되었다. 물론 1946년 5월 1차 미소공위의 결렬과 함께 좌 · 우의 미 · 소에 대한 갈등과 적대가 고조되기도 했다. 이 과정에서 좌익은

'신전술'을 채택하여 미군정의 점령정책을 적대시했고, 우익 역시 '의사표현의 자유'를 빌미로, 소련의 '반민주주의'와 '팽창주의' 정책을 비난했다. 그럼에도 불구하고 좌우 정치세력은 미 · 소의 협조와 임시정부 수립에 대한 기대를 공식적으로 포기하지 않았고, 적대 일변으로 돌아서지도 않았다. 1차 미소공위가 결렬된 이후에도 좌우합작운동이 여전히 추진되고 있는 가운데, 좌우는 미소에 대한 협조와 비판을 병행하는 이중적 태도를 보였다. 공식적으로 좌 · 우가 미 · 소를 적대시하고 '제국주의' 내지는 '반민주주의' 세력으로 규정하기 시작한 것은 1947년 2차 미소공위 전후 무렵부터이다.

이와 함께 해방 이후 서구 근대에 대한 비판과 그 담론자원 역시 계속적으로 힘을 발휘하고 있었다. 좌우는 전후 불가역적 가치로 부상한 '민족(주의)'과 '민주주의'를 새롭게 자파의 정치적 지향과 노선에 따라 재정립하면서 경쟁 · 대립했다. 이 재정립의 과정에서 좌우는 서구 근대문명에 대한 비판으로부터 '민족(주의)'과 '민주주의' 이념을 구출해서 새롭게 자신의 것으로 재구성해야 했다. 이것은 전후 미 · 소에 의한 일방적 규정이 아니라, 좌우를 망라해서 다양한 '조선적' 민족(주의) · 민주주의담론의 생산을 촉발시켰다. 이는 이후 미 · 소 대립과 분단의 가시화 속에서 등장하는 '냉전적 민족(주의) · 민주주의'론과는 이질적인 성격의 것이었다. 이러한 '신민족(주의) · 민주주의'론은 정도의 차이는 있으나 모두 '자본독재'와 '계급독재'를 지양하고 서구 근대에 대한 비판을 의식한 담론이었다. 이와 같이 냉전의 등장 이전 남한은 냉전으로의 흐름과는 다르거나 역행하는 다양한 민족(주의) · 민주주의론이 공존하였다.

반면 1946년 5월 1차 미소공위 시 '의사표현의 자유' 문제가 이슈가 되어, 점차 '자유민주주의론'이 부각되었다. 특히 미군정의 남한 내 헤게모니 확립을 위한 '미국식 민주주의' 즉 '자유민주주의'에 대한 적극적 선전과 보급으로 자유민주주의는 점차 우익 민주주의론의 중심이자 반소반공의 논리로 자리잡아 갔다. 이와 같이 좌우와 미소의 이중적 대립과 밀착된 자유민주주의론은 서구 근대 비판의 문제의식을 전제했던 복수의 신민주주의론과 경합하며 공존했다. 그리고 남한 내 이러한 다양한 민주주의론 중 자유민주주의론이 1947년

2차 미소공위 결렬과 단정 수립 과정에서 점차 냉전의 진영논리와 결부되어 그 주도권을 확보해갔다. 그럼에도 여전히 복수의 신민주주의론과 강한 민족주의적 정서는 냉전의 흐름을 막아서고 있었다. 해방 직후 공적 담론장에서 사라졌던 과거 반소반공의 담론자원은 1차 미소공위 이후 가시화된 좌우대립 속에서 재소환되었다. 특히 1947년 2차 미소공위 전후 소련을 적색제국주의 내지는 전체주의 세력으로 규정하는 담론이 급증했다. 이와 같은 반소반공담론은 단정수립 이후 이승만 정권의 반공체제 구축 과정에서 더욱 확대되었다.

제3부

분단 직후 자유민주주의론과 냉전담론의 확산

3부 분단 직후 자유민주주의론과 냉전담론의 확산

출범 초기 이승만 정부의 체제 및 지배정당성은 매우 취약한 상태였다.[1] 물리적 폭력의 독점과 헌법제정을 통해 형식적인 국가체제는 갖추었다. 하지만 국가 운영에 필요한 거의 모든 물질적 자원을 미국에게 의존해야만 하는 상황이었다.[2] 또한 반쪽자리 '단독정권'이라는 태생적 한계가 가져온 민족적 정통성의 결핍을 극복하고 협소한 지지기반을 확대해야만 하는 과제에 직면해 있었다.[3] 더구나 정부 수립 2개월여 만에 발생한 '여순사건'은 남한체제를 대외적으로 승인받고자 했던 이승만 정부에게는 치명적인 사건이었다. 국회 내 다수파를 차지하고 있던 반(비)이승만 세력의 대정부 공세 역시 큰 부담으로 작

---

1 이승만은 대한민국정부수립 1주년 기념사를 통해, "비관적으로 우리를 관찰한 선지자들이 있었든 것입니다. 그분들의 말이 우리정부는 석 달 동안을 지나기 어려우리라 했든 것입니다. 또 어떤 분들은 미국식민정책의 한 부분이 되기를 면할 수 없으리라 했든 것"이라고 출범 초기 위기 상황과 그에 대한 우려를 확인해주고 있다. 이승만, 「李大統領記念辭」, 『週報』 20, 1949년 8월 17일자.

2 정부 수립 이후 1년여가 지난 시점에서 미국의 경제원조 교서(敎書)는, "현재 한국에 공급되고 있는 원조는 본질적으로 기본적 원조이다. 이러한 원조의 계속이 없으면 한국의 경제는 필연적으로 신속히 붕괴할 것"이라고 밝히면서, 당시 대한민국의 취약한 경제적 기반을 단적으로 시사하고 있다. 「對韓國一億五千萬弗援助에 關한 敎書」, 『外務月報』, 1949년 7월호.

3 임종명, 「一民主義와 대한민국의 근대민족국가화」, 『한국민족운동사연구』 44, 한국민족운동사학회, 2005(a), 270쪽.

용하였다.[4] 이와 같은 내외적 곤경을 극복하기 위해 이승만 정권은 냉전체제에 적극 가담했다. 이 과정에서 남한과 자신의 정부를 동서대립의 최전선이자 반공보루로 자임하면서 강력한 반공국가체제를 구축했다. 특히 '여순사건'을 계기로 국가보안법을 제정하고 좌익에 대한 대대적 탄압을 가하면서 '반공'을 '국시'로 만들었다. 동시에 보도연맹을 비롯한 각종 관변단체를 동원해 주민을 냉전 반공체제에 긴박시키고, 남한을 "반공규율사회"로 재편해갔다.[5]

이와 같은 역사적 사실에 주목해서 선행연구들은 정부 수립 이후 남한의 냉전체제로의 편입과 반공국가의 형성 과정을 '억압적 국가기구'의 설립과 작동을 중심으로 다루었다.[6] 그리고 그 연장선상에서 주민 동원을 위해 조직된 각종 관변기구나 대중단체에 대한 연구를 진행하였다. 또한 이승만 정부가 각종 감시 · 동원 · 전향기구를 통해 미친 사회적 영향 역시 검토하였다.[7] 나아가 비교적 최근 연구들은 정부 수립 초기 반공체제의 형성 과정을 문화적 기획과

---

4 임송자, 「여순사건과 시국수습대책위원회를 통해 본 국회의 갈등 · 대립」, 『숭실사학』 35, 숭실사학회, 2015, 270쪽.

5 '반공규율사회(anti-communist regimented society)'에 대해서는 조희연, 『한국의 국가 · 민주주의 · 정치변동』, 당대, 1998, 63쪽 참조.

6 안진, 『미군정기 억압기구 연구』, 새길, 1996; 박원순, 『국가보안법연구』 1, 역사비평사, 1989; 강혜경, 「한국경찰의 형성과 성격(1945~1953)」, 숙명여대 사학과 박사학위논문, 2002; 변동명, 「제1공화국 초기의 국가보안법 제정과 개정」, 『민주주의와 인권』 7, 전남대학교 5 · 18연구소, 2007; 노영기, 「1945~50년 한국군의 형성과 성격」, 성균관대학교 사학과 박사학위논문, 2008; 강성현, 「한국 사상통제기제의 역사적 형성과 보도연맹 사건, 1925-50」, 서울대학교 사회학과 박사학위논문, 2012(a); 「한국의 국가 형성기 "예외상태 상례"의 법적 구조」, 『사회와 역사』 94, 한국사회사학회, 2012(b); 서중석, 『한국현대민족운동연구』 2, 역사비평사, 1996; 김득중, 『'빨갱이'의 탄생: 여순사건과 반공국가의 형성』, 선인, 2009; 문준영, 『법원과 검찰의 탄생: 사법의 역사로 읽는 대한민국』, 역사비평사, 2010.

7 한지희, 「국민보도연맹의 조직과 학살」, 『역사비평』 35, 역사문제연구소, 1996; 하유식, 「이승만 정권 초기 정치기반 연구: 대한청년단을 중심으로」, 『지역과 역사』 3, 부경역사연구소, 1997; 김선호, 「국민보도연맹의 조직과 가입자」, 『역사와 현실』 45, 한국역사연구회, 2002; 양동숙, 「대한부인회 결성과 활동 연구(1948~ 50)」, 『한국학논총』 34, 국민대학교 한국학연구소, 2010; 강성현, 「전향에서 감시 · 동원, 그리고 학살로 : 국민보도연맹조직을 중심으로」, 『역사연구』 14, 역사학연구소, 2004; 연정은, 「감시에서 동원으로, 동원에서 규율로 : 1950년대 학도호국단을 중심으로」, 『역사연구』 14, 역사학연구소, 2004; 김학재, 「1950년대 국가권력과 행정말단기구 : 국민반을 통한 감시와 동원」, 『역사연구』 14, 역사학연구소, 2004; 김수자, 『이승만의 집권초기 권력기반 연구』, 경인문화사, 2005; 김득중 · 강성현 외, 『죽엄으로써 나라를 지키자 : 1950년대 반공 · 동원 · 감시의 시대』, 선인, 2007.

실천의 측면에서 분석했다. 이를 통해 당대 대한민국의 국가(민)형성을 둘러싼 다양한 문화적 실천의 양상을 밝혀주었다.[8] 동시에 미국의 남한 내 헤게모니 구축 과정을 문화정책의 측면에서 분석하거나,[9] 담론 공간에서 민주주의를 매개로 미국의 이념적 헤게모니를 구축하고자 했던 당대 지식인의 실천과 그에 따른 담론 내부의 충돌과 봉합의 지점 역시 드러내주고 있다.[10] 이를 통해 당대 냉전 반공체제로 재편되어갔던 남한의 사회상을 다각적으로 보여주고 있다.

그럼에도 불구하고 기존 연구는 냉전 반공체제의 정당성을 뒷받침했던 '냉전'이라는 세계 인식의 틀 자체가 남한 사회에 지배적 시각과 논리로 체제화되어 갔던 양상과 구조에 대해서는 주목하지 않았다. 이는 반공체제로의 재편 과정이 냉전적 시각과 논리의 사회적 확산과 그 궤적을 같이했음에도 불구하고 '냉전'이라는 개념의 정치성에 무감각한 채, 그것을 당연한 전제로 상정했기 때문이다. 즉 세계를 '냉전'이라는 개념을 통해 규정하는 것 자체가 정치적인 것이었고, 당대 '냉전'이라는 인식 틀은 세계를 바라보는 여러 시각 중 하나일 뿐이었다.[11] 이런 이유로 분단 이후 남한의 냉전 반공체제로의 재편 과정

8 임종명, 「여순 '반란' 재현을 통한 대한민국의 형상화」, 『역사비평』 64, 역사문제연구소, 2003; 「제1공화국 초기 대한민국의 가족국가화와 내파」, 『한국사연구』 130, 한국사연구회, 2005(b); 「설립 초기 대한민국의 북한 실지화(失地化)와 조선민주주의인민공화국 타자화(他者化)(1948.8~1950.6)」, 『사학연구』 88, 한국사학회, 2007; 「설립 초기 대한민국의 전사형 국민 생산과 조선민주주의인민공화국상(像)의 전용」, 『한국사연구』 151, 한국사연구회, 2010; 이화진, 「'극장국가'로서 제1공화국과 기념의 균열」, 『한국근대문학연구』 15, 한국근대문학회, 2007.

9 허은, 『미국의 헤게모니와 한국 민족주의 : 냉전시대(1945~1965) 문화적 경계의 구축과 균열의 동반』, 고려대학교민족문화연구원, 2008. 또한 냉전 초기 한·중·일 삼국의 지역적·지정학적 상상력을 비롯한 규율제도, 문화, 일상 등이 냉전의 구조 속에서 재편되었던 양상을 주목한 연구 역시 남한의 냉전 반공체제를 이해하는 데 시사적이다. 성공회대 동아시아연구소 편, 『냉전 아시아의 문화풍경 1: 1940~1950년대』, 현실문화, 2008.

10 임종명, 「해방 직후 남한 엘리트의 이성 담론, 규율 주체 생산과 헤게모니 구축」, 『개념과 소통』 12, 한림과학원, 2013; 「해방 공간과 인민, 그리고 민족주의와 민주주의」, 『한국사연구』 167, 한국사연구회, 2014(a); 「해방 직후 인민의 문제성과 엘리트의 인민 순치」, 『동방학지』 168, 연세대학교 국학연구원, 2014(b).

11 해방 직후 남한 담론장에서 반공이 곧 자유민주주의를 의미했던 것이 아니듯, 전후 미소대립이 곧 '냉전'이라는 개념으로 규정되지 않았다. 실제 당대 남한에는 전후 세계의 복잡 다양한 갈등과 대립의 현상을 해석하고 규정했던 복수의 진영론이 공존·경쟁했다. 대체로 한민당을 중심으로 한 우파는 민족을 단위로 한 세력균형논리를 통해 전후 세계를 이해하고, 그

을 이해하기 위해서는, 세계를 미·소를 양극으로 한 두 진영의 대립으로 규정했던 냉전적 시각과 논리의 사회적 확산 과정을 검토할 필요가 있다.

또한 냉전적 시각과 논리의 확산 과정을 검토한다는 것은 단순하게 권력의 필요에 의해 그것이 위로부터 아래로 선전·주입되었다는 것을 의미하지 않는다. 오히려 위와 아래가 모두 냉전적 시각과 논리에 긴박되어갔다는 것을 뜻한다. 사실상 이승만 정부 초기 냉전담론은 지배권력의 '이데올로기적 담론'으로 기능했다. 문제는 이와 같은 냉전담론이 발생시킨 효과가 지배권력이 의도한 바와 같이 남한 주민만을 향했던 것이 아니라, 지배권력 역시 냉전적 시각과 논리에 의해 규율당하는 사태를 초래했다는 점이다. 즉 지배의 자원이었던 냉전논리와 그것에 밀착된 자유민주주의 이념이 역으로 저항의 논리와 이념으로 전유되어 지배권력을 비판하는 양가적 현상이 발생했다.

이러한 측면에서 3부에서는 냉전적 시각과 논리를 기축으로 한 지배와 저항의 메커니즘이 발생시킨 사회상에 주목해서, 냉전담론의 확산과정을 살펴본다. 이를 통해 이승만 정부 초기 '보기의 방식' 중 하나였던 냉전적 시각과 논리가 세계 인식의 틀로 체제화되어 갔던 과정을 분석한다. 동시에 냉전담론의 확산 과정에서 부상한 자유민주주의 이념이 남한의 당위적 가치와 규범으로 자리잡아갔던 양상 역시 검토한다.

연장선상에서 미소대립을 냉전이라는 개념을 통해 규정했다. 반면 조선공산당을 중심으로 한 좌파는 국제주의 계급노선에 기초해서 전후 세계를 '민주 대 반민주'의 진영론으로 규정하고, 1947년 2차 미소공위 결렬 이후 분단이 가시화되자 세계를 '제국주의적 반민주주의 대 반제국주의적 민주주의' 진영 간의 대립으로 규정했다. 또한 조선공산당의 박헌영(朴憲永)은 전후 세력균형론에서 출발한 여러 '블럭'과 '동맹'이 연합국원칙에 위배된다고 지적하고, 진정한 평화를 위해서는 국제관계가 과거 '세력균형'의 틀을 반복해서 재편되어서는 안된다고 주장했다. 우파 역시 전후 세계가 현실적으로 세력균형논리에 의해 움직이고 있다고 주장하면서도 이를 강대국에 의한 '횡포'라고 비난했다. 조선에 대한 '신탁통치'가 바로 연합국 간 세력균형의 계산에 따른 것이라고 비난하면서 반탁의 논리를 만들기도 했다. 이와 같이 세력균형의 논리와 그 연장선에서 출현한 '냉전'이라는 개념은 당대 세계를 바라보는 복수의 시각 중 특정 정치세력에 의해 채택된 당파적 해석 틀이며, 정부 수립 이후 그것의 확산 과정 역시 인위적 개입과 권력이 작동한 것으로 접근할 필요가 있다.

제1장 반공체제의 구축과 냉전시각의 확산

출범 초기 이승만 정부는 실질적인 국민국가의 토대를 구축하지 못한 상태였다. 무엇보다 단독정부라는 한계성으로 인해 남한주민은 물론 국가의 주축인 군대로부터의 반란에 직면하기도 했다. 뿐만 아니라 출범 이후 얼마간 동서냉전의 격화 속에서 체제 및 정권의 국제적 승인 역시 불확실한 상황에 처해 있었다. 이와 같은 내외적 곤경을 극복하기 위해 이승만 정부는 냉전의 진영논리를 적극적으로 활용했다. 이 과정에서 냉전담론은 정부의 선전매체 및 우익 대중매체를 통해 남한 사회에 확산되었다.[12] 다시 말해 당대 냉전담론은 일종의 '이데올로기적 담론'으로서 이승만 정부의 국내·외 정치적 의제와 밀착되어 생산되었다. 그리고 이를 통해 이승만 정부는 초기 반공국가로서의 체제 정당성과 집권세력의 지배 정당성을 구축하고자 했다.

이승만 정부의 냉전담론을 이용한 이데올로기 작업 양상을 잘 보여주는 사례 중 하나가 바로 『週報』의 발행이다. 『週報』는 정부가 출범한 지 8개월이 지난 1949년 4월부터 매주 발행되었다. 공보처는 정부의 시책, 활동, 내외정세를 남한 주민에게 선전·교양하기 위해 『週報』를 발행하였다.[13] 특히 『週報』의 구성에서 주목되는 것은 다른 어떤 정치적 현안보다도 국제정세와 냉전의 추이에 대한 기사와 해설이 많은 비중을 차지하고 있는 점이다. 실제 공보처

12 이러한 문화정치를 통해 국가를 이해하고자 하는 것은, 국가를 물리력을 비롯한 기구나 제도의 측면에서 이해하는 것이 아니라 일종의 문화적 구성물로서 접근하고자 하는 것이다. 관련하여, George Steinmetz, "Introduction: Culture and the State", George Steinmetzed, *State/Culture*, Ithaca: Cornell University Press, 1999.

13 공보처는 『週報』 창간 1주년을 기해 그 발행 취지가 "정부의 시책과 방안을 국민에게 널리 천명하여 일반국민으로 하여금 민국정부의 시책대요를 인식하고 민국건설의 거족적 협력에 자각 추진케 하는 동시에 새로 제정되는 중요법령 등을 해설 釋明하여 국민의 준법정신의 앙양과 의무이행에 편의케 하며 시시각각으로 변천하는 내외정세를 敏速 정확히 해설 보도하여 세계정세의 趨向을 파악케 하므로써 거국일치의 강력한 정치를 구현하려는" 것에 있다고 밝히고 있다. 「創刊一周年을 맞이하며」, 『週報』 53, 1950년 4월 5일자.

가 발행 1주년을 맞이하여 "중요도를 중심으로" 각 부처별 기사의 수를 통계한 것에 기초해서 국제정세에 관련한 비율을 정리해 보면 아래 〈그림 12〉와 같다.

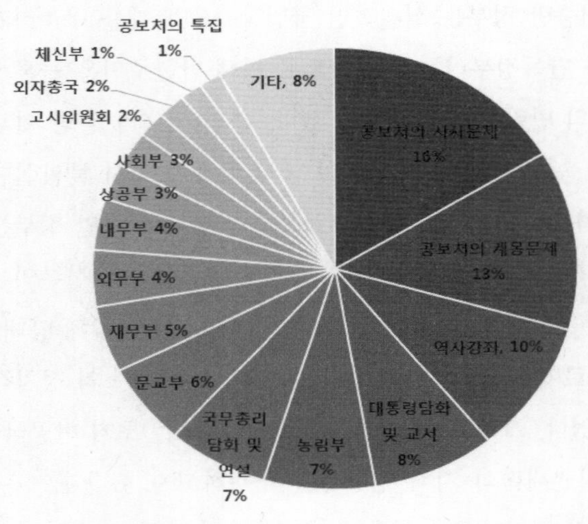

〈그림 12〉『週報』 기사 현황(1949.4.6. ~ 1950.6.7.)

여기에서 확인할 수 있는 바와 같이 외무, 공보처의 특집 및 시사 관련 기사의 비율을 합하면 국제정세에 관한 보도가 가장 높은 21%의 비율을 차지하고 있다. 또 실제『週報』의 기사들 중 국제정세와 직접적 관련이 없는 현안을 다룬 기사라 할지라도 대통령과 국무총리의 담화 등 적지 않은 기사가 세계정세를 서두에 설명하거나, 또는 그것과 관련해서 국내의 여러 현안들에 대해 다루고 있다. 이런 세계정세에 대한 주목과 그에 대한 해설은 이승만 정부의 국제정세에 대한 높은 관심도를 말해준다. 이는 당시 이승만 정부가 처한 국내·외적 환경에 따른 것이었다. 분단정권이라는 한계에 직면하여 북한과 체제경쟁을 펼쳐야 했던 상황에서 대외적으로 1948년 12월 UN에서의 정부 승인 문제, 1949년 6월 예정된 미군철수와 동년 가시화된 중국 공산화에 따른 체제

안정을 위한 군사 및 경제원조 문제, 그에 연관된 이승만의 태평양동맹 창설 주장 등이 이슈로 떠올랐다. 국내적으로는 1948년 제주 '4·3 사건'과 10월에 '여수순천군 반란사건' 등 남한 체제 및 정권의 존립 기반을 위협하는 사건이 계속되었다. 이런 상황에서 대한민국의 국제적 승인 및 미국의 군사·경제원조는 지배권력의 핵심적인 사안이었다. 때문에 단정 수립 이후 국제정세의 동향은 이승만 정부 초미의 관심사로 등장했다.

이승만 정부의 국제정세에 대한 관심과 그것을 바라보는 시각은 『週報』의 기사 목록과 내용을 통해서 보다 구체적으로 확인할 수 있다.

〈표 1〉『週報』 국제정세 관련 기사 목록(1호~61호)

제목	날짜
公報處, 「北大西洋同盟의 意義」	1949.06.04. (1호)
公報處, 「蘇聯의 世界政策」	1946.04.13. (2호)
公報處, 「(特輯)中國의 內戰問題①」	1949.04.20. (3호)
公報處, 「(特輯)中國의 內戰問題②」	1949.04.27. (4호)
公報處, 「(特輯)中國의 內戰問題③」	1949.05.05. (5호)
公報處, 「(特輯)美國의 反共運動」	1949.05.11. (6호)
公報處, 「(特輯)獨逸問題와 四相會議」 「世界日誌」(7호)	1949.05.18. (7호)
公報處, 「(特輯)美蘇의 冷靜戰爭①」	1949.05.25. (8호)
公報處, 「(特輯)美蘇의 冷靜戰爭②」	1949.06.01. (9호)
公報處, 「(特輯)美蘇의 冷靜戰爭③」 「以北赤色武力과 對等한 葬備가 必要(李國務總理談話)」	1949.06.08. (10호)
公報處, 「(特輯)美蘇의 冷靜戰爭④」 「共産黨의 陰謀와 防諜」	1949.06.15. (11호)
公報處, 「(特輯)美蘇의 冷靜戰爭⑤」	1949.06.22. (12호)
公報處, 「(特輯)美蘇의 冷靜戰爭⑥」	1949.06.29. (13호)

公報處, 「(特輯)美國經濟界의 前途①」	1949.07.06. (14호)
公報處, 「(特輯)美國經濟界의 前途②」	1949.07.13. (15호)
公報處, 「(特輯)美國經濟界의 前途③」 「美國軍事使節團存置의 意義(國會外務國防委員會)」	1949.07.20. (16호)
公報處, 「(特輯)美國經濟界의 前途(完)」 「中,比會談은 太平洋同盟結城의 스타－트(李國務總理談)」 「美國軍事援助를 앞두고(外務部政務局)」	1949.07.27. (17호)
公報處, 「(特輯)太平洋同盟의 性格과 必要性」 公報處, 「韓,中國交에 新紀元」	1949.08.03. (18호)
公報處, 「英國의 現狀과 將來」 「週間內外情勢」: 民族陣營總團結, 共匪의 蠢動, 漸次盛熱해가는 太平洋同盟, 中國의 反共鬪爭	1949.08.10. (19호)
「週間世界情勢」－鎭海의 兩巨頭會談	1949.08.17. (20호)
「週間世界情勢」: 反動分子의 掃蕩, 太平洋同盟의 其後 動向	1949.08.24. (21호)
「週間世界情勢」: 民族陣營의 推進, 今日本의 動靜	1949.08.31. (22호)
「週間世界情勢」: 蘇・유關係의 緊迫性 「友好國家의 紹介①－아메리카合衆國」	1949.09.07. (23호)
「週間世界情勢」: 美國會議員團來韓, 美, 英, 加 財政會議 「蘇聯農民政策의 暴露」 「倭敵과 共匪에 對備하여」	1949.09.14. (24호)
「週間世界情勢」: 美・英의 外相會議 「太盟의 性格과 展望」 「友好國家의 紹介②－中華民國」	1949.09.21. (25호)
「週間世界情勢」: 第四次 UN總會開幕 「臺灣의 軍事的 價值」 「UN總會의 構成과 機能」 「友好國家의 紹介③－英國과 佛蘭西」	1949.09.28. (26호)
「週間世界情勢」: 蘇聯의 原子保有와 그 反響 「太盟의 地政學的 意義」 「世界政局의 展望①」	1949.10.05. (27호)
「週間世界情勢」: 유엔總會와 韓國問題 「世界政局의 展望②」 「友好國家의 紹介－英國과 佛蘭西④」	1949.10.12. (28호)
「週間內外情勢」: 國民精神武裝强化, 中共의 虛勢, 韓日通商會談 「友好國家의 紹介－부라질⑤」	1949.10.19. (29호)
「週間內外情勢」: 美大韓援助案遂可決, 共産勢力의 跋扈 「UN만이 世界平和를 確保(李國務總理談話)」	1949.10.26. (30호)

「UN과 韓國問題」 「英國의 對中共政策의 考察」	
「週間內外情勢」: 總力集中의 國內態勢, 微妙한 國際風雲 「UN極東經濟委員會에 韓國加盟(林外務部長官談)」 「原子彈과 世界의 將來」	1949.11.02. (31호)
「週間內外情勢」: 韓國의 內治外衛, UN의 最近動靜 「韓國의 UN加入問題(林外務部長官談)」 「崩壞해가는 鐵의 帳幕」 「友好國家의 紹介－土耳其⑥」	1949.11.09. (32호)
「週間內外情勢」: 平和에 接近하는 國際情勢 「世界平和와 拒否權問題」 「最近의 빨칸情勢」	1949.11.16. (33호)
「週間內外情勢」: 對日講和條約의 進展, 三外相會議와 獨逸問題, 美國三貴賓來韓 「最近의 빨칸情勢(完)」	1949.11.23. (34호)
「韓國은 亞洲의 民主堡壘(張勉大使의 演說)」 「隣邦 中國의 動靜」	1949.11.30. (35호)
「週間內外情勢」: 民國의 治積赫赫, UN總會의 近況 「撤兵實施와 國民의 覺悟」 「原子力管理와 東西의 對立點」 「蘇聯의 外交戰略」	1949.12.07. (36호)
「週間內外情勢」: 臨時徵兵檢查實施, UN總會의 快擧, 自由勞組聯盟誕生 「UN總會의 平和案問題」	1949.12.14. (37호)
「UN總會特輯」	1949.12.21. (38호)
「週間內外情勢」: 友邦의 承認還至, 國會의 國政監查班, 官紀肅正과 監委의 活躍, 모스크바의 動靜, 제섭特使의 亞洲觀察	1949.12.28. (39호)
「週間內外情勢」: 和「인」間主權移讓, 新生「인」國承認, 中共과 共產系列의 壞滅 「共產凶計와 世界反共對策」	1950.01.11. (40호)
「週間內外情勢」: 美제섭大使의 來韓, UN安保會議光景 「偷安不許하는 極東情勢」	1950.01.18. (41호)
「週間內外情勢」: 蘇聯의 退場戰術, 中共의 外國公館建物接收, 美極東政策二大原則闡明	1950.01.25. (42호)
「週間內外情勢」: 東南亞의 赤色攻勢, 亞細亞反共政策의 템포 「中共은 國際風雲의 焦點」 「友好國家의 紹介⑦－룩셈불그國」	1950.02.01. (43호)
「韓美相互防衛協定締結」 「中蘇協定과 世界大勢」	1950.02.08. (44호)

「週間內外情勢」: 美對韓經援法案通過와 韓委의 活動開始, 中蘇祕密協定과 不祥事, 美水素爆彈製造를 命令 「似而非愛國者의 反省을 促求」	1950.02.15. (45호)
「週間內外情勢」: 改憲을 中心한 國內動向, 李大統領閣下의 訪日, 盤谷會意의 成果 「深刻해지는 美對共政策」	1950.02.22. (46호)
「週間內外情勢」: 太盟會議召集을 準備, 英總選擧의 結果, 美國의 對三國財産凍結	1950.03.01. (47호)
「韓國의 國際上 處地와 그 任務」	1950.03.08. (48호)
「週間內外情勢」: 國政監査質問應答, 韓委軍事監視班要請, 蔣介石氏總統復位 「世界情勢와 우리의 覺悟」	1950.03.15. (49호)
「週間內外情勢」: 憲法改正票決, 美蘇의 新動態 「(時事週間)戰雲膨脹한 蘇聯의 動態」	1950.03.22. (50호)
「週間內外情勢」: 遣美國會使節團의 活躍, 政府機構簡素化의 斷行, 美新極東政策成熟 「(時事週間)美國의 對蘇爆彈宣言」	1950.03.29. (51호)
「週間內外情勢」: 泰國政府의 韓國承認, 遣美國會使節團의 動靜, 퀴리노氏太盟性格을 示唆, 對外援助에 美政府의 誠意	1950.04.05. (52호)
「激動하는 世界와 大韓民國」	1950.04.12. (53호)
「週間內外情勢」: 美蘇兩機가 衝突, 두 世界의 怒濤極熱 「美極東政策과 大韓民國」	1950.04.19. (54호)
「(時事週間)險惡해지는 美蘇國交」	1950.04.26. (55호)
「(時事週間)國際聯合의 運命과 美蘇關係」	1950.05.03. (56호)
「現情勢에 對備한 國民의 覺悟」	1950.05.10. (57호)
「(特輯)經濟援助와 産業建設策」	1950.05.17. (58호)
「週間內外情勢」: 張勉大使의 歸國, 國務委員更迭, 西方側의 動態	1950.05.24. (59호)
「週間內外情勢」: 美大韓追加援助案可決, 三相會議의 成果, 北大同盟理事會의 收獲	1950.05.31. (60호)

실제 『週報』의 매 호마다 국제정세와 관련한 기사가 실려 있으며, 주관부처인 공보처는 '특집'이나 '시사주간'을 통해 국제정세의 주요 현안으로 떠오른

문제에 대해 논평하고 있다. 또한 '주간 내외정세'欄은 거의 매호 세계정세의 동향을 소개하면서, 끊임없이 국제정세를 환기시키고 있다. 이처럼 위 도표에서 이승만 정부의 국제정세에 대한 관심을 양적 측면에서 평면적으로 확인할 수 있으며, 실제 『週報』의 기사 배치 맥락과 내용을 살펴보면 지배권력이 사안에 따라 입체적으로 국제정세에 민감하게 대응했음을 확인할 수 있다.

가령 『週報』 7호(1949년 5월 18일자)에는 첨예한 동서대립을 상징했던 백림봉쇄가 해제되고 파리 사상회의가 예정되자, 거의 전체 지면이 "獨逸問題와 四相會議"를 특집으로 다루고 있다. 글의 서두에 "獨逸의 分割統治의 實情과 對獨講和問題를 中心으로 들어난 各國의 對立을 檢討하면서 獨逸의 現狀과 將來를 展望"하겠다며, 전후 독일을 둘러싼 동서대립 문제를 집중적으로 검토하고 있다.[14] 또 1949년 12월 12일 UN총회의 정부승인 일주년을 맞이하여 『週報』 37호(1949년 12월 14일자)에는 UN과 현 정세에 관련한 여러 편의 특집 기사를 게재하고 있다. 뿐만 아니라 연이어 38호에는 1949년 9월 20일에 뉴욕에서 개막된 제4차 유엔총회가 3개월여의 회의를 마치고 종료된 것에 대해 결산 차원에서 UN총회의 주요 논쟁점과 경과, 그에 따른 결과 및 향후 전망에 대해 종합적으로 논평함으로써 당호 전체를 특집호로 꾸미고 있다. 이 밖에도 미소의 대외정책에 대한 심층 분석 기사를 비롯해서, 냉전, 중국의 국공대립, 북대서양동맹, 태평양동맹, 동남아시아 및 발칸 정세, 일본강화 문제 등 당시 국제정치의 현안을 연재나 특집으로 다루면서 냉전적 시각과 논리를 재생산하고 있다. "友好國家의 紹介" 시리즈를 통해 남한정부를 승인한 국가들을 소개하고 있는 부분 역시 진영논리를 통해 세계를 바라보는 이승만 정부의 태도를 보여주고 있다.

구체적으로 『週報』의 내용을 검토해보면 이승만 정부의 냉전논리가 그대로 투영되었음을 확인할 수 있다. 동시에 그런 냉전적 논리를 끊임없이 반복생산하면서 냉전적 시각의 확산을 꾀했음을 볼 수 있다.

---

14 公報處, 「獨逸問題와 四相會議」, 『週報』 7, 1949년 5월 18일자.

〈표 2〉『週報』 국제정세 관련 기사의 어휘 목록

미국 및 '민주주의'	소련 및 공산주의
· 태도: 防衛, 對抗, 報復, 防波堤, 維持, 發展, 同情的, 支持, 援助, 獨立, 犧牲, 協調, 阻止, 擁護, 呼訴, 反擊, 平等, 排除, 安全, 克服, 互惠親善, 混亂防止, 飢餓除去	· 태도: 侵犯, 攻勢, 侵攻, 膨脹, 擴張, 革命, 支配, 暴力的, 破壞的, 滲透, 浸透, 使嗾, 地下運動, 打倒, 工作, 煽動, 羊頭狗肉, 暴虐, 戰爭, 壓迫, 不協調, 獨善的, 排他的, 뽀이코트, 倨慢
· 표상: 自由平和愛好, 평등, 민주주의, 법치주의, 友好國, 개방	· 표상: 赤色로서아, 帝國主義, 侵略主義, 全體主義(=黑色軍閥日本=白色獨伊), 不純, 極惡無道, 魔手, 폐쇄
· 실상: 進步, 平和, 自由, 人權, 尊重, 平等	· 실상: 鐵의 帳幕, 衛星國, 植民地化, 收奪, 搾取, 農奴, 統制, 服從, 强壓, 檢閱, 肅淸, 自己批判, 慘酷, 掃蕩, 糾彈, 再敎育

남한	북한
· 태도: 擊退, 粉碎, 擊碎, 撲滅, 防遏, 斷絕, 正義, 仁道, 貢獻, 同族愛, 國際平和維持, 努力, 紐帶, 團結, 相互援助, 世界平和, 志向	· 태도: 敢行, 破壞, 謀略宣傳, 뗴마宣傳, 虛僞, 跳梁, 祕密戰, 煽動, 放火, 殺人, 暴動, 狂奔, 無謀, 侵略, 惡魔的, 攪亂作戰, 破壞作戰
· 표상: 民族主義, 民主獨立國家, 民主陣營國家, 反共堡壘, 眞實한 民族自主獨立國家, 民主主義的	· 표상: 階級主義, 以北赤徒, 共産徒輩, 赤色武力, 赤狗, 破壞的, 獨裁, 無慈悲, 赤徒賣國奴, 以北傀儡政治集團
· 실상: 憲法, 民主制度, 選擧, 政黨制度, 言語自由, 思想自由, 行動自由, 자유민, 安全, 幸福, 平和	· 실상: 國有化, 統制, 命令, 盲從, 奴隸, 束縛, 獨裁, 惡刑, 放火, 恐怖, 疑心, 生地獄, 供出, 失業, 配給, 强制徵收, 酷使, 사포타-쥬, 聯邦主義 敎育, 模倣, 實力低下

위 〈표 2〉가 보여주는 바와 같이, 『週報』의 국제정세를 다룬 기사들은 소련과 미국을 중심으로 한 동서진영 간 대외정책의 태도를 "攻勢 對 防衛"의 기본 구도로 설정하고 있다. 전후 세계적 갈등을 세력경쟁이라는 틀로 바라보면서, '침략적인 소련 對 방어적인 미국'이라는 관념을 반복적으로 생산하고 있다. 이를 통해 남한 주민에게 전후 세계적 대립의 연장선에서 발생한 냉전의

원인이 소련을 비롯한 공산주의 세력의 "膨脹"과 "侵略主義"에 있음을 각인시키고 있다. '북한 대 남한' 역시 "侵略 對 擊退"의 관계로 파악하고 있듯이, 동일한 구도 속에서 표현만 달리 하고 있을 뿐이다. 이와 같은 유사한 어휘의 배열구조는 지배권력이 분단 상황을 냉전 구도 속으로 끌어들여 진영논리에 긴박시키고자 했음을 시사한다.

보다 주목되는 것은 침략성을 강조하는 가운데 소련을 과거 제정러시아와 연결시키는가 하면, '흑색군벌일본(黑色軍閥日本)'과 '백색독이(白色獨伊)'와 동일한 전체주의로 평가하고 있는 점이다. 이를 통해 제2차 세계대전 당시의 '파시즘 대 민주주의' 대결 구도를 '적색전체주의 대 민주주의'의 새로운 대결로 전환시키면서, 반소반공의 적대의식을 조장하고 서구 진영의 정당성을 마련하고 있다. 또 남과 북의 실상을 '자유 - 인권 - 행복 - 평화 대 독재 - 숙청 - 생지옥 - 공포'의 대조를 통해 표상하고 있다. 여기에 '살인', '방화', '폭동', '파괴' 등에 어휘를 결합시켜 북한 및 공산진영에 대한 부정적인 이미지를 생산하고 있다. 동시에 '광분', '무모', '무자비' 등의 어휘와도 연결하여 공산 진영을 비이성적이고 예측불가능의 대상으로 위험시한다. 이와 같이 북한에 대한 부정적 이미지의 구축과 낙인찍기는 결국 남한 체제의 상대적 우월성을 주장하는 결과로 이어진다. 또한 남북 정권의 성격을 비교하면서도 '민족 - 자주 - 독립 대 계급 - 매국 - 괴뢰'의 이분법적 대립구도는 이어진다. '민족 대 계급', '자주(自主)와 적구(赤狗)'의 대립적 의미관계는 '노예', '사주', '모방', '맹종'과 같은 어휘들과 함께 북한 정권의 식민성을 더욱 부각시키고 있다. 이것은 자연스럽게 북한 및 공산 진영의 민족적 정당성을 박탈시키는 것으로 귀결된다. 반면에 이승만 정부의 민족적 정당성 및 지배 정당성을 상대적으로 강화시킨다.

이승만 정부의 냉전적 시각과 논리는 대립적인 어휘의 선택과 배열의 차원을 넘어, 국제정세에 대한 논평에서 보다 구체적으로 나타난다. 공보처는 전후 소련의 세계정책을 논평하는 가운데, "共産社會는 東은 北韓으로부터 西는 東歐 六箇國까지 그 領域에 들어있고 그 餘勢는 西歐의 一角까지 侵犯하려" 한다고 비판한다. 반면 마셜 플랜, 북대서양조약 등 일련의 조치는 소련의 공세에 대응한 서구 민주주의 諸國의 공동방위 태세일 뿐이라고 평가하고 서구 진영의 정당성을 주장한다. 또한 현재 동구와 중국의 공산정권이 취하고 있는 농노해방, 중요산업의 국영, 계획경제의 실시는 "中核體國家에 依한 衛星國의 搾取"에 지나지 않는 것으로, 궁극적으로 "허울 좋은 美名下에 衛星國家를 事實上 蘇聯의 植民地化하는 데 現代共産主義의 特徵"이 있다고 폄하한다.[15] 사실상 그들이 주장하는 신민주주의의 실체는 과거 자유가 억압된 추축국의 상황과 동일한 것으로,[16] 청산되어야 할 전체주의 세력과 소련을 '동색'으로 몰아가고 있다.[17] 결국 현대 공산주의운동의 본질은 "제국주의요 침략주의"이며, 반민주적인 "전체주의"라고 단죄하고 있다.[18] 이와 같은 소련과 공산주의에 대한 시각은 여타의 국제적 대립 사태에 대한 입장에도 그대로 투사되고 있다.[19] 특히 전후 냉전의 원인과 과정을 설명하는데 있어서도 소련의 침략주의를 강조하는 논조는 계속된다.[20]

15 公報處, 「蘇聯의 世界政策」, 『週報』 2, 1949년 4월 13일자.

16 이와 같은 소련의 실정은 『週報』의 기사를 통해 반복적으로 강조되고 있다. 전후 소련 문화계의 숙청이 단행된 실태를 소개하면서, "蘇聯에서는 新聞, 雜誌 라디오 等 모든 言論機關을 通해서 國民의 思想的, 政治的 再教育을 大大的으로 宣傳하고 있다. 言論의 自由라는 이름 아래에서 反政府的인 것 黨精神에 어그러지는 것 같은 것은 揭載하지 못하게 하고 있다"고 비판한다. 관련해서 公報處, 「美蘇의 冷靜戰爭⑥」, 『週報』 13, 1949년 6월 29일자.

17 미소대립의 가시화와 함께 '민주주의'를 둘러싼 논쟁이 전개되면서 소련을 과거 전체주의와 동일시하는 경향이 두드러졌다. 관련하여 외무부 기관지에 한 기사는 "쏘聯의 理論家들과 政治人들은 쏘비엘民主主義 또는 푸로레타리아民主主義 等의 言語를 使用하고 이것이야말로 眞實한 意味에서의 民主主義인것처럼 말하고 있으나 그러나 프로레탈아獨裁의 理論이나 惑은 一國一黨 政治制度 等은 擧皆가 다 世界가 從來 使用하여오던 民主主義가 아닐 것이며 이데올로기-의 差異는 있을지언정 이것은 形式的으로는 파시즘의 一國一黨制 에 相通한 것"이라고 평가하고 있다(鄭享模, 「世界情勢의 回顧와 展望」, 『外務月報』 1949년 6월호).

18 公報處, 「蘇聯의 世界政策」, 『週報』 2, 1949년 4월 13일자. 소련과 공산주의의 침략성에 대한 강조는 『週報』에 실린 대통령을 비롯한 정부 장관의 각종 담화 내용에서 반복적으로 확인할 수 있다. 그중 대표적으로, 당시 문교부장관이자 학도호국단장이던 안호상은 단장 취임사에서 소련을 "共産主義的 帝國主義"라고 주장하고 있다(「學徒護國團結成」, 『週報』 4, 1949년 4월 27일자).

19 公報處, 「北大西洋同盟의 意義」, 『週報』 1, 1949년 4월 6일자; 公報處, 「(特輯)中國의 內戰問題①」, 『週報』 3, 1949년 4월 20일자; 公報處, 「最近의 빨간政勢」, 『週報』 33, 1949년 11월 16일자.

20 공보처는 소련의 대외정책을 과거 제정러시아 남하정책의 연장으로 규정하는 것을 통해, 전후 소련의 팽창을 공산주의 이념의 확산이 아닌 영토적 식민화를 목적으로 하는 제국주의 문제로 전환시키고 있다. 이와 같은 담론전략은 과거 일제의 방공담론자원을 동원·활용한 것으로, 식민의 흔적이 탈식민 이후 다른 국면에서 반복되고 있음을 보여준다(公報處, 「美蘇

보다 주목해야 할 점은 이승만 정부가 냉전적 시각을 통해 국제정세를 이해하고 정권의 정당성을 입증하는 데 머물지 않았다는 것이다. 오히려 이승만 정부는 냉전의 구도에 남한을 밀착시키는 가운데 냉전에 대한 끊임없는 환기를 촉구했다.[21] 뿐만 아니라 냉전적 시각과 태도의 이완을 비판하고 그것의 강화를 유도하고 있다.[22] 더 나아가 냉전논리에 근거해 출범 초기 자신의 체제 보장 및 대미원조의 정당성을 확보하려 했음을 볼 수 있다.[23]

의 冷靜戰爭①」, 『週報』 8, 1949년 5월 25일자).

21 1949년 6월 미군 철수를 앞두고 당시 외무장관 임병직(林炳稷)은, "世界情勢는 바야흐로 美蘇勢力卽 民主主義勢力과 共産主義勢力 間의 鬪爭의 決定的 段階에 突入하였읍니다. 特히 韓國은 極東防共戰線에 있어서의 大陸의 唯一의 橋頭堡로서 그 重要性이 莫大하므로 韓人은 韓人 自身의 力量으로서 世界情勢의 決定的 段階에 있어서 祖國을 防衛하여야 할 것입니다. 世界輿論을 喚起하여 歐洲 重視主義를 徹底히 是正하는 同時에 充分한 軍事援助를 獲得하고 太平洋同盟條約을 締結하고 國內的으로는 異質分子의 惡質的 謀略宣傳을 徹底히 粉碎하고 國民의 愛國心을 喚起하여 祖國의 重大時期에 際하여 總蹶起하여야 할 것"이라고 강조했다(林炳稷, 「國際情勢와 韓國」, 『外務月報』, 1949년 6월호). 또 남한의 상황을 냉전 세계와 밀착시키려는 시도는 당대 정부 기관지의 기사를 통해 계속됐다. 예컨대 한 기사는 "벌서 재작년 대구폭동사건을 비롯하여 제주도폭동사건이니 전남의 여수, 순천 반란사건이니 그밖에도 대소 살육전이 우후죽순처럼 봉기하여 피비린내 나는 처참한 哀痛史가 연일 編纂되고 있다"고 언급한 뒤에 "그 역시 크게 보면 미소양국의 세력싸움의 반영"이라고 평하고 있다(「反動集團을 肅淸하자!」, 『週報』 29, 1949년 10월 19일자). 또 다른 기사는 세계정세를 논평하면서, "소련은 이북괴뢰집단에 대하여 남한공격을 강요하고 있다고 한다. 사실상 삼팔선경계에서는 괴뢰군의 침공으로 충돌되고 있"다면서, 삼팔선의 충돌을 세계 각지에서 벌어지고 있는 소련의 '적화공작'의 일환으로 규정하고 있다(「世界政局의 展望②」, 『週報』 28, 1949년 10월 12일자).

22 1949년 6월 미군철수와 중국의 공산화 위기에 따른 이승만의 태평양동맹 창설 요구가 본격화될 시점에, 국무총리 李範奭은 당시 진행 중에 있던 파리4상회의의 원만한 결과가 예측되면서 국제정세가 유화국면으로 전환되려 하자 이에 일침을 놓는다. 그는 냉전에서 "西歐를 前院이라하면 亞細亞를 後院"이라고 비유하고, "共産主義 火焰이 西歐에서는 一時 消殘할 可能性이 없지도 않을 것이라고 認定하는 同時에 遠東에서는 正反對로 더욱 熾烈할 것"이라고 주장한다. 그리고 그 이유를 "共産主義의 侵略勢力은 마치 荒原의 불길과 같어서 風力向에 따라 轉移는 되지만 消滅되는 것은 아니기 때문"이라고 강조하면서, 냉전의 경각심을 촉구하고 있다(李範奭, 「以北赤色武力과 對等한 裝備가 必要(李國務總理談話)」, 『週報』 10, 1949년 6월 8일자).

23 이승만은 1949년 8월에 해방 일주년을 맞이하는 기념사에서 미국과 국제사회의 대한원조의 당위성을 냉전논리를 통해 주장했다. 그는 "공산당불길이 구라파에서는 얼마쯤 식어졌다고 할지모르겠지만 원동에서는 한정 없이 터지는 중입니다. 우리 한국이 대륙 끝에 있는 조그만 한 점에 지나지 않으나 서양 각국의 소위 냉정전쟁에 아무 경중이 없는 것으로 볼 수는 없을 것입니다. 그러나 우리는 전선의 앞장에 서서 항거하고 있는 터입니다. 우리가 싸우게 된다면 우리 싸움은 즉 세계 모든 자유민들의 싸움을 싸우는 것입니다. 세계적 자유의 전쟁을 우리가 생명을 걸고 싸우느니만치 모든 세계에 대해서 우리를 후원할 직책이 있다는 것을

또한 이승만 정권은 반공국가의 법적 제도를 구축하는 과정에서도 냉전논리를 동원하고 있다. 내무부는 1948년 12월 1일 공포·시행된 국가보안법의 필요성을 해설하면서, 소련의 적화공작은 세계적 차원에서 유기적인 명령계통을 갖고 있다고 단정하고, "북한 괴뢰정권" 역시 "「체코」나 「波蘭[폴란드]」 등과 함께 이 赤化 「뿔럭」의 하나"라고 주장한다.[24] 특히 "북한 괴뢰정권은 적색인민군을 강화하여 남한 침략을 기도하고 있으며 동시에 그 적색 전위부대인 공산당은 남하하여 선량한 인민을 선동하여 살인방화 등 파괴공작을 감행케 하고 있는 것으로 제주도민요(擾), 여수순천, 오대산 등 사건을 위시하여 각지의 소요사건 등이 그것"이라고 주장한다.[25]

이와 같이 내무부는 정부 수립 전후 일련의 국내 소요 사태를 세계적 차원에서 발생하고 있는 "적화공작"의 하나로 취급하고 있다. 세계 냉전의 시각을 국내의 시국사건에 투영함으로써, 각 사건의 고유한 사회역사적인 맥락과 특이성을 소거해버린 채 냉전의 논리를 통해 규정하고 있다. 이는 지배권력이 남한 사회의 제반 사태를 냉전의 틀 내로 끌어들여, 역으로 냉전의 논리를 통해 남한 사회를 새롭게 규정하고 재편하려 했음을 보여준다.[26] 이런 측면에서 당대 이승만 정부에 의해 생산된 냉전적 시각과 논리가 단순한 현실 세계의 반영이 아니라, 지배이데올로기의 중요한 한 축으로 기능했음을 알 수 있다.

무엇보다 냉전의 논리가 지배이데올로기의 중요 축이었음을 보여주는 것은 정부 비판 세력에 대한 이승만 정부의 대응 양상이다. 1950년 초반 누적된 이승만 정부의 실정과 권력 남용에 대한 비판 여론이 쏟아져 나오자, 이승만

주저치 않고 말하는 바입니다"라고 피력했다(李承晩, 「李大統領記念辭」, 『週報』 20, 1949년 8월 17일자).

24 內務府, 「國家保安法解說」, 『週報』 3, 1949년 4월 20일자.

25 內務府, 「國家保安法解說」, 『週報』 3, 1949년 4월 20일자.

26 이승만은 1949년 2월 국회에서 '남북평화통일에 관한 결의안'이 제출되었을 때, 국회 발언을 통해 "지금 민주주의라는 것이 한편에 서고 공산주의라는 것이 한편에 서 가지고 서로 격투하고 있는 중"이라고 언급하면서, "남의 선동에 속지 말고 물론 정중히 해야 할 것이지만 그럴수록 더 조심하고 정신을 차려서 이것을 내여도 좋은가 안 좋은가를 생각해서 한다면 결코 아니 될 줄"안다고 비난하면서, 냉전적 역학관계에 남한 사회를 긴박시키고자 했다(「남북화평통일에 관한 결의안」, 『국회정기회의속기록』 제2회 제24호, 1949년 2월 7일자, 3~7쪽).

정권은 전 세계가 반공투쟁에 매진하고 있는 상황에서 남한의 "급선무" 역시 "공산주의의 박멸"임을 강조한다. 동시에 이 과업 달성을 위한 '거국일치'를 방해하거나 정부를 손상시키는 자는 "사이비애국자"이거나 공산주의자와 다름없는 "반역자"라고 매도하고 있다. 즉 냉전과 반공을 최고의 가치로 상정하고,[27] 이것의 실현을 위해 모든 것을 복종시키고 있다.

동시에 이승만 정권은 냉전 반공이데올로기를 통해 자기검열의 주체를 생산하고자 했다. 즉 경중을 따져 "자신과 국가민족과 어느 것이 더 중한 것을 생각하여서 중한 것을 위해서 경한 것을 희생할 줄을 알어야 하며, 국정에 있어서도 국가의 실지 회복과 나의 당의 세력 확장과 어느 것이 더 중한 것을 알어야 할 것이며, 내가 정부에 대해서 여사한 행동을 하므로 국가에 주는 이익과 匪徒에게 제공되는 이익과를 비교해서 匪徒에게 더 큰 효과를 줄 때에는 정부에 약간 손실이 된다 하드라도 단연 제지하여야 할 것"이라고 강요하고 있다.[28] 이와 같이 '~을 알어야 한다'는 강요는 곧 스스로 검열하라는 권력의 요구였다. 뿐만 아니라 "一大反省과 悔悟가 있기를 要請"함에도 불구하고, "反省이 없는 者는 오직 한 가지 民族的 斷罪만이 있을 것을 覺悟"하라는 경고 역시 끊임없이 자기검열을 강제하는 것이었다.[29]

이상 살펴본 바와 같이 출범 초기 이승만 정부의 국제정세에 대한 해설은 전후 세력균형적 시각의 연장선상에서 출현한 냉전적 시각과 논리를 계속해서 반복 생산하고 있었다. 더 나아가 남한 주민을 냉전논리를 통해 규율화하고 지배를 강화시키고자 했다. 다시 말해 이승만 정부는 출범 초기 취약한 체제 및 정권의 기반을 보완하기 위해 냉전논리를 지배의 유용한 수단으로 전유

27 강인철은 이러한 냉전적 반공주의 현상을 이른바 '시민종교(civil religion)'적 특성이 농후한 것으로 규정했다. 여기에서 시민종교란 '국민들에게 동질적인 세계 인식의 틀을 제공함으로써, 폭넓은 도덕적 합의를 위한 사회적 기반을 제공하는 것'으로, 이승만 정부의 냉전적 반공주의 역시 국민통합의 기제로 이러한 역할을 수행했다. 한국전쟁 전후 반공주의를 '시민종교'의 시각에서 분석한 연구로는, 강인철, 「한국전쟁과 사회의식 및 문화의 변화」, 『근대를 다시 읽는다 1』, 역사비평사, 2006 참조.

28 「似而非愛國者의 反省을 促求」, 『週報』 45, 1950년 2월 15일자.

29 「似而非愛國者의 反省을 促求」, 『週報』 45, 1950년 2월 15일자.

했다. 미·소 대립이라는 사태에 일방적으로 규정당한 것이 아니라, 그 사태를 냉전이라는 개념으로 의미화 하는 가운데 자신의 정치적 목적을 실현하기 위한 유용한 계기로 활용했다. 이 과정이 바로 남한 사회에 냉전적 시각과 논리가 확산되는 주요한 계기가 되었다.

정부 수립 이후 냉전담론의 사회적 확산은 이승만 정부에 의해서만 시도된 것은 아니었다. 정부 출범과 동시에 지배권력과 긴장관계를 형성했던 한민당을 비롯한 우파 세력 역시 냉전논리를 통해 자파의 정치적 노선과 정당성을 구축해갔다. 이들 우파 세력은 정부 출범 초기 비록 내각 구성과 개헌안 등을 놓고 이승만 정부와 마찰을 보였지만, 양측의 갈등은 반공이라는 임계 내에서의 대립이었다. 오히려 한민당의 경우 지주와 자본가의 이해관계를 대변하는 정당으로서 반공반소 노선에 있어서는 지배권력에 조금도 뒤지지 않았다. 정부 수립과 함께 점차 공공 영역에서 좌익 경향의 대중매체가 적극적인 활동을 펼칠 수 없는 상황에서, 이들 우익 계열의 신문과 잡지는 냉전의 진영논리를 재생산하면서 남한 사회의 반공반소 분위기를 고조시켰다.

실제 정부 수립 이후 한국전쟁 발발까지, '大韓民國의 UN承認', '大西洋同盟 創設', '伯林封鎖 解除', '파리四外相會議', '美軍의 南韓 撤退', '美國의 對中白書 公表', '中華人民共和國樹立宣布', '蘇聯의 對유고同盟條約 廢棄', '인도네시아에 對한 主權移讓에 關한 헤-그協定의 調印', '太平洋同盟' 등 세계의 냉전 상황을 다룬 기사들이 연일 대중매체를 통해 보도되었다.[30] 그런데 이와 같은 신문 보도에서 주목해야 할 것은, 그것이 국제정세에 대한 단순한 사실 전달 차원에 국한되지 않는다는 점이다. 그보다는 냉전을 이승만 정부의 정치적 의제와 적극적으로 결합해 다루고 있다. 다음 기사는 이러한 양상의 전형을 보여준다.

> 외전에 依하면 東南亞 各國은 北쪽에서 불어오는 共産主義라는 찬바람에

30 심지어 1949년 연말 경향신문은 '冷戰下의 一年間 重要事件' 일지를 정리해서 보도하고 있다(「冷戰下의 一年間 一九四九年中重要事件」, 『경향신문』, 1949년 12월 27일자).

흔들리고 있다 한다. 즉 中國事態의 發展은 全東亞 問題를 複雜化하고 世界 反共戰線에 큰 影響을 줄 뿐만 아니라 不透明한 狀態를 나타나게 했다. (…)이 東亞의 內亂과 戰亂의 激化 또 政治的 不安의 增大는 戰後東亞에 있어서 民族主義 自覺에서 自主獨立을 하기 爲한 抗爭인데 이와같이 民衆이 希求하는 民族運動의 機를 엿보고 이를 利用하는 共産主義의 浸透가 그 事態를 複雜化하고 微妙化케한 것이며 또 最近 國府側의 戰略的 敗退와 中共軍의 南華 進出은 더욱 그를 擴大케 한 것이다. 이러한 東亞의 事態야말로 우리 韓國政府로도 看過할수 없는 바가 있다.(…)美軍 撤退가 日程에 오른 이때에 反共戰線에서 큰 役割을 하고 있는 우리 韓國政府는 太平洋條約의 締結을 韓美軍事同盟과 함께 要望하였던 것이다. 相互間 國土 侵犯을 共同的으로 防衛하려는 太平洋條約 締結을 希求하는 우리 政府의 要望은 當然한 것으로서 그 急速한 具體化를 期待하였던 것인데 오늘과 같은 紛爭事態로는 그 急速한 實現이 어렵다는 一部 見解와 條約 構成員이 될 各國이 戰火에 휩쓸리고 있어 共同防衛에 確固한 態勢의 完璧을 期할수 없다는 點을 遺憾으로 생각하는 바이다. (…)오늘날 같은 內亂과 紛爭의 長期化는 共産主義 蔓延의 좋은 對象이 되는 危險이 있는 만큼 하루라도 빨리 그 解決을 策하여 安定恢復을 期하는 各國의 努力이 있어야만 할 것이다 이것이 東亞 全體의 利益과 幸福을 가져오게 되는 同時에 大韓民國 自體의 基礎도 安定化하게 되는 것이다.[31]

위 사설은 대한민국 정부 수립 초기 남한의 냉전담론이 생산되었던 맥락과 냉전담론의 서사 구조를 보여주는 것으로, 이후 이와 유사한 서사구조에 기초한 또는 이런 논리를 강화시키는 냉전담론이 대중매체를 통해 확산되었다. 위 기사는 현재 동남아 각국의 "內亂과 戰亂의 激化 또 政治的 不安의 增大"가 이 지역의 전후 "自主獨立을 하기 爲한 抗爭"을 이용해 침투한 공산주의에 의해 "複雜化"되고 "微妙化"되었다고 주장한다. 이어 최근의 "中共軍의 南華進出"이 그것을 더욱 "擴大케한 것이"라고 강조한다. 그러면서 현 사태는 "美軍 撤退가 日程에 오른 이때에" "우리 韓國政府로서도 看過할수 없는" 것이라고 평가하면서, "우리"의 문제로 전환시킨다. 다시 말해 이 사설은 전후 동남아 지역의 혼란상을 냉전의 틀로 접근하면서, 그것을 당시 남한의 정치적 현안으로 떠올랐

31 「東亞各國反共態勢」, 『경향신문』, 1949년 5월 16일자.

던 미군철수 문제와 연결시키고 있다. 그리고 그것의 해결 여부가 "大韓民國自體의 基礎"를 "安定化"하는 문제와 직결되는 것이라고 역설하고 있다.

이와 같이 세계 냉전과 한반도 정세의 연관성을 강조하는 신문 보도는 이승만 정부 출범 이후 한국전쟁 발발 시점까지 계속되었다. 물론 이런 양상은 해방 직후 미소의 분할점령으로 인해 국제정세에 대한 관심이 고조되었던 바와 같이, 단정 수립으로 인한 분단의 현실화에 따라서 국제정치에 대한 관심이 자연스럽게 고조된 것이라고 볼 수도 있다. 하지만 당대 국제정세에 대한 신문의 보도 양상은 이승만 정부의 정치적 현안 변화와 그 궤를 같이하면서, 그것이 이데올로기적 담론으로서 기능하고 있음을 보여준다. 요컨대 당대 대중매체를 통해 확산된 냉전담론의 양상은 초기 이승만 정부가 처한 상황을 반영하는 것이자, 동시에 이승만 정부와 우파 세력이 냉전담론을 통해 반공체제와 지배 질서의 정당성을 마련해가고자 했음을 보여준다. 그리고 더 나아가 냉전의 논리에 기초해서 남한 대중의 사고와 행위를 일정하게 규정하고자 했음을 알 수 있다.

특히 정부수립 이후 냉전담론의 사회적 확산과 관련해서 주목해야 할 것이 바로 대중매체, 그 중에서도 신문이다. 당대 냉전담론이 확산되고 그 과정에서 실제적인 힘을 가지고 작동하는데 있어서, 그것을 전달한 신문의 역할은 중요했다. 실제 이 시기 신문들은 지배권력의 시선을 내화하는 차원을 넘어 보다 적극적인 재현(representation)전략을 통해 냉전담론의 사회적 확산에 가담하고 있었다.[32] 무엇보다 당대 신문은 특정한 '보기(seeing)의 방식'을 통해 세계 냉전에 대한 일정한 인식 틀을 주조했다. 즉 남한 사회가 전후 세계의 대립을 직접 경험할 할 수 없는 상황에서 그것을 바라보는 시각과 틀은 전달매체에 의해 규정될 수밖에 없었다. 사실상 남한의 대중은 신문의 '시각 방식과 규칙'에 따라 보도록 된 것만을, 또 그것이 보고자 하는 것만을 보았던 것

32 관련하여, 신문을 "그 자체가 특정 이데올로기의 생산자이자 전파자로서, 또 특정 행위의 조직자로서 존재하면서, 권력관계를 유지하거나 창출"하는 유력한 수단으로 인식할 필요가 있다.

이다.[33] 그리고 이와 같은 당대 신문의 특정한 인식 틀은 냉전 세계를 남한 사회에 전경화하면서, 냉전적 사고를 가속화시키는 촉매제로 작용했다.

실제 당시 신문의 냉전담론은 거의 동일한 방식의 이분법적 구도 속에서 국제정세에 대해 서술하고 있다. 먼저 대부분 세계를 "民主陣營"과 "共産主義陣營", 또는 "民主主義國家郡"과 "共産主義國家郡"으로 나누고, 세계정세를 대립하는 두 진영 간의 경쟁의 장으로 설정한다. 또 미소의 동맹국을 민주주의국가의 "代表"와 "人形國家"로 표상한다. 그리고 '대표'와 '인형'이라는 의미의 대립구조를 통해 한쪽을 "自由"에 의한 "능동적" 주체(agent)로, 다른 한쪽을 "敎唆" 대상인 "괴뢰"적 주체(subject)로 설정하면서, 양 진영의 차이를 부각시킨다. 또 여기에 "도덕적", "능동적", "조화적", "인간적"이라는 수식어를 "민주주의국가군"과 결합시키고, "비열적", "태업적", "공식적", "비인도주의적"이라는 접두어를 "공산주의 국가군"에 밀착시키면서, 민주주의 국가군과 그 일원인 남한 체제의 도덕적 정당성과 우월성을 강조한다.

뿐만 아니라 "책임", "평화", "원조", "유지", "단결", "방어"와 같은 어휘에, "무책임", "침략", "돌진", "도전", "분열", "독선", "제국주의"를 맞대어 서술함으로써 대조적인 의미관계를 구축하고, 이를 다시 양 진영의 외교노선과 연결시키고 있다. 이를 통해 '도전적'이고 '침략적'인 공산주의국가군에 맞서 평화와 단결을 '방어'하려는 "민주주의 국가군"이라는 의미망을 형성한다. 즉 세계 냉전을 '팽창'하는 공산주의에 맞서 '방어'하려는 민주주의의 대결 구도로 설정하면서, 냉전의 원인과 책임을 공산주의 진영으로 돌리고 있다.[34]

이와 같은 냉전적 시각과 의미구조는 신문의 이미지와 결합되어, 보다 가시적이고 입체적으로 남한 대중에게 전달됐다. 당대 신문은 기사나 사설과 함께 사진, 지도, 만평을 통해서도 세계 냉전의 추이를 보도했는데, 이런 사진을 비

33 이와 같이 특정 담론이 확산되는 과정에서 시각 및 가시적 장치가 갖는 중요성에 대해서는, 윤세진, 「미술의 탄생」, 『근대와 만난 미술과 도시』, 두산동아, 2008, 18~65쪽 참조.

34 이러한 의미관계의 대립 구조를 대표하는 당대 신문 사설로는, 「유엔決議와 우리의 進路(1)」, 『동아일보』, 1949년 1월 11일자; 「유엔決議와 우리의 進路(2)」, 『동아일보』, 1949년 1월 12일자; 「유엔決議와 우리의 進路(3)」, 『동아일보』, 1949년 1월 13일자; 「유엔決議와 우리의 進路(4)」, 『동아일보』, 1949년 1월 15일자.

롯한 이미지 역시 특정한 인식 틀을 무의식적으로 받아들이게 하는 효과적 수단으로 활용되었다. 특히 대중매체로서 신문은 지속적으로 대량 유통·소비된다는 측면에서 냉전에 대한 지배권력의 시각을 당대 사회의 '공적 시각'으로 확산시키는 주요한 장치였다. 다음의 두 이미지 역시 이러한 신문의 시각적 전략을 잘 보여주고 있다.[35]

〈그림 13〉 世界의 頭痛線 伯林封鎖는 언제 解除

〈그림 14〉 慣習的인 拒否로 一貫하는 "스탈린" 對坐한 美英佛等 西歐 外交陣

위 〈그림 13〉과 〈그림 14〉는 세계 냉전을 각각 사진과 만평을 통해 가시적으로 보여주고 있다. 특히 〈그림 13〉은 실제 독일의 베를린 장벽을 찍은 사진을 활용해서 냉전에 대한 '현장감' 내지는 '사실감'을 더해주고 있다. 이에 비해 〈그림 14〉의 만평은 "NO"라는 글자에 상대적으로 시선을 집중하도록 유도해서 특정 이미지와 의미를 '부각'시키고 있다. 〈그림 13〉에는 캡션(caption)을 달아 "스트레이쎄만 스트랏세"를 경계로 "쏘地区"와 "영地区"가 분할되어 있음을 부각시키고 있다. 이어 〈그림 13〉에 "부란덴블크 문"은 소련군과 반공주의자들 간에 충돌이 발생한 곳이라는 해설과 함께, '백림 동구 측 점령지역 거주 독일인들이 미 점령지역으로부터 "수집"한 식량과 연료를 걸머지고 가는' 사

35 「世界의頭痛線 伯林封鎖는언제解除」, 『동아일보』, 1948년 10월 24일자; 「漫畵『노 - 』!」, 『동아일보』, 1949년 10월 10일자.

진을 아래에 이웃해서 배치하고 있다. 이를 통해 소련의 백림봉쇄에 따른 독일인의 저항과 생필품 구득의 어려움을 제시하면서, 백림봉쇄의 부당성을 강조하고 있다.

〈그림 14〉는 특정 대상을 클로즈업(close-up) 해서 전달하고자 하는 이미지와 메시지를 두드러지게 하고 있다. 〈그림 14〉 역시 "慣習的인 拒否로 一貫하는 스탈린 對坐한 美英佛等 西歐外交陣"이라는 캡션을 통해, 클로즈업된 "NO"라는 "習慣的인 拒否"의 주체가 누구인지를 분명하게 확인시켜주고 있다. 더하여 시선을 끄는 것은 클로즈업 된 "스탈린"과 "NO"와는 대조적으로 "西歐外交陣"을 주변에 매우 작게 배치하고, "對坐", 즉 '정중하게' 앉아있는 서구 측과는 달리 테이블 위에 '위압적인' 자세로 앉아있는 "스탈린"을 대립적으로 배치하고 있다는 점이다. 이를 통해 "스탈린"으로 상징되는 공산주의 진영에 부정적이고 공격적인 이미지를 부여하고 있다. 이런 만평의 구도 역시 재현의 전략만 달리할 뿐 냉전적 시각을 거부감 없이 받아들이도록 이끌고 있다.[36]

지금까지 살펴본 바와 같이 정부 수립 이후 냉전담론은 이승만 정부의 정치적 의제와 밀착되어 '이데올로기적 담론'으로 생산되었다. 동시에 반공주의로 순치된 당대 신문의 서사와 시각 전략은 남한 사회에 냉전적 인식을 확대·심화시키는 주요한 역할을 수행하였다. 그리고 더 나아가 남한 사회의 대중에게 반공주의적 사고와 행위를 촉구해갔다. 이런 일련의 과정 속에서 남한 사회에는 점차 냉전적인 사고방식이 확산되는 현상이 발생했다.

하지만 정부 수립 이후 남한 사회에 급증했던 냉전담론과 그것이 촉발시킨 냉전적 풍경의 이면에는, 여전히 냉전적 흐름에 비판적인 태도를 취했던 현상이 공존했음을 주목할 필요가 있다. 단정 수립과 함께 남로당을 중심으로 한 좌익 계열이 공적 담론장에서 활동할 수 없게 되었지만, 남한 체제 내 이승만·한민당과는 다른 노선의 정치세력은 여전히 존속했다. 오히려 단선과 함

36 신문과 보도 사진이 갖는 이데올로기적 성격에 대한 대표적인 문화연구로는, 스튜어트 홀, 임영호 편역, 『스튜어트 홀의 문화 이론』, 한나래, 2005, 317~340쪽; "The Determinations of News Photographs," in Stanley Cohen & Jock Young (eds.), *The Manufacture of News: Social Problems, Deviancy and the Mass Media*, rev. ed, London: Constable, 1981, pp.226~243.

께 우파 내 분화가 가시화되었다. 이 중 1947년 2차 미소공위 결렬 이후 민족자주연맹을 결성하고 남북협상을 주도했던 중도파 세력들은 단선과 함께 현실적으로 남한정부를 인정하고 참여했다. 단선에 불참했던 김구 · 김규식 세력 역시 이후 전향적 태도를 보였다. 현실론에 입각해 남한 체제에 적극적으로 결합했던 안재홍과 사회당의 조소앙은 냉전적 기류에 반대하면서, 남북의 평화통일과 협상을 계속적으로 주장했다.[37] 또 소장파 세력 역시 반(反)이승만 · 한민당의 기조 속에서 남북통일에 적극적 입장을 취했다.

이런 반냉전의 흐름을 반영해 1948년 정부 수립 직후인 9월 12일자 『조선일보』는 사설을 통해 "國家大綱에 南北이나 左右가 그처럼 怨讐같이 議事를 疎通치 못할바 없"다고 주장하면서, 남과 북이 "서로 壓服을 함이 美蘇對立以上 深刻"하다고 비판했다.[38] 또한 1949년 당시 국회부의장이던 소장파 김약수(金若水)는, 'UN한위'와의 회담에서 "冷戰應援을 警戒"해야 한다는 취지로 "三八線의 國際性"을 없애야 한다고 강조하면서, "우리나라는 地域을 나누어서 美蘇外交戰의 應援團的 行動을 보게 되어 南北統一 問題의 困難이 慢性化되"었다고 비판했다.[39] 1947년 2차 미소공위 결렬 이후 '순정우익' 집결을 주장하면서, 남한 체제에 비판적 참여 태도를 보였던 안재홍 역시 '반벽(半壁)'한 정부가 정통성을 갖추기 위해서는 '남북통일'과 '민족합동'의 대업을 추진해야 한다고 주장했다.[40] 사회당 당수인 조소앙 역시 1949년 4월 유엔한국위원회와의 면담을 통해, "분단은 한인 자신의 모순대립에 그 책임이 없지도 않"다고

37 이 시기 중도파 민족자주연맹 계열의 단정수립 전후의 동향에 대해서는 도진순, 「1945~1948년 우익의 동향과 민족통일정부 수립 운동」, 서울대학교 국사학과 박사학위논문, 1993; 김인식, 「1947년 안재홍의 '순정 우익 집결' 운동」, 『한국사연구』 124, 한국사연구회, 2004; 김동선, 「김규식의 정치노선과 민족자주연맹의 결성」, 『한국민족운동사연구』 46, 한국민족운동사학회, 2006 참조.

38 「統一課業의 展望」, 『조선일보』, 1949년 9월 12일자.

39 「冷戰應援을警戒」, 『경향신문』, 1949년 3월 11일자. 당시 냉전적 조류를 거부했던 대표적인 사례가 1949년 6월 17일 국회부의장 김약수 외 6명이 '미군사고문단 설치 반대 진언서'를 국제연합한국위원단에 낸 사건이다. 「撤軍監視要請 進言書를 韓委에」, 『조선일보』, 1949년 6월 18일자.

40 김인식, 「대한민국 정부수립과 안재홍: 정부수립 주체론을 중심으로」, 『동양정치사상사』 8-1, 한국동양정치사상사학회, 2009, 18쪽.

언급하면서도, "국제적 모순에 기인하는 분단의 원인을 한위(韓委)는 책임지고 국제적으로 해결"해야 할 것이라고 주장했다. 또 "남북평화 분위기 가운데서 남북화평론자(南北和平論者)와 남북협상을 하므로써 통일은 성취될 것"라고 주장하면서, 당시 냉전의 흐름에 편승했던 단정 세력과는 정반대의 노선을 취했다.[41]

정치적 차원뿐만 아니라 사상적 측면에서도 반냉전의 조류는 강하게 존속하고 있었다. 단정 수립 이후 체제 내 비판세력의 한 축을 이루었던 안재홍의 '신민족주의 · 신민주주의'와 조소앙의 삼균주의 노선은 지속적으로 '자본독재'와 '계급독재'를 지양하며 강한 민족주의적 성격을 견지했다.[42] 심지어 이승만 정권의 지배이데올로기로 제시되었던 '일민주의' 역시 강한 민족주의에 기반한 반공주의 이념이었다. 이를 당시 신문은 "左翼의 共産主義思想이 單一的인 形態로서 民衆 속에 浸透하고 있는데 反하여 右翼의 民主主義思想은 單一的으로 體系化하지 못하고 一民主義 三均主義 新民族主義 등 其他 數個의 形態로 分裂되어" 있다고 평하고 있다.[43]

실제 해방 이후 남한은 식민과 탈식민의 역사 속에서 서구 근대에 대한 동경과 역으로 서구 물질문명을 비판하는 반서구 근대의 사유가 혼재되었고, 여기에 냉전이 가시화되면서 그 사상적 흐름은 더욱 복잡한 경향을 띠고 있었다.[44] 이런 복잡성을 드러내주는 사상적 갈래 중 하나가 이승만 정부의 지배

41 「UN韓委 平和協商進言 趙素昻氏 昨日協議」, 『경향신문』, 1949년 4월 1일자; 「憲法改正이緊要 統一은 美蘇妥協에서 趙素昻氏의韓委協議內容」, 『동아일보』, 1949년 4월 1일자.

42 조소앙은 1948년 12월 '사회당 결당대회 선언서'에서 다음과 같이 주장했다. "우리 민중은 무산계급 독재도 자본주의 특권계급의 사이비적 민주주의 정치도 원하는 바가 아니요, 오직 대한민국의 헌법에 제정된 균등사회의 완전 실현만을 갈구할 뿐이다. 이것은 인류의 이상이 지향하는 정상적 요구이며 기 실현을 촉진함은 우리 민족에게 부여된 민족적 최대 과업이다." 조소앙, 「사회당 결당대회 선언서」, 1948년 12월 1일자(삼균학회 편, 『素昻先生文集』 下, 삼균학회, 1979, 115쪽에서 재인용).

43 「思想統一運動의必要性」, 『경향신문』, 1949년 9월 26일자.

44 이러한 당대 사상계의 중층적이고 복합적인 양상은, 해방 이후 '인종, 지역, 국력' 중심 세계관이 냉전의 계기성 속에서 이데올로기적 세계관으로 재조정되는 과정에서 발생하는 긴장과 모순의 지점에서도 확인할 수 있다. 임종명, 「해방 이후 한국전쟁 이전 미국기행문의 미국 표상과 대한민족(大韓民族)의 구성」, 『사총』 67, 역사학연구회, 2008 참조.

이데올로기인 '일민주의'라 할 수 있다. 일민주의 이데올로그(Ideolog)이자 초대 문교부장관이던 안호상(安浩相)은, "近代 資本主義는 個人의 利益을 至上으로 하고 있음에 對하여, 共産主義는 이를 打倒해서 그 個人을 階級으로 바꾸려는 데서 利害와 利害가 싸움을 展開하고 있다. 이 같은 利害 곧 物質的 利害關係를 社會 存立의 基礎로 삼기 때문에, 資本主義와 共産主義는 極端의 對立 속에서 甚한 갈등과 마찰을 빚어내고 있는 것이 事實이다. 二十世紀는 이 알륵과 싸움에 몹시 시달리고 있어서, 새로운 世界觀과 새로운 哲學을 要望하고 있다"고 강조한다.[45] 즉 당시 족청(朝鮮民族靑年團)계와 그들의 사상적 지향을 담고 있었던 '일민주의'는 식민과 탈식민 그리고 냉전이 중첩된 산물로, '반공적이면서도 냉전적이지 않았던' 사상적 경향을 보였다.[46] 이는 당대 남한 사회가 냉전의 규정력 아래 일방적으로 편입된 것이 아닌 그것과의 긴장과 상호작용 속에서 재편되었음을 보여준다.

요컨대, 1948년 정부 수립 이후 남한의 냉전담론은 지배 권력의 정치적 의제와 밀착되어 사회적으로 확산되었다. 그리고 이 과정에서 남한 사회의 세계냉전에 대한 일정한 시각을 규정짓고, 남한 사회를 냉전적 사고에 근거해서 재편해갔다. 그 결과 냉전에 대한 개념이 정립되었고, 역으로 점차 냉전적 시각에 의해 세계를 이해하고 평가하는 현상이 출현하기 시작했다. 그럼에도 불구하고 분단을 반대하고 통일을 지향하는 세력을 중심으로 이런 냉전적 흐름을 거부하는 정치적 사태가 계속되었고, 또 그에 따른 반냉전담론이 공존했다. 뿐만 아니라 여전히 식민과 해방의 경험이 낳은 반서구 근대의 인식 지평이 지속되면서, 복잡 다양한 사상적 흐름이 상호경쟁 속에 공존하고 있었다. 이후 냉전담론은 한국전쟁 기간 남한 사회를 재편하는 데 더욱 깊이 개입했다.

이상 살펴본 바와 같이, 1948년 정부 수립 이후 남한의 냉전담론은 지배권

---

45 안호상, 『一民主義의 본바탕』, 一民主義硏究院, 1950, 3쪽. 서구의 민주주의에 대해 비판하는 신문 기사로는, 「民主政治의 新方向, 個人主義에서 國家主義로」, 『동아일보』, 1950년 5월 17일자.

46 후지이 다케시, 『파시즘과 제3세계주의 사이에서』, 역사비평사, 2012, 18쪽.

력의 정치적 의제와 밀착되어 사회적으로 확산되었다. 그리고 이 과정에서 남한 사회의 세계 냉전에 대한 일정한 시각을 규정짓고, 남한 사회를 냉전적 사고에 근거해서 재편해갔다. 그 결과 냉전에 대한 개념이 정립되었고, 역으로 점차 냉전적 시각에 의해 세계를 이해하고 평가하는 현상이 출현하기 시작했다. 그럼에도 불구하고 분단을 반대하고 통일을 지향하는 세력을 중심으로 이런 냉전적 흐름을 거부하는 정치적 사태가 계속되었고, 또 그에 따른 반냉전 담론이 공존했다. 뿐만 아니라 여전히 식민과 해방의 경험이 낳은 서구 근대와 반근대의 인식 지평이 지속되면서, 복잡 다양한 사상적 흐름이 상호경쟁 속에 공존하고 있었다.

제2장 반냉전담론의 공존과 냉전논리의 균열

분단 초기 이승만 정부의 지배 기반의 강화를 위해 미 · 소의 갈등과 대립의 사태는 남한 사회에 주요한 정치적 이슈로 이용되었다. 이 사태를 규정하는 틀로서 전후 세력균형 논리의 연장에서 출현한 냉전이라는 개념은 역으로 남한 사회의 세계를 바라보는 균질한 시선으로 자리매김했다. 그 결과 냉전적 시각이 다시 세계와 남한의 제반 현상을 해석하고 평가하는 틀로 기능하는 양상이 곳곳에서 발생했다.

무엇보다 냉전적 시각의 사회적 확산과 함께 출현했던 첫 현상은 '냉전'이란 용어와 그 의미에 대한 해설이었다. 당시 "冷靜戰爭(Coldwar) - 이런 用語가 國際舞台에서 널리 使用되어 識者의 神經을 過敏케하고잇다"는 언급이 시사해주고 있듯이,[47] '냉정전쟁'이라는 신조어는 사회적으로 확산되는 가운데 관심의 대상으로 떠올랐다. 그로 인해 냉전이라는 용어와 그것이 지칭하는 세계정세의 동향은 대중매체의 "時事解說"의 주요 대상으로 주목되었다.[48] 실제 단정 수립 이후 냉전이라는 용어가 세계정세의 상황을 설명하는 개념으로 일반화되어감에 따라, 당대 대중매체는 그것의 출현 과정과 성격에 대해 해설하기 시작했다. 1948년 당시 조선통신사 외신과장으로 있던 최원열(崔垣烈)은 냉전의 출현과정과 그것의 성격에 대해서 다음과 같이 말하고 있다.

> 二次大戰時엔 終戰 數年前부터 戰後의 新世界秩序가 講究되엇으며 終戰과 前後하여 豫定計畫 그대로 新世界平和를 建設할 國際聯合機構가 組織되어 前 敵國을 除外한 全世界의 大小國家를 網羅하여 恒久的 國際協調와 平和確立을 圖謀하였다. 그런데 大勢의 動向은 決코 順風에 돛을 단 바다 거름이 아니었다. 國聯憲章 基礎時부터 美蘇를 兩主導國으로 한 國家群 사이에

47 朴運大, 「(時事解說)冷戰의 實體」, 『가톨릭 청년』, 1948년 11월호, 172쪽.

48 「(時事解說)冷戰하는 伯林」, 『民聲』, 1948년 10월호, 24쪽.

對立이 나타나기 始作하여 終戰後의 各種 國際會議를 걸처서 東西方 陣營間 相剋抗爭은 날과 달이 지날수록 去益 深刻 熾烈化하여 武器를 갖이고 殺傷은 하지 않을망정 對立意識이나 敵對心의 强烈 程度에 있어 平和的 協調와는 對蹠的인 鬪爭 衝突이 展開되고 있는 터임으로 이를 新形式의 戰爭이라고 부를 수밖에 없어 『Cold war』(冷靜 또는 차운戰爭)이란 新術語가 생기게 되었다. 이는 『Hot war』(더운 또는 白熱戰爭)이나 『Shooting war』(射擊戰爭)에 反對되는 것이며 神經戰이 激化 擴大된 것이라고 볼 수 있다. 이르는바 東西 『쁠록』間 對立의 根本原因은 相反되는 社會國家生活의 理念體系(이데오로기)에 立脚하며 國家社會의 發展을 圖謀하려는 利害關係의 國際的 相對이다. 一方에 歷史的 發展의 傳統을 갖인 資本主義國家社會의 무리가 있고 他方에 이에 對立하는 革命的 共産主義國家社會가 結合하고 있다.[49]

위 논평에서 알 수 있는 바와 같이, 최원열은 단정 세력의 '침략-방어'의 논리가 아닌, 전후 자본주의와 공산주의 이념 간 서로 다른 이해관계의 충돌로서 냉전을 바라보고 있다. 실제 논평의 전반적 논조 역시 객관적 차원에서 냉전 사태를 평가하고, "右顧左視 前後窺察에 奔忙할" 것이 아니라 자주적 입장에서 민족국가의 통일 달성을 위해 투쟁할 것을 주장하고 있다. 무엇보다 주목할 것은 위 논평에서 최원열이 냉전을 "新形式의 戰爭"으로 인식하고 있는 것과 같이, 냉전이라는 사태는 그 전의 "相剋抗爭"과는 다른 성격의 것으로 이해되고 있다는 점이다. 즉 전후처리 문제와 세계질서의 재편을 둘러싼 동서 진영 간의 상극 항쟁이 격심해진 결과 대립의 성격이 초기 단계와는 질적으로 다른 새로운 국면으로 전환되었음을 말하고 있다.

이와 같은 최원열의 정세 판단은 초기 미·소 간의 세력경쟁과 그것이 심화된 냉전 단계가 질적으로 다름을 전제한 것이었다. 즉 냉전이라는 용어의 출현 전에는 쌍방의 갈등 양상에 대한 우려가 주로 전후 연합국이 지향했던 '하나의 세계'에 대한 후퇴 내지는 분열의 측면에서, 그것을 회복하자는 의지가 강하게 반영된 것이었다. 하지만 이후 세력경쟁과 대립의 심화 속에서 발생한

49 崔垣烈, 「美蘇冷戰과 우리의 覺悟」, 『大潮』, 1948년 8월호, 8~9쪽.

'냉전'이라는 용어의 등장과 확산은, '하나의 세계'에 대한 회복의 측면보다는 또 다른 전쟁 발발로의 전환에 대한 우려의 측면이 강하게 반영된 것이었다. 즉 세력균형론의 맥락 속에 '하나의 세계'에 대한 염원이 짙게 배어있었다면, '냉전'이란 용어의 출현과 확산과정에는 '열전'에 대한 '우려'와 '공포'가 깊게 새겨져 있었다. 때문에 이 시기 세력경쟁과 냉전이라는 용어가 공존하면서도 열전 또는 백열전쟁의 반대 의미로서 냉전 개념이 자리 잡기 시작했다. 그리고 그것은 남한 사회에서 세력경쟁이라는 술어에 내재했던 평화의 지향보다는 언제든 열전으로 전환될 수 있다는 일촉즉발의 위기의식을 반영한 것이었다.

냉전의 형성과 성격에 대한 관심에 뒤이어 미·소 중 누구에게 그 책임이 있는가를 둘러싼 논쟁이 전개되었다. 이승만 정부를 비롯한 단정 세력은 대체로 전후 '소련의 팽창에 대한 미국의 봉쇄'라는 논리로 냉전의 성격을 규정하고 소련의 침략주의를 비판했다. 남한 체제가 안정화되어 감에 따라 지배권력의 냉전적 시각과 논리가 확산되어갔지만, 한편으론 이와는 다른 진영논리가 공존했다. 단정 수립 이후 제한적이었지만 여전히 남로당의 '제국주의 반민주주의 대 반제국주의 민주주의' 진영론이 선전되고 있었고,[50] 집권세력과는 다른 시각에서 냉전을 바라보는 입장이 병존했다.

이와 관련해서 잡지 『新天地』 1948년 9월호에 실린 "世界는 어디로 가나"라는 주제의 좌담회 내용은 주목할 만하다. 좌담회에는 본지 측 정현웅(鄭玄雄)을 비롯한 이동주(李東州: 평론가), 임명삼(林命三: 평론가), 박기준(朴琦俊: 國際問題硏究會長), 설국환(薛國煥: 合同通信 편집부장), 이갑섭(李甲燮: 合同通信 편집국장), 홍종인(洪鍾仁: 조선일보 주필) 이상 7인이 참석했다. 좌담회 참석자들은 "요지음의 險惡한 國際情勢는 平和에의 길보다도 戰爭의 길로 닥아가는 것" 같다는 사회자의 언급을 시작으로, 당시 첨예한 미·소 간의 '냉전'이 발생하게 된 원인과 경과 그리고 향후 전망에 대한 토론을 전개했다.[51]

50 「(社說)解放四週年에 제하여」, 『國際評論』 28, 1949년 8월호, 1~2쪽.
51 「(座談會)世界는 어디로가나」, 『新天地』, 1948년 9월호, 5쪽.

이 과정에서 대체로 전쟁 발발을 우려하면서도 그 가능성은 희박하다고 예측했다.[52] 현 사태의 발생 원인 및 상황에 대해서 이동주는 세력경쟁의 시각에서 군사전략적 측면으로 접근한다.[53] 특히 그는 "現代는 마키야베리的 外交니까 外交面 뒤에 基地싸움이 있고 또 戰力에 準備를 하고 있는 것"이라고 주장하면서, 현 사태의 본질은 정치전도, 경제전도, 외교전도 아닌 오직 "基地의 布石戰"이라고 평가한다.[54]

이와 달리 설국환은 냉전의 원인을 경제적 측면에서 접근하고 있다. 그는 먼저 전후 처리 문제의 방식과 태도에 있어서 미·소의 태도가 전연 상위한 결과 곳곳에서 대립이 발생하고 있다고 지적한다. 뒤이어 대립의 본질이 전후 자유통상을 통해 미국 기업의 기반을 구축하고자 한 미국의 경제적 이해로부터 비롯된 것으로, 그 주요 책임이 미국 측에 있다고 강조한다. 즉 그는 전후 평화산업으로 전환이 불가능하게 되자 미국이 계속적인 전시산업 유지를 위해 전쟁 분위기를 조장한 것이라고 주장한다.

그는 결국 "이런 面으로보면 「콜드·워」의 이름으로 불려지는 現下의 情勢는 어떤 意味로 볼 때 美國側으로는 必要한 것이 아닐까요"라고 평가한다.[55] 또 설국환은 "쏘련에서도 Cold war라는 말을 使用하는지요"라는 이갑섭의 물음에, "使用 안합니다. 그들은 現在의 事態를 戰爭이라고 아지 않고 어디까지나 鬪爭으로" 본다고 답한다.[56] 그러면서 "美蘇가 處處에서의 交涉하는 方法이 달

---

52 「(座談會)世界는 어디로가나」, 『新天地』, 1948년 9월호, 10쪽.

53 냉전을 군사전략적 측면에서 접근한 이동주의 입장은 『新天地』 같은 호에 기고한 글에서 보다 상세히 확인할 수 있다. 이 글에서 그는 전후 미국이 "붉은 곰의 심장에다가 날카로운 비수를 겨누었"기 때문에 '大砲를 使用하지 않는 冷靜戰爭'이 발생했다고 평가하면서, 냉전 발생의 1차 책임을 미국 측에 묻고 있다(李東州, 「戰爭으로 가는 길」, 『新天地』, 1949년 9월호, 16쪽).

54 「(座談會)世界는 어디로가나」, 『新天地』, 1948년 9월호, 7쪽.

55 「(座談會)世界는 어디로가나」, 『新天地』, 1948년 9월호, 12쪽.

56 설국환은 소련이 전쟁을 원하지 않고 있다고 주장하면서, 오히려 세계 각지에서 발생하는 "小戰爭" 즉 "鬪爭"이라고 하는 싸움을 전개하고자 하며, 실제로 希臘, 中國, 馬來 등에서 투쟁을 전개하고 있다고 지적한다. 그러면서 이 투쟁은 일반적인 전쟁과는 다른 성질의 것이라고 평가한다. 이런 설국환의 지적과 평가는 냉전 초기 여전히 미소 양측의 세계에 대한 규정, 즉 진영론이 서로 달랐음을 시사해준다. 또 그러한 상이한 진영론이 당대 남한 사회에서 공존한 채 경쟁하고 있었음을 말해준다(「(座談會)世界는 어디로가나」, 『新天地』, 1948년 9월호,

르기 때문에 冷靜戰爭이란 用語가 美側에서 나온 것 같"다고 주장한다. 또 미국은 "어떠한 狀態로 解決할 생각은 않고 蘇聯의 降服이 아니면 그저 그러한 狀態로 維持하려는 것" 같다며, 미국에게는 "冷戰과 同時에 그 말 역시 切實히 必要"했을 것이라고 추정한다.[57] 여기에 임종국은 "Cold War의 戰爭 雰圍氣를 만들고 있는 것은 確實히 美國"이라고 덧붙이면서, "世界 各處의 市場 獲得을 爲해서도 戰爭 雰圍氣를 만들어야 하고 더군다나 國內에 있어서 反對 勢力을 抑壓하기 위하여서도 冷戰의 양성은 相當히 效果的"이기 때문에 "이것을 一般에게 普及시키고 있"다고 주장한다. 마침내 임종국은 '냉전'이라는 용어가 미국 측의 입장을 정당화하는 개념이라고 규정하고, "結局 Cold War라는 것을 우리가 받어들이는 데도 잘 批判해야 할" 것이라고 강조한다.[58]

이와 같은 시각은 남로당의 진영론과는 차이가 있는 것이었지만, 전후 미·소 갈등을 경제적 측면에서 미국의 상품시장 확대정책에 기인한다는 입장을 취하고 있다는 점에서는 비슷했다. 이것은 당시 남로당을 비롯한 좌익이 공론장을 상실한 상황에서 집권세력과는 다른 세계 인식이 여전히 경쟁하고 있었다는 것을 보여준다. 좌익의 국제주의 계급노선에 근거한 진영론이 아닌 우익의 '냉전' 개념을 수용하면서도, 냉전의 원인과 전개 과정을 전혀 다르게 접근하면서 오히려 냉전적 진영구도를 새롭게 전유하고 있다. 바꿔 말하면 소련의 적화야욕과 침략주의에 대응한 미국의 방어정책이라는 구도가 아니라, 오히려 미국이 갈등을 야기하는 주체라고 비판하고 있다.[59] 냉전이라는 용어의 출

8~9쪽).

57 「(座談會)世界는 어디로가나」, 『新天地』, 1948년 9월호, 13쪽.

58 「(座談會)世界는 어디로가나」, 『新天地』, 1948년 9월호, 13쪽.

59 냉전발발의 원인을 미국 측에 묻는 여론은 당대 신문을 통해 적잖이 확인할 수 있다. 대표적으로 『民主衆報』는 과거 1년의 국제정세를 회고하면서, 냉전이라는 새로운 사태의 원인과 과정을 다음과 같이 설명한다. "回顧하건데 美國이 하나의 世界에 對한 努力을 抛棄하고 美國이 强한 것으로만 世界平和를 維持할 수 잇다는 冷戰의 原理를 그 外交政策으로서 擇하여 一九四七년 三月 希土에 對한 軍事援助를 트루먼大統領이 宣布한 以來 美蘇의 兩 陣營사이에 西歐式民主主義의 露骨的 鬪爭이 展開되어 一九四八年에 드러서는 四月의 意太利(伊太利)選擧를 契機로 하여 美 艦隊가 地中海로 出動함으로서 兩 主義의 鬪爭은 集中的 武力戰爭을 景으로하는 危險性이 잇슴이 具體的으로 나타낫던 것이다." 이후 백림(伯林)사태를 둘러싼 미소의 첨예한 대립이 계속되면서 "史上의 新用語 冷戰은 이리하여 그 正體를 漸漸 明確

처와 그 용어의 사용 배경을 밝히면서도, 냉전적 진영논리가 곧 미국을 중심으로 한 서구 진영의 당파적 이해관계의 산물임을 강조하고 있다. 더구나 소련 측에서는 이 용어를 사용하고 있지 않고, 현 사태를 "鬪爭"으로 규정하고 있다는 점에서 세계를 바라보는 또 다른 시선이 여전히 병존한 채 경쟁하고 있었음을 말해준다.

이와 같이 냉전 초기 그것을 둘러싼 다양한 시각과 논쟁이 대체로 '냉전'이라는 개념과 틀 자체 내에서 전개된 것이라면, 냉전 그 자체의 구도를 반대하면서 세계를 다른 시각으로 보고자 했던 현상도 등장했다. 미 · 소 간의 격화된 대립으로 세계대전의 위기감이 고조되는 한편 그에 상응해 역으로 반전운동의 분위기가 높아감에 따라, 세계를 미 · 소 간의 냉전으로 규정하기보다는 전쟁 세력과 반전 세력의 대립으로 새롭게 규정해야 한다는 주장 역시 등장했다.

노철(魯澈)은 제2차 세계대전의 공포가 가신 지 얼마 되지 않아 그보다 더 무서운 전쟁위기가 도래했다면서, 당대 세계를 미 · 소를 양극으로 한 동서 진영이 아닌 전쟁 세력과 반전 세력의 진영으로 규정한다. 그는 '냉전'이란 개념이 '열전'의 반의어로 사용되고 있는 현상을 가리켜 한낱 표피적 현상의 설명에 불과한 용어라고 비판하고, 냉전 역시 전쟁을 준비하고 있다는 측면에서 열전과 마찬가지로 '힘' 즉 '열전'이라고 주장한다. 오히려 그는 현 사태의 본질이 전쟁을 반대하고 평화를 옹호하는 세력과 그에 반대해 전쟁을 책동하는 세력 간의 "평화와 전쟁의 투쟁"이라고 규정한다.[60]

이와 같은 시각에서 그는 지난 두 차례의 세계대전을 전쟁 세력과 반전 세력의 투쟁사로 재정립하고 전후 반전평화 세력의 성장을 강조한다.[61] 그는 실제 1949년 4월 4일 미국 워싱턴에서 "未來의 敵을 假想하는 大規模의 軍事同盟"인 "北大西洋同盟"이 결성되었던 것에 반대해서, "동월 오일 뉴욕에서는 세

히 하엿다"고 평가하고 있다(「史上 新用語 "冷戰"의 一年(上)」, 『民主衆報』, 1949년 1월 1일자).

60 魯澈, 「平和와 戰爭의 對立」, 『新天地』, 1949년 7월호, 17쪽.

61 魯澈, 위의 글, 1949년 7월호, 18쪽.

계의 과학자, 문화인대회가 개최"되어 "북대서양조약의 폐기"를 요청했다고 주장한다.[62] 또 이 대회가 확장되어 파리의 '평화옹호만국대회'로 이어졌다고 강조한다. 그리하여 "戰爭準備라는 피라미드의 건너편에는 平和擁護라는 巨大한 피라미드가 또 하나 建立된 것"이고,[63] "世界에는 依然히 戰爭準備運動의 힘과 平和擁護運動의 힘과의 對立鬪爭이 繼續될 것"이라고 전망하고 있다.[64] 요컨대 그는 냉전의 진영론이 아니라, '전쟁 대 평화'라는 진영논리를 통해 정세를 다시 볼 것을 주장한다. 이와 같이 분단정부 수립 이후 냉전적 시각이 사회적으로 확산되어갔던 이면에는 그와 다르게 그것에 반대했던 또 다른 진영론이 병존 · 경쟁하고 있었다.

한편, 냉전 초기 남한의 대중매체는 외신보도를 통해 미 · 소를 중심으로 한 냉전이 획일적인 양상으로 전개되지 않음을, 즉 냉전적 시각으로 설명할 수 없거나 냉전의 논리를 역행하는 힘과 경향들이 세계 곳곳에 존재했음을 전하고 있다. 예컨대, 『새한민보』의 대외정세에 대한 논평 기사는 "현실과 생활은 엄격한 까닭에 냉전으로 해서 猜疑心으로 해서 현실생활까지 희생하야 하겠다는 절실감은 없는 듯싶다"고 피력하면서, 냉전의 흐름에 역행하는 국제정치 현상을 포착하고 있다. 1946년 4월에 북대서양동맹이 조인되고 영, 호주, 뉴기니아 간에 태평양동맹 준비회의가 개최되어 대립이 심화되는 순간에도, 다른 한쪽에서는 영 · 소통상조약과 "蘇印바-터協定"이 성립되었는데, 이것을 두고 "冷戰을 뚫고 前進하는 平和攻勢의 勝利"라고 평가하고 있다.[65]

또 같은 잡지의 "아시아 冷戰의 性格"이라는 기사에는, 전후 아시아 약소민족의 특이한 상황이 서구와는 달리 미 · 영의 냉전 공세를 원활하게 하지 못하게 하는 상황이 소개되고 있다.[66] 예컨대 아시아 지역의 냉전은 구주의 냉전과는 그 성격이 판이한 것으로, 식민지 해방을 이룩하지 못한 상태에서 미 ·

62 魯澈, 위의 글, 1949년 7월호, 21쪽.
63 魯澈, 위의 글, 1949년 7월호, 21쪽.
64 魯澈, 위의 글, 1949년 7월호, 22쪽.
65 「(內外動態展望)冷戰과 平和攻勢」, 『새한민보』, 1949년 3월 하순호, 6~7쪽.
66 「아시아冷戰의 性格」, 『새한민보』, 1949년 12월 하순호, 6쪽.

영의 냉전 목적에 동의할 수도 또 호응할 여력 역시 없다는 것이다. 무엇보다 과거 독립투쟁의 상대가 공산주의가 아닌 서구식 경제적 · 영토적 식민지주의였다는 점에서, 대부분의 아시아 국가는 냉전의 문제보다는 외세를 제거하고 식민지주의의 구축(驅逐)에 더 큰 관심을 갖고 있다고 지적한다. 설사 미 · 영의 냉전 목적에 동의하는 국가가 있다할지라도, 미숙한 정치 · 경제 · 군사적 상태로 인해 자주독립 완성에 분망할 뿐 미 · 영의 냉전 공세에 가담할 수 없을 것이라고 평가한다.

역으로 냉전의 주도국인 미국의 입장에서 아시아 지역에서의 냉전정책의 난점이 존재함을 전하는 기사 내용 역시 볼 수 있다. 일본의 전후처리 문제가 바로 그것이다. 미국의 입장을 "띠렘마"라고 표현하고 있는 것에서도 엿볼 수 있듯이,[67] 미국은 전후 일본 관리에 따른 막대한 비용을 줄이기 위해서 일본의 자립을 추진해야 하지만 과거 일본의 식민 지배를 당했던 주변국들의 반감과 긴장을 발생시킨다는 문제를 제기한다. 또한 설령 일본의 산업을 부흥시키는 조치를 취한다 하더라도 그것이 오히려 공산주의 세력을 확장시키는 호기가 될 수 있다고 우려한다. 뿐만 아니라 일본이 산업부흥을 위해 외국과의 교역에 성공할 때에는 미국과 기타 국가의 사업가 간에 새로운 경쟁이 초래할 또 하나의 모순이 야기될 것이라고 예측하고 있기도 하다.

이와 유사하게 미 · 소 양측의 냉전정책이 오히려 진영 내부의 균열을 유발시켜 양가적 현상을 낳았다는 논평 역시 주목된다. 논평에 따르면, 구라파 구체제의 몰락을 방지하기 위해서 추진된 '마셜 플랜(Marshall Plan)'은 정작 원조를 받은 불란서 기업가들에게는 달갑지 않게 되었다. 원조로 인해 불란서의 기업가들은 작업을 축소시켰고 금융가들은 남미 제주(諸洲)에 투자처를 더듬게 되었기 때문이다. 반면에 동구 여러 국가의 신민주주의를 육성하기 위한 집단방위체인 '코민포름(Cominform)'은 도리어 유고의 티토 정권과 같이 분해를 요구하는 결과를 초래했다고 지적한다. 이와 같이 논평은 경제관계의 국제적 모순과 국제정세의 변화로 인해 현 세계가 "복잡한 문제를 연속적으로 제

67 「變轉하는 美國의 政策」, 『新天地』, 1949년 6월호, 58~62쪽.

출"하고 있다고 평가한다.[68]

실제 이와 같은 냉전의 파열과 난관에 관한 논평은 1949년 중국의 공산화가 가시화 되고 태평양동맹 결성에 대한 논의가 본격적으로 제기되었을 무렵부터 집중적으로 나타났다. 이 무렵 태평양동맹 결성을 둘러싼 미 · 영 간의 이해관계의 상충과 불협화음이나, 동남아시아의 특수한 상황이 조성한 태맹결성의 난관, 일본의 재건을 둘러싼 딜레마는 세계가 냉전의 틀과 논리로 자연스럽게 편입될 수 없었던 당대 상황을 드러내준다. 이는 냉전이라는 진영 대립의 구도 자체가 미국의 이해가 반영된 것이었기 때문에 발생할 수밖에 없었던 현상이었다. 자본주의와 공산주의, 민주주의와 사회주의의 초국가적인 이념에 기초한 냉전논리는 초국가적 이데올로기로서의 진영대립이 내포했던 민족국가 상호간의 정치적, 경제적, 문화적, 심리적 차원의 상이한 이해관계의 모순 속에서 균열될 수밖에 없는 것이었다. 또한 이는 한편으론 남한 내에 여전히 반냉전의 분위기가 공존하고 있었다는 것의 반증이며, 다른 한편으로는 남한이 냉전적 분위기로 넘어가는 과정에서 그것을 거스르는 요소에 어떻게 대처할 것인가를 둘러싼 관심의 반영이라고도 할 수 있다. 즉 냉전을 거스르려는 힘과 그것을 가속화시키려는 힘 양측의 관심이 냉전의 파열 지점에 대한 관심을 고조시키고 그에 대한 논평을 쏟아내게 하였다.

냉전질서에 역행하거나 그것을 어그러뜨리려는 힘과 현상은 국제적 차원에서 뿐만 아니라 남한 내부에서도 나타났다. 그럼에도 불구하고 보다 더 흥미로운 것은 당대 남한 대중매체의 논조가 이런 진영 내부의 균열과 긴장을 사실적으로 보도하는 것에 그치지 않았다는 점이다. 오히려 아시아 반공 진영의 구축을 위해 균열과 긴장을 제거해야 된다는 '당위'를 앞세운다는 점이다. 심지어 반공 진영 구축이라는 당위에 장애요인으로 간주되는 것들의 과감한 청산 내지는 변화를 역설하고 있다. 이런 현상은 미 · 소 간 대립의 심화로 그러한 사태를 설명하기 위해 출현한 냉전이라는 용어와 개념이, 역으로 지배적 가치와 규범으로 현실의 제반 요소들을 재편해갔다는 것을 말해준다. 이와 같

68 魯澈, 앞의 글, 1949년 7월호, 20쪽.

이 미·소 대립의 사태와 그것이 낳은 냉전담론의 상호작용 속에서 남한 사회의 냉전적 시각과 정체성은 확산됐다.

실제 1949년 중국의 공산화가 가시화됨에 따라 국내 여론은 서구에서 백림 봉쇄의 해제와 북대서양동맹 결성으로 저지된 공산주의의 선풍이 동쪽으로 방향을 돌려 아세아의 허를 찌르고 있다고 주장했다. 당시 아시아에서의 공산주의 위협에 대한 강조는 자연스럽게 이승만 정부의 태평양동맹 결성 추진과 밀착된 것으로, 아시아에 대한 시선이 냉전 하 태평양동맹의 결성 문제를 중심에 놓고 그것의 가능 여부를 점치는 방향으로 옮겨졌다. 즉 아시아를 바라보는 목적과 이유 자체가 탈식민의 아젠다에서 반공연맹 결성으로 전환된 것이다. 이제 보다 중요한 것은 아시아 제 민족의 해방이 아니라, 공산 세력의 확산 방지였다. 그리고 그것의 실현을 위해 아시아 제국의 실정과 동향이 관심의 대상으로 떠올랐다.[69]

이와 같은 냉전적 아시아 인식에서 주목할 만한 것은, 단순하게 냉전적 시각으로 아시아를 바라본다는 것에 머물러 있지 않다는 점이다.[70] 보다 적극적으로 냉전적 틀로 아시아 지역의 상황을 의미화하고 재편하려고 시도하고 있다는 점이다.[71] 그 한 사례로 김상흠(金相欽)은 아시아에 공산주의의 확장 원

69 이런 동남아시아에 대한 시선의 전환은 당대 신문을 통해서도 확인할 수 있다. 이와 관련하여, 「共産主義에 對抗 英聯邦 共同行動을 計劃」, 『동아일보』, 1949년 3월 12일자 참조. 이 신문 기사는 "共産主義에 反抗하는데 있어서는 自治政府들이 그 責任을 負擔할 수 있을 때까지는 西歐와 東南亞細亞가 共同의 利害關係를 가지고 있다는 것이 絶對의 擁護作用을 할 것이다. 西歐同盟과 大西洋協定의 圈內에서 經濟再建을 爲한 一致行動을 取하지 못할 理由는 없"다는 영국의 입장을 보도하고 있다. 이와 같이 당대 신문과 잡지에는 과거 식민 지배의 대상으로 갈등관계에 있던 동아시아 국가들을 서구 진영의 틀 내로 포섭해 반공의 동맹으로 전환시키고자 하는 다양한 실천들을 전하고 있다.

70 해방 직후 식민지 약소민족의 입장에서 이 지역의 분쟁을 접근했던 것과는 달리, 공산주의 세력의 주요 침투 대상으로 위험시되어갔다. 즉 "亞細亞에서의 冷戰은 歐羅巴와그形態를달리"하는 것으로, "共産黨은 亞細亞 諸民族間에 對頭한 民族主義를 利用하여 植民地의 制約에서 脫却하려는 亞細亞民族의 精力을 革命으로 轉化시키려" 한다고 주장하면서, 냉전의 구도 속에서 미국의 대동남아정책의 전환을 촉구하고 있다(「彈壓과破門 東歐冷戰의變轉相」, 『경향신문』, 1949년 7월 31일자). 이와 함께 동남아지역에 대한 정책 전환이 필요한 이유로, "亞細亞 民族運動의 唯一한 支持者는 蘇聯以外에는 없다는 蘇聯의 宣傳에 對抗하기 위한 것"이라고 강조하고 있기도 하다(「冷戰亞洲版」, 『경향신문』, 1949년 8월 6일자).

71 관련해서 해방 이후 남한의 베트남에 대한 신문 보도의 분석을 통해, "해방 직후의 민족과

인을 서구와 비교하면서 아시아적 특수성, 즉 경제적 빈궁과 국가 간 경제적 정치적 협조체제의 부재, 미국의 서구 중심적인 반공정책 때문이라고 지적한다. 이런 제반 상황과 함께 가장 중요한 요인으로는 아시아 제국의 탈식민 독립 문제가 해결되지 않은 상태를 든다. 다시 말해 아시아 제 지역에서 현재 서구 제국주의적 식민체제가 그대로 존속한 상황에서 민족 문제가 반공 문제보다 선결과제로 남아있기 때문에 반공연맹 결성에 난관이 조성되고 있다는 것이다.

흥미로운 것은 이런 사태 파악이 아니라, "民族解放과 共産侵略의 防禦란 두 가지 命題의 解決이 同時的으로 可能한 것인지?"를 묻고, 이를 해결하는 논리를 개발하고 있다는 점이다. 김상흠은 왜 태평양동맹이 필요한지, 아니 왜 공산주의 방파제를 구축해야 하는지를 묻고 다음과 같이 답한다. "그것은 두말할 것도 없이 民族解放과 지금의 所謂 共産主義는 根本的으로 相容되지 않기 때문이다. 적어도 現代에 있어서 眞正한 民族解放이란 民主主義 政治體制의 確立을 意味하는 것이다. 그러므로 北大西洋同盟이 旣存 民主主義體制의 維持와 人間 自由의 保障을 目的으로 成立된 것과 달라 太平洋同盟은 이와 類似한 듯하면서도 그 意義와 性格을 달리하는 것은 이제 싹트려는 民主主義 要素의 開發과 發展을 爲하여 單一的인 全體主義 理念을 强要하는 「볼쉬비키」를 排擊하여야 한다는 데 있는 것"이라고 주장한다.[72] 이와 같이 그는 민족이 선결과제인 상황에서 민주주의의 논리를 동원해 반공을 앞세우고 있다. 즉 진정한 민족해방이란 민주주의 정치체제의 확립이라고 주장하면서, 민족의 해방과 독립을 위해선 그것(민주주의와 민족 모두)과 상존할 수 없는 전체주의적 공산주의의 배격이 선결 과제라는 논리를 통해 민족과 반공의 가치전도를 시도하고 있다.

이런 일련의 과정 속에서 점차 냉전적 시각과 논리가 확산되었다. '격변',

아시아 상상이 당대 '우익 이념'에 의해 대체 · 봉쇄되는 남한과 아시아 지역 냉전화 과정을 보여주는" 연구로는, 임종명, 「해방 직후 남한 신문과 베트남 전쟁 재현 · 표상」, 『현대문학의 연구』 54, 한국문학연구학회, 2014(c), 참조.

72 金相欽, 「太平洋同盟과 東亞의 政局」, 『新天地』, 1949년 8월호, 21쪽.

'전환기', '기로' 등의 표현이 시사하고 있듯이, 당대 잡지와 신문은 냉전이라는 새로운 국면으로 세계정세가 변화되었음을 알리고 있다. 앞서 살펴보았던 것과 같이 냉전이란 용어를 둘러싼 논쟁에도 불구하고, 1947년 등장 이후 '냉전'이란 용어는 남한 사회에 일반화되기 시작했다.[73] 다만 냉전이란 용어는 미국과 우익의 세계를 바라보는 당파적 시각에서 남한 사회의 일반적 세계 인식의 틀로 점차 고착화되어 갔다. 그 결과 냉전이란 용어가 본격적으로 사용되기 시작했던 1949년 전반『경향신문』은 "문화질의란"을 통해, "냉전이란 무엇입니까"라는 질문에 답변하면서, "冷靜戰爭이란 英語의『COLD WAR』의 譯語로서 美英 民主主義國家 陣營과 蘇聯뿔럭 間의 武器없는 對立抗爭을 말하는 것"이라고 정의하고 있다. 이어 미소 양측의 입장을 소개한 뒤 "오늘날 冷戰의 範圍는 全世界에 擴大되어 유엔機構를 不具로 맨들고 언제 武力戰으로 變하련지 모를 危險性을 띠우고 漸漸激化 一路를 밟고있"다고 강조했다.[74]

냉전 개념에 대한 확정은 당시 세계를 인식하는 공적 시각, 즉 '보기'의 사회적 규칙이 형성되었음을 의미했다. 동시에 그 냉전 개념을 통해 남한 사회가 외부 세계를 인식하고 평가하기 시작했다는 것을 말해준다. 그 결과 이제 국제정치의 여러 현상과 남한 사회의 실태를 설명하는 개념으로 냉전이라는 용어의 사용이 점차 확대되었다.

실제 당시 한 신문은 "最近 冷戰이란 熟語가 急進的으로 通用되고 있으며 甚至於 宗敎冷戰이란 熟語까지 出現"하였다고 지적한다.[75] 이와 함께 미소 간의 수출입 통제를 "通商冷戰"이라는 개념으로 설명하는가 하면,[76] "貨幣도

---

73 이 용어가 본격적으로 등장한 것은 1948년 7월부터이다. 하지만 이미 미국의 '구주경제원조계획' 발표 직후인 1947년 7월부터 외신을 인용하면서 "冷靜한 戰爭"으로 소개되어졌고, 1948년 초에는 "冷靜戰爭", "冷酷戰爭"으로, 그리고 다시 "冷戰"이란 용어가 함께 사용되었다. 그 변화상이 보여주듯이 이 용어는 국제정세에 관한 외신보도를 인용하는 가운데 "COLD WAR"의 번역어로 등장하다가 점차 "다양복잡한 형태"의 "양세계의 대립성"을 상징하는 표현으로 자리잡았다. 확인된 범위에서 "冷戰"이라는 용어가 최초로 등장하는 기사는「英베外相 英軍隊復員中止 伯林封鎖에重大演說」,『경향신문』, 1948년 7월 31일자이다. 하지만 이 용어가 본격적으로 확산되어 상용된 것은 1948년 10월부터이다.

74 「文化質疑」,『경향신문』, 1949년 3월 25일자.

75 「宗敎冷戰이란不可」,『경향신문』, 1949년 2월 19일자.

冷戰참여"해서 "루-불貨"의 "딸라追擊"으로, "두개의 世界는 經濟面에있어서도 「딸라」와 「루-불」로 對立되어 간다"고 평하고도 있다.[77] 심지어 '소련이 외국인과 결혼해서 미국에 가기를 희망하는 자국 여성을 불허한 사건'을 두고, "唯物史觀의 世界에서만 자라난 頭腦이니만큼 人間의 愛情이라는것을 認定하지않"는다고 비난하면서, "結婚에도 冷戰原則"이 적용되고 있음을 강조하고 있다.[78] 또 한 신문은 외신을 인용해서, 독일 '伯林(베를린)'에서 상호 대치 중인 동서 양측이 각각 자신의 점령지대에서 상대방이 발행하는 신문잡지를 허용하려는 움직임을 보이자, 이를 두고 "言論冷戰"이 완화되었다고 보도하고 있기도 하다.[79]

마찬가지로 국제정치의 영역에 한정되지 않고 남한 사회의 제반 현상을 설명하거나 해석하는 데 있어서도 점차 냉전적 사고와 비유에 의존하는 경향이 나타났다.[80] 심지어 한 신문기사는 봄을 맞이하면서 4월에 속한 절기와 행사를 소개하면서, "냉전세계의 풍파" 속에서도 따뜻한 봄이 찾아오는 것을,[81] 민족적 비애와 감상 속에서 전하고 있다. 뿐만 아니라 1949년 4월 『新天地』에는 냉전적 시각이 노골적으로 투사된 '런던올림픽 관람기'를 소개하고 있기도 하다.[82] 이와 같이 냉전적 시각과 논리는 비정치적인 일상과 스포츠의 영역에까지도 확산되었다.

이상 살펴본 바와 같이, 분단 초기 남한 사회에서는 냉전이라는 용어와 개념을 둘러싼 다양한 논쟁이 발생했다. 또 냉전의 시각을 거슬러 새롭게 세계를 규정하려는 시도 역시 공존했다. 그럼에도 불구하고 남한 사회가 냉전 질

---

76 「通商冷戰終焉 美, 蘇에 機械輸出」, 『경향신문』, 1949년 9월 26일자.

77 「政經錄音」, 『경향신문』, 1949년 3월 15일자.

78 「結婚에도 冷戰原則適用 蘇女性과外國人의結婚不許」, 『경향신문』, 1949년 4월 29일자.

79 「言論冷戰도 緩和」, 『民主衆報』, 1949년 5월 14일자.

80 일례로, 당시 남한 내 노총의 분열과 대립의 문제를 지적하면서, "世界勞聯이 冷戰의 刺戟을 받아 兩分될려는 現象等은 우리勞動運動에좋은 「他山之石」이될것"이라고 평가하고 있다(「勞動運動의 危機」, 『경향신문』, 1949년 4월 15일자).

81 「統一이여 平和여! 어서오라 冷戰下에도 四月의 봄을 불러」, 『民主衆報』, 1949년 4월 1일자.

82 A·모스코빈, 「런던올림픽 大會觀覽記」, 『新天地』, 1949년 4월호, 160~163쪽.

서 속에 급속하게 편입되어 가는 과정에서, 냉전의 시각과 논리는 세계를 바라보고 해석하는 틀로 고착화되어 갔다. 역으로 이런 '보기의 방식'으로서 냉전적 시각이 정립되자, 이제 기존 현상과 사태를 냉전의 시각으로 재해석하고 재평가하는 현상이 곳곳에서 발생했다. 바로 이런 일련의 과정을 통해 남한 사회는 세계 냉전질서에 더욱 긴박되어 갔고, 냉전적 시각과 논리에 그 사회의 정체성 역시 점차 재편되어갔다.

제3장 자유민주주의론의 확산과 '반공민주건설'론의 출현

정부 수립 이후 냉전적 시각의 확산 속에서 주목할 만한 것은, 단순하게 냉전이 국제정세를 바라보는 시각이란 측면에 국한되지 않았다는 점이다. 앞서 살펴보았듯이, 남한 사회의 냉전이라는 용어의 사용과 유행은 지배권력 및 우파의 정치적 의제와 밀접하게 연관된 것이었다. 또 이 과정에서 생산 유포된 냉전담론은 진영 대립이라는 현상의 가시화와 함께 그 대립의 성격 및 의미의 사회적 확산을 유발시켰다. 즉 '침략' 대 '방어'라는 구도에 '독재 - 전체주의' 대 '자유 - 민주주의'라는 의미 대립이 겹쳐진 진영논리가 확대 재생산되었다. 이제 반공반소의 근거로 강조되었던 자유와 민주주의는 점차 남한 사회의 부정할 수 없는 체제 및 지배이념으로 등장했다. 분단 상황 속에서 여전히 남북통일에 대한 열망과 민족주의가 힘을 발휘했지만, 냉전적 시각의 확산과 현실의 남북 간 체제 경쟁을 배경으로 자유와 민주주의에 대한 논리가 강화되어져 갔다.

무엇보다 단정 수립 초기 자유민주주의를 강조하고 그것의 사회적 확산을 촉진한 것은 이승만 정부 자신이었다. 초기 이승만 정부는 물리적 하부 토대뿐만 아니라 분단정권이라는 한계로 인해 지배 정당성 자체도 강고하게 구축하지 못한 실정이었다. 때문에 한편으론 미국을 비롯한 서구 진영으로부터 군사와 경제원조가 시급한 상황이었고, 또 다른 한편으로는 북한과의 이념경쟁에서 우위를 점하고 단정 수립의 정당성을 마련해야 하는 과제에 직면해 있었다. 여기에 1948년 정부 출범 전후 발생한 국내의 소요사태와 함께 연이어 1949년 미군철수가 예정되고 중국의 공산화가 가시화되면서, 체제의 존립 여부에 대한 위기의식은 한층 더 고조되었다. 이와 같은 국내외의 정세 변화 속에서 이승만 정부는 체제 존립에 필수적인 군사 및 경제원조의 당위성을 냉전논리를 통해 강조했다. 또 북한과의 이념경쟁 속에 반공반소의 논리로 자유와 민주주의라는 자기 정체성을 주장했다.

실제로 초기 이승만 정부는 체제 및 지배의 물적 토대를 원조받기 위해서라도 민주주의를 대외적으로 표방했다. 1949년 7월 미국의 원조 시행을 앞둔 시점에서 이승만 정부는 남한 체제와 자기 정권의 존립 근거를 민주주의의 수호자로 자임하면서 원조의 정당성을 주장하고, 또 그것의 조속한 실현을 요구했다. 이 과정에서 남한이 세계 민주진영의 최전선이자 가장 중요한 요충지임을 강조했다. 수립 초기 이승만 정부의 반공보루로서의 자임이 군사 및 경제 원조의 획득을 목적으로 한 대외적인 체제보장의 수단이었다면, 자유와 민주주의의 담지자로서의 자기 표상은 대내적 차원에서 지배 질서의 안정화를 꾀하고 북과의 이념경쟁을 대비한 것이었다.

정부 수립 이후 대통령을 비롯한 정부 관리의 각종 담화를 살펴보면, 지배권력이 남한 체제와 스스로를 끊임없이 자유와 민주주의의 실현 장소이자 주체로 표상하고 있음을 확인할 수 있다. 이를테면 이승만은 정부 수립 1주년 기념사에서 그간 남한 민주주의의 발전상을 과시하면서, "우리 정책의 요점은 자고로 각개인의 행복과 자유권을 헌법으로 보호하자는 것"이라고 밝혔다. 이어 출범 이후 실시된 토지분배, 총선거, 복수정당제도, 언론자유의 사례를 들어 남한 체제를 '민주주의 사회'로 규정했다. 재차 "우리가 건설하는 이 사회는 안에서도 자유요 밖으로도 자유로만 될 것입니다. 모든 개인은 언어와 사상과 행동의 완전한 자유를 가질 것"이라고 천명했다.[83] 실제 구체적 정책 집행이

83 「(大統領記念辭)大韓民國建國一週年을 맞이하여」, 『外務月報』, 1949년 9월호. 이미 1948년 8월 이승만은 정부수립을 축하하는 기념사에서 건국의 기초로 민주주의와 자유의 수호 및 발전을 천명했다. 그 내용을 간략히 소개하면 다음과 같다. "1. 민주주의를 전적으로 믿어야 될 것입니다. 우리 국민 중에 혹은 독재제도가 아니면 이 어려운 시기에 나갈 길이 없는 줄로 생각하며 또 혹은 공산분자의 파괴적 운동에 중대한 문제를 해결할만한 지혜와 능력이 없다는 관찰로 독재권이 아니면 방식이 없다고 생각하는 이도 있으니 이것을 우리가 다 큰 유감으로 생각하는 것입니다. 목하에 사소한 장애로 因緣해서 영구한 복리를 줄 민주주의의 방침을 무효하게 만드는 것은 우리가 결코 허락지 않을 것입니다. 독재주의가 자유와 진흥을 가져오지 못하는 것은 역사에 증명된 것입니다. 민주제도가 어렵기도 하고 또한 더디기도 한 것이지만 의로운 것이 종말에는 악을 이기는 이치를 우리는 믿어야 할 것입니다. 민주제도는 세계 우방들이 다 믿는 바요, 우리 우방들이 전제정권과 싸웠고 또 싸우는 중입니다. 세계의 안목이 우리를 들여다보며 역사의 거울이 우리에게 비추어 보이는 이때에 우리가 민주주의

민주주의적 원칙에 부합하는가의 여부를 떠나 이승만 정부의 자유와 민주정치에 대한 표방과 강조는 이후에도 변함없이 계속되었다.[84] 이와 같이 이승만 정부는 남한 체제 및 지배의 정당성을 스스로 자유민주주의에 두고 있었다.

흥미로운 점은 집권 세력의 계속적인 자유와 민주주의에 대한 高唱이 역설적이게도 권력 자신도 민주주의의 이념과 논리 속에서 규제받아야 하는 상황을 연출했다는 것이다. 즉 체제를 보장받기 위해서, 또 지배권력의 이념적 정당성을 구축할 목적으로 내세웠던 자유와 민주주의의 당위에 역으로 지배권력 스스로가 평가당하는 경우가 곳곳에서 나타났다. 예컨대 국무총리 이범석의 시정연설에서도 확인할 수 있는 바와 같이, 이승만 정권은 '독재', '독선', '배타' 대 '자유', '평화', '정의', '평등', '도의', '인도주의'의 의미대조를 통해 자유민주주의를 주장했다.[85] 하지만 집권 초기 이승만 정부의 독재, 독선, 배타적 정치행태가 계속되자 야당을 비롯한 체제 내 비판세력은 역으로 이승만 정부의 행태를 민주정치에 어긋난다고 비판했다.[86]

정부 조각에서부터 시작된 이승만 정부의 독단, 독선에 대한 견제와 비판은 계속되었다. 정부 조각이 마무리 된 이후 출범한 이승만 정권 앞에는 한미경제협정, 주한미군철수, 농지개혁법, 지방자치법, 국가보안법, 반민족행위처벌법 등과 같은 시급히 해결해야 할 과제들이 놓여 있었다. 이런 현안들을 둘러싸고 당시 소장파 세력을 중심으로 한 체제 내 비판세력은 이승만 정권의 지배 정당성의 근거였던 '자유'와 '민주주의'의 원칙에 입각해서 끊임없이 지배권

를 채용하기로 50년 전부터 결정하고 실행하여 온 것을 또 間斷없이 실천해야 될 것입니다. 이 제도로 성립된 정부만이 인민의 자유를 보장하는 정부입니다." 「李承晩 대통령의 대한민국 정부수립 국민축하식 기념사」, 『한성일보』, 1948년 8월 16일자(국사편찬위원회, 1998, 『자료대한민국사』 8, 국사편찬위원회, 3~4쪽).

84 李承晩, 「立法 行政府對立은 不當 相互協助하자」, 1949년 6월 14일자; 「共産黨과 協議不可 人權保證에 決死鬪爭」, 1949년 10월 7일자; 「自由雰圍氣를 絶對로 保障 軍警官公吏의 干涉은 嚴罰」, 1950년 4월 30일자; 李承晩, 『大統領 李承晩 博士 談話集』 1, 公報處, 1956, 20쪽, 23쪽, 30쪽.

85 「施政方針演說(李國務總理談)」, 『週報』 2, 1949년 4월 13일자.

86 「國會議員의 決意堅固」, 『동아일보』, 1948년 7월 29일자; 「李大統領의 逆耳의 一言(上)」, 『경향신문』, 1948년 7월 29일자; 「李大統領의 逆耳의 一言(下)」, 『경향신문』, 1948년 7월 30일자.

력을 비판하고 압박해갔다. 즉 당대 반정부 세력에게 있어서 자유와 민주주의의 가치는 이승만 정부의 주요 정치 및 경제 현안을 둘러싼 논쟁에서 핵심적인 논거이자 당위적 가치였다.

제헌국회 내에서 주로 소장파 의원들은 미군철수와 농지개혁법안과 같은 외교와 경제 현안을 '민주주의'의 논리를 통해 규정하고 민주주의 국가 건설의 중요한 계기로 설정했으며, 이를 통해 스스로의 정치적 정당성을 확보했다.[87] 동시에 냉전적 시각과 논리에 기초해서 미군철수에 소극적이었고, 지주계급의 이해관계를 고려해 역시 급진적 농지개혁에 미온적이었던 이승만 정부를 압박했다. 또한 이들 소장파를 중심으로 한 체제 내 비판세력은 '민주주의'와 '자유'라는 당위적 가치를 통해 이승만 정부의 국정운영과 권력행사의 방식을 계속해서 문제 삼았다.

정부 수립 이후 국회와 정부 간의 마찰과 갈등이 계속되는 가운데, 지방자치법안을 둘러싼 갈등에서도 '민주주의'는 이승만 정부를 비판하는 핵심 논리였다. 이승만 정부는 국회를 통과한 지방자치법안을 "아직 南北統一의 民族課業이 이루어지지 못하였고 또한 南韓의 治安이 百「퍼-센트」로 安定된 것이 못됨으로 適當한 時期에 實施한다는 條件附로 公布할 것을 提議"하면서 공포를 거부한 채 법안을 국회로 반송하였다. 이후 양측의 협의 결과 선거를 통하여 선출하게 되었던 도지사와 서울특별시장을 임명제로 바꾼 수정안이 통과되었다.[88] 이 무렵 국회와 정부 간에 지방자치법안을 놓고 기 싸움을 벌

87 특히 소장파 의원들은 제헌국회 초기부터 탄압으로 붕괴되는 1949년 소위 '6월 공세' 무렵까지 계속해서 자유와 민주주의의 실현을 주장하며 이승만 정부와 맞섰다. 당시 이들 소장파는 의회 내에서 진보적 집단으로 평가되었다. 또한 과거 한독당 등 협상파 중도세력이 공식적으로 총선 불참을 선언했지만 실제로 한독당 소장당원의 상당수가 제헌국회에 진출하여 소장파의 주요세력을 구성하였다는 점과 소장파의 이념적 성향을 고려해 볼 때, 이들의 노선은 김구, 김규식, 여운형으로 대표되는 중도좌파 및 중도우파 진영의 진보적 입장을 계승한 것으로 평가되기도 했다(백운선, 「제헌국회내 '소장파'세력의 활동과 그 붕괴」, 『한국과 국제정치』, 경남대학교 극동문제연구소, 1992, 125쪽).

88 당시 수정된 법령을 공포하면서 이승만은 지방자치제 실시가 민주국가를 완성하는 길이라는 점에 동의하면서도, "오직 국민이 아직은 어린애기의 정도에 있고 해내해외의 대세가 혼란한 시기에 처해있는 이때에 정부의 통치권을 확고히 새워서 동요가 없으리만큼 보장해 논 후에 지방 관리의 선거권을 실시하는 것이 민주제도를 보장하는 방법이나 또한 중앙정부를 공고

이는 과정에서, 당시 국회의장 신익희(申翼熙)는 "대한민국이 건립된 후 헌법보다 못지않게 중대한 것이 지방자치법이다. 지방자치법이 실시되면 민주주의 국가로 발전할 수 있을 것이며 만약 이것이 실시되지 못한다고 하면 그것은 형식상의 민주국가에 불과할 뿐만 아니라 전제국가가 되고 말 것"이라며 그 시행을 촉구했다.[89]

또 국회 내 일부 특히 소장파 의원들은, "治安의 確保는 民意를 集結한 眞正한 民主的 政治를 通하여서만 期할수 있는 問題이므로 民意에 符合하여 施政할 수 있는 地方自治制를 急速히 實踐하는 것만이 政府育成의 唯一한 길"이라고 주장했다.[90] 당시 정부는 지방자치법에 따른 선거를 실시할 경우 치안 상태가 더 혼란에 빠질 것이라는 이유로 법안 실시를 거부했다. 이런 정부의 '치안 확보' 논리를 소장파 의원들은 '민주적' 정치 없는 치안은 가능하지 않다는 역논리로 비판했다.[91] 소장파 강욱중(姜旭中) 의원 역시 "자치법 폐기는 삼권분립의 정신을 근본적으로 파괴하려는 것"이자, "입법정신과 헌법을 파괴"하는 것이라고 주장했다.[92] 강선명 의원은 지방자치법안을 보류하자는 이승만 정부의 태도를 "민의를 말살하고 독선 관료주의를 실시하자는 定義"라고 노골적으로 비판하면서 다음과 같이 주장했다.

> 우선 우리는 헌법정신에 의해서 하루빨리 이 지방자치법안을 실시해야 될

케하자는 주의에 필요할 것"이라며, 시행 연기의 이유를 밝혔다. 이와 같이 당시 이승만 정부는 愚民과 치안문제를 이유로 법안 실시를 기피했는데, 이런 논리에 대해 소장파를 중심으로 한 야당세력은 '민주주의'를 주장하며 강하게 반발했다(金聖載, 「政府와 國會와 UN韓委」, 『新天地』, 1949년 8월호).

89 朱孝敏, 「難航中의 臨時國會」, 『新天地』, 1949년 7월호.

90 朱孝敏, 「難航中의 臨時國會」, 『新天地』, 1949년 7월호.

91 김옥주(金沃周) 의원은 "자치법을 지연시킨다면 지연시킬수록 우리나라 민주정치는 또한 정비례해서 이것이 지연될 것"이라고 주장했다. 지방의 치안문제에 대해서도 "지금 중앙과 지방이 대단히 연락이 불충분해서 지방행정은 완전히 파멸되고 부패상태에 있습니다. 치안상태는 확보되지 않었고 민심을 떠난 정치가 횡행하고 있는 이 때에 우리는 민심을 수습할 수 있는 민의에 맞는 지방자치를 하지 않으면 안"된다고 강조했다. 때문에 "마땅히 이 자치법을 빨리 실시시켜서 이 나라를 민주국가로 발전시키는" 것이 혼란한 시국을 수습하는 길이라고 주장했다(국회사무처, 『국회정기회의속기록』, 제2회 제69호, 1949년 4월 1일자, 11쪽).

92 朱孝敏, 「難航中의 臨時國會」, 『新天地』, 1949년 7월호, 31쪽.

> 것입니다. 주권은 인민에게 있다. 모든 주권은 우리 인민이 이를 행사한다. 이렇게 결정지어 있으며 모든 우리나라의 법률안은 이 철직 하에서 규정되어 있으며 위정자나 우리 국회는 어떠한 법률이든지 어떠한 정책이든지 인민은 직접 정치에 참여할 수 있는 이러한 철직 하에서만이 행동할 수 있으며 규정을 지워야 될 것입니다. 그럼에도 불구하고 이것을 제일먼저 이행해야 될 실천으로서 몸소 우리 민족에게 표본이 되야 될 행정부 초고 책임자가 이 철칙을 회피한다는 것은 도저히 헌법 위반이라고 생각합니다.[93]

여기에 확인할 수 있는 바와 같이, 당시 야당 세력은 '인민 주권'의 원리에 기초해서 인민이 "직접 정치에 참여할 수 있는" 정치만이 진정한 민주주의를 실현하는 것이라고 주장했다. 그리고 행정부의 수반인 대통령이야말로 이 민주주의 원칙의 담지자이자 표본이 되어야 함에도 불구하고 이를 회피하는 것은 '헌법 위반'이라고 비판하고 있다. 이와 같이 당시 야당 세력은 민주주의 원칙에 지배권력을 밀착시킴으로써 스스로 민주정권을 자임했던 지배권력을 압박하고, 동시에 권력의 비민주성을 폭로하고 있다. 이런 야당 국회의원들의 비판에 대해 당시 내무장관 김효석(金孝錫)은 "여러분은 항상 생각하실 때에 정부는 밤낮 모든 민주정치를 반대"한다고 비판하는데, 그렇지 않다고 강변했다.[94] 이런 당대 민주정치를 둘러싼 비판과 대응의 양상은 지배권력과 저항집단 모두 민주주의라는 테제를 축으로 정치적 행위의 논리를 마련하면서 그것에 긴박되어 있음을 보여준다.

지방자치법안과 함께 이승만 정부의 언론통제 역시 야당으로부터 많은 비판을 불러일으켰다. 특히 1949년 5월 이승만 정부가 『서울신문』을 정부기관지로 개조하기 위해 정간시키자, 국회에서는 6월 초 국회에서 언론탄압에 관한 긴급질문이 있었다. 당시 야당 국회의원들은 국내 최대 신문인 『서울신문』 등이 정간 · 폐간된 이유와 함께 정부의 기사 게재 금지사항 7개항을 문제 삼았다.[95] 이 과정에서 당시 의원들은 정부의 언론탄압의 실상에 대해서 적나라하

93 국회사무처, 『국회정기회의속기록』, 제2회 제69호, 1949년 4월 1일자, 19쪽.
94 국회사무처, 『국회정기회의속기록』, 제2회 제69호, 1949년 4월 1일자, 14쪽.
95 『서울신문』 정 · 폐간과 관련한 답변에서, 공보처장 김형원은 『서울신문』이 국내에서 제일 큰

게 지적했다.[96]

배중혁(裵重赫) 의원은 지금 "언론인들은 폐간과 정간 沙汰에 전전긍긍하고" 있다고 언급하고, 심지어 공보처가 "각 신문사에 부치는 표제 거기까지 간섭하고 있어요. 어떤 기사는 어떤 신문은 몇 계단을 냈는데 너는 몇 단밖에 내지 않았느냐. 이것은 반드시 몇 단으로 취급해야 한다는 여기까지 간섭을 하고 있어요. 또 그것을 폐간 정간의 이유로 삼고" 있다고 지적했다.[97] 김영기(金英基) 의원은 "독재정치 국가인 공산주의 국가나 또는 제국주의 국가라고 하면 몰라도 적어도 대한민국은 민주공화를 만방에 선포했습니다. 그러면 무엇보다도 언론자유가 보장되지 않고는 아니 될 것입니다. 언론 자유가 없는 곳에는 민주정치를 실현할 수 없는 까닭에 또는 민주정치를 하는 대한민국에 있어서 너무도 언론을 탄압하는 경향이 있"다고 비판했다.[98] 김병회(金秉會) 의원 역시 정부 수립 이후 정부가 취하고 있는 언론정책은 너무나도 "헌법정신에 배치되는 것이며, 민주주의 원칙에 역행되고 있는 것"이라고 비판했다.[99]

규모이므로, 서울신문사를 국가와 민족에 '유리하도록' 그간 노력해왔다고 밝혔다. 이어 "실상은 작년 10월에 그런 의미로 서울신문 간부를 청해다가 될 수 있으면 새로 선 나라이니 우리 나라를 육성하기 위해서 정부의 시책이라든지 혹은 국가의 방침에 순응하도록 해 달라는 서약서을 받았으나, 그 후 서울신문의 태도는 점점 변함없이 나갔"고, 정부에서는 서울신문의 간부가 완전히 교체될 때까지 정간을 결의했다고 그 경과를 설명했다. 또 당시 논란이 되었던 '7개 금지사항'에 대해 공보처 차장은, "1. 대한민국의 국시 국책에 위반되는 기사, 2. 대한민국 정부를 모해하는 기사, 3. 공산당의 이북 괴뢰정권을 인정 내지 옹호하는 기사, 4. 허위의 사실을 날조 선동하는 기사, 5. 우방과의 국교를 저해하고 국위를 손상하는 기사, 6. 자극적인 논조나 보도로서 민심을 격앙 소란케 하는 외에 민심에 악영향을 끼지는 기사, 7. 국가의 기밀을 누설하는 기사"라고 밝혔다(국회사무처, 『국회임시회의속기록』, 제3회 제12호, 1949년 6월 4일자, 7쪽).

96 이원홍(李源弘) 의원은 정부의 언론탄압의 이유가 반국가적 행위 때문이 아니라, '어떤 개인의 감정적 처단'에 의해 발생하고 있다고 지적하면서, 대구시보 사건을 문제 삼았다. 이원홍 의원에 따르면, 대구시보는 정부에 협력했던 신문임에도 불구하고, 道 간부들이 府民에게 줄 배급물자를 착복했다는 기사를 썼다는 이유로 폐간되었고, 도지사가 도민의 지탄을 받은 인사를 신문사에 넣으려 해서 문제가 되었다고 비판했다(국회사무처, 『국회임시회의속기록』, 제3회 제12호, 1949년 6월 4일자, 8쪽).

97 국회사무처, 『국회임시회의속기록』, 제3회 제12호, 1949년 6월 4일자, 9쪽.

98 국회사무처, 『국회임시회의속기록』, 제3회 제12호, 1949년 6월 4일자, 4쪽.

99 국회사무처, 『국회임시회의속기록』, 제3회 제12호, 1949년 6월 4일자, 5쪽.

이승만 정부의 언론탄압에 대한 비판여론이 거세게 일어나자, 7월 17일 헌법발포 일주년에 맞춰 한독당은 담화를 발표했다. 여기에서 한독당은 "우리는 무엇보다도 대한민국 헌법 제12조에 대하여 지대한 관심을 가지고 있다. 12조에는 모든 국민은 신앙과 양심의 자유를 가진다라고 하였다. 이 헌법에는 자기양심으로써 찬동하고 지지할 수 없는 사실에 대하여 강제로 맹서당하지 않는 자유가 보장되어 있다. 또 제13조에는 모든 법률에 의하지 아니 하고는 언론 출판 집회 결사의 자유를 제한받지 아니한다라고 하였는데 이 조문의 엄격하고 충실한 이행이야말로 민주정치의 기본조건이며 정부의 절대적 의무인 것이다. 건전한 민주주의의 발달을 위하여 헌법에서 보장된 인민의 권리와 자유를 옹호하기 위하여 광범한 호헌운동을 전개하지 않으면 이 나라의 민주정치는 위기에 직면하게 될 것"이라고 경고했다.[100]

이와 같이 정부 수립 초기부터 이승만 정부의 독선적 정치 행태가 계속되는 가운데, 소장파 의원들을 중심으로 지배권력에 대한 비판은 거세게 일어났다. 여기에 이승만 정부가 1948년 10월 '여순사건'을 계기로 같은 해 12월 국가보안법을 제정하고, 연이어 1949년 소위 '6월 공세'를 통해 반공국가체제를 강화시켜가면서, 이에 대한 야당 세력의 저항 역시 계속되었다. 이 시기 이승만 정부는 대한청년단, 학도호국단, 국민회 등 극우반공단체와 함께 사상범 관리를 위한 국민보도연맹을 결성하고 반공체제를 강화했다.[101] 일련의 반공체제 강화책 속에서 언론통제가 강화되고, 사상범과 국가보안법 위반자에 대한 인권유린이 자행되었다. 또 1949년 5월 중순부터 시작된 '국회프락치 사건'으로 인해 소장파 의원에 대한 대대적인 검거와 탄압이 시작되었다.[102] 이에 체제

100 「오늘! 憲法發布一週年 制憲精神實行에 溫故知新의 態度를 昂揚하자」, 『경향신문』, 1949년 7월 17일자.

101 이 시기 이승만 정부의 반공체제 강화에 대해서는, 서중석, 「정부수립후 반공체제 확립과정에 대한 연구」, 『한국사연구』 90, 한국사연구회, 1995 참조.

102 '국회프락치사건'에 대한 야당의 반발 과정에서도 민주주의 논리는 강조되었다. 당시 남로당 칠원칙을 시인하고 협의하였다는 혐의로 이문원(李文源) 의원을 비롯한 3명의 의원이 체포되자 1949년 5월 23일 소장파의원들은 "건국대업완수의 중책을 負荷한 국회의원을 구금함은 전국회의원뿐만 아니라 當該 선거구민의 정치활동을 봉쇄하는 非民主的處事"라고 비판했다(朱孝敏, 「難航中의 臨時國會」, 『新天地』, 1949년 7월호). 이 사건과 관련해서는 진덕규,

내 비판세력들의 저항은 계속되었고, 민주정치의 실현을 촉구하는 여론 역시 비등해갔다. 특히 1949년에 접어들어 이승만과 함께 단정 수립에 주도적 역할을 했던 한민당의 후신인 민국당이 내각책임제 문제를 둘러싸고 정부와 정면 대결을 하면서, 민국당의 입장을 대변했던 『동아일보』는 '반공민주건설론'을 기치로 이승만 정부의 반민주주의 정치 행태를 비판했다.

특히 1949년 후반에서 한국전쟁 발발 직전까지 『동아일보』는 '반공민주건설'의 기치를 내세우면서, 이승만 정부의 실정을 계속해서 비판했다. 10월 8일자 "反共政策과 民主建設"이라는 사설을 시작으로, 유사한 기조의 비판사설이 사항에 따라 조금씩 내용을 달리할 뿐 반복되었다. 10월 8일 사설에서 『동아일보』는 남북을 통일하는 방안에는 북벌론과 민주건설론에 두 가지 방안이 있다고 설명하고, 현실적으로 민주건설론이 적실함을 주장한다. 여기에서 말하는 민주건설론이란 "국제정세와 호흡을 맞추어 위선 대한민국의 민주발전을 꾀하여 민생문제를 해결함으로써 국민 대중으로 하여금 공산주의에 대한 민주주의의 우월성을 체득케 하고 대한민국을 절대 지지케 하자는 것"을 의미했다.[103] 즉 '민주 대 공산'의 세계적 대립 속에서 진정한 민주주의의 실현을 통한 체제 우월성의 입증만이 현실적 승리와 통일의 길임을 주장했다. 주목할 것은 민주건설의 방해자가 '이북 괴뢰집단'만이 아니라, 이승만 정부의 '실정'이라고 지적한 점이다. 당시 『동아일보』의 사설들은 '민주 대 공산'이라는 냉전적 진영논리에서 민주주의의 당위성을 확보하고, 그 당위적 가치를 실현한다는 정당성에 근거해서 이승만 정부의 부패와 권력남용을 비판했다.[104] 뿐

「이승만 권위주의 체제의 시발점, 국회프락치 사건」, 『한국논단』 36-1, 한국논단, 1992; 박원순, 「국회프락치사건, 사실인가」, 『역사비평』 6, 역사문제연구소, 1989 참조.

103 「反共政策과民主建設」(사설), 『동아일보』, 1949년 10월 8일자.

104 『동아일보』는 1950년 연두사를 통해 "우리의 기본적 정치노선이 반공 민주 건설에 있음은 우리가 종시일관하며 주장하고 추진해온 바이지만 지난 일 년 동안을 회고할 때에 반공투쟁에 있어서의 성고는 실로 지대한 바가 있었다"고 평가한다. 그러나 이러한 성과에 반해서 "우리의 민주건설에 허다한 지장이 없지 않았으니 관기진작이 미흡하여 탐관오리가 속출하였고, 직권남용에 의한 인권유린이 국민의 불안을 조장하였고, 정부시책의 무계획성과 불통일성은 민생문제해결을 천연시켰고, 관료주의의 도량은 주권재민의 기본적 민주성격을 거세하고, 정치의 무기력화를 초래하는 경향이 없지 않았으니, 신생국가에 상응한 활발한 기상과 衝大의 의기는 범해와 더불어 충분히 발휘되어야" 할 것이라고 강조하고 있다(「年頭

만 아니라 당시 반공민주건설론은 이승만 정부의 실정을 비판하는 데 국한되지 않았다. 그것의 의미를 냉전의 진영논리와 결합해 세계적 차원으로 확장시켰다.

> 우리의 민족해방과 민주개혁의 추진은 비단 우리만의 현단계적 임무에 그치는 것이 아니라 민주 공산의 세계적인 대립과 냉정전쟁에 관련되어 있음을 망각해서는 안 된다. 두 세계의 대립이 세계 어디서보다도 尤甚하고 격렬한 한국에 있어서 민주주의의 공산주의에 대한 우월성을 실증한다는 것은 비단 대한민국의 이북괴뢰에 대한 승리일 뿐 아니라 실로 민주제국의 소련독재에 대한 승리인 것이다. 그러기 때문에 세계 민주제국은 우리의 완전독립과 민주건설을 성원하여 유엔 韓委를 계속 주둔케 하고 군사원조와 경제원조로 우리의 안전보장과 경제부흥에 기여하며 타방 이북 괴뢰의 불법성과 소련의 비도의성을 세계 여론에 호소하고 있는 것이다. 이와 같이 우리의 민주건설이 세계 민주진영과 냉정전쟁에 그리고 세계평화에 밀접한 상관관계에 있느니 만치 이 나라 일부 보수적 관료주의적 위정자가 생각하는 것과 같이 정권유지에 급급하여 국민에 대한 약속을 어겨도 좋고 민주건설을 지연시켜도 좋다고 생각한다면 필경은 민주 우방의 신용을 잃고 물심양면의 원조를 잃고 고립무원의 상태에 빠져서 이북괴뢰와의 대결에 실패하고 말 것이니 그들이 원하는 정권유지 조차 불가능하게 될 것이다. 정치 경제 사회 문화 등 각 방면의 민주건설을 적극 추진시키는 것만이 국민적 협력과 국제적 협력을 얻는 유일한 길이요 승리에의 길임을 다 같이 명심하고 축복에 넘친 경인년을 맞이하자.[105]

여기에서 확인할 수 있듯이, 정부 수립 초기 냉전의 진영논리는 남한을 민주주의 정체로 규정짓는 기준으로 작용했다. 또 역으로 체제 내 비판세력들은 남한 사회의 민주주의의 실현 여부를 냉전세계의 차원으로 확장시켜 의미를 부여하고 있다. 이렇게 상호결합된 의미관계 속에서 당대 남한의 냉전적 자유민주주의는 당위적 가치로 자리 잡아 갔다. 일례로 『동아일보』의 조사부장 김삼규(金三奎)는 주권을 회복한 현재 한민당의 활동노선 역시 변화해야 한다

辭」, 『동아일보』, 1950년 1월 1일자).

105 「年頭辭」, 『동아일보』, 1950년 1월 1일자.

고 강조하면서 '반공반팟쇼 투쟁'을 주장한다. 즉 그는 해방 직후 활동을 규정한 기본적 이념이 "반공주권 회복"에 있었다면, 현 정세에서는 "반공반팟쇼 투쟁"에 있다고 주장한다.[106]

이와 같은 '반공민주건설'론의 등장은 해방 이후 '민족'의 논리에 입각한 반공주의가 '자유민주주의'라는 이념에 기초한 반공의 논리로 전환된 양상을 보여준다. 이런 전환은 분단정권 수립 이후 체제경쟁의 양상이 가시화되면서, 한민당을 중심으로 한 단정세력의 정치적 중심 의제가 민족통일로부터 분단체제 하 남한체제의 정당성을 강화시키려는 방향으로 전환되었기 때문이다. 또 단정노선 위에서 단결되었던 우파가 정부 출범과 조각 과정에서 분열하면서, 우파 내 야당이 '자유민주주의'에 의거해 자파의 정당성을 주장하고 지배권력을 비판하면서 자유민주주의는 보다 확고한 당위적 가치로 부상했다. 이와 같이 정부 수립과 함께 단일민족국가 건설이라는 해방 직후의 의제는 점차 희미해져 갔고, 분단세력이 중심이 된 담론지형에서 냉전적 체제정당성의 논리인 '자유민주주의'가 강조되었다. 즉 민족주의에 기초한 '반공주권 회복'의 기치가 냉전적 자유민주주의에 기초한 '반공민주 건설'의 기치로 변화했다.

요컨대, 냉전과 그 영향 속에서 발생한 분단과 남북대립이라는 역사적 사태는 냉전의 논리에 기초한 자유민주주의 이념을 남한 사회에 광범위하게 확산시켰다. 이 과정에서 역으로 자유와 민주주의의 이념은 부정할 수 없는 체제의 가치로 부상하면서 이제 남한 사회를 다시 틀 짓고 재편하는 주요한 논리가 되었다. 다시 말해 사태가 만든 담론이 다시 새로운 사태를 가져오는 연쇄작용 속에서 남한의 냉전적 시각과 논리의 순환구조가 발생한 것이다. 이런 냉전의 틀 속에서 자유와 민주주의를 내세우는 권력이나 그 권력의 이상과 현실 사이의 간극을 확인하고 거꾸로 진정한 자유와 민주주의를 외치면서 권력을 비판했던 저항세력 역시, 모두 냉전적 시각과 논리를 반복하면서 그것을 강화시키는 행위자였다.

민주주의의 사회적 확산과 영향은 정치적 담론이나 일상의 풍경 속에서만

106 金三奎, 「政黨活動의 新段階 民主主義確立과 共産팟쇼를 排擊」, 『동아일보』, 1948년 9월 5일자.

확인되는 것은 아니었다. 당대 사유의 지평 속에서도 민주주의의 영향을 확인할 수 있다. 다시 말해 민주주의가 남한 사회의 규범적 가치로서 확립되어 가는 가운데, 사상계 역시 이 민주주의를 축으로 기존의 민족주의, 자유주의 등에 관념을 재검토하고, 새롭게 상호관계를 정립할 것을 요구받고 있었다. 예컨대 1949년 당시 이승만의 비서였던 김광섭(金珖燮)은 일민주의를 소개하면서, 그것이 시대의 일반적 요청에 의하여 국민사상을 계몽하고 나아가 영도하려는데 그 취지가 있다고 소개한다. 동시에 일민주의 역시 세계 대세인 민주주의 정신에 입각해 있다고 강조한다. 즉 그는 당시 이승만 정권이 통치이념으로 내세웠던 일민주의를 민주주의에 기초한 것으로 규정하는 가운데 다음과 같이 해설한다.

> 이 새로운 用語로서 表現된 一民主義는 결코 새로운 學說이나 새로운 觀念을 內包하고 나타난 것이 아니다. 그 根本原理는 역시 民主主義精神에 있을 것이니 오늘 世界의 大規模로서 民主主義와 共産主義가 혹은 冷靜戰으로 혹은 原子戰으로 혹은 同盟戰의 形式으로 싸우고 있느니 만치 一民主義라는 것이 우리의 時代에 나타난 새로운 用語이면서도 民衆에게 反應되는 程度는 民主主義라는 말 以上으로 優先權을 가지지 못하고 있는 것이다. 왜냐하면 오늘 우리는 世界 民主主義 圈內에서 民主主義 世界觀을 確立하기 위한 共同된 運命의 一部를 짊어지고 建國하는 初創期에 있으며 民主主義를 個人의 理念, 社會의 理念, 時代의 理念 또한 現在와 未來를 通하여 人類의 自由와 幸福을 約束한 理念으로 自負하고 前進하고 있음으로 一民主義가 民主主義에 對立하여 싸우려는 것도 아니오 또 民主主義에 어떠한 缺點이 있다하여 새로 提唱하는 바도 아니오 또 思想的으로 一民主義가 어떤 優越性을 强調하려는 것도 아니다. (…)여기에 있어서 李承晩 博士가 共産主義와 民主主義를 區別하고, 民主主義의 廣範한 內容을 우리의 現實에 맞고, 알기 쉽게, 그 要領을 表示하기 爲하여 새로히 提唱한 것이 이 一民主義이니, 이 用語를 다시 말한다면 「알기 좋은 民主主義」요 「弊端없는 民主主義」요 「平民 民主主義」일 것이다.[107]

김광섭의 설명에서 흥미로운 것은 일민주의의 이념으로서의 가치를 자발

107 金珖燮, 「祖國再建과 三大主義解說: 一民主義小論」, 『民声』, 1949년 11월호, 26쪽.

적으로 저평가하고 있다는 점이다. 그는 일민주의가 민주주의에 대해서 "우선권을 가지지 못"한 채, 민주주의에 그 근본원리를 둔 하위의 이념이라고 강조한다. 그리고 그 이유를 남한이 세계적 냉전의 진영 대립 속에서 세계 민주주의 권내로 편입되어 공동운명의 일익을 담당하고 있을 뿐만 아니라, 민주주의를 건국이념으로 자부하고 실현해가고 있기 때문이라고 설명한다. 한마디로 냉전의 규정력 속에서 일민주의의 위치와 의미를 스스로 부여하고 있다. 따라서 일민주의는 민주주의에 "대립"하는 것도 아니며, 민주주의 "결점"에 대한 대안도 아닌, 어떤 사상적 "우월성"도 주장할 수 없는 것이 되고 있다. 다만 해방 이후 민주주의를 둘러싼 좌우경쟁 속에서 공산주의와 혼용된 민주주의를 "구별"하기 위해서, 또 남한의 현실에 맞고 알기 쉽게 그 요령을 표시한 것뿐이라고 일민주의의 출현 배경을 설명한다. 결국 그는 일민주의를 민주주의로 치환해서, "알기 좋은 민주주의"요, "폐단 없는 민주주의"요, "평민 민주주의"라고 주장하고 있다.

이와 같은 일민주의에 대한 해설이 실제 김광섭의 생각과 일치했는가에 여부를 떠나, 그의 설명은 당대 민주주의의 영향과 규정력을 분명하게 보여주고 있다. 일민주의는 이승만 정권이 1949년 10월 일민주의보급회를 조직하고 그것의 전국적 확산을 통해 반공체제의 사상적 기반을 마련하고자 했던 지배이데올로기였다.[108] 이승만 스스로가 방송연설을 통해 "民主主義로 共産主義를 對抗하는 것은 思想이 너무 平凡해서 理論上 緻密한 條理에 들어서는 共産主義에 宣傳을 對抗하기 어려울 것"이라는 판단에서 제기한 것이라고 밝혔듯이,[109] 김광섭의 설명과는 상당한 간극이 존재한 이념이었다. 그럼에도 불구하고 당시 이승만의 비서였던 김광섭은 대중 잡지에 일민주의를 소개하면서 민주주의라는 기표를 통해 설명하고 있다. 요컨대 이는 당시 지배 권력의 통치이데올로기조차도 민주주의라는 '간판'을 달아야 했음을 말해준다.

108 이승만 정권의 일민주의에 대해서는, 임종명, 앞의 글, 2005(a); 후지이 다케시, 앞의 책, 2012 참조.

109 「一民主義精神과 民族運動 李大統領放送(下)」, 『경향신문』, 1949년 4월 23일자.

당대 민주주의를 축으로 여타의 이념을 재조정하려는 시도는 좌담회의 풍경 속에서도 확인된다. 그 창간호에서 "文學으로 나타나는 宣傳"을 보여주고자 했던 우파 계열의 전국문화단체총연합회(문총)는 좌담회를 통해 "民族神精理念과 그 昻揚方法論"에 대해 토론했다.[110] 그리고 그 좌담회의 내용을 『民族文化』에 실었다. 좌담회에는 이종우(李鍾雨: 고려대학문과대학장), 조헌영(趙憲泳: 국회의원), 박종화(朴鍾和: 소설가, 서울신문사장), 김진섭(金晋燮: 수필가, 성대교수), 오종식(吳宗植: 사회자, 서울신문주필)이 참석했다. 이 자리에서 참석자 대부분은 좌파의 민족주의 비판에 대해 서구 '민족자본주의'와 조선 민족주의의 차이를 강조하면서 그 정당성을 주장하고 있다. 즉 조선의 민족주의는 서구 자본주의에 예속된 침략적 민족주의가 아니라 약소민족으로서의 권리를 확보하기 위한 저항민족주의라고 하면서 그 정당함을 주장한다.

여기에서 흥미로운 것은 사회자가 좌담회 주최 측의 공식 질문임을 언급하면서 민족주의와 인류정신과의 관계를 어떻게 설정할 것인가를 제기한 점이다. 사회자는 "인류정신하고의 관련에 대해서 즉 민족정신을 몰각하면 사대주의가 되고 세계정신을 너무 몰각하면 국수주의가 되고 이러한 미묘한 관계가 있는 것 같은데 그것이 아마 퍽 궁금"하다면서, 그에 대한 답변을 요구했다. 다시 말해 사회자는 민족정신과 세계정신, 민족주의와 초민족적 이념 간의 관계 및 긴장에 대해서 묻고 있다. 이와 같은 좌담회의 풍경은 곧 당대 사회의 관심과 우려에 대한 반향으로, 당대 남한 사회가 민족주의의 내용과 성격을 민주주의 시대에 맞게 재정립할 것을 요구하고 있었음을 말해준다.

실제 사회자의 물음에 조헌영은, "우리나라에서 민족주의 운동이라고 하는데 지금 시대에 역행하는 운동은 안 됩니다. 안만 좋고 민족을 위한다고 하드라도 역시 세계인류정신과 우리 민족정신과 배치되지 않는 점을 규명을 하고 운동을 전개해야" 한다고 강조한다.[111] 그는 '선민사상'에 근거한 제국주의·

110 「(座談會)民族神精理念과 그 昻揚方法論」, 『民族文化』, 1949년 10월호, 24쪽.
111 위의 글, 29쪽.

침략주의적 민족주의는 더 이상 용납될 수 없지만, 조선민족이 타 민족에 대해 대등한 권리를 주장하는 민족주의는 정당하다고 주장한다. 그는 이와 같은 조선의 민족주의를 세계의 평화를 위한 "민주주의적 민족주의"라고 선언한다.[112] 따라서 조선의 민주주의적 민족주의는 인류정신과 조금도 배치되지 않는 정당한 정신이므로, 공산주의자의 민족주의에 대한 비판에 맞서야 함을 강조한다. 또 공산주의자가 민족을 무시하고 있지만 "그들은 민족을 무시하는 가운데 스라브 민족의 전통적 요망을 달성하려고 하는 민족주의"가 공산주의에 있다는 것을 알아야 된다고 지적한다.[113] 이와 같이 조헌영은 소련의 계급 논리 이면에 스라브 민족주의가 존재함을 근거로, 좌익 계급주의의 허구성을 부각시키고 민족주의를 옹호한다.

이와 같이 좌담회를 통해 민족주의를 민주주의와 조정 · 화해시키려고 했던 문총의 시도는, 역으로 당대 남한 사회가 세계 냉전에 편입되어 새로운 사회로 재편되어갔음을 보여준다.[114] 이 과정에서 미국을 중심으로 한 서구 진영의 '자유'와 '민주주의' 이념은 남한의 체제 정당성의 근거이자, 실제 남한 사회 변화를 촉진하는 가치규범으로 자리 잡아 갔다. 정부 수립 이후에 지배 권력

112 위의 글, 29쪽.

113 위의 글, 29쪽.

114 이 시기 이와 같은 사상계의 재편 시도는 다른 곳에서도 확인된다. 일례로, 조영식(趙永植)은 자유의 문제를 민주주의 이념과 조화시켜 재정립을 시도하고 있다. 조영식은 진정한 자유란 "필경 본능만족이 아니라 이성구현으로, 사리사욕이 아니라 사회공공선으로 방향을 바꾸게 되니 개인주의에서 보편주의로 전환케 됨은 當然之事理일 것이다. 이와 같이 상대적 쌍무적 의미를 자신에게 내포하고 있는 자유는 단순히 나 혼자만 잘살기를 원하는데서부터 모두가 잘살도록 되어짐을 위해 노력하는데로, 자기혼자의 행복을 추구키 위해 또 남의 자유를 침해하는데서부터 사회아(我)로서의 자유를 실현키 위해 자신의 자유를 희생시키는데까지 자연 도달하게 된다"고 주장한다. 또 그는 "민주주의의 민주란 인민 모두가 主가 된다는 뜻인데, 이것은 결코 대다수의 인민이 主가 되어 어떠한 딴 사람들을 억압한다는 것이 아니라 모두가 자기들의 이익을 위해 사회의무를 충실히 감당한다는 것이다. 이것을 정립적으로 요약해 말한다면 민주라는 것의 본의는 자기의 권리와 자유를 의무화하여 공공선을 위해 실현하는 것이다"라고 주장한다. 이와 같이 조영식은 자유의 개념을 순치시켜 민주와 결합시키고 있다. 이를 통해서만 '진정한' 민주주의의 실현이 가능하다고 주장한다. 요컨대 조영식은 이와 같이 순치된 자유의 실현으로 도래할 사회가 곧 진정한 '민주주의' 사회이며, 이런 민주주의 사회에서만이 진정한 '자유'의 실현이 가능하다고 주장한다. 趙永植, 『民主主義自由論: 自由正體의 探究』, 韓一公印社, 1948, 119~156쪽.

의 통치이념이었던 일민주의가 강한 "민족주의를 기축으로 한 반공주의"였던 것에서도 확인할 수 있듯이,[115] 민족주의는 여전히 남한 사회의 주요한 가치였다. 때문에 당시 냉전의 진영논리로 강조되는 초민족적 가치였던 자유와 민주주의는 민족주의와 논리적 긴장과 대립의 관계에 있을 수밖에 없었다. 앞서 살펴본 문총의 좌담회 역시 이런 사상계의 곤경을 보여주는 한 사례라고 할 수 있다. 민족주의를 자유와 민주주의의 이념과 조화시켜 그 힘을 유지하고자 했던 시도는 당시 고려대학교 문과학장이던 이종우(李鍾雨)의 글에서 보다 정교하게 이루어지고 있다.

이종우는 글의 첫머리에 민족주의를 통해 "國民의 凝集力(Cohension)"을 강화해 국가의 조속한 발전을 꾀하려는 지금, 이 민족주의가 "어떠한 성질의 것이랴야 할 것인가"를 이론적으로 밝혀 민족주의의 실제적 효과를 확대시키는 데 기여하고자 한다고 글의 집필 취지를 밝히고 있다.[116] 먼저 그는 민족주의가 대체로 유물사관자와 자유주의자 양측으로부터 비판받고 있다고 주장한다. 유물사관적 입장은 역사를 계급투쟁의 과정으로 보기 때문에 초계급적인 국가나 민족 자체의 개성을 인정하지 않는다고 평한다. 자유주의적 입장은 개인에 대한 일절의 속박과 공권의 간섭을 거부하려는 경향에서 민족주의를 백안시한다고 주장한다. 이종우는 이런 양측의 비판을 논리상 정리하면 크게 민족이란 개념 규정의 모호성과 민족 자체를 개체적 존재로 볼 수 없다는 점, 그리고 민족주의가 국가주의와 침략주의로 변질되어 개인의 자유와 인권을 억압하고 세계평화를 위협할 가능성이 늘 잠재한다는 점으로 집약할 수 있다고 말하고 이에 대해 하나씩 반박한다.

그는 먼저 민족이란 동적이고 무한히 발전할 수 있는 힘을 내포한 채 끊임없이 자기 변모와 파괴를 초래하는 생명적 존재라고 규정한다. 따라서 역사와 문화의 공통성에 기초한 운명공동체로서의 이상적 민족개념을 상정하고, 이것을 기준으로 민족을 귀납적으로 정의해서는 안 된다고 주장한다. 그러면서

115 후지이 다케시, 앞의 책, 246쪽.
116 李鍾雨, 「民族主義의 理論的 構造」, 『民族文化』, 1949년 10월호, 2~3쪽.

'아리스토텔레스'의 "缺如(Privation)"라는 개념을 채용해서 어떤 이상적인 민족의 성질을 결여한 인간 공동체 역시 그 도달 과정에 있는 민족으로 간주해야 하며, 따라서 현세계의 민족 양상은 다양하다고 주장한다.[117] 이를 통해 그는 민족 개념의 모호성에 대한 비판에 답하면서 여전히 민족과 민족주의의 의제는 정당하다고 강조하고 있다. 또 이종우는 특정 시공간에서의 개인 행위의 유형을 개성이라고 하는 것과 마찬가지로 민족에 대한 민족성 역시 인정될 수 있다고 주장한다. 이종우는 개인이 더 이상 쪼갤 수 없는 하나의 원자로서 자기 목적에 의해 움직이는 주체인 것과 마찬가지로 민족 역시 개인 주체로 치환시킨다. 이런 측면에서 그는 민족주의의 작동 원리를 자유주의와 민주주의로 전환시켜 민족주의가 추구해야 할 규범적 가치를 제시하고 있다.

따라서 그는 "각 민족은 자주독립하여 자기의 운명을 더 개척할 권리를 가졌으며 그 민족의 의사에 반하여 타민족의 지배를 받을 것이 아니라는 사상"이 바로 민족주의라고 주장한다. 한 마디로 그의 민족주의는 곧 민족자결주의를 말하는 것으로, 자유주의의 개인과 마찬가지로 민족 역시 외부의 구속 없이 자기 목적에 의해 움직이고자 하는 이념이라고 강조한다. 이제 그는 자유주의와 민주주의의 원리를 통해 민족주의의 정당성을 확보하고, 동시에 민족주의가 이 자유주의와 민주주의의 원리에 근거해 추동되어야 한다고 주장한다.

> 민족주의의 사회관적(社會觀的) 근거는 자유주의 및 민주주의에 있다. 즉 모든 사람은 자유 독립할 천직의 권리를 가졌으므로 자기의 의사에 반하여 외부로부터 하등 제한을 받을 것이 아니라고 하는 자유주의적 민주주의적 견해가 사회적(즉 민족 이하의 사회가 아니라 민족 이상의 사회를 지칭함) 정치적 단위로서의 민족에 응용된 것이다. 이러한 의미에 있어서 협의의 민족주의는 민주주의와 자유주의에 배치되는 사상이 아니고 도리여 後 二者를 근거로 하고 민족주의는 정당화되는 것이다. 그러므로 우리의 민족주의는 국내외의 일부 인사들이 염려하는 바와 같이 세계적 정치이념인 민주주의, 세계평화에 배반되는 위험하고 무리한 주의가 아니고 도리여 세계적 정치이

117 李鍾雨, 위의 글, 6쪽.

넘에 병진, 기여할 수 있는 주의다. 다만 우리에게 있어서 필요한 것은 민족주의의 사회관적 근거가 민주주의에 있음을 깊이 자각하는 동시에 일반 민중에게 이것을 주지시킬 것 그것이다.[118]

'민족'을 '개인'으로, '민족성'을 '개성'으로 등치시킨 이종우는 민족주의가 더 이상 일부에서 "염려하는" 것과 같이 세계적 정치이념인 민주주의와 세계평화를 위협하지 않는다고 강조한다. 오히려 그러한 가치에 부합해서, 그것의 발전에 기여할 수 있다고 주장하고 있다. 이와 같이 민족과 민족주의의 정당성을 마련한 뒤에 그는 일국 내에서의 민족과 개인의 관계를 설정하는 데 있어 민주주의를 동원한다. 그는 민족이라는 미명하에 개인의 자유를 억압해서는 안 된다고 강조하면서, 민족주의와 민주주의를 자각적으로 통일할 것을 촉구한다. 이를 위해 그는 "批判的 精神과 道義心"이 필수적으로 요구되며, 이것이 기초가 되었을 때만이 "민주주의를 살리는 민족주의"가 실현 가능하다고 역설한다.[119]

또한 그는 "자유주의가 개성을 존중하여 개인의 자주를 주장하듯이 민주주의는 민족을 단위로 하여 민족의 자주를 주장하는 점에 있어서 양자에는 原子論的인 일면이 있다. 그리하여 양자에는 一과 多 惑은 個와 全體와의 관계라는 곤란한 문제가 있다. 엄밀하게 본다면 개인의 자유를 주장하는 자유주의와 기회균등, 평등을 주장하는 정치적 분야에 있어서의 자유주의라고 볼 수 있는 민주주의와의 사이에는 어떠한 거리가 있는 것이다"라고 평가한다.[120] 때문에 그는 이 양자의 상충하는 관계를 조절 화해시킬 것을 촉구한다. 이런 맥락에서 그는 "同意異語"인 자유주의와 민주주의를 화해시키는 방법으로 "打算的 計慮에 依한 民主主義 道德의 仲介役"을 강조한다.[121] 즉 그는 각자의 "所好"와 "所慾"에 따른 참극을 면할 수 있는 길은 타산적 계려를 통한 자제와 타인

118 李鍾雨, 위의 글, 9쪽.
119 李鍾雨, 위의 글, 10쪽.
120 李鍾雨, 위의 글, 11쪽.
121 李鍾雨, 위의 글, 12쪽.

을 존중하는 민주주의 도덕이라고 주장한다. 결국 이종우는 "민족주의가 민주주의와 자각적으로 통일하여 안으로 개인의 자유를 적당히 보지케 하며 밖으로 타민족과 협조 상통하여 세계평화에 기여하려면, 비판적 정신과 선공후사(先公後私)의 공명정대한 도의심의 중개역을 요한다"고 역설한다.[122]

좌담회를 통해 확인할 수 있는 바와 같이 민족주의를 초민족적 이념인 자유나 민주주의와 화해시키려 했던 시도는, 냉전의 진영논리를 받아들여야만 했던 남한 지식인의 곤경을 드러내준다. 동시에 냉전이 가져온 사상계의 변화를 단적으로 보여준다. 이와 같이 분단정부의 수립과 그에 따른 체제 안정화의 과정 속에서 남한 사회의 냉전적 시각과 풍경은 전경화되었다. 하지만 여전히 강한 민족주의적 경향과 민족통일운동이 존재했고, 이와는 정반대로 냉전 세계로의 편입을 가속화시키려는 시도 역시 계속되었다. 이런 긴장과 중층적 세력 관계는 '내쟁(內爭)같은 국제전쟁이오 외전(外戰)같은 동족전쟁'이었던 한국전쟁을 거치면서 해체되어갔고, 남한 사회에 냉전적 반공주의는 더욱 공고하게 뿌리 내렸다.

이상 살펴본 바와 같이 분단정부의 출범과 함께 남한 내 담론장에서 좌익의 진영론은 이승만 정권의 반공체제가 구축되어감에 따라 사라져갔다. 이승만 정권은 출범 초기 그 기반의 취약성을 극복하고 남한의 체제 및 지배 정당성을 공고히 해야 할 과제에 직면해 있었다. 이를 위해 이승만 정권은 냉전적 진영논리를 적극적으로 활용했다. 세계 냉전의 구도 속에서 갓 출범한 남한 체제와 정권의 국제적 승인을 위해서도, 미국을 주축으로 한 서구 진영의 경제적·군사적 지원을 확보하기 위해서도, 이승만 정권은 남한과 자신을 냉전의 최선전이자 전사로 끊임없이 선전해야만 했다. 또 냉전의 구도 속에서 스스로의 정당성 마련을 위해 '자유'와 '민주주의'의 담지자이자 수호자로서 자처해야만 했다. 이 과정에서 '냉전담론'은 '이데올로기적 담론'으로서 이승만 정권의 통치 기제의 주요한 한 축으로 부상했다.

122 李鍾雨, 위의 글, 12쪽.

그 결과 지배 권력의 선전 속에서 냉전적 시각과 논리는 남한 사회에 확산되어져갔다. 그리고 냉전에 대한 개념을 비롯해서 냉전의 시선으로 세계와 사태를 바라보거나 이해하는 현상이 곳곳에서 발생했다. 즉 냉전적 시각과 논리에 기초한 새로운 '보기의 방식'이 남한에 자리잡아갔다. 더 나아가 이런 냉전적 '보기의 방식'은 역으로 현실 세계를 냉전적 시각과 논리로 해석하고 재규정하는 양상을 출현시키는 것으로 이어졌다. 다시 말해 냉전의 시각과 논리를 통해 세계를 해석하고 평가하기 시작하는 현상이 발생했다. 이는 곧 냉전의 논리로 남한 사회를 재구성하는 과정이기도 했다. 뿐만 아니라 냉전의 틀에 맞지 않는 제반 현상과 사태 역시 냉전의 틀로 해석하려 하고, 그것을 교정해서 냉전의 틀로 편입시키려는 시도가 남한 내 담론장에서 등장했다. 예컨대, 과거 약소민족 해방운동이라는 측면에서 관심의 대상이었던 동남아시아 지역과 그 민족은 이제 공산주의의 침투와 확산에 대한 우려 속에서 경계해야 할 지역과 민족으로 전변되었다. 즉 냉전을 축으로 세계를 재규정하는 사태가 발생했다.

물론 냉전이라는 개념에 대한 비판과 그와는 다른 세계를 바라보는 복수의 시각과 진영론이 여전히 공존하고 있었다. 또 냉전의 틀을 유지하면서도 그 내용을 다르게 전유하는 시도 역시 존재했다. 뿐만 아니라 '아시아-태평양전쟁'기 '인종 · 권역주의' 인식 및 반서구 근대에 기초한 복수의 민족(주의) · 민주주의론 역시 존속하고 있었다. 그럼에도 불구하고 냉전적 보기의 방식은 이승만 정권의 반공체제의 구축 과정에서 상위한 세계 규정의 틀과 이념을 압도하면서, 점차 지배적 위치를 점유해갔다. 이 과정에서 일제시기 반소반공담론의 자원들은 '반복'되었고, 소련에 대한 적색제국주의 표상과 공산주의를 과거 파시즘의 전체주의와 동일시하는 담론은 널리 유포되었다.

단정 수립 이후 냉전담론의 확산 과정에서 주목할 만한 것은 이승만 정권이 체제 및 지배정당성의 확보를 위해 고창한 냉전적 '자유민주주의'론이, 역으로 이승만 정권을 강제하고 비판하는 저항의 논리로 전유되었다는 것이다. 분단 이후 체제 내 비판세력들은 이승만 정권의 반통일적이고, 독선적이며 반민주주의적인 정책과 행태를 '자유'와 '민주주의'의 논리를 통해 끊임없이 비판했다. 이 과정에서 이승만과 함께 단정수립을 주도했던 한민당조차도 '반공민주건설'론을 주장하면서 이승만 정권을 비판했다.

이와 같은 '반공민주건설'론의 등장은 해방 직후 '민족'의 논리에 입각한 반공주의가 '자유민주주의'라는 이념에 기초한 반공주의로 전환된 것이었다. 이런 전환은 분단정권 수립 이후 체제경쟁의 양상이 가시화되면서, 단정 세력의 정치적 중심 의제가 민족통일로부터 분단체제 하 남한체제의 정당성을 강화시키려는 방향으로 전환된 것이었다. 즉 정부 수립과 함께 단일민족국가 건설이라는 해방 직후의 의제는 점차 희미해져 갔고, 분단세력이 중심이 된 담론지형에서 체제 정당성의 논리로 냉전적 자유민주주의가 강조 확산되었다. 민족주의에 기초한 '반공주권 회복'의 기치가 냉전적 자유민주주의에 기초한 '반공민주 건설'의 기치로 변화한 것이다. 더 이상 민족의 해방과 통일국가 건설이 문제가 아니라, 이데올로기 공동체로서 남한을 재편시키는 것이 보다 중요한 현안으로 떠올랐다. 이후 냉전적 자유민주주의론은 새로운 이데올로기 공동체 구성의 핵심적 담론자원으로 사회 전반에 침투·확산되어져갔다.

이와 함께 냉전담론과 밀착되어 자유민주주의론이 점차 남한 사회에 확산되자, 기존의 관념들 역시 자유민주주의와의 관계 속에서 재평가되었다. 여전히 분단 극복과 통일정부를 주장하는 과정에서 강하게 존재했었던 민족주의 역시 초민족주의적인 민주주의라는 보편 이념과의 충돌을 조정해야 했다. 또 상충하는 '자유'와 '민주주의'가 결합된 자유민주주의 역시, '자유'와 '민주주의' 관계를 재정립하는 것을 통해 그 논리적 정합성을 확보해야만 했다. 이승만 정권의 지배이데올로기인 일민주의 역시 마찬가지였다. 그것은 서구 근대에 대한 비판의식을 포지(抱持)한 채 강한 민족주의적 경향을 띤 반공주의로, 냉전적 자유민주주의와는 상당한 거리가 있는 이념이었다. 그럼에도 일민주의 역시 민주주의라는 '간판'을 통해 설명되었다. 이와 같이 세계 냉전과 밀착된 분단과 남북대립이라는 역사적 사태는 냉전의 논리에 기초한 자유민주주의 이념을 남한에 광범위하게 확산시켰다. 이 과정에서 역으로 자유민주주의 이념은 부정할 수 없는 체제 가치로 부상하면서 이제 남한을 틀 짓고 재편하는 핵심 논리가 되었다. 즉 남한의 냉전적 시각과 논리의 순환구조는 사태가 만든 담론이 다시 새로운 사태를 가져오는 연쇄작용 속에서 발생했다.

제4부

전시동원체제의 균열과 냉전주의 반공담론의 양면성

4부 전시동원체제의 균열과 냉전주의 반공담론의 양면성

한국전쟁은 남한 사회의 냉전 정체성의 형성과 관련해서 두 가지 측면에서 의미 있는 시기였다. 그 한 측면으로, 한국전쟁은 남한 사회의 냉전체제로의 편입과 안착을 가속화한 결정적 계기였다. 분단 정부 출범과 함께 체제 및 지배 정당성 확보를 위해 이승만 정권은 계속적으로 냉전의 진영논리를 재생산했다. 또 그것을 통해 남한 사회를 통제, 규율하는 가운데 자신의 지배 안정화를 꾀했다. 그 연장선에서 전쟁은 기존에 구축된 반공체제의 통제력을 확대 심화시키는 계기였다. 이런 반공체제와 전시동원체제의 효율성을 담보하고 고조시키기 위한 이데올로기 작업 역시 동반되었다. 특히 사상전의 양상으로 전개된 전쟁은 남북 체제 간에 치열한 이념 경쟁을 촉발시켰고, 동족상잔이라는 처참한 전쟁의 목적과 정당성을 대중에게 설득하지 못할 경우 전시태세의 완비는 불가능했다. 때문에 지배 권력은 명료한 전쟁의 목적과 의미에 대해서 설명해야 했고, 민족공동체가 아닌 이념공동체로서 남한 사회를 재편해야 하는 과제에 직면했다. 즉 이승만 정부는 효율적 전시동원체제의 가동을 위해 보다 강고한 반공체제를 구축해갔다. 이 과정에서 냉전담론은 계속적으로 반복 생산되었고, 남한 사회를 냉전의 진영 구조와 논리에 긴박시키려는 일련의 이데올로기 작업들이 실행되었다. 특히 전시동원체제의 가동을 위해 한국전쟁기 냉전담론은 애국담론과 결합해 확대 재생산 되어졌다.

이런 냉전체제와 반공체제의 강화는 전시 동원의 문제에 국한되지 않았다. 사상전의 전개 속에서 동서 진영 중 미국의 헤게모니 아래 서구 진영으로 편입되었던 남한 사회를 사상적 지형 속에서 설명해야 하는 작업 역시 요구되었다. 이 작업은 해방 이후 남한 사회에 지속되고 있던 서구 근대와 반근대의 모든 사상을 냉전체제의 틀 속에서 재평가하고 재배치하는 일련의 과정을 의미했다. 이를 위해 이승만 정부는 사상전의 전개 속에서 각종 전시대책의 일환으로 남한의 냉전체제를 정당화시킬 사상정립을 위한 국가기관을 설립했다. 이승만 정부는 1952년 국민사상지도원을 설립하고 당면한 사상전에 대비했다. 국민사상연구원은 각종 선전 및 강연을 실시했고, 무엇보다 서적과 잡지의 발행을 통해 당대 세계를 냉전적 논리로 재편하고, 그 냉전세계를 합리화하는 일련의 작업을 기획 · 실행했다.

또 다른 한편으로, 한국전쟁은 이승만 정권의 반공체제 및 전시동원체제를 강화시키는 계기였던 것만은 아니다. 오히려 이승만 정권의 지배질서의 취약성이 가장 적나라하게 나타났던 시기이기도 했다. 전시동원체제를 위해 이승만 정권이 끊임없이 주장했던 냉전이데올로기는 무능과 부패로 인해 그 허구성을 스스로 드러냈다. 특히 전시라는 특수한 상황은 이런 지배 권력의 모순을 보다 선명하게 부각시키면서, 지배 권력의 정당성 자체를 위협하기도 했다. 지배 질서의 공고화를 위해 외쳤던 냉전적 논리에 기초한 지배 이념으로서의 자유, 민주주의의 가치가 역으로 지배 권력을 비판하는 양날의 칼이 되어가는 현상이 발생했다. 이와 같은 전시 이승만 정권의 자기모순과 그에 따른 저항의 양상을 집약적으로 보여주는 사례가 바로 상이군인의 문제였다. 호국의 수호신이자 '자유'와 '민주주의'의 투사로 상징되었던, 그래서 남한 체제와 지배 권력의 정치적 상징이자 냉전의 표식이었던 이들 상이군인은, 이승만 정부의 영예의 상징과 사회의 터부를 육체에 새긴 모순적인 존재였다. 이런 모순적 존재의 가시화는 곧 저항세력의 '자유'와 '민주주의'의 논리와 맞물려 지배 권력을 비판하는 주요한 계기가 되었다. 바로 이런 냉전논리를 바탕으로 한 지배와 저항의 상호과정은 전시 남한 사회가 냉전의 논리에 긴박되어 갔던 과정을 보여준다.

제1장 전시동원체제의 구축과 애국담론

1. '이데올로기적 상상의 공동체'와 애국담론

1948년 출범 당시 이승만 정부는 '친일' 경찰로 상징되는 과거 식민의 흔적은 물론, 출범 직후 발생한 '제주 4·3' 및 '여순사건'과 같은 식민 이후의 불확실성 또한 내재한 상태였다.[1] 동시에 외부의 또 다른 민족국가였던 북한과의 체제 경쟁에 있어서도 정치적 정당성과 민족적 정통성을 입증해야만 했다. 무엇보다 국가의 핵심 요소를 주권, 영토, 국민이라 했을 때, 당시 이승만 정부가 가장 곤혹스러우면서도 반드시 해결해야 할 과제가 바로 '국민'이라는 주체의 문제였다. 당시 남한 주민들에게 대한민국은 '분단국가'이자 하나의 민족국가를 위해 언젠가는 극복되어야 할 일시적인 '지역 정치체(a temporary local polity)'로 이해되고 있었다.[2] 반만년의 역사를 '1민족 1국가'로 살아왔다는 일반인들의 관념은 반쪽자리 남한 국가를 한반도에 유일한 정치체로서 인정하기를 주저하였다. 때문에 당시 지배 권력은 남한 주민의 내면에 자리하고 있던 '1민족 1국가'에 대한 열망을 '1민족 2국가'의 '상상의 공동체'로 새롭게 대체해야만 했다.

한국전쟁은 이러한 이데올로기적 기획의 필요성을 한층 고양시키는 결정적 계기였다. 앞서 살펴본 바와 같이 당시 대한민국은 분단국가로서의 정당성

1 당시 신문은, "정부가 탄생된지 수삭이 못되어 아직도 국제적으로 정식승인을 받지 못하고 UN에서 한국문제가 爼上에 올라, 토의되랴하는 이때에 전남 여수와 순천을 비롯한 각 곳에서 반란사건이 접종 발생되어 동족상잔의 사상 미증유의 불상사가 연출되고 있음은 우리 민족의 통탄사가 아닐 수 없다. 더욱 국민이 반란의 선봉이며 주동이 국가의 간성이 되는 국군 내부에서 발생하였다는 것은 국민에 지대한 충격을 주고 있다"고 보도하였다. 「明濟世, 安在鴻, 柳林, 成尙勳의 여순사건 수습책」, 『독립신문』, 1948년 11월 10일자.

2 임종명, 「一民主義와 대한민국의 근대민족국가화」, 『한국민족운동사연구』 44, 한국민족운동사학회, 2005, 270쪽.

과 그에 기초한 '국가/국민의 관계' 자체도 강고하게 확립하지도 못한 상태였다. 여기에 전쟁의 전선이 교착되면서, 또는 후방 지역 '빨치산'과의 전투가 계속되면서 '점령' 지역이 바뀌었고, 국가조직은 점령 지역을 따라 이동할 수 있었지만, 국민은 쉽게 움직일 수 없었다. 때문에 피난갈 수 없었던 사람들은 생존을 위해 전선이 바뀔 때마다 새로운 점령군에 충성을 바칠 수밖에 없는 실정이었다. 결국 재점령 이후 피난 가지 못한 사람들은 기존 점령군의 부역자로 심판받거나 '서자' 혹은 '이등 국민'으로 취급당하였다. 이런 상황에서 '국가/국민'의 관계는 더욱 유동적이고 불확실한 상태로 남아있었다.[3]

그런데, 피난의 여부나 의지보다 더 중요한 문제는 당시 사람들의 국가에 대한 인식과 심리상태였다. 관련하여 북한군의 서울 점령에 대한 회고담은 당시의 풍경을 다음과 같이 전하고 있다.

> 옆집 大門이 부시는 듯이 요란스럽게 열리면서 여러 사람들이 우루루 골목으로 몰려나오는 소리가 들리더니 뒤들이어 어떤 놈인지 국직한 목소리로 떠드는 것이었다. 「인제 싸움도 끝났오! 다들 나와서 人民軍을 歡迎해요……붉은旗를 맨들어 달고……물들을 좀 퍼내와요! 軍人들을 멕이게……」 나도 도대체 이게 어찌된 셈인가하고 아내와 둘이서 부들부들 떨면서 大門을 半쯤 열고 살며시 밖을 내다보았다. 지금 자다가 생각해도 구역질이 나는 風景이 大門밖에는 벌어져있는 것이었다. 電車기로 通하는 큰길로는 그 누덱이를 걸친 所謂『人民軍』이란 것이 붉은旗를 위날리며 거러가고 洞里사람들은 언제準備했는지 재빠르게 집집마다 붉은旗를 떼우고…내洞里에서 살고 있던 사람들이 大韓民國의 하늘밑에서 어제밤까지 살고있던 人間들이 붉은旗를 휘날리며 人民軍이란 거지같은 軍人들을 얼싸안고 拍手를 보내다니! 나는 하도 어이가 없어서 아내에게 무러봣다. 『저 날뛰는 사람들은 대채 뭐요?』『숨어있던 左翼主義者들인게지!』 左翼主義者? 人心이 朝夕變이라지만 이거야 정말 볼 수 없는風景이다.[4]

위 내용은 '9·28 서울수복' 이후 얼마 되지 않아 잡지『新天地』에 "暗黑의 三開月"이라는 제목으로 실린 기사의 한 부분이다. 물론 반공주의에 기초한

3 김동춘,『전쟁과 사회』, 돌베개, 2006, 147~173쪽.
4 金光洲,「하누님을 찾는 아내」,『新天地』, 1951년 1월호, 54쪽.

한 개인의 기록이지만, 이를 통해 당시 주민들의 남한 국가에 대한 인식의 한 단면을 엿볼 수 있다. 무엇보다 필자의 시선을 통해 전쟁으로 국가/국민의 관계가 더욱 불안정하고 가변적인 상태로 되었음을 확인할 수 있다. "大韓民國의 하늘밑에서 어제밤까지 살고있던" 사람들이 "언제 準備했는지 재빠르게 집집마다 붉은旗를 떼우고", "軍人들을 얼싸안고 拍手를 보내"는 풍경은 당시 대한민국의 취약한 대중적 기반의 실상을 단적으로 보여주고 있다. 또한 "人心이 朝夕變이라지만 이거야 정말 볼 수 없는風景"이라는 필자의 한탄은 전시라는 예외상태에서 정처 없이 부유하는 남한 주민들의 심리상태를 엿볼 수 있게 한다.[5]

이런 당시 사람들의 국가와 현실에 대한 대응 및 심리상태는 전쟁으로 인해 존립 자체를 위협받고 있던 이승만 정권의 그것과는 상당한 괴리를 말해주는 것이었다. 또한 당시 일간 신문 기사들이 전하고 있는 후방 지역의 사회상 역시 전시체제 하 국가와 국민 간에 괴리감을 시사해주고 있다.

> 국민방위군 사건으로 그 절정에 달하였던 국민도의의 부패는 우리의 전의를 저윽히 위축시켰으며 이보다 못지않게 후방에 있어서의 전쟁에 대한 무관심과 비협력은 우리의 전력을 저윽히 감퇴시키고 있다. 마비된 국민도의는 유랑하는 재민을 구제하지 못하고 있으며 시장에 범람하는 일제 사치품의 밀수입을 방지하지 못하고 있으며 주지내림(酒池內林)에서 전선 용사들이 흘리는 피를 관람하며 향락에 잠긴 일부 특권층의 방(放)일을 단속하지 못하고 있다. 불구의 상이장병들이 문전걸식하고 있되 부산의 몽주들은 한 간 방을 세주어 팔자를 고칠 뱃장으로 제멋대로 피난민을 착취하고 있는가 하면 대소관리들은 독직에 몰두하고 있다. 전쟁은 누구 때문에 누구가 하고 있는가를 알아볼 수 없을 정도로 어지러운 것이 후방의 현상이다.[6]

---

5 이러한 당시 남한 주민의 유동적인 심리상태는 역사학자 김성칠(金聖七)의 일기를 통해서도 확인할 수 있다. "아내가 간직하여 두었던 태극기를 내걸었다. 석 달 동안 낯선 인공기(人共旗)가 펄럭이던 바로 그 깃대에 다시 태극기를 달아놓고 적이 마음이 후련해짐을 느끼었으나 해바라기인 양 이 깃발 저 깃발을 갈마꽂는 내 몰골이 몹시 서글프기도 하다. 그러고도 행여 산에 있는 게릴라 부대들이 이 깃발을 보고 밤에 내려와서 말썽을 부리지나 않을까 적이 걱정되는 내 마음의 잔조로움이여." 김성칠, 『역사 앞에서 : 한 사학자의 6·25일기』, 창비, 2009, 256쪽.

6 「無名의 愛國者」, 『동아일보』, 1951년 11월 29일자.

전쟁 발발 후 전 사회를 전시비상체제로 재편하면서 모든 인적 물적 자원의 총동원을 강제했음에도 불구하고, 후방의 사회상은 전쟁이라는 국가적 의제와는 이질적인 현상을 보이고 있다. 무엇보다 부패, 향락의 주체가 군인과 관리를 비롯한 권력층 내지는 사회 특권층이라는 점은 전쟁에 대한 무관심과 이기주의가 만연한 사회 분위기를 시사한다.[7] 이런 상황에서 일반 주민에게 국가적 의제와 전선에 대한 관심은 부차적일 수밖에 없었다. 더구나 전선의 이동과 권력의 뒤바뀜 속에서 피난과 학살을 직간접적으로 경험했던 남한 주민에게 국가에 대한 선택권은 없었다. 오직 눈앞에 보이는 국가에 따라 생존을 위해 처신하는 것이 중요할 뿐이었다. 전쟁 기간 내내 후방의 '정신혁명'을 다그치는 사설과 일본으로의 '밀항자 검거', '징집 회피', '사치 향락'을 다룬 기사가 공존하고 있었다.[8] 요컨대 당시 전시동원담론의 지속적인 과잉은 역으로 국가와 사회, 국가와 그 구성원 간의 간극을 여실히 보여주고 있다.[9]

출범 초기 대한민국은 국가로서의 토대를 갖추지 못한 상태에서 그 존립 자체가 불안한 실정이었다. 여기에 한국전쟁은 그 실존적 불안을 더욱 가중시킨 사태였다. 하지만 역으로 전쟁은 대한민국이 전시체제하 효율성의 극대화를 추구하면서, 사회 전반에 대한 강제와 동원에 기초해 국민국가의 기반을 구축하는 주요한 전환점이기도 했다. 특히 전쟁이 '사상전'의 양상으로 전개되면서 남한 사회는 '이데올로기적 상상의 공동체'로 새롭게 재구성되어 갔다. 이 과정에서 과거와 현실 세계를 새롭게 의미화 하는 이데올로기적 기획들이 지속적으로 실행되었다. 그 결과 국가와 국민의 정체성은 재구성되었고, 국가

7 「遊興場을 廢鎖하라!」, 『경향신문』, 1952년 10월 22일자; 「生活理念의 墮落 後方은 修羅場化하나」, 『경향신문』, 1953년 4월 19일자.

8 「勝利는 後方의 情神革命에서」, 『경향신문』, 1952년 10월 29일자; 「秋霜의 斷 내릴터」, 『경향신문』, 1952년 9월 11일자; 「不正兵役事務嚴斷」, 『동아일보』, 1952년 12월 21일자; 「祖國統一을 爲해 빠짐업시 戰列에 나서자」, 『동아일보』, 1950년 10월 9일자.

9 당시 신문의 정치성을 고려했을 때, 신문이 보도하고 있는 후방 지역의 타락, 부패상을 국가와 국민 사이의 괴리 현상이 아닌, 동원 체제를 추동하기 위한 '내부의 적 찾기' 수사 전략으로 독해할 수도 있다. 하지만 위 기사가 국민방위군사건 이후 신문과 정부와의 긴장관계를 배경으로 정부와 특권층을 비판하고 있다는 점에서, 대중 동원의 수사 전략보다는 당시 사회상에 대한 지적에 가깝다고 보는 것이 타당하다. 전시동원의 전형적인 내러티브를 보여주는 기사로는, 「전쟁하는 나라의 국민다운 생활」, 『조선일보』, 1952년 7월 5일자.

에 대한 애정으로서의 '애국' 역시 이전과는 다른 의미를 갖게 되었다.

구체적으로 한국전쟁기 신문에 나타난 애국담론을 검토하기에 앞서 당시 언론매체로서의 신문이 처한 환경을 살펴볼 필요가 있다. 왜냐하면 당시 애국담론의 주요 출처였던 신문의 상황은 그 담론의 성격과 의미를 판단하는 데 중요한 고려 요소이기 때문이다.

해방 직후 신문계는 정치운동의 대리전을 수행하면서 이념적 색채를 선명하게 표방하였다.[10] 그러나 군정법령 제88호 '신문 기타 정기간행물 허가에 관한 건'의 공포로 '허가제'가 부활되고 이를 무기로 한 미군정의 언론대학살로 말미암아 좌익지 대부분이 정간, 폐간되고 우익지 전성의 환경이 조성된다. 게다가 단정 수립 직후 언론에 대한 '7개 조항 지침'이 제정되고 이어 제정된 국가보안법으로 인해 1949년에 이르면 좌익지는 남한에서 완전 소멸된다.[11] 점차 신문계는 이념이 배제된 가운데 정치적 성향의 차원에서 여당지와 야당지로 구분되는 시대가 도래하게 되었다. 결국 권력과 언론의 관계는 반공이데올로기의 틀 내로 재조정되었고, 권력과 언론의 길항 및 공모의 메커니즘은 각각의 생존권을 위한 권력투쟁이라는 축을 중심으로 이루어진다. 따라서 반공의 문제는 언론에게 자명한 것으로 받아들여지게 되었다.[12]

이미 반공이데올로기에 의해 순치된 신문계는 한국전쟁기 부활한 사전검

---

10 해방기 신문의 당파성을 가장 잘 보여주는 단적인 사례가 무차별적인 신문사 테러사건들이다. 특히 1945년 12월 모스크바삼상회의결정에 의해 촉발된 각 정치세력 간의 대립과 분열과정에서 나타났던 좌우익을 망라한 반대파 신문사에 대한 테러 감행은 당시 신문의 정파성에 기인한 것이었다. 이러한 해방기 신문계의 상황 및 그 당파성에 대해서는 송건호, 「미군정하의 언론」, 송건호 외, 『한국언론 바로보기 100년』, 다섯수레, 2012; 박권상, 「解放政局에서의 言論」, 『현대사를 어떻게 볼 것인가』 2, 동아일보사, 1989; 정진석, 「해방공간의 좌익언론과 언론인들 : 조선인민보, 해방일보, 건국, 노력인민의 출현과 쇠퇴」, 『관훈저널』 77, 관훈클럽, 2000.

11 7개 조항 지침이란, 대한민국의 국시 국책을 위반하는 기사, 정부를 모략하는 기사, 공산당과 이북 괴뢰정권을 인정 내지 비호하는 기사, 허위의 사실을 날조 선동하는 기사, 우방과의 국교를 저해하고 국위를 손상하는 기사, 자극적 논조나 보도로서 민심을 격앙 소란케 하는 외에 민심에 악영향을 끼치는 기사, 국가의 기밀을 누설하는 기사 등을 말한다. 「掲載禁止七個條項廢棄案否決 言論自由保障問題論議」, 『동아일보』, 1949년 6월 5일자; 김민환, 『한국언론사』, 나남출판, 2002, 407쪽.

12 이봉범, 「반공주의와 검열 그리고 문학」, 『상허학보』 15, 상허학회, 2005, 67~68쪽.

열을 통해 재차 권력의 영향력 아래에 있게 된다. 전쟁이 발발하자 그 당일로 '비상전시령 및 비상사태하의 범죄처벌특별조치령'이 공포되었으며, 7월에는 전국적으로 계엄령이 선포되고 '언론출판에 관한 특별조치령'이 공포되었다. 이에 따라 언론기관은 국방부 정훈국의 사전검열을 받았고 여기에는 출판물, 벽보 전단 포스터 등도 포함되었다. 1951년 4월 8일 비상계엄이 경비계엄으로 전환되었지만 검열은 풀리지 않았다. 1951년 7월 10일 휴전협정이 시작되자 전쟁이라는 비상사태로 인해 잠복해 있던 정부와 국회, 언론 간의 갈등 관계가 차츰 가시화되기도 했다. 하지만 1952년 5월 25일에 이승만의 정권연장을 위한 소위 '부산정치파동'에 따른 비상계엄령이 선포되어 약 한 달간 언론출판의 사전검열이 재실시되어 삭제된 지면이 나타나게 된다.[13]

이처럼 해방 직후 열려 있던 신문계는 미군정과 단독정부 출범 과정 속에서 이념적으로 반공이라는 폐쇄적 범주 내로 재편되었다. 여기에 전쟁이라는 비상사태하에서 국가권력의 사전검열제도를 비롯한 이중 삼중의 통제 메커니즘에 의해 당시 신문이 반공이외의 다른 이념을 지향하기란 사실상 불가능했다. 오히려 신문매체는 반공의 내재화를 통해 국가권력과 공모 및 길항 관계를 형성하였고, 이 과정에서 반공은 당시 너무도 자명한 신문사 내부의 윤리와 규범으로 자리 잡게 되었다. 이런 맥락에서 반공을 매개로 한 권력과 신문의 공모 관계는 곧 신문이 사상전 양상의 전시체제하에서 유력한 '이데올로기적 국가장치' 중에 하나였음을 말해준다.[14]

그런데 여기에서 신문을 '이데올로기적 국가장치'의 하나로 인식하는 것은 '반공'이라는 측면으로 제한된다. 당시 신문이 통제와 검열 속에서 일정하게 반공이데올로기에 의해 순치되어 있었지만, 정부기관지라고는 볼 수 없다. 오히려 한국전쟁기 반공이라는 틀 내에서 정치사회적 이슈에 따라 지속적으로 정부와 긴장 내지는 대립각을 세우고 있었기 때문이다.[15] 특히 1951년 3월 국

13 임경순, 「검열논리의 내면화와 문학의 정치성」, 『1950년대 미디어와 미국표상』, 상허학회, 2006, 280~281쪽.

14 한국전쟁기 신문의 이러한 성격을 시사하는 사설로는, 「戰時와 新聞」, 『서울신문』, 1951년 6월 11일자.

회 본회의의 '국민방위군 사건' 보고를 시작으로, 이후 '거창양민 학살사건'을 비롯한 이승만 정부의 무능력과 부패가 계속 터져 나오면서 정부와 야당, 정부와 언론계 간의 간극이 커져갔다.[16] 여기에 1951년 11월 "동아일보 필화사건", 1952년 "광무신문지법(光武新聞紙法) 폐기"에 따른 "신출판물법안(新出版物法案)" 논쟁, 1953년 "문화인보호법(文化人保護法)" 논쟁, "신문사 테로" 등 언론출판자유와 관련한 부분에서 한국전쟁 내내 정부와 언론계 사이에 갈등은 상존한 상태였다.[17]

주목되는 것은 이런 정부와 신문계 사이의 긴장과 대립이 애국을 둘러싼 논쟁으로 확대되고 있다는 점이다. 그 결과 다른 맥락에서 해방기와 마찬가지로 한국전쟁기 '진정한 애국(심)이 무엇인가'를 놓고 헤게모니 경쟁이 발생하고 있다. 관련하여 다음 신문 기사의 내용을 살펴보자.

> 우리의 愛國心은 反共産主義의 方向을 取하면서도 人間의 基本自由를 確立하고 擴大하는 方向에 잇다는 것이다. 이러한 우리의 愛國心을 우리는 反共民主路線이라고 規定하엿든 것이다. 우리의 愛國心의 槪念이 이와가치 明確할진데 進一步하여 單純한 反共的인 言辭와 愛國的인 言辭에 眩惑됨이 업시 그러한 言辭에 依하여 무엇을 企圖하고 잇고 그 人物의 行動과 努力이 우리의 基本的인 自由를 促進시키는 反共民主主義的 方向을 걸고 잇는가 업는가를 더욱 愼重히 檢討하여야 하겠다. 反共의 美名下에 人權이 蹂躪

15 김영희, 「한국전쟁기 이승만 정부의 언론정책과 언론의 대응」, 『韓國言論學報』 56권 6호, 한국언론학회, 2012 참조.

16 서중석, 『이승만과 제1공화국』, 역사비평사, 2007, 94~139쪽; 박태균, 『조봉암 연구』, 창작과비평사, 1995, 186~199쪽.

17 정부와 신문계 사이의 일련의 긴장 · 갈등 양상에 관해서는, 「國民은 무엇을 願하는가」, 『동아일보』, 1951년 7월 10일자; 「言論自由로 民主主義는 前進 本報記事事件起訴」, 『동아일보』, 1951년 11월 13일자; 「新聞紙法과 刑法第百五條」, 『동아일보』, 1951년 11월 13일자; 「暴壓의 象徵 中」, 『동아일보』, 1951년 11월 16일자; 「言論自由를 侵害」, 『동아일보』, 1951년 11월 16일자; 「違憲性을 指摘 光武년新聞紙法 刑法百五條三項」, 『동아일보』, 1951년 11월 17일자; 「公報行政上 一大汚點」, 『동아일보』, 1952년 2월 24일자; 「나는 너를 싫어한다. 波紋」, 『경향신문』, 1952년 2월 24일자; 「言論의 自由가 싫은가?」, 『경향신문』, 1952년 3월 25일자; 「光武新聞紙法보다 惡法! 言論自由 民意暢達은 어디로?」, 『경향신문』, 1952년 3월 25일자; 「國會의 反省을 忠告!」, 『경향신문』, 1952년 3월 31일자; 「宣言」, 『경향신문』, 1952년 3월 31일자; 「新聞社에 "테로"」, 『경향신문』, 1952년 6월 25일자; 「言論自由의 意義 全國記者大會에 寄함」, 『경향신문』, 1953년 4월 18일자; 「文化人登錄 上」, 『경향신문』, 1953년 6월 30일자.

當한 것을 보앗고 愛國者然 豪言壯談下에 公公然한 人權蹂躪을 恣行하는 無知를 보앗다. 이러한 行動은 이 나라의 愛國心이 許容할 수 업은 非愛國的인 行動이요 共産主義者와 똑가치 이 나라의 民主化를 저해하는 反動分子인 것이다.[18]

위 신문기사는 정부와의 정치적 긴장과 간극 속에서 정부와는 다른 애국담론의 양상이 나타나고 있음을 보여준다. 기사의 내용에 따르면, 반공적인 언사가 곧 애국이 아니며, 반공의 미명하에 자행되는 인권유린이야말로 "非愛國/反動/共産主義者"임을 주장한다. 진정한 애국(심)이란 "反共産主義의 方向을 取하면서도 人間의 基本自由를 確立하고 擴大하는 方向"에 있는 것으로, 한마디로 "反共民主路線"임을 강조한다. 이러한 당시 반공민주노선으로 귀결되는 애국주의는 전시 이승만 정권의 비민주적 정치행태와 억압질서를 비판한 것으로, 반공이라는 지배논리를 민주주의의 논리로 재전유하면서 자신들의 정치적 입장과 정당성을 주장하고 있다.[19] 이후 정부와 야당, 정부와 신문 사이에는 애국의 의미를 둘러싼 헤게모니 경쟁이 지속된다.[20]

이와 같이 한국전쟁기 애국의 의미는 곧 반공으로 확정된 것은 아니었다. 애국이라는 기표에는 반공과 민주주의라는 두 개의 의미가 상호 공존 경쟁하고 있었다. 정부에 비판적인 세력들은 자유와 민주주의의 확립을 통한 반공의

18 「愛國心」, 『동아일보』, 1951년 5월 7일자.

19 당시 민주주의 논리를 통한 정부비판의 양상에 대해서는, 「官權의 濫用防止」, 『경향신문』, 1952년 7월 29일자; 「民主政治의 道義性」, 『동아일보』, 1952년 9월 15일자; 「民主確立과 遵法 絶叫 民國黨全國大會昨日開幕」, 『동아일보』, 1952년 10월 14일자; 「反共反파쇼線으로 邁進」, 『동아일보』, 1953년 1월 29일자.

20 한국전쟁기 애국담론 내부의 긴장과 경쟁의 지점에서 확인할 수 있는 바와 같이, 반공주의의 양가성(ambivalence)과 그로 인한 남한 사회의 역동성에 주목할 필요가 있다. 관련해서 커밍스(Bruce Cumings)의 냉전질서에 대한 인식은 시사적이다. 그는 냉전질서가 두 개의 프로젝트, 즉 "봉쇄 프로젝트(containment project)"와 "헤게모니 프로젝트(hegemonic project)"로 이루어졌다고 지적하면서, 헤게모니 프로젝트의 진영 내부의 위계화를 통한 권력관계를 문제시한다. 마찬가지로 한국전쟁과 그 이후 1950년대 내내 반공은 타자에 대한 봉쇄 프로젝트인 동시에 남한 사회의 헤게모니 프로젝트로 기능하면서 남한 사회를 재편시켜갔다. 하지만 헤게모니 개념 자체가 의미하듯이, 그 내부에는 끊임없이 헤게모니 장악을 위한 갈등, 조정, 경쟁이 진행된다. 한국전쟁기 남한 사회 역시 '진정한 애국' 또는 '진정한 반공'을 두고 서로 다른 노선이 존재하면서, 애국이 곧 반공이 아닌, '반공민주노선'이라는 담론을 생산하고 있다. Heonick Kwon, *THE OTHER COLD WAR*, Columbia University Press, 2010, p.24.

구축이 곧 진정한 의미의 애국이라는 논리로 정부를 압박했다.[21] 하지만 그들 역시 반공이 곧 애국이라는 틀 자체를 문제 삼지는 않았다. 때문에 당시 그 내부의 경쟁과 충돌에도 불구하고 애국을 둘러싼 헤게모니 경쟁에서 반공은 민주주의를 압도하게 된다.

그렇다면, 당대 신문 속 반공이 압도해버린 '애국'의 풍경은 어떤 것이었을까. 당시 '조국', '국가', '나라'가 동일한 의미 맥락으로 사용된 것과 같이, '조국애', '애국', '나라 사랑', '호국'이라는 어휘가 동시에 사용되고 있다. 또한 '애국포로', '애국청년', '애국여성', '애국단체', '애국지사', '애국용사' 등과 같이 특정 개인과 집단을 호명하는 데 있어 '애국'이라는 접두어가 밀착되어 있음을 확인할 수 있다. 마찬가지로 '애국행진곡', '애국복권', '애국공채', '애국대회', '애국반', '애국미(米)' 등에서 볼 수 있듯이 정부 당국의 전시 시책과 관련한 명칭에도 '애국'이라는 어휘가 결합되어 있다. 일종의 '애국'이라는 접두어의 과잉현상이 나타나고 있는데, 이는 '애국'과 관련된 다른 어휘와의 의미 관계 속에서 '非애국'의 의미와 행위를 분명하게 확정짓는 효과를 발생시킨다.

가령, '애국포로'라는 명칭은 '반공애국포로', '자유포로', '국련포로', '국군포로', '미군포로' 등과 동일한 의미로 사용된 반면, 이에 대조적으로 '북한포로', '괴뢰(傀儡)포로' '중공포로', '공산포로', '용공국군포로' 등에 용어가 의미의 근접성을 띠면서 사용되고 있다. 즉, 한쪽에는 '애국/자유/국련/미군/국군'의 의미망을 설정하고, 다른 쪽에는 '공산/중공/괴뢰/북한/용공국군'의 의미망을 배

---

21 당시 이러한 사회상은 다음 잡지의 기사를 통해서도 확인할 수 있다. "共産暴政의 實例를몸소보고 體驗하여 이것을 契機로 大韓民國의 一大飛躍을 期約할 千載一遇의 好氣가 到來하였다. 이好氣는 또다시 우리民族에게 올것이 아니고 이好氣를 노치면 亡하는것을 白明之理가 아닐수없다. 또다시는 이러한 機會가 아니올터인데 이것을 自覺못하고 權力을잡기爲한 黨爭과 權謀術數와 詐欺僞瞞의 度가 날로 깊어만가니 이것이 웬 말이냐. 自由를 함부로 侵犯한 共産黨을 없샌 오늘날 우리의 正義의 칼이 이러한 亡國徒輩에게 斷을 내려야할 時機가 오고보니 또한번 內面的인 戰鬪를 하여야만 되니 이것은 우리가 豫期치못한 새로운 鬪爭이며 이것에 勝戰함으로서만 完全한 勝利를 거둘수있게되는 것이다. 이러한 鬪爭은 社會의自由性을 忌却한 무리들이기 때문에 우리들은 사우는 것이다. 共産惡魔를 擊滅시키는것과 다름없이 이러한 徒輩를 滅殺시켜야되는 것이다." 趙奎東, 「自由의 死守」, 『新天地』, 1951년 1월호, 72쪽. 이승만 정부의 독재적 관료주의 행태에 대한 비판에 대해서는, 金光洲, 「國難과 官僚」, 『新天地』, 1951년 12월호, 40쪽.

치함으로써 적과 아의 의미구조를 명확하게 하고 있다. 이 과정에서 애국은 곧 자유로 상징되는 국제연합 내지는 미군과 함께 하는 것이며, 비애국은 공산주의로 대표되는 중공과 그 '괴뢰'인 북한에 협력하는 것으로 비정되고 있다.[22]

어휘 차원의 추상화를 넘어 애국의 의미는 애국 행위를 열거하는 과정에서 보다 구체화된다. 무엇보다 전시 애국의 대표적 정형은 전선에서의 불굴의 용맹성과 적극적 군문(軍門)에로의 지원이었다. '고지 탈환을 위한 부대의 장렬한 백병전', '장비의 부족을 열화와 같은 조국애로 극복한 잔비토벌 전투경찰대', '수십 만 중공군을 격퇴한 주민들의 맹렬한 혈전', '남편을 따라 여군에 지원한 여성', '순국의 여용사', '혈서로 입대를 지원한 청년들', '아들 칠형제를 군문에 보낸 애국일가' 등 전쟁기간 적극적인 전투의지의 수많은 사례들이 지속적으로 기사화되고 있다.[23] 또한 '성금 모금', '위문품 기탁', '전국순회공연', '노무 봉사', '해외 헌납금', '헌혈', '동포애발양주간', '노무용사들의 기부' 등 후방지역의 적극적 '협력' 역시 보도되고 있다.[24] 즉 당시 애국은 곧 국가의 총력전 체제하 동원체제에 헌신적인 참여를 의미했다.

그런데 한국전쟁기 애국담론이 갖는 보다 본질적인 역할은 애국이라는 어휘가 갖는 의미관계나 애국적 행위를 명시하고 그것의 적극적 실천을 촉구하는 것에 국한된 것이 아니었다. 오히려 실질적인 실천을 이끌어내기 위해 변

22 당시 신문의 어휘를 통한 애국담론에 대한 분석은 김봉국 · 오창환, 「근대국가와 사랑」, 한순미 외, 『우리시대의 사랑』, 전남대학교출판부, 2014, 286~287쪽 재인용.

23 「그아들에그어머니」, 『서울신문』, 1950년 12월 23일자; 「滅共大韓의 아네」, 『서울신문』, 1950년 12월 29일자; 「祖國위해 獻身, 血書志願 二件」, 『조선일보』, 1950년 11월 26일자; 「서울의 첫 徵集壯行會 祖國 守護 重責을 지고」, 『조선일보』, 1950년 11월 2일자; 「召集狀에 한발 앞서, 軍門 두드리는 愛國靑年들」, 『조선일보』, 1950년 12월 16일자; 「黃海靑年赤手血鬪 松禾信川 海州等地를 確保」, 『동아일보』, 1951년 1월 14일자; 「殉國의 女勇士 郭龍順孃」, 『동아일보』, 1951년 2월 9일자; 「빛나다! 白馬高地勝戰」, 『동아일보』, 1952년 10월 20일자; 「戰線自願者續出」, 『경향신문』, 1952년 9월 29일자; 「幹候補生 入隊日程」, 『경향신문』, 1953년 4월 29일자; 「서울의 王座 아들 七兄弟를 軍門에」, 『경향신문』, 1953년 5월 21일자.

24 「慶南道民들 慰問品寄託」, 『동아일보』, 1951년 3월 23일자; 「軍歌慰問公演」, 『동아일보』, 1951년 4월 7일자; 「勞賃必要없오 愛國靑年들 無賃奉仕」, 『동아일보』, 1951년 4월 1일자; 「祖國은 부른다 全國巡廻公演」, 『경향신문』, 1952년 10월 5일자; 「廿萬圓을 傳達 南山軍警遺子園에 勞務勇士들의 赤誠」, 『경향신문』, 1953년 7월 31일자.

화된 세계 속에서 애국과 애국적 행위의 의미를 재규정하고, 그에 기초해서 국가와 개인의 정체성을 새롭게 구성하고 있었다. 이것은 당시 반공이라는 제한된 의제 내에서는 권력과의 공모관계에 있던 신문이 국가의 이데올로기 기획에 동참하고 있었음을 보여준다. 즉 당시 애국담론은 대한민국이 직면한 과제들과 밀접하게 연동되어 있었다.

이런 측면에서 우선 주목되는 것이 한국전쟁기 역사적 인물이나 사건을 소재로 한 애국담론의 내러티브이다.[25] 그중 흥미로운 것은 이순신(李舜臣)을 통해 현재적 애국의 의미를 강조하는 부분이다. 당시 신문 사설은 이순신을 근대적 국가관의 모범을 보여준 '평민적 영웅'으로 설명하면서 그 정신을 지금 이어받을 것을 시사한다. 즉 충무공(忠武公)은 "君卽國 國卽君" 즉 국권이 군주 한 사람에게 달려있다는 중세기의 관념에서 탈피해 국가와 군주를 구별하는 원칙에서 구국을 실천한 인물이라는 것이다. 그는 왜적의 침략으로 군주가 바다를 건너 피하려 할 때, 망국의 위기에서 군과 신이 함께 동사(同死)해야 한다는 정신으로 임금을 막아서고자 했는데, 이런 충무공의 자세야말로 "忠君"이 아닌 그 생명이 국민에 의해 영위되는 국가에 대한 "忠國"이었다는 것이다. 진정한 국가와 국민의 관계 및 애국의 의미가 바로 이순신의 "忠國", 즉 자신과 국가의 운명을 일치시키는 구국정신에 있다고 강조한다.[26] 요컨대, 이순신이라는 역사적 모범의 발굴은 총력전 체제의 유지 · 강화를 위해 대중의 근대적 국가관을 고양시키기 위한 것이었다.[27] 그리고 그에 기초해서 남한 주

---

25 관련해서 역사적 사건이나 인물을 다룬 기사로는, 「花郞精神의 具顯」, 『서울신문』, 1950년 12월 24일자; 「二十世紀前半史와 韓國」, 『경향신문』, 1950년 1월 19일자; 「李儁先生45週期 明日追念式執行」, 『동아일보』, 1952년 7월 13일자; 「사명將軍의 遺物展覽會開催」, 『경향신문』, 1952년 10월 19일자; 「獨立抗爭의 略史」, 『경향신문』, 1953년 3월 1일자; 「受難의 先烈앞에」, 『경향신문』, 1953년 4월 22일자.

26 「忠武公의 救國精神」, 『동아일보』, 1951년 12월 16일자.

27 현재의 이해관계에 따른 과거의 발굴과 소환에 대한 다음 논의는 시사적이다. "과거는 기원과 계보 작성이라는 수직적 시간성에 근거하고 있는 요구에 의해 호출될 뿐만 아니라 수평적 요구에 의해서도 호출된다. 즉 현재와는 다른 어떤 가치를 담지하고 있는 영역으로서, 일종의 공간적인 배치를 받는 것이다. 이때 과거는 현재와 동일한 시간대에 놓이면서, 비유하자면 현재를 되비추는 거울 역할을 하게 된다. 과거는 이와 같은 수직적 요구와 수평적 요구 속에서 끊임없이 복원된다." 김예림, 『1930년대 후반 근대인식의 틀과 미의식』, 소명출판,

민을 헌신적인 '전사형 국민'으로 만들고자 했던 기획의 일환이었다.[28]

또 다른 방식으로 역사적 사건에 현재적 의미를 부여하고 있는 기사의 내용이 '3·1운동'이다.[29] 정부 수립 이후 삼일절은 국가의 가장 중요한 기념일 중 하나로 자리 잡았는데, 그 기념사를 통해 삼일절에 대한 정부의 공식적인 시선을 엿볼 수 있다. 당시 신문은 이런 정부의 기념사를 여과 없이 게재하고 있다. 이 시기 기념사의 주요 내러티브를 살펴보면, '삼일정신'을 개인과 민족의 자유와 자결을 추구했던 '자유정신'으로 규정짓고, 그 정통성을 잇는 후손이 바로 대한민국이라고 자임한다. 이어서 자유와 공산의 양 진영으로 분열된 현 세계에서 애국선열들의 불굴의 '자유정신'을 계승하여 '비민족적 괴뢰'인 공산주의와 싸우는 것이 곧 애국의 길임을 강조한다. 결국 이러한 내러티브는 대한민국의 정체성이 무엇이며 그 정통성이 어디에서 기인하는지 또 국민으로서 해야 할 책무가 무엇인가를 말하고 있다. 즉 한국전쟁기 3·1절 기념사는 과거 '3·1운동'을 전유(appropriation)하면서 국가와 국민의 정체성을 새롭게 정립하고 있다.

이러한 이데올로기 기획은 전사자(戰死者)에 대한 '애도(哀悼)'의 서사를 통해서도 이루어지고 있다.[30] 다음은 "第三回 장충합동위령제"의 풍경을 묘사한 기사 중 일부분이다.

> 민주 한국의 干城으로 防共의 십자군으로 국방 제일선에서 無道한 傀儡軍과 干戈相交激戰 中 護國의 柱礎로 산화한 忠勇雙絶한 육해공의 삼군과 순

2004, 289쪽.

28 이승만 정부의 '전사형 국민 생산'과 관련해서는, 임종명, 「설립 초기 대한민국의 전사형 국민 생산과 조선민주주의인민공화국상(像)의 전용」, 『韓國史硏究』 151, 한국사연구회, 2010 참조.

29 「三一精神」; 『동아일보』, 1951년 3월 1일자; 「勝利로 獨立保全 大統領의 懇曲한 記念辭」, 『동아일보』, 1951년 3월 2일자; 「民族宣言書」, 『동아일보』, 1952년 3월 1일자. 관련하여 '3·1운동'의 소환과 전유는 이미 해방 이후 좌우 정치세력에 의해, 그리고 정부 수립 이후에는 이승만 정부에 의해 지속적으로 이루어졌다. 다만 한국전쟁기 자유와 공산의 이분법적 세계상을 구축하는데 동원·강조되고 있는 점이 주목된다. 임종명, 「설립 초기 대한민국의 3·1전용·전유」, 『역사문제연구』 22, 역사문제연구소, 2009.

30 '애도 정치'와 관련해서는, 조지 L. 모스, 오윤성 옮김, 『전사자 숭배 : 국가라는 종교의 희생제물』, 문학동네, 2015; 다카하시 데쓰야, 이목 옮김, 『국가와 희생』, 책과함께, 2008 참조.

국경찰관의 영령을 추도하는 第三回 장충합동위령제는 오늘 城東原頭訓練院에서 전 국민의 충정으로 애석추모하는 단성아래 엄숙히 거행하게 되었다. 이제 여기 구구히 말 안하여도 오늘 추모 집제되는 영령들은 가증하고 남음이 있는 공산교도들의 銃火와 直對하여 있는 삼팔선에서 또 태백 지리산 중 적배의 소굴인 「쟝글」에서 또는 白晝夜鬼와 같이 출현하여 好惡極兇한 교란 국적들을 소탕하는 정의의 싸움에서 쓰러진 충혼들이다. 꽃피는 아침 달 밝은 밤 風雪暴陽寒雨에 오히려 청춘의 감정과 인간으로서의 받는 충격과 고통조차 꾹 누르고 오로지 태극기와 무궁화, 나라와 민족만 생각하고 風餐露宿 젊음에 생명을 나라에 바친 것이다. (…) 祖國鎭護의 영령의 충혼에 보답하는 길은 우리는 국민으로서의 분수를 각자가 잘 지키어서 추호만치라도 마음의 한구석에 빈틈이 생기어서는 안 될 것이다. 영령들은 누구를 위해 산화되었는가. 그들의 정신엔 아무런 흐린 血潮가 흐르고 있지 않았다. 오직 나라 있고 민족 있고 내가 있다는 것을 그대로 실천한 것이다.[31]

위 추도문은 전선에서 전사한 군인과 경찰관들의 영령을 추도하는 합동위령제의 모습을 감상적으로 그리고 있다. 그런데 내용에서 주목되는 것은 죽음의 의미를 재구성하는 과정에서 국가와 국민의 관계를 정립해가는 방식이다. 먼저 죽은 영령들은 '민주' 한국의 간성(干城)으로 '방공'의 십자군으로, '무도한' '괴뢰군(공산교도)'과의 격전 중 전사하여 '호국의 주초'가 되었다고 의미를 부여하고 있다. 이어 그들의 노고를 '풍설폭양한우(風雪暴陽寒雨)'의 고난에도 불구하고 오로지 '태극기와 무궁화', '나라와 민족'만을 생각하면서 목숨을 바친 숭고한 정신으로 평가한다. 그리고 영령의 충혼에 보답하는 길은 그들과 같이 '오직 나라 있고 민족 있고 내가 있다'는 신념을 실천하는 것임을 강조하고 있다.

결국 이러한 추도의 서사 구조는 추도 그 자체가 목적이 아님을 말해준다.

31 「英靈에 報答하는 길」, 『경향신문』, 1950년 6월 21일자. 참고로 위 인용문은 한국전쟁 직전의 전몰군경합동위령제의 기사 내용 중 일부로, 이 글의 연구시기와 직접적 관련성은 없다. 그럼에도 불구하고 이 글의 분석의 대상으로 삼은 것은 당대 애도서사의 전형을 보여주고 있기 때문이다. 한국전쟁기 애도사는 이승만 정부 출범 이후 애도서사의 연장선에서, 유사한 내용과 서사구조를 취하고 있다. 관련해서 한국전쟁기 위 인용문과 유사한 애도서사로는, 「忠魂爲해合掌」, 『동아일보』, 1951년 9월 29일자; 「祭文」, 『경향신문』, 1952년 4월 6일자; 「護國의 遺志繼承 祖國統一로」, 『동아일보』, 1952년 4월 16일자.

오히려 독자로 하여금 추도문을 통해 추도 대상과 하나가 될 것을 주문하는 프로파간다(propaganda)에 가깝다고 볼 수 있다. 그렇다면, 당시 신문 기사가 독자에게 전달하고자 했던 메시지는 죽음 자체가 아니다. 바로 그 죽음의 의미와 그에 따른 실천, 즉 '그들이 왜 죽었고 또 그 죽음이 현재 어떤 의미가 있는 것이며 당신은 무엇을 해야 하는가'에 관한 것이다. 바꿔 말하면, 이것은 독자에게 '민주/방공'과 '괴뢰/공산교도'로 이원화된 세계를 자기 것으로 내화하라는 것이며, 그 세계에서 '민주/방공'의 숭고한 가치를 위해 희생한 영령들과 같이 '오직 나라 있고 민족 있고 내가 있다'는 신념으로 자신의 운명을 국가와 함께 할 것을 요구하고 있는 것이다.

이처럼 한국전쟁기 신문 지면에 압도적 비중을 차지했던 애국담론은 끊임없이 독자에게 세계와 현실의 의미를 재구성하고 있었다.[32] 국가와 국민은 물론 역사적 사건과 인물, 문학, 죽은 영령, 포로, 교포, 여성, 청년, 학생, 공무원, 심지어 양부인(洋婦人)들까지도 새롭게 의미가 부여된 세계와 현실로 끌어들이고자 했다.[33] 그리고 그 가상의 세계에 주체(sujet)가 되라고 설득한다. 이 주체란 알튀세르(Louis Althusser)가 말한 '승인의 주체', 즉 대문자 '주체(Sujet)'가 호명한 정체성을 승인한 주체를 의미했다.[34] 바꿔 말하면 애국담론은 국가 그 자체는 물론 사회의 거의 모든 구성원들을 '자유 - 공산'의 이원화된 이데올로기 세계 속으로 호출한다. 그리고 그 안에서 국가, 사회, 이웃, 개인, 가족 등 현실 세계의 모든 것을 다시 상상하라고 요구하였다. 요컨대 당시 애국담론은 일종의 '호명의 정치'를 통해 국가와 개인의 정체성을 새롭게 의미화 · 규율화 하면서 양자의 관계를 재조정해갔다.

---

32 자유와 공산의 이분법적 세계 인식 속에서 남한을 자유세계의 상징으로 자처하는 전략의 전형을 보여주는 사례로 다음 기사가 주목된다. 「敗北主義와 妄論」, 『동아일보』, 1951년 11월 27일자.

33 「公務員은 舊弊를 버리라」, 『동아일보』, 1950년 10월 18일자; 「女性蹶起時急」, 『동아일보』, 1951년 1월 20일자; 「이나라 言論人 總蹶起 民族自由守護에 團結」, 『동아일보』, 1950년 12월 21일자; 「將來는 언제나 靑年의 것」, 『동아일보』, 1951년 8월 16일자; 「戰線과 後方」, 『동아일보』, 1951년 2월 15일자; 「洋婦人들 敎養 警察署서 推進」, 『경향신문』, 1953년 2월 13일자.

34 루이 알튀세르, 이진수 역, 「이데올로기와 이데올로기적 국가기구」, 『레닌과 철학』, 백의, 1991, 162~192쪽.

2. 애국담론의 감성정치와 냉전 반공주체의 생산

이처럼 한국전쟁기 신문의 애국담론은 끊임없이 남한 주민을 '자유/공산'의 이원화된 이데올로기 세계로 호출한다. 이 새로운 상상의 세계는 한국전쟁기 일반 주민을 국가적 의제로 이끌고, 국가와 일체화시키기 위한 일종의 '허위의식'에 다름 아니었다. 바로 이 허위의식을 통해 국가와 국민을 비롯한 제반 요소들을 새롭게 의미화 하고, 이를 토대로 국가와 국민의 정체성을 재구성해 갔던 것이 당시 애국담론의 정치성이라고 할 수 있다.

그런데 이 새로운 상상의 세계는 그 성격상 관념적이고 추상화된 것이었다. 문제는 이념적이고 추상적인 차원의 호소로는 그 설득력에 한계가 있다는 점이다. 즉 자유, 공산, 민주주의, 국가와 같은 관념 자체가 비가시적이고 비신체적이기 때문에 그것에 의해 구축된 가상의 세계 역시 호명 받은 주체에게는 비현실적일 가능성이 크다. 더구나 전시 피난 생활의 궁핍과 학살의 공포 속에서 사람들에게 절실했던 것은 생존이었다. 그 어떤 고귀한 가치나 이상도 구체적인 삶과 생존의 문제로 귀결될 수 없다면 공허할 수밖에 없는 현실이었다. 때문에 당시 애국담론은 상상의 세계를 구축하고 각 주체를 호명할 때 한층 강렬한 방식으로, 즉 감성(emotion)에 호소한다.

대체로 한국전쟁기 애국담론은 전선과 정세의 변화에 민감하게 반응하며 전개되었다. 특히 감성적 어조가 고조된 시점은 1950년 전쟁 발발 직후와 중국군의 개입 시기, 그리고 1953년 휴전협정이 체결될 시점이다. 각각은 국가 차원에서 전시동원이 긴급히 요청되었던 시기로, 1950년 초기 시점에서는 전선의 교착에 따른 적극적인 참전과 동원을 위한 것이었고, 1953년 휴전협정 무렵에는 '반공'과 '결전'에 대한 고조를 통해 국내외의 정치적 실리를 확보하기 위한 차원이었다. 이 밖에도 전쟁기간 개헌, 선거, 국가 의례, 포로교환, 사회 부패 등 주요한 정치사회적 이슈들과 함께 애국담론의 감성정치가 등장하고 있는데,[35] 이것은 당시 애국담론의 정치성을 역으로 확인시켜주고 있다.

35 여기에서 감성정치란 설득을 목적으로 감성에 호소하는 정치적 수사나 전략에서부터 '일정한

전시 애국담론의 감성정치는 그 등장 시점과 맥락에 따라 다양한 양상과 전략을 띠고 있다. 특히 호명의 정치를 통해 각 주체에게 부여된 정체성을 승인하고 실천할 것을 설득할 때 각각의 맥락에 따라 감성적 자원과 논리를 달리한다. 이 과정에서 논리적 모순과 충돌이 표출되고 있기도 하다. 대표적인 사례가 혈연에 기초한 배제와 포섭의 모순이다. 남북동포의 단결과 극렬분자의 배제를 위해선 "친자 사이나 형제간이라도 포용치 말고 헌법대로" 처리할 것을 강조하면서도, 후방 전시동원의 적극적 참여를 촉구할 때에는 전선에서 싸우는 혈육과의 정을 매개로 감성에 호소하는 배리가 나타나고 있다.

그 다면성과 내적 모순에도 불구하고, 대체로 당시 애국담론의 감성정치는 크게 두 측면으로 집약될 수 있다. 하나는 이념적으로 분할된 가상의 세계를 현실의 감각 가능한 세계로 가시화시키고, 그 과정에서 '애국'을 곧 '반공'으로 의미화 하는 구조에 대응해 '친밀과 적대'의 정서를 확대 강화시키는 차원이다. 다른 하나는 이렇게 구축된 가상의 세계를 전제로 사회의 제반 요소를 새롭게 의미화 · 규율화하면서 구체적 행위를 추동하는 차원이다. 후자는 신문의 애국담론이 전선에 군인이 아닌 후방 주민을 대상으로, 자발적 전시동원체제에 참여를 궁극적인 목표로 했다는 점에서 중요하다. 또한 그러한 목표의 실현이 곧 국민이라는 주체를 생산하는 동시적 과정이었다는 점에서 더욱 그러하다.

먼저 두 측면 중에 첫 번째 층위를 살펴보자. 여기에서 주목할 것은 '자유/공산'으로 이원화된 상상의 세계를 현실의 실재하는 세계로 대체시키고, 이에 기초해서 '타자'에 대한 적개와 분노 및 '나'에 대한 애착 관계를 신체에 각인시키는 감성 조작의 방식이다. 중국군의 참전으로 전세가 역전하자 격한 어조로 비난하면서 결사항전을 촉구하고 있는 다음 기사는 그 일반적 특징을 보여준다.

오랑캐들의 우리 한국에 대한 침략사는 이미 오래이다. 그는 청조부터 시작

목적 아래 인간의 특정 감성을 조작, 배치, 분절, 포섭하기 위한 일련의 총체적 기술(technic) 모두를 의미한다. 관련해서 정명중, 「『전선문학』에 나타난 슬픔의 배제와 증폭」, 『한국언어문학』 83, 한국언어문학회, 2012, 393~394쪽 참조.

된 것이 아니라 그 전 삼한이 혼란하여 전국시대를 이루어 분립한 때부터이었다. 한국을 원조하는 척하고 "로서아"와 타협하고 한국에 침입하여 노유(老幼)를 막론하고 여인을 겁탈하여 모욕을 주면서 그들의 야욕을 채우며 식민지를 만들어 장사를 하고 경제적으로 착취하였던 것이다. (…) 그러면 이번에 中共이란 놈들이 연합국의 신의적인 경고를 물리치고 무엇 때문에 한국의 국경을 뚫고 들어왔는가. 그는 말할 것도 없이 만주의 지역적인 숙명으로 보아서도 "쏘련"의 주구(走狗)라는 낙인을 씻지 못한 채 그들의 앞재비가 되어 김일성(金日成) 허수아비 집단을 돕는 흉내를 내면서 한국을 한꺼번에 샘키려 하고 있다. (…) 사람만 보면 죽이고 여인이라면 보기만 하면 겁탈하고 능욕 주는 쏘련 놈과 오랑캐들이 우리의 "유엔"군과 국군의 용감한 돌격에 그럴 리는 없겠지만 만일에 삼팔선을 넘어온다면 우리의 어머니와 그리고 아내 딸자식 누이들은 어떻게 되겠는가. 생각만 하여도 몸서리치는 터이다. (…) 배달민족은 총이 없으면 부엌에서 부지깽이를 농촌에서는 칼이 없으면 낫을 들고 다 같이 손에 손을 잡고 놈들을 내쫓지 아니하면 자자손손이 우리들은 살수 없게 된다는 것을 명심하여야만 할 것이며 오랑캐들이 맹성하여 원자탄의 세례를 면할 때도 이때이다.[36]

이 기사에서 인상적인 점은 전쟁의 성격을 추상적인 이념 대립의 틀이 아닌 현실적인 힘에 기초한 국제관계와 민족주의 논리로 대체하고 있는 점이다. 그리고 이러한 논리의 근거로 외세 침략의 역사를 끌어 들이고 있다. 이런 치환의 기술은 전쟁을 추상적 차원에서 역사가 실증하는 구체적 현실의 문제로 위치시키면서 민족감정을 자극한다. 다시 이러한 민족감정은 가족관계 및 일상의 도구를 매개로 한층 고조되면서 주변에 실재하는 것으로 재현된다. 그리고 마침내 전쟁은 민족과 가족을 거쳐 신체 감각으로 새겨지고, 그 감각이 강렬할수록 타자에 대한 분노와 나(유엔군)에 대한 사랑은 비례해서 증대한다.

즉 이 전쟁은 '쏘련의 주구(앞잡이)인 중공(오랑캐)과 허수아비 김일성'에 의해 시작된 것으로, '사람만 보면 죽이고 여인이라면 겁탈하고 능욕 주는' 적들에 맞서 유엔군과 함께 싸우는 것이 현재 배달민족의 사명으로 부여된다. 공산주의라는 추상적 이념은 '쏘련, 주구, 오랑캐, 허수아비, 야욕, 착취, 겁탈, 능욕' 등과 결합되어 "몸서리치는" 것으로 신체에 각인되고 있으며, 그에 대응

36 「보라! 붉은 오랑캐의 침略 正體를」, 『동아일보』, 1950년 12월 6일자.

해서 반공이라는 기치 역시 '부지깽이, 칼, 낫을 들고 싸우는 구체적 행위'로 그려지고 있다. 이제 애국은 반공과 자유라는 이념의 추구가 아니라 '비민족적'이고 '악마적'인 타자의 폭력으로부터 '우리의 어머니와 아내 딸자식 누이를' 지키고자 하는 구체적인 사랑의 실천으로 대처된다.[37] 그리고 그 사랑의 대상을 지키고자 하는 '유엔군과 국군'은 곧 나와의 정서적 일치를 이루는 친밀한 대상이 된다.[38]

이러한 이념 세계의 실제화 및 타자에 대한 적대적 감성은 전쟁 체험에 대한 회상기를 통해서 더욱 구체화 된다. 1952년 6월 『경향신문』은 열두 차례에 걸쳐 「六二五를 回想하며」라는 연재 기사를 게제하고 있다. 회상기는 피난가지 못한 채 서울에 잔류했던 여러 사람들의 회고를 빌려 점령의 실상을 그리고 있다.[39]

회고담의 주요 내용은 점령기 학살, 예술, 언론, 인민재판, 강제동원, 피신 등에 경험으로, 당시 상황을 다음과 같이 재현하고 있다. "예술은 정치를 위하여 매춘부"가 되었고, "언론은 언론이 아니며 더욱이 자유가 아닌" 허위, 발광, 기만, 조작으로 점철된 광신적 공산주의의 프로파간다였다. "강제동원", "원시적인 노동", "기계화한 구십일", "무법천지 인민재판"으로 표상된 공산주의는 비인간의 야만적인 "공산악귀"였다. 결국 공산괴뢰는 "피에 굶주린 이리떼"처럼 애국자들을 총살하였고, 서울은 "암흑의 거리, 눈물의 거리, 피의 거리"로 변해갔다.[40] 반면 "불의 지옥"에서 구원해줄 "맥 장군"과 유엔군은 "정의의 태

---

37 이러한 '비민족적', '악마적' 타자 표상과 관련해서는, 「害虫을 除去」, 『서울신문』, 1950년 12월 21일자.

38 김봉국 · 오창환, 앞의 글, 288쪽 재인용.

39 회고 관련 인용문은 다음 기사들의 내용을 맥락화한 것이다. 「六二五를 回想하며 2」, 『경향신문』, 1952년 6월 12일자; 「六二五를 回想하며 3」, 『경향신문』, 1952년 6월 13일자; 「六二五를 回想하며 5」, 『경향신문』, 1952년 6월 15일자; 「六二五를 回想하며 6」, 『경향신문』, 1952년 6월 16일자; 「六二五를 回想하며 7」, 『경향신문』, 1952년 6월 17일자; 「六二五를 回想하며 9」, 『경향신문』, 1952년 6월 19일자; 「六二五를 回想하며 11」, 『경향신문』, 1952년 6월 21일자; 「六二五를 回想하며 12」, 『경향신문』, 1952년 6월 22일자.

40 북한군 점령기 학살의 잔악성에 대한 기사는 서울 수복 직후 집중 되고 있다. 「共産黨의 蠻行을 韓委 · 유엔에 報告」, 『동아일보』, 1950년 10월 8일자; 「愛國者를 無數虐殺」, 『동아일보』, 1950년 10월 10일자; 「駱山서80餘名을 虐殺 共匪의 天人共怒할 蠻行」, 『동아일보』, 1950년 10월

양", "민주주의와 자유와 평화"의 세계였다. 요컨대 점령기 공산주의에 대한 극단적인 적대감과 그에 비례한 유엔군과 자유세계에 대한 간절한 동경이 감성적으로 병치되고 있다.

그런데 회고담은 감성적 재구성을 넘어 개인적 기억을 사실화하는 동시에 신체에 각인시키고 있다. 무엇보다 기사는 "우리는 분명히 보았다" "아직도 생생히 기억한다"고 강조하면서 주관적 경험을 객관화시킨다. 동시에 점령기를 "지긋지긋한", "소름끼치는", "치를 떨게 했던", 그래서 "가슴에 적개심이 북받치던" 시공간으로 재현한다. 이 과정에서 이미 몸에 각인된 기억이 말해주듯이 공산주의의 실상과 그에 대한 분노는 더 이상 부정될 수 없는 사실로 자리한다. 마찬가지로 서울 수복에 대한 기대와 열망 역시 몸의 감각을 통해 한층 강렬하게 표현하고 있다. '구·이팔 구원의 날까지 불안과 초조의 심정이란 잊을 수 없는 "뼈에 사무치는 일"이었으며, 그야말로 "일일천추(一日千秋)의 느낌"으로 맥 장군의 모습이 그리워지던 때'라고 회고한다.

즉 당시 애국담론은 현실을 '자유/공산'의 이원화된 가상의 세계 속에서 새롭게 의미화 하면서도 동시에 추상화된 가상의 세계를 감각 가능한 현실의 세계로 구현시키는 이중적 과정을 통해 남한 주민을 국가적 의제로 포섭해 갔다. 그 과정에서 다양한 감성적 자원을 효과적으로 배치, 조작하면서 비가시적인 이념적 세계를 구체적 현실의 세계에 새겨 넣었다. 이제 '자유/공산'의 이념 세계가 남한 주민의 몸 자체에 내화되면서 가상의 세계는 더 이상 허구가 아닌 실제로 확정된다. 또한 그 감각이 강렬할수록 그에 비례해서 타자와 나에 대한 적대와 애착의 관계 역시 강화되었다.

여기에서 멈추지 않는다. 애국담론의 감성정치가 궁극적 목적으로 삼는 것은 새로운 세계가 호명하는 정체성을 남한 주민이 승인하고, 그 세계의 주체가 되게 하는 것이다. 즉 자발적 전시동원에 나서게 하는 과제가 남겨져 있는 것이다. 이 과정에서 흥미로운 것은 전선과 후방의 의미화에 기초한 감성정치의 측면이다.

11일자; 「到處에서虐殺 敗走하는赤匪蠻行」, 『동아일보』, 1950년 10월 15일자.

> 우리는 공산주의의 악력의 노예가 되느니 보다 차라리 자유조국의 땅에서 한줌 흙이 될 것을 원하고 있기 때문에 만난이 중래할지라도 감연히 이를 박차고 통일 조국을 위하여 공산군을 격멸할 때까지 싸우고 또 싸울 결심을 굳게 하고 있다. 전선과 후방이 따로 있을 수 없다. 조국수호의 광영을 쌍견에 걸머지고 남편은 출전하고 아내는 후방에서 일하고 아들이 전선에 나간 집을 노부모는 지키고 있으며 전선의 형을 생각하며 동생은 후방에서 산업전사로 감투하고 있는 것이다. 피와 피로 얼킨 전선과 후방은 동포애로 뭉쳐서 있으니 우리는 뭉쳐진 동포애를 발환하여 전선용사를 격휘(激揮)하는 후방 국민운동을 활발히 전개하자.[41]

앞서 언급한 바와 같이, 당시 신문의 애국담론은 후방 지역에 주민들을 대상으로 한 것이었다. 위 기사는 전후방의 감성적 일체화를 통한 전시동원의 전형을 보여주고 있는데, 전선에 나간 남편, 아들, 형을 생각하면서 후방의 아내, 노부모, 동생 역시 감투하는 모범을 그리고 있다. 즉 전선과 후방이 피와 피로 결합되어 있음을 통해 후방 국민운동을 촉구하고 있다. 그런데 여기에서 주목해야 할 것은 혈육의 정에 기초한 이러한 동원의 레퍼토리가 전선과 후방의 위계화에 기초하고 있다는 점이다. 끊임없이 전후방의 일체화를 강조하지만, 그 이면에는 전선의 숭고한 희생에 대한 추앙과 후방의 안일한 삶에 대한 멸시가 전제된 것이다.

문제는 전후방의 위계화를 매개로 한 감성 동원의 방식이다. 즉 피를 매개로 전후방의 일치를 강조하는 과정에서 후방의 주민을 전시체제에 긴박시키면서도, 전후방의 도덕적 위계화의 설정을 통해 다시 전선과 후방을 분리하는 것이다. 결국 이러한 이중적 과정은 후방 지역 주민의 규율화를 통한 전시체제로의 포섭 기술이자, 그 자체가 새로운 '애국/반공' 주체의 형성 과정이었다.

> 의연히 이 순간, 이 찰나에도 총포성이 일선에 그치지 않고, 피투성이가 되어 조국사수의 아름다운 이슬로 살아지는 우리의 귀중한 생령들의 자유와 승리를 갈구하여 마지않는 절규소리 구천에 사모쳐 우리의 귀전을 아프게

41 「祖國守護의 勇士에게 X마스 膳物을 보내자」, 『동아일보』, 1951년 12월 12일자.

하고 있거늘, 이와는 전혀 반대로, 후방에서 안일한 "삶"에 그날그날을 보내는 사회상이 타락과 퇴폐와 암흑의 심연에서 수라장화되고 있다는 데 대해서는, 너 나의 분별이 없이 후방에 호흡을 계속하며 생을 유지하고 있는 자로서 단순한 반성이나 개회에만 그칠 것이 아니라 준엄한 자기해부에서 오는 생활이념의 혁명이 있어야만 전쟁승리의 최후 오분 간을 끝까지 사수할 수 있는 민족적 정신의 기반을 상실치 않을 수 있을 것이다. 우리가 매일 호흡을 하고 매일 생을 이끌고 나아가는 우리의 현실과 주의를 돌아볼 때 귀에 들리는 것 눈에 보이는 것 어느 것 하나가 생활이념의 타락에서 기인되지 않는 것이 없으며 우리 한 사람이 모두 퇴폐와 멸망과 암흑의 수라장 속에서 그들과 같이 호흡을 되풀이 하고 있다는 몸서리처짐을 느끼지 않을 수 없는 것이다.[42]

자유조국을 중공오랑캐의 유린으로부터 수호할려는 정의의 결전에 조국의 어머니와 딸들이여 펄펄 휘날리는 길다란 치맛자락을 거더치우고 궐기하라! 우리의 어머니와 딸들은 일찍이 임진왜란과 병자호란을 승리한 선조의 명예로운 전통을 계승 수호하여 이를 연면히 후대에 남겨주는 성스로운 우리의 역사의 원천이엇거니와 그대들의 남편과 아들과 또 오빠가 조국수호 정열의 싸움터에서 혈투하고 잇는 지금 그대들은 전선에서 싸우고 잇는 그대들의 가족을 위하여 후방에서 그대들의 의무를 완축하엿느가 고요히 두 손을 가슴에 언코 생각해보라.[43]

두 기사의 제목은 "여성궐기 시급", "생활이념의 타락 후방은 수라장화하나"이다. 제목이 암시해주듯이, 그 내용은 전후방의 도덕적 위계화에 기초해서 후방의 적극적 전시동원 참여를 촉구하고 있다. 즉 전선이 정의, 명예, 혈투, 정열, 희생, 의지로 상징되고 있는 반면 후방은 안일, 방종, 퇴폐, 타락, 탐닉, 본능, 비양심, 패배주의로 비정되고 있다. 전선은 조국사수를 위해 "아름다운 이슬로 사라지는" "귀중한 생령"의 장소인 반면, 후방은 "타락과 퇴폐와 암흑의 심연에서 수라장화"된 도덕적으로 저열한 곳으로 배치된다. 무엇보다 그곳은 "분별없이 후방에 호흡을 계속하며 생을 유지하고 있는 자" 즉 내가 있는 곳이다.

42 「生活理念의 墮落 後方은 修羅場化하나」, 『경향신문』, 1953년 4월 19일자.
43 「女性蹶起時急」, 『동아일보』, 1951년 1월 20일자.

곧 남편과 오빠라는 감성으로 전선과 결합된 나에게는 그들의 모범을 따라 뒤를 받들어야 하는 도덕적 책무가 주어진다. 이제 후방의 나는 역사 속 선조들의 모범적 전통을 계승해야 할 주체로서 호명되고 있다. 그리고 호명된 정체성에 따라 스스로가 실천하고 있는지 늘 "가슴에 두 손을 언코 생각"해야 하는 존재이다. 아니 단순한 반성이나 개회에 그치는 것이 아니라 "준엄한 자기해부"에 따른 "생활이념의 혁명"을 수행해야 할 주체로 거듭나야 한다.[44]

요컨대, 이러한 애국담론의 감성정치는 전선과 후방을 혈연이라는 감성적 자원을 통해 도덕적으로 밀착시켜 포섭하고 있다. 동시에 전·후방의 도덕적 위계질서와 자기 검열로서 후방의 주민을 규율화한다. 바로 이러한 자기 검열에 기초하는 후방 주민의 규율화가 의미하는 것은 곧 새로운 주체의 형성 과정이라고 할 수 있다. 다시 말해, 자유/공산의 가상의 세계를 내화하고, 그에 따라서 자신의 정체성을 승인하며, 그것에 부합하는 적극적인 행위를 실천해 나가는 주체의 형성 과정이었던 것이다.

보다 중요한 것은 이런 자기 검열의 주체가 결국엔 언제나 실패하는 주체일 수밖에 없다는 것이다. 이상과 모범인 전선에 비정되어 늘 결핍된 존재인 후방의 주체는 전선으로 나아가기 전에는 여전히 계몽과 개선의 대상일 뿐이다. 이를 벗어나기 위해선 오직 전선의 희생, 또는 그에 준하는 후방에서의 희생을 감내해야만 한다. 바로 여기에 지배의 메커니즘이 있다. 지배의 기술은 이상과 정형을 늘 현시하면서도 결국 현실적으로 그 이상에 도달하는 것이 불가능한 존재를 생산하는 메커니즘이다. 감성정치를 통해 실재하는 것처럼 보이고 늘 감각할 수 있는 이상적인 상상의 주체를 만들고, 그와 비견하여 스스로 검열하고 반성해야 하는 현실의 주체를 생산하는 과정, 이것이 바로 애국담론의 감성정치였다. 그리고 늘 실패하면서도 자기 자신을 반성하는 이 주체는 냉전 반공주의를 각인한 주체였다.

44 당시 후방의 세태에 대한 반성과 자기고백의 기사들은 흔하게 볼 수 있다. 대표적인 것으로는, 「싸움에는 一선과후방이없다」, 『조선일보』, 1952년 11월 26일자; 「責任感의 昂揚」, 『동아일보』, 1951년 1월 21일자; 「戰列의 倫理」, 『동아일보』, 1952년 3월 15일자; 「全國民自省의 緊要性 上」, 『경향신문』, 1952년 10월 31일자.

제2장 사상전의 전개와 냉전 세계의 재편성

1. 사상전의 전개와 국민사상지도원의 설립

한국전쟁이 냉전체제하에서 사상전의 양상으로 전개되면서, 이승만 정부는 반공을 공고히 할 사상적 체계를 마련해야 하는 과제에 직면했다. 또한 냉전의 세계질서 속에서 새롭게 미국의 헤게모니 진영으로 편입한 스스로를 정당화시킬 논리 역시 요구받고 있었다. 당시 인간의 행위와 실천의 근원을 사상으로 인식했던 지배 권력과 지식인들에게 있어, 이 모든 과제를 해결할 수 있는 근본 대책은 새로운 사상의 "自己形成", 곧 국가의 사상체계를 건설하는 것이었다.[45] 그리고 이를 통한 새로운 주체, 곧 새로운 "국민"을 형성하고자 했다.

하지만 한국전쟁기 이러한 이승만 정부의 기획과 실천은 공산주의의 선전과 전간기(戰間期) 반(反)미 · 반(反)서구의 인식에 의해 도전받으면서 한층 더 흔들리고 있었다. 즉 전시 사상전 속에서 남한의 지배 권력은 반(反)근대의 상상들과 길항하면서 당시 서구 근대(성)의 담지자로 이해된 미국과, 미국의 헤게모니 내로 편입된 스스로를 정당화시킬 논리를 우선적으로 생산해야만 했다. 이 과정에서 기존 세계에 대한 인식은 새롭게 재편되어야 했고, 그것은 곧 현존하는 세계, 국가, 개인의 정체성을 재구성하는 것이었다.

한국전쟁기 이승만 정부는 국가적 차원의 이데올로기 수립 과제를 해결하기 위해 1951년 3월 전시 수도 부산에서 국민사상지도원을 설립했다. 국민사상의 "研究指導"를 목적으로 문교부 산하에 설립된 국민사상지도원은 이후

45 당시 국민사상지도원장 백낙준은 국민사상지도원의 설립 목적을 "우리 民族의 指導理念을 찾아 이것을 밝히고 整理하며 或은 世界各種 思想 思潮를 研究檢討하여 우리 民族에게 가장 合當하고 世界 自由國家들과 共存 共榮할수있는 思想體系를 樹立하여 보자는 것"이라고 소개하고 있다. 백낙준, 『國民思想指導』, 국민사상지도원, 1952, 2쪽.

1952년 국민사상연구원(國民思想研究院)으로 변경되어 존속하다 1956년 그 직제가 폐지되었다.[46]

1950년대 국민사상연구원은 '사상강좌', '계몽순회강연', '선무활동' 등 국가의 전시동원 및 선전 활동에 복무하였으며 『思想叢書』, 잡지 『思想』의 발행을 통해 국가의 '이데올로기적 담론'을 생산하는 역할을 담당하였다.[47] 실제 국민사상연구원은 전형적인 '지식 - 권력'의 결합조직으로, 각종 담론의 주체였던 전문위원들은 당대 각 분야의 권위자들이었다.[48] 이들은 『思想』과 여타 텍스트를 중심으로 근대와 반근대의 상상을 전유하면서 새롭게 냉전의 내러티브를 구성해갔다. 그리고 그 과정에서 남한의 이념적 정체성을 재구성하기 위한 다양한 이데올로기적 기획과 전략을 수행했다. 즉 이들은 근대와 반근대 그리고 냉전이 경쟁하며 공존하는 현실 속에서 세계를 다시 그렸다. 그 속에서 근대와 현대, 동양과 서양, 국가와 개인, 민주주의와 공산주의 등 현실 세계에서 힘을 발휘하는 관념을 지금까지와는 다른 시공간의 좌표축에 따라 재평가하고 배치했다. 동시에 이 새로운 시공간의 좌표축에 '아(我) - 타(他)'를 비정하는 담론 전략을 통해 체제경쟁에서 '자유진영'의 우월성과 헤게모니를 구축해갔다.

이와 같은 국민사상연구원의 성격은 그 초기 조직인 국민사상지도원의 설립 취지문을 통해 확인할 수 있다. 이승만 정부는 1951년 3월 27일 "국립국민사상지도원" 직제를 제정 · 공포하면서, 그 설립 목적을 다음과 같이 밝히고 있다.

---

46 국가기록원, 「國立國民思想指導院設立案」, 1951년 2월 6일.

47 국민사상연구원의 조직과 활동 전반에 대해서는 졸고, 「1950년대 전반기 국민사상연구원의 설립과 활동」, 전남대학교 사학과 석사학위논문, 2010 참조.

48 여기에서 '지식 - 권력'이란 지식 곧 담론의 생산주체와 지배권력의 결합을 의미하기도 하며, 지식 그 자체가 곧 권력이라는 의미를 내포하고 있기도 하다. "권력이 효과를 발휘하고 사람들이 권력을 받아들이는 것은 권력이 단순히 금지의 기능으로 우리에게 다가오기 때문만이 아니라 무엇인가 사물을 관통하고, 생산하며, 쾌락을 유도하고, 지식을 형성하며, 담화를 만들어 내는 기능을 하고 있기 때문이다. 그러므로 권력은 억압이라는 부정적인 기능을 넘어서 사회적 육체를 가로지르는 일종의 생산적 그물망"이다. Michel Foucault, 콜린 고든 편 · 홍성민 역, 『권력과 지식』, 나남, 1991, 152쪽.

(…) 國家와 民族의 將來를 永遠히 保有하고 世界共通의 敵인 共産主義를 撲滅하는것은 民族的 重大課業이라 아니할 수 없으며 이를 完遂함에는 銃劍보다도 더 重要한 武器가 國民思想의 善導啓蒙이라는 것을 다시금 覺醒하여야 할 것이며 이에 對處하기 爲하여는 南北韓을 通한 國民全体의 頭腦에서 獨裁的 共産主義思想을 一掃하고 自主的인 民主主義를 導入하여 國民全体를 모-든 民主友邦과 呼吸을 같이하고 思考를 같이하고 生活方式을 같이하게 啓蒙指導하여 國際的 友誼를 敦篤히 하는 동시에 新秩序建設에 積極貢獻하도록 指導하여야 할 것이며 이에는 國民思想指導의 本處가 될 硏究指導機關이 무엇보다 必要할 것이니 이 國際的 要請에 應하기 爲하여 國民思想指導院을 새로 設置코저 하는 바이다.[49]

위의 설립취지문은 국민사상지도원의 설립 목적이 전시체제하 사상전의 차원을 넘어 "新秩序建設"을 지향하고 있음을 보여준다. 취지문은 사상적 남북완전통일 및 국가와 민족의 영원한 보유를 위한 민족적 중대과업이 다름 아닌 독재적 공산주의의 박멸이며, 박멸된 공산주의를 대체해서 새롭게 도입되어야 할 것은 "自主的 民主主義"라고 강조하고 있다. 또한 이를 통해 모든 민주우방과 호흡, 사고, 생활방식을 같이하여 국제적 우의를 돈독히 하고, "新秩序建設"에 적극 공헌 할 것을 강조하고 있다. 요컨대, 국민사상지도원은 공산주의의 "撲滅"과 "新秩序建設"을 위한 국가차원의 사상지도를 목적으로 설립되었음을 알 수 있다.

이와 같은 설립 목적은 당시 이승만 정부가 직면한 문제들을 보여주고 있다. 그것은 제거되어야 할 '독재적 공산주의'가 여전히 대한민국을 위협하고 있고, 국제적 우호를 위한 "民主友邦"으로의 편입 또한 쉽지 않았음을 보여주고 있다. 여기에서 "民主友邦"으로의 편입은 곧 냉전체제하 미국의 헤게모니 내로의 진입을 의미하는 것이었고, '호흡 · 사고 · 생활방식'까지 동일화하려는 것에서 볼 수 있듯이, 사상지도를 통해 새로운 주체, 즉 국민을 형성시키고자 했음을 시사하고 있다. 그런데 여기에서 "新秩序" 건설을 위해 "自主的 民主主義"를 강조하고 있는 지점이 주목된다. 다시 말해 한편으로는 "民主友邦"과 "호흡"까지

49 국가기록원, 「國立國民思想指導院設立案」, 1951년 2월 6일.

하나 될 것을 강조하면서도, 다른 한편으론 "自主的" 민주주의를 주장하고 있다. 이러한 긴장은 당대 서구 민주주의에 대한 비판을 의식하면서 새로운 질서를 구축해야 했던 남한 지배 권력의 인식지평을 단적으로 보여주고 있다.[50]

이러한 인식지평은 국민사상지도원이 직면한 과제들이 제2차 세계대전 이후 지속된 문제들을 배경으로 한국전쟁이라는 상황과 결합되었음을 의미하고 있다. 또한 국민사상지도원의 초안이 전쟁발발로부터 얼마 지나지 않아 작성된 것은 전쟁 이전에 이미 사상의 문제가 국가의 핵심적 의제였음을 시사하고 있다.[51] 실제 국민사상지도원 설립 직전에 열린 국회에서, 전시시책에 관한 대정부 질문에 대해 장면(張勉) 신임 국무총리는 "전쟁을 이기기 위해서 결전적 태세를 갖추는 데 국민의 사상을 선도(善導)"하고 "결전 의욕을 앙양시키기 위해" 문교부에 "국민사상지도위원회"를 만들기 위한 법안이 수일 전 국무회의에서 결의되었음을 밝히고 있다.[52] 이 같은 전시 '사상전'에 대한 강조는 이미 기존 현대 '총력전'에 대한 인식에 기초한 것이었다.[53] 즉 국민사상지도원은 이전 시기 인식의 연장에서 한국전쟁이라는 당대 상황을 배경으로 설립되었다. 때문에 국민사상지도원의 설립 배경을 이해하기 위해선 당대 남한 사회의 인식지평 및 사상적 문제들을 검토할 필요가 있다.

50 서구 민주주의에 대한 비판과 관련해서는, 「民主政治의 新方向, 個人主義에서 國家主義로」, 『동아일보』, 1950년 5월 17일자 참조. 초대 문교부장관 안호상(安浩相)은 "民主的 民族敎育의 理念"을 강조하면서, '國家가 發展되지 못할 적에 敎育이 大端히 個人主義的 傾向으로 흘러갔다. 個人主義的 敎育은 歐羅巴 또는 美國에서 많이 發見할 수 있다.(…)個人主義가 좋다고 하지만 根本的으로 말하면 個人主義에서 資本主義로 옮겨 질 뿐만 아니라 그것이 極度에 達하면 나중에는 人類文化가 破壞되는 結果가 나타나게 된다.(…)個人主義敎育은 언제든지 危險할 뿐만 아니라 特히 우리나라 같은 데에 있어서는 個人主義 敎育이라고 하는 것은 우리 全體를 滅亡시킬 것'이라고 강조한다. 서울特別市敎育會, 『大韓敎育年鑑』, 서울特別市敎育會, 1953, 100~104쪽.

51 정부 수립 이후 '여순사건'을 계기로 사상통일에 대한 문제가 강조되었는데, 이에 대해서는 국회사무처, 1948년 10월 29일, 「반亂事件收拾對策에關한件」 『국회속기록』 제1회 제91호; 大韓民國國會, 『制憲國會速記錄』 2, 驪江出版社, 1987, 689쪽; 「李承晩대통령, 一民主義정신과 민족운동에 관하여 담화를 발표」, 『경향신문』, 1949년 4월 20일자 참조.

52 국회사무처, 1951년 3월 2일, 「정부 시정방침에 대한 질문」, 『국회정기회의속기록』 제10회 제37호.

53 총력전에 대한 인식들은 이미 양차 세계대전의 경험으로부터 존재하였는데, 현대전에 대한 인식에 관해서는 유진오, 『헌법해의』, 명세당, 1949; 이소, 『군인의 사고』, 학생사, 1950 참조.

1952년 10월에 발행된 『思想』 2집은 동년 8월 30일에 당시 국민사상지도원의 주요 관련 인사들이 "思想運動의 回顧와 展望"이라는 제하(題下)로 진행한 좌담회의 내용을 싣고 있다.[54] 당시 좌담회에는 국민사상지도원의 사업과 활동을 실질적으로 주관했던 장준하(張俊河)의 사회로 김기석(金基錫), 박현숙(朴賢淑), 배성룡(裵成龍), 백낙준(白樂濬), 이병도(李丙燾), 이교승(李敎承)이 참석하였다.[55] 이 좌담회에서 참석자들은 사상 문제 전반에 대한 진단과 그 대책에 대한 토론을 진행하고 있다.

좌담회의 내용 중 우선 주목되는 부분은 사상을 모든 인간 행위와 실천의 근원으로 인식하고 있는 점이다. 당시 문교부장관 백낙준은 『思想』 창간호의 축사에서, "「생각」은 「씨」요 사람은 그 「열매」"라고 설명한다. 이어 사상이 '인간행동의 원동력이요, 표현된 현상의 본질로, 인간의 신체와 그 신체를 통한 행위가 사상의 반영'이라고 강조한다. 당시 이러한 인식은 한국전쟁이라는 국가적 비상사태와 결합되어 지배 권력과 지식인들에게 사상의 문제를 주요한 의제로 상정하게 했다.[56] 총력전하 국민들의 자발적 협력과 동원은 바로 그것을 추동시킬 사상적 작업을 통해서만 가능했던 것이다. 더욱이 이병도가 지적하고 있는 바와 같이, "우리가 왜 싸우고 있는지"에 대한,[57] 즉 전쟁 목적에 대한 이념적 정립이 결여된 당시 상황에서 동족상잔의 전쟁에 국민들의 적극적

54 「(座談會)思想運動의 回顧와 展望」 『思想』 2, 1952년 10월호, 59~84쪽.

55 좌담회에 참석한 인물 중 이교승은 당시 자유당 국회의원이자 『思想』의 민간발행인이었고, 김기석, 배성룡, 이병도는 『思想』를 비롯한 국민사상지도원 명의의 간행물에 주요 필자이자 전문위원이었다. 그리고 백낙준과 장준하는 당시 각각 국민사상연구원의 원장과 기획과장으로 국민사상연구원의 실제적 업무를 총괄했던 인물들이었다. 이들은 소위, '정당', '정부', '학술계'를 대표하는 인사들로, 좌담회는 당시 남한의 지배 권력과 지식인의 인식 지평을 보여준다.

56 전시 사상전에 대한 강조는 대중매체를 통해서도 광범위하게 이루어졌는데, 서울 수복 직후 발행된 『전선문학』은, "現代戰은 다시말할 것도 없이 武力戰이요 生産戰이오 思想戰이다. 이 세가지 要素中 어느하나가 빠져도 勝算은 없는것이다.(…)武力과 生産力이 絶對完備되었다 할지라도 思想戰에 敗한다면 그戰爭의 結果는 明若觀火한것이다.(…)우리는 至今武力으로 最後 最初의 段階에 놓여있는것이다. 이와 同時에 思想으로 또한 勝利하지않으면 안될段階에 있으며 이思想戰은 武力으로 事態를 解決한 뒤에도 오래持續될것을 깊이覺悟하는 同時에 國民은 누구나 思想을 確固이 갖이야 할것이다"라고 강조한다. 金光燮, 「現代戰과 思想」 『戰線文學 -「文學」戰時版 -』, 1950년 10월호, 6~9쪽.

57 座談會, 70쪽.

참여와 동원은 기대할 수 없었다.[58] 때문에 지배 권력과 지식인에게 있어서 사상의 정립 문제는 시급한 사안으로 인식되었다.

무엇보다 좌담회에서 주목되는 부분은 해방 이후 사상 문제에 대한 인식과 대응이다. 이와 관련해서 김기석과 배성룡은 당시의 민족분열과 사상적 혼란의 기원을 이차대전 이후의 사조(思潮)에서 찾으면서 사상의 "自己形成"을 강조하고 있다. 이들은 모두 사상적 분열과 대립의 현상이 민족 내부의 자생적 사상들의 경쟁에 의해서가 아니라 식민지배의 경험과 탈식민 이후 미소 점령을 배경으로 조성된 사상적 흐름의 영향 아래 발생한 것으로 인식하고 있다.

또한 이 같은 '객관적' 외적 환경의 제약과 함께 사상적 분열과 대립의 내적 요인, 즉 민족 내부의 사상적 "自己形成"의 결핍에 대해서 공통된 인식을 나타내고 있다. 배성룡은 주체적 사상의 형성이 부족한 상황에서 이루어진 갑작스러운 '이민족지배의 억압으로부터의 해방'이 사회적 혼란과 민족분열을 초래한 것으로 보고 있다.[59] 김기석 역시 지식층 특히 대학생들의 사상동향에 대해서 '사상적 신념, 자기자각, 사상적 근거'가 없이 주위관계, 학교관계, 우정관계 등에 의해 분열된 것으로 보고 있다.[60] 때문에 주체적 이념정립의 문제는 지식인들에게 당시의 사상적 혼란과 대립을 해소하는 데 있어 시급한 과제였다.

한편 흥미로운 것은 전쟁 중임에도 불구하고 이병도와 김기석 모두 서구의 공산주의와 자유주의를 비판하고 있다는 것이다. 이병도는 사상적 "自己形成"을 강조하면서 공산주의의 "기만적 · 허위적 · 강제적 · 反문화적" 방법과 수단을 비판하는 동시에 '민족진영의 소위 자유주의란 것도 반드시 다 좋다고 할 수는 없다'고 말한다. 그러면서 공산주의 이론의 "노동주의"는 사람으로서 반드시 가져야 할 도리인 반면, 자유주의국가의 심각한 빈부격차는 문제라고 지적한다. 이어서 '극단의 자유주의는 극단의 개인주의를 기르기 쉽고 극단의

58 당시 전쟁 목적에 대한 회의(懷疑)적 현상에 대해서는, 「우리는 왜 싸우는가?」, 『동아일보』, 1951년 1월 30일자 참조.

59 座談會, 60쪽.

60 座談會, 61~62쪽.

개인주의는 국가생활 사회생활과 같은 공동체생활에 있어서 사실 큰 해가 되는 것'이라고 평가하면서, 서구의 자유주의에 대해서 비판적인 입장을 보이고 있다.[61] 김기석 역시 철학적 차원에서 민주주의와 공산주의를 비판하면서 새로운 인간형(人間型)과 지도이념의 창조를 강조하고 있다.

> 현재 二次大戰 直後만 볼 것이 아니라 十九世紀 後半期 以後 오늘에 이르는 思想傾向 全體를 보면 宗敎復興이라 할까 精神復興이라 할까 何如間 唯物主義 機械文明에 對하여 歐羅巴自身이 全般的으로 不信任하고 있는 態度만은 볼 수가 있습니다. (…) 民主主義나 共産主義가 다같이 個人의 利益만을 究竟의 目的으로 하는限 다-같은 功利主義라고 할 것인데 이 方向으로 나아가면 이것은 한가져로 歷史에 있어서의 壞滅을 가져올 따름입니다. 지금 우리들에 있어서는 이 功利主義 生活態度를 超克하는 새로운 生活態度가 또 거기에 依據하는 새로운 人間型이 要求됩니다.[62]

여기에서 김기석은 민주주의와 공산주의 모두 서구 "유물주의"와 "기계문명"의 산물로 당시 그것의 발원지인 서구로부터 비판받고 있음을 강조하고 있다. 이와 함께 민주주의나 공산주의 모두 개인의 이익 추구를 그 궁극의 목적으로 하는 "공리주의"에 기초하고 있는데, 이것이 결국 역사에 있어서의 괴멸을 가져왔다고 주장한다. 따라서 그는 "공리주의" 생활태도를 초극하는 새로운 "인간형"이 필요하다고 강조하고 있다. 이러한 비판에 이어서, 그는 민주주의와 공산주의의 중간 입장을 취하고 있는 새로운 사조로서 유고의 "「티토」주의"의 사례를 제시하고 있다. 장준하 역시 '결국 지금 공산주의와 자본주의의 모든 모순을 우리가 충분히 극복하지 못했다'고 지적하고, 공산주의나 자본주의를 완전히 지양한 새로운 "지도이념"을 모색해야 된다고 강조하고 있다.[63]

61 座談會, 63~64쪽.

62 座談會, 68~69쪽.

63 座談會, 72쪽. 공산주의와 자본주의를 지양한 새로운 지도이념에 대한 모색에 대하여 배성룡은, "이미 우리 憲法에 指導理念으로서의 政治的 經濟的인 制度構成의 基本構成이 規定되었다고 봅니다. 그래서 이것이 앞으로 共産主義와 資本主義가 어떻게 止揚되는냐 이런 問題와도 關聯될 것입니다. 우리 憲法에 規定된 그것을 본다면 結局 共産主義도 아니고 資本主義 그대로도 아닌 理想을 表現했다고 볼 수가 있습니다. 그것은 무엇이냐 하면 資本의 獨占性을

이와 같은 인식지평은 제2차대전 이후의 역사적 과정에서 야기된 것이었다. 한반도의 탈식민화는 기본적으로 미국과 일본의 '태평양전쟁'에 수반된 것이었다. 그 결과 해방 후 남한에는 미국의 시대라는 전후의 세계가 자리 잡아 가고 있었지만, 그것은 끊임없이 '미국 · 서구에 대한 반란'이 시도되었던 전간기(戰間期)의 세계에 의해 도전받으면서, 두 개의 세계가 충돌하고 있었다.[64] 이 과정에서 해방공간에는 새로운 민족국가 건설의 열망 속에서 다양한 이념적 지향을 가진 정당과 조직, 단체들이 난립 · 경쟁하였고, 한편으로는 이러한 사상적 혼란을 일소하고 국가의 지도이념을 세우기 위해 "일민주의(一民主義)"가 출현하기도 했다.[65] 하지만 한국전쟁기 여전히 남한의 이념지형은 공산주의와의 '사상전' 속에서 불확실하고 유동적이었다.

이러한 맥락에서 한국전쟁기 국민사상연구원은 남한 사회가 직면한 과제들을 해결하기 위해 설립되었다. 냉전체제하 이데올로기적 전쟁의 성격은 총력전하 사상전의 양상으로 전개되었고, 집권 세력은 사상전의 승리를 위해 반공을 공고히 할 사상적 체계를 마련해야 했다. 또한 냉전의 세계질서화 속에서 새롭게 미국의 헤게모니 진영으로 편입하는 스스로를 정당화시킬 논리 역

除去한것 卽 資本主義에 있어서는 政治的 平等을 말하면서 經濟的으로 人間을 支配하고 또 共産主義에 있어서는 經濟的 平等을 내세우고 政治的으로는 사람을 奴隷化한다는 이런 여러 惡을 除去한다는 이것이 꼭 어떤 種類의 社會라고 여기서 꼭 指摘하지 못합니다마는 憲法에 分明케 드러나" 있음을 강조하고 있다. 座談會, 72쪽.

64 이러한 해방 이후 상황과 관련하여서는 임종명, 「해방 이후 한국전쟁 이전 미국기행문의 미국 표상과 대한민족(大韓民族)의 구성」, 『사총』 67, 2008 참조. 한편 전간기 반서구적 인식과 관련해서는 김현주, 『이광수와 문화의 기획』, 태학사, 2005; 김예림, 『1930년대 후반 근대인식의 틀과 미의식』, 소명출판, 2004; 차승기, 『반근대적 상상력의 임계들』, 푸른역사, 2009 참조. 또한 1940년대 태평양전쟁기 반미 · 반서구의 사조에 대해서는 나카무라 미츠오 · 니시타니 게이지 외 저, 이경훈 · 송태욱 · 김영심 · 김경원 역, 『태평양전쟁의 사상』, 이매진, 2007; 위상복, 『불화 그리고 불온한 시대의 철학』, 길, 2012 참조.

65 대한민국의 초대 문교부장관이자 일민주의 이데올로그인 안호상은 "資本主義와 共産主義는 極端의 對立 속에서 甚한 갈등과 마찰을 빚어내고 있는 것이 事實이다. 二十世紀는 이 알륵과 싸움에 몹시 시달리고 있어서, 새로운 世界觀과 새로운 哲學을 要望하고 있다"고 강조한다. 安浩相, 『一民主義의 본바탕』, 一民主義硏究院, 1950, 3쪽. 또한 한국전쟁 이전 이미 이러한 사상적 혼란과 경쟁을 해소하기 위해 국무총리 이하 각 장관을 최고위원으로 하는 '國民思想統一協會'가 발족되기도 했다. 「李國務總理를 爲始 國民思想統一協會를創立」, 『경향신문』, 1949년 9월 16일자.

시 요구받고 있었다. 여기에 분단과 전쟁으로 붕괴된 사회질서를 새로운 규율 체계의 수립을 통해 재확립해야 하는 과제에 직면하고 있기도 했다. 당시 인간의 행위와 실천의 근원을 사상으로 인식했던 지배 권력과 지식인들에게 있어, 이 모든 과제를 해결할 수 있는 근본 대책은 새로운 사상의 "自己形成", 곧 국가의 사상체계를 건설하는 것이었다. 그리고 이를 통한 새로운 주체, 곧 새로운 "국민"의 형성이었다. 하지만 한국전쟁기 이러한 지배 권력의 기획과 실천은 공산주의의 선전과 전간기 반서구 반근대의 인식에 의해 도전받으면서 한층 더 흔들리고 있었다.

2. 서구 근대 비판과 세계 인식의 재구축

설립 이후 국민사상연구원의 활동 중에서 '국가의 지배이념 연구 및 생산'이라는 자신의 위상을 구체적으로 실행한 사업이 『思想叢書』와 잡지 『思想』를 비롯한 각종 책자의 생산 · 배포라 할 수 있다. 국민사상지도원은 1952년에 '연구원'으로 그 명칭을 변경한 이후 연구 · 학술적 성격을 강화시켜 『思想叢書』를 비롯한 수종의 책자를 발행하였다. 이는 1952년 3월 『國民思想指導』를 시작으로 정치, 경제, 철학, 역사, 교육, 문학, 예술 등 다양한 분야에 걸쳐 발행되었다. 잡지 『思想』 역시 당시 국민사상지도원의 기획과장으로 있던 장준하의 주도하에 월간지 형태로 1952년 8월에 창간하여 12월까지 총 4호가 발간되었다.[66] 『思想』은 형식상 '사상사(思想社)'라는 민간 출판사에서 발간되었지

66 『思想』은 4호(1952년 12월호)를 끝으로 폐간되었는데, 폐간의 이유에 대해서는 장준하와 서영훈이 서로 다르게 회고하고 있다. 『思想』의 발행을 책임졌던 장준하는 미국공보원측이 『思想』을 사서 無價誌(기증지)로 각 기관과 주요 인사들에게 배부하면서 판매가 떨어지고 결국 재정적자로 폐간하게 되었다고 회고하고 있다. 장준하, 앞의 책, 77~78쪽. 하지만 장준하와 함께 『思想』의 발행에 참여했던 서영훈(徐英勳)은 당시 문교부장관 백낙준을 경계하고 있던 이기붕(李起鵬) 측이, 『思想』은 흥사단 계열과 정부에 비판적인 인사들이 집필하고 있으니 발행을 못하게 해야 한다고 이승만(李承晩)을 종용해서 결국 폐간되었다고 회고하고 있다. 徐英勳, 「아, 장준하(張俊河)」, 『숲이 깊으면 둥지가 많다 - 徐英勳 人生隨想 - 』, 第三企劃, 1991, 108쪽. 폐간을 전후로 『思想』의 발행을 주도했던 백낙준과 장준하가 직책에서 물러난 점이나

만, 실질적으로는 국민사상연구원의 기관지로 그 원고의 섭외 및 편집주간을 장준하가 직접 담당하였다.67

『思想』과 『思想叢書』를 비롯한 일련의 책자는 그 발행 취지뿐만 아니라 실제 편목과 그 내용을 비교해 보면 거의 유사한 성격을 보이고 있다. 김두헌(金斗憲), 이병도(李丙燾), 엄요섭(嚴堯燮)의 글은 제목만 변경된 채로 각각 『思想叢書』와 『思想』에 중복되어 실려 있기도 하다.68 이는 『思想』과 『思想叢書』를 비롯한 각종 책자가 국민사상연구원의 설립 취지 및 그 활동의 연장선에서 유기적 연관성을 가지며 간행되었음을 시사해준다. 『思想』과 『思想叢書』의 창간사는 이 점을 보다 명확하게 보여주는데, 『思想』의 창간사를 중심으로 이를 살펴보자.

> 우리나라에 있어서 實로 가장 重要하고 逼切한 問題는 이 曠古未曾有의 大國難을 克服하고 새로운 民族歷史를 開拓할 決戰國民의 思想과 精神을 올바르게 指導歸一시켜 이 世界的 意義를 가지는 對共戰爭에 對한 必勝의 信念을 鞏固히 하는 일일 것이며 그 基礎 要件으로서 이 나라의 젊고 眞摯한 知識人 特히 學者 文化人 學生들에 依한 思想의 硏究, 理念의 形成運動이 提要되는 것이다. (…) 祖國의 統一과 復興再建은 武力에 依한 戰爭의 勝利로만 되는 것이 아니고 眞實로 이 全民族의 志向과 理想을 하나로 歸合시킬수 있는 思想과 理念의 統一이 先行하여야 할 것이다. (…) 全人類의 理念에 共通할 수 있고 自民族의 傳統을 繼承할 수 있는 世界觀, 國家觀, 人生觀을 把持하여 浮動함이 없이 生新하고 固陋함이 없이 健全한 進步的이고 完美한 國民의 思想과 氣風을 振作해야 할 地上 命題를 가지고 있다.69

이후 『思想』를 계승한 『思想界』가 장준하에 의해 계속 민간 발행된 점으로 보아 서영훈의 회고가 좀 더 설득력을 갖는다.

67 『思想』은 당시 발행인이 자유당 국회의원이던 이교승(李敎承)으로 되어있는데, 후일 장준하는 민간 발행의 이유를 '당시 국가재정상 국가기관지를 무상으로 배포할만한 재정적 여유도 없었으며 관제 사상지도라는 인상'을 우려했기 때문이라고 회고하였다. 장준하, 앞의 책, 76쪽.

68 『思想』에 실린 김두헌의 「家族과 倫理」, 이병도의 「新羅의 協同精神과 統一의 指導理念」, 엄요섭의 「社會學的으로 본 唯物史觀」은, 각각 『思想叢書』 3권에 「新家族道義論」, 1권에 「歷史上으로본 우리 指導理念」, 2권에 「唯物史觀의 社會學的批判」과 내용상 그 전부 내지는 일부가 중복된다.

69 李敎承, 「創刊辭」, 『思想』 1, 1952년 9월호, 7~8쪽.

위 글은 『思想』이 "決戰國民의 思想과 精神"에 부합하는 "世界觀, 國家觀, 人生觀"의 수립을 목적으로 창간되었음을 보여주고 있다. "對共戰爭"과 "復興再建"을 위해선 무력과 함께 "思想과 理念의 統一"이 선행되어야 하는데, 그 이념은 "全人類의 理念에 共通할 수 있고 自民族의 傳統을 繼承"하는 것이어야 함을 강조하고 있다. 다시 말해 인류적 보편성과 민족적 특수성이 조화될 수 있는 새로운 이념체계 수립의 중요성을 역설하고 있다. 『思想』은 바로 이를 위해 창간된 것이다.

그런데 여기에서 말하는 보편적이면서 특수적이고 특수적이면서도 보편적인 이념이란, 곧 설립취지문의 "自主的 民主主義"와 일맥상통하는 것이다. 동시에 백낙준이 『思想叢書』의 간행사에서 밝힌, "우리 民族에게 가장 合當하고 世界 自由國家들과 共存 共榮할 수 있는 思想體系"를 가리키는 것이기도 하다. 이는 『思想』을 비롯한 각종 책자가 국민사상연구원이 수행한 새로운 "사상체계"의 연구와 정립의 산물이자, 국민에 대한 "계몽지도"의 유력한 수단임을 말해준다. 이런 의미에서 『思想』을 비롯한 여러 간행물의 텍스트는 곧 당대 남한의 지배담론에 다름 아니라 할 수 있다.

이와 같이 『思想』과 『思想叢書』를 비롯한 각종 책자는 새로운 지배 이념의 모색과 정립이라는 동일한 목적하에서 간행되어, 실제 글의 필자와 주제가 일부 겹치는 지점이 발견된다. 뿐만 아니라 『思想』의 목차와 『思想叢書』를 비롯한 단행본 도서의 편목을 비교해 보면, 그 구성에서 동일한 특징이 발견된다. 이러한 특징은 당시 국민사상연구원이 생산한 텍스트의 목적과 성격을 보다 구체적으로 나타내주는 것으로, 관련하여 국민사상연구원이 간행한 단행본의 목록과 『思想』의 목차를 살펴보자.

〈표 3〉『思想叢書』 및 『기타 도서』 목록

『思想叢書』	
李炳燾·金庠基, 『思想叢書 1: 國史上으로 본 우리 指導理念, 中國古代政治思想』(1952)	
金基錫 外, 『思想叢書 2: 헤겔과 맑스(唯物辨證法批判), 唯物史觀의 社會學的批判, 共産主義理論批判』(1952)	
金斗憲, 『思想叢書 3: 新家族道義論, 西洋近世思想의 特徵』(1952)	
李泰極, 『思想叢書 4: 國民思想과 時調文學』(1954)	
嚴堯燮, 『思想叢書 5: 正教와 邪教』(1955)	
『기타 도서』	
白樂濬, 『國民思想指導』(1952)	金基錫, 『第一次大戰後의 指導理想, 韓國의 苦難과 東洋復興』(1954)
劉昌惇, 『古時調에 나타난 先人들의 生活理念』(1952)	李炳燾, 『國史概說』(1955)
吳制道, 『共産主義 A, B, C』(1952)	金基錫, 『日本의 不義와 東洋의 理想』(1955)
朴南秀, 『적치 6년의 북한문단』(1952)	裵成龍, 『思想과 道義』(1955)
吳永鎭, 『하나의 證言: 蘇軍政下의 北韓』(1952)	崔載喜, 『新國民道德論』(1955)
李泰榮, 『國民思想과 教育理念』(1952)	金鍵·洪志英, 『新倫理體系大要』(1956)
金在俊, 『共産主義 民主主義와 그 批判』(1954)	金基錫, 『교육학설』(미상)
李瑄根, 『建國理念과 學生』(1954)	崔文煥, 『經濟思想史』(미상)
韓太洙, 『世界思想史』(1954)	崔淳雨, 『美術鑑賞』(미상)

※ 위 표는 정부 및 대학의 도서관, 기타 자료처의 소장 목록, 관련 연구물들을 참조해서 국민사상지도원 또는 국민사상연구원 명의로 간행된 출판물을 정리한 것이다.

〈표 4〉『思想』 호별 목차

『思想』 1호	『思想』 3호
1. 創刊辭 (李教承)	1. 民主主義는 왜 公式的이 아닌가 (白樂濬)
2. 祝辭 (白樂濬)	2. 韓民族의 文化的 責任 (金基錫)
3. 新羅의 協同精神과 統一의 指導理念 (李炳燾)	3. 그리스도教와 世俗主義 (金在俊)
4. 歷史와 哲學 (金基錫)	4. 東洋的 政治思想과 그 様式研究 (裵成龍)
5. 宗教와 哲學-그 取할 態度에 關하여 (金在俊)	5. (敍事詩 李舜臣) 白衣從軍 (薛義植)
6. 東洋史上에 나타난 「天」의 意義 (金庠基)	6. 希臘都市國家으 民主政治 (愼道晟)

7. 韓民族의 經濟觀 (裵成龍)	7. 技術 · 道德 · 信仰 - 아놀드 J. 토인비의 史論과 그 同時代的Context (鄭大爲)
8. 主體性과 轉換期의 倫理思想 (金錫穆)	8. 社會學的으로 본 唯物史觀 (嚴堯燮)
9. 結婚과 雜婚에 關한 硏究 (嚴堯燮)	9. 國際聯合의 組織과 事業 (編輯室)
10. 二十世紀文藝思潮 (趙鄕)	10. 固有道德思想의 基本性格 (金得榥)
11. 現代美術의 形成과 動向 (金秉騏)	11. 現代自然科學의 根本思想에 對한 哲學的考察 (朴益洙)
12. 앙드레지드 - 그가 본 共産主義 (에니드 스타 - 키)	12. 背叛當한 絶望 (李漢稷 譯)
	13. 新刊紹介 - 最近 美國名著 (編輯室)
	14. (長篇連載) 페스트 (梁秉植 譯)
『思想』 2호	『思想』 4호
1. 우리의 原始民主制와 그 變遷 (李炳燾)	1. 新世代의 道德 (金基錫)
2. 家族과 倫理 (金斗憲)	2. 東洋政治思想과 그 樣式硏究 (裵成龍)
3. 實踐哲學序論 (金基錫)	3. 思想的으로 본 歷史的 現實 (李泰榮)
4. 儒敎와 經濟 (裵成龍)	4. 힘과 法과 虛無 實存 (黃山德)
5. (座談會) 思想運動의 回顧와 展望	5. 現代文化의 批判과 그 再建 (P A 쏘로킨 著, 徐南同 譯)
6. 獨立精神과 事大思想 (李瑄根)	6. 루쏘오의 民族社會觀 (崔文煥)
7. 實存과 哲學 (朴相鉉)	7. 法에 依한 平和思想 - 켈젠의 所說에 關하여 (李建鎬)
8. 二十世紀의 文藝思潮 (趙鄕)	8. 實存認識의 反省 - 現代 物理學이 본 世界像 (朴益洙)
9. 아 - 더 쾨슬러 - 내가 본 共産主義 (許鉉 譯)	9. 上古文學에 나타난 巫覡思想 (劉昌惇)
10. (長篇連載) 페스트 (梁秉植 譯)	10. 技術 · 道德 · 信仰 - 아놀드 J. 토인비의 史論과 그 同時代的Context (鄭大爲)
	11. 基督敎的 社會觀 (康元吉)
	12. (敍事詩) 白衣從軍의 길 - 李舜臣 將軍 (薛義植)
	13. 二十世紀의 文藝思潮 (趙鄕)
	14. 新刊紹介 - 最近 美國名著 (編輯室)
	15. 스탈린의 生과 死 (루이스. 핏셔 著, 李始豪 譯)

위『思想』의 목차와『思想叢書』를 비롯한 기타 책자의 편목을 통해 국민사상연구원이 생산 · 배포한 간행물의 성격을 살펴보면 다음과 같다. 첫째 그 출판의 범위가 정치, 경제, 역사, 철학, 종교, 교육, 문예를 망라해서 여러 영역에 걸쳐있다. 둘째 거의 모든 영역에서 공산주의에 대한 비판의 글이 확인된다. 셋째 "국가 · 가족 · 도덕 · 윤리 · 도의(道義)"와 같이 사회 질서의 확립과 관련한 글들이 적잖은 비중을 차지하고 있다. 마지막으로 비교적 동서양의 사상, 사조(思潮), 종교를 다루고 있는 글들이 많은데, 전반적으로 서구 근대에 대한 부정적 인식을 보이고 있다. 그런데 이런 연구 대상의 범주보다 주목되는 것은 그 접근 태도이다. 위에 "연구 · 회고 · 고찰 · 비판 · 전망"과 같은 목차와 편목은,『思想』을 비롯한 일련의 책자들이 동서양의 사상과 사조에 대한 비판, 그리고 재정립을 통해 "新"사상의 구축을 시도하고 있음을 말해준다.[70] 요컨대『思想』을 비롯한 책자의 간행 현황 및 경향은 당대 남한 사회의 사상적 곤경과 그에 대한 지배 권력의 이데올로기 기획의 실상을 보여주고 있다.

바꿔 말하자면『思想』과『思想叢書』의 "全人類의 理念에 共通할 수 있고 自民族의 傳統을 繼承"하는 사상이나, "우리 民族에게 가장 合當하고 世界 自由國家들과 共存共榮할 수 있는 思想體系"에 대한 강조는, 남한의 지배 권력이 당대 서구 근대, 반서구 근대, 냉전의 사유가 중첩된 현실 속에서 새로운 지배이데올로기를 생산해야 했음을 말해준다. 즉 식민의 경험이 가져온 반서구 · 반근대의 인식과 해방 이후 근대 민족국가 건설의 열망이 공존하는 현실에서, 동시에 전후 새로운 패권국으로 등장한 미 · 소를 양극으로 한 냉전세계

70 『思想』3호의 편집후기는 "우리의 「데모크라시」는 世界的, 人類的이면서 또한 韓國的 特性을 지닌 것이어야 한다"고 강조하면서, "이 要請에 應코저「中國의 政治思想」, 「古代希臘의 民主思想」, 「唯物史觀의 思想」, 「宗教思想」, 「自然科學이 指向하는 思想」, 「現世를 風靡하는 實存主義 哲學思想」, 「歷史哲學界의 尖端的 役割을 하고 있는 토인비의 史論」을 모아 보았으며, 그 위에 우리의 歷史, 文化, 哲學을 끌어 내고 「人類의 理想을 指向하려는 UN의 事業」을 느려 놓게 된바 이런것들도 正當한 理解와 正確한 批判 - 넓고 깊은 意識 活動 - 을 加한다면 우리 民主思想 確立에 重要한 良識과 基礎가 될줄로 안다"고 피력한다. 「編輯後記」, 『思想』 3, 1952년 11월호. 특히『思想』1호에 실린 「新羅의 協同精神과 統一의 指導理念」, 「歷史와 哲學」, 「宗教와 哲學 - 그 取할 態度에 關하여 -」, 「韓民族의 經濟觀 - 東洋式停滯性과 貧樂經濟觀 -」, 「主體性과 轉換期의 倫理理想」 등에 논문들은 각각 역사, 철학, 종교, 경제, 윤리의 분야를 전시 남한의 현실에 대응해 새롭게 재정립할 것을 역설한다.

에서, 미국의 헤게모니 내로 편입된 반공국가의 정당성을 마련해야 했다.

그것은 간행물의 편목과 목차에서 확인할 수 있듯이 동서고금의 사상과 사유에 대한 비판과 재정립의 시도로 구체화되고 있다. 또한 편목과 목차에서 적잖게 등장하고 있는 "국가 · 가족 · 도덕 · 윤리 · 도의(道義)"에 관한 글들은, 전파(戰破)된 사회질서를 새로운 윤리체계를 통해 재확립하고자 했음을 보여준다. 이를 통해 후방의 주민을 전쟁과 재건이라는 국가적 의제에 긴박시키고 일상적인 동원과 통제의 효율성을 담보하고자 한 것이었다.

이상 살펴본 바와 같이, 『思想』를 비롯한 일련의 텍스트는 지배 권력의 이데올로기 작업의 산물이었다. 그리고 여기에서 말하는 이데올로기 작업이란 결국 새로운 '세계관, 국가관, 인생관'의 정립을 의미한다. 다시 말해 현실의 '세계 - 국가 - 개인'의 관계를 새로운 틀을 통해 재편하는 것으로, 이 과정에서 현실의 세계, 국가, 개인의 의미는 재해석되며 그들 간의 관계 역시 다시 설정된다. 이제 근대와 현대, 동양과 서양, 국가와 개인, 민주주의와 공산주의 등 현실 세계에서 힘을 발휘하는 개념과 의식은 지금까지와는 다른 시공간의 좌표축에 따라 재평가되고 배치된다. 그리고 동시에 이 새로운 시공간의 좌표축에 '아(我) - 타(他)'를 비정하는 담론 전략을 통해 체제경쟁에서 자신의 우월성과 헤게모니를 구축해갔던 것이다.

지금부터는 실제 『思想』과 그 밖의 필자들이 근대와 반근대 그리고 냉전이 경쟁 · 공존하는 현실 속에서 어떻게 세계를 다시 그리고, 또 그것이 어떻게 지배 권력의 의제로 귀결되는지를 살펴보고자 한다. 물론 국민사상연구원의 텍스트 전체가 '세계 - 국가' 차원에서의 논의로 귀결되는 것은 아니다. 기존 도의(道義)나 사상운동에 관한 연구들이 보여주고 있듯이, 국가, 사회, 가족, 개인 등에 관한 다층적 담론으로 이루어져 있다. 그럼에도 불구하고 '국가 - 개인' 층위에서의 담론은 세계 내 남한 사회의 위치 설정과 그 정당성의 구축을 전제로 한 것이었다. 사상전 양상의 총력전 체제에서 '국가 - 개인'의 관계를 설정하기 위해선 먼저 '세계 - 국가'의 관계 설정이 요구되었고, 그 과정에서 남한 체제의 정당성을 입증해야만 했다. 때문에 국가 또는 국민의 관계 설정의 선결 조건으로써 현실 세계에 대한 재편 작업이 이루어졌다.

현 세계의 재편에 앞서 『思想』과 여타 간행물의 필자들은 현 세계를 먼저 검토하고 있다. 그들은 현 사회의 분열과 혼란의 근원을 사상의 문제로 인식하면서, 현대의 사조와 그것이 초래한 현상을 비판한다. 물론 필자마다 그 분야에 따라 비판의 입장과 방식에 일정한 차이를 보인다. 그럼에도 불구하고 해방 이후 남한 사회를 지배하고 있는 사조가 곧 서구 근대의 사조라는 것에는 공통된 견해를 나타내고 있다. 이런 현실에 대해 김기석(金基錫)은, "東洋의 「오늘」은 어느 意味에 있어서 東洋의 「오늘」이 아니고 도리어 西洋의 「오늘」로서의 빛과 모습과 情調를 가진다"라고 지적하고 있는데, 다른 필자들의 입장 역시 대동소이하다.[71] 때문에 새로운 사상체계의 건설을 위해 극복되어야 할 현실은 대체로 서구 근대사상과 그것이 낳은 문명으로 이해되었고, 실제 종교, 문학, 예술, 과학, 철학 등 여러 분야를 걸쳐 서구 근대에 대한 비판적 검토가 이루어지고 있다.[72]

먼저 김재준(金在俊)은 종교적 측면에서 근대 서구사상의 기저를 이루고 있는 "世俗主義"(Secularism)를 비판하고, "倫理的 理想에 依하여 現實을 變化"시킬 것을 주장한다.[73] 그는 근대에 등장한 "실리주의, 실증철학, 과학주의, 자본주의, 공산주의" 등 여러 사조를 모두 세속주의의 산물로 이해하고, 이러한

71 金基錫, 「西洋近世思想의 特徵」, 『思想叢書』 3, 國民思想指導院, 1952, 53쪽.

72 물론 국민사상연구원의 필자 모두가 현실의 극복을 위해 서구 근대의 비판에만 몰입했던 것은 아니다. 오히려 서구 근대를 성취해야 할 목표로 상정하고 있기도 하다. 대표적으로 배성룡(裵成龍)은, 오히려 남한의 현실 문제가 전통시대 동양적 생산양식과 그것을 토대로 한 정치사상에 기인한다고 평가한다. 때문에 서구 근대를 기준으로 동양적 후진성을 극복하고 근대 국가로서의 경쟁력을 갖추어야 한다고 강조한다. 裵成龍, 「韓民族의 經濟觀」, 『思想』 1, 1952년 9월호; 裵成龍, 「儒教와 經濟」, 『思想』 2, 1952년 10월호; 裵成龍, 「東洋的政治思想과 그 様式研究」, 『思想』 3, 1952년 11월호; 裵成龍, 「東洋的政治思想과 그 様式研究」, 『思想』 4, 1952년 12월호 참조. 그럼에도 불구하고 그 역시 서구 근대가 낳은 사상과 현상을 문제시하면서 새로운 도의 이념을 추구한다. 그는 국민사상연구원의 청탁으로 집필한 글에서, 서구 근대가 초래한 '資本主義와 共産主義', '民主主義와 獨裁主義', '唯物主義와 精神主義', '國際主義와 國民主義' 등에 대립상과 문제점을 지적하면서, 한쪽의 극단적 추구가 아닌 양자의 '結合·包含·改良'을 통한 새로운 '道義性'을 주장한다. 裵成龍, 『思想과 道義』, 崇文社, 1954, 1~16쪽.

73 金在俊, 「宗教와 哲學 - 그 取할 態度에 關하여 -」, 『思想』 1, 1952년 9월호, 36쪽.

세속주의 근대는 인간을 신의 피조물이 아닌 자연법칙의 하나로 처리하고 있다고 지적한다. 결국 스스로 자신의 내면에 "神의 樣相"을 말살한 인간은 "優勝劣敗"의 진화론적 법칙 속에서 힘, 경쟁, 기계화, 합리화 등의 개념에 종속되어, 인간성의 "타락"과 현대문명의 "몰락"을 가져왔다고 비판한다.[74]

서구 근대에 대한 진단과 비판은 과학과 문예 분야에서도 이루어지고 있다. 무엇보다 주목되는 것은 과학사와 문예사를 통해, 근대의 발원지인 서구 사회가 과학적 발견 또는 시대적 변천에 따라 어떠한 인식론적 전환과 문예 장르의 변화를 겪어 왔는지를 검토한다. 그리고 이를 통해 근대 자연과학과 그에 기초한 인식의 객관성이 그 근원지인 서구로부터 회의(懷疑)되고 있음을 부각시킨다. 먼저 박익수(朴益洙)는 근대 자연과학의 근본원리의 변화가 여러 철학적 사유의 변화를 촉발시킨다고 전제한다. 그러면서 초기 근대 물리학은 물체의 "個別性"과 "性情"을 무시한 채 "異質的인 것의 等質化, 質의 量化, 그리고 一量化", 나아가 '주관과 객관의 분리'를 통해, 물리학의 권위를 확보했다고 설명한다. 하지만 아인슈타인의 "相對性理論"의 발견 이후 자연과학은 주관성의 계기를 승인하게 되었고, 이것이 근대 과학의 "절대적 객관성"과 "보편성"에 대한 부정과 함께 세계에 대한 인식의 전환을 가져왔다고 주장한다.[75]

다음으로 조향(趙鄕)은 『思想』에 세 차례의 연재를 통해 서구의 '이십세기 문예사조' 전반을 소개하고 있다. 그는 르네상스 이후 인간 이성에의 무한한 신뢰에 기초한 합리주의는 19세기에 들어 파산선고를 당했다고 주장한다. 이어 실증적 고전과학이 몰락했음에도 현대과학은 '심리학, 정신분석학 등 비일상적, 추상적, 미시적 차원의 처녀지를 개척'함에 따라 1920년대에 "深層心理主義破"가 등장했음을 주장한다. 하지만 19세기 "과학적 진보사상", "과학적 Optimism"이 제일차 세계대전을 등지고 공수표가 되면서, 20세기는 "과학에 대한 「비합리」의 승리요", "다양한 모험과 실험의 코오쓰"가 되었다고 지적한

74 金在俊, 「그리스도敎와 世俗主義」, 『思想』 3, 1952년 11월호, 23~29쪽
75 朴益洙, 「現代自然科學의 根本思想에 對한 哲學的 考察」, 『思想』 3, 1952년 11월호, 133~139쪽; 朴益洙, 「實存認識의 反省 - 現代物理學이 본 世界像 -」, 『思想』 4, 1952년 12월호, 107~115쪽.

다.[76] 그 결과 소위 1920년대 "혁명파(전위파)"라고 불리우는 "未來派, Dada, 超現實派, 表象派, 寫像派"를 시작으로, 현대 "아프레 · 겔派"까지 다양한 문예사조가 등장했음을 강조하고, 그에 대해 설명하고 있다.[77]

마지막으로 철학에서는 김기석(金基錫)과 이태영(李泰榮)이 각각 "공리주의"와 "물질문명"을 서구 근대의 병폐로 비판하고, "義"와 "無"에 기초한 현실의 개조를 강조한다. 김기석은 20세기를 '역사의 내용에 있어서는 십팔세기의 연장'이라고 파악하면서, 현대의 민주주의나 공산주의를 모두 낡은 "利"의 체제로 평가한다.[78] 그는 "개인의 이익만을 구경(究竟)의 목적으로 하는 한 공리주의"를 초월한 "義"의 사상을 주장한다.[79] 한편 이태영은 제2차 세계대전 이후의 세계를 "대전환기"로 이해하면서, 근대인이 "참된 人間의 自覺的 自由 道德的意味의 高貴한 自由 곧 참된 自由를 發見하지 못"했다고 지적한다. 그 결과 '근대는 신을 잃은 대신 물질이 신의 입장을 대치한 물질문명'의 시대가 되었고, "동물적, 노예적, 인면수적(人面獸的) 인간"을 출현시켰다고 비판한다. 때문에 현대는 자각, 부정, 초극의 원리인 "無"의 원리에 의해 전개되어야 한다고 주장한다.[80]

이와 같이 『思想』과 여타 텍스트의 서구 근대 표상은 비판적 경향과 논조로 거의 일관하고 있다. 그리고 서구 근대를 '세속주의 · 공리주의 · 물질주의 · 과학주의 · 합리주의 · 비인간화' 등 그 무엇으로 비판하든 간에, 모두 그것을 '위기 · 몰락 · 쇠망 · 타락'의 필연적 도정에 있는 것으로 전경화하면서 개조 또는 폐기의 대상으로 규정하고 있다. 그런데 보다 주목해야 할 것은 서구 근대와 반근대의 표상에 냉전의 현실이 접합하는 지점이다. 다시 말해 미국과 소련은 개조 또는 폐기의 대상인 서구 근대를 대표하는 전후 세계의 두 패권

76 趙鄕, 「二十世紀文藝思潮」, 『思想』 1, 1952년 9월호, 84~95쪽.

77 趙鄕, 「二十世紀文藝思潮」, 『思想』 2, 1952년 10월호, 99~118쪽; 「二十世紀文藝思潮」, 『思想』 4, 1952년 12월호, 159~177쪽.

78 金基錫, 「新世代의 道德」, 『思想』 4, 1952년 12월호, 6쪽.

79 座談會, 1952년 10월호, 69쪽.

80 李泰榮, 「思想的으로 본 歷史的 現實」, 『思想』 4, 1952년 12월호, 37~57쪽.

국으로, 남한은 그 중 미국의 헤게모니 아래 편재되었다. 때문에 관념과 현실 사이의 모순과 긴장이 존재했던 것이다.[81] 요컨대, 당대 남한 사회에는 거부하고 버려야 할 두 개의 근대 중 한쪽을 품고, 한쪽을 배제해야 하는 현실을 설명해야만 했다. 이런 현실 앞에서 필자들은 서구 근대와 반근대의 표상 속에 냉전의 현실을 기입시키고 있다.[82]

---

81 관련하여 현 세계의 "不安"과 "混亂"을 주제로 한 좌담회에서, 사회자 김동리(金東里)는 "오늘의 不安은 現代資本主義가 가지는 不安"이라고 평한 신도성(愼道晟)의 발언을 받아서 다음과 같이 질문한다. "勿論 資本主義와 民主主義의 缺陷이란 것은 「맑쓰」가 말한바 資本主義는 그 自身이 內包하고있는 缺陷에依해서 崩壞한다고 하였읍니다만 그러면 「맑쓰」가 그對象으로 擇했던 英國은 果然 붕괴하는가? 또 英國의 崩壞는 그대로 「資本」이나 「民主」의 崩壞를 意味하는가? 만약 그렇다면 오늘날 英國과 같이 資本主義國家로 看做되는, 아니 바로 「資本」과 「民主」의 한 「盟主國」으로 認定되는 美國도 英國과 같은 길을 가고 있다고 보는가, 여기에 문제가 있을 것 같습니다. 만약 英國이 오늘과 같은 것이라면 果然 「맑쓰」나 「스딸린」은 끝까지 微笑할수 있을것입니다 그러나 美國의 오늘은 興隆과 盤石의 象徵같이 看做되고 있으며, 이 興隆과 安全이 目前의 現實이라면 「맑쓰」와 「스딸린」의 迷夢은 어떻게 되나, 하는 問題"라고 말한다. 이처럼 당대 서구 자본주의에 대한 비판 속에서 영국과 미국을 어떻게 인식할 것인가의 문제가 제기되고 있었으며, 그 기저에는 역으로 소련은 어떻게 평가해야 할 것인가에 대한 문제의식 역시 깔려있다. 「(座談會)世界는 어데로? - 現代의 意味와 性格 -」, 『新天地』 7-3, 1952년 3월호, 56~63쪽.

82 다만 한국전쟁기 냉전적 틀에 기초해서 현실 세계를 재구축하려는 시도는 국민사상연구원 소속 지식인들, 특히 김기석과 이태영 같은 일제시기 이래 교토학파의 영향 아래 특정한 사상적 경향을 견지했던 인물들에 한정해서 시도된 것은 아니다. 물론 그들에 의해 선구적 작업이 시도되고 보다 정연한 논리가 생산되었지만, 이런 현상을 특정 사상적 경향의 산물로만 이해하기는 어렵다. 김기석과 이태영의 시도 자체가 새롭게 세계를 다시 상상하고자 했던 당대 남한의 현실을 반영한 것이다. 실제 한국전쟁기 제2차 세계대전 이후 서구 근대의 대표로 부각된 미국과 소련을 질적 구별짓기를 통해 재배치하고, 미국의 헤게모니와 남한 정권의 체제 정당성을 구축하려는 이데올로기 작업은 다양하게 시도되었다. 한 예로 당시 중앙대교수였던 조규동(趙奎東)은, "人類史上 가장偉大한 文化의 創造者들의 하나인 美國과 쏘聯"이 "最高의 生活水準을 가지고 있으며 經濟的으로 그國民을 能히 扶養할 能力과 廣範하게 普及된 教育과 가장 高度로 啓蒙된 道德과宗教를 가지고있다는 所謂 超大强國이요 一流國家"임에도 불구하고, 두 국가가 "戰爭을 防止하지못하고 도리어 戰爭을 挑發시키고있는 矛盾된 歷史的現像을 빚어"낸다고 양자를 함께 비판한다. 하지만 전쟁의 원인이 "實踐을通하여 民主主義를 政治面 經濟面에서 完全히 實現하여야할 「마르크스」나 「레-닌」같은 實踐的人物들이 도리어 그民主主義의 精隨라고할 信仰과 言論의 自由에 反對"한 소련에 있음을 주장한다. 이어 "中共의 不法參戰"을 "그 「이데오로기」의 着色은 다르지만 客觀的인 國際關係에서 본다면 모름지기 過去 日本의 大陸政策과 같은方向으로 흐르고있다"고 비정하면서, "中쏘同盟條約으로써 結合된 모스크바 北京樞軸이라는것이 그背景이 되어있다는것을 考察하여볼때 그것은마치 日獨樞軸同盟으로서 大陸制覇를 꿈꾸던 日本軍閥과 다른點이 없는것"이라고 규정한다. 반면 이와 대조적으로 미국이 주도한 "U·N의 原則과 그決議"를 "過去의 獨裁主義陣容이 敗亡한歷史를 反省하고 그誤謬와失敗를 是正한 올바른 歷史的 經驗에 依據"한 "妥當한判斷"이라고 주장하고, "U·N과 運命을 같이" 할 것을 요구하고 있다. 趙奎東, 「一九五二年」, 『1952

실제 김재준은 세속주의 근대를 비판하면서 공산주의를 가장 과격한 "戰鬪的 世俗主義"로 비정한다. 그는 공산주의의 '메시아적 신앙, 半신비적 신앙, 절대충성과 희생, 무비판적 정경(正經) 수용, 순례, 사상적 배타성' 등을 지적하면서 그것의 종교성을 지적한다. 나아가 "共産主義는 現代의 世俗主義를 組織化 宗敎化한 것"이자 "파시즘"과 동일한 것으로, 그 "몰락"이 임박했음을 강조한다.[83] 조향 역시 공산주의를 현대 비합리주의적 문예사조에 역행하는 "反世紀的인 하나의 蒙昧"라고 비판한다. 그는 "물구나무선 Hegelian들"이 "森嚴한 紀律과 中世를 흘겨보는 主從關係의 쇠사슬로서, 세계의 荒蕪地化에 拍車를 걸고, 무지무지한 Jingoism으로 기울어져"갔다고 평가한다. 결국 그는 공산주의가 "强權全體主義, 組織된 憎惡의 體系, 合理化된 野蠻과 欺瞞의 精粹"로, "二十世紀의 痼疾"이라고 강조한다.[84]

이와 같이 김재준과 조향은 반근대의 표상 속에서 공산주의에 대한 질적 구별짓기를 통해, 반근대의 인식과 냉전이 중첩된 남한 사회의 모순과 긴장을 해결하고자 시도하고 있다.[85] 그런데 이러한 구별짓기 전략은 냉전의 두 진영 중 한 측인 공산주의의 역사적 위치를 배정할 뿐, 또 다른 측인 남한이 편입된 '민주주의' 진영의 역사적 위치와 정체성을 확인해 주고 있지는 못하다. 즉 말 그대로 적대와 반대를 위한 '반공'일 뿐 타자를 통한 나에 대한 해명이 전혀 되고 있지 못한 형편이다. 현실을 압도하고 있는 두 개의 근대 중 하나를 배제해야 할 것으로 만들었다 할지라도 다른 하나에 대한 설명은 여전히 부재하고 있다. 또 그것은 이미 지난 근대에 대한 평가일 뿐 현대적 차원에서 적극적으로 이론화되고 있지 못하다. 이에 대한 보다 구체적이고 정연한 작업은 이태

年』, 首都文化社, 1951, 39~42쪽.

83 金在俊, 앞의 글, 29쪽.

84 趙鄕, 앞의 글, 87쪽.

85 백낙준 역시 민주주의와 대조해서 공산주의를 도태 또는 퇴행된 것으로 비정한 채, 양자의 질적 차이를 강조한다. 그에 따르면, '民主主義는 "時代와 環境에 따라 恒常 變化하고 成長하여"온 결과 "獨裁나 全體主義的 現想"이 없는 반면, 共産主義는 "맑스라는 한사람의 造作物"이므로 변화나 성장이 없이 "公式的"이고 "機械的"이어서 "獨裁主義"와 "全體主義"를 발생시킨다.'고 강조한다. 白樂濬, 「民主主義는 왜 公式的이 아닌가」, 『思想』 3, 1952년 11월호, 6쪽.

영과 김기석에 의해 이루어지고 있다.

이태영은 근대 "유심론(唯心論)"과 "유물론(唯物論)"이라는 잘못된 두 사상이 인류의 몰락을 가져왔다고 지적하면서, 이를 초월하여 "自己否定"에 의한 "自覺"의 원리인 새로운 "無"의 세계관을 주장한다. 그는 "生命의 世界"를 무시하고 부정해버린 유심철학의 인간관이 '생물적 · 동물적 · 야욕적 · 이기적'인 개인과 "罪惡的"이고 "腐敗"한 자본주의 세계를 낳았다고 주장한다. 반면, 모든 실천을 물질과 그것의 변증법적 운동으로 오인한 유물철학은 인류에 "惡魔的"이고 "破壞"적인 것으로, 양자 모두 구체적인 세계와 현실을 처리할 수 없기는 마찬가지라고 주장한다. 그러면서도 "부패나 파괴가 다함께 결과에 있어서는 동일한 것이게 되지만은 그래도 부패하는 세계에서는 새싹이 나올 여유와 자각할 희망이 있으되, 파괴의 세계에는 절망과 멸망 외 아무런 것도 있을 수 없는 것"이라고 양자의 질적 차이를 주장하면서 반공주의를 분명히 하고 있다.[86] 여기까지는 근대 비판의 논리를 반공주의에 결합시키고 있다는 점에서 앞에 필자들과 동일하다. 하지만 이태영은 전후 세계로 넘어와서 양자를 시공간의 분할을 통해 재배치한다.

그는 전후 세계를 이전과는 다른 "대전환기"로 규정하면서, 미국과 소련의 대외정책 비교를 통해 공산주의를 비판한다. 그는 제2차 세계대전 이후 미국이 공산주의의 반대에 대응해서 과거의 자본주의를 수정 내지는 폐기하고 "도덕적 민주주의"로 전향한 반면, 소련은 미국의 영향으로 악마적 공산주의를 개칭해 "진보적 민주주의"로 선전하고 있지만 여전히 폭력성 "그대로"의 공산주의라고 주장한다. 그 결과 미국은 약소민족에 대한 "원조"를 통해 전 세계의 공존공영을 향하고 있지만, 소련은 "불순한 야욕"을 은폐한 채 전환기 세계의 창조적 건설에 역행하고 있다고 강조한다.[87] 이제 서구 근대 비판의 논리 속에서 동일한 폐기 대상이었던 두 사상은 전후 세계 냉전의 현실에서 구별되어 진다. 한쪽은 "전향"을 통해 현대로 진화한 반면, 다른 한쪽은 "그대로" 폐기해

86 李泰榮, 앞의 글, 43~54쪽.
87 李泰榮, 위의 글, 40쪽.

야 할 근대로 비정된다.[88]

요컨대 이러한 시공간의 분할과 배치를 통한 담론전략은 일종의 '비동시성의 동시성(die Ungleichzeitigkeit des Gleichzeitigen)'의 정치라고 할 수 있을 것이다. 식민시기 일본의 관학 지식인들이 서양의 오리엔탈리즘에 맞서 '동양'을 발명하고, 그 시공간을 단선적 진보적 시간 축에 의해 재분할하는 것을 통해 지배의 논리를 구축했던 것과 동일한 것이라 할 수 있다.[89] 즉 일본 "동양학의 구조"가 '서양'을 타자화해서 '동양'을 구축하고, 그 동양을 다시 단선적 시간관에 의해서 '미개한 동양(支那)'과 '진보한 동양(일본)'으로 분할했던 것과 동일하게, 폐기해야 할 '근대'를 타자화해서 '현대'를 구축하고, 그 현대를 다시 "그대로"의 근대와 "전향"한 근대로 분할하여 "전향"한 근대의 '도덕적' 우월성을 생산하고 있다. 또한 마찬가지로 이러한 이데올로기 작업은 일본의 동양학이 그러했듯이 세계사를 재평가하고, 그에 기초해서 현실 세계를 재구성하는 것이었다. 그 작업은 김기석에 의해 보다 정연하게 이루어졌다.

김기석은 먼저 "東洋의 오늘은 東洋의 오늘이 아닌 西洋의 오늘"이기에, "우리"의 오늘을 이해하기 위해선 "서양의 오늘"을 살펴야 함을 주장한다. 그는 또한 동양과 서양을 지리상의 구획이 아닌 "역사의 장소"이자 "이념의 마당"일뿐이라고 규정하면서, 그것이 고정불변의 것이 아닌 역사 속에서 변화 가능한 상대적 범주임을 지적한다. 이어서 그는 서양사를 지역과 결부시켜 정신사의 개전(開展)을 중심으로 다시 그린다. 그는 "西洋에는 세 가지 西洋을 구별할 수 있으니 西洋의 「그제」인 希臘과 그 「어제」인 羅馬와 그리고 그 「오늘」인 歐羅巴"로서, 이 "歐羅巴의 思想과 文化가 오늘의 東洋과 西洋을 아울러 휩쓸고 있다"고 주장한다. 그리고 다시 이 구라파의 오늘을 "「아침」과 「낮」과 「저녁」으로 가른다고 하면, 西洋精神史의 「오늘」인 近世歐羅巴는 지금 그 저무는 「저녁」에 들어"섰음을 부각시킨다.[90]

---

88 趙奎東, 『1952年』, 首都文化社, 1951.
89 스테판 다나카, 박영재 · 함동주 역, 『일본 동양학의 구조』, 문학과지성사, 2004 참조.
90 金基錫, 앞의 글, 53~64쪽.

그러면서 그는 현대정신 속에는 "저무는" 현대정신과 "일어나는" 현대정신이 아울러 흐르고 있는데, 이 저무는 것이 서양 근대의 "利"이고, 일어나는 것이 우리의 "義"라고 강조한다. 그는 더 이상 "利"의 인간학에 기초한 오늘의 "민주주의, 민족주의, 사회주의, 공산주의"가 역사를 이끌어나가는 지도원리가 될 수 없다고 지적한다.[91] 대신 "너 자신의 人格에 있어서나 남의 人格에 있어서나 이것을 단순히 手段으로뿐이 아니고 同時에 目的"으로 하는 "義"의 도덕을 내세운다.[92] 그런데 흥미로운 것은 이 "義"의 새로운 실현의 장소로 "태평양"을 지목하고 그 담당할 주체가 바로 "한민족"이라고 주장하고 있는 점이다.[93]

여기에서 김기석은 "義"의 세계사적 의미를 근대에서 현대로 확장시키면서 세계 냉전과 한국전쟁의 현실을 재해석한다. 그리고 이 "義"에 기초해서 전후 세계의 현실을 재평가하고, 그 과정에서 "我"와 "他", "우리"와 "적"의 관계를 재배치하고 있다. 즉 "민주"와 "공산"의 양 진영으로 대립한 냉전 세계를 "義"의 논리에 기초해서 재해석하고, 그 과정에서 양자 사이의 도덕적 위계질서를 새롭게 구축함으로써 남한 정권의 체제 정당성과 우월성을 강화시키고 있다. 먼저 그는 1919년 "三一革命"과 전후 "國際聯合"이 모두 "義"를 실현한 세계사적 사건이라고 강조한다. 그는 "韓國動亂이 단순히 歐羅巴史의 連續이 아니요 어느 意味에 있어서 歐羅巴를 넘어서는 것의 開展으로서 그 精神的인 系譜는 一九一九年의 三一革命에 屬하여 새로운 義의 思想이 오랜 利의 思想을 헤치고 그 燦然한 光芒을 發하기 위한 한때의 混亂이요 暗黑이요 試練"이라고 평가하고 있다.[94] 이어 "義"의 담지자로서 국련의 세계사적 의미를 다음과 같이 말하고 있다.

> 國聯의 憲章은 民族과 民族 사이의 自由와 平等과 信賴를 提高하는 새로운 民主精神의 雄渾한 表現이라고 할 수 있다. 國聯憲章은 그 會員國인 民族

91 金基錫, 위의 글, 65~76쪽.
92 金基錫, 「新世代의 道德」, 『思想』 4, 1952년 12월호, 13쪽.
93 金基錫, 위의 글, 99쪽.
94 金基錫, 『第一次大戰後의 指導理念 韓國의 苦難과 東洋復興』, 國民思想硏究院, 1954, 26쪽.

及 國家가 서로서로의 獨立과 自立을 尊重하고 또 자기에게 賦課된 歷史的 使命을 다함으로 해서 하나하나의 民族 또는 國家가 함께 더불어 世界史의 顯彰에 나뉠 것을 가르친다. (…) 國聯의 精神은 部分이 全体를 살리고 全体가 部分을 일으키는 精神이다. 오늘의 民主主義가 部分에 붙잡혀 소중한 全体를 헐고 오늘의 共産主義가 全体를 위하노라고하면서 애꿎게 部分을 犧牲시킨다고 하면 오늘의 國聯의 精神은 이것을 單純히 民主主義 또는 共産主義로 부를 것이 못되리라. 部分이 部分에 기우러지는 것도 아니고 全体에 붙잡히는 것도 아니고 部分이 部分 및 全体를 위하여 말을 바꾸면 진정한 자기를 위하여 英勇히 일어서고 果敢히 싸운 것이 우리의 一九一九年 三一革命이다. (…) 우리나라와 國聯이 힘을 合하고 어깨를 겨누어 西洋近世의 最後最大의 全體主義인 共産主義에 依하여 싸우고 있는 것은 決코 偶然한 일은 아닌 것이다.[95]

김기석이 주장하는 "義"는 "部分이 全体를 살리고 全体가 部分을 일으키는 精神"으로, 이병도가 말하는 "공동사회(Gemeinschaft)"의 정신과 일맥상통하는 것이다.[96] 또 이태영이 서구 근대 사상을 비판하면서 제기한 "無"의 정신, 즉 끊임없는 자기부정의 변증법을 통한 "自覺"을 매개로 "個는 全을 爲하고 全은 個를 爲"하는 윤리와도 같은 맥락이다.[97] 다시 말해 서구 근대의 "利"에 기초한 주-객의 관계가 아닌 주-객 모두의 자목적성을 존중하는 새로운 윤리로서의 "義"를 주장하고 있다. 그런데 이 "義"는 근대 민주주의와 공산주의를 모두 초월한 "삼일정신"과 현대 "국련헌장의 정신"이고, 바로 그것이 "西洋近世의 最後最大의 全體主義인 共産主義"와 싸움을 통해 구체적으로 실현되고 있다고 연결 짓고 있다.[98] 그리고 그 주체가 바로 "국련군"과 "우리"라고 강조한다. 특히 "한미 양군"을 중심으로 한 국련군은 자신들의 "利"가 아닌 전체 곧

95 金基錫, 위의 책, 23~25쪽.

96 李丙燾, 「國史上으로본우리指導理念」, 『思想叢書』 1, 國民思想指導院, 1952, 5~6쪽.

97 李泰榮, 앞의 글, 56쪽.

98 관련해서 『思想』의 편집진에서는 "국제 연합의 조직과 사업"이라는 기사를 통해, 국제연합이 "타국을 침해하지 않고도 자국의 생존과 번영을 도모할 수 있으며 내 이웃의 권리를 존중하므로 말미아마 피차의 복리를 누리"게 하고자 탄생했다고 소개하면서, 그 조직과 사업에 대해 상세히 설명하고 있다. 編輯室, 「國際聯合의 組織과 事業」, 『思想』 3, 1952년 11월호, 94~116쪽.

국련헌장의 "義"를 위해 싸우고 있는 진정한 "義"의 주체로 부각되고 있다.[99] 요컨대, 김기석은 "義"에 논리를 통해 세계사를 다시 그린다. 그리고 그 과정에서 "서양"이 아닌 "동양"을, "근대" 공산 진영이 아닌 "현대" 민주 진영을 대립시키고, 현재와 미래의 "義"의 담지자로서 미국과 남한의 도덕적 정당성과 체제 우월성을 구축하고 있다.

이와 같이 김기석은 서구 근대의 공리주의를 대체할 새로운 이념으로 "義"를 제시하는데, 이 "義"의 논리를 통해 서구 근대사를 재구성하고, 세계의 시공간을 새롭게 재편하고 있다. 그리고 그 과정에서 근대 이후 서구의 다양한 사상과 사태를 평가하고 재배치하면서 냉전세계와 한국전쟁의 역사적 의미를 새롭게 설정하고 있다. 즉 "義"의 논리에 입각해서 과거 - 현재 - 미래의 시간적 횡축에 동양 - 서양 - 태평양이라는 종축을 설정하고, 그 위에 아(我) - 민주 진영과 타(他) - 공산 진영을 배치하는 것을 통해, 민주 진영의 체제 정당성과 우월성을 구축하고 있다. 이런 측면에서 국민사상연구원이 발행한 『思想』과 여타 텍스트는 전후 세계의 재구성을 통해 당대 남한 사회를 새롭게 의미화하고, 지배 권력의 정당성과 전쟁의 당위성을 공고히 하는 지배담론에 다름 아니었다.

또한 그것은 전쟁과 재건의 시기 남한 사회의 역사적 표현에 하나였다. 식민과 탈식민의 경험은 당대 남한 사회의 근대와 반근대의 상상력을 충만하게 했고, 동시에 남한 사회를 근대와 반근대의 사이에서 동요시키는 원인이기도 했다. 탈식민 이후 민족국가 건설에 대한 열망 속에서 서구 근대는 따라 배워야할 모방의 대상인 동시에 극복의 대상이기도 했다. 여기에 전후 세계의 새로운 패권국으로 등장한 미소를 중심으로 전개된 냉전의 현실은 근대와 반근대의 인식에 기초한 기존 세계관의 수정과 재구성을 요구했다. 더구나 분단과

99 이선근 역시 김기석이 말하는 "義"에 맥락에서 UN군을 높이 평가하고 있다. 그는 한국전쟁의 세계사적 의미를 "滅共聖戰"으로 정의하면서, "다수국가의 병사들이 전세계에 법의 지배를 유지하기 위하여 한 기빨 아래서 싸우는 것은 유사 이래 처음 되는 일"이라고 강조한다. 이어 UN군을 대의를 위해 자기를 희생하는 "義"의 주체로 제시한다. 李瑄根, 『建國理念과 學生』, 國民思想研究院, 1954, 108쪽.

한국전쟁은 근대와 반근대 그리고 냉전이 중첩된 현 세계에 대한 설명을 요구했다. 한쪽에서는 근대국가 건설을 위해 동양의 후진성을 일소하고 서구 근대의 모방을 외치는 반면, 다른 한쪽에서는 몰락하는 서구를 대신해 동양의 전통으로 시선을 돌리는 현상이 공존하고 있었다. 한국전쟁과 재건의 시기 국민사상연구원이 생산한 텍스트는 바로 이런 당대 사회의 반사물이다. 시공간의 재구성과 '동시성의 비동시성'을 통한 담론전략은 『思想』과 여타의 필자들이 남한 사회의 정체성을 재구축하기 위해 취한 하나의 방책에 다름 아니었다. 『思想』과 여타의 텍스트가 보여주고 있듯이, 서구 근대 · 반근대 · 냉전이 긴장하며 뒤엉킨 채 "義"의 세계사를 상상할 수 있었던, 그리고 근대가 곧 진보를 뜻하면서도 공산주의가 가장 근대적이라는 이유로 비판될 수 있었던, 그 시공간이 바로 한국전쟁 무렵 남한 사회였다.

제3장 전시동원체제의 균열과 자유민주주의론의 전유

한국전쟁기 이승만 정권은 전시동원체제의 효율성을 극대화시키고, 자신의 지배 정당성을 구축하기 위해 냉전담론을 확대·생산하였다. 특히 전시 애국 담론과 결합된 냉전담론은 곧 애국을 '반공'으로, '자유와 민주주의의 수호'로 치환시켜갔다. 이 과정에서 이승만 정권의 '애국'의 상징이자, 동시에 '자유'와 '민주주의'의 상징이었던 '전사자'와 '상이군인'은 국가적 차원에서 추앙되었다. 또 전시동원체제를 위해 국가의 상징 작업의 일환으로 끊임없이 '반공', 곧 '자유'와 '민주주의'의 기표로 호출되었다. 다시 말해, 전사자와 상이군인은 이승만 정권의 지배이데올로기의 담지자로, 그들의 '영혼'과 '상흔'을 통해 지배 권력은 후방의 국민들을 통제하고 단속했다.

문제는 한국전쟁기 이와 같은 전사자와 상이군인에 의한 이데올로기 작업이 더 이상 효과를 발휘하지 못하는 상황이 발생했다는 점이다. 한국전쟁은 총력전과 '톱질전쟁'의 양상으로 인해 수많은 전사자와 상이군경을 발생시켰다. 그 결과 국가의 이념적 상징이자 추앙의 대상이었던 상이군인에 대한 원호사업이 원활하게 이루어질 수 없었다. 더구나 이승만 정권의 무능과 부패, 독선적 행태가 계속되면서 상이군인의 실존적 조건은 그 영예와는 동떨어진 비참한 상태로 남겨졌다. 이런 이상과 현실의 괴리 속에서 체제 내 비판세력들은 지배 권력이 독점했던 '상이군인'의 신체를 탈취해서, 자신들의 정치적 상징으로 만들어갔다. 즉 이승만 정권이 '반공'의 표지로 전유했던 '상이군인'의 상징을 그것과 '동의이어(同意異語)'인 '자유'와 '민주주의'의 상징으로 재전유하면서 지배 권력에게 저항해갔다. 바로 이 지배와 저항의 과정은 한국전쟁기 냉전적 반공주의가 남한에 체제화 되어갔던 사회적 과정을 시사하고 있다.

1. 정부 수립 직후 애도정치

정부 수립 직후 여타의 다른 것들을 제치고 기념과 의례의 대상으로 급부상한 것은 전몰군경(戰歿軍警)이었다. 이미 1946년 10월에 발생한 '영남일대 소요사건'을 계기로 순직경관합동위령제가 미군정과 우익을 중심으로 매년 거행되었다.[100] 하지만 전몰군경에 대한 각종 기념과 의례가 급증하게 된 시점은 정부 수립 직후 여순사건이 일어난 1948년 10월 이후부터였다. 특히 1948년 말부터 신문에서는 그 전에 비해 상대적으로 많은 횟수의 위령제와 추모제 관련 기사를 확인할 수 있는데, 이것은 당시 애도 의례가 국내 정치와 밀접하게 연계되었음을 시사해준다. 이 무렵 이승만 정부는 국내 정치의 수세국면을 타개하면서 자신의 권력기반을 구축해갔다. 이 과정에서 국가보안법을 비롯한 각종 통제 법안과 지침을 발표하고, 일민주의(一民主義) 등 사상대책을 강구하면서 반공국가체제를 확립해갔다.[101]

실제 이러한 반공국가체제의 확립과 기념의례의 정치적 상관성은 당대 신문을 통해 확인해 볼 수 있다. 이 시기 신문들은 전국 각지의 크고 작은 위령제를 계속해서 기사화하면서, 이승만 정부의 애도정치 양상을 잘 보여준다. 오히려 지배 권력의 시선을 내화하는 차원을 넘어 보다 적극적인 재현(representation) 전략을 통해 애도정치에 가담하고 있었다.[102] 당시 신문들은 제주 4·3사건, 여순사건(전남지구반란사건), 개성지구전투(三八선접경지역) 등을 애도 서사의 주요 대상으로 활용했는데, 이러한 애도 서사는 학살과 희생의 이분법적 대립

100 『동아일보』 1948년 6월 26일자 기사는, '국내치안을 담당한 국립경찰의 임무를 완수하려다 쓰러진 一百八十주의 영령의 명복을 비는 제二회전국순직경찰관 합동위령제가 이승만 박사와 "딘" 군정장관 등이 참석한 가운데 집행'되었음을 보도하고 있다. 「慰靈祭嚴修」, 『동아일보』, 1948년 6월 26일자.

101 김득중, 「여순사건과 이승만 정권의 반공이데올로기 공세」, 『역사연구』 14, 역사학연구소, 2004; 김득중, 『빨갱이의 탄생』, 선인, 2009, 483~531쪽.

102 관련하여, 신문을 "그 자체가 특정 이데올로기의 생산자이자 전파자로서, 또 특정 행위의 조직자로서 존재하면서, 권력관계를 유지하거나 창출"하는 유력한 수단으로 인식할 필요가 있다. 임종명, 「여순사건의 再現과 暴力」, 『한국근현대사연구』 32, 한국근현대사학회, 2005, 108~109쪽. 신문의 정치성에 대해서는 스튜어트 홀, 임영호 편역, 『스튜어트 홀의 문화이론』, 한나래, 2005, 317~340쪽 참조.

구도를 통해 죽은 자들을 전유해갔다.

특히 여순사건 관련 신문 보도는 이러한 서사 구조의 전형을 보여준다.[103] 당시 거의 모든 신문은 반란군을 공산분자로 호명하면서, 그들을 '학살', '파괴', '살상', '만행', '교란' 등의 주도자로 부각시킨다. 그리고 여기에다 '비명에 사라진' 양민과 진압 과정에서 '희생'된 군경을 대조시킨다. 또한 사건의 본질이 "결코 우리 민족의 본심"에 있는 것이 아닌 "外國의 모략과 선동"에 기인한 것이라고 규정하고, 이에 "맹목적으로 날뛰는" "공산매국도배"야말로 소련의 "走狗"라고 비난하고 있다. 이처럼 학살과 희생의 대립 구도에 기초한 서사 전략은 반란의 역사적 진상을 소거시키면서, "피비린내 나는 지옥"과 "아비규산의 참극"에 책임이 "공산폭도"에 있음을 선명히 한다. 동시에 그들을 "禽獸"와 "鬼畜"과 같은 비인간적 대상이자, "민족과 국가를 파괴하고 좀먹는" 반민족적 반국가적 타자(他者)로 부각시킨다. 다시 이러한 설정은 역으로 반민족적이고 비인간적인 타자와 이들에 맞서 싸운 망자(亡者), 그리고 그가 죽음으로 지키고자 했던 "조국" 간의 대립적 의미관계를 구축하면서, 대한민국과 그 지배 권력의 민족적 · 정치적 정당성을 강화시킨다.[104]

이러한 애도의 의례와 서사는 국가와 그 지배 권력의 정당성을 위한 것만은 아니었다. 애도정치의 궁극적인 대상은 남한 주민들이었다. 행사일과 함께 묵념, 반기(半旗) 계양, 휴업과 같은 당일 행동지침을 미리 선전하면서, 시선의 집중과 적극적 참여를 꾀하고 있다.[105] 무엇보다 위령제와 함께 "공적자 표창"을 비롯해서 "사열, 분렬, 전투훈련, 위안경기대회" 등 단결을 과시하거나 이를 도모하는 이벤트가 진행되었다.[106] 심지어 위령제를 주관하는 정치 · 사

103 여순사건을 둘러싼 재현의 정치에 관한 대표적 연구로는 임종명, 「여순사건의 再現과 暴力」, 『한국근현대사연구』 32, 한국근현대사학회, 2005(b) ; 「여순사건의 재현과 공간(空間)」, 『한국사학보』 19, 고려사학회, 2005(c).

104 「산敎訓살리어 南北統一이룩하자」, 『동아일보』, 1949년 10월 19일자.

105 「軍神의冥福을祈願 殉國將兵慰靈祭」, 『동아일보』, 1949년 6월 5일자; 「戰歿慰靈祭에 遊興街弔意表示」, 『동아일보』, 1949년 6월 5일자.

106 「殉義民保團員慰靈祭」, 『동아일보』, 1949년 5월 22일자; 「그대들의遺績은크다」, 『경향신문』, 1949년 5월 23일자.

회단체의 총회가 동시에 개최되기도 했다.[107] 이처럼 당시 애도의 시공간은 일반 주민의 시선을 집중시키는 동시에 그들의 통일된 행동과 결속력을 강화시키기 위해 기획된 것이기도 했다.

이와 함께 위령제를 전후로 발표된 대통령을 비롯한 정부관리 등의 조사(弔辭)와 담화는 애도의 정치성을 보다 직접적으로 보여준다. 이러한 조사와 담화 역시 학살과 희생의 서사 전략을 취하면서, 비인간적이고 반민족적인 '공산괴뢰집단'에 맞서 "국토를 방위하고 우리 민족의 자유"를 위하여 싸운 전몰군경을 "祖國의 軍神", "民族의 守護神", "護國의 神"으로 신격화하고 있다. 이어 그들의 "영령정신 즉 충국애족과 위국희생의 정신을 갖추어서 군관민 혼연一체가 되어 영령의 유지를 계승"할 것을 주문하고 있다.[108]

죽은 자들을 통해 '살아있는 자들'을 결속하고 동원하고자 했던 애도정치는 한국전쟁기 전시동원체제하에서 한층 강화되었다. 하지만 전선의 교착상태 속에서 수많은 전사자가 발생했기 때문에, 이전과 같이 빈번한 위령제가 거행되기는 어려웠다. 대신 전쟁이 발발한 6월 25일과 서울을 수복한 9월 28일을 전후로 위령제를 비롯한 각종 추모와 기념행사를 집중적으로 실행하였다.[109] 학살과 희생의 서사 전략[110] 및 애도 의례의 사전 홍보를 비롯한 당일의 행동지침 등은 이전과 비슷했다.[111] 다만 대량의 전사자로 인해 '삼군합동위령제'

---

107 「西靑定期總會와合同慰靈祭」, 『경향신문』, 1948년 8월 5일자.

108 「戰友의 弔砲도 肅然!! 忠魂의冥福祈願 殉義將兵의合同慰靈祭嚴修」, 『동아일보』, 1949년 6월 7일자. 이러한 애도의 서사에서 영령의 유지를 계승한다는 것에는, 그에 따른 체제 내 포섭과 그에 "위반되는 도배들"에게는 "거국적 숙청"이 이루어진다는 배제의 의미가 함께 함축되어 있었다. 달리 말하면, 애도의 서사에는 결속과 단속의 이중적 지배 기술이 작동되고 있다. 「第二回戰歿軍人合同慰靈祭嚴修」, 『경향신문』, 1949년 6월 7일자.

109 실제 전쟁 발발 이듬해인 1951년과 1952년에는 "삼군합동위령제"가 9월 28일 거행되었지만, 1953년에는 "국방부 기구 개편에 따른 제반 사정으로" 10월 16일에 개최되었다. 「三軍慰靈祭十月 16日로 延期」, 『경향신문』, 1953년 8월 24일자.

110 한국전쟁 기간과 휴전 직후 집행된 위령제의 양상 역시 이전과 유사한 의례와 서사 양상을 보인다. 관련해서 당시의 대표적인 애도 정치 양상을 보여주는 사례로는, 「合同慰靈祭에大統領追悼辭」, 『동아일보』, 1951년 9월 30일자; 「戰歿將兵慰靈祭嚴修」, 『경향신문』, 1952년 9월 29일자; 「陸海空三軍戰歿將兵 어제合同慰靈祭嚴修」, 『동아일보』, 1953년 10월 17일자.

111 관련 기사들로는, 「護國神 명福祈願 三軍合同慰靈祭 28日上午東萊서執行」, 『동아일보』, 1951년 9월 22일자; 「三軍慰靈祭迫頭」, 『경향신문』, 1952년 9월 26일자.

의 형식으로 진행되었고, 전쟁의 국제적 성격으로 인해 "군경 및 유엔군합동위령제"가 개최되었다.[112] 무엇보다 위령제 전후로 '원호주간(援護週間)'을 통해 전몰 상이군경과 그 유가족에 대한 원호활동이 이전에 비해 강조되고 있는 것이 특징이다.[113] 또한 죽은 자에 대한 의미의 외연이 민족적 차원에서 냉전세계로 확장되어 재조정되었다.[114] 요컨대 한국전쟁기 애도정치는 기존 틀 속에서 전시라는 당면 의제가 덧붙여진 양상을 보였다.

그런데 정부 수립부터 한국전쟁에 이르기까지 애도정치의 양상에서 주목해야 할 것은, 결국 애도의 의례와 서사가 어떠한 방식으로 작동하며 궁극적으로 어디를 향하고 있는가이다. 관련하여 위령제의 풍경을 좀 더 상세히 살펴볼 필요가 있다. 당시 신문들은 위령제 관련 보도를 통해 의식의 진행 과정을 상세하게 소개하면서, 그 풍경을 담은 사진들을 함께 게재하고 있다.

〈그림 15, 16〉을 통해 확인할 수 있듯이, 당시 위령제 보도사진들은 거의 동일한 형식을 취하고 있다. 롱숏(long shot)에 의한 위령제 전경과 통곡하는 유가족들의 클로즈업(close-up), 여기에 대통령을 비롯한 정부 관계자의 연설 장면 내지는 유가족을 위문하는 사진이 합성되어 있다. 그리고 〈그림 15〉에는 "慰靈祭光景과 遺家族 圓內는 弔辭를 읽는 李副統領", 〈그림 16〉에는 "上은 合同追悼會 光景과 弔辭를 읽는 李大統領 下는 遺家族을 慰撫하는 李副統領과 祭主 蔡秉德小將"이라는 캡션(caption)이 달려 있다. 이를 통해 위령제에서 망자와 유가족 그리고 국가와 그 지배 권력에 시선을 집중시키고 있다. 뿐만

112 「世界平和의守護神 英靈에길이冥福잇스라」, 『동아일보』, 1951년 4월 8일자; 「名譽스러운죽엄 헛되지않게다시決意」, 『동아일보』, 1951년 5월 31일자; 「戰歿兵의 英靈을慰撫 佛敎院서 合同祈願祭」, 『동아일보』, 1952년 10월 31일자; 「유엔戰鬪警察隊」, 『경향신문』, 1953년 2월 8일자; 「軍警合同慰靈祭 八日부터大邱서」, 『동아일보』, 1953년 8월 3일자.

113 전시에는 거의 상시적으로 후방 원호사업에 대한 담화 발표와 원호주간이 발표되어졌는데, 특히 대규모 위령제 전후로 원호사업에 대한 대대적 홍보와 행사가 진행됐다. 이것은 전몰자에 대한 애도를 전시동원체제에 결부시켜 후방의 주민을 원호 사업으로 이끌기 위한 것으로, 당시 애도정치와 원호정치가 밀착되었음을 시사해준다.

114 한국전쟁기 애도의 서사는 과거에 비해, 전몰자를 "세계민주연방의반공최전선"에서 쓰러진 영령으로 규정하고 있는 것에서 알 수 있듯이, '민주자유진영' 대 '공산진영'의 대립 구도를 더욱 강조한다. 「오늘! 三軍合同慰靈祭」, 『경향신문』, 1952년 9월 28일자; 「自由爲한 犧牲은 不滅」, 『동아일보』, 1952년 6월 26일자.

〈그림 15〉 殉國警官慰靈合同祭
(출전: 『동아일보』, 1950년 4월 26일자)

〈그림 16〉 第三回合同追悼會
(출전: 『동아일보』, 1950년 6월 22일자)

아니라 국가와 그 지배 권력이 망자의 정신을 잇는 계승자이자 남겨진 유족의 보호자임을 부각시키고 있다. 이러한 보도사진은 실제 의식의 집행과정을 재현하는 서사와 연동하여 그 정치성을 더욱 분명히 드러낸다.

〈그림 15〉와 〈그림 16〉의 해당 기사는 위령제의 집행 과정을 현장감 있게 상세히 설명하고 있다. 주목되는 것은 그 의례의 주체 내지는 주관자로서 대통령을 비롯한 정부 관련 인사들이 강조되고 있는 점이다. 좌석의 배치에서부터 제주(祭主), 사회, 조사, 분향 등 의식 전체가 말 그대로 지배 권력을 "위시로" 집행되고 있다. 그리고 〈그림 16〉의 기사에는 식의 마지막에 부녀, 청년, 학생 대표의 "국가에 충성을 다 하겠다"는 맹서격의 조사가 등장하고 있다.

이와 같이 위령제의 실제 집행 과정과 그 보도에는 정작 애도의 대상인 망자는 주변적인 위치에 배치되고 있다. 오히려 망자가 아닌 애도의 주관자로서의 권력에 시선이 집중되고 있는 구조이다. 이는 망자의 유훈과 정통성을 계승하는 주체가 누구인가를 명확히 하는 것이자 그것을 독점하는 것이다. 바꿔 말해 당시 위령제는 '과거의 거기'와 '지금의 여기'를 잇는 특정 시공간에 대중의 시선을 모으고 참여하게 하는 것을 통해 죽은 자와 산 자를 일치시키고 있다. 그리고 이 과정에서 죽은 자의 육신과 혼을 빌려 산 자를 단속하고 결속하면서, 동시에 죽은 자에 대한 애도를 국가와 그 지배 권력에 대한 "충성"으로 전환하고 있다. 즉 위령제는 죽은 자를 매개로 한 지배의 기술에 하나였다.

이러한 위령제의 집행 과정에서 권력이 작동하는 방식은 시선의 독점과 전유에 의해서이다. 즉 애도의 의례와 서사를 통한 지배는 죽은 자와 그(녀)를 재현하는 권력, 그리고 이를 바라보는 자 사이의 시선의 상호작용을 통해 이루어진 것이다. 문제는 이 과정에서 애도의 의례와 서사를 통해 재현된 가상의 세계와 그 외부의 현실 사이의 괴리가 발생할 가능성이 늘 잠재한다는 것이다. 그리고 그 괴리는 정치적 목적을 위해 죽은 자에 대한 애도가 강화될수록 더 커지기 쉽다. 왜냐하면 애도정치가 강화될수록 그것에 의해 구축된 가상의 세계와 실제 현실과의 간극은 더 커질 가능성이 있기 때문이다. 그리고 이 간극의 지점에서 죽은 자와 그(녀)를 재현하는 권력 그리고 이를 바라보는 시선의 관계는 어그러지거나 역전된다. 바로 이런 균열의 징후와 양상이 본격화된 시점이 한국전쟁 시기였다.

2. 전시 애도-원호정치의 균열

한국전쟁은 총력전과 '톱질전쟁'의 양상으로 인해 대규모의 전사자와 상이군경을 발생시켰다.[115] 동시에 그들보다 더 많은 수의 전쟁미망인(戰爭未亡人)을 포함한 유가족을 후방에 남겼다.[116] 가계를 책임질 남편과 아들이 전사

115 한국전쟁기 인적 피해에 대해서는 국방군사연구소 편,『韓國戰爭被害統計集』, 1996, 31~106쪽 참조.

116 정부의 공식 통계에도 불구하고, 한국전쟁기 인명피해에 대한 신뢰할만한 통계는 없는 실정이다. 특히 민간인 사망자, 행방불명자, 피학살자, 납치자 등에 대한 정확한 통계가 없는 상황에서, 전쟁미망인과 유가족 등에 대한 수치 역시 대략적으로 추정할 뿐이다. 이와 관련해서 이임하는 각종 통계자료에 대한 비교·분석을 통해, 한국전쟁으로 인해 "전쟁미망인을 포함한 50만 명 이상의 미망인들이 100만 명이 넘는 자식과 부모들을 부양하기 위해 어떤 형태로든 생계목적의 노동에 종사"했을 것이라고 주장한다. 이임하,『여성, 전쟁을 넘어 일어서다』, 서해문집, 2004, 24쪽.

하거나 불구가 된 유가족의 수가 단기간에 대규모로 발생함에 따라, 이들에 대한 구호책은 전시 이승만 정부의 시급한 현안으로 부상했다.[117] 물론 한국전쟁 이전에도 남한 내부의 소요사태와 삼팔선 부근에 전투로 발생한 상이군경과 전몰유가족의 원호(援護)문제가 제기되었다.[118] 당시 정부의 원호시책은 무엇보다 제일선 군경의 사기 진작과 후방 주민의 동원을 위한 것이었다.[119] 한국전쟁기 군경 원호대책 역시 그 연장선상에서 전시동원체제의 유지와 강화를 위한 사안으로 다루어졌다.[120] 특히 상이군인에 대한 처우 대책은

117 상이군경의 급격한 증가 추세와 관련해서, 한국전쟁 직전인 1950년 3월에 군사원호법안의 국회 긴급 상정 시, 권태희(權泰羲) 의원은 "통계에 의하면 전사자가 1948명이고 전상자가 2819명 그 다음 신체일부분의 불구자가 군인에 있어서 376명 그다음 순직자가 75명 그래서 총 합계로 지난 3월 20일까지 나타난 것이 4842명에 달하고 있"다고 보고한다. 이에 비해 1952년 정부의 상이군경 처우대책에 관한 보고에서 박술음(朴術音) 사회부장관은, '전국이 점점 치열해짐에 따라서 예측하지 못할 만한 상이군인이 그 수를 증가'한 것이 원호사업에 균형을 잃게 만든 원인이라고 지적하면서, 현재 상이군인 수 전체는 7만 390명으로, 불구자인 요원호대상자가 약 8000여 명, 경상자가 5만 6000여 명, 그리고 그 외 경관이 약 4000여 명이라고 밝히고 있다. 국회사무처, 『국회정기회의속기록』, 제6회 제64호, 1951년 3월 28일; 국회사무처, 『국회임시회의속기록』, 제14회 제6호, 1952년 10월 23일.

118 한국전쟁 직전인 1950년 3월 28일 국회에 군사원호법안이 상정되어, 동년 6월 1일부로 「軍事援護法施行期日에關한件」(대통령령제368호)과 「軍事援護法施行令」(대통령령제369호)이 공포 시행되었다. 「法令公布」, 『경향신문』, 1950년 6월 2일자. 이 밖에도 원호사업에 대한 각종 정부시책과 대국민 담화가 발표되거나 추진 중에 있었다. 「國防部第一局에 軍事援護課新設」, 『동아일보』, 1949년 2월 23일자; 「十勇士報答 遺族援護로」, 『동아일보』, 1949년 5월 24일자; 「軍事援護課新設」, 『동아일보』, 1949년 10월 13일자; 「戰歿遺族 援護案起草」, 『조선일보』, 1950년 1월 26일자; 「傷處입은一線將兵 擧族的으로援護하자」, 『동아일보』, 1950년 2월 22일자; 「傷痍軍人援護週刊」, 『조선일보』, 1950년 2월 22일자; 「軍事援護費 十七億計上」, 『동아일보』, 1950년 4월 19일자; 「將兵家族援護」, 『경향신문』, 1950년 6월 15일자; 「追慕하자 우리英靈 援護하자 遺家族」, 『조선일보』, 1950년 6월 17일자.

119 관련해서 한국전쟁 이전 전몰군경유가족 원호에 대한 인식을 볼 수 있는 다음 기사가 주목된다. "特히國際情勢가 多難하며 國內事態가 不安한 우리나라에있어서는 軍警의 任務가어느 무엇보다도 가장重且大하다. 今日의 事態로는 萬一 第一線에 선 軍警이그들의任務에 조금만 等閑히한다면 社會狀態는 곧 形言할 수 없는 混亂相으로 되고말것이 明若觀火한 까닭이다.(…)그遺家族을 積極援護하는것은 우리國民으로서 오직爲國愛族의 忠誠에 犧牲된地下의 英靈들을 弔慰하는 當行의 道理일뿐만 아니라다른便으로는 顯忠背逆의民族正氣를 發揚하는 點으로도 적지않은 效果를 나타낼것이니 이야말로 一擧兩得의 好果를 거두는 國民의 當行義務며 同胞의 必修道里다." 「犧牲軍警家族을援護하자」, 『동아일보』, 1949년 6월 16일자.

120 이와 관련하여 당시 엄상섭(嚴詳燮) 의원의 국회 발언이 주목된다. "우리가 전쟁에는 이기고 싶은데 상이군인 처우문제는 잠간 돌려두자, 이것이 가분적(可分的)으로 생각할 것 같어도 실상은 불가분적인 문제입니다." "왜 그러냐 하면 상이군인의 처우가 개정되지 않으면 먼저 일선장병의 사기에 영향을 미칠 것입니다. 또 그다음에 상이군인의 처우가 눈에 보는 것과

일선장병과 징집대상 청장년의 사기(士氣)에 직결된 문제로 이해되면서, "銃을 든 者들로 하여금 後顧의 念慮없이 싸움에만 熱中할 수" 있도록 하는데 그 일차적 목적이 있었다.[121]

하지만 한국전쟁기 상이군경의 원호사업은 이전과 전혀 다른 차원의 사회문제로 갑자기 떠오른다. 문제는 상이군경에 대한 원호가 더 이상 전시동원을 위한 순기능의 방향으로 작동하지 않고, 오히려 동원체제의 근간을 균열 낼 수 있는 불안 요인으로 전환되어갔다는 것이다. 특히 이러한 양면성은 전시 급증한 상이군인에 대한 당대 인식과 밀접하게 연관된 것으로, 이들은 점차 정부 수립 이후 이승만 정부가 애도정치를 통해 구축한 지배 권력의 정당성 자체를 무화시켜 버릴 뿐만 아니라, 그 정당성에 근거한 실질적 지배질서를 동요시키는 위험 요소로 등장했다.[122]

당시 한 신문 기사는 "半身不遂"나 "障人"이 된 상이장병에 대한 국가의 미흡한 구호대책과 사회적 "冷遇"를 비판한다. 기사 내용 중 주목할 만한 것은 상이장병을 전사자와 비교하면서, 그들의 "功勳 또한 國家에 컸"다고 평가하고 있는 지점이다.[123] 즉 상이군인에게 전사자와 동등한 또는 그에 준하는 국가적 위상을 부여하고 있는 것이다. "전몰한 영령이나 상처를 받고 불구의 몸이 된 상의용사의 뜻은 애국 애족하는 정신에 있어서 추호도 다름없이 상등한 것"이라는 정부 장관의 발언이나,[124] "흉敵의 유린에서 國土를 防衛하다가 몸

같이 나쁘면 전선에 소집되어서 나갈 장정들의 정신상에 중대한 영향을 미칠 것입니다. 왜? 이 장정이나 일선 장병들은 상이군인을 바라볼 때 내일에 있어 우리의 운명이 저렇게 되지 않을까 걱정하고 있는 것입니다. 그렇게 때문에 이것은 전선에 영향이 미쳐요. 아무리 산떼미 같은 무기를 주거나 아모리 많은 식량을 갖다 놓아도 싸우는 장병의 사기에 영향이 미치면 그때부터는 전쟁에 지는 것입니다." 국회사무처, 『국회임시회의속기록』, 제14회 제6호, 1952년 10월 23일.

121 「타스카氏에寄함」, 『동아일보』, 1953년 4월 22일자; 「勝利는軍警援護精神에서」, 『서울신문』, 1952년 6월 23일자; 「一線士氣에直接影響至大」, 『경향신문』, 1952년 10월 16일자.

122 이러한 당시 상이군인 문제의 상황에 대해 이종형 의원은, "살아나갈 길이 없이 자꾸 막아놓으니까 이 불평의 호수는 밀려와서 내종에는 국가 전체의 천방을 문허트리고 말 것이라고 단언"하고 있다. 국회사무처, 『국회임시회의속기록』, 제14회 제6호, 1952년 10월 23일.

123 「傷痍軍人들에게 溫情을베풀라」, 『서울신문』, 1951년 9월 14일자.

124 「積極協調要望 李公報處長談」, 『동아일보』, 1950년 6월 18일자.

을 傷한 傷痍軍人은 護國의 英顯과 아울러 이 民族의 名譽의 상徵"이라는 신문 사설 역시 동일한 인식에 근거한 것이다.[125] 마찬가지로 "傷痍勇士", "愛國勇士", "白衣勇士"라는 호명 역시 "戰歿勇士"와 동등한 이들의 사회적 존재감을 보여주는 하나의 사례라 할 수 있다.[126]

상이군인을 전사자와 연결 짓는 이러한 서사 구조는 정부 담화와 신문 기사에서 어렵지 않게 볼 수 있는 현상으로, 당시 상이군인은 애도정치를 통해 '호국의 신'으로 신화화된 전사자의 살아있는 분신으로 여겨졌다. 모윤숙(毛允淑)의 말처럼, 이들은 비록 "육신은 불행이도 불구자가 되었으나 정신은 가장건전하고 완전에 가까운 이상의 표상"으로,[127] "신성"시 되었다.[128] 또한 "滅共統一聖戰에 있어 肉彈으로 敵을 쳐부시다가 戰傷을 입어 팔을 잃고 다리가 끊기고 光明을 못보"게 된 상흔 역시,[129] "몸에 지닌 명예의 훈장"으로 불려졌다.[130] 오히려 망자의 영령에 비해 일상화되고 가시적인 상이군인의 몸은 애국의 상징으로 더욱 부각되었다. 이 과정에서 애도정치의 전사자 숭배는 자연스럽게 상이군인의 원호정치로 이어졌다.

일례로 이승만은 1951년 5월 16일 「傷痍軍人 除隊式에 보내는 致辭」를 통해, "戰爭에 목숨을 바치고 殉國한 愛國靑年 다음으로 가장 榮光스러운 사람은 비록 그 몸이 죽기까지는 이르지 못했으나 죽을 자리에서 피를 흘리여 목숨의 한 치 두 치를 다투어 겨우 生命을 保存한 傷痍軍人들이니 그들은 우리나라 사람들 中에서 第一 榮光스러운 生命을 가진 사람들이다. 이 사람들은 果然 주검에서 살아온 사람들이므로 죽은 사람들에게 報答할 恩情을 이 사람들에게 表示하는 것이 살아있는 우리들의 職責일 것"이라고 강조하였다.[131]

125 「等閑히모할 傷痍軍人問題」, 『동아일보』, 1952년 9월 25일자.
126 「傷痍勇士慰安會」, 『경향신문』, 1952년 10월 15일자; 「軍警援護로 滅共統一」, 『경향신문』, 1952년 6월 10일자; 「白衣의 勇士를 찾아서」, 『동아일보』, 1952년 9월 9일자.
127 「不具의몸에힘이소스라!」, 『경향신문』, 1952년 10월 22일자.
128 「三長官共同 警告文發表」, 『동아일보』, 1952년 11월 11일자.
129 「傷痍勇士慰安會」, 『경향신문』, 1952년 10월 16일자.
130 「傷痍勇士에게 告함」, 『동아일보』, 1952년 11월 21일자.
131 「傷痍軍人除隊式에보내는致辭」, 公報處, 『大統領李承晩博士談話集』, 1953, 169쪽; 「將來發

이와 같이 전사자와 상이군인을 결부시키는 원호의 서사는 전시 남한 사회에서 반복 재생산되면서, "不具자가 된 勇士들의 生計에 關해서 對策을 講究하는 것"은 당연한 "우리 國民과 政府(의) 重大任務"로 부여되었다.[132]

여기에서 주목해야 할 것은 원호사업을 '국민과 정부의 중대임무'로 규정하고 있다는 지점이다. 이는 전시 원호정치의 궁극적 지향이 군의 사기진작과 함께 후방 주민의 전시체제로의 결속이라는 점에서, 남한 주민을 원호사업으로 유도하는 것이 관건이었음을 말해준다. 동시에 지배 권력 역시 그 책임에서 자유롭지 못했음을 보여준다. 즉 전시동원체제의 유지·강화를 위한 원호정치의 서사 전략은 후방 주민만을 향한 것이 아니었다. 원호정치의 통제시스템은 그 대상을 피지배 주민에 국한시키지 않으며, 그것을 통해 지배 질서를 구축하고자 하는 권력 그 자체 역시 틀 짓고 강제하는 것이었다.[133] 따라서 정부 원호사업의 미비는 후방 주민을 전시체제로 강제할 수 있는 명분의 상실로 이어지는 것이며, 원호정치를 통해 자신의 지배 정당성을 마련하고자 했던 권력의 의도 역시 좌절될 위기에 처하게 된다.

더하여 원호정치의 문제가 여기에서 그치는 것만은 아니었다. 사실상 원호정치의 논리는 애도정치의 그것과 같은 것이다. 단지 '죽은 자와 그(녀)를 전유하는 권력, 그리고 이를 바라보는 자' 사이의 관계 설정에서, '죽은 자'의 위치에 '상이군인'을 대체시킨 것뿐이다. 다시 말해, 이승만 정부가 애도정치를 통해 사자를 독점하고 그 계승자를 자임하는 과정에서 자신의 지배 정당성을

展을祝福 傷痍軍人除隊式에致謝文」, 『동아일보』, 1951년 5월 17일자.

132 「援護에힘쓰자」, 『동아일보』, 1951년 6월 15일자. 마찬가지로 당시 병무국장은, "상이군인들을수호할의무는 오직'국가'와 '민족'에 있는 것은 재언할바아니"라고 강조하고 있다. 「그들에『希望』을 傷病兵援護에兵務局長談」, 『동아일보』, 1952년 9월 15일자.

133 이와 관련하여 엄상섭 의원은 정부 원호대책을 비판하면서, "권리 의무라는 법적 용어를 쓰기 전에 먼저 상이군인 자체의 입장에 서서 상이군인의 그 심경을 이해할 수 있는 심정을 자기 자신이 먼저 가져야 된다. 이것을 일반 국민에게 가지라고 강요하고 방송하는 것보다도 정부의 위정자들이 먼저 가져야 됩니다. 흔히 말하기를 법치불행(法治不幸)은 자산불행(自産不幸)이라고 하는 말이 있에요. 이 법이 행해지지 않는 것은 위로부터 행하지 않기 때문이라고 하는 것이에요. 상이군인에 대해서 국민의 동정심이 부족하다고 하는 것은 이것은 위에서 부족하기 때문에 밑에 미치는 것"이라고 강조하고 있다. 국회사무처, 『국회임시회의속기록』, 제14회 제6호, 1952년 10월 23일.

강화하고자 했던 것과 같이, 원호정치 역시 동일한 의미구조 내에 사자를 대신해서 상이군인을 배치하고 있을 따름이다. 마찬가지로 애도정치가 사자에 대한 애도를 국가와 지배 권력에 대한 충성의 논리로 전환하듯이, 원호정치 역시 상이군인에 대한 원호를 동원체제의 강화 논리로 연결시키고 있다. 요컨대 그 대상만 다를 뿐 원호정치 역시 지배 질서의 구축을 위한 상징조작의 일환이라 할 수 있다.

문제는 애도와 원호가 같은 상징조작의 틀에서 상호 작용하면서도, 동시에 현실적 간극이 존재한다는 점이다. 그리고 이 틈새가 집권 세력의 정당성과 그것을 토대로 한 지배 질서를 동요시키는 원인으로 작용할 여지가 늘 잠재했다. 바꿔 말하면, 양자는 전사자와 그 환생인 상이군인을 매개로 상호 연결되면서 지배 질서를 더욱 강화하는 효과를 낼 수 있다. 하지만 역으로 한 쪽의 균열이 다른 한 쪽의 연쇄적 뒤틀림으로 이어질 위험도 동시에 갖는 관계였다. 따라서 전시 상이군인에 대한 원호 문제는 애도정치가 구축한 가상의 세계와 현실이 일치하는가의 여부를 판가름하는 척도이자, 이승만 정부가 애도정치를 통해 구축한 자신의 정당성을 입증하는 문제와 직결되는 것이었다. "모시자 순국영령 도웁자 그의 가족"이라는 표어가 말해주듯이 유가족에 대한 원호 역시 마찬가지 문제였다.[134]

이런 이유로 실제 출범 이후 이승만 정부는 각종 군사원호제도를 마련하고 실행해갔다. 한국전쟁이 발발하기 직전인 1950년 4월 제정된 '군사원호법'은 상병군인과 그 유가족을 위한 생계부조 · 직업보도 · 수용보호를 규정했고, 전쟁 중인 1952년 9월에는 '전몰군경유족과 상이군경 연금법'이 제정되어 상이군경과 그 유가족에 대한 연금 지급을 명문화했다.[135] 이와 함께 상이군인들의 수용보호시설로 1950년 10월 부산을 시작으로 1953년까지 각 도마다 정양원을 세우고, 사회부 군사원호과외에 보건사회부, 국방부, 내무부, 체신부 및 각 지방자치단체에 원호 관련 부서를 신설했다.[136] 이승만 정부는 비단 제도적

134 「모시자 순국영령 도웁자 그의가족」, 『서울신문』, 1951년 10월 28일자.
135 「軍警援護에曙光 "年金法案"遂國會에上程」, 『서울신문』, 1952년 9월 3일자.

차원에 머무르지 않고 민간으로 확장시켜, 부족한 재원을 마련하고 후방 주민을 전시동원체제에 긴박시키고자 했다. 정부는 수시로 담화를 발표하면서 후방 원호사업에 대한 주민의 적극적 참여를 주문하는 한편,[137] 군사원호 강조주간, 동포애 발양기간, 군경원호 강조주간, 군경원호의 달 등을 통해 '일대운동'을 추진해갔다.[138] 이 밖에 정양원 설립, 학비지원, 직업보도, 직장알선, 특별채용 등 상이군인의 사회 적응과 재활을 위한 각종 시책을 추진했다.[139]

그러나 이러한 대책들은 정부의 "유명무실한 원호사업"과 주민의 태반이 전재민(戰災民)이 아니면 군경원호대상자인 상황에서 별 실효성이 없는 것이었다.[140] 그로 인해 상이군경과 그 유가족에 대한 실존적 조건은 더욱 악화되어져 갔고, 사회적 냉대와 푸대접은 심해져가는 실정이었다.[141] 때문에 이러한 세태를 비판하는 각종 사례들이 신문 지면에 빈번하게 등장하였다.[142]

---

136 정근식 · 김보미, 「구술사로 본 한국전쟁 상이군인의 치료와 노동 경험」, 국사편찬위원회 편, 앞의 책, 7~8쪽; 이임하, 「상이군인들의 한국전쟁 기억」, 김귀옥 외, 『전쟁의 기억 냉전의 구술』, 선인, 2008, 172쪽.

137 「誠意있는援護를, 趙內務部長官 · 協助를要請」, 『조선일보』, 1950년 12월 21일자; 「協助를要望 李長官傷痍軍援護를强調」, 『동아일보』, 1952년 2월 19일자; 「"따뜻한 마음으로" 申國防長官傷痍軍人援護談」, 『조선일보』, 1952년 9월 4일자; 「誠心껏도웁자 傷痍軍警援護에陳長官談」, 『조선일보』, 1953년 7월 28일자.

138 「軍事援護强調週間 20日부터十日間實施」, 『조선일보』, 1950년 12월 20일자; 「同胞愛發揚運動 十月한달동안展開」, 『동아일보』, 1951년 9월 26일자; 「『軍警援護强調週間』設置」, 『동아일보』, 1952년 5월 16일자; 「傷이軍人援護 月末까지一大運動」, 『조선일보』, 1952년 9월 3일자; 「傷痍軍人指導鞭撻 各部處長과座談會」, 『서울신문』, 1952년 9월 17일자; 「六月은軍警援護의달 보이자後方의誠意」, 『조선일보』, 1953년 6월 1일자.

139 「傷痍軍人職業斡旋」, 『서울신문』, 1952년 7월 24일자; 「軍警援護高等技術校第一期生修了式擧行」, 『서울신문』, 1952년 9월 7일자; 「傷痍軍人에 學費免除」, 『서울신문』, 1952년 9월 20일자; 「傷痍軍人42名市警에서採用」, 『조선일보』, 1952년 11월 13일자; 「열어지는 自立의길!」, 『조선일보』, 1953년 5월 11일자.

140 「實際援護엔 鳥足之血 豫算없는歸農對策」, 『조선일보』, 1953년 9월 3일자.

141 「信號燈」, 『서울신문』, 1951년 9월 6일자; 「出征軍人家族들이救護哀願」, 『동아일보』, 1952년 10월 2일자.

142 당시 신문 기사는 이러한 세태를 "자기자식징병징용을 모면하기위해서는 수천수백만원을아끼지않으면서 一선에서팔다리를잃고 돌아온남의자식보기는 개가닭보듯 하니 이러고서야 누가 싸울 용기가나겠느냐고" 풍자하고 있다. 「휴지통」, 『동아일보』, 1952년 10월 6일자. 또 불구자가 된 상이군인을 상대로 한 "깍쟁이패"의 행패와 실명한 상이군인을 간부(姦夫) · 장모(丈母)가 구타한 사례를 꼬집어 냉혹한 인심을 말해주고 있기도 하다. 「聞外聞」, 『경향신문』, 1952년 1월 9일자; 「땅에떨어진婦女道 失明한勇士를姦夫 · 丈母가毆打」, 『서울신문』,

확실히 상이군인 문제는 후방에 있어서 무엇보다도 먼저 해결지어야 할 화급한 문제임에도 불구하고 별신통한 타개책을 아직 발견치 못하고 있다. 상이군경연금제니 또는 원호월간 설치니 정양원 설치로서 진행시키고 있는 시책은 九우一모격에 불과한 것이요 근본대책이라고는 볼 수 없다. 매일 우리 눈에 띄이는 그들의 참상을 이제는 만성이 되었는지 혹은 심지어는 냉대하고 있는 장면을 볼 때가 점점 늘어가고 있다. 그러면 한편 상이군인들의 격분을 사게되고 나아가서는 싸움까지 버리지는 사실이 있다. 대체로 이러한 결과를 가져오게 된 죄는 근본적으로 따저본다면 그 상이군인에게 있는 것도 아니고 또는 상대개인에게도 있는 것이 아니라 국민과 정부시책의 전체적 빈곤에 있는 것이다[143]

위 기사는, 전시 정부의 상이군경연금제니 또는 원호월간 설치니 정양원 설치와 같은 원호시책이 "구우일모"격에 불과한 것일 뿐, 근본적인 대안이 되지 못했음을 보여주고 있다. 아울러 일상에서 매일 접하게 되는 상이군인들의 참상에 "만성"이 되어, 심지어 그들을 "냉대"하는 사회 세태에 대해서 말해주고 있다. 그러면서 국민과 정부시책의 전체적 빈곤을 비판하고 있다.[144] 그런데 이와 더불어 위 기사는 사회적 냉대가 상이군인들의 격분을 사게 되고 나아가서는 싸움까지 벌이고 있는 사회 실태를 전해준다.[145] 실제 정부 원호대책의 빈곤과 사회적 천대에서 기인한 상이군인의 일탈행동은 "커다란 사회 문제로"

1952년 9월 27일자.

143 「緊急動議(1) 상이군경篇」, 『경향신문』, 1952년 9월 16일자.

144 한국전쟁기 상이군인의 원호 문제에 대한 정부의 미온적인 자세와 미봉책을 비판하는 기사들은 계속되었다. 「國會地方實情報告繼續」, 『동아일보』, 1951년 7월 12일자; 「아직도解決못된傷痍軍人援護 年金制法令化하라」, 『경향신문』, 1952년 1월 8일자; 「말뿐인傷痍軍人援護事業」, 『서울신문』, 1952년 7월 27일자; 「傷痍軍人에無策」, 『조선일보』, 1952년 10월 25일자; 「낮잠자는 傷痍戰歿軍警年金」, 『동아일보』, 1953년 8월 30일자; 「傷兵救護策세우라」, 『동아일보』, 1953년 8월 29일자.

145 이임하는 상이군인의 증언 분석을 통해, 그들이 제대 후는 물론 군대로부터도 소모품으로 간주되어 버림받았다는 자존심의 상실이 이후 사회에 대한 박탈감, 자조, 분노의 감정을 증폭시키는 요인이 되었다고 추정한다. 또 참전 군인들의 부상경험을 연구한 천희숙은, 부상당한 자신에 대한 주위의 무관심과 자신을 무가치하게 다루는 데에 대한 느낌, 죽음에 대한 공포, 미래에 대한 상실감 같은 경험이 상이군인들에게 외상 후 스트레스 장애라는 증상을 초래해서, 이후 이들을 폭력적인 군인으로 변모시키는 원인이 됐다고 주장한다. 이임하, 「상이군인들의 한국전쟁 기억」, 앞의 책, 165~167쪽; 천희숙, 「한국전 참전 군인의 부상경험」, 『국군간호사관학교 논문집』 21, 국군간호사관학교 군건강정책연구소, 2003, 76~87쪽.

부각되면서,[146] 강도, 절도, 폭행, 사기, 금품 강요, 무전취식 등 적잖은 상이군인의 각종 탈선, 범죄행위가 신문에 등장했다.[147] 그 가운데 커다란 사회적 반향을 일으켰던 대표적인 사례가 1952년 9월 경북 칠곡(漆谷)에서 발생한 '왜관 상이군인 사건'이었다.[148]

그런데 당시 "상이군인의 행패"로 불러졌던 이러한 일탈행동은 원호정치의 효과와 균열상을 동시에 드러내는 것으로, 그것은 단순히 전시원호대책의 결여나 사회적 냉대에 의한 것만으로는 볼 수 없다.[149] 오히려 이승만 정부가 그들의 의미를 계속해서 독점하고 고착화시키면서, 세태에 대한 분개를 더욱 조장시킨 측면이 강했다. 즉 이승만 정부는 그들을 '상이용사'라는 '숭고한 애국'의 상징으로 전유하면서 지배의 유용한 자원으로 동원하려 들었지만, 그들에 대한 사회의 시선은 차갑기만 했다. 이러한 괴리가 점차 심화되는 가운데 그들은 상이용사라는 '허울 좋은 대명사'와 사회적 '푸대접' 사이에서 삶의 방

146 「背後에政治的操縱嫌疑 傷痍軍人事件, 十餘名檢擧」, 『조선일보』, 1952년 11월 6일자.

147 관련해서 당시 신문은, "종래 상이군인에 대한 당국의 미온적인 원조대책과 일부 상이군인의 자포자기로 인하여 상이군인의 불상사는 상당한 숫자를 보이고 있었는데 최근에는 그 수가 상당히 감소되었으며 그 예를 보면 종래에는 각도경찰국으로부터 치안국에 보고된 상이군인불상사 건수는 매일 십 건부터 많을 때에는 五십여 건에 달하고있었다 하는데 최근에 이르러서는 하루 평균 二, 三건에 불과하다고한다.(…)그런데 한편(…) 아직도 자포자기로 인한 상이군인 사고가 연발하고 있"다고 그 실상을 보도하고 있다. 「傷痍軍人事故는日益激減」, 『서울신문』, 1952년 12월 11일자. 전시 상이군인의 '탈선' 행위에 관한 통계에 대해서는 대한민국상이군경회40년사편찬위원회, 『대한민국상이군경회40년사』, 대한민국상이군경회, 1991, 282쪽 참조. 당시 상이군인의 범죄 및 탈선행위를 다룬 기사로는, 「누구의 罪일가?」, 『경향신문』, 1952년 4월 1일자; 「傷이軍人行商問題」, 『동아일보』, 1952년 4월 18일자; 「傷痍軍人監察員이竊盜질하다가 被逮」, 『경향신문』, 1952년 4월 20일자; 「소금千餘叺을橫領 傷痍軍人會職員金某를拘束」, 『조선일보』, 1952년 8월 15일자; 「獵奇! 朝銀運轉手殺人事件」, 『동아일보』, 1952년 4월 22일자; 「傷痍兵과 警察衝突」, 『동아일보』, 1952년 8월 5일자; 「傷痍兵과現役兵衝突」, 『동아일보』, 1952년 10월 5일자; 「傷痍軍人아저씨께」, 『동아일보』, 1953년 8월 23일자.

148 왜관상이군인사건은 1952년 8월 25일 대한특별상이군인회 소속 상이군인이 가계의 곤궁한 상황을 읍장에게 호소하고 식량특배를 간청했으나 모욕적인 언사로 이를 거절당한 일이 발단이 되어, 이후 분노한 상이군인들의 집단 폭력 행동으로 이어지면서 읍사무소와 경찰서가 점거되는 사태로 확산되었다. 이 사건을 통해 상이군인의 탈선행동과 그에 대한 대책이 당시 사회적으로 큰 이슈가 되었다. 「倭館事件과 傷痍軍人」, 『서울신문』, 1952년 9월 23일자; 「傷痍軍人援護와倭館事件」, 『조선일보』, 1952년 9월 23일자; 「漆谷傷軍不詳事의眞相!」, 『경향신문』, 1952년 9월 24일자.

149 「不具者들이 傷痍軍人行勢」, 『조선일보』, 1952년 10월 14일자.

도를 찾지 못한 채 방치되어졌던 것이다. 때문에 원호정치가 만들어 놓은 '명예'와 현실의 '곤궁' 사이에서, 또 대의를 위한 '희생'과 현실의 '환락' 사이에서, 그들은 스스로의 "犧牲의 의의"를 찾지 못한 채 울분과 피해의식을 더욱 증폭시켜 과격하게 표출했다.[150]

이러한 이상과 실제의 괴리는 비단 원호정치의 대상인 상이군인에만 해당되는 문제가 아니었다. 역으로 그것을 통해서 스스로의 정당성을 마련하고자 했던 지배 권력 자신에게도 당혹스러운 것이었다. 이와 관련해서 왜관사건 직후 상이군인 문제에 대한 다음 정부 담화문의 내용을 살펴보자.

> 존귀한 피와 땀을 조국에 바쳤스되 국가재정의 곤난으로 물심양면에 있어 충분한 원호를 실시 못하여 그대들의 불만과 고충에 동정을 금치 못하는 바이다. 그러나 요즘 각처에서 일부 몰지각한 상이군인 중에는 숭고한 애국심과 찬란한과 거의 공적을 망각하고 전체 상이군인의 위신과 명예를 오손하는 행위를 하고 있음은 실로 유감이다. 더욱이 개중에는 상이군인을 가장하고 떼를 지어 폭행을 비롯한 구타 공갈 위협파괴 등의 악행을 자행하므로서 공공안녕질서를 혼란케 하는 자가 있으니 실로 반국가적인 행위라 아니할 수 없으며 상이군인 전체의 명예를 위하여 애처러운 일이다. 그대들은 끝까지 명예를 가장 존중히 여기는 고귀한 공로자이며 최고의 애국자임을 스스로 자각하고 전체 상이군인의 명예를 손상시켜서는 않될 것이다. 만일 그대들의 약점을 따서 그 배후에서 책동하는 자는 없는가 염여하는 바이며 금후에 있어는 여차한 배후관계를 철저히 조사하여 국법으로서 엄단을 가할 것이니 명예 있는 그대들은 그대들의 사명과 명예를 위하여 자성자계하여 본분을 지켜주기 바란다.[151]

---

150 칠곡사건 이후 정부의 상이군인에 대한 엄격한 방침 발표가 계속되자, 이에 대한 한 상이군인의 반론이 신문에 실렸는데, 이에 따르면, "우리가巷間에서의諸般行動이 亂暴하였음은本人亦是是認하는바이나 如斯한亂暴行爲를 누가 助長시켰는가?우리는決코 大義를爲하여 싸웠다는自負心과 우리희생으로因하여 조國이救해진다는고마움과 또그러기에同胞들이 우리를 아껴주고 바뜨러준다는 기쁨을가질수있고이를 唯一慰勞로삼을수있는것이다. 그러나社會實情은어떤가?(…)우리희생의意義를 發見할수없는 社會現實을이대로두고 우리만團束하면 如意할수있을까?國民을戰時體制로引導하고 우리의마음을安定시킨다음우리를團束하여주기바란다"고 요구하고 있다. 「할일을다하고 團속하라」, 『동아일보』, 1952년 11월 24일자.

151 「傷痍軍人問題에政府警告」, 『동아일보』, 1952년 9월 23일자.

위의 담화는 상이군인 문제에 대한 이승만 정부의 인식을 그대로 보여주고 있는데, 충분한 원호를 실시하지 못한 데에서 기인한 불만과 고충에 "동정"을 보내면서도, 공공질서를 혼란시키는 악행에 대해서는 "엄단"의 방침을 밝히고 있다.[152] 지배 권력의 이러한 "동정"과 "엄단"의 이중적 시선은 역으로 원호정치를 통해 구축한 '고귀한' 이상적 주체와 현실의 '몰지각한' 상이군인 사이에서 동요하는 지배 권력의 곤경을 드러내고 있는 것이기도 하다.[153] 그런데 결국 원호정치의 균열상을 봉합하기 위해 현실의 상이군인을 '악질불순분자' 내지는 '반국가적' 타자로 배제시켜 부정해버렸다.[154] 그리고 이를 통해 '반공이라는 절대적인 틀' 내로 그들의 행동을 통제하면서 규율화 시켰다.[155] 이런 지배 권력의 태도 속에서 원호정치가 만든 '명예'의 표상에 압살된 현실의 '곤궁'한 상이군인은 더욱 그 실존의 근거를 박탈당해갔다.[156] 이처럼 원호정치의

152 「三長官公同警告文發表」, 『동아일보』, 1952년 11월 11일자; 「愛國至誠에呼訴 傷痍軍人의戰功헛되게하지마라」, 『서울신문』, 1952년 9월 23일자; 「傷痍軍人集團事故」, 『조선일보』, 1952년 9월 21일자.

153 이승만 정부의 곤혹스러움을 단적으로 보여주는 사례가 왜관사건 이후 상이군인문제에 대한 정부 대응의 변화이다. 원래 국무회의의 의결을 거쳐 제대상이군인의 단속 문제는 경찰이 관할했으나, 왜관사건을 계기로 국방부와 사회부간의 연석회의를 통해 향후에는 군경합동으로 처리토록 변경했다. 이는 상이군인이 경찰 치안권 밖의 예외적 존재로 인정되고 있음을 보여주는 것으로, 지배 권력의 입장에선 별도로 다룰 수밖에 없는 문제적 대상이었음을 보여준다. 「傷痍軍人취제 軍警合同으로」, 『조선일보』, 1952년 9월 24일자.

154 사건 발생 직후 육군총참모장은 "상이군인이 작당하여 국내의치안과 국가의안전을 문란케하는 것은 공산당의모략에 기인하는것"이라고 담화를 발표하는가 하면, "반정부적 정당의 책동"에 의한 "배후에 정치적 조종혐의"가 있다는 신문보도가 이어졌다. 또 외신을 인용해서, "한국의 상이군인소동발생사건에 공산주의자의 선동이 없는가하고 경찰은 두려워하고 있다"고 언급하는가 하면, 이후 가짜 상이군인의 범죄행동사건을 "五列指令下에行動"한 것으로 발표하고 있다. 「傷痍軍人作黨行爲는嚴罰」, 『서울신문』, 1952년 9월 22일자; 「傷痍軍人集團事故」, 『조선일보』, 1952년 9월 21일자; 「同僚救援을爲해」, 『조선일보』, 1952년 9월 24일자; 「背後에 政治的操縱嫌疑」, 『조선일보』, 1952년 11월 6일자; 「五列指令下에行動」, 『조선일보』, 1952년 11월 7일자.

155 이임하, 「상이군인, 국민 만들기」, 『중앙사론』 33, 중앙대학교 중앙사학연구소, 2011, 303~304쪽.

156 최창순(崔昌順) 사회부장관이 "그렇다고 해서 상이군인 각자가 그 특수한 입장에서 자숙자중의 선을 넘어서 사회질서를 문란케하는 행동은 비록일시적인 흥분이라 할지 모르되 조국을 위하여 피흘린 용사들의 본의나 명예가 아닌 것으로 더욱 자중하여주기 바란다"고 언급하고 있는 바와 같이, 지배 권력은 상이군인을 끊임없이 이데올로기적인 애국의 상징으로 박제화시키면서, 지배 정당성의 자원으로 동원하고자 했다. 「傷痍軍人援護新對策을計劃」, 『조선일보』, 1952년 9월 27일자.

균열상이 심화되면서 전시 상이군인 문제는 이승만 정부의 치명적 약점이 되어갔고, 이후 정부 비판세력에게 저항의 틈새와 근거를 제공했다.[157]

3. 전시 애도 - 원호정치의 양가성

지금까지 정부 수립 이후 한국전쟁 기간까지 애도 - 원호정치가 어떠한 방식으로 이승만 정부의 지배 정당성과 실질적 지배 질서에 복무하고 있었는가를 검토했다. 또한 애도와 원호의 간극과 괴리가 가져온 균열상을 통해, 두 상징 조작에 기초한 이데올로기 기획의 불협화음과 이에 따른 지배질서의 불안정한 실상을 확인할 수 있었다. 그런데 애도 - 원호정치의 다각적 이해를 위해선 여기에 머물지 않고, 남한 주민이 그것에 어떻게 반응했으며 다시 그러한 반응의 결과가 애도 - 원호정치를 추동했던 집권 세력에게는 어떠한 결과를 가져왔는가를 살펴볼 필요가 있다. 바꿔 말하면, 당대 남한 사회의 집단과 개인을 지배 권력에 의한 이데올로기 기획의 일방적 대상이나 수용 주체(subject)가 아닌 능동적 해석과 변용의 주체(agent)로 접근해야 한다는 것이며, 바로 이런 상호관계에 대한 통찰 속에서 애도 - 원호정치의 실상을 검토해야 된다는 것이다. 따라서 이 장에서는 애도 - 원호정치가 유발한 두 가지 결과, 즉 그것의 효과와 균열이 초래한 사회 양상에 대해서 살펴보고자 한다.

먼저, 애도 - 원호정치가 지배 권력의 애초 의도대로 순기능적 작용을 가져온 많은 사례들이 신문 지면에 계속해서 소개되고 있다. 전국의 충혼탑 건립 운동과 원호주간 등 각종 행사에 대한 자발적 참여라든가,[158] 군문에 자원입

157 당시 이승만 정부의 곤혹스러운 상황은 단적으로 최창순(崔昌順) 사회부장관이 "最近各處에서 惹起되어社會的物議가 분분한 傷痍軍人에對한團束과援護對策을 樹立함에있어 所管長官으로서의職責을 다하지못한 것"이 이유가 되어 직책에서 물러난 점에서도 확인할 수 있다. 「崔社會部長官辭表」, 『동아일보』, 1952년 10월 9일자.

158 「收入의 一割을 救護費로」, 『동아일보』, 1951년 2월 23일자; 「慰問金三千万圓 商議傘下企業體據出」, 『동아일보』, 1951년 3월 4일자; 「傷痍軍人에學費免除 漢陽工大學長金氏의篤志」, 『서울신문』, 1952년 9월 20일자; 「忠魂塔建立運動의促進」, 『서울신문』, 1952년 11월 10일자;

대한 장병과 전선에서의 용맹한 전투 등 애도-원호정치의 효과이자 동시에 그것을 독려하는 성격의 소식들이 계속해서 보도되었다.[159] 물론 적잖은 보도 내용이 조작 내지는 과장되었을 것으로 추정된다 하더라도 모든 기사를 허위 사실로 취급하는 것은 무리이다.[160] 강요에 의해서건, 자발적 의지에 의해서건 애도-원호정치와 직간접적으로 연계된 많은 사례들이 발생하고 있다는 점은 부정할 수 없다.

한국전쟁기 상이군인의 '일탈행동'과 함께 사회적 이슈로 부상한 "가짜 상이군인" 문제는 원호정치의 효과와 균열을 동시에 보여주는 대표적 현상이다.[161] 다만 가짜 상이군인 문제가 원호의 직접적 대상이 아닌 그것을 바라보는 일반인에 의해 발생한 사태라는 점에서, 원호정치의 사회적 파급력을 다른 시각에서 가늠할 수 있게 한다. 전시 상이군인의 탈선행동이 사회 문제화 된 것을 계기로, '일반인이 상이군인에 대한 사회의 자비심을 편취하여 상이군인

「傷痍勇士慰安會」, 『경향신문』, 1952년 10월 20일자; 「傷痍軍人에 義手足贈呈」, 『조선일보』, 1952년 11월 20일자; 「돌아온傷痍軍人에 사과와 便箋紙膳物」, 『조선일보』, 1953년 4월 27일자; 「各界서膳物遝至」, 『조선일보』, 1953년 7월 6일자.

159 「그아들에그어머니」, 『서울신문』, 1950년 12월 23일자; 「滅共大韓의 아네」, 『서울신문』, 1950년 12월 29일자; 「召集狀에 한발앞서, 軍門두드리는 愛國靑年들」, 『조선일보』, 1950년 12월 16일자; 「殉國의 女勇士 郭龍順孃」, 『동아일보』, 1951년 2월 9일자; 「빛나다! 白馬高地勝戰」, 『동아일보』, 1952년 10월 20일자; 「아들은一線自身은援護」, 『경향신문』, 1952년 9월 19일자; 「이들의氣槪를본뜨라」, 『조선일보』, 1953년 7월 16일자.

160 한국전쟁기 신문이 검열을 비롯한 각종 통제정책하에서 일정하게 반공이데올로기를 확산시키는 역할을 수행했다는 점을 감안한다면, 기사의 내용을 그대로 받아들이기는 어렵다. 그것은 일정하게 정치적 목적 수행을 위한 선전 수단으로 기능했다. 그럼에도 구체적 사례 보도 전체를 거짓으로 무시할 수는 없다. 당시 신문의 이데올로기적 성격을 단적으로 보여주는 기사로는 「戰時와 新聞」, 『서울신문』, 1951년 6월 11일자.

161 일부 연구는 언론과 정부가 1952년 9월 상이군인들의 집단행동에 의해 발생한 '왜관사건'을 수습하는 과정에서 동 사건을 '가짜 상이군인'이나 불순분자에 의한 소행으로 몰아갔다고 주장하면서, 조작적 측면에서 '가짜 상이군인' 문제를 접근한다. 이임하, 앞의 글, 2011, 302~304쪽. 물론 전시 검열과 통제 속에 놓여있던 신문계의 상황을 고려했을 때 그러한 측면이 적지 않겠지만, '왜관사건' 이전에 이미 '가짜 상이군인'의 범죄문제가 보도되고 있고, 국회 국정감사에서까지 언급되고 있듯이 단순한 여론 조작이 아닌 당시 실제 사태의 한 측면을 드러낸 것으로도 이해하는 것이 적절하다. 실제 국회 '상이군인의 처우대책에 관한 정부 질문'에 대한 답변에서, 내무부차관 황호현은 "상이군인이 아닌 사람이 상이군인 옷을 입고 기장을 달고 상이군인 체를 하고 난폭한 짓을 하는 것을 발견하고 있다"고 답변했다. 국회사무처, 『국회임시회의속기록』, 제14회 제6호, 1952년 10월 23일.

으로 가장 횡행'하는 사례가 속출했다.[162] 이 과정에서 '가짜기장'과 '가짜상이군인증명서'가 시중에 나돌고,[163] 이를 악용해 무전취식, 금품갈취, 강매, 공갈협박, 상해, 살인 등을 일으키는 사건이 계속되었다.[164]

보다 주목할 만한 것은 당시 신문이 이런 사건의 성격을 "상이군인의 명예로서 적선 아닌 동정의 강요 도구로 삼으려는" 행위이자, "선량한 상이군인 및 상이제대자들의 사회적 환경을 이용하는 악질분자들"에 의한 것으로 인식하고 있는 것과 같이, 사건의 배경에 원호정치가 구축한 '신성'하고 '선량한' 상이군인의 명예와 권위가 작용하고 있는 점이다.[165] 심지어 '상이군인에게 돈을 편취당한 것이 탄로 날까 두려워 강도사건으로 허위 신고'한 사례나,[166] "후환을 두려워 피해사실을 신고치 않"는 일들이 발생했다.[167] 이런 사태에 대응해서 이승만 정부는 '가짜 상이군인에 대한 엄중 단속을 발표'하고, '상이군인을 빙자한 유령단체에 해산을 경고'했다.[168] 그럼에도 사태가 더욱 심각해지자 상이군인의 탈선행위 단속을 위해 현역군인과 상이군인을 식별하는 "상이군인복장"을 제정하기도 했다.[169]

이와 같은 현상은 국가가 신화화한 상이군인의 상징이 함부로 문제시될 수

162 「또나온假짜헌병」, 『서울신문』, 1952년 6월 15일자; 「出征軍人家族에新措置」, 『서울신문』, 1952년 7월 25일자; 「날뛰는假짜傷軍」, 『경향신문』, 1952년 11월 30일자.

163 「不具者가傷痍軍人行勢」, 『서울신문』, 1952년 10월 14일자; 「價傷이軍人의적發」, 『동아일보』, 1952년 4월 18일자.

164 「너무지나첬군! 妾까지둔傷痍軍人」, 『경향신문』, 1953년 1월 31일자; 「서투른探偵劇脅迫」, 『경향신문』, 1953년 2월 28일자; 「假傷痍軍人이 殺人未遂로逮捕」, 『경향신문』, 1952년 10월 6일자.

165 「不具者들이 傷痍軍人行勢」, 『조선일보』, 1952년 10월 14일자; 「脫線은 遺憾 白中將談」, 『조선일보』, 1952년 11월 12일자.

166 「돈빼기고 罰받고 虛僞申告한許女史의立場」, 『동아일보』, 1952년 3월 30일자.

167 「가짜 상이군인 민폐를 단속」, 『조선일보』, 1952년 11월 20일자.

168 「思想疑心되는假字橫行 傷痍兵事件에申長官重大談話」, 『동아일보』, 1952년 10월 8일자; 「傷痍軍人憑藉한 幽靈團體에解散警告」, 『동아일보』, 1953년 9월 21일자; 「壁報에 名稱詐用」, 『경향신문』, 1952년 11월 2일자. 이런 단속 과정에서 '가짜 상이군인 일당이 중앙상이군인정양원 자위대원들에게 일망타진되어 치안국에 이송된 사건이 발생'하기도 했는데, 이는 상이군인 스스로 자기집단의 사회적 위상과 정체성을 독점하려는 정화 노력의 일환으로, 당시 원호정치가 구축한 상이군인의 상징을 둘러싼 이해와 갈등의 양상을 단적으로 보여준다. 「假傷痍軍人打盡 東내靜養院自衛隊猛躍」, 『경향신문』, 1952년 11월 6일자.

169 「傷軍制服을制定」, 『경향신문』, 1953년 2월 1일자.

없는 권위와 힘을 가지면서, 그들의 사회적 탈선이 일정 정도 묵인됐음을 말해준다. 동시에 그러한 사회적 인식을 '악용'해서 사적 이익을 추구하는 예상치 못한 현상이 발생했음을 보여준다. 요컨대 이것은 당대 남한 주민이 지배의 대상인 동시에 주체적 행위자로서, 그들을 통해 지배의 의도가 일부 관철되면서도, 또 다른 한편으론 그들에 의해 예상치 못한 방향으로 이데올로기 작업이 미끄러져 버렸음을 시사한다.

원호정치의 당사자인 상이군인 역시 지배 권력을 곤경에 처하게 하는 주체이기도 했다. 그들은 불구가 된 자신의 몸에 새긴 영예를 권력의 통제를 넘어 더 밀고 나가면서 오히려 이승만 정부를 곤혹스럽게 했다. 이승만 정부는 '반공'의 표지로서 상이군인을 정치적 목적을 위해 동원했지만, 오히려 그들을 적절하게 관리 통제하지 못해 부담스러워하기도 했다. 그 대표적 사례가 1953년 휴전협정 반대데모에 동원된 상이군인들의 집단행동이다. 휴전협정 반대데모에 동원된 상이군인들은 자신들의 희생을 무의미하게 만들 수 없다는 논리로, 휴전반대 데모에 앞장섰다.[170] 하지만 이들의 과격한 언행으로 '우방국'의 반감과 불만이 우려되자, 오히려 자숙할 것을 경고하는 이중적 태도와 논리가 등장한다.[171] 그럼에도 과격 행위가 중단되지 않자, 정부는 엄단 방침을 발표하면서도 그들을 달래는 논조로 얼버무리고 만다.[172] 이런 이승만 정부의 대응은 당시 원호정치를 통해 구축한 자신의 지배 근거를 스스로 문제 삼을 수 없었던 난처함과 애매함을 드러내준다. 요컨대 지배의 시선에 포획되어 그것을 상징하는 상이군인마저도 권력의 의도에 합치되지 않은 '양날의 칼'이 되기

170 「남은 팔다리마저 바치리」, 『서울신문』, 1953년 6월 14일자; 「우리에게 피의 代價 달라」, 『경향신문』, 1953년 6월 15일자; 「進擊命令을 내려주시오」, 『조선일보』, 1953년 6월 15일자.

171 「脫線行動삼가고 友邦의誤解없도록」, 『동아일보』, 1953년 6월 13일자; 「理性을잃지말자」, 『동아일보』, 1953년 6월 14일자; 「感激을禁치못한다」, 『조선일보』, 1953년 6월 15일자; 「그대들至誠에感銘」, 『서울신문』, 1953년 6월 15일자.

172 「外軍에愼重하라」, 『조선일보』, 1953년 6월 15일자. 심지어 과격행위를 "신성한 국민의 휴전반대운동을 이용하여 군중들을 反美 反UN의 방향으로 선동하고 우방과의 사이를 이간시켜 공산계열의 목적을 달성시키려는 제五렬분자"가 잠입했다고 주장하고 있다. 1952년 9월 발생한 '왜관사건' 때와 마찬가지로, '반공'의 틀 내로 상이군인들을 순치시키고자 하고 있다. 「休戰反對『데모』에 脫線言動禁物」, 『동아일보』, 1953년 6월 15일자.

도 했다.[173]

이상 살펴본 두 가지 현상들이 원호정치의 효과에 따른 것이라면, 다음은 원호정치의 균열을 전유한 경우이다. 원호정치의 상징 조작은 궁극적으로는 남한 주민을 대상으로 한 이데올로기 기획이었으나, 그것은 동시에 지배 권력 역시 틀 짓는 힘으로 작용했다. 즉 지배 권력이 상징조작을 통해 지배를 관철하고자 할 때, 그 틀 내로 자신 또한 포함시키는 구조이다. 따라서 지배 권력 스스로 원호의 적극적 담지자이자 실행주체가 되지 못할 때에는 그러한 지배 기제는 사상누각일 따름이며, 그것을 통한 지배 정당성 자체의 붕괴를 초래할 위험 요소로 작용할 가능성이 늘 잠재했다.

한국전쟁기 이승만 정부의 무능과 빈곤 그리고 부패한 행정으로는 감당하기 어려운 상이군경 문제는 원호정치의 원활한 작동을 정지시키면서, 역으로 집권세력에 대한 비판의 소재로 이용되었다. 이 과정에서 야당 세력을 중심으로 한 정부 비판세력들의 정치적 의제와 원호정치의 균열 지점이 만나고 있다. 이 접합의 과정에서 비판세력은 원호정치의 괴리를 통해 이승만 정부의 지배 정당성을 무화시키고, 더 나아가 상이군인뿐만 아니라 애도정치의 대상인 전사자까지도 지배 권력의 전유물이 아닌, 자신의 정치적 상징으로 새롭게 의미화해 갔다. 이는 당시 애도와 원호정치가 연동되어 작동했음을 보여주는 것으로, 원호정치의 균열이 역으로 애도정치의 작동까지 동요시켰음을 보여준다.

주지하듯이 한국전쟁 발발 전후 이승만 정부는 국내 정치적으로 안정적인 위치를 점하지 못하였다.[174] 특히 "수백만 청년의 사기를 위축시킨 국민방위군사건"은 이후 이승만 정부의 군사원호대책을 비판하는 단골 소재로 등장하였다.[175] 실제 "부산 역전에서 다리 없는 상이군인이 지나가는 사람들을 붙잡

173 후지이 다케시, 앞의 글, 366쪽.

174 한국전쟁기 국내 정치세력의 대립과 정계의 변화상에 대해서는, 박태균, 『조봉암 연구』, 창작과비평사, 146~212쪽 참조. 또 이승만 정부의 전시행정에 대한 비판 여론으로는, 愼道晟, 「戰時行政의 檢討(上)」, 『동아일보』, 1952년 5월 8일자.

175 「國民의心理에透徹하라」, 『동아일보』, 1951년 6월 14일자; 「援護에힘쓰자」, 『동아일보』, 1951년 6월 15일자; 「鐵의 三角地帶」, 『동아일보』, 1951년 8월 22일자.

고, (…) 대한민국 육군에 가는 놈 미친놈이라고 공공연하게" 말하고 다니는 형편이나, "하도 돌아가는 제2국민병의 모양이 참 처참하기에 어데로 가시느냐고 물으니 (…) 인민공화국으로 가오"라고 답하는 사정은,[176] 당시 군사원호의 이상과 실제의 괴리를 적나라하게 보여주는 일화이다. 더 나아가서 이러한 괴리상은 애도와 원호 정치를 통해 구축한 지배 정당성 및 동원 체제를 동요시키는 불안 요소로 발전하였다.[177] 따라서 "현재 노변에 쓰러져 있는 제2국민병이 현재 국가에 대해서 가지고 있는 그 불쾌감, 일종 국가에 대한 원망스러운 마음을 빠른 시일 내에 그것을 가슴 가운데에서 제거"하는 것이 국회나 정부의 급박하고 중대한 문제로 제기되었다.[178]

하지만 이후 국민방위군사건 처리에 대한 정부의 은폐 시도와 미온적 태도로 인해, 사태는 이승만 정부 자체를 비판하는 차원으로 확대되어갔다. 여기에 거창사건을 비롯한 권력남용과 부정부패 사건이 잇따라, 그에 대한 비판의 논리로 민주주의가 강조되었다. 당시 야당의 대변지였던 『동아일보』는 '6 · 25' 발발 1주년 사설을 통해, 지구상에서 공산주의를 소멸시키려는 "우리의 목적 달성을 방해하는 것은 비단 공산주의자만이 아니라 사심과 비양심적으로 권력을 행사하는 모든 사람이 애국의 간판하에 이 과오를 범하고 잇는 것이다. 권력의 악용가치 무서운 것은 업다. 최근 전 국민을 목표시킨 국민방위군사건이 이 나라 민주화를 방해한 것은 공산주의자가 수만금의 기밀비를 가지고도 이러한 효과를 거들 수 업엇슬 것을 생각해 보라. 권력의 악용자에 대하여서는 공산주의자 이상으로 우리가 경계하고 과단성을 가지고 임하지 안흐면 안될 것"이라고 강조했다.[179]

176 국회사무처, 『국회정기회의속기록』, 제10회 제49호, 1951년 3월 23일.

177 실제 국민방위군 사건으로 인해, 야당의 비판 속에서 1951년 5월 12일부로 "國民防衛軍設置法廢止에 관한 法律案"이 공포되어 국민방위군이 폐지되었다. 이후 동년 10월 26일 국회에서 "國民防衛軍事件으로서 絶頂에 올렀던 亂麻化한 兵役事務"를 정비해서, "本義 아니면서 兵役忌避의 雨傘化"를 초래했던 "第二國民 召集유豫措置"를 폐지하고 정지됐던 동원 체제를 재가동했다. 「防衛군廢止法 十二日公布」, 『동아일보』, 1951년 5월 15일자; 「率先祖國守護의 軍門에 第二國民兵召集유豫全廢」, 『동아일보』, 1951년 10월 30일자.

178 국회사무처, 『국회정기회의속기록』, 제10회 제49호, 1951년 3월 23일.

179 「抗共總蹶起日」, 『동아일보』, 1951년 6월 25일자.

이후에도 『동아일보』는 국민방위군사건과 거창사건을 "民主主義를 指向하는 法治國家의 威信을 땅에 떠러트리"는 것이라고 규정하고, "不義와 不正 不法이 다시 일어나지 안케 하기 爲하여 法은 冷酷하게 治罪해야한다. 不正과 腐敗를 隱폐하려고 하지 말라. 主權이 國民에게 잇는 國家의 運命을 爲하여 國民의 審判臺압헤 不法의 逆賊들을 내세워라!" 하고 집권 세력을 압박했다.[180] 하지만 여론의 비판에도 불구하고 이승만 정부의 "邪道에 빠진 權力行使"는 뒤이어 '중석불사건(重石弗事件)'과 1952년 5월 소위 '부산정치파동'을 일으켰다.[181] 이를 계기로 이승만 정부의 독단적 정치행태에 대한 비판과 함께 민주정치와 법치주의에 대한 요구는 더욱 고조됐다.[182]

'발췌개헌'으로 이승만이 재집권한 후인 1953년 1월 『동아일보』는 현 집권 세력을 "第六列"이라고 명명한다. 사설은 "멸共鬪爭에 있어서" "第五列"보다도 "第六列의 준動에 對해서 좀 더 큰 關心을 가지고 對策을 세워야 한다고" 주장하면서, 이승만 정부의 행태를 "사而非 民主主義行政"이라고까지 비판한다. 즉 "第六列이라고 하는 것은 공산주의자도 아니고 그 주의에 공명하거나 동정하는 동반자도 아니요 마음으로는 반공산주의자이면서 그 우국애족의 진정한 양심에서 울어나는 언행이 不知不覺 중에 '스탈린'이가 파놓은 함정에 빠져버리는 본의 아닌 과오를 범하는 사람들"인데, 이들은 "민주주의와 인권옹호를 부르짖으면서도 언행이 일치되지 않아 대중이 그 올바른 혜택을 과연 받고 있는가를 의심하지 아니할 수 없게 만들어서 이것을 第五列이 선동자료

180 「여기 民族正氣 사라잇다」, 『동아일보』, 1951년 8월 8일자. 거창사건을 통한 정부 비판 기사로는 「居昌事件의重大性」, 『동아일보』, 1951년 8월 9일자; 「居昌事件調査團 被襲當時의眞相」, 『동아일보』, 1951년 8월 11일자.

181 「政治의 倫理化」, 『동아일보』, 1951년 8월 21일자. 1952년 '부산정치파동' 전후로 부각된 '중석불사건' 역시 이승만 정부의 치부를 드러내는 부정 의혹사건으로 제기되었는데, 비판세력은 '민주주의와 법치주의'가 '「利益」「金錢」 앞에 유린되고 屈伏되고말었다'고 비판하면서, 중석불사건을 다른 사건과 마찬가지로 민주주의의 문제로 연결 짓고 집권 세력과의 대결 구도를 만들어 갔다. 「余滴」, 『경향신문』, 1952년 8월 27일자.

182 당시 민주주의 논리를 통한 정부비판의 양상에 대해서는, 「官權의 濫用防止」, 『경향신문』, 1952년 7월 29일자; 「民主政治의 道義性」, 『동아일보』, 1952년 9월 15일자; 「民主確立과 遵法絶叫 民國黨全國大會昨日開幕」, 『동아일보』, 1952년 10월 14일자; 「反共反파쇼線으로 邁進」, 『동아일보』, 1953년 1월 29일자.

로 이용하게 되고 또 '스탈린'이 선전자료로 사용하게" 만드는 사람이라고 주장한다. 이어 "공산주의, 공산당동반자, 공산 第五列이 민주주의 不共대天之수라는 것을 부인할 자 없느니 만큼 민주 진영 내에 있어서도 입으로만은 제 아무리 민주주의를 외치고 다니드라도 민주주의의 신념을 고수하지 못하거나 민주주의 실천에 등한한 자들은 그 신분여하를 막론하고 가증한 第六列 분자라고 타도하지 아니할 수 없"다고 강조한다.[183]

이와 같이 체제 내 비판세력은 민주주의를 근거로 이승만 정부의 무능과 부패 그리고 독단적 권력행사를 문제 삼았다.[184] 당시 야당은 단순하게 공산주의라는 타자에 대한 적대를 통해 지배의 정당화를 추구했던 이승만 정부와는 달리, 그 타자에 대비된 실질적 자아의 내용을 자유와 민주주의로 규정하고 그 옹호자로 자처하면서 정치적 입지를 구축하고자 했다. 더 나아가 이런 자기규정과 정당성을 근거로 법치와 민주정치에 역행하고, 내용과 실천의 부재 속에서 반공의 기표만을 독점하려는 집권 세력을 타자화하면서 스스로를 차별화했다. 또 이 과정에서 지배 권력이 독점한 '반공'의 기표를 '민주반공'으로 대체해서 애국의 의미를 새롭게 써가는 가운데, '진정한 애국'의 노선을 두고 이승만 정부와 경쟁했다.[185] 그리고 점차 이런 민주주의에 근거한 비판의 논리를 애도-원호정치의 영역으로까지 확장시켰다.

이제 비판세력들은 출범 이후 이승만 정부가 애도-원호정치를 통해 구축했던 반공을 중심으로 한 지배 정당성을 공격했다. 전시 원호정치의 균열상이 가시화되자, 그 틈새를 통해 애도와 원호의 의미를 새롭게 재전유하면서 자신의 정치적 의제와 지향을 구축해갔다. 이 과정에서 지금까지 애도와 원호의 대상이었던 전사자와 상이군인은 더 이상 지배 권력의 전유물이 될 수 없었

183 「第六列」, 『동아일보』, 1953년 1월 11일자.

184 1952년 8월 5일 실시된 2대 대통령 선거 후보로 나선 조봉암 역시, 그의 정견 발표를 통해, "독裁적傾向이 비서내는 窒息狀態에서 모-든국민을 解放시키고 官權濫用을 防止함으로써 민弊를 一掃하는同時에 言論의自由를 保障하고 국민의 基本權利를絶對적으로 옹護할 것이다"라고 이승만 정부를 비판했다. 「조봉함 政見(광고란)」, 『조선일보』, 1952년 8월 4일자.

185 「愛國心」, 『동아일보』, 1951년 5월 7일자.

다. 오히려 비판세력에 의해 재전유되어 그들의 정신과 몸은 단순히 '반공'의 표지가 아니라, '자유', '법치', '민주주의'를 상징하는 것으로 강조되었다. 무엇보다 전시행정의 난맥상에 대한 비판이 계속되는 과정에서 1952년 9월에 발생한 '왜관사건'은, 비판세력으로 하여금 이승만 정부의 비민주적 행태에 대한 비판을 원호정치의 균열 지점과 접합시키는 직접적 계기가 되었다.

> 꽃다운 青春을 바쳐 왜 죽지 않으면 안 되는 것이냐 하면 오늘 大韓民國의 民主發展과 自由를 위해서인 까닭이다. 틀림없이 이 겨레가 自由를 享有할 수 있도록 하고 이 나라가 民主主義를 받들어 옳고 바르게 興隆할 수 있도록 하기 위하여 「팟쇼」와 共産主義 그리고 武斷彈壓政策을 排擊抗拒하기 위해서 싸웠든 거시며 앞으로도 此種惡性은 끝까지 삼除打倒하는데 젊은이들은 싱싱한 끓어오르는 피를 흘리려 한다. 萬一 이 民主自由의 軌道에서 우리의 爲政層이 버서나는 失手를 犯할진대 젊은이들은 싸움의 意義와 先導者의 進路에 對해서 信任을 가지지 않을 것이요 따라서絶對로 容納치 않을 것이다. 爲政者로서는 스스로가 먼저 民主政治와 自由守護의 經論을 가짐으로 하여 滅亡統一이 없도록 하여야 할 것이다.[186]

> 戰爭理念의 基礎가 되는 憲法을 爲始한 諸法律이 指導者自身의 便의를 爲하야 때때로 유린되니 좀체로 國家의 紀綱을 세울 수 없고 거기서 오는 政治統制의 無秩서로 말미아마 戰爭에 依하여 助長된 國民經濟生活의 惡化는 改善될 道理가없고 그 生活難에서 오는 種種의 弊習이 累積하여 오늘과 같은 一大 混亂狀態에 빠지게될 새 (…) 나는 이것을 最近에 世人의 耳目을 끄는 傷痍軍人 問題의 경우를 들어 좀더 具體的으로 말해보려고한다. (…) 이제 그들은 다만 大義를 위하여 싸웠다는 自負心과 自身의 犧牲으로 말미아마 나라가 救해진다는 고마움과 또 그러기에 모든 同胞들이 自己를 아껴주고 받드러 준다는 기쁨이 있음으로서만 慰勞될 수 있는것이나 그러나 (…) 言必 民主主義를 위하여 싸워야한다는 指導者들은 이 紊亂相을 肅淸함은 고捨하고 民主主義의 基本原則을 自己 스스로가 破壞하고 있는 것이다. 이와 같은 光景을 目도할 때에 뜻있는 傷痍軍警과 一線에서 돌아온 軍人들의 心中에 어찌 動搖가 생기지 않겠는가 (…) 指導精神은 國家의 法을지키는 준法精神을 最大의 要素로 하는 것이다. (…) 傷痍軍警 問題의 根本은 傷痍

186 「英靈 앞에 드리는 盟誓」, 『경향신문』, 1952년 9월 28일자.

軍警 自體에 있는 것이 아니라 實은 窮極的으로 指導者들의 指導精神의 問題에 歸着되고 만다는 데에 그 問題의 重大性과 深刻性이 있는 것이다. 指導精神의 確立 이것만이 傷痍軍警 問題 아니 오늘의 모든 問題를 根本的으로 解決하는 始發點이 된다는 것을 우리는 다같이 명心하여야 한다.[187]

위의 두 인용문은 당시 체제 내 비판세력이 애도와 원호의 서사를 통해 지배 권력을 비판하는 양상을 보여준다. 먼저 첫 번째 애도의 서사에서 볼 수 있듯이, 비판세력 역시 영령의 뜻을 기리는 것을 통해 자신의 정당성을 구축하고 있다는 점에서 지배 권력과 다르지 않다. 다만 그 죽음을 "民主發展과 自由"를 위한 것으로 새롭게 의미화하고 있다. 이어서 보다 구체적으로 그 죽음이 "「팟쇼」와 共産主義 그리고 武斷彈壓政策을 排擊抗拒하기" 위한 것이라고 강조한다. 즉 팟쇼 - 공산주의 - 무단탄압정책을 동일한 것으로 연결지어, 이승만 정부의 비민주적 행태를 비판하고 있다.[188] 때문에 영령의 뜻을 계승하는 것은 "此種惡性", 즉 비민주적 무단강압정책을 타도하는 길임을 역설하고 있다. 더 나아가 이 길에서 권력층이 벗어나는 실수를 범할 경우 절대로 용납지 않을 것임을 분명히 하면서, 위정자 스스로 민주정치와 자유 수호를 실천할 것을 요구하고 있다.

이와 함께 두 번째 기사는 당시 사회적 이슈로 떠오른 상이군경에 대한 원호의 서사를 통해 지배 권력에 대한 좀 더 직접적인 비판을 가하고 있다. 특이한 점은 지배 권력과는 달리 상이군경 문제의 본질을 물질적인 원호대책의 차원에서 보지 않고, 오히려 그 지배층의 "指導精神"의 문제로 귀착시키고 있다는 것이다. 즉 상이군경은 대의를 위하여 싸웠다는 자부심과 또 그러기에 모든 동포들이 자기를 아껴주고 받들어 준다는 기쁨으로 위무될 수 있는 것인

187 「指導精神의 確立」, 『동아일보』, 1952년 11월 3일자.

188 이와 유사한 비판은 1952년 제2대 대통령 선거 당시 민국당의 정견에서도 확인된다. 신문광고를 통해 민국당은, "우리는 赤色獨裁主義와 함께 白色獨裁主義를 排擊한다. 卽 입으로만 「民主主義」를 부르짓고(…)實地로는 不法違憲의 惡質陰謀와 權力濫用과 暴力行事를 일삼는欺瞞적인 超法特權政治를 打破하고 國民의 自유意思에依한 眞心의 要求를 貫徹할수있는眞正한 民主政治를 확立"할 것을 주장하고 있다. 「우리의 主張과 政見」, 『조선일보』, 1952년 8월 5일자.

데, 여기서 말하는 "大義"란 곧 "憲法을 위시한 諸法律"을 수호하는 것이라고 강조한다. 헌데 현 실태는 그 헌법을 수호해야 할 "指導者"가 "自身의 便의를 爲하야" 그것을 "유린"하고 있는 실정이라고 비판한다. 그리고 이 때문에 상이군경 문제를 비롯한 오늘날의 일대 혼란 상태가 초래되었다고 주장하고 있다. 결국 상이군경 문제를 비롯한 현재의 총체적 사회문제의 해결을 위한 지도자의 "준法精神"을 촉구하면서, 이승만 정부의 비민주적 행태를 비판하고 있다.

이와 같이 당시 체제 내 비판세력은 이승만 정부가 구축한 애도와 원호의 서사를 재전유하면서 자신들의 정치적 의제를 실현하고 저항해 갔다. 그리고 그 과정에서 '반공'의 표지로 고착되어버렸던 전몰 상이군인을 새롭게 의미화하고 있다. 바꿔 말해 지배 권력과 마찬가지로 죽은 자의 육신과 혼을 빌려 스스로의 정당성을 마련하면서도, 전몰 상이군인들에게 새롭게 "민주", "자유", "법치"의 의미를 부여하고 있다. 그리고 이를 통해 당시 이승만 정부의 부패와 비민주적 행태에 저항해갔다.

요컨대, 당시 애도정치는 원호정치의 실패가 낳은 실제 현실과의 괴리로 인해 지배 권력 자신에게도 일정한 부담과 구속을 가하면서, 그 내부에 균열과 저항의 씨앗을 품고 있었다. 죽은 자를 매개로 산 자들에게 투영된 지배의 시선이 역으로 산 자들의 시선에 의해 지배 권력을 향했던 것이다. 특히 애도정치가 구축한 가상의 세계와 원호정치의 현실 사이에 간극이 커질수록, 오히려 산 자들에게 각인된 지배의 시선이 지배 권력을 향해서 그것을 옥죄고 강제해 갔다. 그리고 체제 내 비판세력은 이러한 균열을 확인하고 그 틈새에서 죽은 자를 재전유하면서, 즉 새로운 애도와 원호의 서사를 구축하고 지배 권력에 저항해갔다.

하지만 이러한 체제 내 비판세력의 저항 역시 이승만 정권의 애도 - 원호정치와 마찬가지로 양가적인 것이었다. 지배 권력의 유력한 상징자원인 애도 - 원호정치의 논리가 찢겨지고 그 작동을 정지시켰다는 점에서, 그 결과 지배 권력의 통치력을 위협했다는 점에서, 체제 내 비판세력의 '자유민주주의'론의 전유는 주요한 저항의 양상을 보여준다. 그럼에도 불구하고 당시 지배 - 저항의 작동 방식과 역학 구조는 냉전 반공주의에 긴박되어, 오히려 과정과 결과에 있어서 그것을 더욱 확대 강화시키는 재생산의 기능을 담당했다. 실제 '자유민주주의' 수호의 명분으로 내세웠던 '반공'이 역으로 '자유민주주의'의 실현을 명분으로 비판되었던 것에서도 확인할 수 있듯이, 이때의 '자유민주주의'는 곧 반공 그 자체이거나 그것과 충돌되지 않는 것이었다.

다시 말해 분단과 한국전쟁을 거치면서 체제 내 비판세력이 주장했던 '자유민주주의'론은 '반공'에 긴박된 냉전적 민주주의였고, 저항 역시 '반공'에 포섭된 저항이었다. 때문에 체제 내 비판세력은 '반공'에 기초한 이승만 정권 자체를 위협할 수 있었고, 실제 1960년 '4·19'를 통해 '자유민주주의'의 실현을 주장하는 가운데 붕괴시킬 수 있었지만, '반공'과 그것에 밀착된 '냉전적 민주주의'의 정당성과 논리는 전혀 문제 삼지 않았다. 그 결과 '반공'과 '냉전적 자유민주주의'는 이후에도 끊임없이 재생산되는 가운데 한국사회에 체제화되어 갔다.

이상 살펴본 바와 같이 한국전쟁은 출범 이후 그 기반이 취약했던 남한 체제의 실존적 불안을 더욱 가중시킨 사태였다. 하지만 역으로 전쟁은 이승만 정권이 전시체제하 효율성의 극대화를 추구하면서, 사회 전반에 대한 강제와 동원에 기초해 체제와 정권의 기반을 구축하는 주요한 전환점이기도 했다. 특히 전쟁이 '사상전'의 양상으로 전개되면서 남한은 냉전 세계의 구도 속에서 '반공주의 공동체'로서 새롭게 재편되어 갔다. 이 과정에서 냉전담론은 전시동원체제의 강화를 위해 생산된 애국담론과 결합해 확대 재생산되었다.

당시 애국담론은 '애국'이라는 어휘를 매개로, '적/아', '애국/비애국'의 의미를 분명하게 확정짓고 있었다. 이와 함께 애도와 기념의 정치를 통해서, 끊임없이 남한 주민을 '자유/공산'의 이원화된 이데올로기 세계로 호출하였다. 이 가상의 세계는 한국전쟁기 남한 주민을 국가적 의제로 이끌고, 국가와 일체화시키기 위한 일종의 '허위의식'에 다름 아니었다. 즉 이러한 허위의식의 구축을 통해 국가와 국민을 비롯한 사회 전반을 새롭게 의미화 하고, 이를 토대로 국가와 국민의 정체성을 다시 만들어갔던 것이 당시 냉전적 애국담론이었다. 하지만 이와 같은 자유, 공산, 민주주의 등 비가시적이고 비신체적인 관념에 의해 구축된 가상의 세계는 호명 받은 주체에게 비현실적일 가능성이 컸다. 때문에 당시 애국담론은 새로운 상상의 세계를 구축하고 주체를 호명할 때 한층 강렬한 방식으로, 즉 감성에 호소하였다. 이러한 감성정치는 한편으론 '친밀과 적대'의 정서를 확대 · 강화시키고, 그에 기초해서 후방의 주민들을 규율화 했다. 그리고 이런 애국담론이 궁극적 목표로 상정했던 것은 냉전이데올로기에 의해 구축된 상상의 세계를 각인한 반공국민의 형성에 있었다.

이와 함께 이승만 정권은 사상전에 대응해 체제 및 지배 정당성과 전쟁의 목적을 사상적 차원에서 설명해야하는 과제에 직면해 있었다. 더구나 여전히 반서구 근대의 사조가 지속되는 과정에서 그것과 상충하는 서구 자본주의의 대표자인 미국의 헤게모니 내로 편입된 남한의 체제 및 지배 정당성을 구축해야 했다. 이를 위해 이승만 정권은 국가 차원의 전문 사상연구기관인 국민사상지도원을 설립했다. 국민사상지도원은 이후 국민사상연구원으로 개칭하고 각종 잡지와 서적으로 발간을 통해 대중의 사상 선도 활동과 지배담론 생산에 복무했다. 국민사상연구원에 참여한 지식인들은 '義'의 논리를 통해 서구 근대사를 다시 쓰는 가운데, '동시성의 비동시성'의 담론전략을 통해 서구 근대의 두 대변자로 비판받았던 미국과 소련을 분리시킨다. 그리고 이를 통해 소련을 극복해야 할 낡은 서구 근대의 유물로 비판한 반면, 미국은 탈근대적이며 UN을 통해 새로운 '義'의 세계를 개척하고 주도하는 국가로 비정한다. 여기에 남한 역시 미국의 진영에 가담하는 국가로 규정하고 그 정당성을 마련한다. 결국 국민사상연구원은 이와 같은 담론생산을 통해 서구 근대 비판의 인식과 길항하면서 미국의 헤게모니 진영으로 편입된 남한의 정당성과 사상적 토대를 구축하고자 했다.

한편, 한국전쟁은 이승만 정권의 냉전적 반공체제 구축에 순방향의 계기였던 것만은 아니다. 오히려 지배 권력의 취약성과 부조리를 더욱 선명하게 드러내면서 저항의 단초를 제공했다. 무엇보다 이승만 정권의 애도-원호정치의 양가적 측면은 이러한 양상을 분명하게 보여준다. 정부 수립 이후 이승만 정권은 전몰군경에 대한 애도와 각종 의례를 통해 남한 반공체제 및 지배 정당성의 기반을 마련하고자 했다. 이와 같이 죽은 자를 통해 산 자들을 단속하고 결속시키려 했던 이승만 정권의 애도정치는 총력전 체제의 구축을 위해 전시동원이 시급했던 한국전쟁 기간 한층 더 강화되었다. 하지만 수많은 전사자와 상이군인을 발생시킨 전쟁은 부패하고 무능한 이승만 정권에게는 감당할 수 없는 원호 문제를 초래했다. 원호정치를 통해 전사자의 분신이자 '반공'의 상징으로 '신화'화되었던 상이군인들은, 유명무실한 원호사업으로 아무런 실존적 대책도 없이 곤궁한 상태로 방치되었다.

이런 이상과 현실의 괴리 속에서 체제 내 비판세력들은 지배 권력이 독점했던 '상이군인'의 신체를 탈취해서 자신들의 정치적 상징으로 만들어갔다. 즉 체제 내 비판세력들은 지배 권력과 마찬가지로 죽은 자의 육신과 혼을 빌려 스스로의 정당성을 마련하면서도, 상이군인의 신체에 지배 권력의 '반공'을 대신해, '민주', '자유', '법치'의 의미를 부여했다. 그리고 이를 통해 이승만 정부의 부패와 반민주적 행태에 저항했다. 그럼에도 불구하고 이들 저항세력 역시 냉전적 반공체제 자체를 문제 삼지는 않은 채 반공에 긴박되어 있는 '자유민주주의'론을 주장했을 뿐이다. 때문에 저항세력 역시 '자유민주주의'론의 강조를 통해 '반공'의 논리를 강화시키는 결과를 발생시켰다. 바로 이와 같은 지배와 저항의 역학구조 속에서 남한 사회는 냉전의 질서와 논리에 긴박되어갔다.

결론

이 글은 제2차 세계대전 이후 등장한 세계적 냉전이 남한 사회에 수용되어 고착화되어갔던 역사적 과정을 냉전담론의 형성과 분화의 측면에서 살펴보았다. 이 과정에서 해방과 함께 당위적 관념과 가치로 부각된 '민족'과 '민주주의'를 둘러싼 좌우의 경쟁 및 갈등 양상에 주목했다. 그리고 이 좌우의 민족과 민주주의를 기축으로 한 경쟁과 대립의 논리가 전후 세계를 해석하고 규정하는 진영적 시각과 틀을 형성하는 계기로 발전했던 과정을 추적했다. 이를 통해 해방 이후 남한사회가 좌우 정치세력의 시각과 해석을 매개로, 즉 그들을 번역자로 전후 세계를 인식하고 수용해갔다고 보았다. 또한 이렇게 수용된 냉전담론이 전후 진영론의 하나로서 분단정부 수립 이후 재생산의 구조를 형성하면서 확산·분화되어간 양상을 검토했다. 이 확산과 분화는 지배 권력의 일방적 작용이 아닌, 냉전적 시각과 논리에 위와 아래가 모두 긴박되어갔던 과정이었다. 이 과정에서 '이데올로기적 담론'으로서 냉전담론은 지배의 유력한 자원이자 장치이기도 했지만, 저항의 논리 속에서 전유의 대상이기도 했다.

해방 직후 남한 사회의 세계 냉전 질서로의 편입 과정은 좌우 정치세력의 세계 인식의 변화 및 전변(轉變)된 인식의 고착화와 그 궤적을 같이했다. 당대 남한 사회의 냉전화(冷戰化)는 외부 세계의 기계적이고 무매개적 내화의 과정이 아니라, 그 내부의 여러 정치세력과 결부되어 진행되었다. 그리고 더 나아가 이들이 바로 냉전세계의 매개자이자 내화와 확산의 주체였다. 실제 해방 이후 남한 사회로 전달된 국제정세에 대한 소식은 좌우 정치세력의 정세 인식과 해석에 기초해서 일정하게 틀 지워지고 가공된 정보였다. 즉 전후 세계 냉전이라는 역사적 사태에 대한 남한 사회의 인식과 담론은 미소의 외삽(外揷)권력과 상호작용하면서 정치적 헤게모니를 구축하고자 했던 정치세력의 의제와 밀착하여 생산되었다. 전후 세계의 패권을 둘러싼 미소경쟁 · 갈등의 사태는 좌우의 정치적 입장과 노선에 따라 도구화되어 한반도에 수용되었다. 그 결과 전후 미 · 소 관계에 대한 평가는 각 정파의 정치적 노선에 따라 상이했으며, 그것을 둘러싼 의미경쟁을 지속적으로 발생시켰다. 이런 측면에서 탈식민 초기 남한 사회는 미 · 소 대립을 둘러싼 "의미투쟁(struggle for the word)"의 격전장으로 여전히 유동적인 시공간이었다.

해방 초기 좌우 세력은 일제 시기 민족운동의 과정에서 좌우대립의 경험을 갖고 있었다. 조선의 민족운동 내 좌우익의 갈등은 1920년대 민족주의자들의 개량주의 운동과 뒤이은 자치운동에 대한 사회주의 세력의 비판에서 시작되었다. 이어 사회주의 세력이 1930년대 전반 코민테른 제6차 대회의 '사회파시즘'론에 근거한 '계급 대 계급' 노선을 채택하고 민족주의자들에 대해 적대적 입장을 취하면서, 양측 간 대립은 더욱 깊어졌다. 해방 직후 좌우대립은 과거 일제시기 경험에서 기인하여 서로에 대해 적대적인 태도를 취했던 결과 일어난 측면이 강했다. 초기 좌파의 정국 주도에 대한 우파의 우려에는 이미 좌익에 대한 부정적 선입관이 깔려 있었다. 더구나 시간이 흐르면서 좌우가 서로에 대한 비난을 노골적으로 표출하면서 대립은 더욱 가시화되었다. 또한 일제 식민권력에 의해 광범위하게, 그리고 지속적으로 생산된 반소반공의 흑색선전과 담론자원은 해방 이후 좌우대립과 냉전이 가시화되자 재동원되어, 반소반공의 주요 자료와 논리로 반복되었다.

여기에 일제의 식민권력을 붕괴시킨 미 · 소의 주둔과 '민주주의와 파시즘'의 전쟁에서 민주주의 연합국의 승리라는 해방의 성격은, 해방 이후 남한 사회를 규정짓는 조건이었다. 현실정치의 조건으로서 미소의 분할점령과 추구해야 할 당위로서의 민족과 민주주의의 가치가 하나의 의제로 상정되었다. 이런 상황에서 해방 직후 남한의 좌우를 망라한 정치세력들은 자신의 정치적 처지와 지향에 따라 제2차 세계대전과 해방의 성격을 규정하고, 자신의 정치적 지향 및 그 구체적 실천 방략에 탈식민과 함께 새로운 시대 이념으로 재등장한 '민족자결'과 '민주주의'라는 표식을 달아야만 했다. 당대 표현을 빌리자면 민주주의라는 "간판"을 달고 자파의 정치적 의제를 설명해야 했다. 민주주의를 전유하기 위한 좌우의 경합은 자연스럽게 민주주의 그 자체를 새롭게 재정립하는 과정을 동반했다. 그리고 민주주의를 자파의 정치적 이해관계 속에서 재정립하는 것은 여타의 다른 대상과의 관계 역시 새롭게 설정할 것을 요구하였다. 즉 민족, 계급, 인민, 국가 역시 민주주의적 가치에 부합하는 방향으로 재정립될 것을 요구받았다. 이후 좌우 정치세력은 '신탁통치파동'을 계기로 이와 같은 기표들을 전취하기 위한 치열한 경쟁에 돌입했다. 하지만 해방 직후 남한 사회는 식민과 탈식민 그리고 미소라는 외삽권력의 지배 속에서 이념적으로 정형화되지 않은 '무정형'의 사회였다.

또 한반도에 실질적 통치권을 장악한 미소에 대한 태도 역시 마찬가지였다. 대체로 해방 직후 좌우를 망라한 모든 정치세력은 해방군이라는 인식하에 미·소 연합군에 감사와 호의적 태도를 표명하고 있었다. 다만 조선공산당과 한민당이 각각 친소와 친미의 입장을 노골적으로 표시했다. 이와는 달리 중도좌파와 중도우파의 여운형과 안재홍은 호의적 태도와 함께 주체적 입장을 강조하거나 일정한 거리두기 속에서 관망의 자세를 보였다. 이런 미·소에 대한 시각의 차이는 당시 각 정파의 정치적 지향과 노선의 차이를 반영한 것이었다. 특히 당시 좌우를 대표했던 조선공산당과 한민당 양측은 조선 문제의 국제성을 인식하면서도, 그 이면의 정치적 입장 차를 분명하게 보였다. 조선공산당은 '8월 테제'를 통해 파시즘세력을 붕괴시켰지만, 그 잔존세력을 숙청하고 민주정부를 수립하는 것이 전후 과제라고 주장했다. 때문에 박헌영은 미국에 대한 우호적인 입장을 표명하면서도 민주주의적 제반 조치를 취하지 않는 미국의 점령정책을 비판하는 이중적 입장을 취했다. 반면 우익은 전후 세계를 '민족자결주의'의 시대로 규정하고, 이 '대세'를 실현하는 것이 곧 전후 민주주의를 실현하는 것이라고 주장했다. 그래서 소련을 '우방'이자 '후원자'라고 칭송하면서도 그 '동점주의' 팽창정책에 대해서는 비판하는 이중적 입장을 보였다.

해방 직후 정국의 주도권을 둘러싼 좌우갈등은 1945년 12월 27일 모스크바삼상회의의 조선에 대한 신탁통치 결정을 계기로 한층 치열하게 전개됐다. 초기 우파와 함께 반탁 입장을 표명했던 조선공산당과 좌익은, 1946년 1월 2일 입장을 바꿔 '모스크바삼상회의결정지지'를 선언했다. 이를 계기로 남한의 좌우 정치세력은 '비상국민회의'와 '민주주의민족전선'이라는 두 개의 적대적인 진영으로 나누어졌다. 이후 좌우는 모스크바삼상회의결정을 자파의 정치적 논리로 각기 달리 해석하면서 상호 적대와 비방의 수위를 높여갔다. 당시 모스크바삼상회의결정에 대한 좌우의 상위한 반응의 이면에는 각자의 계급적 이해관계와 정치노선의 차이가 깔려있었다. 이러한 좌우의 계급적 이해관계와 그에 결부된 정치노선상의 차이는 전후 세계를 해석하고 규정하는 시각과 논리로까지 확대되었다.

해방 이후 좌우의 계급적 이해관계와 정치적 지향의 차이에 근거한 세계에 대한 인식과 재현상은 서로 달랐다. 좌우가 추구했던 새로운 민족국가 건설의 상이 달랐을 뿐만 아니라, 그것을 만들어가는 방식에 대한 입장 차 역시 적지 않았다. 그리고 이와 같은 정치노선의 차이는 전후 세계에 대한 이해 방식과 시선의 차이를 동반했다. 즉 해방 이후 무정형의 유동적 남한 사회에서 좌우 정치 세력은 급변하는 국제정세를 자파의 정치적 목적을 위해 해석하고, 자파의 정치적 노선과 결합시켜야 했다. 단순하게 국제적 사태와 정세를 수용하는 것이 아니라, 그 주어진 환경 속에서 자파의 정치적 지향을 실현하고자 했으며, 정국의 헤게모니를 장악하려는 경합의 장으로 나섰다. 즉 서로 다른 지향이 곧 서로 다른 세계에 대한 인식 틀을 산출했고, 서로 다른 세계에 대한 의미화 작업이 추구되었다. 그 결과 해방 이후 남한 사회에는 두 개의 세계를 바라보는 진영론이 공존하면서 경쟁하였다. 우파는 민족주의적 입장을 통해 자파의 정당성을 구축했고, 그 과정에서 제2차 세계대전과 그것의 연장선에 놓여 있는 전후 세계를 민족 단위의 경쟁과 협조의 체계로 이해했다. 민족 간의 협조와 경쟁에 대한 강조는 세계를 '세력균형'적 틀 속에서 바라보게 했고, 시간이 흐를수록 미소 간 국제무대에서의 긴장과 대립이 심화하고 그것이 다시 '냉전'이라는 개념으로 귀결되었을 때, 우파는 그대로 '냉전'적 논리를 흡수하게 되었다.

반면, 좌익은 그들이 추구했던 계급해방과 사회개혁의 지향을 담아 전쟁과 전후 세계를 설정했다. 좌익은 제2차 세계대전 역시 제1차 세계대전과 마찬가지로 자본주의의 모순에 의해 발생했다고 판단했다. 때문에 당연히 전후 과제는 전쟁의 직접적 원인이 된 파시즘 세력과 그 잔재를 일소하는데 있다고 생각했다. 동시에 보다 본질적인 문제로 세계자본주의체제의 변화를 추구했다. 파시즘에 대한 민주주의의 승리는 바로 이러한 민주주의적 세계 개조의 장을 활짝 열었던 것이었다. 때문에 전후 약소민족의 해방은 민주주의 연합국들의 협조 속에서 해결될 것으로 낙관했고, 조선의 부르주아민주주의혁명 역시 실현될 수 있을 것으로 전망했다. 또 해야만 한다고 주장했다. 독점자본가들의 반동적 반민주주의적 행태를 저지하기 위해서는 국제적 인민전선의 연대가 필요하다고 보았으며, 이것은 곧 일국 단위의 민족적 문제에 국한되는 것이 아닌 국제적 계급연대에 기초한 국제 민주주의 지향 세력의 연대와 단결로 실현 가능하다고 보았다. 이와 같은 좌익의 정치노선과 지향은 곧 세계를 국제주의 계급노선의 시각으로 재규정하면서, '민주 대 반민주'의 진영론으로 이어졌다. 그리고 이 진영론은 다시 1947년 말 미소공위가 결렬되고 분단이 가시화되자 "제국주의적 반민주주의적 진영 대 반제국주의적 민주주의 진영"론으로 귀결되었다.

탈식민 이후 남한의 세계에 대한 인식과 재현은 '냉전'이라는 우파의 당파적 진영론으로 단일화되어 있지 않았다. 오히려 서로 다른 복수의 세계 표상과 의미화의 경쟁이 소멸하는 과정이 분단의 과정이었고, 남한 단정의 수립

과정이자, 남한의 미국 헤게모니 진영 내로의 편입 과정이었다.

1948년 8월 15일 수립 당시 대한민국의 존립 기반은 취약한 상태였다. 출범 초기 국가의 하부구조적 힘과 그 체제 정당성의 근거조차 빈약했던 상황이었다. 이러한 상황에서 이승만 정부는 일종의 '이데올로기적 담론'인 냉전담론을 통해 초기 반공국가로서의 체제 정당성과 우파 집권 세력의 지배 정당성을 구축하고자 하였다. 더 나아가 냉전논리에 근거해 출범 초기 자신의 체제 보장 및 대미원조의 정당성을 확보하고, 반공국가의 법적 제도를 구축했다. 심지어 냉전논리는 정부 비판세력을 탄압하고 지배 체제를 안정화 시키는 데에도 적극적으로 활용되었다. 즉 정부 수립 초기 이승만 정부에 의해 생산된 냉전적 시각과 논리는 단순한 현실 세계의 반영이 아니라, 지배이데올로기의 중요한 한 축으로 기능했다. 그리고 여기에 한민당을 비롯한 단정세력 역시 냉전적 진영논리의 생산에 적극적으로 가담하면서 냉전적 시각과 논리는 남한 사회에 확산되었다.

초기 이승만 정부의 지배 기반의 강화를 위해 미소의 국제적 세력대립은 남한 사회에 주요한 정치적 이슈로 이용되었다. 이 과정에서 제2차 세계대전 이후 세력 균형적 세계 인식의 연장에서 출현한 냉전이라는 개념은 역으로 남한 사회의 세계를 바라보는 균질한 시선으로 자리매김했다. 그 결과 냉전적 시각이 다시 세계와 남한 사회의 제반 현상을 평가하고 해석하는 틀로 기능하는 양상이 곳곳에서 발생했다. 즉 세계 냉전 진영 속에서 반공의 최전선이자 보루임을 자처하고 이를 통해 자신의 체제 및 지배 정당성을 확보하고자 했던 이승만 정부에 의해, 냉전적 시각은 끊임없이 재생산되어 사회적으로 확산되었다. 이 과정에서 세계는 물론 사회의 제반 현상이 냉전이라는 개념과 비유를 통해 말해지고 평가되는 전에 없던 새로운 현상이 등장했다.

물론 분단 초기 냉전의 진영논리와 시각이 확산되면서 냉전이라는 용어와 개념을 둘러싼 다양한 논쟁이 발생했다. 또 냉전의 시각을 거슬러 새롭게 세계를 규정하려는 시도 역시 공존했다. 그럼에도 불구하고 남한 사회가 냉전 질서 속에 급속하게 편입되어 가는 과정에서, 냉전의 시각과 논리는 세계를 바라보고 해석하는 틀로 고착화되어 갔다. 역으로 이런 '보기의 방식'으로서 냉전적 시각이 정립되자, 이제 기존 현상과 사태를 냉전의 시각으로 재해석하고 재평가하는 현상이 곳곳에서 발생했다. 바로 이런 일련의 과정을 통해 남한 사회는 세계 냉전 질서에 더욱 긴박되어 갔고, 냉전적 시각과 논리에 기초해서 재편되어갔다.

이 과정에서 '미 · 소'와 '남 · 북'의 진영 대립이라는 현상의 가시화와 함께 그 대립의 의미와 성격에 대한 사회적 확산 역시 이루어졌다. 즉 '침략' 대 '방어'라는 구도에 '독재 - 전체주의' 대 '자유 - 민주주의'라는 의미 대립이 겹쳐진 진영논리가 확대 재생산되었다. 이를 통해 반공반소의 근거로 강조되었던 '자유'와 '민주주의'는 남한 사회의 부정할 수 없는 체제 및 지배이념으로 등장했다. 분단 상황 속에서 여전히 남북통일에 대한 열망과 민족주의가 힘을 발휘했지만, 남북 간 체제경쟁의 현실을 배경으로 냉전적 시각과 논리가 확산되어 감에 따라 '자유민주주의'론에 근거한 정치논리 역시 강화되었다.

무엇보다 단정 수립 초기 민주주의에 대한 강조와 그것의 사회적 확산을 촉진한 것은 이승만 정부 자신이었다. 이승만 정부는 남한 체제 및 지배의 정당성을 스스로 자유와 민주주의에 두고 있었다. 흥미로운 점은 집권 세력의 계속적인 자유와 민주주의에 대한 고창(高唱)이 역설적이게도 권력 자신도 자유민주주의의 이념과 논리 속에서 규제받아야 하는 상황을 연출했다는 것이다. 즉 체제를 보장받기 위해서, 또 지배 권력의 이념적 정당성을 구축할 목적으로 내세웠던 자유와 민주주의의 당위에, 역으로 지배 권력 스스로가 평가당하는 경우가 곳곳에서 나타났다. 실제 소장파 의원들은 제헌국회 초기부터 탄압으로 붕괴되는 1949년 소위 '6월 공세' 무렵까지 계속해서 자유민주주의의 실현을 주장하며 이승만 정부와 맞섰다. 이와 함께 1949년에 접어들어 이승만과 함께 단정수립에 주도적 역할을 했던 한민당의 후신인 민국당 역시 '반공민주건설론'을 기치로 이승만 정부의 반민주주의 정치 행태를 비판했다.

냉전과 그 영향 속에서 발생한 분단과 남북대립이라는 역사적 사태는 냉전의 논리에 기초한 자유와 민주주의 이념을 남한 사회에 광범위하게 확산시켰다. 이 과정에서 역으로 자유와 민주주의의 이념은 부정할 수 없는 체제의 가치로 부상하면서 남한 사회를 다시 틀 짓고 재편하는 핵심 논리가 되었다. 즉 사태가 만든 담론이 다시 새로운 사태를 가져오는 연쇄작용 속에서 남한 사회의 냉전적 시각과 논리의 순환구조가 발생했다. 냉전의 틀 속에서 자유와 민주주의를 내세우는 권력이나, 그 권력의 이상과 현실 사이의 간극을 확인하고 거꾸로 진정한 자유와 민주주의를 외치면서 권력을 비판했던 저항세력 역시, 모두 냉전적 시각과 논리를 반복하면서 그것을 강화시키는 행위자였다. 이와 같은 일련의 과정 속에서 남한 사회의 냉전적 시각과 풍경은 전경화되었다. 여전히 분단을 반대하고 통일을 지향하는 세력을 중심으로 냉전적 흐름을 거부하는 정치적 사태가 계속되었고, 또 그에 따른 반냉전담론이 공존했다. 뿐만 아니라 식민과 탈식민의 경험이 낳은 반서구 근대의 관념과 인식이 지속되면서, 복잡 다양한 사상적 흐름이 상호경쟁 · 공존하고 있었다. 이런 긴장과 중층적 세력 관계는 한국전쟁을 거치면서 재편되어갔다.

한국전쟁은 남한 사회의 냉전 정체성의 형성과 관련해서 두 가지 측면에서 의미 있는 시기였다. 한 측면으로, 한국전쟁은 남한 사회의 냉전체제로의 편입과 안착을 가속화한 결정적 계기였다. 분단 정부 출범과 함께 체제 및 지배 정당성 확보를 위해 이승만 정권은 계속적으로 냉전의 진영논리를 재생산했다. 또 그것을 통해 남한 사회를 통제, 규율하는 가운데 자신의 지배 안정화를 꾀했다. 그 연장선에서 한국전쟁은 기존에 구축된 반공체제의 통제력을 확대 심화시키는 계기였다. 또 다른 측면에서, 한국전쟁은 이승만 정권의 지배질서의 취약성을 가장 적나라하게 드러내는 시기이기도 했다. 전시동원체제를 위해 이승만 정권이 끊임없이 주장했던 냉전이데올로기가 스스로의 무능과 부패로 인해 그 허구성이 드러났다. 전시라는 특수한 상황은 지배 권력의 모순을 보다 선명하게 부각시키면서, 지배 권력의 정당성 자체를 위협하기도 했다. 지배 질서의 공고화를 위해 외쳤던 냉전적 논리와 자유민주주의의 가치가 역으로 지배 권력을 비판하는 양날의 칼이 되었던 것이다.

한국전쟁은 아직 대한민국의 존립자체가 불안정한 실정에서 그 실존적 불안을 더욱 가중시킨 사태였다. 하지만 역으로 전쟁은 대한민국이 전시체제하 효율성의 극대화를 추구하면서, 사회 전반에 대한 강제와 동원에 기초해 국민국가의 기반을 구축하는 주요한 전환점이기도 했다. 특히 전쟁이 '사상전'의 양상으로 전개되면서 남한 사회는 냉전 세계의 구도 속에서 '반공주의 공동체'로서 새롭게 재편되어갔다. 이 과정에서 냉전담론은 전시동원체제의 강화를 위해 생산된 애국담론과 결합해 확대 재생산되었다.

한국전쟁기 일상적이고 지속적으로 남한 주민을 상대로 냉전적 애국담론의 선전을 담당한 것은 신문이었다. 당시 신문은 이미 사전검열제도를 비롯한 각종 언론통제정책에 의해 반공주의의 틀 내로 순치되어, '이데올로기적 국가장치'의 하나로 기능하였다. 한국전쟁기 발행된 신문들은 전시상황에 대한 계속적인 보도 과정에서 '애국'이라는 어휘를 매개로, '적/아', '애국/비애국'의 의미를 분명하게 확정짓고 있었다. 이와 함께 애도와 기념의 정치를 통해서, 끊임없이 남한 주민을 '자유/공산'의 이원화된 이데올로기 세계로 호출하였다. 이 가상의 세계는 한국전쟁기 남한 주민을 국가적 의제로 이끌고, 국가와 일체화시키기 위한 일종의 '허위의식'에 다름 아니었다. 즉 이러한 허위의식의 구축을 통해 국가와 국민을 비롯한 사회 전반을 새롭게 의미화하고, 이를 토대로 국가와 국민의 정체성을 재형성해갔던 것이 당시 냉전적 애국담론이었다. 하지만 이와 같은 자유, 공산, 민주주의 등 비가시적이고 비신체적인 관념에 의해 구축된 가상의 세계는 호명 받은 주체에게 비현실적일 가능성이 컸다. 때문에 당시 애국담론은 새로운 상상의 세계를 구축하고 주체를 호명할 때 한층 강렬한 방식으로, 즉 감성에 호소하였다. 이러한 감성정치는 한편으론 '친밀과 적대'의 정서를 확대 · 강화시키고, 그에 기초해서 후방의 주민들을 규율화 했다. 그리고 이런 감성정치를 통해 애국담론이 추구했던 궁극의 지향은 냉전이데올로기에 의해 구축된 상상의 세계를 각인한 반공국가의 주체 형성에 있었다.

이와 함께 한국전쟁이 냉전체제하에서 사상전의 양상으로 전개되면서, 이승만 정부는 승리를 위해 반공을 공고히 할 사상적 체계를 마련해야 하는 과제에 직면했다. 또한 냉전의 세계질서화 속에서 새롭게 미국의 헤게모니 진영으로 편입하는 스스로를 정당화시킬 논리 역시 요구받고 있었다. 하지만 한국전쟁기 이러한 이승만 정부의 기획과 실천은 공산주의의 선전과 전간기(戰間期) 반서구 반근대의 인식에 의해 도전받으면서 한층 더 흔들리고 있었다. 즉 전시 사상전 속에서 남한의 지배 권력은 반근대의 상상들과 길항하면서 당시 서구 근대(성)의 담지자로 이해된 미국과, 미국의 헤게모니 내로 편입된 스스로를 정당화시킬 논리를 우선적으로 생산해야만 했다.

이를 위해 이승만 정권은 국가차원의 사상지도 · 연구기관으로 1951년 3월 전시수도 부산에서 국민사상지도원을 설립했다. 출범 이후 국민사상지도원은 그 명칭을 국민사상연구원으로 개칭하고, 잡지 『思想』를 비롯한 각종 책자의 발행을 통해 사상계몽 사업을 펼쳤다. 『思想』을 비롯한 일련의 텍스트는 결국 새로운 '세계관, 국가관, 인생관'의 정립을 지향했다. 다시 말해 현실의 '세계 - 국가 - 개인'의 관계를 새로운 틀과 논리로 재편하고자 했다. 그리고 이 과정에서 현실의 세계, 국가, 개인의 의미를 재해석하고 상호 간의 관계 역시 재규정하고자 했다. 이제 근대와 현대, 동양과 서양, 국가와 개인, 민주주의와 공산주의 등 현실 세계에서 힘을 발휘하는 개념과 관념은 지금까지와는 다른 시공간의 좌표축에 따라 재평가되고 배치된다. 동시에 이 새로운 시공간의 좌표축에 '아(我) - 타(他)'를 비정하는 담론 전략을 통해 남한 체제의 우월성과 권력의 지배 정당성을 구축해갔다.

이러한 시공간의 분할과 배치를 통한 담론전략은 일제 식민시기 '동양학의 구조'를 반복한 일종의 '동시성의 비동시성 정치'와 유사한 것이었다. 시공간의 재편성과 '동시성의 비동시성'을 통한 담론전략은 남한 사회의 정체성을 재편하기 위해 취한 하나의 방책이었다. 당대 남한 체제의 지식인들은 서구 근대와 반서구 근대 그리고 냉전이 뒤엉킨 이념 지형 속에서 "義"의 세계사를 재구성하고, 근대가 곧 진보를 뜻하면서도 공산주의가 가장 근대적이라는 이유로 반공반소의 논리를 구축했다. 이와 같은 담론전략에 기초한 이데올로기 작업 과정에서 남한 사회의 냉전논리는 그 사상적 지반을 구축했다.

한편 존립기반이 취약했던 이승만 정부는 전몰군경에 대한 애도정치를 통해 체제 및 지배 정당성을 구축해갔다. 수많은 전몰군경들이 민족과 국가를 위해 목숨을 바친 '호국영령'으로 호명되었고, 그들을 기리는 위령제와 추모제가 국가에 의해 지속적으로 거행되었다. 이런 애도의 의례와 서사는 궁극적으로 '과거의 거기'와 '지금의 여기'를 잇는 특정 시공간에 대중의 시선을 집중시켜 죽은 자와 산 자를 일치시키고, 죽은 자의 육신과 혼을 빌려 산 자를 단속하고 결속시켰다. 그리고 이를 통해 죽은 자에 대한 애도를 국가와 그 지배 권력에 대한 충성으로 전환시켰다. 이처럼 죽은 자를 매개로 하는 지배의 기술인 애도정치는 총력전체제의 구축을 위해 전시동원이 시급했던 상황에서 한층 더 강화됐다.

문제는 전쟁이 총력전 양상으로 전개되면서 수많은 전사자와 함께 상이군인을 발생시켰다는 점이다. 때문에 원호문제는 애도와 함께 당시 전시동원체제의 유지와 강화를 위해 급부상했다. 하지만 원호문제는 애도와 다르게 더 이상 전시동원을 위한 순기능의 방향으로 작동하지 않았고, 오히려 그것을 동요시키는 불안 요인으로 전환되었다. 전시동원을 목적으로 한 원호정치는 급증한 상이군인을 전사자의 분신으로 신화화하면서, 자연스럽게 애도정치와 연결되었다. 그 결과 상이군인에 대한 원호는 애도정치가 구축한 가상의 세계와 실제 현실이 일치하는가의 여부를 판가름하는 척도이자, 이승만 정부가 애도정치를 통해 구축한 지배 정당성을 가늠하는 문제와 직결되었다.

이런 이유로 이승만 정부는 각종 군사원호제도를 실행하였지만 유명무실한 원호대책은 상이군인의 실존적 조건을 더욱 악화시켜갔다. 이승만 정부는 원호정치의 실패가 상이군인의 일탈행동으로 이어졌음에도 불구하고, 그들을 '반국가적 타자'로 배제시켰다. 한편 제대한 상이군인들은 불구가 된 자신의 몸에 새긴 영예를 통제를 넘어 밀고 나가면서, 지배 권력에게 곤혹스러운 '양날의 칼'이 되기도 했다. 또한 상이군인의 권위와 힘을 '악용'한 각종 범죄가 발생하기도 했다. 이와 같이 원호정치는 지배의 대상인 동시에 주체적 행위자였던 대중에 의해 그 의도가 일부 관철되면서도 또 다른 한편으론 예상치 못한 방향으로 미끄러져 버렸다.

무엇보다 정부 비판세력들은 전시 이승만 정부의 무능과 부패 그리고 독단적 권력행사가 계속되자, 원호정치의 균열상을 정부 비판의 유용한 자료로 이용했다. 그들은 원호정치의 괴리를 근거로 이승만 정부의 지배 정당성을 무화시키고, 더 나아가 상이군인과 전사자를 지배 권력의 전유물이 아닌 자신의 정치적 의제를 새긴 상징으로 새롭게 의미화 했다. 이 과정에서 비판세력들은 지배 권력과 마찬가지로 죽은 자의 육신과 혼을 빌려 스스로의 정당성을 마련하면서도, 전몰상이군인들에게 새롭게 "민주", "자유", "법치"의 의미를 부여했다. 그리고 이를 통해 이승만 정부의 부패와 비민주적 행태에 저항했다. 하지만 비판세력 역시 지배 권력과 마찬가지로 죽은 자와 그것의 현존인 상이군인을 자신의 정치적 의제 속에 가두어버렸다. 그 결과 그들은 '반공'을 대신해 '민주'와 '자유'의 상징이 되었지만, 전후 여전히 애도 - 원호정치가 구축한 '영예'와 현실의 '빈곤' 속에서 방치된 채 사회문제로 남겨졌다. 이와 같이 한국전쟁기 지배와 저항의 역학 구조 속에서 남한 사회는 더욱 냉전의 질서와 논리에 긴박되어갔다.

참고문헌

1. 자료

1) 신문 및 정기간행물

『京鄕新聞』, 『光明日報』, 『노력인민』, 『大東新聞』, 『東亞日報』, 『大衆日報』, 『大韓獨立新聞』, 『大韓每日新報』, 『獨立新報』, 『每日申報』, 『民主衆報』, 『서울신문』, 『우리신문』, 『自由新聞』, 『朝鮮人民報』, 『朝鮮日報』, 『朝鮮中央日報』, 『中央新聞』, 『靑年解放日報』, 『漢城日報』, 『解放日報』, 『現代日報』

『가톨릭청년』, 『開闢』, 『科學戰線』, 『建國』, 『救國』, 『國民文學』, 『國際評論』, 『勞動』, 『大潮』, 『東光』, 『無窮花』, 『文化』, 『文化創造』, 『文學評論』, 『民鼓』, 『民聲』, 『民心』, 『民政』, 『民族公論』, 『民族文化』, 『民主主義』, 『民衆朝鮮』, 『無窮』, 『批判』, 『思想』, 『새한민보』, 『亞美理駕』, 『新朝鮮』, 『新天地』, 『新太平洋』, 『人民』, 『人民科學』, 『人民評論』, 『自主生活』, 『再建』, 『赤星』, 『戰線文學』, 『朝鮮公論』, 『朝鮮時報』, 『朝鮮週報』, 『週報 民主主義』, 『春秋』, 『革進』, 『協同』, 『民主朝鮮』, 『外務月報』, 『週報』, 『制憲國會速記錄』, 『국회속기록』

2) 자료집

고려대학교 아세아문화연구소, 『북한연구자료집』, 고려대학교 출판부, 1969.
국방군사연구소 편, 『韓國戰爭被害統計集』, 1996.
國防部政訓局戰史編纂會 편, 『韓國戰亂一(二, 三, 四, 五)年誌』, 國防部政訓局戰史編纂會, 1951-1956.
국사편찬위원회, 『資料大韓民國史』, 국사편찬위원회, 1968.
____________, 『북한관계사료집』, 국사편찬위원회, 1988.
金南植 · 李庭植 · 韓洪九 엮음, 『韓國現代史資料叢書』, 돌베개, 1986.
김현식 · 정선태 편저, 『삐라로 듣는 해방 직후의 목소리』, 소명출판, 2011.
夢陽呂運亨先生全集發刊委員會 편, 『夢陽 呂運亨 全集』 1-3, 한울, 1991~1997.
방기중 편, 『일제파시즘기 한국사회 자료집』 1-8, 선인, 2005.
백남운, 하일식 엮음, 『백남운전집』, 이론과 실천, 1991.
삼균학회 편, 『素昻先生文集』 上 · 下, 횃불사, 1979.
安在鴻選集刊行委員會 編, 『民世安在鴻選集』, 1-4, 知識産業社, 1981~1992.
영인북 편, 『한국전쟁기 문학 · 수기 · 제도 자료집』, 영인북, 2010.

이정박헌영전집편집위원회, 『이정 박헌영 전집』, 역사비평사, 2004.
정태영 · 오유석 · 권대복 엮음, 『죽산 조봉암 전집』 1-6, 世明書館, 1999.
친일반민족행위진상규명유원회 편, 『친일반민족행위관계자료집』 1-16, 선인, 2009.
한국정신문화연구원, 『6 · 25 전쟁기 미군 심리전 관련 자료집』 1-3, 선인, 2005.
한림대학교 아시아문화연구소 엮음, 『HQ, USAFIK G-2 Weekly Summary (1945.9.9.~1946.6.9.)』 1, 한림대학교 아시아문화연구소, 1990.
LG상남언론재단, 『해방공간 4대신문』, LG상남언론재단, 2005.

3) 단행본

古下先生傳記編纂委員會, 『古下宋鎭禹先生傳』, 東亞日報社出版局, 1965.
光州府, 『해방전후회고』, 돌베개, 1984.
金鍵 · 洪志英, 『新倫理體系大要』, 국민사상연구원, 1955.
金基錫 外, 『思想叢書 2: 헤겔과 맑스(唯物辨證法批判), 唯物史觀의 社會學的批判, 共産主義理論批判』, 국민사상지도원, 1952.
金基錫, 『교육학설』, 국민사상연구원, 연도미상.
______, 『第一次大戰後의 指導理念 韓國의 苦難과 東洋復興』, 국민사상연구원, 1954.
______, 『日本의 不義와 東洋의 理想』, 국민사상연구원, 1955.
金斗禎, 『防共戰線勝利の必然性』, 全鮮思想報國聯盟, 1939.
金斗憲, 『思想叢書 3: 新家族道義論, 西洋近世思想의 特徵』, 국민사상지도원, 1952.
金養齋, 『勞動組合教程』, 전진사, 1947.
金永義 편, 『世界情勢』, 朝鮮文光社, 1948.
金在俊, 『共産主義 民主主義와 그 批判』, 국민사상연구원, 1954.
金鐘範, 『조선식량문제와 그 대책』, 돌베개, 1984.
金鍾範 · 金東雲, 『解放前後의 朝鮮眞相』 第二輯, 朝鮮政經研究社, 1945.
金俊淵, 『독립노선』, 돌베개, 1984.
께일 클리란드, 『새조선의 민주정치』, 南朝鮮過渡政府公報部 與論局 政治教育課, 1947.
內閣情報部 편, 『思想戰展覽會記錄圖鑑』, 內閣情報部, 1938.
大韓民國公報處, 『共産主義와 그 教育(百問百答)』, 大韓民國公報處, 1949.
大韓民族青年團, 『民族과 青年』, 白水舍, 1948.
리처드 E. 라우터백, 국제신문사출판부 옮김, 『한국미군정사』, 돌베개, 1984.
文友印書館 編, 『民主主義十二講』, 文友印書館, 1946.
文化堂編輯部, 『主義와 解說』, 文化堂, 1947.
미 국무성, 김국태 옮김, 『해방3년과 미국』 I, 돌베개, 1984.
民潮社出版部, 『新語辭典』, 民潮社, 1946.
朴克采, 『民族과 人民』, 開拓社, 1947.
朴南秀, 『적치 6년의 북한문단』, 국민사상지도원, 1952.
朴憲永, 『世界와 朝鮮』, 朝鮮人民報社, 1946.
______, 『東學農民亂과 그 教訓』, 解放社, 1947.
裵成龍, 『自主朝鮮의 指向』, 光文社, 1949.
______, 『思想과 道義』, 崇文社, 1954.

白南雲, 『朝鮮民族의 進路』, 新進社, 1946.
白樂濬, 『國民思想指導』, 국민사상지도원, 1952.
釜山日報社 企劃硏究室 편, 『臨時首都千日』 釜山日報社, 1985.
徐英勳, 『숲이 깊으면 둥지가 많다 - 徐英勳 人生隨想 - 』, 第三企劃, 1991.
서울特別市敎育會, 『大韓敎育年監』, 서울特別市敎育會, 1953.
徐芝悅편, 『大韓國民運動의 基礎理論』, 協啓社, 1949.
薛義植, 『解放以後』, 小梧山房藏, 1947.
______, 『解放以前』, 새한민보사, 1948.
安在鴻, 『新民族主義와 新民主主義』, 民友社, 1945.
安知鴻, 『眞正民主主義論: 自主民主統一獨立의 理論』, 一韓圖書, 1949.
安浩相, 『一民主義의 본바탕』, 一民主義硏究院, 1950.
嚴堯燮, 『思想叢書 5: 正敎와 邪敎』, 국민사상연구원, 1955.
吳基永, 『民族의 悲願』, 서울신문사, 1947.
吳永鎭, 『하나의 證言: 蘇軍政下의 北韓』, 국민사상지도원, 1952.
吳制道, 『共産主義 A, B, C』, 국민사상지도원, 1952.
吳天錫, 『民主主義敎育의 建設』, 國際文化公會, 1947.
웬델 · 엘 · 우일키, 玉明燦, 『하나의 世界』, 서울신문사출판부, 1946.
월터 · 립맨, 朴琦俊 역, 『冷靜戰爭』, 고려문화사, 1948.
柳光烈 편, 『美蘇相剋과 極東風雲』, 國際文化協會, 1947.
俞鎭午, 『憲法解義』, 明世堂, 1949.
劉昌惇, 『古時調에 나타난 先人들의 生活理念』, 국민사상지도원, 1952.
윤대석 · 윤미란 편, 『(박치우 전집) 사상과 현실』, 인하대학교출판부, 2010.
李康國, 『民主主義朝鮮의 建設』, 朝鮮人民報社厚生部, 1946.
李炳燾, 『國史概說』, 국민사상연구원, 1955.
李炳燾 · 金庠基, 『思想叢書 1: 國史上으로 본 우리 指導理念, 中國古代政治思想』, 국민사상지도원, 1952.
李瑄根, 『建國理念과 學生』, 국민사상연구원, 1954.
이소, 『군인의 사고』, 학생사, 1950.
李承晩, 『大統領 李承晩 博士 談話集』 1, 公報處, 1956.
이 · 쓰딸린, 조선맑쓰 · 엥겔스 · 레닌연구 역, 『맑쓰주의와 민족문제』, 玄友社, 1947.
李載壎, 『民族意識과 階級意識: 朝鮮의 今明日』, 東洋公司出版部, 1946.
李泰極, 『思想叢書 4: 國民思想과 時調文學』, 국민사상연구원, 1954.
李泰榮, 『國民思想과 敎育理念』, 국민사상지도원, 1952.
人民評論社 譯編, 『世界의 눈에 빛인 解放朝鮮의 眞想』, 人民評論社, 1946.
日森虎雄, 『アジア問題講座』 第3券: 政治軍事篇, 創元社, 1939.
林命三 옮김, 『UN조선위원단보고서』, 돌베개, 1984.
林相俊, 『싸우는 두 世界와 戰後弱小民族의 進路』, 노농사, 1948.
張福成, 『조선공산당파쟁사』, 돌베개, 1984.
趙奎東, 『1952年』, 首都文化社, 1951.
趙炳玉, 『特使유 · 엔紀行』, 德興書林, 1949.
朝鮮防共協會 編, 『時局宣戰に關する參考資料』, 京城 : 朝鮮防共協會, 1938.
朝鮮人民黨 편, 『人民黨의 路線』, 新文化硏究所, 1946.

조선일보사출판국 편, 『轉換期의 內幕』, 조선일보사, 1982.
趙永植, 『民主主義自由論: 自由正體의 探究』, 韓一公印社, 1948.
趙靈巖, 『北韓日記』, 三八社, 1950.
朱東明, 『祖國의 民主獨立과 撤兵問題』, 理想社, 1948.
池中世 역편, 『조선 사상범 검거 실화집』, 돌베개, 1984.
쩨 · 어네스트 피쉬, 『민주주의적 생활』, 남조선과도임시정부 여론국, 1947.
崔文煥, 『經濟思想史』, 국민사상연구원, 연도미상.
崔淳雨, 『美術鑑賞』, 국민사상연구원, 연도미상.
崔載喜, 『新國民道德論』, 국민사상연구원, 1955.
칼 · 디 - 르, 韓春燮 역, 『社會主義 · 共産主義 · 無政府主義』, 博文出版社, 1947.
韓稚振, 『民主主義原論』 1-4, 朝鮮文化研究社, 1947.
______, 『現代社會問題』, 朝鮮文化研究社, 1949.
韓太洙, 『世界思想史』, 국민사상연구원, 1954.
咸尙勳, 『朝鮮獨立과 國際關係』, 生活社, 1948.
合同通信社編輯部 편, 『激動하는 世界』, 서울수도문화사, 1950.
洪晩吉, 『共産主義의 批判 科學의 "메스"로 解剖』, 朝鮮愛國婦女同盟出版部, 1946.
黃獨步, 『共産主義批判』, 戊戌書舍, 1949.
H. J. 라스키, 李相殷 역, 『共産主義論』, 藝文社, 1947.
J. 학스레이, 玉明燦 역, 『科學者가 본 蘇聯』, 노농사, 1946.

2. 연구 저작

1) 단행본

姜東鎭, 『日本の朝鮮支配政策史研究』, 東京大學出版會, 1979.
강만길, 『한국민족운동사론』, 서해문집, 2008.
강만길 · 성대경 엮음, 『한국사회주의운동 인명사전』, 창작과비평사, 1996.
강인철, 『한국의 개신교와 반공주의』, 중심, 2007.
고마고메 다케시, 오성철 · 이명실 · 권경희 옮김, 『식민지제국 일본의 문화통합』, 역사비평사, 2008.
고야스 노부쿠니, 김석근 옮김, 『일본근대사상비판』, 역사비평사, 2007.
구대열, 『한국국제관계사연구』 1-2, 역사비평사, 1995~1997.
김건우, 『사상계와 1950년대 문학』, 소명출판, 2003.
김귀옥 외, 『전쟁의 기억 냉전의 구술』, 선인, 2008.
김기승, 『한국 근현대 사회사상사연구』, 신서원, 1994.
______, 『조소앙이 꿈꾼 세계: 육성교에서 삼균주의까지』, 지영사, 2003.
김남식, 『남로당연구』, 돌베개, 1984.
권보드래 외, 『아프레걸 思想界를 읽다: 1950년대 문화의 자유와 통제』, 동국대학교출판부, 2009.
김동춘, 『분단과 한국사회』, 역사비평사, 1997.

______, 『전쟁과 사회』, 돌베개, 2000.
김동춘·기외르기 스첼·크리스토프 폴만 외, 안인경·이세현 옮김, 『반공의 시대: 한국과 독일, 냉전의 정치』, 돌베개, 2015.
김득중·강성현 외, 『죽엄으로써 나라를 지키자: 1950년, 반공·동원·감시의 시대』, 선인, 2007.
김득중, 『빨갱이의 탄생』, 선인, 2009.
김민환, 『한국언론사』, 나남출판, 2002.
김성칠, 『역사 앞에서: 한 사학자의 6·25일기』, 창비, 2009.
김수자, 『이승만의 집권초기 권력기반 연구』, 경인문화사, 2005.
김인식, 『광복 전후 국가건설론』, 독립기념관 한국독립운동사연구소, 2008.
김영순·이용우, 『국가이론』, 한길사, 1991.
김예림, 『1930년대 후반 근대인식의 틀과 미의식』, 소명출판, 2004.
김진기 외, 『반공주의와 한국 문학의 근대적 동학』 Ⅰ, 한울아카데미, 2008.
______ 외, 『반공주의와 한국 문학의 근대적 동학』 Ⅱ, 한울아카데미, 2009.
김현주, 『이광수와 문화의 기획』, 태학사, 2005.
나카무라 미츠오·니시타니 게이지 외, 이경훈·송태욱·김영심·김경원 역, 『태평양전쟁의 사상』, 이매진, 2007.
노르베르토 보비오, 황주홍 옮김, 『자유주의와 민주주의』, 문학과지성사, 1992.
노암 촘스키 외, 정연복 옮김, 『냉전과 대학: 냉전의 서막과 지식인들』, 당대, 2001.
다이안 맥도넬, 임상훈 옮김, 『담론이란 무엇인가』, 1992.
다카하시 데쓰야, 이목 옮김, 『국가와 희생』, 책과함께, 2008.
다케우치 요시미, 마루카와 데쓰시·스즈키 마사히사 엮, 윤여일 옮김, 『내재하는 아시아』, 휴머니스트, 2011.
대한민국상이군경회40년사편찬위원회, 『대한민국상이군경회40년사』, 대한민국상이군경회, 1991.
데틀레프 포이케르트, 김학이 옮김, 『나치 시대의 일상사: 순응, 저항, 인종주의』, 개마고원, 2003.
도진순, 『한국 민족주의와 남북관계』, 서울대출판부, 1997.
레이먼드 윌리엄스, 박만준 옮김, 『마르크스주의와 문학』, 지만지, 2009.
로버트 스칼라피노·이정식, 한홍구 옮김, 『한국공산주의운동사』, 돌베개, 2015.
루이 알튀세르, 이진수 역, 『레닌과 철학』, 백의, 1991.
____________, 이종영 옮김, 『맑스를 위하여』, 백의, 1997.
류시현, 『동경삼재: 동경 유학생 홍명희 최남선 이광수의 삶과 선택』, 산처럼, 2016.
리차드 H. 미첼, 김윤식 역, 『日帝의 思想統制: 思想轉向과 그 法體系』, 일지사, 1982.
마루야마 마사오, 김석근 역, 『현대정치의 사상과 행동』, 한길사, 1997.
문정인·김세중 편, 『1950년대 한국사의 재조명』, 선인, 2004.
문준영, 『법원과 검찰의 탄생: 사법의 역사로 읽는 대한민국』, 역사비평사, 2010.
미셸 푸코, 콜린 고든 편·홍성민 역, 『권력과 지식』, 나남, 1991.
_________, 이정우 해설, 『담론의 질서』, 새길, 1993.
_________, 오생근 옮김, 『감시와 처벌』, 나남, 1994.
_________, 박정자 역, 『사회를 보호해야 한다』, 동문선, 1998.
_________, 이정우 옮김, 『지식의 고고학』, 민음사, 2000.
_________, 이류현 옮김, 『광기의 역사』, 나남, 2003.
박노자 편, 『러시아는 우리에게 무엇인가』, 신인문사, 2011.
박명림, 『한국전쟁의 발발과 기원』 Ⅰ·Ⅱ, 나남, 1996.

박원순, 『국가보안법연구』 1, 역사비평사, 1989.
박종수, 『러시아와 한국』, 백의, 2001.
박찬승, 『한국근대 정치사상사연구: 민족주의 우파의 실력양성운동론』, 역사비평사, 1992.
______, 『민족주의의 시대: 일제하의 한국 민족주의』, 경인문화사, 2007.
박찬표, 『한국의 국가 형성과 민주주의: 냉전 자유주의와 보수적 민주주의의 기원』, 후마니타스, 2007.
______, 『한국의 48년 체제』, 후마니타스, 2010.
방기중, 『한국근현대사상사연구: 1930·40년대 백남운의 학문과 정치경제사상』, 역사비평사, 1992.
______ 편, 『일제하 지식인의 파시즘체제 인식과 대응』, 혜안, 2005.
______ 편, 『식민지 파시즘의 유산과 극복의 과제』, 혜안, 2006.
______, 『식민지 파시즘론』, 연세대학교 출판부, 2010.
베네딕트 앤더슨, 윤형숙 역, 『상상의 공동체』, 나남, 2003.
베른트 슈퇴버, 최승완 옮김, 『냉전이란 무엇인가: 극단의 시대 1945~1991』, 역사비평사, 2008.
브르스 커밍스, 김자동 역, 『한국전쟁의 기원』, 일월서각, 1986.
____________, 김동노·이교선·이진준·한기욱 옮김, 『브루스 커밍스의 한국현대사, 창비, 2001.
____________, 한영옥 옮김, 『대학과 제국』, 당대, 2004.
사라 밀즈, 김부용 옮김, 『담론』, 인간사랑, 2001.
사상계연구팀, 『냉전과 혁명의 시대 그리고 『사상계』』, 소명, 2012.
상허학회, 『근대지식으로서의 사회주의』, 깊은샘, 2008.
서중석, 『한국현대민족운동연구: 해방후 민족국가 건설운동과 통일전선』, 역사비평사, 1991.
______, 『한국현대민족운동연구』 2, 역사비평사, 1996.
______, 『조봉암과 1950년대』 상·하, 역사비평사, 1999.
______, 『이승만의 정치이데올로기』, 역사비평사, 2005.
성공회대 동아시아연구소 편, 『냉전 아시아의 문화풍경 1: 1940~1950년대』, 현실문화, 2008.
손석춘, 『한국 공론장의 구조변동』, 커뮤니케이션북스, 2005.
송건호 외, 『한국언론 바로보기 100년』, 다섯수레, 2012.
宋南憲, 『解放三年史: 1945-1948』 1·2, 까치, 1985.
수요역사연구회, 『식민지 조선과 매일신보』, 신서원, 2003.
____________, 『일제의 지배정책과 매일신보』, 두리미디어, 2005.
스테판 다나카, 박영재·함동주 역, 『일본 동양학의 구조』, 문학과지성사, 2004.
스튜어트 홀, 임영호 편역, 『스튜어트 홀의 문화이론』, 한나래, 2005.
심지연, 『한국민주당연구』 Ⅰ, 풀빛, 1982.
______, 『한국현대정당론』, 창작과비평사, 1984.
______, 『해방정국논쟁사 Ⅰ』, 도서출판한울, 1986.
______, 『조선혁명론연구: 해방정국논쟁사 2』, 실천문학사, 1987.
______, 『대구10월항쟁연구』, 청계연구소, 1991.
______, 『해방정국의 정치이념과 노선』, 백산서당, 2013.
안진, 『미군정기 억압기구 연구』, 새길, 1996.
에드워드 사이드, 박홍규 역, 『오리엔탈리즘』, 교보문고, 1991.
에릭 홉스봄, 이용우 옮김, 『극단의 시대: 20세기 역사』 상·하, 까치, 1997.

역사문제연구소 편, 『한국정치의 지배이데올로기와 대항이데올로기』, 역사비평사, 1994.
______________ 편, 『1950년대 남북한의 선택과 굴절』, 역사비평사, 1998.
역사문제연구소 · 포츠담현대사연구센터 공동기획, 『한국전쟁에 대한 11가지 시선』, 역사비평사, 2010.
우사연구회 역, 『우사 김규식: 그 생애와 사상』, 한울, 2002.
위르겐 하버마스, 한승완 역, 『공론장의 구조변동: 부르주아 사회의 한 범주에 관한 연구』, 나남, 2001.
위상복, 『불화 그리고 불온한 시대의 철학』, 길, 2012.
윌리엄 스툭, 서은경 옮김, 『한국전쟁과 미국의 외교정책』, 나남출판, 2005.
윤세진, 『근대와 만난 미술과 도시』, 두산동아, 2008.
윤충로, 『베트남과 한국의 반공독재국가형성사: 응오딘지엠과 이승만 정권 비교』, 선인, 2005.
윤해동 · 천정환 · 허수 · 황병주 · 이용기 · 윤대석 엮음, 『근대를 다시 읽는다』 1 · 2, 역사비평사, 2006.
李敬南, 『雪山 張德秀』, 동아일보사, 1981.
이나미, 『한국 자유주의의 기원』, 책세상, 2001.
이임하, 『여성, 전쟁을 넘어 일어서다』, 서해문집, 2004.
이정욱 · 가나즈 히데미 · 유재진 공편역, 『사상전의 기록: 조선의 방공운동』, 학고방, 2014.
李鍾元, 『東アジア冷戰と韓米日關係』, 東京大學出版會, 1996.
이지원, 『한국 근대 문화사상사 연구』, 혜안, 2007.
임경석, 『한국사회주의의 기원』, 역사비평사, 2003.
임송자, 『대한민국 노동운동의 보수적 기원』, 선인, 2007.
임종국 편, 『친일논설선집』, 실천문학사, 1987.
임혁배, 『비동시성의 동시성: 한국 근대정치의 다중적 시간』, 고려대학교출판부, 2014.
장세진, 『상상된 아메리카: 1945년 8월 이후 한국의 네이션 서사는 어떻게 만들어졌는가』, 푸른역사, 2012.
______, 『슬픈 아시아: 한국 지식인들의 아시아 기행 (1945~1966)』, 푸른역사, 2012.
전남대학교 감성인문학연구단, 『공감장이란 무엇인가』, 길, 2017.
전진성 · 이재원 엮음, 『기억과 전쟁: 미화와 추모 사이에서』, 휴머니스트, 2009.
전진성, 『역사가 기억을 말하다』, 휴머니스트, 2005.
정근식 외, 『식민지 유산, 국가 형성, 한국 민주주의』 1 · 2, 책세상, 2012.
정근식 · 김보미 편, 『전쟁의 상처와 치유 : 전쟁 미망인과 상이군인의 전후 경험』, 국사편찬위원회, 2014.
정병준, 『(우남) 이승만 연구』, 역사비평사, 2005.
______, 『한국전쟁: 38선 충돌과 전쟁의 형성』, 돌베개, 2006.
정종현, 『동양론과 식민지 조선문학: 제국적 주체를 향한 욕망과 분열』, 창비, 2011.
정진석, 『언론조선총독부』, 커뮤니케이션북스, 2005.
조르조 아감벤, 김항 옮김, 『예외상태』, 새물결, 2009.
조선총독부경무국 편, 김봉우 역, 『日帝植民統治祕史 - 일제하 조선의 치안상황』, 청아출판사, 1989.
조지 L. 모스, 오윤성 옮김, 『전사자 숭배: 국가라는 종교의 희생제물』, 문학동네, 2015.
조희연, 『한국의 국가 · 민주주의 · 정치변동』, 당대, 1998.
______ 편, 『한국의 정치사회적 지배담론과 민주주의 동학』, 함께읽는책, 2003.

존 루이스 개디스, 정철 · 강규형 옮김, 『냉전의 역사: 거래, 스파이, 거짓말 그리고 진실』, 에코리브르, 2010.
진덕규 외, 『1950年代의 認識』, 한길사, 1981.
차승기, 『반근대적 상상력의 임계들』, 푸른역사, 2009.
최상룡, 『미군정과 한국민족주의』, 나남, 1988.
최장집, 『민주화 이후의 민주주의: 한국민주주의의 보수적 기원과 위기』, 후마니타스, 2002.
칼 본 클라우제비츠, 김만수 역, 『전쟁론』 1, 갈무리, 2006.
테드 휴즈, 나병철 역, 『냉전시대 한국의 문학과 영화: 자유의 경계선』, 소명출판, 2013.
테리 이글튼, 여홍상 역, 『이데올로기 개론』, 한신문화사, 1994.
프란츠 파농, 노서경 역, 『검은 피부 하얀 가면』, 문학동네, 2014.
한국사회학회 편, 『한국전쟁과 한국사회변동』, 풀빛, 1992.
허은, 『미국의 헤게모니와 한국 민족주의: 냉전시대(1945~1965) 문화적 경계의 구축과 균열의 동반』, 고려대학교민족문화연구원, 2008.
___ 편, 『냉전분단시대 한반도의 역사 읽기: 분단국가의 수립과 국제관계(1)』, 선인, 2015.
호미 바바, 나병철 옮김, 『문화의 위치: 탈식민주의 문화이론』, 소명출판, 2012.
후지이 다케시, 『파시즘과 제3세계주의 사이에서』, 역사비평사, 2012.
후지타 쇼조, 최종길 옮김, 『전향의 사상사적 연구』, 논형, 2007.
히로마쓰 와타루, 김항 옮김, 『근대초극론』, 민음사, 2003.
Bruce Cumings, THE ORIGINS OF THE KOREAN WAR: Liberation and the Emergence of Separate Regimes 1945-1947, Seoul, Korea: Yuksabipyungsa, 2002.
____________, THE ORIGINS OF THE KOREAN WAR: The Roaring of the Cataract 1947-1950, Seoul, Korea: Yuksabipyungsa, 2002.
Carl Schmitt, *Positionen und Begriffe im Kampf mit Weimar-Genf-Versailles 1923~1939*, Hanseatische Verlagsanstalt, 1940.
Christina Klein, *Cold War Orientalism: Asia in the Middelbrow Imagination, 1945-1961*, California: California Press, 2003.
John L. Gaddis, *The Long Peace: Inquiries Into the History of the Cold War*, Oxford University Press, 1987.
Kwon Heonick, *The Other Cold War*, Columbia University Press, 2010.
Mary Kaldor, *The Imaginary War: Interpretation of East-West Conflict in Europe*, Wiley-Blackwell, 1990.
Odd Arne Westad, *The Global Cold War: Third World Interventions and the Making of Our Tims*, Cambridge University Press, 2005.
Peter J. Kuznick and James Gilbert ed., *Rethinking Cold War Culture*, Washingtion and London: Smithsonian Institution Press, 2001.
Ron Robin, *THE MAKING OF THE COLD WAR ENEMY: Culture and Politics in the Military-Intellectual Comples*, Princeton and Oxford: Princeton University Press, 2001.
Stephen E. Pease, *PSYWAR: Psychological Warfare in Korea, 1950-1953*, Pennsylvania: Stackpole Books, 1992.

2) 논문

강만길, 「민족분단의 역사적 원인」, 『한국민족운동사론』, 서해문집, 2008.

강성현, 「한국 사상통제기제의 역사적 형성과 보도연맹 사건, 1925-50」, 서울대학교 사회학과 박사학위논문, 2012.

______, 「한국의 국가 형성기 "예외상태 상례"의 법적 구조」, 『사회와 역사』 94, 한국사회사학회, 2012.

______, 「아카(アカ)와 "빨갱이"의 탄생: "적(赤 - 適) 만들기"와 "비국민"의 계보학」, 『사회와 역사』 100, 한국사회사학회, 2013.

강혜경, 「한국경찰의 형성과 성격(1945~1953)」, 숙명여대 사학과 박사학위논문, 2002.

고지훈, 「해방 직후 조선공산당의 대미인식」, 『역사문제연구』 17, 2007.

공임순, 「민주주의의 (先)정치적 담론 자원과 인민대중의 진정한 지도자상」, 『서강인문논총』 29, 서강대학교 인문과학연구소, 2010.

권헌익, 「냉전의 다양한 모습」, 『역사비평』 105, 역사비평사, 2013.

기광서, 「해방 직후 조선공산당에 대한 소련의 입장」, 『역사비평』 65, 2003.

김기성, 「영원한 현재로서의 심미적 근대성」, 『범한철학』 79, 범한철학회, 2015.

______, 「감성적 근대와 새로운 주체성의 동인」, 김기성 외, 『감성적 근대와 한국인의 정체성』, 전남대학교출판문화원, 2018.

김동선, 「김규식의 정치노선과 민족자주연맹의 결성」, 『한국민족운동사연구』 46, 한국민족운동사학회, 2006.

김득중, 「여순사건과 이승만 정권의 반공이데올로기 공세」, 『역사연구』 14, 역사학연구소, 2004.

김려실, 「아시아 냉전사 연구의 새로운 지평」, 『로컬리티 인문학』 창간호, 부산대학교 한국민족문화연구소, 2009.

김명섭, 「한국전쟁이 냉전체제의 구성에 미친 영향」, 『국제정치논총』 43, 한국국제정치학회, 2003.

김무용, 「해방 후 조선공산당의 노선과 조선인민공화국(1945.8~1945.12)」, 『한국사학보』 9, 고려사학회, 2000.

______, 「해방 후 조선공산당의 신전술 채택과 당면과제」, 『역사연구』 5, 역사학연구소, 1997.

김문종, 「『매일신보』의 러시아에 관한 기사 내용분석: 러시아혁명기(1917년 11월~1920년 2월)를 대상으로」, 『한국언론학보』 49-4, 한국언론학회, 2005.

김민환, 「한국 국가기념일 성립에 관한 연구」, 서울대학교 석사학위논문, 2000.

김봉국, 「1950년대 전반기 국민사상연구원의 설립과 활동」, 전남대학교 사학과 석사학위논문, 2010.

김선호, 「국민보도연맹의 조직과 가입자」, 『역사와 현실』 45, 한국역사연구회, 2002.

김영희, 「한국전쟁기 이승만 정부의 언론정책과 언론의 대응」, 『한국언론학보』 56-6, 한국언론학회, 2012.

김예림, 「냉전기 아시아 사상과 반공 정체성의 위상학: 해방~한국전쟁후(1945~1955) 아시아 심상지리를 중심으로」, 『상허학보』 20, 상허학회, 2007.

김인수, 「1930년대 후반 조선주둔일본군의 대(對)소련, 대(對)조선 정보사상전」, 『한국문학연구』 32, 동국대학교 한국문학연구소, 2007.

김인식, 「1947년 안재홍의 '순정 우익 집결' 운동」, 『한국사연구』 124, 한국사연구회, 2004.

______, 「대한민국 정부수립과 안재홍: 정부수립 주체론을 중심으로」, 『동양정치사상사』 8-1, 한

국동양정치사상사학회, 2009.
김재현, 「일제하부터 1950년대까지 맑스주의의 수용」, 『철학사상』 5, 서울대학교 철학사상연구소, 1995.
김 정, 「해방직후 반공이데올로기의 형성 과정」, 『역사연구』 7, 역사학연구소, 2000.
______, 「해방 후 안재홍의 신민주주의론과 공산주의 비판」, 『한국사학보』 12, 고려사학회, 2002.
김정배, 「냉전사 연구의 지형도: 기원을 중심으로」, 『대구사학』 62, 대구사학회, 2001.
______, 「냉전은 도대체 무엇이었는가?: 새로운 접근이 필요한 이유」, 『정치와 평론』 6, 한국정치평론학회, 2010.
김정인, 「민주주의 해방기 분열 혹은 통합의 아이콘」, 이경구 외, 『한국의 근현대, 개념으로 읽다』, 푸른역사, 2016.
김준현, 「'방공(防共)'과 '반공(反共)'의 변증법: 해방 후 10년 신문지면에 나타난 기호의 변용과 그 의미」, 『상허학보』 44, 상허학회, 2015.
김태우, 「냉전 초기 사회주의진영 내부의 전쟁·평화 담론의 충돌과 북한의 한국전쟁 인식 변화」, 『역사와 현실』 83, 한국역사연구회, 2012.
김학재, 「한국전쟁과 자유주의 평화기획」, 서울대학교 사회학과 박사학위논문, 2013.
김현선, 「현대 한국사회 국가의례의 상징화와 의미분석」, 한국정신문화연구원 한국학대학원 박사학위논문, 2004.
남광규, 「해방초 국내외 정치세력의 대외인식과 대외노선을 둘러싼 세력투쟁」, 『한국정치외교사논총』 25-2, 한국정치외교사학회, 2004.
노경덕, 「냉전연구의 새로운 시각과 관점」, 『통일과 평화』 3, 서울대학교 통일평화연구원, 2011.
______, 「냉전사와 소련연구」, 『역사비평』 101, 역사비평사, 2012.
노영기, 「1945~50년 한국군의 형성과 성격」, 성균관대학교 사학과 박사학위논문, 2008.
도진순, 「1945~1948년 우익의 동향과 민족통일정부 수립 운동」, 서울대학교 국사학과 박사학위논문, 1993.
류시현, 「식민시기 러셀의 『사회개조의 원리』의 번역과 수용」, 『한국사학보』 22, 고려사학회, 2006.
______, 「東京三才(洪明熹, 崔南善, 李光洙)를 통해 본 1920년대 '문화정치'의 시대」, 『한국인물사연구』 12, 한국인물사연구소, 2009.
모리 요시노부, 「한국 반공주의이데올로기형성 과정에 관한 연구: 그 국제정치사적 기원고 제특징」, 『한국과 국제정치』 5-2, 경남대학교 극동문제연구소, 1989.
박광주, 「이승만의 집권과정과 정치적 성격」, 『현대사를 어떻게 볼 것인가』, 동아일보사, 1990.
박권상, 「解放政局에서의 言論」, 『현대사를 어떻게 볼 것인가』 2, 동아일보사, 1989.
박명림, 「한국의 국가형성, 1945~48: 미시적 접근과 해석」, 『현대한국정치론』, 사회비평사, 1996.
박수연, 「친일과 배타적 동양주의」, 『한국문학연구』 34, 동국대학교 한국문학연구소, 2008.
박원순, 「국회프락치사건, 사실인가」, 『역사비평』 6, 역사문제연구소, 1989.
박인숙, 「존 루이스 개디스의 '탈수정주의적' 냉전 해석에 대한 비판적 고찰: 'We Now Know'를 중심으로」, 『대구사학』 70, 대구사학회, 2003.
박종린, 「'김윤식사회장' 찬반논의와 사회주의 세력의 재편」, 『역사와 현실』 38, 한국역사연구회, 2000.
______, 「1920년대 전반기 사회주의 사상의 수용과 물산장려논쟁」, 『역사와 현실』 47, 한국역사연구회, 2003.
박지영, 「복수의 '민주주의'들: 해방기 인민(시민), 군중(대중) 개념 번역을 중심으로」, 『대동문화연구』 85, 성균관대학교 대동문화연구원, 2014.
박진영, 「해방직후 좌·우익 세력의 '국가건설'에 대한 연구: 해방일보와 동아일보 사설(1945-1946.5.18.)을 중심으로」, 이화여자대학교 정치외교학과 석사학위논문, 2006.
박헌호, 「1920年代 前半期『每日新報』의 反-社會主義 談論硏究」, 『한국문학연구』 29, 동국대학교 한국문학연구소, 2005.
박혜숙, 「미군정기 농민운동과 전농의 운동노선」, 박현채 외, 『해방전후사의 인식』 3, 한길사, 1987.
백낙청, 「분단체제의 인식을 위하여」, 『분단체제 변혁의 공부길』, 창작과비평, 1994.
백운선, 「제헌국회내 '소장파'세력의 활동과 그 붕괴」, 『한국과 국제정치』, 경남대학교 극동문제연구소, 1992.
변동명, 「제1공화국 초기의 국가보안법 제정과 개정」, 『민주주의와 인권』 7, 전남대학교 5·18연구소, 2007.
변은진, 「일제 전시파시즘기(1937~45) 조선민중의 현실인식과 저항」, 고려대학교 사학과 박사학위논문, 1998.
브루스 커밍스, 「냉전의 중심, 한국」, 『아시아리뷰』 10, 서울대학교 아시아연구소, 2016.
서주석, 「한국의 국가체제 형성 과정: 제1공화국 국가기구와 한국전쟁의 영향」, 서울대학교 외교학과 박사학위논문, 1996.
서중석, 「日帝時期·美軍政期의 左右對立과 土地問題」, 『한국사연구』 67, 한국사연구회, 1989.
______, 「정부수립후 반공체제 확립과정에 대한 연구」, 『한국사연구』 90, 한국사연구회, 1995.
성한표, 「9월 총파업과 노동운동의 전환」, 강만길 외, 『해방전후사의 인식』 2, 한길사, 1985.
______, 「8·15 직후의 노동자자주관리운동」, 이수인 엮음, 『한국현대정치사』 1, 실천문학사, 1989.
신용균, 「李如星의 政治思想과 藝術史論」, 고려대학교 사학과 박사학위논문, 2013.
신용하, 「한국 남북분단의 원인과 포츠담 밀약설」, 한국사회사연구회, 『해방 직후의 민족문제와 사회운동』, 문학과 지성사, 1988.
신일철, 「한국전쟁의 역사적 의의」, 양호민 외, 『한반도 분단의 재인식(1945~1950)』, 나남, 1993.
신형기, 「해방직후의 반공이야기와 대중」, 『상허학보』 37, 상허학회, 2013.
심지연, 「신탁통치문제와 해방정국: 反託과 贊託의 논리를 중심으로」, 『한국정치학회보』 19, 한국정치학회, 1985.
______, 「해방후 주요 정치집단의 통치구조와 정책구상에 대한 분석: 미소공동위원회 답신안을 중심으로」, 『한국정치학회보』 20-2, 한국정치학회, 1986.
양동숙, 「대한부인회 결성과 활동 연구(1948~1950)」, 『한국학논총』 34, 국민대학교 한국학연구소, 2010.
여현덕, 「8·15직후 민주주의 논쟁」, 『해방전후사의 인식』 3, 한길사, 1987.
유병용·김인식·남광규, 「해방 전후 중간파 민족주의의 성격」, 『한국정치외교사논총』 29, 한국정치외교사학회, 2007.
윤덕영, 「일제하·해방직후 동아일보 계열의 민족운동과 국가건설노선」, 연세대학교 사학과 박사학위논문, 2010.
윤상현, 「1950년대 지식인들의 민족 담론 연구」, 서울대학교 국사학과 박사학위논문, 2013.
李建兌, 「미군정하 解放日報의 역할과 성격에 관한 연구」, 한양대학교 신문방송학과 석사학위논문, 1993.
이균영, 「김철수 연구: 초기 공산주의운동사는 다시 써야 한다」, 『역사비평』 3, 역사비평사, 1988.

이기훈, 「일제하 청년담론 연구」, 서울대학교 국사학과 박사학위논문, 2005.
이나미, 「일제의 조선지배 이데올로기: 자유주의와 국가주의」, 『정치사상연구』 8, 한국정치사상학회, 2003.
이동기, 「독일 냉전사 연구의 관점과 주제들」, 『역사비평』, 111, 역사비평사, 2015.
이병한, 「신냉전사, 중국현대사의 새 영역」, 『중국근대사연구』 53, 중국근현대사학회, 2012.
이봉범, 「반공주의와 검열 그리고 문학」, 『상허학보』 15, 상허학회, 2005.
이상록, 「『사상계』에 나타난 자유민주주의론 연구」, 한양대학교 사학과 박사학위논문, 2010.
이연숙, 「해방 직후 신국가 건설과 국기 제정」, 『한국 근현대사 연구』 64, 한국근현대사학회, 2013.
이용희, 「38線 劃定 新攷」, 『아세아학보』 1집, 아세아학술연구회, 1965.
이임하, 「상이군인, 국민 만들기」, 『중앙사론』 33, 한국중앙사학회, 2011.
이주영, 「미국사학계의 새로운 냉전사 연구」, 『역사비평』 110, 역사비평사, 2015.
이태훈, 「1930년대 전반 민족주의 세력의 국제정세인식과 파시즘논의」, 『역사문제연구』 19, 역사문제연구소, 2008.
______, 「1920년대 초 신지식인층의 민주주의론과 그 성격」, 『역사와 현실』 67, 한국역사연구회, 2008.
______, 「1910~20년대 초 제1차 세계대전의 소개양상과 논의지형」, 『사학연구』 105, 한국사학회, 2012.
______, 「일제말 전시체제기 조선방공협회의 활동과 반공선전전략」, 『역사와 현실』 93, 한국역사연구회, 2014.
이하나, 「1950~60년대 '대한민국'의 문화재건과 영화 서사」, 연세대학교 사학과 박사학위논문, 2008.
이화진, 「'극장국가'로서 제1공화국과 기념의 균열」, 『한국근대문학연구』 15, 한국근대문학회, 2007.
이환병, 「해방직후 맑스주의 역사학자들의 한국사 인식」, 『韓國史學史學報』 5, 한국사학사학회, 2002.
임경순, 「검열논리의 내면화와 문학의 정치성」, 『1950년대 미디어와 미국표상』, 상허학회, 2006.
임송자, 「여순사건과 시국수습대책위원회를 통해 본 정부와 국회의 갈등 · 대립」, 『숭실사학』 35, 숭실사학회, 2015.
임종명, 「여순'반란'재현을 통한 대한민국의 형상화」, 『역사비평』 64권, 역사비평사, 2003.
______, 「여순사건의 재현과 공간(空間)」, 『한국사학보』 19, 고려사학회, 2005.
______, 「여순사건의 再現과 暴力」, 『한국근현대사연구』 32, 한국근현대사학회, 2005.
______, 「一民主義와 대한민국의 근대민족국가화」, 『한국민족운동사연구』 44, 한국민족운동사학회, 2005.
______, 「제1공화국 초기 대한민국의 가족국가화와 내파」, 『한국사연구』 130, 한국사연구회, 2005.
______, 「이승만 대통령의 두 개의 이미지: 국부 최고영도자」, 『한국사시민강좌』, 38, 일조각, 2006.
______, 「설립 초기 대한민국의 북한 실지화(失地化)와 조선민주주의인민공화국 타자화(他者化)(1948.8~1950.6)」, 『사학연구』 88, 한국사학회, 2007.
______, 「脫식민지 시기(1945~1950년) 남한의 국토 민족주의와 그 내재적 모순」, 『역사학보』 193, 역사학회, 2007.

______, 「해방 이후 한국전쟁 이전 미국기행문의 미국 표상과 대한민족(大韓民族)의 구성」, 『사총』 67, 역사학연구회, 2008.

______, 「설립 초기 대한민국의 3 · 1 전용 · 전유」, 『역사문제연구』 22, 역사문제연구소, 2009.

______, 「설립 초기 대한민국의 전사형 국민 생산과 조선민주주의인민공화국상(像)의 전용」, 『한국사연구』 151, 한국사연구회, 2010.

______, 「탈식민 초기(1945.8~1950.5), 남한국가 엘리트의 아시아기행기와 아시아표상」, 『민족문화연구』 52, 고려대학교 민족문화연구원, 2010.

______, 「해방 공간과 신생활운동」, 『역사문제연구』 27, 역사문제연구소, 2012.

______, 「해방 직후 이범석의 민족지상, 국가지상론」, 『역사학연구』 45, 호남사학회, 2012.

______, 「해방 직후 남한 엘리트의 이성 담론, 규율 주체 생산과 헤게모니 구축」, 『개념과 소통』 12, 한림과학원, 2013.

______, 「해방 직후 최재희와 개인 주체성 담론」, 『역사학연구』 53, 호남사학회, 2014.

______, 「해방 직후 인민의 문제성과 엘리트의 인민 순치」, 『동방학지』 168, 연세대학교 국학연구원, 2014.

______, 「해방 공간과 인민, 그리고 민족주의와 민주주의」, 『한국사연구』 167, 한국사연구회, 2014.

______, 「해방 직후 남한 신문과 베트남 전쟁 재현 · 표상」, 『현대문학의 연구』 54, 한국문학연구학회, 2014.

______, 「종전/해방 직후 남한, 민주주의의 전위(轉位)와 그 동학(動學): 미국 헤게모니 담론과 한국민족주의 문제의식을 중심으로」, 『역사학과 민주주의, 그리고 해방』, 해방70주년 역사3단체 공동학술대회 자료집, 2015.

______, 「종전/해방 직후(1945.8~1948.7) 남한 담론 공간과 '적색 제국주의 소련'상(相 · 像)」, 『한국사학보』 62, 고려사학회, 2016.

임헌영, 「해방직후 지식인의 민족현실 인식」, 『해방전후사의 인식』 2, 한길사, 1985.

장 신, 「1920년대 民族解放運動과 治安維持法」, 『學林』 19, 연세대학교 사학연구회, 1998.

장규식, 「20세기 전반 한국 사상계의 궤적과 민족주의 담론」, 『한국사연구』 150, 한국사연구회, 2010.

______, 「미군정하 흥사단 계열 지식인의 냉전인식과 국가건설 구상」, 『한국사상사학』 38, 한국사상사학회, 2011.

장세진, 「상상된 아메리카와 1950년대 한국 문학의 자기 표상」, 연세대학교 국어국문학과 박사학위논문, 2007.

전상숙, 「물산장려논쟁을 통해서 본 민족주의 세력의 이념적 편차」, 『역사와 현실』 47, 한국역사연구회, 2003.

정명중, 「『전선문학』에 나타난 슬픔의 배제와 증폭」, 『한국언어문학』 83, 한국언어문학회, 2012.

정병준, 「해방 직후 각 정파의 정부수립 구상과 그 특징: 제2차 미소공위 답신안 분석을 중심으로」, 『統一問題硏究』 10-2, 평화문제연구소, 1998.

정영태, 「일제말 미군정기 반공이데올로기의 형성」, 『역사비평』 16, 역사문제연구소, 1992.

정용욱, 「1945년 말 1946년 초 신탁통치 파동과 미군정: 미군정의 여론공작을 중심으로」, 『역사비평』 62, 역사비평사, 2003.

정윤재, 「1930년대 안재홍의 문화건설론: 국제공산주의운동과 일제의 강압적 동화정책에의 비판적 대응」, 『정신문화연구』 28-2, 2005.

정진석, 「해방공간의 좌익언론과 언론인들: 조선인민보, 해방일보, 건국, 노력인민의 출현과 쇠퇴」,

『관훈저널』 77, 관훈클럽, 2000.
정해구, 「분단과 이승만: 1945~1948」, 『역사비평』 32, 역사문제연구소, 1996.
정태영, 「한국의 사회민주주의 정당 연구, 1945~1961」, 건국대학교 정치학과 박사학위논문, 1995.
주선희, 「분노와 도덕성의 원천에 대한 실용주의적 해명」, 『汎韓哲學』 73, 범한철학회, 2014.
진덕규, 「이승만 권위주의 체제의 시발점, 국회프락치 사건」, 『한국논단』 36-1, 한국논단, 1992.
천희숙, 「한국전 참전 군인의 부상경험」, 『국군간호사관학교 논문집』 21, 국군간호사관학교 군건강정책연구소, 2003.
최규진, 「코민테른 6次大會와 朝鮮 共産主義者들의 政治思想 硏究」, 성균관대학교 사학과 박사학위논문, 1996.
______, 「역사주체의 새로운 발견과 역사인식: '과격파'의 표상을 중심으로」, 『사림』 55, 수선사학회, 2016.
최선웅, 「張德秀의 사회적 자유주의 사상과 정치활동」, 고려대학교한국사학과 박사학위논문, 2013.
최승완, 「냉전, 또 하나의 세계 전쟁」, 김남섭 · 송충기 외, 『세계화 시대의 서양 현대사』, 아카넷, 2009.
하유식, 「이승만 정권 초기 정치기반 연구: 대한청년단을 중심으로」, 『지역과 역사』 3, 부경역사연구소, 1997.
한지희, 「국민도도연맹의 조직과 학살」, 『역사비평』 35, 역사문제연구소, 1996.
허 은, 「냉전분단시대 '對遊擊隊國家'의 등장」, 『한국사학보』 65, 고려사학회, 2016.
홍석률, 「냉전의 예외와 규칙」, 『역사비평』 110, 역사비평사, 2015.
홍정완, 「일제하~해방후 한치진(韓稚振)의 학문체계 정립과 '민주주의론'」, 『역사문제연구』 24, 역사문제연구소, 2010.
______, 「해방 이후 남한 '國民運動'의 국가 · 국민론과 교토학파의 철학」, 『역사문제연구』 23, 역사문제연구소, 2010.
홍종욱, 「중일전쟁기(1937~1941) 조선사회주의자들의 轉向과 그 논리」, 『韓國史論』 44, 서울대학교 인문대학 국사학과, 2000.
______, 「해방을 전후한 경제통제론의 전개: 박극채 · 윤행중을 중심으로」, 『역사와 현실』 64, 한국역사연구회, 2007.
______, 「"식민지 아카데미즘"의 그늘, 지식인의 전향」, 『사이』 11, 국제한국문학문화학회, 2011.
황동하, 「일제 식민지시대(1920년~1937년) 지식인에 비친 러시아혁명: 대중적으로 유통된 합법잡지를 중심으로」, 『서양사론』 102, 한국서양사학회, 2009.
황민호, 「1920년대 국내 언론에 나타난 소비에트 러시아와 在露韓人」, 『한국민족운동사연구』 42, 한국민족운동사학회, 2005.
황병주, 「박정희 체제의 지배담론: 근대화 담론을 중심으로」, 한양대학교 사학과 박사학위논문, 2008.
후지이 다케시, 「제1공화국의 지배이데올로기: 반공주의와 그 변용들」, 『역사비평』 83, 역사문제연구소, 2008.
Cho Soon-Sung, "Korea in World Politics, 1940~1950: An Evaluation of American Responsibility", California University Press, 1967.
Im Chong-myong, "The Making of the Republic of Korea as a Modern Nation-State, August 1948~May 1950", Ph.D. dissertation of the University of Chicago, 2004.
James I. Matray, "Korea's war at 60: A survey of the Literature", *Cold War History*, Vol. 11, No.1, 2011.

George Steinmetz, "Introduction: Culture and the State", *State/Culture*, Ithaca: Cornell University Press, 1999.

Stuart Hall, "The Determinations of News Photographs," in Stanley Cohen & Jock Young (eds.), *The Manufacture of News: Social Problems, Deviancy and the Mass Media*, rev. ed, London: Constable, 1981.

__________, "Signification, Representation, Ideology: Althusser and the Post-Structuralist Debates," *Critical Studies in Mass Communication*, vol. 2, no. 2, 1985.

찾아보기

ㄷ

ㄹ

ㅁ

ㅂ

ㅅ

ㅇ

ㅈ

ㅊ

ㅋ

ㅌ

ㅍ

ㅎ